Der Auslandseinsatz der Parlamentsarmee im Spannungsverhältnis zwischen innerstaatlichen und völkerrechtlichen Vorgaben

Beiträge zum nationalen und internationalen öffentlichen Recht

Herausgegeben von Prof. Dr. Burkhard Schöbener

Band 28

Zu Qualitätssicherung und Peer Review der vorliegenden Publikation

Die Qualität der in dieser Reihe erscheinenden Arbeiten wird vor der Publikation durch den Herausgeber der Reihe geprüft.

Notes on the quality assurance and peer review of this publication

Prior to publication, the quality of the work published in this series is reviewed by the editor of the series.

Daniel Hinze

Der Auslandseinsatz der Parlamentsarmee im Spannungsverhältnis zwischen innerstaatlichen und völkerrechtlichen Vorgaben

PETER LANG

Bibliografische Information der Deutschen Nationalbibliothek
Die Deutsche Nationalbibliothek verzeichnet diese Publikation in der DeutschenNationalbibliografie; detaillierte bibliografische Daten sind im Internet über http://dnb.d-nb.de abrufbar.

Zugl.: Köln, Univ., Diss., 2020.

Gedruckt auf alterungsbeständigem,
säurefreiem Papier.

D 38
ISBN 978-3-631-83009-3 (Print)
E-ISBN 978-3-631-83271-4 (E-Book)
E-ISBN 978-3-631-83272-1 (E-Pub)
E-ISBN 978-3-631-83273-8 ((Mobi)
DOI 10.3726/17445

Peter Lang – Berlin · Bern · Bruxelles · New York ·
Oxford · Warszawa · Wien

Diese Publikation wurde begutachtet.

www.peterlang.com

Meinen Eltern

Vorwort

Die vorliegende Arbeit ist im Zeitraum zwischen Wintersemester 2016/2017 und Sommersemester 2019 entstanden. Im Sommersemester 2020 wurde sie von der Rechtswissenschaftlichen Fakultät der Universität zu Köln als Dissertation angenommen. Rechtsprechung und Literatur befinden sich im Wesentlichen auf dem Stand von Anfang Mai 2020.

Mein Dank gilt meinem Doktorvater, Herrn Professor Dr. Burkhard Schöbener, der mich ermuntert hat, dieses Projekt wahrzunehmen und mir während des gesamten Entstehungsprozesses jederzeit mit wertvollen Ratschlägen und Korrekturanmerkungen zur Seite gestanden hat. Bei ihm möchte ich mich auch für die Aufnahme der Arbeit in die Schriftenreihe Beiträge zum nationalen und internationalen öffentlichen Recht bedanken.

Für die Erstellung des Zweitgutachtens samt weiterführenden Hinweisen bin ich Frau Professorin Dr. Angelika Nußberger M.A. zu Dank verpflichtet.

Herrn Professor Dr. Claus Kreß LL.M. (Cambridge) gilt mein Dank für dessen aufschlussreiche Vorlesungen zum Friedenssicherungsrecht und zum Recht der bewaffneten Konflikte, die in beeindruckender Weise bis an den Rand des derzeitigen Wissenschaftsstandes führten und mein nachhaltiges Interesse für die beiden Teilrechtsgebiete weckten.

*„Großes Kümmernis, da alles Stückwerk ist … Weg ohne Ende“** – dieses Fragment aus einem Gedicht des portugiesischen Dichters *Fernando Pessoa* charakterisiert den mühevollen Entstehungsprozess einer wissenschaftlichen Ausarbeitung über mehrere Jahre. Dass es schließlich gelungen ist, aus einzelnen Stücken ein Gesamtwerk zu schaffen, verdanke ich maßgeblich der Unterstützung, die mir Familie und Freunde haben zuteilwerden lassen.

Meiner Freundin, Saskia Hoppe, danke ich in tiefer Verbundenheit für ihre liebevolle Unterstützung während des gesamten Projekts. Ihre Zuversicht und unendliche Geduld ebneten mir den Weg für die Erstellung dieser Arbeit.

Für die mentale Unterstützung während des Entstehungsprozesses bin ich meinen Wegbegleitern, die mir stets mit Rat und Tat zur Seite gestanden haben, zu großem Dank verpflichtet. Ramon Furch, Danny Gehlen, Roxanne Mainusch und Laura Siller haben mich nicht nur bei unseren zahlreichen Mensabesuchen durch einen interdisziplinären Gedankenaustausch bereichert, sondern wussten

---

* Zitiert nach Flammersfeld/Ammann, Pessoa, Wenn das Herz denken könnte …, erschienen bei Fischer Taschenbuch 2015, S. 171.

auch stets für Aufmunterung zu sorgen. Isabelle Beaucamp gilt besonderer Dank für zahlreiche Gedankenanstöße sowie für unvergessliche Studienreisen mit der DGVN nach New York und Genf.

Arne Biedermann, Marielle Donié, Oliver Ebert, Moritz Niesen und Marvin Schnell danke ich von ganzem Herzen für ihre Geduld und ihren unbezahlbaren freundschaftlichen Rat, der mich durch alle Phasen dieses Projekts getragen hat. Herrn Hauptmann Oliver Ebert gilt darüber hinaus mein Dank für die Rückkoppelung theoretischer Gedanken an praktische Erwägungen. Meinem Vater, Johannes Hinze, bin ich zu großem Dank für das zeitraubende Korrekturlesen verpflichtet. Meinen Geschwistern gilt mein Dank für ihre Geduld als Zuhörer bei scheinbar nicht enden wollenden Ausführungen zu völker- und europarechtlichen Themen zu jedem Anlass. Meinem Bruder Philipp sei darüber hinaus für seine Unterstützung bei allen technischen Fragen gedankt.

Schließlich gilt meinen Eltern, denen ich diese Arbeit widme, mein herzlicher Dank. Ihre bedingungslose und immerwährende Unterstützung sowie das von ihnen gewährte Vertrauen haben mir das Studium und das Privileg der Anfertigung dieser Dissertation ermöglicht.

Köln, im Mai 2020 Daniel Hinze

Inhaltsverzeichnis

Abkürzungsverzeichnis

a.A.	andere Ansicht
A/HRC	General Assembly/Human Rights Council
A/RES	General Assembly/Resolution
Abs.	Absatz
AEMR	Allgemeine Erklärung der Menschenrechte
AEUV	Vertrag über die Arbeitsweise der Europäischen Union
AJIL	The American Journal of International Law
Alt.	Alternative
AMRK	Amerikanische Menschenrechtskonvention
AÖR	Archiv des Öffentlichen Rechts
Art.	Artikel
AU	Afrikanische Union
AWACS	Airborne Early Warning and Control System
BeckOK	Beck´scher Online-Kommentar
Begr.	Begründer
BGBl.	Bundesgesetzblatt
BGH	Bundesgerichtshof
BGHZ	Entscheidungen des Bundesgerichtshofs in Zivilsachen
BIP	Bruttoinlandsprodukt
bspw.	beispielsweise
BT	Bundestag
BT WD	Wissenschaftlicher Dienst des Bundestages
Bt-Drs.	Bundestagsdrucksache
BvE	Entscheidung des Bundesverfassungsgerichts
BVerfG	Bundesverfassungsgericht
BVerfGE	Entscheidung des Bundesverfassungsgerichts
BVerfGG	Gesetz über das Bundesverfassungsgericht
BVerwGE	Entscheidung des Bundesverwaltungsgerichts
CBC-News	Canadian Broadcasting Corporation News
CDU	Christlich Demokratische Union
CJIL	Chinese Journal of International Law
CSU	Christlich-Soziale Union
CTC	Counter-Terrorism-Committee
ders.	derselbe
dies.	dieselbe

DNA	Deoxyribonucleic acid
DoA	Definition of Aggression
DÖV	Die Öffentliche Verwaltung
Dr.	Doktor
DVBl.	Deutsches Verwaltungsblatt
EGMR	Europäischer Gerichtshof für Menschenrechte
ehem.	ehemalige
EJIL	European Journal of International Law
EMRK	Europäische Menschenrechtskonvention
et al.	und andere
EU	Europäische Union
EU NAVFOR	European Union Naval Force
EUNAVFOR MED	European Navel Forces Mediterranean
EUTM	European Union Training Mission
EUV	Vertrag über die Europäische Union
FAS	Frankfurter Allgemeine Sonntagszeitung
FAZ	Frankfurter Allgemeine Zeitung
FDP	Freie Demokratische Partei
ff.	fortfolgende
FRD	Friendly Relations Declaration
FS	Festschrift
FW	Friedens-Warte
G3	Sturmgewehr der Bundeswehr
G36	Sturmgewehr der Bundeswehr (Nachfolgergewehr des G3)
GBA	Generalbundesanwalt
GG	Grundgesetz
GK	Genfer Konvention
GSVP	Gemeinsame Sicherheits- und Verteidigungspolitik
GYIL	German Yearbook of International Law
HGR	Handbuch der Grundrechte
HLO	Haager Landkriegsordnung
Hrsg.	Herausgeber
HStR	Handbuch des Staatsrechts
HUV-I	Humanitäres Völkerrecht, Informationsschriften
ICISS	International Commission on Intervention and State Sovereignty
I.C.J.	International Court of Justice
ICLQ	International and Comparative Law Quarterly

ICRC	International Committee of the Red Cross
ICTY	International Criminal Tribunal for the former Yogusla-via
IGH	Internationaler Gerichtshof
IHL	International Humanitarian Law
IKRK	Internationales Komitee vom Roten Kreuz
ILA	International Law Association
ILC	International Law Commission
Insbes.	insbesondere
IPBPR	Internationale Pakt über bürgerliche und politi-sche Rechte
IS	Islamischer Staat
ISAF	International Security Assistance Force
i.S.d.	im Sinne des/der
ISIL	Islamischer Staat im Irak and the Levant
ISIS	Islamischer Staat im Irak und Syrien
IStGH	Internationaler Strafgerichtshof
i.V.m.	in Verbindung mit
JA	Juristische Arbeitsblätter
JCSL	Journal of Conflict & Security Law
JILPAC	Journal of International Law of Peace and Armed Con-flict
JIM	Joint Investigative Mechanism
JÖR n.F.	Jahrbuch des Öffentlichen Rechts, neue Folge
JUFIL	Journal on the Use of Force and International Law
JURA	Juristische Ausbildung
JuS	Juristische Schulung
JZ	Juristenzeitung
KFOR	Kosovo Force
KSZE	Konferenz über Sicherheit und Zusammenarbeit in Europa
lit.	littera (Buchstabe)
LJIL	Leiden Journal of International Law
LuftSiG	Luftsicherheitsgesetz
m.w.N.	mit weiteren Nachweisen
Minusma	United Nations Multidimensional Integrated Stabiliza-tion Mission in Mali
MPEPIL	Max Planck Encyclopedia of Public International Law
MPYUNL	Max Planck Yearbook of United Nations Law

NATO	North Atlantic Treaty Organization
NJW	Neue juristische Woche
Nr.	Nummer
NVwZ	Neue Zeitschrift für Verwaltungsrecht
NZWehrr	Neue Zeitschrift für Wehrrecht
o.Ä.	oder Ähnliches
OAE	Operation Active Endeavour
OSZE	Organisation für Sicherheit und Zusammenarbeit in Europa
ParlBG	Parlamentsbeteiligungsgesetz
PESCO	Permanent Structured Cooperation
P5	Permanent Members of the United Nations Security Council
R2P	Responsibility to Protect
RAF	Rote Armee Fraktion
RES	Resolution
RGBI	Reichsgesetzblatt
Rn.	Randnummer
RSM	Resolute Support Mission
RtoP	Responsibility to Protect
RuP	Recht und Politik
S.	Seite
S/PRST	Statements made by the President of the United Nations Security Council
S/RES	Security Council/Resolution
SC	Security Council
SG	Soldatengesetz
SPD	Sozialdemokratische Partei Deutschlands
SR	Sicherheitsrat
StGB	Strafgesetzbuch
SVN	Satzung der Vereinten Nationen
SZ	Süddeutsche Zeitung
u.	und
u.a.	unter anderem
UAbs.	Unterabsatz
UK	United Kingdom
UN	United Nations
UNAMID	United Nations Hybrid Mission in Dafur
UNIFIL	United Nations Interim Force in Lebanon

UNIM	United Nations Independent Mechanism of Investigation
UNMISS	United Nations Mission in the Republic of South Sudan
UNO	United Nations Organization
UNOSOM	United Nations Operation in Somalia
UNSC	United Nations Security Council
USA	United States of America
UZwG	Gesetz über die Anwendung unmittelbaren Zwanges und die Ausübung besonderer Befugnisse durch Soldaten der Bundeswehr und verbündeter Streitkräfte sowie zivile Wachpersonen
v.	von/vom
VCLT	Vienna Convention on the Law of Treaties
VG	Verwaltungsgericht
VN	Vereinte Nationen
vs.	versus
VStGB	Völkerstrafgesetzbuch
VVDStRL	Veröffentlichungen der Vereinigung der Deutschen Staatsrechtslehrer
WEU	Westeuropäische Union
WStG	Wehrstrafgesetz
WVK	Wiener Übereinkommen über das Recht der Verträge
YJIL	Yale Journal of International Law
YUN	Yearbook of the United Nations
ZaöRV	Zeitschrift für ausländisches öffentliches Recht und Völkerrecht
Ziff.	Ziffer
ZP	Zusatzprotokoll
ZParl	Zeitschrift für Parlamentsfragen
ZPI	Zeitschrift für Internationale Politik
ZRP	Zeitschrift für Rechtspolitik

Einführung

A. Einleitung

Das Grundgesetz der Bundesrepublik Deutschland besteht im Mai 2019 bereits seit 70 Jahren. Die Wehrverfassung hat vor über 50 Jahren die letzten wesentlichen Änderungen durch den verfassungsändernden Gesetzgeber erfahren.[1] Das auf dem Gebiet des extraterritorialen Einsatzes[2] bewaffneter Streitkräfte bahnbrechende Streitkräfte-Urteil des Bundesverfassungsgerichts aus dem Jahre 1994 liegt bereits 25 Jahre zurück.[3] Die historischen Daten deuten darauf hin, dass das Grundgesetz es geschafft hat, seine Stabilisierungsfunktion[4] im Bereich des Militärischen hervorragend zu erfüllen. Dies ist umso bemerkenswerter, weil der Regelungsbereich der Wehrverfassung eine Materie betrifft, die schnellen tatsächlichen Entwicklungen unterliegt. Das sicherheitspolitische Umfeld hat sich in den vergangenen 25 Jahren seit der Entscheidung kontinuierlich verändert. In dem Weißbuch zur „Sicherheitspolitik und zur Zukunft der Bundeswehr“ aus dem Jahre 2016 wird der transnationale Terrorismus als eine der größten Herausforderungen für die deutsche Sicherheitspolitik erkannt. Terroristische Anschläge werden als die „unmittelbarste Herausforderung“ der Sicherheit Deutschlands identifiziert.[5]

Diese Gefährdungslage war 1969, als noch die expansive Politik der Sowjetunion sowie die Bündnisverteidigung im Rahmen der NATO gegenüber dem östlichen Militärbündnis des Warschauer Pakts[6] im Mittelpunkt standen,

---

1 BGBl. I S. 709, Siebzehntes Gesetz zur Ergänzung des Grundgesetzes v. 24.6.1968 (sog. Notstandsverfassung). Eine für diese Ausarbeitung zu vernachlässigende Änderung betraf im Jahre 2000 die Zulassung von Frauen zum Wehrdienst (Art. 12a Abs. 4 S. 2 GG), BGBl. I S. 1755, siehe den Hinweis von *Gramm*, in: Die Verwaltung 2008, 375, 377.

2 Der Auslandseinsatz wird in dieser Untersuchung synonym auch als extraterritorialer Einsatz betitelt. Von Soldatinnen und Soldaten im Ausland ausgeführte Handlungen werden dementsprechend auch als extraterritoriale Handlungen bezeichnet.

3 *BVerfGE* 90, 286.

4 Hierzu *Hesse*, Grundzüge des Verfassungsrechts, § 1, Rn. 37.

5 Weißbuch zur Sicherheitspolitik und Zukunft der Bundeswehr 2016 (im Folgenden: Weißbuch 2016), S. 34.

6 Weißbuch 1969, S. 12 ff. Andererseits werden aber auch Parallelen der damaligen Sicherheitslage zu den heutigen weltpolitischen Umständen deutlich. Ist in dem Weißbuch von 1969 in Bezug auf die Sowjetunion die Rede von einer „expansiven Weltmachtpolitik“ (Weißbuch 1969, S. 14), finden sich ähnliche Ausführungen in dem

nicht absehbar. Die maßgebliche Frage muss daher lauten, ob die Verfassung im Bereich des extraterritorialen bewaffneten Einsatzes deutscher Streitkräfte noch die Fähigkeit besitzt, die tatsächlichen Geschehnisse zu bestimmen und zu regulieren. Damit ist die Frage nach der normativen Kraft des Grundgesetzes im Regelungsbereich der Auslandseinsätze der Bundeswehr gestellt.[7] Zahlreiche rechtliche Problemstellungen, die den normativen Rahmen des Grundgesetzes auf die Probe stellen, zeigen sich nicht zuletzt in den bereits stattfindenden Auslandseinsätzen der Bundeswehr. Von Deutschland wird international kontinuierlich die Übernahme zusätzlicher militärischer Verantwortung verlangt. Jüngst wurde von den USA in Berlin das Anliegen vorgetragen, deutsche Bodentruppen nach Syrien zu entsenden.[8] Gleichzeitig muss auf die seit 2011 erneut erkennbar werdende Blockade des Zentralorgans des durch die Satzung der Vereinten Nationen etablierten kollektiven Sicherheitssystems, des Sicherheitsrates der Vereinten Nationen, reagiert werden.[9] So ist im Weißbuch 2016 mit Blick auf zwischenstaatliche Kooperationen von „neuen Formaten“ die Rede.[10]

Aufgrund der Übernahme zusätzlicher militärischer Verantwortung in Auslandseinsätzen seit den frühen 1990er Jahren hat die Bundeswehr in einigen bewaffneten Konflikten gekämpft. Im Jahre 2009 stand schließlich das Verhalten eines im Auslandseinsatz agierenden deutschen Offiziers vor dem Hintergrund der Einhaltung insbesondere konfliktsvölkerrechtlicher Normen auf dem

jüngsten Weißbuch, wenn es heißt: „International präsentiert sich Russland als eigenständiges Gravitationszentrum mit globalem Anspruch“ (Weißbuch 2016, S. 32) oder eine erhöhte Gefahr zwischenstaatlicher Konflikte festgestellt wird und die „Renaissance klassischer Machtpolitik“ (S. 38 u. 138) als weitere Herausforderung der deutschen Sicherheitspolitik benannt wird.

7 Nach *Hesse*, Grundzüge des Verfassungsrechts, § 1, Rn. 42 wird unter normativer Kraft der Verfassung ihre „Fähigkeit, in der Wirklichkeit geschichtlichen Lebens bestimmend und regulierend zu wirken“ verstanden; siehe *Gramm*, in: Die Verwaltung 2008, 375, 382.

8 Siehe SZ v. 9.7.2019, S. 7.

9 Zu den Einzelheiten der Blockade siehe das 1. Kapitel C.II.3. Den Auswirkungen auf völkerrechtlicher Ebene ist das 2. Kapitel C.I.3. gewidmet. Mit den verfassungsrechtlichen Implikationen beschäftigt sich das 5. Kapitel D.V.

10 Weißbuch 2016, S. 81. Dabei könne es sich aber auch um Ad-hoc-Kooperationen im Rahmen anlassbezogener Gruppierungen handeln, die dazu beitrügen, konstruktive und transparente Lösungsansätze für aktuelle und konkrete Krisen und Herausforderungen zu entwickeln und durchzuführen. Konkret aufgeführt werden im Folgenden unter anderem das „Vorgehen gegen die Piraterie am Horn von Afrika sowie unser Engagement im Rahmen der internationalen Allianz zur Bekämpfung des IS“.

Prüfstand. Ein Ermittlungsverfahren gegen einen deutschen Oberst, der die Bombardierung zweier von Talibankämpfern entführter Tanklaster durch amerikanische Kampfflugzeuge anordnete, infolge derer es zahlreiche zivile Opfer zu beklagen gab, wurde mangels Verletzung konfliktsvölkerrechtlicher Grundsätze vom Generalbundesanwalt eingestellt.[11] Das Verfahren förderte sowohl für die deutsche Öffentlichkeit als auch für die Politik zwei wichtige Erkenntnisse zutage, die bis dahin nicht im Fokus standen: Dass die Bundeswehr mit Bodentruppen in einem Krieg[12] kämpfte, war (spätestens) nun[13] öffentlich nicht mehr zu leugnen, wurde dies doch in aller Eindeutigkeit vom Generalbundesanwalt herausgearbeitet.[14] Ferner wurden die mit dem Recht der bewaffneten Konflikte einhergehenden umfassenden Handlungsbefugnisse eines Staates verdeutlicht. Auch in diesem Rahmen ergeben sich maßgebliche Fragen im Hinblick auf das Verhältnis der internationalen Rechtsordnung und des Grundgesetzes der Bundesrepublik Deutschland.

Der rechtliche Rahmen für den Auslandseinsatz der Bundeswehr ist so exakt wie kaum eine andere Thematik an dem Schnittpunkt des Völker- und Verfassungsrechts zu verorten. Die Interdependenz der Staaten wird überdies zuvorderst im Bereich der Friedenssicherung deutlich. Kein anderer Staat der Welt als Deutschland könnte als besserer Beleg dafür dienen, inwieweit die Einbindung in internationale Strukturen dazu im Stande ist, dauerhaft Frieden zu schaffen. Auffällig ist zunächst der enge zeithistorische Zusammenhang zwischen den wesentlichen zugrundeliegenden Rechtsregimen – die UN-Charta ist am 24.10.1945 in Kraft getreten,[15] das Grundgesetz am

11 Zu den Einzelheiten siehe Einstellungsvermerk im Ermittlungsverfahren gegen Oberst Klein und Hauptfeldwebel W. wegen des Verdachts einer Strafbarkeit nach dem VStGB und anderer Delikte vom 16.4.2010, 3 BJs 6/10-4 (offene Version), S. 1.

12 Die rechtliche Bezeichnung lautet bewaffneter Konflikt, siehe hierzu das 3. Kapitel unter B.II.

13 Kurz zuvor hatte sich bereits die Bundesregierung dazu durchgerungen, den Konflikt in Afghanistan als „bewaffneten Konflikt im Sinne des humanitären Völkerrechts" einzuordnen, Plenarprotokoll 17/22, S. 1896 (D), 1897 (A).

14 Einstellungsvermerk im Ermittlungsverfahren gegen Oberst Klein und Hauptfeldwebel W. wegen des Verdachts einer Strafbarkeit nach dem VStGB und anderer Delikte vom 16.4.2010, 3 BJs 6/10-4 (offene Version), S. 41. Der GBA qualifiziert den Konflikt zunächst als einen nicht-internationalen und stellt dann klar, dass die politische Einordnung durch die Beteiligten rechtlich nicht von Relevanz ist. Dies bringt den im Auslandseinsatz befindlichen Soldaten zumindest ein Mindestmaß an „verdienter Rechtssicherheit", *Ambos*, in: NJW 2010, 1725, 1726.

15 Charta der Vereinten Nationen, BGBl. 1973 II S. 431.

23.5.1949.[16] Die viel zitierte Völkerrechtsfreundlichkeit des Grundgesetzes ist Ausdruck eben dieses Näheverhältnisses.[17] Das besondere Verhältnis des Grundgesetzes zu der Rechtsordnung des Völkerrechts kommt im Bereich der Wehrverfassung prägnant zum Ausdruck.

B. Anlass der Untersuchung

Auslandseinsätze der Bundeswehr sind sowohl in der Vergangenheit als auch in der Gegenwart ein rechtlich und politisch kontrovers diskutiertes Thema. Rechtliche Ausarbeitungen zu oder im Zusammenhang mit der Thematik sind spätestens seit Beginn der 1990er Jahre keine Seltenheit mehr. Einige Probleme, die bis heute keiner eindeutigen Lösung zugeführt werden konnten, sind dabei immer wieder Gegenstand der Diskussion.[18] Andererseits führen die weltweit zu beobachtenden, in ihrer Ausprägung vielfältigen und sich stetig wandelnden Bedrohungslagen[19] auch zu neuen Problemstellungen. Bestehende rechtliche Unsicherheiten hinsichtlich der Rechtmäßigkeit der aktuellen Auslandseinsätze der Bundeswehr in Syrien und im Irak sowohl auf verfassungs- als auch auf völkerrechtlicher Ebene[20] indizieren bereits die Notwendigkeit einer Befassung mit der Thematik. Der Bearbeitung zugrunde zu legen ist die Tatsache, dass ein bewaffneter Auslandseinsatz der Bundeswehr elementare Rechtsgüter nicht nur von Soldatinnen und Soldaten der Bundeswehr tangiert. Oberstes Ziel muss es daher sein, Rechtsunsicherheiten in diesem Bereich zu beseitigen.[21]

---

16 Grundgesetz für die Bundesrepublik Deutschland, BGBl. 1949 S. 1.

17 Ein Befund über das konkrete Verhältnis des Grundgesetzes zur Völkerrechtsordnung im Hinblick auf den Regelungsbereich des Militäreinsatzes geht mit dieser Feststellung indes nicht einher. Vielmehr wird zu prüfen sein, inwieweit und an welchen Stellen die völkerrechtlichen Befugnisse sich auf die verfassungsrechtliche Bewertung auswirken und diese beeinflussen, siehe das 5. Kapitel unter A.III.

18 Zu erwähnen ist hier bspw. die Streitigkeit hinsichtlich der Frage, ob Art. 87a Abs. 2 GG einen Verfassungsvorbehalt einzig für den Inlandseinsatz aufstellt oder auch auf den Auslandseinsatz der Bundeswehr anwendbar ist, siehe hierzu das 5. Kapitel D.II.

19 Siehe hierzu Weißbuch 2016, S. 15, 34 f., in dem die Rede von einem „tiefgreifendem Wandel im sicherheitspolitischen Umfeld" ist.

20 *Talmon*, Eine Koalition der Willigen reicht nicht, FAZ v. 8.1.2015, S. 6; *Kreß*, Im Auge des Krieges, FAZ v. 10.12.2015, S. 9.

21 Bundestagsabgeordnete weisen in den Plenardebatten zu den Verlängerungsbeschlüssen der verschiedenen Auslandseinsätze häufig auf das Bedürfnis nach Rechtssicherheit und Vertrauen der Soldatinnen und Soldaten hin. Auch in den Beratungen des ParlBG wurde auf diese beiden Komponenten rekurriert, siehe Plenarprotokolle 15/100, 8986 (A), 15/100, 8978 (A), 15/146, 13639 (C), 15/146, 13643 (B). Ebenso zutreffend wurde

Entbehrt es einer grundgesetzlichen Grundlage für einen Auslandseinsatz der Bundeswehr, gehen hiermit auch erhebliche praktische Konsequenzen einher. So können Soldaten, deren „zentrale Dienstpflicht“ im Gehorsam gegenüber den Vorgesetzten gründet,[22] einen Befehl unter anderem dann verweigern, wenn der Befehl die Menschenwürde verletzt oder nicht zu „dienstlichen Zwecken“ erfolgt.[23] Ein Befehl ist dann als nicht einem „dienstlichen Zweck“ dienend anzusehen, wenn er in Bezug zu einem Auslandseinsatz steht, für den keine verfassungsrechtliche Grundlage existiert.[24] Ist die Bundeswehr einmal in einen bewaffneten Konflikt entsandt und übt extraterritorial deutsche Hoheitsgewalt aus, sind auch Friktionen zwischen den grundgesetzlich niedergelegten Grundrechten und den eingriffsintensiven Befugnissen des sogenannten humanitären Völkerrechts denkbar.[25]

Die Intervention auf Einladung, die Rettung eigener Staatsangehöriger und die humanitäre Intervention sind drei Einsatzarten, die grundgesetzlich nicht ausdrücklich geregelt sind. Mit Ausnahme der humanitären Intervention handelt es sich hierbei um in der Praxis der Bundeswehr gängige Einsatzkonstellationen. Die Praxisrelevanz von Rettungsoperationen wurde nach der Operation Pegasus in Libyen im Jahre 2011 zuletzt im Jahre 2016 durch die Evakuierung eigener Staatsangehöriger aus dem Südsudan unter Beweis gestellt. Im Irak beteiligt sich Deutschland an einem Militäreinsatz, der auf Einladung der irakischen

---

erkannt, dass nach dem Beschluss des ParlBG die materielle Verfassungslage weiter unklar bleibt, Plenarprotokoll 15/146, 13639 (A).

22 *BVerwGE* 127, 302 (310) m.w.N. zu dieser ständigen Rechtsprechung.

23 Siehe § 11 Abs. 1 SG, der besagt: „Der Soldat muss seinen Vorgesetzten gehorchen. Er hat ihre Befehle nach besten Kräften vollständig, gewissenhaft und unverzüglich auszuführen. Ungehorsam liegt nicht vor, wenn ein Befehl nicht befolgt wird, der die Menschenwürde verletzt oder der nicht zu dienstlichen Zwecken erteilt worden ist [...].“ Siehe zu den „rechtlichen Grenzen der militärischen Befehlsbefugnis“ *BVerwGE* 127, 302 (310 ff.).

24 *BVerwGE* 127, 302 (313): Ein Soldat, der einen solchen Befehl nicht befolge, begehe demgemäß keinen Ungehorsam gegenüber seinem Vorgesetzen, weil er nicht zu einem - verfassungsrechtlich zulässigen - dienstlichen Zweck erteilt worden sei; siehe näher zu dem Tatbestandsmerkmal des Befehls zu „dienstlichen Zwecken“ bezogen auf die Normierung des § 10 Abs. 4 SG *BVerwGE* 127, 1 (4 ff.): „Er [der Vorgesetzte] darf Befehle nur zu dienstlichen Zwecken und unter Beachtung der Regeln des Völkerrechts, der Gesetze und der Dienstvorschriften erteilen“.

25 Zu dem Eingriffscharakter des ius in bello siehe das 3. Kapitel unter C.II. Zu dem Spannungsverhältnis zwischen dem völkerrechtlichen Teilrechtsgebiet des ius in bello und der grundgesetzlichen Menschenwürde siehe das 6. Kapitel unter B.

Regierung erfolgt, für den aber kein Mandat des Sicherheitsrates vorliegt. Missionen zur Ausbildung lokaler Sicherheitskräfte erfolgen typischerweise auf Einladung des Territorialstaates. Doch auch die Frage der Beteiligung Deutschlands an einer humanitären Intervention ist im Zuge der Ereignisse des Syrien-Konflikts akut geworden.[26] Darüber hinaus ist die Rechtmäßigkeit der Bekämpfung nicht-staatlicher Akteure zum Zweck der Selbstverteidigung auf dem Gebiet eines Drittstaates sowohl auf völker- als auch auf verfassungsrechtlicher Ebene umstritten.

C. Gegenstand der Untersuchung

Der Titel der vorliegenden Ausarbeitung, „Der Auslandseinsatz der Parlamentsarmee im Spannungsverhältnis zwischen innerstaatlichen und völkerrechtlichen Vorgaben", enthält bereits die wesentlichen Aussagen zum Gegenstand der Untersuchung. An der Namensgebung lassen sich die zu untersuchenden Themenschwerpunkte herausarbeiten.

I. Tatsächlicher Ausgangspunkt

Als tatsächliche Grundlage der rechtlichen Bewertung dienen die Auslandseinsätze der Bundeswehr.[27] Der in Zeiten des transnationalen Terrorismus und der damit einhergehenden Häufung von terroristischen Anschlägen auch auf deutschem Staatsgebiet vermehrt diskutierte Inlandseinsatz der Streitkräfte ist nicht Gegenstand dieser Untersuchung. Unter die hier zu untersuchenden Auslandseinsätze werden überdies nur solche gefasst, die nach der Rechtsprechung des Bundesverfassungsgerichts sowie dem Parlamentsbeteiligungsgesetz (ParlBG) der Zustimmung des Bundestages bedürfen.[28]

II. Rechtliche Komponenten

Der Gebrauch des Wortes Parlamentsarmee erfolgt in Anlehnung an die Rechtsprechung des Bundesverfassungsgerichts, welches das Wort des Parlamentsheers

---

26 Siehe im Einzelnen das 2. Kapitel unter C.III.5.

27 Das Grundgesetz nutzt terminologisch den Begriff der Streitkräfte. In dieser Untersuchung werden die Begriffe Bundeswehr und Streitkräfte synonym gebraucht. In Art. 87b Abs. 1 S. 1 GG taucht der Begriff der Bundeswehrverwaltung auf. Die Bundeswehrverwaltung wird indes nicht Gegenstand der vorliegenden Ausarbeitung sein.

28 Unter welchen Voraussetzungen dies der Fall ist, wird im 4.Kapitel unter B.III. aufgezeigt.

durch das Streitkräfte-Urteil prägte.[29] Die Wortschöpfung an sich deutet bereits die wichtige Stellung des Deutschen Bundestages im Zusammenhang mit der Entsendung deutscher Streitkräfte in Auslandseinsätze an. Der Inhalt und die Reichweite des sogenannten wehrverfassungsrechtlichen Parlamentsvorbehalts wurden seit dem Streitkräfte-Urteil aus dem Jahre 1994 durch die bundesverfassungsgerichtliche Rechtsprechung detailliert ausgearbeitet. Das Pegasus-Urteil aus dem Jahre 2015[30] soll zum Anlass genommen werden, das praktisch relevante Problem eines nur kurz andauernden Evakuierungseinsatzes vor dem Hintergrund der Rechte des Parlaments zu analysieren. Die Streitigkeiten hinsichtlich der Organkompetenzverteilung zwischen Bundesregierung und Bundestag treten an dieser Stelle besonders deutlich hervor. Darüber hinaus wird der Inhalt der Zustimmungsanträge der Bundesregierung im Hinblick auf die Nennung völkerrechtlicher Rechtsgrundlagen einer kritischen Betrachtung unterzogen.

Im Titel dieser Untersuchung wird weiterhin deutlich, dass der Auslandseinsatz der Bundeswehr nicht nur dem Rechtsregime des Grundgesetzes unterliegt, sondern darüber hinaus auch an völkerrechtlichen Vorgaben zu messen ist. Überdies wird angedeutet („im Spannungsverhältnis zwischen innerstaatlichen und völkerrechtlichen Vorgaben"), dass das auf den Auslandseinsatz der Bundeswehr anwendbare innerstaatliche Recht enger gefasst ist als jenes des Völkerrechts. In einem ersten Schritt wird der völkerrechtliche Rahmen (aufgeteilt auf die Teilrechtsgebiete des ius contra bellum und des ius in bello) für die Rechtmäßigkeit bewaffneter extraterritorialer Einsätze von Streitkräften darzustellen sein. In einem zweiten Schritt wird sich der verfassungsrechtlichen Lage gewidmet. Das System des ius contra bellum wird dem wehrverfassungsrechtlichen Rahmen gegenübergestellt. Die Eingriffsbefugnisse des ius in bello werden vor dem Hintergrund des Art. 1 GG und Art. 2 Abs. 2 GG betrachtet. Historisch bedingt ist das Grundgesetz offen für die Einflüsse des Völkerrechts.[31] Was im

---

29 *BVerfGE* 90, 286 (382). Die Abwandlung des durch die Rechtsprechung gebrauchten Begriffs des Parlamentsheers zu Parlamentsarmee wurde hier aufgrund der Tatsache vorgenommen, dass das Heer neben der Luftwaffe und der Marine nur eine von drei Teilstreitkräften darstellt. Auch das BVerfG möchte mit Gebrauch des Begriffs des Parlamentsheers auch die anderen beiden Teilstreitkräfte verstanden wissen. Dieses Verständnis wird durch das Wort der Parlamentsarmee auch auf begrifflicher Ebene gespiegelt.

30 *BVerfGE* 140, 160.

31 Instruktiv *Wahl*, in: JuS 2003, 1145; zu der besonderen Verbindung des Völkerrechts zum Verfassungsrecht siehe *Kadelbach*, in: ZaöRV 2007, 599, 601; im Einzelnen hierzu 5. Kapitel A.II.

Allgemeinen für das gesamte Grundgesetz gilt, beansprucht im Besonderen im Rahmen der Wehrverfassung große Relevanz – hier liegt ein klassischer Schnittpunkt der beiden Rechtsordnungen. Gleichwohl sind die Unterschiede der beiden Rechtsregime zu berücksichtigen.[32] Ziel der Untersuchung ist es nicht, ältere Normen der Wehrverfassung durch dynamisch entstehende Rechtssätze des Völkerrechts zu ersetzen.[33] Vielmehr wird der Versuch unternommen, den Einfluss des Friedenssicherungsrechts auf die Artikel des Grundgesetzes an den einschlägigen Stellen herauszukristallisieren. Maßgebliche Bedeutung wird der Frage beizumessen sein, ob und bis zu welchem Maße eine Auslegung des Grundgesetzes vor dem Hintergrund völkerrechtlicher Entwicklungen möglich und methodisch zulässig ist. Werden Grenzen der Interpretationsfähigkeit des Grundgesetzes deutlich, bedarf es einer Diskussion der Reformbedürftigkeit der deutschen Verfassung.

III. Fokus auf dynamischen Entwicklungen

Die Außen- und Sicherheitspolitik ist seit jeher von einer dynamischen, kaum vorhersehbaren Entwicklung gekennzeichnet und stellt sowohl das internationale als auch das nationale Recht immer wieder vor Herausforderungen. Heute stellt der transnationale Terrorismus „one of the most serious threats to international peace and security in the twenty-first century“ dar.[34] Diese Feststellung des Sicherheitsrats der Vereinten Nationen in zeitlich unmittelbarem Nachgang zu den Terroranschlägen vom 11.9.2001 hat in den letzten fünfzehn Jahren an Richtigkeit nicht verloren.[35] Die terroristischen Feldzüge des sogenannten Islamischen Staats vorwiegend im Irak und Syrien sowie die mittlerweile zahlreichen Anschläge auf europäischem Boden[36] einerseits und dem Wiedererstarken der Al Qaeda in Afghanistan andererseits vergegenwärtigen diesen Befund. Gleichzeitig verdeutlichen die mit militärischen Mitteln erreichten Gebietsgewinne des sogenannten Islamischen Staates in Syrien und im Irak seit 2014 die Durchschlagskraft nicht-staatlicher Akteure. Insofern kann auch ein Wandel des

32 So sind voreilige Analogien des nationalen Rechts auf das Völkerrecht zu vermeiden. Dies gilt bspw. für einen Vergleich des Sicherheitsrates mit nationalen Regierungen, instruktiv hierzu *Lowe/et al.*, in: dies., The United Nations Security Council and War, 1, 17, die in diesem Zusammenhang von „domestic analogy fallacy“ sprechen.

33 Siehe hierzu *Bernhardt*, in: DÖV 1977, 457.

34 S/RES/1377 (2001).

35 Siehe S/RES/2341 (2017) und S/RES/2354 (2017).

36 Siehe auch Bt.-Drs. 18/10820, S. 5.

internationalen Terrorismus seit 2001 in Art und Qualität erkannt werden. Die Mittel sind keine primitiven mehr, sondern militärischer Art; der IS war jahrelang dazu im Stande, wesentliche Teile des syrischen Staatsgebietes zu besetzen und zu kontrollieren.[37] Der Syrien-Konflikt stellt das Völkerrecht erneut vor (teilweise präzedenzlose) Probleme und wird im Zuge dieser Ausarbeitung häufig als Anknüpfungspunkt der rechtlichen Bewertung dienen.[38]

Andererseits wird der Einfluss der Menschenrechte auf das moderne Friedenssicherungsrecht sowie auf die Artikel des Grundgesetzes herauszuarbeiten sein. Gerade im Bereich der Menschenrechte wird seit 1945 eine besondere Dynamik erkennbar. Der fortschreitende Menschenrechtsschutz wirkt sich sowohl auf das ius contra bellum als auch das ius in bello aus. Auch das Grundgesetz stellt über Art. 1 Abs. 2 GG eine Verbindung zu den Menschenrechten her.[39] Die Wahrung von Menschenrechten und die Terrorismusbekämpfung schließen sich nicht gegenseitig aus.[40] Das Verhältnis der staatlichen Souveränität zu dem Schutz der Menschenrechte verschiebt sich zunehmend.[41]

---

37 Die Feststellung bei *Isensee*, in: ders., Der Terror, der Staat und das Recht, 83, 87, dass es „primitive Waffen" seien, mit denen die Terroristen den Kampf gegen die einzige Weltmacht führten, mag auf die Ereignisse von 2001 (auf welche die Aussage auch bezogen ist) zutreffen, spiegelt heute aber nicht mehr uneingeschränkt die ausgeprägten militärischen Fähigkeiten nicht-staatlicher Akteure wieder.

38 Die Herausforderung, den Entwicklungen des transnationalen Terrorismus auf der Grundlage des bestehenden Rechts zu begegnen, wird bereits auf der begrifflichen Ebene dokumentiert, wenn im Zusammenhang mit Terrorismus die Rede von einer „Hydra" ist, so bei *Isensee*, in: ders., Der Terror, der Staat und das Recht, 83, 100. Der „war on terror" (kritisch eingehend auf diese Begrifflichkeit *White*, in: Salinas De Frías/Samuel/White, Counter-Terrorism, International Law and Practice, 54, 59 ff.) veranlasst zu der Frage, ob das Völkerrecht im Angesichte der neuartigen Herausforderungen des internationalen Terrorismus „aufhört". Siehe *Klein*, in: Isensee, Der Terror, der Staat und das Recht, 9, 14, der diese Frage nachdrücklich verneint, *Klein*, ebenda, S. 28.

39 Art. 1 Abs. 2 GG lautet: „Das Deutsche Volk bekennt sich darum zu unverletzlichen und unveräußerlichen Menschenrechten als Grundlage jeder menschlichen Gemeinschaft, des Friedens und der Gerechtigkeit in der Welt."

40 *Leiden Policy Recommendations*, in: van den Herik/Schrijver, Counter-Terrorism Strategies, 706, 719, Rn. 53.

41 Siehe hierzu den Bericht der International Commission on Intervention and State Sovereignty (ICISS) aus dem Jahre 2001. Am Ende des Berichts ist die Rede von einem „remarkable, even historic, change that has occurred in the practice of states and the Security Council in the past generation", *ICISS-Report*, The Responsibility to Protect, Rn. 8.32; instruktiv hierzu *A. Nußberger*, Das Völkerrecht, S. 93 ff.

IV. Methodik der Untersuchung

Die vorliegende Ausarbeitung nimmt eine rechtliche Untersuchung von Auslandseinsätzen der Bundeswehr vor; Beurteilungen der (politischen) Zweckmäßigkeit von Militäreinsätzen im Allgemeinen sind hiervon strikt zu trennen und erfolgen nicht. Die Anwendung des Völkerrechts ist wie das nationale Recht methodengeleitet. Die der Auslegung von völkerrechtlichen Verträgen zugrundeliegenden und auch völkergewohnheitsrechtliche Geltung beanspruchenden Art. 31 und 32 der Wiener Vertragsrechtskonvention[42] lassen im Ausgangspunkt große Parallelen zu der nationalen Auslegung von Gesetzen erkennen. Der koordinationsrechtliche Charakter der Völkerrechtsordnung bedingt unterdessen auch beachtliche Differenzen zu der innerstaatlichen Auslegung. Staaten sind nicht nur selbst Rechtssetzer, sondern sind im Stande, die Auslegung völkerrechtlicher Verträge durch ihr nachträgliches Verhalten zu beeinflussen; gleichzeitig stellt die historische Auslegung dem Rechtsgedanken des Art. 32 WVK folgend nur ein subsidiäres Auslegungsmittel dar. Die Völkerrechtsordnung ist nicht nur deswegen von einer besonderen Dynamik gekennzeichnet.[43] Die Ausführungen dieser Untersuchung sind stets von dieser Methodik geleitet und versuchen – trotz des hochpolitischen Charakters des Völkerrechts –, die rechtliche Bewertung bestmöglich von rein politischen Argumentationslinien zu trennen.

Im Rahmen der völkerrechtlichen Bewertung wird englischsprachige Literatur mindestens gleichermaßen berücksichtigt wie deutschsprachige Quellen. Die wissenschaftliche Diskussion in diesem Rechtsgebiet wird zu einem sehr gewichtigen Teil in englischer Sprache ausgetragen. Auch hiermit soll eine rein „deutsche Perspektive" im Rahmen des „Weltrechts" vermieden werden, um eine möglichst ausgewogene Untersuchung liefern zu können. Überdies wird im völkerrechtlichen Teil der Ausarbeitung auf Quellen aus juristischen Blogs – namentlich „EJIL: Talk!"[44] und „Just Security"[45] zurückgegriffen. Diese haben sich im völkerrechtlichen Schrifttum etabliert und lassen es zu, tagesaktuelle

---

42 Wiener Übereinkommens über das Recht der Verträge (WVK) v. 23.5.1969 (BGBl. 1985 II S. 927); siehe auch *Kadelbach*, in: Simma/et al., The Charter of the UN, Band 1, S. 75, Rn. 8. In dieser Arbeit wird im Zusammenhang mit der Auslegung der UN-Charta stets auf den gleichlautenden völkergewohnheitsrechtlichen Inhalt der Auslegungsregeln der WVK abgestellt. Aus Gründen der besseren Lesbarkeit wird dies nicht jedes Mal zusätzlich gekennzeichnet.

43 Siehe im Einzelnen 2. Kapitel A.II.

44 Blog of European Journal of International Law, abrufbar unter: https://www.ejiltalk.org.

45 Abrufbar unter: https://www.justsecurity.org.

Entwicklungen rechtlich zu reflektieren; in besonderem Maße profitieren hiervon Erörterungen zu der Rechtsfigur der humanitären Intervention.

Sofern es im Rahmen der Untersuchung auf die Praxis der Staaten ankommt, wird (in Anbetracht des Umfangs dieses Untersuchungsgegenstandes) zur Feststellung der Praxis sowie der opinio iuris der Staaten bei der Anwendung des Art. 31 Abs. 3 lit. b WVK oder bei der Feststellung von Völkergewohnheitsrecht regelmäßig auf anderweitig herausgearbeitete Untersuchungsergebnisse zurückgegriffen.

V. Aufbau der Untersuchung

Die Ausarbeitung beginnt im ersten Kapitel mit der Darstellung des aktuellen Einsatzspektrums der Bundeswehr. Zur Heranführung an die Thematik werden anschließend mit dem Bundeswehreinsatz in Zusammenhang stehende historische Wendepunkt dargestellt, welche die rechtliche Bewertung bis heute beeinflussen. Die Untersuchung wird, aufgeteilt auf zwei Kapitel, mit einer Analyse des völkerrechtlichen Rahmens hinsichtlich der Zulässigkeit einer Gewaltanwendung auf internationaler Ebene fortgesetzt. Die Völkerrechtsordnung wird hierbei in ihre Teilrechtsgebiete des Friedenssicherungsrechts im engeren Sinne (ius contra bellum) und des Rechts der bewaffneten Konflikte (ius in bello)[46] untergliedert (2. und 3. Kapitel). Den Menschenrechten wird kein eigenes Kapitel gewidmet. Vielmehr wird im Rahmen der friedenssicherungsrechtlichen Betrachtung der Einfluss der Menschenrechte sowohl auf das ius contra bellum als auch auf das ius in bello an den maßgeblichen Stellen dargestellt.

Im Anschluss hieran wird die verfassungsrechtliche Lage erörtert, deren Untersuchung in drei Kapitel unterteilt wird. Zunächst wird auf die formellen Voraussetzungen des sogenannten wehrverfassungsrechtlichen Parlamentsvorbehalts eingegangen (4. Kapitel). Als Rechtsgrundlagen dienen die Wehrverfassung sowie auf einfachgesetzlicher Ebene das Parlamentsbeteiligungsgesetz.[47] Bereits an dieser Stelle wird auf die im Rahmen der konfliktvölkerrechtlichen Betrachtung gefundenen Ergebnisse zurückzugreifen sein. Sodann wird die materielle Rechtslage der Wehrverfassung untersucht (5. Kapitel). Im Hinblick

46 Synonym werden hier die Begriffe des Konfliktsvölkerrechts und des ius in bello verwendet. Sehr verbreitet ist auch die Benennung des Teilrechtsgebietes als humanitäres Völkerrecht, siehe hierzu ausführlich das 3. Kapitel unter B.II.

47 Gesetz über die parlamentarische Beteiligung bei der Entscheidung über den Einsatz bewaffneter Streitkräfte im Ausland (Parlamentsbeteiligungsgesetz) v. 18.3.2005 (BGBl. I S. 775).

auf den Untersuchungsgegenstand wird bereits zu Beginn ein überblicksartiger Vergleich zu der Rechtsnatur der Völkerrechtsordnung angestellt. Die systemimmanenten Differenzen der Rechtsordnungen gilt es im Rahmen der gesamten Bearbeitung zu berücksichtigen. Diese Untersuchung abschließend wird der Fokus auf das Verhältnis der grundgesetzlich garantierten Menschenwürde des Art. 1 Abs. 1 GG sowie des Rechts auf Leben nach Art. 2 Abs. 2 GG zu den aus dem Recht der bewaffneten Konflikte resultierenden Kampfführungsbefugnissen gelegt (6. Kapitel).

1. Kapitel – Die Bundeswehr als eine Armee im Einsatz

A. Einführung

Eine Armee als Teil der exekutiven Gewalt[48] stellt immer auch einen großen politischen Machtfaktor dar. Dieser steigt exponentiell mit der Gewährung weiterreichender Zuständigkeiten.[49] In der deutschen Bevölkerung fehlt es nicht an Skepsis gegenüber bewaffneten Auslandseinsätzen. Und doch ist die Wendung der „Bundeswehr als eine Armee im Einsatz" seit dem historischen Umbruch Ende der 1980er Jahre eine gängige Beschreibung der deutschen Streitkräfte. Zum Ausdruck gelangt hierdurch einerseits ebenso schlicht wie verständlich, dass die Bundeswehr eine Armee ist, die im Ausland zum Einsatz gelangt. Der eigentliche Sinn dieser Hervorhebung erschließt sich erst im Kontext der speziellen militärischen Vergangenheit Deutschlands. Dass es für einen nicht unwesentlichen Teil deutscher Streitkräfte heute zum Alltag gehört, im Ausland ihren Dienst zu verrichten, schien nach Ende des Zweiten Weltkrieges wenig realistisch. Und doch handelt es sich bei dem Auslandseinsatz der deutschen Streitkräfte im 21. Jahrhundert „nicht um irgendeine Nebentätigkeit, sondern durchaus um die Hauptbeschäftigung unserer Bundeswehr".[50] Deutschland ist also von einem Staat, dessen Verfassung in der Ursprungsversion keine Bestimmungen zu dem Einsatz von Streitkräften enthielt, zu einer weltweit und in engem Verbund mit früheren Erzfeinden agierenden Nation geworden. Seit dem grundlegenden Streitkräfte-Urteil des Bundesverfassungsgerichts aus dem Jahre 1994[51] haben deutsche Soldaten bereits zahlreiche Einsätze auf fremdem Staatsterritorium geleistet. Zurzeit beteiligt sich Deutschland an zwölf Auslandseinsätzen in unterschiedlichen Rahmen und unter sehr unterschiedlichen Bedingungen. Als praktische Grundlage der rechtlichen Ausführungen wird unmittelbar nachstehend ein Überblick über die derzeitigen Auslandseinsätze der Bundeswehr[52] geliefert (B.). Im Anschluss wird sich „historischen Wendepunkten" gewidmet, welche der rechtlichen Bewertung des bewaffneten Auslandseinsatzes der Bundeswehr

---

48 *Raap*, in: JuS 1996, 980, 981.
49 *Baldus*, in: NZWehrr 2007, 133, 137.
50 *Hans-Peter Bartels*, Plenarprotokoll 15/100, S. 8986 (A).
51 *BVerfGE* 90, 286. Auch „Out-of-area"-Entscheidung genannt.
52 Stand: Anfang Mai 2020.

zugrunde liegen oder diese maßgeblich beeinflussen (C.). Abschließend wird das „humanitäre Narrativ“ skizziert, das bewaffneten Auslandseinsätzen der Bundeswehr in der Vergangenheit auferlegt worden ist und auch heute noch erkennbar wird (D.).

B. Überblick: Die aktuellen Auslandseinsätze der Bundeswehr

Die Bundeswehr – im Grundgesetz nicht als solche betitelt – besteht aus den die militärischen Tätigkeiten ausführenden bewaffneten Streitkräften sowie der zivilen Bundeswehrverwaltung, welche die Verantwortung für administrative Aufgaben trägt.[53]

I. Einsatzorte

Zurzeit dienen deutsche Soldatinnen und Soldaten in den unterschiedlichsten Einsätzen[54] in folgenden Gebieten:

- Zentralirak (Operation Inherent Resolve)
- Syrien (in diesem Zusammenhang auch im Seegebiet des östlichen Mittelmeers, Persischen Golf und dem Roten Meer sowie angrenzenden Seegebieten; COUNTER DAESH)[55]
- Küstengebiet vor Somalia (European Union Naval Force, EU NAVFOR Operation Atalanta)
- Kosovo (Kosovo Force, KFOR)
- Mali (United Nations Multidimensional Integrated Stabilization Mission in Mali, MINUSMA)

---

53 *Kirchhof*, in: Isensee/Kirchhof, HStR, Band IV, § 84, Rn. 3. Siehe zum organisatorischen Aufbau der Streitkräfte Kirchhof, ebenda, Rn. 65–68; für die Zwecke dieses Untersuchungsgegenstandes werden die Begriffe Bundeswehr, Streitkräfte, Militär und Truppe synonym für den militärischen Teil der Bundeswehr verwendet. Die Bundeswehrverwaltung wird in dieser Ausarbeitung nicht thematisiert.

54 Die Darstellung begrenzt sich auf die nach der Rechtsprechung des Bundesverfassungsgerichts und dem Parlamentsbeteiligungsgesetz zustimmungspflichtigen Einsätzen, siehe zu den Kriterien ausführlich das 4. Kapitel unter B.

55 In dem Zustimmungsantrag der Bundesregierung aus dem Frühjahr 2018 (Bt.-Drs. 19/1093) – am 22.3.2018 durch den Bundestag beschlossen, Plenarprotokoll 19/23 – werden die Missionen in Syrien und im Irak in einem Mandat zusammengefasst. Da es sich de facto aber um zwei – insbesondere aus rechtlicher Perspektive – völlig verschiedene Einsätze handelt, werden diese hier als getrennte Auslandseinsätze der Bundeswehr aufgeführt. Siehe im Einzelnen 4. Kapitel F.

- Mali (EU Training Mission Mali, EUTM)
- Afghanistan (Resolute Support Mission, RSM)[56]
- Darfur/Sudan (United Nations Hybrid Mission in Darfur, UNAMID)
- Küstengebiet vor dem Libanon (United Nations Interim Force in Lebanon, UNIFIL)
- Südsudan (United Nations Mission in the Republic of South Sudan, UNMISS)
- Mittelmeer (SEA GUARDIAN)[57]
- Mittelmeer (European Navel Forces Mediterranean, EUNAVFOR MED IRINI)

Insgesamt ist die Bundeswehr mithin an zwölf verschiedenen, jeweils vom Bundestag mandatierten Auslandseinsätzen beteiligt. Die Gesamtzahl der derzeit im Auslandseinsatz dienenden Soldatinnen und Soldaten beträgt 2.802.[58] Deutsche Streitkräfte partizipieren dabei sowohl an Missionen der Vereinten Nationen als auch an solchen der NATO. Aber auch durch die Europäische Union geführte Missionen sind Teil des Einsatzalltages der Bundeswehr im 21. Jahrhundert. Unter der Führung der Vereinten Nationen nimmt die Bundeswehr derzeit an insgesamt vier Missionen teil (MINUSMA, UNAMID, UNIFIL, UNMISS). Die EU führt drei Operationen mit deutscher Beteiligung (EU NAVFOR Atalanta, EUTM Mali und EUNAVFOR MED IRINI). Mit der Beteiligung an der KFRO-Schutztruppe im Kosovo sowie der Resolute Support Mission in Afghanistan und der Operation SEA Guardian im Mittelmeer wirkt Deutschland an drei Auslandseinsätzen unter der Führung der NATO mit. Die jüngsten Einsätze im Irak und in Syrien werden weder von der UN noch von der NATO oder der EU geführt. Deutschland beteiligt sich hier an einer sogenannten Ad-hoc-Koalition.[59]

II. Einsatzaufgaben und Einsatzziele

Im Rahmen dieses weitreichenden Einsatzspektrums wird deutschen Soldatinnen und Soldaten eine ganze Bandbreite an Fähigkeiten abgefordert, wie ein

---

56 Die durch die NATO geführte „Resolute Support Mission“ ist die Nachfolgemission zu der „International Security Assistance Force“ (ISAF) in Afghanistan, die Ende 2014 endete.

57 Die NATO-Mission SEA GUARDIAN ist die Nachfolgemission der Operation „ACTIVE ENDEAVOUR“ (OAE).

58 Siehe die Informationen der Bundeswehr, abrufbar unter: www.bundeswehr.de [Stand: 11.5.2020].

59 Siehe hierzu das 5. Kapitel unter D.IV.4.c.

Blick auf die jeweiligen Aufgabenstellungen der Einsätze sowie der Einsatzziele verdeutlicht.[60]

Die Mission im Zentralirak ist die Nachfolgemission zu der Ausgangsoperation im Nordirak, bei der bis zu 150 Soldatinnen und Soldaten zur Ausbildungsunterstützung der Sicherheitskräfte der Region Kurdistan-Irak (Peschmerga) und der irakischen Streitkräfte tätig wurden.[61] Sowohl mit der neuen Verwendung als auch durch die Vorgängermission leistet Deutschland einen Beitrag zu einer seit 2014 bestehenden Ad-hoc-Koalition im Antiterrorkampf gegen den sogenannten „Islamischen Staat" (im Folgenden IS). Ziel war zunächst der Aufbau einer nachhaltigen Sicherheitsstruktur in der Region Kurdistan-Irak, um ein den Irak erschütterndes Wiedererstarken des IS zu verhindern.[62] Nachdem bis März 2018 „große Fortschritte" im Kampf gegen den IS im Irak zu verzeichnen waren, stimmte der Bundestag einem neuen Mandat zu, durch welches diese Mission endet und eine neue Mission im Gebiet des Zentralirak beginnt.[63] Insbesondere erfolgt eine Erweiterung des Einsatzgebietes der AWACS-Aufklärungsflüge auf den Luftraum über dem Irak.[64] Bei der Ausbildung – nun vornehmlich von zentralirakischen Streitkräften – steht der „nachhaltige Fähigkeitsaufbau" im Vordergrund.

Auch der weiterhin stattfindende Einsatz in Syrien in der internationalen Koalition dient der Bekämpfung des IS.[65] In diesem Zusammenhang wurde die Bundeswehr zunächst in der Luft und zur See tätig. Zur See leistete ein deutsches

---

60 Beide ergeben sich aus dem von der Bundesregierung für jeden konkreten bewaffneten Einsatz gestellten Zustimmungsantrag an den Bundestag. Zu dem Aufbau und Inhalt eines Zustimmungsantrages siehe das 4. Kapitel unter E.I.

61 Dabei wurden bis Januar 2017 mehr als 12.000 Sicherheitskräfte im Nordirak ausgebildet, Bt.-Drs. 18/10820, S. 5. Im Oktober desselben Jahres waren es bereits 16.000 ausgebildete Sicherheitskräfte, Bt.-Drs. 19/25. Seit März 2018 gilt die Mission aufgrund der sichtbaren Zurückdrängung des IS als erfolgreich. Das Mandat wurde dementsprechend auslaufen gelassen, Bt.-Drs. 18/11621, S. 7.

62 Bt.-Drs. 19/25, S. 5. Dabei wird ein „doppelter Ansatz" mit Ausbildung und Ausstattung verfolgt.

63 Zu dem Zustimmungsantrag der Bundesregierung siehe Bt.-Drs. 19/1093, S. 6. Zu der Plenardebatte siehe Plenarprotokolle 19/20, S. 1604 ff. und 19/23, S. 2062 ff; verlängert bis zum 31.10.2019 durch Beschluss der Bundesregierung v. 2.10.2018, Bt.-Drs. 19/4719 und Zustimmungsbeschluss des Bundestages v. 18.10.2018, Plenarprotokoll 19/58, S. 6435 (D).

64 Bt.-Drs. 19/1093, S. 6; jüngst Bt.-Drs. 19/13290.

65 Bt.-Drs. 19/13290; Bt.-Drs. 19/1093. Zu dem vorletzten, die Mission im Irak und Syrien noch als getrennte Einsätze behandelnden, Antrag siehe Bt.-Drs. 19/23.

Marinekontingent einem französischen Marineverband Begleitschutz. Dieses Erfordernis besteht seit März 2018 nicht mehr. In der Folge wurde die Personalobergrenze für den Syrien- und Irakeinsatz zusammengenommen von bis zu 1.200 Kräften auf bis zu 800, zuletzt auf bis zu 700 Kräfte reduziert. Lag der Schwerpunkt bereits in der Ausgangsverwendung stets auf der Luftraumüberwachung, werden die Bemühungen, den zunehmend versteckt operierenden IS durch Aufklärung aus der Luft zu schwächen, seit März 2018 intensiviert.[66] Die Bundeswehr fliegt Aufklärungsflüge mit Tornados des Typs RECCE und stellt die Besatzungen von AWACS-Luftraumüberwachungsflugzeugen. Ferner führte sie Luft-zu-Luft-Betankungen durch. Auch in Stäben und Hauptquartieren sind Soldatinnen und Soldaten der Bundeswehr vertreten.[67] Eine aktive Beteiligung an Luftangriffen der Koalition erfolgt ausdrücklich nicht.[68] In dem aktuellen Zustimmungsantrag wird die „Zerschlagung der territorialen Kontrolle des IS" festgestellt und als „Meilenstein" gewürdigt.[69] Der Einsatz in seiner heutigen Form dient der „Sicherung der Stabilisierungserfolge" und soll ein Widererstarken des IS aus dem Untergrund verhindern.

Am Horn von Afrika verfolgt die Europäische Union einen „umfassenden Ansatz".[70] Durch die Bereitstellung von bis zu 400 deutschen Soldatinnen und Soldaten im Rahmen der Operation Atalanta ist die Bundeswehr vor Ort als einer der größten Truppensteller der Mission involviert.[71] Im Zuge der Operation Atalanta geht es um die Bekämpfung der Piraterie, die zu der Schaffung sicherer Seetransportwege beitragen soll. Somalische Sicherheitskräfte sollen überdies auf langfristige Sicht dazu befähigt werden, das gesamte Staatsgebiet eigenständig zu kontrollieren.[72]

---

66 Bt.-Drs. 18/11621, S. 6.

67 Bt.-Drs. 19/23, S. 5 f.

68 Bt.-Drs. 19/4719, S. 7. Im Rahmen der Operation Inherent Resolve wurden durch die Koalition 13.331 Angriffe im Irak und 11.235 in Syrien geflogen, siehe die Informationen des US Verteidigungsministeriums vom 9.8.2017 unter https://dod.defense.gov/OIR/ [zuletzt abgerufen am 15.5.2020].

69 Bt.-Drs. 19/13290, S. 6 f.

70 Bt.-Drs. 18/11621, S. 6. Die Beteiligung der Bundeswehr in der Ausbildungsmission der EU in Somalia (EUTM Somalia), im Rahmen derer zuletzt 20 Kräfte der Bundeswehr tätig waren (Bt.-Drs. 18/11273), ist im April 2018 beendet worden, siehe https://www.bmvg.de/de/aktuelles/deutsche-teilnahme-an-eutm-som-beendet-23324 [zuletzt abgerufen am 15.5.2020].

71 Bt.-Drs. 19/8970, S. 8; Bt.-Drs. 19/18866.

72 Bt.-Drs. 19/8970, S. 6.

An dem NATO-geführten Einsatz der internationalen Schutztruppe Kosovo Force (KFOR) im Kosovo beteiligt sich Deutschland nunmehr seit bereits 20 Jahren. Die Personalobergrenze liegt derzeit bei 400 Einsatzkräften.[73] In den letzten Jahren hat im Rahmen der KFOR-Mission eine „Schwerpunktverschiebung von Eingreifkräften zu Aufklärungs- und Beratungsfähigkeiten" stattgefunden.[74] Der Einsatz dient der Erhaltung des mittlerweile sichereren Umfelds und der Gewährleistung der öffentlichen Sicherheit und Ordnung. Zudem sollen nachhaltige Sicherheitsstrukturen gefördert werden.

In Mali sind die Streitkräfte sowohl an der UN-geführten Operation MINUSMA[75] als auch an der EUTM Mali[76] unter der Führung der EU beteiligt. Insgesamt können bei beiden Missionen zusammengenommen bis zu 1.550 Soldatinnen und Soldaten eingesetzt werden.[77] Beide Missionen verhalten sich „komplementär" zueinander und ergänzen sich gegenseitig.[78] Die Beteiligung an MINUSMA zielt auf die Bekämpfung der Ursachen von Flucht und Vertreibung. Dabei sollen im Besonderen die Umsetzung des Friedensabkommens von 2015 unterstützt sowie staatliche Strukturen nachhaltig gestärkt werden. Die Bundeswehr beteiligt sich mit Objektschutz- und Aufklärungskräften. Auch ein Hubschrauberverband samt Transport- und Kampfhubschraubern war zwischenzeitlich in Mali im Einsatz.[79] Vereinzelt wird auch Personal in den Stäben der Mission eingesetzt.[80] EUTM Mali dient vorwiegend der Ausbildung malischer Streitkräfte zur Befähigung der Aufrechterhaltung der Sicherheit in Mali in eigener Regie. Im Mai 2020 wurde das Kontingent der EU-Trainingsmission in Mali um 100 Einsatzkräfte aufgestockt. Auch das Einsatzgebiet wurde erweitert und erstreckt sich nun auf alle G5-Sahel-Staaten. In Reaktion auf den grenzüberschreitenden Terrorismus in der gesamten Region sollen Beratung und Ausbildung sukzessive auch in Burkina Faso und Niger erfolgen.[81] Zudem soll der Schwerpunkt des Einsatzes auf die „einsatznähere militärische Beratung und

73 Bt.-Drs. 19/10421, S. 2; Bt.-Drs. 19/19001, S. 3.

74 Siehe Bt.-Drs. 18/12298, S. 4. Im Rahmen dessen wurde die Personalobergrenze der Bundeswehr kontinuierlich nach unten gesetzt.

75 Bt.-Drs. 19/19004.

76 Bt.-Drs. 19/19002.

77 Im Rahmen des Einsatzes MINUSMA liegt die Obergrenze bei 1.100 Soldaten. Für die Beteiligung an der EUTM liegt die Obergrenze bei 450 Kräften.

78 Bt.-Drs. 19/8972, S. 7; Bt.-Drs. 19/1098, S. 7; Bt.-Drs. 19/24, S. 6; Bt.-Drs. 18/11628, S. 5.

79 Bt.-Drs. 19/1098, S. 6.

80 Bt.-Drs. 19/8972, S. 7.

81 Bt.-Drs. 19/19002, S. 6.

Ausbildung" malischer Sicherheitskräfte gelegt werden, ohne dabei aber eigene „exekutive Befugnisse" inne zu haben.[82]

In Afghanistan ist die Bundeswehr mit einer Truppenstärke von bis zu 1.300 Soldaten an Resolute Support Mission der NATO beteiligt.[83] Das Engagement der Bundeswehr in Afghanistan seit 2001 ist der umfangreichste Militäreinsatz Deutschlands seit dem Inkrafttreten des Grundgesetzes.[84] Als viertgrößter Truppensteller[85] ist Deutschland nach wie vor ein maßgebender Bestandteil der aktuellen Mission, deren Ziel es ist, afghanische Sicherheitskräfte dazu zu befähigen, die Sicherheit im eigenen Land selbst aufrecht erhalten zu können. Afghanische Sicherheitskräfte sollen zu diesem Zwecke ausgebildet, beraten und unterstützt (train, advice and assist) werden. Die Ausbildungsanstrengungen sollen die Sicherheitsinstitutionen Afghanistans in die Lage versetzen, „die Verantwortung für stabile und sichere Strukturen für eine bessere Zukunft Afghanistans effektiv wahrnehmen zu können".[86] Die Bundesregierung stellt in der Begründung der Anträge ausdrücklich den von der abgeschlossenen Ausgangsmission der ISAF abweichenden Charakter dar. Es läge kein Kampfeinsatz vor, die Aufgabe sei es nicht, sich direkt an der Terror- oder der Drogenbekämpfung zu beteiligen.[87]

An der durch die UN und Afrikanische Union (AU) geführten Mission UNAMID in Darfur (Sudan) nehmen deutsche Streitkräfte in der Stärke von bis zu 20 Soldatinnen und Soldaten teil.[88] Deutschland ist die einzige europäische Nation, die sich an UNAMID beteiligt. Hauptsächliche Aufgaben der Mission sind der Schutz der Zivilbevölkerung sowie die Erleichterung und die Zugänglichmachung humanitärer Hilfe und die Vermittlung zwischen Regierung und

---

82 Bt.-Drs. 19/19002, S. 6.

83 Bt.-Drs. 19/17287, S. 4. Die Personalobergrenze wurde durch den vorletzten Zustimmungsantrag aus dem Jahre 2018 (Bt.-Drs. 19/1094, S. 4) im Vergleich zu dem Zustimmungsantrag aus dem Jahre 2017 (Bt.-Drs. 19/21) um 320 Kräfte angehoben. Damit reagiert die Bundesregierung auf die erneute Verschlechterung der Sicherheitslage in Afghanistan. Vorangegangen ist ein massiver Anschlag auf die deutsche Botschaft in Kabul.

84 Siehe den Bericht der Bundesregierung zu Stand und Perspektiven des deutschen Afghanistan-Engagements, Bt.-Drs. 19/1120, S. 2.

85 Bericht der Bundesregierung zu Stand und Perspektiven des deutschen Afghanistan-Engagements, Bt.-Drs. 19/1120, S. 4.

86 Bt.-Drs. 19/21, S. 5; ähnlich auch in Bt.-Drs. 19/1094, S. 5 und Bt.-Drs. 19/7726, S. 6.

87 So bspw. in Bt.-Drs. 18/3246 oder Bt.-Drs. 18/10347. Zuletzt bekräftigt in Bt.-Drs. 19/21, S. 5.

88 Bt.-Drs. 19/17033. Damit wurde die Zahl der Einsatzkräfte im Vergleich zum vorherigen Mandat (19/7725) um 30 reduziert.

bewaffneten Bewegungen. Das deutsche Personal unterstützt in den Führungsstäben die Auftragsdurchführung dieser Mission.[89]

Die Bundeswehr ist mit bis zu 300 Soldatinnen und Soldaten an dem Einsatz UNIFIL vor der Küste des Libanon unter der Führung der Vereinten Nationen beteiligt.[90] Schwerpunkte der deutschen Beteiligung an der Mission sind die Seeraumüberwachung und die Ausbildung der libanesischen Marine.[91]

Die UN-geführte Mission UNMISS im Südsudan[92] genießt das unterstützende Engagement von bis zu 50 Soldatinnen und Soldaten der Bundeswehr. Diese sind in den Führungsstäben der Mission sowie mit Beratungs-, Verbindungs- und Beobachtungsoffizieren beteiligt,[93] um insbesondere den Schutz der von massiver Gewalt bedrohten Zivilisten sicherzustellen.

Mit einem Engagement von bis zu 650 Kräften beteiligen sich deutsche Streitkräfte an der NATO-geführten Operation SEA GUARDIAN[94] im Mittelmeer und tragen zu einer umfassenden Seeraumüberwachung bei, die auch auf die frühzeitige Erkennung des Terrorismus sowie die Einschränkung des Waffenschmuggels auf dem Seeweg zielt. Gesamtziel der Operation ist ein Sicherheitsgewinn im maritimen Umfeld.

An der neuesten EU-geführten Mission Irini (European Navel Forces Mediterranean) beteiligt sich Deutschland mit bis zu 300 Einsatzkräften.[95] Die Mission dient hauptsächlich der Überwachung des durch die Vereinten Nationen gegenüber Libyen verhängten Waffenembargos.[96] Hierzu ist der Einsatz von Marineeinheiten und Luftfahrzeugen (Drohnen, Flugzeuge und Hubschrauber) vorgesehen. Doch auch die Bekämpfung von Schleusern auf dem Seeweg sowie die Ausbildung Angehöriger der libyschen Küstenwache und Marine sind laut

---

89 Bt.-Drs. 19/7725, S. 5.

90 Bt.-Drs. 19/9956, S. 4; Bt.-Drs. 19/19003.

91 Bt.-Drs. 19/9956, S. 6.

92 Bt.-Drs. 19/17032.

93 Bt.-Drs. 19/17032, S. 5.

94 Bt.-Drs. 19/17286.

95 Bt.-Drs. 19/18734. Etwa zum Zeitpunkt des Abschlusses dieser Ausarbeitung ist der Zustimmungsbeschluss des Deutschen Bundestages, Plenarprotokoll 19/158, S. 19642 (D), ergangen. Zu diesem Zeitpunkt befanden sich noch keine deutschen Einsatzkräfte in dem Einsatz Irini.

96 Bt.-Drs. 19/18734, S. 9. In Libyen ist ein bewaffneter Konflikt zwischen der von dem General Haftar geführten „Libyschen Nationalen Armee“ und der Regierung des Nationalen Einvernehmens ausgebrochen, der bereits zu zahlreichen Todesopfern sowie einer großen Fluchtbewegung geführt hat.

Zustimmungsantrag der Bundesregierung Komponenten des Einsatzes.[97] Insofern knüpft die neue EU-Mission an die im März 2020 beendete EU NAVFOR Sophia an.[98]

C. Historische Wendepunkte

Bevor eine rechtliche Bewertung auf völker- und verfassungsrechtlicher Grundlage vorgenommen wird, sollen in diesem Unterabschnitt der Ausarbeitung historische Wendepunkte insbesondere im Hinblick auf die rechtlichen Umstände für den extraterritorialen Einsatz bewaffneter deutscher Streitkräfte herausgearbeitet werden.

I. Nationale Ebene

Gerade auf der nationalen Ebene des Grundgesetzes sind die beiden Wehrnovellen unter den unterschiedlichsten historischen Gemengelagen zustande gekommen. Die jeweiligen Umstände können für die Auslegung der entsprechenden Bestimmungen von Relevanz sein. Auch im Zuge der Bewertung einer etwaig erforderlichen (Wehr-)Verfassungsänderung können die historischen Ereignisse wertvolle Hinweise liefern. Andererseits ist der bewaffnete Einsatz der Bundeswehr auch von wegweisenden gerichtlichen Entscheidungen geprägt.

1. Inkrafttreten der Wehrverfassung

Die erste grundlegende Veränderung der zu diesem Zeitpunkt noch jungen Bundesrepublik Deutschland stellt das Inkrafttreten der Wehrverfassung rund um den neu eingefügten Art. 87a GG am 22.3.1956[99] dar.[100] Noch wenige Jahre zuvor

---

97 Bt.-Drs. 19/18734, S. 10.

98 Siehe zu dieser Mission Bt.-Drs. 18/12491. Im Kern zielte die Mission auf die Bekämpfung krimineller Schleusernetzwerke. Zusätzlich ging es auch um die Ausbildung der libyschen Küstenwache und der Eindämmung des Schmuggelns von Waffen. Die Mission wurde schließlich aufgrund von politischen Unstimmigkeiten der beteiligten Staaten im Hinblick auf die Seenotrettung von Flüchtlingen nicht fortgeführt.

99 BGBl. I S. 111, Siebtes Gesetz zur Ergänzung des Grundgesetzes vom 19.3.1956.

100 Bereits zwei Jahre zuvor, am 26.3.1954, wurde das Grundgesetz durch die Artikel 79 Abs. 1 S. 2 und 142a – der 1968 wieder aufgehoben wurde (BGBl. I S. 709) – ergänzt. Zudem wurde die ausschließliche Gesetzgebungskompetenz des Bundes in Art. 73 Nr. 1 GG (bis dato einzig die „auswärtigen Angelegenheiten“ umfassend) um den Zusatz „sowie die Verteidigung einschließlich der Wehrpflicht für Männer vom vollendeten achtzehnten Lebensjahr an und des Schutzes der Zivilbevölkerung“ erweitert, BGBl. I S. 45.

war eine Wiederbewaffnung Deutschlands undenkbar gewesen,[101] hatten die alliierten Siegermächte nach Ende des Zweiten Weltkrieges im Zuge der Potsdamer Konferenz im Jahre 1945 doch die vollständige Demilitarisierung Deutschlands beschlossen.[102] Konsequenterweise enthielt das Grundgesetz in seiner ursprünglichen Fassung aus dem Mai 1949 keine grundlegende Regelung zu der Aufstellung deutscher Streitkräfte. Die Ergänzungen der jungen Verfassung durch die Vorschriften zur Wehrverfassung im Jahre 1956 können vor diesem Hintergrund als „eine der bedeutsamsten Entscheidungen in der westdeutschen Nachkriegsgeschichte“[103] bezeichnet werden. Die Urfassung des neu eingefügten Art. 87a GG lautete: „Die zahlenmäßige Stärke der vom Bunde zur Verteidigung aufgestellten Streitkräfte und die Grundzüge ihrer Organisation müssen sich aus dem Haushaltsplan ergeben.“[104]

2. *Einbindung in internationale Strukturen*

Voraussetzung für eine Wiederbewaffnung Deutschlands war aber von Beginn an dessen Einbindung in internationale Strukturen.[105] Bereits der mit der Ausarbeitung eines Verfassungsentwurfes betraute Verfassungskonvent von Herrenchiemsee sowie der Parlamentarische Rat beschäftigten sich mit der Möglichkeit der Einbindung Deutschlands in ein System kollektiver Sicherheit und erkannten Deutschlands Abhängigkeit hinsichtlich militärischer Sicherheit.[106] So trat Westdeutschland im Mai 1955 – noch vor Gründung der Bundeswehr – der NATO bei.[107] Die Gründung der Bundeswehr sowie die Schaffung eines entsprechenden rechtlichen Rahmens wurde wesentlich durch den von Unruhen geprägten

---

101 So auch der BGH: „[...] bei Inkrafttreten des Grundgesetzes hatte der historische Gesetzgeber weder die Aufstellung deutscher Streitkräfte noch deren Beteiligung an Kampfhandlungen im Ausland im Blick“, *BGHZ* 212, 173 (185).

102 *Bald*, Die Bundeswehr: eine kritische Geschichte, S. 11. Potsdam habe gelehrt, die Frage des Militärs solle in der Bonner Republik nie mehr eine Sache der Deutschen alleine sein, *Bald*, ebenda, S. 14.

103 Der Spiegel vom 14.3.1956 (10. Jahrgang, Heft 11), S. 12.

104 BGBl. I S. 111. Neben Art. 87a GG wurden im Zusammenhang mit der Wehrverfassung zahlreiche weitere Artikel eingefügt bzw. alte Artikel erhielten eine angepasste Fassung.

105 *v. Krause*, Die Bundeswehr als Instrument deutscher Außenpolitik, S. 43; *Bald*, Die Bundeswehr: eine kritische Geschichte, S. 25.

106 Siehe insoweit die Feststellungen und Nachweise in *BVerfGE* 90, 286 (291 u. 345 f.).

107 BGBl. 1955 II S. 259; die Einbindung Deutschlands in internationale Strukturen war bereits in Art. 3 Abs. 2 des Deutschlandvertrages vorgesehen, BGBl. 1954 II S. 57.

äußeren Einfluss des großen Konflikts zwischen Ost und West begünstigt.[108] Dies verdeutlicht den engen Konnex der deutschen Armee zu den bestehenden sowie den damals in Entstehung befindlichen internationalen Bündnisstrukturen und den gesamteuropäischen Sicherheitsinteressen.[109] Auch bedingten der Argwohn der deutschen Bevölkerung gegen jegliche Form der erneuten Aufrüstung und die damit verbundene allgemeine Ablehnung des Militärischen[110] einerseits sowie die Befürchtungen der Siegermächte vor einer Wiederholung der Geschichte andererseits die Einbettung des militärischen Machtpotentials in internationale Kommandostrukturen.[111] Die engmaschige Verzahnung zwischen der westdeutschen Wiederbewaffnung und internationalen Strukturen kam insbesondere in der Zuweisung der Entscheidungskompetenz über die Streitkräfte zum Ausdruck; es erfolgte eine Eingliederung in die NATO-Heeresgruppen, die eigenverantwortliche militärische Handlungen Westdeutschlands ausschloss.[112] Dieses besondere Näheverhältnis eigener Art zwischen nationalen Streitkräften und internationalen Strukturen ist mithin ein die Bundeswehr seit ihrer Geburtsstunde prägendes Merkmal.[113] Aber nicht nur das Grundgesetz und insbesondere die Wehrverfassung wurden von der internationalen Neuordnung seit 1944 wesentlich geprägt. Umgekehrt kann die Entwicklung im internationalen Recht in Richtung einer stetig zunehmenden Interdependenz und damit einhergehenden vertieften Zusammenarbeit der Staaten unter Zurückdrängung staatlicher Souveränität[114] entscheidend auf die zerstörerischen Erfahrungen mit dem nationalsozialistischen Regime zurückgeführt werden.[115]

---

108 „Überhöhte Bedrohungsvorstellungen haben zur Systemstabilisierung und zur Bereitschaft beigetragen, Mitglied der westlichen Sicherheitsgemeinschaft zu werden", *Jacobsen*, Von der Strategie der Gewalt zur Politik der Friedenssicherung, S. 262.

109 *Schmidt-Radefeldt*, Parlamentarische Kontrolle, S. 26.

110 *Bald*, Die Bundeswehr: eine kritische Geschichte, S. 35 f.; *Jacobsen*, Von der Strategie der Gewalt zur Politik der Friedenssicherung, S. 260 arbeitet einen zwischen 1950 und 1955 allmählich stattfindenden Wandel von einer ablehnenden Haltung zu einer „tiefen Spaltung" im Hinblick auf die Frage der deutschen Wiederbewaffnung heraus.

111 *Bald*, Die Bundeswehr: eine kritische Geschichte, S. 24 u. S. 38 ff.

112 *Schmidt-Radefeldt*, Parlamentarische Kontrolle, S. 26; *Bald*, Die Bundeswehr: eine kritische Geschichte, S. 41.

113 Siehe auch das aktuelle Weißbuch 2016, S. 23.

114 Instruktiv hierzu *Wahl*, in: JuS 2003, 1145, 1145 f. u. 1151.

115 Siehe im Ansatz ebenso *BVerfGE* 124, 300 (328 f.).

3. *Notstandsverfassung*

Die Souveränität Deutschlands war auch Mitte der Fünfzigerjahre infolge des Besatzungsstatuts von 1949 eingeschränkt.[116] Die Bundesrepublik Deutschland strebte daher weiter nach der Erlangung der vollständigen Souveränität. In dem im Jahre 1955 in Kraft getretenen Deutschlandvertrag wurden das Besatzungsstatut sowie die Alliierte Hohe Kommission aufgehoben und der Bundesrepublik wurde durch die drei westlichen Alliierten „die volle Macht eines souveränen Staates über ihre inneren und äußeren Angelegenheiten" zugesprochen.[117] Gleichwohl behielten sich die „Drei Mächte" weiterhin gewisse Rechte vor. Diese betrafen insbesondere die in der Bundesrepublik stationierten Streitkräfte der Alliierten. Es wurde zur Voraussetzung für die Wiedererlangung der vollständigen Souveränität gemacht, dass deutsche Behörden durch Gesetz Befugnisse erhalten, die „wirksame Maßnahmen zum Schutz der Sicherheit dieser Streitkräfte" gewährleisten.[118] Durch den Deutschlandvertrag ist die Bundesrepublik demnach – trotz des Wortlauts „volle Macht eines souveränen Staates" – nur mit Einschränkungen wieder souverän geworden. Vor diesem Hintergrund ist es zu der zweiten wesentlichen und äußerst umfassenden Änderung des Grundgesetzes im Hinblick auf Vorschriften der Wehrverfassung gekommen, die 1968 durch die sogenannte Notstandsverfassung erfolgte.[119] Erst die Ergänzung des Grundgesetzes mit den Artikeln der Notstandsverfassung führte zu dem Erlöschen des die Souveränität einschränkenden Vorbehalts aus Art. 5 Abs. 2 des Deutschlandvertrages.[120]

---

116 Bund und Länder erhielten durch das Statut zwar die Befugnis, in allen drei Gewaltbereichen selbst zu agieren. In einigen Sachgebieten – insbes. in Fragen der Abrüstung und Entmilitarisierung sowie auswärtiger Angelegenheiten einschließlich völkerrechtlicher Abkommen – behielten sich die Besatzungsmächte Sonderbefugnisse vor.

117 Siehe Art. 1 Abs. 1 u. 2 des Deutschlandvertrages, BGBl. 1954 II S. 57.

118 Siehe Art. 5 Abs. 2 des Deutschlandvertrages, BGBl. 1954 II S. 57.

119 BGBl. I S. 709, Siebzehntes Gesetz zur Ergänzung des Grundgesetzes v. 24.6.1968. Insgesamt waren 28 Artikel von den hiermit einhergehenden Einfügungen, Aufhebungen und Änderungen betroffen, *Hofmann*, in: Isensee/Kirchhof, HStR, Band I, § 9, Rn. 52.

120 So erklärten die Botschafter der Vereinigten Staaten, des Vereinigten Königreichs Großbritannien und Nordirland und der Französischen Republik in gleichlautenden Noten, dass die Ergänzungen des Grundgesetzes durch die Notstandsverfassung als dem Art. 5 Abs. 2 des Deutschlandvertrags entsprechend angesehen werden und der entsprechende Vorbehalt erlischt, BGBl. I S. 716.

4. *Dynamik der tatsächlichen Entwicklungen*

Seither – also seit nunmehr 50 Jahren – ist der verfassungsändernde Gesetzgeber im Hinblick auf die Wehrverfassung untätig geblieben.[121] Gleichzeitig unterliegt die sicherheitspolitische Lage einem stetigen Wandel. So haben sich die Umstände, auf welche die Bundeswehr zu reagieren hat, in den letzten 50 Jahren extrem gewandelt. Wurden die Streitkräfte ursprünglich im Angesichte des sich verschärfenden Ost-West-Konflikts aufgestellt, ist die Bekämpfung nicht-staatlicher Akteure in Form von Terroristen heute in den Fokus gerückt.[122] Die starre Gesetzeslage begegnet einer ebenso dynamischen wie komplexen Realität. Verdeutlichen lässt sich die gewandelte Sicherheitslage durch einen Vergleich der seit 1969 in unregelmäßigen Abständen erscheinenden Weißbücher zur Sicherheitslage und Zukunft der Bundeswehr.[123] Wurde in dem ersten Weißbuch von 1969 noch dem Problem einer friedlichen Lösung der „deutschen Frage" eine entscheidende Rolle beigemessen, wird im zehnten Weißbuch (dem ersten nach der Wiedervereinigung) von 1994 die Bedrohung durch größere Angriffe, ausgehend von konventionellen Streitkräften, für beendet erklärt.[124] Die Beteiligung der Bundeswehr an Einsätzen zur Friedenssicherung sowie der internationalen Krisenbewältigung wird als neue Aufgaben des Militärs identifiziert.[125]

Nach der Wiedervereinigung entwickelte sich die Bundeswehr in Anbetracht ihres stetig zunehmenden internationalen Engagements kontinuierlich zu einer Armee im Einsatz.[126] Die Beteiligungen der Bundeswehr an den Einsätzen in der Föderativen Republik Jugoslawien seit 1992 sowie seit 1993 in Bosnien-Herzegowina und Somalia führten zu heftigen Diskussionen über die Rechtmäßigkeit sogenannter „Out-of-area"-Einsätze,[127] welche nach der vorherrschenden

---

121 Instruktiv *Gramm*, in: Die Verwaltung 2008, 375, 377, der von „legislatorischer Abstinenz" spricht.

122 Siehe Weißbuch 2016, S. 34.

123 So der Titel des aktuellen Weißbuchs von 2016. Die Überschreibung der jeweiligen Weißbücher variiert seit 1969 in kleineren Schattierungen.

124 Weißbuch 1994, S. 24.

125 Weißbuch 1994, S. 89.

126 Siehe ausführlich hierzu *Schlaffer*, in: Chiari/Pahl, Auslandseinsätze der Bundeswehr, 247, 255 ff.; seit den frühen 1990er Jahren hat die Bundeswehr bereits 40 Auslandseinsätze abgeschlossen, siehe die Informationen der Bundeswehr, abrufbar unter: www.bundeswehr.de [zuletzt abgerufen am 15.5.2020].

127 Zu einem umfassenden Überblick über die Diskussion in der Politik sowie den Standpunkten der Regierungs- wie Oppositionsparteien vor dem Urteil des BVerfG siehe *Löwe*, in: VN 1994, 1, 2 ff.; *Schlaffer*, in: Chiari/Pahl, Auslandseinsätze der Bundeswehr, 247, 251 f.

restriktiven Verfassungsauslegung in der Politik gerade nicht von der Verfassung gedeckt sein sollten. Auch die Strategie der NATO war seit der Verabschiedung des neuen Strategischen Konzepts 1991 sukzessive militärisch geprägt. Das neue Strategische Konzept 1999 der NATO erweiterte das Einsatzspektrum der NATO schließlich auf weltweite Krisenreaktionseinsätze.[128] Überdies unterlagen die – von der Diskussion rund um die Einsätze außerhalb des NATO-Gebietes zu differenzierenden – bereits seit dem Jahre 1948 durchgeführten Peacekeeping-Missionen der Vereinten Nationen seit 1989 einem charakterlichen Wandel vom klassischen Peacekeeping zum robusten Peacekeeping.[129] Die zunehmenden militärischen Züge der Auslandseinsätze der Bundeswehr wurden immer deutlicher.

5. *Streitkräfte-Urteil des Bundesverfassungsgerichts*

Die Unfähigkeit der Erreichung eines Konsenses in der Politik hinsichtlich einer klarstellenden Verfassungsänderung ebnete den Weg für das bahnbrechende Streitkräfte-Urteil[130] des Bundesverfassungsgerichts.[131]

a) Tatsächliche Ausgangslage

Bis zur erfolgreichen Wiedervereinigung im Jahre 1990 hatte sich Westdeutschland im Hinblick auf die Nichtteilnahme an bewaffneten Auslandseinsätzen

---

128 Siehe insoweit die Feststellungen in *BVerfGE* 104, 151 (203). Im Vergleich zu dem Konzept aus dem Jahre 1991 ist jenes aus dem Jahre 1999 in diesem Punkt „wesentlich verdichtet", „[d]er Begriff des Krisenreaktionseinsatzes ist tatbestandlich ausgeformt", *BVerfGE* 104, 151 (204); zu dem Konzept sowie der Entwicklung des neuen Strategischen Konzepts 1991 hin zu dem neuen strategischen Konzept 1999 siehe *Sauer*, in: ZaöRV 2002, 317, 319 f.

129 *Wagner*, in: Chiari/Pahl, Auslandseinsätze der Bundeswehr, 121, 125 f. Zu den verschiedenen Begriffen des Peacekeeping siehe *Patryk I. Labuda*, „Peacekeeping and Peace Enforcement", in: Wolfrum, MPEPIL, Rn. 24–37, online [Stand September 2015]. Eine exakte begriffliche Differenzierung ist wohl nicht möglich – gehen die Begriffe doch teilweise ineinander über, *Patryk I. Labuda*, ebenda, Rn. 35 f.

130 *BVerfGE* 90, 286.

131 Siehe eingehend auf die fehlgeschlagene Konsensbildung *v. Krause*, Die Bundeswehr als Instrument deutscher Außenpolitik, S. 178 f.; *Löwe*, in: VN 1994, 1, 2 u. 5; *Kreß*, in: ICLQ 1995, 414, 425 bescheinigt vielen deutschen Politikern „an extremely strong desire […] to receive (and occasionally even to wait for) the approbation of the Constitutional Court on highly controversial matters"; kritisch zu der Verschiebung der Verantwortung von der Politik zur Justiz bereits vor dem Streitkräfte-Urteil, *Scholz*, in: Schwarz/Steinkamm, Einsatz der Bundeswehr »out of area«, 29, 50.

außerhalb des Vertragsgebietes der NATO-Staaten auch auf seine fehlende vollständige Souveränität berufen.[132] Erst durch den Vertrag über die abschließende Regelung in bezug auf Deutschland vom 12.9.1990 (auch „Zwei-plus-vier-Vertrag" genannt) erhielt das vereinte Deutschland seine uneingeschränkte Souveränität über innere und äußere Angelegenheiten zurück. Der Vertrag beendet die „Rechte und Verantwortlichkeiten [der Alliierten] in bezug auf Berlin und Deutschland als Ganzes."[133] Zum anderen aber herrschte noch zu Beginn der 1990er Jahre weitestgehend ein politischer wie gesellschaftlicher Konsens darüber, dass ein Einsatz bewaffneter deutscher Streitkräfte außerhalb des NATO-Bündnisgebietes zur Beteiligung an Kampfhandlungen nicht möglich sein sollte.[134] Unabhängig von dieser Problematik leisteten deutsche Streitkräfte seit ihrer ersten Auslandsverwendung 1960 im marokkanischen Agadir bis in die frühen 1990er Jahre über 130 humanitäre Unterstützung umfassende Einsätze im Ausland.[135] Dabei wurde im Hinblick auf die öffentliche Wahrnehmung stets versucht, militärische Aspekte des Einsatzes durch das Abstellen auf die humanitäre Zielsetzung des jeweiligen Einsatzes zu verbergen.[136] Juristisch wurde die Ablehnung von Kampfeinsätzen außerhalb des NATO-Gebietes seit 1982 auf einen entsprechenden Beschluss des Bundessicherheitsrates vom 3.11. desselben Jahres gestützt.[137] Die Diskussion war dabei weniger rechtlich geprägt als

---

132 *Breitwieser*, in: Chiari/Pahl, Auslandseinsätze der Bundeswehr, 153, 158; siehe auch *Scholz*, in: Schwarz/Steinkamm, Einsatz der Bundeswehr »out of area«, 29, 32 f. u. 49.

133 Art. 7 Abs. 1 S. 2 des Vertrags über die abschließende Regelung in bezug auf Deutschland, BGBl. 1990 II S. 1324. Siehe zu einer Auflistung der bis dahin noch geltenden Abkommen mit Einflussrechten der Alliierten auf Deutschland, *Blumenwitz*, in: NJW 1990, 3041, 3047.

134 *Löwe*, in: VN 1994, 1, 2; *Schlaffer*, in: Chiari/Pahl, Auslandseinsätze der Bundeswehr, 247, 251.

135 *Chiari*, in: ders./Pahl, Auslandseinsätze der Bundeswehr, 25, 31.

136 *Chiari*, in: ders./Pahl, Auslandseinsätze der Bundeswehr, 25, 31; siehe hierzu sogleich unter D.

137 Siehe zu dem Beschluss sowie zu dessen politischer Entwicklung *v. Krause*, Die Bundeswehr als Instrument deutscher Außenpolitik, S. 159 f. Hierzu ist unterdessen anzumerken, dass der Inhalt der Debatten des Bundessicherheitsrates vertraulich und eine ganz sichere Überlieferung daher nicht möglich ist, siehe symptomatisch die Debatte zwischen Tono Eitel und Rupert Scholz im Anschluss eines Vortrags Letzteren im Rahmen eines Symposiums zu der Zulässigkeit von out-of-area-Einsätzen im Jahre 1991, *Scholz*, in: Schwarz/Steinkamm, Einsatz der Bundeswehr »out of area«, 29, 46 f.; siehe zu dem konkreten Beschluss auch die Innenansicht von *Weisser*, geäußert im Rahmen der Generaldebatte, in: Schwarz/Steinkamm, Einsatz der Bundeswehr »out of area«, 89, 92.

vielmehr politisch. Jedenfalls spiegelte das restriktive Verfassungsverständnis der Politik keineswegs einen juristischen Konsens zu dem Thema der verfassungsrechtlichen Zulässigkeit der out-of-area-Einsätze wider.[138]

b) Wegweisender Inhalt des Urteils

Es mag zunächst fernliegend erscheinen, vor dem Hintergrund der nach wie vor unveränderten gesetzlichen Grundlagen im Hinblick auf das Urteil von einem Wandel zu sprechen. Gleichwohl trifft die gewählte Bezeichnung aufgrund des wegweisenden Inhalts des Urteils insofern zu,[139] als das Bundesverfassungsgericht der bis dahin wohl vorherrschenden restriktiven Ansicht eindeutig entgegentritt[140] und so gewissermaßen den bereits zuvor im Grundgesetz befindlichen Art. 24 Abs. 2 GG „aktiviert". So wird insbesondere Art. 24 Abs. 2 GG (der in der Urfassung des Grundgesetzes bereits enthalten war und durch keine der dargestellten Novellen geändert wurde) eine Schlüsselstellung für Auslandseinsätze zuteil, indem dieser als verfassungsrechtliche Grundlage für den Einsatz bewaffneter Streitkräfte im Rahmen eines Systems gegenseitiger kollektiver Sicherheit herangezogen wird.[141] Das Bundesverfassungsgericht schafft damit

---

138 Siehe *Scholz*, in: Schwarz/Steinkamm, Einsatz der Bundeswehr »out of area«, 29, 33 f. sowie die anschließende Diskussion (S. 42 ff.), in welcher strikt zwischen dem politischen und rechtlichen Verständnis getrennt wird; dass diesem Beschluss von Beginn an keineswegs ein juristischer Konsens zugrunde lag, arbeitet auch *Kreß*, in: ICLQ 1995, 414, 414 f. dort Fußnote 4 mit Verweis auf die abgedruckte *Diskussion des Kolloquiums v. 17./18.8.1989* in: Frowein/Stein, Rechtliche Aspekte einer Beteiligung der Bundesrepublik Deutschland an Friedenstruppen der VN, heraus (siehe dort insbes. S. 88 f.); dies wird zusätzlich durch die Argumentation von *Stein*, ebenda, 1990, 17, 18 u. 29 verdeutlicht; auch *Ipsen*, in: Schwarz/Steinkamm, Einsatz der Bundeswehr »out of area«, 51, 62 argumentiert bereits 1991 gegen eine räumliche Begrenzung des Verteidigungsbegriffs des Art. 87a Abs. 2 GG resultierend aus den Verträgen der NATO oder WEU.

139 So sprechen viele Kommentatoren der Entscheidung auch von rechtsfortbildenden Zügen der Entscheidung, siehe u.a. *König*, in: GYIL 1995, 103, 125: „The Court's ruling is more a result of a progressive development of the constitution than of its interpretation"; siehe hierzu auch *Stock*, Verfassungswandel, S. 164 f.

140 Siehe auch *Sauer*, in: Rensen/Brink, Linien der Rechtsprechung des Bundesverfassungsgerichts, Band I, 585, 597.

141 *BVerfGE* 90, 286 (345). Ferner muss dann weder auf den nachträglich eingefügten Art. 87a GG abgestellt werden noch steht dieser der Anwendung des Art. 24 Abs. 2 GG als verfassungsrechtliche Ermächtigungsgrundlage für bewaffnete Einsätze im Rahmen eines solchen Systems entgegen, *BVerfGE* 90, 286 (355 f.); *Stock*, Verfassungswandel, S. 261 spricht u.a. in diesem Zusammenhang von einem Verfassungswandel;

Rechtssicherheit im Streit um die Rechtmäßigkeit der „Out-of-area"-Einsätze. Diese verstoßen – bei vorheriger Zustimmung des Parlaments[142] – grundsätzlich nicht gegen das Grundgesetz. Durch diese Ergebnisse der richterlichen Auslegung der Verfassung werden alle Entscheidungen über Auslandseinsätze der Bundeswehr bis heute geprägt. Die politisch bereits vorangetriebene Übernahme zusätzlicher internationaler Verantwortung zu Beginn der 1990er Jahre wird durch das Bundesverfassungsgericht als im Grundsatz mit dem Grundgesetz vereinbar erklärt. Gleichzeitig kommt es durch die Herausarbeitung des wehrverfassungsrechtlichen Parlamentsvorbehalts zu einer Stärkung der Rechte des Parlaments, dem zukünftig eine herausragende Rolle bei dem Einsatz bewaffneter Streitkräfte im Ausland zuteil wird. Trotz kritischer Stimmen in der Literatur, die sich oftmals auf die Herleitung des Vorbehalts und weniger auf das Ergebnis des rechtserheblichen Mitspracherechts beziehen,[143] hat das Bundesverfassungsgericht seine Rechtsprechung um den aus der Verfassung abgeleiteten Parlamentsvorbehalt in den Folgejahrzehnten besonders durch das AWACS-Urteil[144] sowie das Pegasus-Urteil[145] nicht nur festigen, sondern gar zu einem detaillierten System weiter ausbauen können. Die Entscheidung kristallisiert vor dem Hintergrund der zügigen historischen Entwicklung der tatsächlichen Umstände aber auch den immensen „Interpretationsdruck"[146] heraus, der bereits 1994 auf der Wehrverfassung lastete. Auf die heutigen Herausforderungen muss auf derselben verfassungsrechtlichen Grundlage wie vor 50 Jahren agiert und reagiert werden. Dabei kann auch ein bemerkenswerter Wandel in der Bewertung der

---

Art. 24 Abs. 2 GG wurde diese Funktion für Einsätze im Rahmen der UN unter Staatsrechtlern durchaus bereits vor dem Urteil des BVerfG im Wege der Auslegung entnommen, wie aus den Protokollen des Symposiums der Universität der Bundeswehr München aus dem Dezember 1991 hervorgeht, siehe *Scholz*, in: Schwarz/Steinkamm, Einsatz der Bundeswehr »out of area«, 29, 36 sowie hieran anschließend in der Diskussion *Bothe*, ebenda, 46 und fundiert *Doehring*, in: Schwarz/Steinkamm, Einsatz der Bundeswehr »out of area«, 67, 67 f. u. 71.

142 *BVerfGE* 90, 286 (381). Siehe hierzu im Einzelnen im 4. Kapitel B. Im Lissabon-Urteil stellt das BVerfG zudem klar, dass dieser konstitutive Parlamentsvorbehalt „integrationsfest" sei, *BVerfGE* 123, 267 (361).

143 Siehe u.a. *Depenheuer*, in: Maunz/Dürig, GG, Art. 87a [Stand: Oktober 2008], Rn. 143 ff. Trotz der wenig überzeugenden Begründung sei der Grundsatz der parlamentarischen Zustimmung in der Sache überzeugend, *Depenheuer*, ebenda, Rn. 147.

144 *BVerfGE* 121, 135.

145 *BVerfGE* 140, 160.

146 *Gramm*, in: Die Verwaltung 2008, 375, 382.

Rechtslage durch die Bundesregierung, aber auch die rechtswissenschaftliche Literatur festgestellt werden.[147]

II. Internationale Ebene

Auf der zwischenstaatlichen Ebene ist mangels zentraler Rechtssetzungsinstanz bereits der Anknüpfungspunkt ein anderer. Ausschlaggebend sind insbesondere die zwischen den Staaten geschlossenen völkerrechtlichen Verträge. Diese stellen stets eine Reaktion auf vorangegangene, oft erschreckende Ereignisse dar, die das Erfordernis humanitärer Schranken verdeutlichten.[148]

1. Wegmarken der positivrechtlichen Entwicklung des Konfliktsvölkerrechts

Auch liegt die erste Wegmarke, die den rechtlichen Rahmen hinsichtlich bewaffneter Einsätze von Streitkräften markiert, zeitlich fast ein Jahrhundert vor der Entstehung der Wehrverfassung. Mit der Genfer Konvention vom 22.8.1864 über die Verbesserung des Loses der verwundeten Soldaten der Armeen im Felde beginnt die positivrechtliche Entwicklung[149] des Konfliktsvölkerrechts. Die Sankt Petersburger Erklärung von 1868 bringt erstmals den Willen der Staaten in einem völkerrechtlichen Vertrag zum Ausdruck, auch auf dem Schlachtfeld Grenzen im Hinblick auf die eingesetzten Kampfmittel sowie die Art der Kriegsführung zu akzeptieren[150] und ebnet damit den Weg für eine ganze Reihe

---

147 Bezeichnend insofern die im Rahmen eines Kolloquiums im Jahre 1989 rund um die grundgesetzliche Zulässigkeit einer Beteiligung Deutschlands an Missionen der Vereinten Nationen von *Oesterhelt*, in: Frowein/Stein, Beteiligung der Bundesrepublik an Friedenstruppen der Vereinten Nationen, S. 90 geäußerte Ansicht, dass eine „Änderung der bisherigen Haltung der Bundesregierung vorgenommen wird, *ohne* daß dies zu Änderungen im Grundgesetz selbst führen würde […] schwer vorstellbar" ist [Hervorhebung im Original]; siehe auch *Wieland*, in: NZWehrr 2006, 133, 139: „Was gestern allgemein als verfassungswidrig angesehen wurde, gilt heute weithin als verfassungsrechtliche Selbstverständlichkeit, ohne dass das Grundgesetz geändert worden wäre."

148 *Meron*, in: AJIL 2000, 239, 243.

149 Zu einem prägnanten Überblick zu frühen völkergewohnheitsrechtlichen Ausprägungen des Kriegsrechts siehe *Greenwood* in: Fleck, Handbuch des humanitären Völkerrechts, Rn. 106–113.

150 So soll auf Mittel verzichtet werden, „welche unnötigerweise die Wunden der außer Gefecht gesetzten Leute vergrößern oder ihnen unvermeidlich den Tod bringen", Abs. 5 der St. Petersburger Erklärung.

internationaler Abkommen, die den Einsatz bestimmter Waffen ächten. Insbesondere aber drückt das Abkommen den bis heute bedeutenden Grundsatz aus, dass Waffen, die zusätzliches Leiden ohne militärischen Nutzen verursachen, nicht im Einklang mit der mit dem Konfliktsvölkerrecht grundsätzlich einhergehenden Schädigungsbefugnis stehen.[151] Bereits 1861 wurde der Lieber's Code, eine Art Militärhandbuch für die im amerikanischen Bürgerkrieg kämpfende Unionspartei, erlassen. Die rein innerstaatlichen Anweisungen richteten sich zwar nur an die eigenen Streitkräfte, hatten aufgrund ihres fortschrittlichen Charakters[152] darüber hinaus dennoch einen enormen Einfluss auf die positivrechtliche Entwicklung des Konfliktsvölkerrechts.[153] Die Haager Friedenskonferenzen von 1899 und 1907 stellen einen wesentlichen Schritt in Richtung der Verrechtlichung bewaffneter Konflikte dar. Insbesondere das vierte aus den Konferenzen resultierende Abkommen samt Anlage – die Haager Landkriegsordnung (HLO)[154] – enthält zentrale Bestimmungen hinsichtlich der Kampfführung[155] und dem Recht der militärischen Besetzung.[156] Diese Regelungen beanspruchen bis heute völkergewohnheitsrechtliche Geltung[157] und sind folglich auch im Rahmen von Auslandseinsätzen der Bundeswehr zu beachten.[158]

---

151 *Greenwood* in: Fleck, Handbuch des humanitären Völkerrechts, Rn. 119; seit 1977 völkervertraglich ausdrücklich geregelt in Art. 35 Abs. 2 ZP I.

152 *Greenwood*, in: Fleck, Handbuch des humanitären Völkerrechts, Rn. 116.

153 *Vöneky*, in: ZaöRV 2002, 423, 425 ff., 429. So enthalten viele der ersten völkerrechtlichen Verträge auf dem Gebiet des Konfliktsvölkerrechts Bestimmungen, die auf den Lieber's Code zurückgehen, Vöneky, ebenda, 425.

154 Abkommen vom 18.10.1907 betreffend die Gesetze und Gebräuche des Landkriegs mit Anlage zum Abkommen: Ordnung der Gesetze und Gebräuche des Landkriegs, RGBl. 1910 II S. 107, 375.

155 Art. 22–28 HLO.

156 Art. 42–56 HLO.

157 So zuletzt vom IGH festgestellt, *IGH*, Armed Activities on the Territory of the Congo (Democratic Republic of the Congo vs. Uganda), Judgment, I.C.J. Reports 2005, 168, 243, Rn. 217.

158 Zu einer kritischen Stellungnahme hinsichtlich der tatsächlichen Wirkkraft der HLO siehe *Oeter*, in: Hasse/Müller/Schneider, Humanitäres Völkerrecht, 78, 81 f. Aufgrund der Nichteinhaltung der festgelegten Regelungen bereits im Ersten, insbesondere aber im Zweiten Weltkrieg, gelangt dieser (im Hinblick auf die HLO) zu der Einsicht, dass „[...] die neuen Mittel und Methoden der Kriegsführung die ehrwürdigen Grundsätze des tradierten Kriegsrechts weithin zum toten Buchstaben" werden ließen, *Oeter*, ebenda, 82.

Mit den schrecklichen Bildern des Zweiten Weltkrieges noch vor Augen unterzeichneten die Staaten 1949 die vier Genfer Konventionen. Im Geiste des von Henry Dunant 1862 begründeten Gedankens der Humanisierung des Krieges[159] widmen sich die vier Abkommen einem umfassenden Schutz verwundeter Soldaten zu Land wie See, den Kriegsgefangenen und Zivilisten. Die vier Genfer Konventionen sind heute für alle Staaten bindend;[160] sie stecken damit auch den Rahmen der zu beachtenden rechtlichen Grenzen für die Beteiligung der Bundeswehr in internationalen bewaffneten Konflikten ab. Ergänzt werden sie durch die beiden im Jahre 1977 verabschiedeten Zusatzprotokolle, die eine bemerkenswerte Regelungsdichte aufweisen.

2. *Wegmarken der positivrechtlichen Entwicklung des Friedenssicherungsrechts*

Ob es der Bundeswehr aber völkerrechtlich überhaupt erlaubt ist, einen mit militärischer Gewalt verbundenen Auslandseinsatz zu führen, richtet sich nach den friedenssicherungsrechtlichen Bestimmungen rund um das universelle Gewaltverbot, wie es völkervertraglich in Art. 2 Abs. 4 SVN niedergelegt ist. Bis weit in das 20. Jahrhundert hinein war es den Staaten rechtlich nicht verboten, den Krieg als Mittel zur Lösung zwischenstaatlicher Konflikte zu wählen. Die im 19. Jahrhundert einsetzende positivrechtliche Entwicklung des Völkerrechts bezog sich bislang nur auf die in einem Konflikt geltenden Regeln. Das ius ad bellum erkannte einem jedem souveränen Staat gerade als Ausdruck seiner Souveränität zu, einen Krieg zu führen.[161] Ein markanter Wendepunkt in dieser Hinsicht vollzog sich mit dem Briand-Kellogg-Pakt von 1928. Erstmals erklärten Staaten in einem multilateralen völkerrechtlichen Vertrag, auf Krieg als Lösung internationaler Streitigkeiten verzichten zu wollen.[162] Der Umstand, dass der

---

159 Im Jahre 1862 schrieb Dunant im Eindrucke des Leides der auf dem Schlachtfeld von Solferino zurückgelassenen verwundeten Soldaten das schon damals viel beachtete Buch *Un souvenir de Solverino.* Ein Jahr später gründete er das Internationale Komitee vom Roten Kreuz. Durch seine Überlegungen und der Gründung des IKRK stieß Dunant die Kodifizierung des Konfliktsvölkerrechts an, siehe überblicksartig *Gasser/Melzer*, Humanitäres Völkerrecht, S. 37 f.

160 *O'Connell*, in: Fleck, The Handbook of International Humanitarian Law, Rn. 127.

161 *Hobe*, Einführung in das Völkerrecht, S. 40, der gleichzeitig einen Überblick zu der geschichtlichen Entwicklung von der Lehre des gerechten Krieges bis hin zu dem modernen Friedenssicherungsrecht liefert, *Hobe*, ebenda, S. 33 ff.

162 So erklären die Vertragsparteien auf Krieg „als Werkzeug nationaler Politik in ihren gegenseitigen Beziehungen [zu] verzichten.“ Der Weg vom ius ad bellum zum ius

Zweite Weltkrieg durch den Pakt nicht verhindert werden konnte – insbesondere vor dem Hintergrund, dass auch das Deutsche Reich einer der beteiligten Vertragsstaaten war[163] –, sollte nicht über die praktische Wirkung des einsetzenden Verbots der gewaltsamen Durchsetzung nationaler Interessen auf zwischenstaatlicher Ebene hinwegtäuschen.

Der Briand-Kellogg-Pakt stellt den Vorläufer zu dem umfassenden Gewaltverbot des Art. 2 Abs. 4 SVN, einem der tragenden Grundsätze des heute gültigen Friedenssicherungsrechts, dar.[164] Die Grundsteine für die Gründung der Vereinten Nationen auf der Konferenz von San Francisco im April 1945 (United Nations Conference on International Organization) wurden noch während des Zweiten Weltkrieges gelegt.[165] In der Atlantik-Charta aus dem Jahre 1941 wird erstmals das Ziel eines „establishment of a wider and permanent system of general security [...]“[166] formuliert. Eine erste Präzisierung erhielt dieses Ziel bereits 1943 in der Moskauer Deklaration, welche „the necessity of establishing at the earliest practical date a general international organization [...]“ erkannte.[167] Die Dumbarton Oaks-Erklärung aus dem Jahre 1944 schließlich enthielt konkrete Vorschläge, auf deren Grundlage die UN-Charta 1945 ausgearbeitet wurde.[168] Die ursprünglich am 24.10.1945 in Kraft getretene Satzung und damit auch das umfassende Gewaltverbot ist für Deutschland seit seinem Beitritt zu der UNO im Jahre 1973[169] auch völkervertraglich verbindlich.

---

contra bellum wurde eingeleitet. Gleichwohl taucht der Begriff Krieg im Gegensatz zum späteren Art. 2 Abs. 4 SVN noch im Wortlaut des Vertrages auf.

163 Der Pakt ist für das Deutsche Reich am 24.7.1929 in Kraft getreten, RGBl. 1929 II S. 97.

164 Dem IGH folgend wird das Gewaltverbot verbreitet als „cornerstone of the modern international legal order“ bezeichnet, siehe *Dörr*, „Use of Force, Prohibition of“, in: Wolfrum, MPEPIL, Rn. 8, online [Stand September 2015].

165 Der Begriff der United Nations taucht erstmals in der am 1.1.1942 unterzeichneten Declaration by United Nations auf, in welcher sich die USA, Großbritannien, die Sowjetunion, China sowie 22 weitere Staaten zusichern, im Kampf gegen die Staaten des Dreimächtepakts (Deutsches Reich, Japan, Italien) „to employ its full resources, military or economic“, YUN 1946–47, S. 1. Diese frühe Form des noch losen Zusammenschlusses der United Nations stellt mithin ein Kriegsbündnis gegen die Achsenmächte dar.

166 Abgedruckt in: YUN 1946–47, S. 2.

167 Joint Four-Nation Declaration, Oktober 1943, Nr. 4, abgedruckt in: YUN 1946–47, S. 3.

168 Im Rahmen der Auslegung der UN-Charta kann diesen Vorschlägen eine entscheidende Bedeutung zukommen, wie sich im Zuge der Auslegung des Art. 2 Abs. 4 SVN zeigen wird, siehe 2. Kapitel B.I.1.

169 Am 6.6.1973 stimmte der Bundestag dem Beitritt der Bundesrepublik Deutschland zu der Charta der Vereinten Nationen zu, BGBl. 1973 II S. 430.

3. *(In-)Aktivität des Sicherheitsrates der Vereinten Nationen*

Eine wesentliche Rolle auf der internationalen Bühne spielt der Sicherheitsrat der Vereinten Nationen, der nach Art. 24 SVN die Hauptverantwortung für die Wahrung des Weltfriedens trägt. Dem Sicherheitsrat kommt im kollektiven Sicherheitssystem der Vereinten Nationen eine Schlüsselstellung zu.[170] Dieser Rolle konnte der Sicherheitsrat aufgrund der bald nach dem Zweiten Weltkrieg aufkeimenden Ost-West-Konfrontation und den damit diametral verlaufenden Interessen Russlands und der USA bis 1989 nicht gerecht werden.[171] Das aus Art. 27 Abs. 3 SVN folgende Vetorecht der fünf ständigen Mitglieder wurde zwischen 1945 und 1989 über 200 mal ausgeübt.[172] Während des Kalten Krieges hat der Sicherheitsrat keine terroristische Aktivität als eine Bedrohung oder ein Bruch des Friedens im Sinne des Art. 39 SVN qualifiziert.[173] Sogar der Begriff des Terrorismus wurde in Resolutionen bis 1985 gemieden.[174]

a) *Zeitraum zwischen dem Ende des Kalten Krieges und dem Anfang der Syrien-Krise*

Das Ende des Kalten Krieges stellt nicht nur auf der innerstaatlichen Ebene einen ganz prägnanten Wendepunkt dar. Auch aus völkerrechtlicher Sicht geht mit dem Ende der Blockkonfrontation ein erheblicher Wandel einher. Zwar bleiben die positivrechtlichen Umstände – insbesondere die Charta der Vereinten Nationen – ähnlich wie das Grundgesetz auf der nationalen Ebene Deutschlands weitgehend unverändert.[175] Doch wird die Arbeit des Sicherheitsrats nun nicht

---

170 Mit den Kapiteln V, VI und VII stehen drei Kapitel der Charta in direkter Verbindung mit dem Sicherheitsrat. Zudem handelt er nach Art. 24 Abs. 1 SVN in dem Namen aller Mitglieder, siehe hierzu *Sievers/Daws*, The Procedure of the UN Security Council, S. 6 f.

171 Siehe hierzu *Tams*, in: EJIL 2009, 359, 365.

172 Siehe hierzu die inoffizielle Tabelle des Sekretariats der UN zu „Negative votes of permanent members at public meetings of the Security Council", die dem UN-Dokument A/58/47 als Annex 3 beigefügt ist. Laut *Sievers/Daws*, The Procedure of the UN Security Council, S. 314, sind einige Veto-Ausübungen dort aber nicht dokumentiert. *Gray*, International Law and the Use of Force, S. 255 kommt (ohne Angabe einer Quelle) sogar auf eine 279fache Ausübung des Vetorechts durch die fünf ständigen Mitglieder für den Zeitraum zwischen 1945 und 1985.

173 *Tams*, in: EJIL 2009, 359, 366.

174 *Saul*, in: CJIL 2005, 141, 143 f.

175 Insgesamt ist es bis heute nur zu fünf Ergänzungen gekommen, siehe *Jean-Pierre Cot*, „United Nations Charter", in: Wolfrum, MPEPIL, Rn. 50, online [Stand April 2011].

mehr anhaltend durch ein Veto eines der fünf ständigen Mitglieder unterbunden,[176] wodurch die Position des Sicherheitsrats erstarkt. Im Zuge des ersten Irakkonflikts 1990 beweist der Sicherheitsrat zum ersten Mal seit 1950 seine Handlungsfähigkeit.[177] Insbesondere widmet sich dieser nun auch umfassend der Terrorismusbekämpfung.[178] Es kommt zu einer ganzen Reihe an Resolutionen, in welchen der internationale Terrorismus klar als Bedrohung des internationalen Friedens deklariert wird.[179] Als Reaktion auf die Anschläge vom 11.9.2001 wird der internationale Terrorismus in der Resolution 1377 zu „one of the most serious threats to international peace and security in the twenty-first century" erklärt.[180] Seit 2001 forciert der Sicherheitsrat den Kampf gegen den Terrorismus aber zusätzlich, indem er zur Entwicklung neuer Maßnahmen ansetzt,[181] wie der Einsetzung verschiedener sich mit dem Antiterrorkampf im Allgemeinen beschäftigenden Komitees.[182] Zudem beschließt der Sicherheitsrat Resolutionen,

---

Das aus Art. 27 Abs. 3 SVN folgende Vetorecht der fünf ständigen Mitglieder war von keiner dieser Änderungen betroffen.

176 Zwischen 1990 und 2009 wurde nur noch 25 mal Veto durch ein ständiges Mitglied eingelegt, *Sievers/Daws*, The Procedure of the UN Security Council, Tabelle 4 auf S. 300–310.

177 *Wood*, „Security Council", in: Wolfrum, MPEPIL, Rn. 7, online [Stand Juli 2007] spricht von dem „high point of co-operation".

178 Einen Überblick über die „Renaissance" des Sicherheitsrats (*Tams*, in: EJIL 2009, 359, 375) hinsichtlich Resolutionen im Zusammenhang mit Terrorismus nach 1989 bis 2001 gibt *van Krieken*, Terrorism and the International Legal Order, S. 141 ff.; *Boulden*, in: Lowe/et al., The United Nations Security Council and War, 608, 610 ff.

179 So u.a. in den S/RES/731 (1991), 748 (1991), 1054 (1996), 1070 (1996), 1333 (2000), 1368 (2001), 1373 (2001), 1438 (2002), 1611 (2005), 2249 (2015).

180 Jüngst wiederholt in den S/RES/2341 (2017) und S/RES/2354 (2017). Unabhängig von diesem einschneidenden Ereignis beschäftigte sich der Sicherheitsrat aber schon vor dem Jahre 2001 und ohne Bezugspunkt zu einer konkreten terroristischen Handlung mit dem Terrorismus im Allgemeinen. So in der S/RES/1269 (1999), in welcher der SR die Wichtigkeit der Unterdrückung aller Akte des internationalen Terrorismus für die „maintenance of international peace and security" bekräftigt.

181 *van Ginkel*, The Practice of the United Nations in Combatting Terrorism from 1946 to 2008, S. 266.

182 Einen Überblick zu dieser fortschrittlichen Praxis des Sicherheitsrates gibt *Boulden*, in: Lowe/et al., The United Nations Security Council and War, 608, 613 ff.; zu nennen ist hier zuvorderst die Resolution 1373 (2001), durch die das sog. Counter-Terrorism Committee (CTC) eingesetzt (Nr. 6) und durch S/RES/1535 (2004) „revitalisiert" wird, siehe eingehend auf die Aufgaben des CTC *van Ginkel*, The Practice of the United Nations in Combatting Terrorism from 1946 to 2008, S. 248 ff.

denen viele Kommentatoren einen legislativen Charakter bescheinigen.[183] Die Praxis des Sicherheitsrats hinsichtlich der Terrorismusbekämpfung hat sich mithin von einem konkreten, auf Einzelfälle reagierenden Ansatz, hin zu einem breiteren und generellen, die ständige abstrakte Bedrohung durch Terrorismus berücksichtigenden Ansatz gewandelt.[184] Der Sicherheitsrat erweist sich nach dem Ende des Kalten Krieges mithin als funktionstüchtig. Dieser Befund kann auch anhand des signifikanten Anstieges der vom Sicherheitsrat beschlossenen Peacekeeping-Missionen bestätigt werden.[185]

b) Zeitraum ab dem Beginn des Syrien-Konflikts 2011

Die Syrien-Krise seit 2011 sowie die Krim-Krise und der hieran anschließende Ukraine-Konflikt seit 2014 verdeutlichen indes, dass aus der zwischenzeitlich bestehenden Funktionsfähigkeit des Sicherheitsrats keineswegs ein zwingender Schluss für die dauerhafte und effektive Ausfüllung seiner von der UN-Charta vorgesehenen zentralen Position gezogen werden kann. Der Totalausfall des Sicherheitsrats in Hinblick auf die völkerrechtswidrige Annexion der Krim und hinsichtlich des Ukraine-Konflikts ist angesichts der Protagonistenstellung Russlands im Rahmen des Konflikts wenig überraschend. Die Uneinigkeit der verantwortlichen Großmächte im Syrien-Konflikt zeigt indes, dass die grundsätzliche Spaltung des Sicherheitsrats mit dem Fall der Mauer nicht beseitigt wurde. Alleine im Hinblick auf die Syrien-Krise wurden bereits über ein Dutzend Resolutionen durch Veto-Ausübungen blockiert.[186] Dass eine eindeutige Trennlinie zwischen den ständigen Mitgliedern des Sicherheitsrates herrscht,

---

183 So *Aston*, in: ZaöRV 2002, 257, 259 u. 283.

184 *Boulden*, in: Lowe/et al., The United Nations Security Council and War, 608, 611 f. u. 620.

185 Gab es bis 1988 nur 15 solcher Missionen, wurden in den folgenden vier Jahren (zwischen 1989 und 1993) 18 Peacekeeping-Missionen initiiert. Bis Oktober 2017 ist die Gesamtzahl der abgeschlossenen und noch laufenden Peacekeeping-Operationen der UN auf 71 gestiegen. Siehe den Internetauftritt „United Nations Peacekeeping“, dort List of Peacekeeping Operations 1948 - 2018, https://peacekeeping.un.org/en/past-peacekeeping-operations [zuletzt abgerufen am 15.5.2020]; die Protagonistenstellung des Sicherheitsrates hat durch die in Art. 13 lit. b des Statuts des Internationalen Strafgerichtshofs vorgesehene Möglichkeit der Zuweisung der Ausübung der Gerichtsbarkeit auch über Sachverhalte, die sich auf dem Territorium einer Nichtvertrags-Partei abgespielt haben (siehe hierzu *Schabas/Pecorella*, in: Triffterer/Ambos, The Rome Statute, Art. 13, Rn. 16) eine weitere Stärkung erfahren.

186 Siehe hierzu die Liste der Vetos der permanenten Mitglieder unter http://research.un.org/en/docs/sc/quick/ [zuletzt abgerufen am 15.5.2020]. Dabei hat Russland gegen

verdeutlicht in hervorgehobener Weise der Umgang mit dem wiederholten Einsatz von Giftgas gegen die syrische Zivilbevölkerung.[187] Bis zum heutigen Tage hat der Sicherheitsrat der Vereinten Nationen – trotz der weltweiten terroristischen Bedrohungen – noch nie eine Ermächtigung zur Gewaltanwendung gegen Terroristen auf fremdem Territorium ausgesprochen.[188] Die derzeitige weltpolitische Spannungslage, einhergehend mit der wieder ansteigenden Blockade von Resolutionen,[189] verbannt den Sicherheitsrat (erneut) aus seiner Schlüsselposition in eine Zuschauerrolle.[190] In den Vordergrund rücken so zwangsläufig unilaterale Einsätze sowie Ad-hoc-Koalitionen der Staaten. Diese Entwicklung stellt sowohl das Völker- als auch das Verfassungsrecht vor Herausforderungen.[191]

D. Das humanitäre Narrativ

Der zunehmende militärische Charakter der Auslandseinsätze der Bundeswehr wurde seit 1991 immer offensichtlicher.[192] Seitens der Bundesregierung wurde

---

alle dieser Resolutionsentwürfe gestimmt. Auch China hat seine Stimme gegen eine ganze Reihe dieser Resolutionen erhoben.

187 Unter anderem blockierte Russland die Resolution S/RES/962 (2017), in der das Mandat des Gemeinsamen Untersuchungsmechanismus (Joint Investigative Mechanism) zur Untersuchung etwaiger künftiger Chemiewaffenangriffe in Syrien um ein weiteres Jahr verlängert werden sollte, siehe hierzu FAZ v. 18.11.2017, S. 6. Auch der Versuch das Mandat vorerst um 30 Tage mit Verlängerungsoption fortzusetzen in dem Entwurf S/2017/970 scheiterte an einem Veto Russlands. Zuletzt scheiterte auch der Entwurf der Resolution S/2018/321, der als Reaktion auf den Giftgaseinsatz im April 2018 in Syrien einen United Nations Independent Mechanism of Investigation (UNIM) einrichten sollte an einem Veto Russlands. Siehe hierzu im Einzelnen das 2. Kapitel unter C.III.5.

188 *Tams*, in: EJIL 2009, 359, 377; *White*, in: Salinas De Frías/Samuel/White, Counter-Terrorism, International Law and Practice, 54, 63. Auch die Resolution 2249 (2015) beinhaltet keine Autorisierung eines Gewalteinsatzes in Syrien, siehe das 2. Kapitel unter C.I.2.b.

189 Wurden zwischen 2004 und 2010 nur 8 Resolutionen durch die Veto-Ausübung eines oder mehrerer ständiger Mitglieder blockiert (insg. 10 Vetos), waren es zwischen 2011 und 2019 bereits 20 Resolutionen (insg. 27 Vetos).

190 *Vitzthum*, in ders./Proelß, Völkerrecht, S. 21 f., Rn. 53 konstatiert im Zusammenhang mit der häufigen Blockade des Sicherheitsrates: „Der ‚Wille zum Völkerrecht' bleibt knappes Gut".

191 Zu den Implikationen auf völkerrechtlicher Ebene siehe das 2. Kapitel unter C.I.3. und zu den Auswirkungen auf verfassungsrechtlicher Ebene das 5. Kapitel unter D.V.

192 Siehe zuvor unter C.I.4. und 5.

indes jederzeit versucht, den humanitären Charakter des jeweiligen Einsatzes in den Vordergrund zu rücken.[193] Der Einsatz in Somalia unter Beteiligung an der Mission UNOSOM II seit dem Frühjahr 1993, der Gegenstand des Verfahrens vor dem Bundesverfassungsgericht war, aus dem schließlich das grundlegende Streitkräfte-Urteil hervorging, verdeutlicht diesen Umstand nachdrücklich.[194]

I. Spannungsverhältnis zwischen innerer und äußerer Erwartungshaltung

Die verheerende militärische Vergangenheit Deutschlands bedingte einen nach wie vor großen Argwohn in der Bevölkerung gegenüber extraterritorialen Kampfeinsätzen. Letzterer gegenüber war und ist die jeweils in der Verantwortung befindliche Bundesregierung aber verpflichtet die Gründe für das Erfordernis des militärischen Einsatzes darzulegen, um einen Rückhalt für das militärische Vorgehen zu gewinnen.[195] Andererseits sieht sich Deutschland seit der Wiedervereinigung zunehmenden Vorwürfen seiner Partner ausgesetzt, es agiere zu zurückhaltend und müsse mehr Verantwortung tragen.[196] Die Entscheidungsgrundlage der Bundesregierungen war mithin und ist es noch immer von einem schwerlich auflösbaren Spannungsverhältnis zwischen innerer

---

193 *Chiari*, in: ders./Pahl, Auslandseinsätze der Bundeswehr, 25, 31; siehe in Anknüpfung an den zweiten Golf-Konflikt auch *Scholz*, in: Schwarz/Steinkamm, Einsatz der Bundeswehr »out of area«, 29, 35.

194 Begriffe wie „Entwicklungshelfer in Uniform“ und „Technisches Hilfswerk mit Gewehr“ wurden in Zusammenhang mit den Aufgaben der Bundeswehr in Somalia geprägt, *v. Rimscha*, in: Schwegmann, Bewährungsproben einer Nation, 65, 66; In der FAZ v. 8.6.1993, S. 1 ist von „kriegsähnlichen Zuständen“ in Somalia zu lesen und die Forderung, sich „keine Illusionen über den kriegerischen Charakter des Einsatzes“ zu machen; *v. Krause*, Die Bundeswehr als Instrument deutscher Außenpolitik, S. 192 spricht von einer „Legendenbildung“ bezüglich des humanitären Charakters der Mission.

195 Zu dieser sehr anspruchsvollen Aufgabe siehe *Feldhoff*, in: Schwegmann, Bewährungsproben einer Nation, 171, 179 f.: „Das Volk will den gerechten Krieg oder keinen“.

196 *v. Rimscha*, in: Schwegmann, Bewährungsproben einer Nation, 65, 74; *Schlaffer*, in: Chiari/Pahl, Auslandseinsätze der Bundeswehr, 247, 251 f.; *Scholz*, in: Schwarz/Steinkamm, Einsatz der Bundeswehr »out of area«, 29, 33; die an Deutschland adressierte Forderung nach einer militärischen Verantwortungsübernahme durch andere westliche Länder ist eine altbekannte. Vereinzelte solcher Forderungen begleiteten bereits die Diskussion um einen deutschen Wehrbeitrag seit Anfang der fünfziger Jahre, *Jacobsen*, Von der Strategie der Gewalt zur Politik der Friedenssicherung, 1977, S. 224.

Abwehrhaltung und den diametral hierzu stehenden Erwartungen verbündeter Nationen geprägt.[197] Dass Deutschlands Verbündete dabei innenpolitischen Schwierigkeiten einer Begründung eines zunehmenden militärischen Engagements skeptisch entgegenblicken, zeigt sich auch an der jüngsten Debatte rund um die vermeintlich zu geringen Verteidigungsausgaben Deutschlands im Rahmen der NATO.[198] Zum Zwecke der Rechtfertigung eines extraterritorialen Einsatzes wählten daher nicht nur frühere Bundesregierungen oft ein humanitäres Narrativ.[199]

II. Rechtliche Probleme eines humanitären Narratives

Neben dem Einsatz in Somalia im Rahmen der Mission UNOSOM II veranschaulicht besonders der bislang größte extraterritoriale Einsatz deutscher Truppen nach dem Zweiten Weltkrieg – der ISAF-Einsatz in Afghanistan seit Anfang 2002 bis Ende 2014[200] – die Problematik eines solchen humanitären Narratives. Erst im Februar 2010 ordnete der Bundesaußenminister in einer Regierungserklärung vor dem Parlament den Einsatz der Bundeswehr im Norden Afghanistans als einen „bewaffneten Konflikt im Sinne des humanitären Völkerrechts" ein.[201] Die

---

197 Aktuell befürworten nur 41 Prozent der Deutschen ein stärkeres Engagement bei internationalen Krisen, FAZ v. 27.11.2018, S. 8. Zu berücksichtigen ist, dass sich dieser Wert nicht ausschließlich auf ein militärisches Vorgehen, sondern auf die gesamte Einsatzpalette der auswärtigen Politik (also bspw. auch Entwicklungshilfe) bezieht. Der damalige Bundespräsident Horst Köhler stellte im Rahmen einer Rede auf der Kommandeurtagung der Bundeswehr in Bonn am 10.10.2005 anlässlich des 50. Geburtstages der Bundeswehr ein „freundliche[s] Desinteresse" der deutschen Gesellschaft an ihrer Bundeswehr fest. Rede abrufbar unter: http://www.bundespraesident.de/SharedDocs/Reden/DE/Horst-Koehler/Reden/2005/10/20051010_Rede.html [zuletzt abgerufen am 15.5.2020]. Andererseits forderten die USA jüngst den Einsatz deutscher Bodentruppen in Syrien, siehe SZ v. 9.7.2019, S. 7.

198 FAS v. 25.2.2018, S. 6. Dort ist die Rede von dem „Trump-Effekt"; anlässlich des 70. Geburtstags der NATO im April 2019 sind die deutschen Verteidigungsausgaben, die im Jahr 2020 1,37 Prozent des BIP erreichen sollen, zuvorderst von den USA erneut in einem wenig diplomatischen Ton kritisiert worden, siehe FAZ v. 3.4.2019, S. 8.

199 Siehe *v. Rimscha*, in: Schwegmann, Bewährungsproben einer Nation, 65, 67, der von „einem übergeordneten Motiv, einem sogenannten großen Narrativ" spricht, dass die Einsätze begleitet; *Chiari*, in: ders./Pahl, Auslandseinsätze der Bundeswehr, 25, 31.

200 Die „International Security Assistance Force" (ISAF) in Afghanistan ist die Vorgängermission zu der heutigen durch die NATO geführte „Resolute Support Mission", an der deutsche Truppen ebenso beteiligt sind, siehe oben unter B.II.

201 Plenarprotokoll 17/22, S. 1896 (D), 1897 (A). Dieser Schritt wurde maßgeblich von den Ereignissen des Kundus-Falls und der sich hieran anschließenden öffentlichen

bis zu diesem Zeitpunkt erfolgte Trivialisierung des Kampfeinsatzes ging massiv zu Lasten der Rechtssicherheit der Soldaten[202] und wirkte sich überdies auch negativ auf die effektive Auftragserfüllung aus: In Afghanistan kämpfende deutsche Soldaten erhielten durch den „Sonderweg in der Öffentlichkeitsarbeit“[203] der damaligen Bundesregierungen weder die erforderlichen Eingriffsbefugnisse[204] noch das erforderliche Gerät,[205] um einen Kampfeinsatz wirksam führen zu können. Im Besonderen in Anbetracht des wehrverfassungsrechtlichen Parlamentsvorbehalts erweist sich eine Humanisierung durch die Wahl eines zur Rechtfertigung gegenüber der deutschen Öffentlichkeit dienenden humanitären Narratives als rechtlich problematisch.[206] Die Hervorhebung der humanitären Zielsetzung eines Einsatzes hat eine irreführende und verschleiernde Wirkung. Das Alleinstellungsmerkmal des Militärs gegenüber anderen in Krisengebieten zum Einsatz kommenden Akteuren, wie bspw. humanitären Organisationen, ist die Fähigkeit, einen organisierten und koordinierten Kampfeinsatz zu führen.[207] Alleine die militärische Präsenz entfaltet stets eine abschreckende Wirkung auf die Konfliktsparteien,[208] auch wenn der Schwerpunkt von Bundeswehreinsätzen häufig auf die Ausbildung lokaler Sicherheitskräfte gelegt wird.[209]

III. Fehlende Trennschärfe zwischen der Bezeichnung als Ausbildungseinsatz und Kampfeinsatz

Dass zunehmend auch Schwierigkeiten bei der Abgrenzung von Ausbildungseinsätzen und Kampfeinsätzen der Bundeswehr bestehen, verdeutlicht das Engagement im Rahmen der EU-Trainingsmission in Mali (EUTM Mali). In ihrem Zustimmungsantrag aus dem Mai 2020 versucht sich die Bundesregierung in dem schwierigen Unterfangen, die Intensivierung des Mandats („Erhöhung der Robustheit der Mission“) unter gleichzeitiger Betonung des fehlenden

---

Debatte befördert. *Kreß*, in: Schwegmann, Bewährungsproben einer Nation, 87, 96. Zum Kundus-Fall siehe das 3. Kapitel C.II.1.a.

202 *Kreß*, in: Schwegmann, Bewährungsproben einer Nation, 87, 101 f.

203 *Feldhoff*, in Schwegmann, Bewährungsproben einer Nation, 171, 172.

204 *Kreß*, in: Schwegmann, Bewährungsproben einer Nation, 87, 101 f.

205 *Feldhoff*, in: Schwegmann, Bewährungsproben einer Nation, 171, 172 f.

206 Siehe das 4. Kapitel unter E.II.

207 *Giegerich*, in: Schwegmann, Bewährungsproben einer Nation, 55, 61 f. u. 64.

208 *Giegerich*, in: Schwegmann, Bewährungsproben einer Nation, 55, 62.

209 Insgesamt weisen acht der derzeitigen Auslandseinsätze der Bundeswehr Ausbildungselemente auf. Siehe oben unter B.II.

Charakters eines Kampfeinsatzes darzustellen.[210] Einerseits ist eine „einsatznähere militärische Beratung und Ausbildung der malischen Soldatinnen und Soldaten" vorgesehen.[211] Hierzu sollen Anwesenheiten deutscher Einsatzkräfte bis in die „Einheitsebene" sichergestellt werden. Die Tätigkeiten der malischen Soldatinnen und Soldaten sollen auch im Hinblick auf die Achtung der Menschenrechte und das humanitäre Völkerrecht evaluiert werden.[212] Andererseits soll eine Beteiligung an Kampfeinsätzen ebenso wie eine operative Beteiligung an dem französischen Kampfeinsatz Barkhane ausdrücklich ausgeschlossen bleiben.[213] Die fehlenden „Exekutivbefugnisse" der Einsatzkräfte werden gleich an fünf Stellen im Antrag hervorgehoben. Die Ausbildung soll einzig an „gesicherten Orten" stattfinden. Offen bleibt, wie unter diesen Umständen eine einsatznahe Evaluierung der Einhaltung der Menschenrechte und des humanitären Völkerrechts gelingen kann. Deutlich wird insbesondere, dass eine effiziente Ausbildungstätigkeit möglichst praxisnah ausgeführt werden muss. Die Praxis von Sicherheitskräften besteht gerade in Konfliktgebieten in Kampfhandlungen. Eine trennscharfe Abgrenzung zwischen Ausbildungs- und Kampfeinsatz ist kaum (mehr) möglich.

---

210 Bt.-Drs. 19/19002, S. 6.
211 Bt.-Drs. 19/19002, S. 6.
212 Bt.-Drs. 19/19002, S. 6.
213 Bt.-Drs. 19/19002, S. 2, 6 u. 8.

2. Kapitel – Der Einsatz der Bundeswehr nach den Regeln des ius contra bellum

Die Rechtmäßigkeit eines Auslandseinsatzes der Bundeswehr ist auf der Grundlage sowohl des Verfassungs- als auch des Völkerrechts zu beurteilen. Nach der herrschenden gemäßigten dualistischen Lehre sind Völkerrecht und nationales Recht grundsätzlich zwei voneinander zu trennende Rechtsordnungen.[214] Beide Rechtsordnungen stehen indes nicht bezugslos nebeneinander – vielmehr bestehen an verschiedenen Stellen gemeinsame Regelungsbereiche.[215] Von Interesse für den Untersuchungsgegenstand ist im Besonderen das Zusammenwirken der beiden Rechtsordnungen im Bereich des extraterritorialen Einsatzes des Militärs. Sowohl das Völker- als auch das Verfassungsrecht weisen diesbezüglich rechtsverbindliche Regeln auf. Der bereits im Titel der Bearbeitung anklingenden Prämisse, dass beide Rechtsordnungen im Hinblick auf die entsprechenden normativen Vorgaben für einen Militäreinsatz nicht völlig kongruent sind, sondern weitergehende oder restriktivere Regelungen vorsehen, soll in den folgenden Kapiteln nachgegangen werden. Ziel ist es, in einem ersten Schritt eine umfassende völkerrechtliche Bewertung zu erstellen, um diese in einem zweiten Schritt der verfassungsrechtlichen Bewertung gegenüberstellen zu können.[216]

---

214 *BVerfGE* 111, 307 (318); *Schöbener*, „Völkerrecht und nationales Recht", in: ders., Völkerrecht, S. 518; *Herdegen*, in: Maunz/Dürig, GG, Art. 25 [Stand: Mai 2016], Rn. 4 f.

215 *Schöbener*, „Völkerrecht und nationales Recht", in: ders., Völkerrecht, S. 518. Im Gegensatz dazu gingen Vertreter des sog. radikalen Dualismus davon aus, dass zwischen beiden Rechtskreisen keinerlei Schnittmenge bestünde, siehe *Schöbener*, ebenda, S. 517.

216 Für diesen Zweck muss die Analyse zwingend mit der völkerrechtlichen Betrachtung beginnen. Eine Aussage über das Verhältnis der beiden Rechtsgebiete zueinander geht mit dieser rein aufbautechnischen Überlegung indes nicht einher. Insbesondere ist der gewählte Aufbau nicht als Ausdruck der Theorie des Monismus mit Primat des Völkerrechts zu verstehen, welche dem Völkerrecht gegenüber dem nationalen Recht den Vorrang einräumt, siehe hierzu *Schöbener*, „Völkerrecht und nationales Recht", in: ders., Völkerrecht, S. 516. Ebenso wenig kommt dem Völkerrecht – vergleichbar dem Recht der Europäischen Union gegenüber dem Recht der Mitgliedstaaten – Anwendungsvorrang vor grundgesetzlichen Bestimmungen zu. Auf die Beeinflussung des Grundgesetzes durch das Völkerrecht wird ausführlich im 5. Kapitel A. eingegangen werden.

Nachfolgend werden zunächst einige Ausgangsüberlegungen zu dem besonderen Charakter des Völkerrechts im Vergleich zum nationalen Recht angestellt (A.). Im Anschluss folgt eine Untersuchung der wesentlichen Grundsätze des universellen Gewaltverbots (B.) sowie der bestehenden Ausnahmen (C.). Ein besonderes Augenmerk wird dabei auf die Einsätze der Bundeswehr in Syrien und im Irak gelegt werden. In diesen zeichnen sich nicht nur einige aktuelle Entwicklungen des Friedenssicherungsrechts ab, vielmehr trägt das Verhalten zahlreicher in den Konflikt eingreifender Staaten (einschließlich Deutschlands) zu der Fortentwicklung dieses Teilgebiets der Völkerrechtsordnung bei.

A. Ausgangsüberlegung: Der Charakter des Völkerrechts

Die internationale Rechtsordnung ist im Vergleich zu der nationalen Rechtsordnung Deutschlands von einigen Besonderheiten geprägt. Etwaige Unterschiede der rechtlichen Maßstäbe sind vor dem Hintergrund der Eigenheit der Völkerrechtsordnung zu beurteilen. Im Ausgangspunkt soll daher der vom Verfassungsrecht abweichende Charakter der Völkerrechtsordnung verdeutlicht werden.

I. Unterschiede und Gemeinsamkeiten des Völker- und Verfassungsrechts

Die internationale Rechtsordnung ist nicht darauf angelegt, sich möglichst parallel zu nationalen Rechtsordnungen souveräner Staaten zu entwickeln.[217] Die Rolle der UN ist gerade nicht die einer Weltregierung;[218] auch die Rolle einer Weltpolizei oder die eines Weltgerichtes ist den Vereinten Nationen fremd.[219] Der Sicherheitsrat bietet den Staaten beileibe nicht den Schutz, welchen der Nationalstaat seinen Bürgern versprochen hat und konstant zu gewähren verpflichtet ist. Obgleich auch der Nationalstaat im Angesichte neuartiger Bedrohungslagen, wie der des transnationalen Terrorismus, seinem Volk keine absolute Sicherheit mehr gewähren können wird.[220]

217 *Lowe/et al.*, in: dies., The United Nations Security Council and War, 1, 17.
218 *Schöbener/Knauff*, Allgemeine Staatslehre, § 7, Rn. 22 f.
219 *Greenstock*, in: Lowe/et al., The United Nations Security Council and War, 248, 250.
220 *Rühle*, in: Schwegmann, Bewährungsproben einer Nation, 13, 23 f.

1. *Der koordinationsrechtliche Charakter des Völkerrechts*

Während Nationalstaaten den Ursprung des Rechts in der Regel aus einer Verfassung ableiten, resultiert die Geltung des Völkerrechts aus einer anderen Quelle – dem Konsensprinzip.[221] Sowohl die Entstehung als auch die Geltung des Völkerrechts entspringen dem Willen der Staaten. Dieser Befund ist Ausdruck des koordinationsrechtlichen Charakters des Völkerrechts.[222] Staaten stehen sich in souveräner Gleichheit gegenüber (völkervertraglich in Art. 2 Abs. 1 SVN geregelt), ihnen und der UNO (völkervertraglich in Art. 2 Abs. 7 SVN geregelt) ist es verboten, in die inneren Angelegenheiten eines anderen Staates einzugreifen.[223] Ein Hierarchieverhältnis zwischen den Staaten – wie es das nationale Recht zwischen Staat und Bürger vorsieht – kennt das Völkerrecht nicht.[224]

2. *Der dezentrale Charakter des Völkerrechts*

Eng verknüpft mit der koordinationsrechtlichen Erscheinung des Völkerrechts ist dessen dezentraler Charakter. Insbesondere mangelt es der Völkerrechtsordnung an zentralen Instanzen, die für die Durchsetzung des Völkerrechts sorgen;

---

221 *Schöbener/Knauff*, Allgemeine Staatslehre, § 7, Rn. 2.

222 *Verdross/Simma*, Universelles Völkerrecht, S. 33 f.

223 Das Interventionsverbot ist in der UN-Charta nicht ausdrücklich geregelt. Es wird jedoch von dem Grundsatz der souveränen Gleichheit der Staaten umfasst, siehe *Schöbener*, „Interventionsverbot“, in: ders., Völkerrecht, S. 239. In Art. 2 Abs. 7 SVN wird der Grundsatz des Art. 2 Abs. 1 SVN von dem an die UNO adressierten Verbot der Intervention in innere Angelegenheiten flankiert. Zu dem Zusammenhang von Art. 2 Abs. 1 SVN und Art. 2 Abs. 7 SVN siehe *Verdross/Simma*, Universelles Völkerrecht, S. 164; zur Konkretisierung des Inhalts des Interventionsverbots siehe auch die Untersuchung von *Nolte*, Eingreifen auf Einladung, S. 165 ff.

224 Wenngleich in der Literatur zunehmend eine Konstitutionalisierung der Völkerrechtsordnung in gewissen Bereichen diskutiert wird, *Kadelbach*, in: ZaöRV 2007, 599, 609 u. 616 beobachtet im Hinblick auf das Forschungsinteresse in der deutschen Wissenschaft als „Leitmotiv, die Idee von einer konstitutionalisierten, einheitlich gesehenen Völkerrechtsordnung“; der „Konstitutionalisierungsprozess im modernen Völkerrecht“ wird bspw. bei *v. Arnauld*, Völkerrecht, § 1, ab Rn. 29 beleuchtet; *Franck*, Recourse to Force, S. 5 erkennt in der in Art. 103 SVN angeordneten Vorrangstellung der Charta gegenüber widersprechenden anderen internationalen Übereinkünften ein „quasi constitutional feature“ der UN-Charta, welches sich auch in den im Vergleich zu anderen völkerrechtlichen Verträgen untypischen Durchsetzungsmechanismen zur Erreichung der Vertragsziele offenbart, *Franck*, ebenda, S. 7; zu den Auswirkungen eines konstitutionellen Ansatzes auf die Auslegung der SVN *Kadelbach*, in: Simma/et al., The Charter of the UN, Band 1, S. 73, Rn. 3 u. 19 ff.

so fehlt es auch an einer „Weltpolizei", die völkerrechtswidrige Gewaltanwendungen ahnden könnte.[225] Die Durchsetzung des Völkerrechts hängt (auch im Rahmen internationaler Organisationen) von einem diesbezüglichen Willen der Staaten ab.[226] Auch fehlt es an weiteren zentralen Organen, die mit den ausgereiften nationalstaatlichen Organen vergleichbar sind. Im Ausgangspunkt unterliegen Staaten keiner Justiziabilität eines internationalen Gerichtes. Sofern Staaten sich der Gerichtsbarkeit internationaler Gerichte unterwerfen, beruht dies, dem Konsensprinzip entsprechend, auf einem freiwilligen und souveränen Entschluss eines jeden Staates.[227] Deutschland hat sich der Gerichtsbarkeit des IGH unterworfen, allerdings vorbehaltlich von Streitigkeiten hinsichtlich des Einsatzes der Bundeswehr im Ausland.[228] Der fehlende zentrale Charakter der Völkerrechtsordnung führt dazu, dass der Rechtscharakter der Völkerrechtsordnung immer wieder in Zweifel gezogen wird.[229] Hieran leidet das Ansehen der Völkerrechtsordnung gerade in Bezug auf militärische Fragen.[230] Anknüpfungspunkt der Bedenken am Rechtscharakter der Völkerrechtsordnung sind häufig

---

225 Eine solche ist bereits aufgrund des koordinationsrechtlichen Charakters der internationalen Rechtsordnung nur dann vorstellbar, wenn die Staaten sich hierauf einigen. Eine Tendenz zur zunehmenden Konstitutionalisierung der internationalen Rechtsordnung kann so bspw. im Hinblick auf die Schaffung zentraler (Straf-) Gerichtsbarkeiten erkannt werden, *Kotzur*, in: DÖV 2002, 195, 196.

226 *Hakimi/Katz Cogan*, in: EJIL 2016, 257, 263 f.

227 Zu der maßgeblichen Rolle nationaler (Verfassungs-)Gerichte bei der Weiterentwicklung der Völkerrechtsordnung siehe *Kotzur*, in: DÖV 2002, 195, 200 f.

228 Bt.-Drs. 16/9218, Anlage; zu der Frage der Sinnhaftigkeit eines solchen Vorbehalts ist es zuvor in der vom Rat der Deutschen Gesellschaft für Völkerrecht eingesetzten Studiengruppe zu kontroversen Diskussionen gekommen, siehe *Bothe/Klein*, in: ZaöRV 2007, 825, 836 ff. Letztlich konnte die Studiengruppe in dieser Hinsicht keine Einigkeit erzielen, *Bothe/Klein*, ebenda, 840.

229 Einen Überblick zu dem Meinungsstand jener Kritiker, die an eben diesem Rechtscharakter des Völkerrechts zweifeln oder ihn gar leugnen (sog. Völkerrechtsleugner) liefert *Wiegandt*, in: ZaöRV 2011, 31, 40 ff.; auch im heutigen Jahrtausend neigen einige Stimmen dazu, das Völkerrecht nach schwerwiegenden Krisen für „tot zu erklären". Begrifflich angelehnt an den von *Frowein* in der FAZ v. 23.7.2003, S. 6 verfassten Artikel, „Ist das Völkerrecht tot?", der einer solchen von anderen Stimmen geäußerten Annahme entschieden widerspricht.

230 So spricht der amerikanische Völkerrechtler *Glennon* in der FAZ v. 25.6.2003, S. 7 die praktische Wirkung des Gewaltverbots der UN-Charta ab, indem er konstatiert, das UN-System habe gemessen am eigenen Maßstab versagt. Die Gründe für das angebliche Versagen führt dieser auf das Fehlen einer „zentralen Autorität" zurück.

Überlegungen, die mit dem Gewaltverbot des Art. 2 Abs. 4 SVN zusammenhängen.[231] In dem dezentralen Charakter liegen zwar Durchsetzungsprobleme begründet, doch resultiert er unweigerlich aus dem Grundsatz der souveränen Gleichheit aller Staaten und ist mithin in der DNA der Völkerrechtsordnung angelegt.[232]

3. *Der hochpolitische Charakter des Völkerrechts*

Zudem zeichnet sich das Völkerrecht durch seinen hochpolitischen Charakter aus; insbesondere die zur Entstehung von Völkergewohnheitsrecht beitragende, von den Staaten kundgetane Rechtsüberzeugung ist oft politisch motiviert oder lässt sich nur schwer von politischen Argumenten trennen.[233] Mit dem Souveränitätsbegriff ist ein zentraler Begriff der UN-Charta auch politisch geprägt.[234] Während sich das Völkerrecht aufgrund seines politischen Charakters von einem Großteil der nationalen Rechtsordnung unterscheidet, können auf der

---

231 Exemplarisch *Franck*, in: AJIL 1970, 809, in dessen Überschrift seines Aufsatzes in Großbuchstaben gefragt wird: „Who killed Article 2(4)?". Gleich auf der ersten Seite ist sodann zu lesen: „Yet today the high-minded resolve of Article 2(4) mocks us from its grave"; zumeist wird unterdessen bereits verkannt, dass normative und faktische Geltung von Recht zwei völlig unterschiedliche Bedeutungen haben, siehe hierzu (in Bezug auf innerstaatliche Verträge) *Larenz/Canaris*, Methodenlehre der Rechtswissenschaft, S. 21; vermischt werden beide bei *Hakimi/Katz Cogan*, in: EJIL 2016, 257; erwähnenswert ist überdies die Tatsache, dass kein Staat die Geltung des universellen Gewaltverbots als solches in Frage stellt. Vielmehr sind die argumentativen Bemühungen der Staaten darauf ausgerichtet, entweder die mangelnde Einschlägigkeit des Tatbestands im konkreten Fall herauszustellen (*Dörr*, „Use of Force, Prohibition of", in: Wolfrum, MPEPIL, Rn. 2, online [Stand September 2015]; *Schadtle*, in: JURA 2009, 686, 695) oder das entsprechende Verhalten nach der UN-Charta zu rechtfertigen, *Tams*, in: EJIL 2009, 359, 382.

232 *Verdross/Simma*, Universelles Völkerrecht, S. 34.

233 Ein lehrreiches Beispiel hierfür liefert die Reaktion der Bundeskanzlerin auf die Luftschläge der USA, des Vereinigten Königreichs und Frankreichs im April 2018 als Reaktion auf den abermaligen Giftgaseinsatz des syrischen Regimes. Bundeskanzlerin Merkel bezeichnete das Vorgehen der drei ständigen Sicherheitsratsmitglieder als „erforderlich und angemessen", siehe FAZ v. 15.4.2018, S. 1. Dem hiermit in Verbindung stehenden Problem der humanitären Intervention widmen sich die Ausführungen unter C.III.

234 *Fassbender*, in: Simma/et al., The Charter of the UN, Band 1, Art. 2 (1), Rn. 75; *Verdross/Simma*, Universelles Völkerrecht, S. 30 f. stellen dem völkerrechtlichen Souveränitätsbegriff einen „vagen" politischen Souveränitätsbegriff gegenüber.

verfassungsrechtlichen Ebene einige Parallelen ausgemacht werden. Insbesondere im wehrverfassungsrechlichen Bereich kann mit der Auslegung der Verfassung ein hohes Maß an politischer Tragweite einhergehen.[235] Überdies kann der politische Charakter der Wehrverfassung daran erblickt werden, dass es in den das Wehrverfassungsrecht tangierenden Diskussionen zuweilen schwerfällt, rechtliche und politische Argumente auseinanderzuhalten.[236] Vor dem Hintergrund, dass die gesetzlichen Grundlagen den Rahmen der Ausrichtung des Militärs vorgeben und die Militärpolitik die Außenpolitik eines Staates wesentlich beeinflusst, kann auch die Zurückhaltung des verfassungsändernden Gesetzgebers in diesem Bereich[237] erklärt werden. So leiden sowohl das Wehrverfassungsrecht als auch das völkerrechtliche Friedenssicherungsrecht unter der oft schwierigen und zähen politischen Entscheidungsfindung.

II. Der durch die völkerrechtliche Methodik bedingte dynamische Charakter der Völkerrechtsordnung

Aus den zuvor dargestellten Divergenzen der beiden Rechtsordnungen ergibt sich ein unterschiedliches Maß an Flexibilität, um auf neuartige Bedrohungsszenarien reagieren zu können. Im Ausgangspunkt sind die Voraussetzungen für die Änderung der ausdrücklich niedergeschriebenen Rechtsquellen – dem Grundgesetz auf nationaler und der UN-Charta auf internationaler Ebene – vergleichbar hoch.[238] Der koordinationsrechtliche Charakter der Völkerrechtsordnung verleiht dieser gegenüber der verfassungsrechtlichen Lage aber ein deutlich höheres Maß an Flexibilität.

---

235 In diesen Fällen wird es an typischen und sich regelmäßig wiederholenden Vergleichsfällen, wie sie etwa bei Verfassungsbeschwerden vorzukommen pflegen, fehlen. Die Einstellung von Folgeerwägungen in die Auslegung des Grundgesetzes ist dann unverzichtbar, siehe *Larenz/Canaris*, Methodenlehre der Rechtswissenschaft, S. 185. Den Folgeerwägungen ist der Gedanke der Wahrung oder Optimierung der Funktionstüchtigkeit des Rechtsstaates zugrunde zu legen, siehe *Larenz/Canaris*, ebenda, S. 185, die aber explizit betonen, dass es sich auch bei diesen bundesverfassungsgerichtlichen Entscheidungen um solche „spezifisch rechtlicher und nicht politischer Art" handelt.

236 Siehe hierzu im Besonderen die Ausführungen im 1. Kapitel unter D. Gerade die Bundesregierung bemüht zur Rechtfertigung von Auslandseinsätzen hauptsächlich politische Argumente.

237 Siehe hierzu 1. Kapitel C.I.

238 Die UN-Charta stellt mit den extrem hohen Anforderungen des Art. 108 SVN eine beinahe unüberwindbare Hürde auf. Auch das GG fordert in Art. 79 Abs. 2 eine Zweidrittelmehrheit der Stimmen im Bundestag und im Bundesrat.

1. *Auslegung völkerrechtlicher Verträge nach Art. 31 Abs. 3 lit. a und b WVK*

So spiegelt sich das koordinationsrechtliche Verhältnis der Staaten nicht nur auf der primären Ebene der Rechtssetzung wider, sondern in besonderem Maße im Rahmen der Auslegung völkerrechtlicher Verträge. Diese richtet sich primär nach der in Art. 31 Wiener Vertragsrechtskonvention (WVK)[239] völkervertraglich kodifizierten allgemeinen Auslegungsregel und subsidiär nach Art. 32 WVK. Als kodifiziertes Völkergewohnheitsrecht finden die Regelungen auch auf Verträge Anwendung, die vor der Entstehung der Wiener Vertragsrechtskonvention in Kraft getreten sind[240] – insbesondere also auch auf die Satzung der Vereinten Nationen.[241] Maßgebliche Bedeutung ist den völkergewohnheitsrechtlich gleichlautenden Art. 31 Abs. 3 lit. a und b WVK beizumessen, durch welche Staaten anerkanntermaßen dazu befähigt sind, das selbst gesetzte Vertragsrecht nachträglich sehr weitgehend zu beeinflussen. Bei der Auslegung finden die neben den auch im nationalen Recht bekannten Auslegungsregeln des Wortlauts, der Systematik sowie des Telos „in gleicher Weise" sowohl „jede spätere Übereinkunft zwischen den Vertragsparteien über die Auslegung des Vertrages [...]" als auch „jede spätere Übung bei der Anwendung des Vertrags, aus der die Übereinstimmung der Vertragsparteien über seine Auslegung hervorgeht" Berücksichtigung. Beachtlich und den Effekt dieser primären – als authentisch bezeichneten – Auslegungsmethode zusätzlich verstärkend wirkt der Umstand, dass entsprechende Änderungen nicht von vorneherein im Wortlaut des Vertrages eine Grenze finden.[242] Denkbar ist gar, dass sich auf diese Weise eine

---

239 BGBl. 1985 II S. 927.

240 Siehe *Dörr*, in: ders./Schmalenbach, VCLT, A Commentary, Art. 31, Rn. 6 f. und Art. 32, Rn. 3; auch der IGH geht von einer solchen völkergewohnheitsrechtlichen Geltung aus, siehe *Villiger*, Commentary on the 1969 Vienna Convention on the Law of Treaties, Art. 31, Rn. 37 m.w.N.

241 Nach Art. 4 WVK entfaltet die für Deutschland 1980 in Kraft getretene WVK (BGBl. 1985 II S. 927) keine Rückwirkung auf Verträge, die vor ihrem Inkrafttreten geschlossen wurden. Auf die Charta der UN ist die WVK demnach nicht anwendbar. Diesbezüglich bedarf es eines Rückgriffs auf den völkergewohnheitsrechtlichen Gehalt der völkervertraglich kodifizierten Normen der WVK, siehe auch *Kadelbach*, in: Simma/et al., The Charter of the UN, Band 1, S. 75, Rn. 8. Im Folgenden wird stets auf den gleichlautenden völkergewohnheitsrechtlichen Inhalt der Art. 31 und 32 WVK abgestellt, ohne dies jedes Mal explizit kenntlich zu machen.

242 *Villiger*, Commentary on the 1969 Vienna Convention on the Law of Treaties, Art. 31, Rn. 16 u. 23; *Starski*, in: DÖV 2018, 85, 87; *Dörr*, in: ders./Schmalenbach, VCLT, A Commentary, Art. 31, Rn. 4.

weitere Ausnahme zur unilateralen Gewaltanwendung neben Art. 51 SVN entwickelt, obgleich die entsprechende Übung der Staaten hierfür überwältigend sein müsste.[243] Staaten als Herren der Verträge sind auf diese Weise dazu in der Lage, einer Bestimmung eines Vertrages ein gänzlich neuartiges Verständnis zuzuweisen.[244] Zusätzlich geht mit einer späteren Übereinkunft oder Übung der Vertragsparteien bei der Anwendung des Vertrages eine besondere Glaubwürdigkeit einher, sind es doch die Normsetzer selbst, die hierdurch das Verständnis des Textes vorgeben.[245] Der besonderen Hervorhebung bedarf die Feststellung, dass mit „Übereinstimmung der Vertragsparteien" nicht gemeint ist, dass alle Parteien des Vertrages aktiv an der Etablierung einer gewissen späteren Praxis teilgenommen haben müssen, sondern auch die (stillschweigende) Akzeptanz der durch andere Vertragsstaaten etablierten Praxis durch nicht aktiv gewordene Staaten ausreicht, um von einer nachträglichen Übung der Vertragsparteien ausgehen zu können.[246] Durch das auf diese Weise etablierte Normverständnis sind folgerichtig auch alle Vertragsparteien gebunden und nicht nur jene Staaten, die aktiv zu dem geänderten Verständnis einer Norm beigetragen haben.[247]

2. Historische Auslegung völkerrechtlicher Verträge als subsidiäres Auslegungsmittel

Die historische Auslegung stellt im Gegensatz zum nationalen Recht nach dem völkergewohnheitsrechtlichen Inhalt des Art. 32 lit. a WVK ausdrücklich ein ergänzendes, also ein auch zu der späteren Übung der Vertragsparteien subsidiäres Auslegungsmittel dar. Auf die „vorbereitenden Arbeiten und die Umstände des Vertragsschlusses" kommt es nur dann an, wenn die Auslegung nach den allgemeinen, auch völkergewohnheitsrechtliche Geltung beanspruchenden Auslegungsregeln des Art. 31 WVK kein eindeutiges Ergebnis liefert.[248] Hierdurch

---

243 *Randelzhofer/Nolte*, in: Simma/et al., The Charter of the UN, Band 2, Art. 51, Rn. 4.

244 *Villiger*, in: Cannizzaro, The Law of Treaties, 105, 111.

245 *Villiger*, Commentary on the 1969 Vienna Convention on the Law of Treaties, Art. 31, Rn. 16.

246 *Dörr*, in: ders./Schmalenbach, VCLT, A Commentary, Art. 31, Rn. 83 u. 87; *Villiger*, in: Cannizzaro, The Law of Treaties, 105, 111; ein Problem von maßgeblicher Relevanz stellt in diesem Kontext die Auswirkungen staatlichen Schweigens dar, siehe hierzu unten im Rahmen der Untersuchung der Zulässigkeit einer humanitären Intervention nach geltendem Völkerrecht unter C.III.5.d.

247 *Dörr*, in: ders./Schmalenbach, VCLT, A Commentary, Art. 31, Rn. 83.

248 Siehe Art. 32 lit. a WVK. Daneben kommt die historische Auslegung nach lit. b auch dann zur Anwendung, wenn aus der primären Auslegung ein „offensichtlich

ist die völkerrechtliche Vertragsauslegung durch eine besondere Dynamik gekennzeichnet; das Normverständnis basiert stets auf dem Vertragstext und kann durch eine umfassende Staatenpraxis nachträglich sehr weitgehend beeinflusst werden, während die Intention der vertragsschließenden Parteien zum Zeitpunkt des Vertragsschlusses nur nachrangig unter zusätzlichen Bedingungen Berücksichtigung findet.[249] Dem völkerrechtlichen Teil der Untersuchung dieser Ausarbeitung wird im Folgenden der textbasierte Ansatz des Art. 31 WVK zugrunde gelegt.[250] Hiervon strikt zu trennen sind rein politische Argumentationslinien, sofern diese keinerlei rechtlichen Gehalt aufweisen. Weitere Interpretationsgrundsätze, wie bspw. Umkehrschlüsse, das Effektivitätsprinzip oder der Grundsatz der engen Auslegung von Ausnahmen, hängen entweder mit einer der primären Auslegungsmethoden nach Art. 31 WVK zusammen oder sind unter Umständen als ergänzendes Auslegungsmittel nach Art. 32 WVK heranzuziehen.[251]

3. *Völkergewohnheitsrecht als dynamisches Element der Rechtsentwicklung*

Überdies wird die Flexibilität des internationalen Rechts durch die Rechtsquelle des Völkergewohnheitsrechts zusätzlich forciert; hier wird das Paradoxon erkennbar, dass aus einem heutigen Völkerrechtsverstoß in der Zukunft normative Geltung beanspruchendes Völkergewohnheitsrecht entstehen kann.[252]

---

sinnwidriges oder unvernünftiges Ergebnis“ resultiert. Dass die Bewertung, ob ein eindeutiges Ergebnis vorliegt, stets mit einem gewissen Ermessensspielraum des Auslegenden einhergeht, betont *Dörr*, in: ders./Schmalenbach, VCLT, A Commentary, Art. 32, Rn. 34 ähnlich wie *Le Bouthillier*, in: Corten/Klein, VCLT, A Commentary, Band 1, Art. 32, Rn. 9–12.

249 Siehe *Le Bouthillier*, in: Corten/Klein, VCLT, A Commentary, Band 1, Art. 32, Rn. 9 und zu den Gründen für die Nachrangigkeit der historischen Auslegungsmethode *Le Bouthillier*, ebenda, Rn. 32–38.

250 Zu den einzelnen Elementen des Art. 31 WVK siehe *Dörr*, in: ders./Schmalenbach, VCLT, A Commentary, Art. 31, Rn. 38–61.

251 Erstere Variante befürwortet *Dörr*, in: ders./Schmalenbach, VCLT, A Commentary, Art. 31, Rn. 33–36; als „rational techniques of interpretation“ fasst *Villiger*, in: Cannizzaro, The Law of Treaties, 105, 112 f. diese unter bestimmten Umständen unter Art. 32 WVK.

252 *Wiegandt*, in: ZaöRV 2011, 31, 66; *Starski*, in: DÖV 2018, 85, 87; dies spielt in besonderem Maße bei Rechtfertigungsversuchen auf der Grundlage der Rechtsfigur der humanitären Intervention eine Rolle, siehe unten unter C.III.; speziell zum Syrien-Konflikt *Akande*, The Legality of Military Action in Syria: Humanitarian Intervention and Responsibility to Protect, in: EJIL:Talk! v. 28.8.2013, abrufbar

Müssen das Völkerrecht wie das nationale Recht gleichermaßen mit sich ständig wandelnden Bedrohungslagen zurechtkommen, scheint die Völkerrechtsordnung durch ihre Eigenheiten für diese große Herausforderung besonders gerüstet. Letztlich können erhebliche Änderungen der internationalen Praxis seit 1945 festgestellt werden,[253] ohne dass es zu einer Änderung des zugrundeliegenden Völkervertragsrechts (UN-Charta) gekommen ist. So beteuern die Staaten der Weltgemeinschaft in ihrem World Summit Outcome Document von 2005, dass „the relevant provisions of the Charter are sufficient to address the full range of threats to international peace and security."[254]

III. Fazit der Ausgangsüberlegung

Als Ergebnis des skizzierten Vergleichs des Verfassungs- und Völkerrechts kann als größter Unterschied der abweichende Ursprung der jeweiligen Rechtsquelle festgehalten werden. Der hieraus resultierende koordinationsrechtliche Charakter verleiht der Völkerrechtsordnung das erforderliche Maß an Flexibilität, um auf den zeitlichen Wandel einerseits und die Starrheit der UN-Charta andererseits reagieren zu können. Diese Flexibilität wird insbesondere auch in den von der Wiener Vertragsrechtskonvention vorgesehenen Auslegungsregeln deutlich (Art. 31 Abs. 3 lit. a und b und Art. 32 WVK).[255] Dogmatischer Anknüpfungspunkt für die Bewertung der Rechtmäßigkeit eines Auslandseinsatzes der Bundeswehr, der beispielsweise auf die Terrorismusbekämpfung zielt, wird an vielen Stellen die spätere Übung der Staaten bei der Anwendung der Bestimmungen der UN-Charta sein. Auch wenn zunehmende zentrale Durchsetzungsmechanismen in der Völkerrechtsordnung beobachtet werden können, unterscheiden sich die beiden Rechtsordnungen an dieser Stelle nach wie vor erheblich. Andererseits kann der politische Charakter des Völkerrechts auch auf wehrverfassungsrechtlicher Ebene ausgemacht werden.

---

unter: https://www.ejiltalk.org/humanitarian-intervention-responsibility-to-protect-and-the-legality-of-military-action-in-syria/ [zuletzt abgerufen am 15.5.2020].

253 Siehe *Blokker*, in: Weller, Oxford Handbook of the Use of Force in International Law, 179, 199.

254 A/RES/60/1.

255 Die Methodengeleitetheit des Völkerrechts stellt eine Gemeinsamkeit zu der deutschen Rechtsordnung dar. Bemerkenswert dabei erscheint, dass diese Methodik im Unterschied zum nationalen Recht (Deutschlands) sogar positivrechtlich in einem völkerrechtlichen Vertrag ausbuchstabiert ist, siehe auch *Villiger*, in: Cannizzaro, The Law of Treaties, 105, 122.

B. Das universelle Gewaltverbot als Grundpfeiler des Friedenssicherungsrechts

Die völkerrechtliche Bewertung gewaltsamer Auslandseinsätze der Bundeswehr findet ihren Ausgangspunkt in dem universellen Gewaltverbot, wie es völkervertraglich in Art. 2 Abs. 4 SVN niedergelegt ist; dort heißt es:

„All Members shall refrain in their international relations from the threat or use of force against the territorial integrity or political independence of any state, or in any other manner inconsistent with the Purposes of the United Nations."

Das auch universell völkergewohnheitsrechtlich unumstrittene Gewaltverbot[256] stellt als einer der „cornerstones of the modern international legal order"[257] zwingendes, d.h. nicht durch spätere völkerrechtliche Verträge abänderbares,[258] Völkergewohnheitsrecht dar. War es bis nach Ende des Zweiten Weltkrieges nicht gelungen, ein auf internationaler Ebene universell gültiges Gewaltverbot zu etablieren, markiert Art. 2 Abs. 4 SVN den Beginn einer neuen völkerrechtlichen Epoche.[259] Im Folgenden wird eingangs die Reichweite des Tatbestandes

---

256 *IGH*, Nicaragua vs. USA (Case Concerning Military and Paramilitary Activities in and Against Nicaragaua), I.C.J. Reports 1986, Ziff. 188; *ILA*, Final Report on Aggression and the Use of Force, Sydney Conference 2018, S. 2 f.

257 In Anlehnung an den *IGH*, Democratic Republic of the Congo vs. Uganda (Case Concerning Armed Activities on the Territory of the Congo), I.C.J. Reports 2005, Ziff. 148, *Randelzhofer/Dörr*, in: Simma/et al., The Charter of the UN, Band 1, Art. 2 (4), Rn. 1; selbiger Wortlaut auch bei *Dörr*, „Use of Force, Prohibition of", in: Wolfrum, MPEPIL, Rn. 1, online [Stand September 2015].

258 Dies ergibt sich aus Art. 53 S. 1 WVK, der verlautbart, dass „[e]in Vertrag […] nichtig [ist], wenn er im Zeitpunkt seines Abschlusses im Widerspruch zu einer zwingenden Norm des allgemeinen Völkerrechts steht"; *Orakhelashvili*, in: Weller, The Oxford Handbook of the Use of Force in International Law, 157, 175 betont die Relevanz dieser Feststellung für die sehr beschränkte Möglichkeit der Abänderung der Norm durch nachträgliches Völkergewohnheitsrecht.

259 Dies spiegelt sich in besonderer Weise in dem Wortlaut des Art. 2 Abs. 4 SVN wider. Der bis dahin für das ius ad bellum zentralen Begriff des Krieges („war") wird durch den Begriff der Gewalt („force") ersetzt. Parallel hierzu wird der Kriegsbegriff im Teilrechtsgebiet des ius in bello durch den Begriff des bewaffneten Konflikts („armed conflict") substituiert. Auf die subjektive Ansicht eines Staates, ob eine Situation den Eintritt in den Kriegszustand bedeutet, kommt es im Friedenssicherungsrecht mithin nicht mehr an. Damit wurde auch auf eine bedeutsame Schwäche des Briand-Kellogg-Paktes reagiert, dessen Hinwirken auf einen Kriegsverzicht in den internationalen Beziehungen dadurch umgangen wurde, dass Staaten in der Zwischenkriegszeit dazu übergingen, kriegerische Handlungen nicht mehr als solche zu benennen, siehe

des Art. 2 Abs. 4 SVN untersucht (I.), bevor die Grundlagen der Intervention auf Einladung sowie deren Wirkung auf den Tatbestand des Gewaltverbots erörtert werden (II.).

I. Extensiver Tatbestand und umfassende Geltung des Art. 2 Abs. 4 SVN

Das universelle Gewaltverbot bindet einzig Staaten; nicht-staatliche Akteure sind nicht Adressat des Art. 2 Abs. 4 SVN.[260] Nicht durch den Territorialstaat[261] autorisierte Militärschläge gegen nicht-staatliche Akteure (etwa gegen terroristische Vereinigungen) fallen dennoch in den Anwendungsbereich des Gewaltverbots, solange diese auf dem Gebiet eines Drittstaates stattfinden.[262]

1. *Keine wortlautimmanenten Ausnahmen in Art. 2 Abs. 4 SVN*

Einen Blick in den Wortlaut des Art. 2 Abs. 4 SVN werfend, liegt zunächst der Schluss nahe, bereits auf Tatbestandsebene Ausnahmen von dem Verbot der zwischenstaatlichen Gewaltanwendung zuzulassen. Möglicherweise fallen jene Arten unilateraler Gewaltanwendung nicht unter das Verbot, die eine mit den Zielen der Vereinten Nationen *vereinbare* Gewaltanwendung oder -androhung darstellen. Eben solche könnten nach der Semantik der Verbotsnorm in Handlungen erblickt werden, welche nicht „gegen die territoriale Unversehrtheit oder die politische Unabhängigkeit eines Staates" gerichtet sind.[263]

Schrijver, in: Weller, The Oxford Handbook of the Use of Force in International Law, 465, 468 f.

260 *Henderson*, The Use of Force and International Law, S. 22; *Dörr*, „Use of Force, Prohibition of", in: Wolfrum, MPEPIL, Rn. 26, online [Stand September 2015]; *Randelzhofer/Dörr*, in: Simma/et al., The Charter of the UN, Band 1, Art. 2 (4), Rn. 29; *Schöbener*, „Gewaltverbot", in: ders., Völkerrecht, S. 131.

261 Unter dem Begriff des Territorialstaates wird hier der Staat verstanden, der Inhaber der territorialen Souveränität ist und somit dazu befugt ist, die Gebietshoheit auszuüben. Siehe zu dem Begriff der territorialen Souveränität *Funke*, „Souveränität", in: Schöbener, Völkerrecht, S. 393 und zu dem Begriff der Gebietshoheit *Breuer*, „Gebietshoheit", in: Schöbener, Völkerrecht, S. 116.

262 *Leiden Policy Recommendations*, in: van den Herik/Schrijver, Counter-Terrorism Strategies, 706, 714 f., Rn. 31; *Tams*, in: EJIL 2009, 359, 374; *Thiele*, Auslandseinsätze der Bundeswehr zur Bekämpfung des internationalen Terrorismus, S. 124. Eine Aussage über das Recht zur Selbstverteidigung gegen nicht-staatliche Angriffe geht hiermit indes nicht einher, siehe hierzu C.II.2.

263 Zu der Diskussion siehe *Gray*, in: Evans, International Law, 601, 605.

a) Auslegung nach Art. 31 Abs. 1 und 2 WVK

Für eine solch enge Auslegung des Verbots streitet zunächst die (auch aus dem nationalen Recht bekannte) Vermutung, dass jedem in einem Vertrag gebrauchten Begriff auch eine Bedeutung beizumessen ist.[264] Diese Vermutung wiegt hier umso stärker, als man anderenfalls knapp der Hälfte der den Art. 2 Abs. 4 SVN konstituierenden Wörter keinerlei Bedeutung zumäße. Dem ersten Anschein nach erscheint eine solche Auslegung fernliegend. Ob Art. 2 Abs. 4 SVN bereits auf tatbestandlicher Ebene Ausnahmen von dem Verbot der zwischenstaatlichen Gewaltanwendung zulässt, bleibt nach der Wortlautauslegung offen.[265]

Systematisch ist Art. 2 Abs. 4 SVN in Relation zu der neben dem im VII. Kapitel der UN-Charta zum Ausdruck gelangenden System der kollektiven Sicherheit einzigen ausdrücklichen Ausnahme zur unilateralen Gewaltanwendung des Art. 51 SVN auszulegen. Eine enge Auslegung des Gewaltverbots dahingehend, dass bereits auf tatbestandlicher Ebene Ausnahmen als möglich erachtet werden, führte zu der Gegenstandslosigkeit der Ausnahme des Selbstverteidigungsrechts, wie es in Art. 51 SVN völkervertraglich normiert ist.[266] Die Wirkung des Art. 51 SVN geht mithin nur dann über eine solche rein deklaratorischer Natur hinaus, wenn das Verbot des Art. 2 Abs. 4 SVN weit verstanden wird.[267]

---

264 Im Völkerrecht lässt sich eine solche Vermutung aus der Auslegungsregel des Art. 31 Abs. 1 WVK, wonach ein Vertrag im Ausgangspunkt nach Treu und Glauben auszulegen ist, ableiten, siehe *Villiger*, Commentary on the 1969 Vienna Convention on the Law of Treaties, Art. 31, Rn. 7; *ders.*, in: Cannizzaro, The Law of Treaties, 105, 109.

265 Einerseits erscheint es denkbar, jegliche Form der extraterritorialen Gewaltanwendung als „gegen die territoriale Unversehrtheit" erfolgend anzusehen. Einem solchen Verständnis liegt eine Leseweise zugrunde, welche „territoriale Unversehrtheit" mit „territorialer Unverletzlichkeit" gleichsetzt. Andererseits handelt es sich eben nicht um dieselben Begriffe, so dass es gut begründbar erscheint, bei einer feinen begrifflichen Unterscheidung nur solche Gewalteinsätze als Formen von mit den Zielen der VN unvereinbarer Gewaltanwendung zu erfassen, die mit Annexionsabsicht erfolgen. Ebenso lässt der Zusatz gegen die „politische Unabhängigkeit eines Staates" gerichtete Gewaltanwendungen Deutungsspielräume. Zeitlich sowie quantitativ marginale Gewalteinsätze könnten von vorneherein als die politische Unabhängigkeit nicht antastende Handlungen aufgefasst werden. Im Hinblick auf den Einschub „sonst mit den Zielen der Vereinten Nationen unvereinbare" Gewaltanwendung erscheint unter Bezugnahme des Art. 1 Abs. 1 SVN fraglich, ob nicht jeglicher unilateraler Gewalteinsatz als nicht vereinbar mit den Zielen der Satzung der VN angesehen werden muss. Siehe zu alldem *Kreß*, Gewaltverbot und Selbstverteidigungsrecht, S. 172 f.; siehe auch *Wandscher*, Internationaler Terrorismus, S. 129 f.

266 *Kreß*, Gewaltverbot und Selbstverteidigungsrecht, S. 176 f.

267 *Wandscher*, Internationaler Terrorismus, S. 132 f.

Auch eine teleologische Auslegung des Art. 2 Abs. 4 SVN vermag die bestehenden Zweifel nicht eindeutig zu beseitigen. Es mangelt der Charta der Vereinten Nationen insofern an einer klaren Aussage dahingehend, dass die Nichtanwendung von Gewalt als oberstes Ziel alle anderen Interessen stets überwiegt.[268] Zutreffend ist zwar, dass die Vereinten Nationen sich das ambitionierte Ziel des Weltfriedens gesetzt und prominent im ersten Absatz des ersten Artikels niedergeschrieben haben sowie in der Präambel verkünden, dass „künftige Geschlechter von der Geißel des Krieges zu bewahren" sind. Gleichwohl stellt dies lediglich ein Ziel – wenn auch das wichtigste – von mehreren dar;[269] so soll nach Art. 1 Abs. 3 UN-Charta bspw. ebenso die Achtung der Menschenrechte gefördert werden.[270] Mithin folgt auch aus der teleologischen Auslegung kein eindeutiges Ergebnis.

b) Auslegung nach Art. 32 lit. a WVK

Bleibt die Auslegung nach diesen auch im nationalen Recht gängigen Auslegungsmethoden unklar, kann nach der im Völkergewohnheitsrecht gleichlautenden Bestimmung des Art. 32 lit. a WVK als ergänzendes Auslegungsmittel auf die Entstehungsgeschichte abgestellt werden. In diesem Kontext kommt der einen Entwurf des heute gültigen Gewaltverbots enthaltenden Dumbarton Oaks-Erklärung aus dem Jahre 1944 entscheidende Bedeutung zu. Jener Entwurf enthielt nicht die einschränkenden Zusätze, welche die hier diskutierten Auslegungsschwierigkeiten eines weiten gegen ein enges Verständnis begründen.[271]

---

268 *Franck*, Recourse to Force, S. 16 f. arbeitet ein Spannungsverhältnis zwischen dem Grundsatz der Staatensouveränität und der Humanität heraus. Sofern möglich, seien die beiden Positionen in Einklang zu bringen, anderenfalls gegeneinander abzuwägen. Er spricht diesbezüglich von einer „paradoxical juxtaposition between the institutional pursuit of order (non-violence) and the moral pull to justice".

269 Ein völkerrechtlicher Vertrag kann ohne weiteres mehrere Ziele verfolgen, die alle gleichermaßen zu berücksichtigen sind, *Villiger*, Commentary on the 1969 Vienna Convention on the Law of Treaties, Art. 31, Rn. 11; *ders.*, in: Cannizzaro, The Law of Treaties, 105, 110.

270 Dass sich hier situationsabhängig erhebliche Spannungsverhältnisse zwischen den verschiedenen Zielen ergeben können, lässt sich anhand der Diskussion rund um die humanitäre Intervention verdeutlichen, sind dort in den Menschenrechten zum Ausdruck gelangende humanitäre Belange gegen friedenstechnische Erwägungen rund um Art. 2 Abs. 4 SVN gegeneinander abzuwägen, siehe im Einzelnen unten unter C. III.

271 Siehe Art. 2 Abs. 4 der Dumbarton Oaks Konvention: „All members of the Organization shall refrain in their international relations from the threat or use of force in

Erst auf der Konferenz von San Francisco im Jahre 1945[272] wurde auf der Grundlage der Dumbarton Oaks-Erklärung der Art. 2 Abs. 4 SVN in seinem noch heute bestehenden Wortlaut ausgearbeitet. Die hinzugefügten Einschübe gehen auf einen australischen Vorschlag zurück, dem die klare Intention zugrunde lag, das Gewaltverbot noch klarer und umfassender zu gestalten.[273] Auch wenn durch die hieraus resultierenden Auslegungsschwierigkeiten Gegenteiliges erreicht wurde, sollten die Zusätze im Wortlaut des Art. 2 Abs. 4 SVN keine tatbestandlichen Ausnahmen darstellen.[274] Unter hilfsweiser Heranziehung der historischen Auslegung wird also das durch die systematische Auslegung bereits indizierte Ergebnis einer weiten Auslegung der Verbotsnorm bestätigt: Die einzige Ausnahme vom Grundsatz des Gewaltverbots zur unilateralen Gewaltanwendung enthält Art. 51 SVN, nicht hingegen der Tatbestand selbst.

c) Zwischenergebnis

Die Verbotsnorm des Art. 2 Abs. 4 SVN ist mithin möglichst weit zu verstehen. Den auf der Konferenz in San Francisco eingefügten Zusätzen ist keine tatbestandseinschränkende Wirkung beizumessen. So stellt auch das lediglich kurzzeitige gewaltsame Eindringen in einen fremden Hoheitsbereich eine Form der verbotenen Gewaltanwendung dar. Notwendige Bedingung für eine Verletzung der Verbotsnorm ist ebenso wenig, dass das gewaltsame Vordringen auf einen Gebietserwerb zielt.[275]

---

any manner inconsistent with the purposes of the Organization.", abgedruckt in YUN 1946–47, S. 4.

272 Offiziell als United Nations Conference on International Organization bezeichnet. Zu den Einzelheiten siehe YUN 1946–47, S. 12 ff.

273 *Kreß*, Gewaltverbot und Selbstverteidigungsrecht, S. 179 f.; *Franck*, Recourse to Force, S. 12; *Schrijver*, in: Weller, The Oxford Handbook of the Use of Force in International Law, 465, 471; *Wandscher*, Internationaler Terrorismus, S. 136.

274 *Franck*, Recourse to Force, S. 12; *Schrijver*, in: Weller, The Oxford Handbook of the Use of Force in International Law, 465, 471; *Dörr*, „Use of Force, Prohibition of", in: Wolfrum, MPEPIL, Rn. 14, online [Stand September 2015]; *Randelzhofer/Dörr*, in: Simma/et al., The Charter of the UN, Band 1, Art. 2 (4), Rn. 37.

275 *Franck*, Recourse to Force, S. 12.

2. Niedrige Schwelle für die Annahme des Vorliegens von Gewalt – die drei Schlüsselbegriffe des Friedenssicherungsrechts im Verhältnis zueinander

Bedeutsam für die vorliegende Untersuchung ist die Frage, welches staatliche Verhalten als eine nach Art. 2 Abs. 4 SVN verbotene Gewaltanwendung zu qualifizieren ist. Das Friedenssicherungsrecht ist von drei Schlüsselbegriffen mit Bezug zur Gewaltanwendung geprägt – das Verbot der Gewaltanwendung in Art. 2 Abs. 4 SVN, die Angriffshandlung in Art. 39 SVN als einer von drei Fällen, in welchen der Sicherheitsrat Maßnahmen nach Kapitel VII ergreifen kann und der bewaffnete Angriff in Art. 51 SVN als notwendige Bedingung für eine in Selbstverteidigung gerechtfertigte Gewaltanwendung.[276] Für die friedenssicherungsrechtliche Bewertung der Rechtmäßigkeit einer konkreten Handlung der Bundeswehr ist es erforderlich, den Anwendungsbereich der drei zentralen Begriffe zu bestimmen. In diesem Zusammenhang interessiert insbesondere das Verhältnis des Ausnahmetatbestandes des Art. 51 SVN rund um den bewaffneten Angriff zu der um den Begriff der Gewalt kreisenden Verbotsnorm des Art. 2 Abs. 4 SVN. In Anbetracht der Tatsache, dass die UN-Charta selbst keine Konkretisierung der Begriffe vornimmt, müssen diese durch weitere Auslegung präzisiert werden.[277] Dass der Tatbestand des Art. 2 Abs. 4 SVN sehr weit zu verstehen ist, wurde im Wege der allgemeinen Auslegung soeben festgestellt. Ein bewaffneter Angriff i.S.d. Art. 51 SVN und eine Angriffshandlung i.S.d. Art. 39 SVN sind jedenfalls von dem Verbot der Gewaltanwendung des Art. 2 Abs. 4 SVN erfasst.[278] Der Begriff der Gewaltanwendung in der Verbotsnorm des Art. 2 Abs. 4 SVN ist also weiter gefasst als jener des bewaffneten Angriffs in der Erlaubnisnorm des Art. 51 SVN.[279]

Zur Präzisierung des Gewaltbegriffs kann zudem auf die beiden Generalversammlungsresolutionen der Friendly Relations Declaration (FRD)[280] sowie der

276 *Ruys*, 'Armed Attack' and Article 51, S. 127; *Henderson*, The Use of Force and International Law, S. 63. Insbesondere die Konkretisierung des Begriffs des bewaffneten Angriffs (armed attack) fällt zuweilen schwer, siehe hierzu unten unter C.II.1.

277 Eine eindeutige Präzisierung ist bis heute nicht gelungen. Nach wie vor drehen sich gerade um den Anwendungsbereich dieser Schlüsselbegriffe Streitigkeiten in Literatur und Praxis, *Randelzhofer/Dörr*, in: Simma/et al., The Charter of the UN, Band 1, Art. 2 (4), Rn. 15.

278 *Dörr*, „Use of Force, Prohibition of", in: Wolfrum, MPEPIL, Rn. 20, online [Stand September 2015].

279 *Dinstein*, War, Aggression and Self-Defence, Rn. 543.

280 A/RES/2625 (XXV).

Definition of Aggression (DoA)[281] abgestellt werden. Es ist anerkannt, dass ein Verstoß gegen das Gewaltverbot keine hohe Intensitätsschwelle voraussetzt.[282] Insbesondere die in Art. 3 DoA nicht abschließend aufgeführten Handlungen lassen einen Rückschluss darauf zu, dass es nicht zu konkreten Kampfhandlungen unter Einsatz der mitgeführten Waffen gekommen sein muss, um von einer verbotenen Gewaltanwendung nach Art. 2 Abs. 4 SVN ausgehen zu können.[283] Ist es nach einem vorsätzlichen Grenzübertritt des Militärs noch nicht zu dem Einsatz von Waffengewalt gekommen, kann das Gewaltverbot also dennoch einschlägig sein.[284]

II. Tatbestandsausschließende Intervention auf Einladung als wirkungsmächtiges Instrument

Ist das Gewaltverbot tatbestandlich umfassend zu verstehen, gibt es doch eine Ausnahme, die ihren Anknüpfungspunkt schon auf tatbestandlicher Ebene findet – die Intervention auf Einladung. Mit der Definition des Institut de Droit International wird hier unter „military assistance on request" eine „direct military assistance by the sending of armed forces by one State to another State upon the latter's request" verstanden.[285] Nachfolgend werden zunächst die Grundlagen

---

281 A/RES/3314 (XXIX). Zwar wird hier der Begriff der Angriffshandlung (act of aggression) i.S.d. Art. 39 SVN definiert. Doch gehen die Staaten laut des fünften Absatzes des Anhangs der Resolution davon aus, „dass die Aggression die schwerste und gefährlichste Form der rechtswidrigen Anwendung von Gewalt ist [...]" und somit erst recht Gewalt i.S.d. Art. 2 Abs. 4 SVN darstellt.

282 *Dinstein*, War, Aggression and Self-Defence, Rn. 247; *Dörr*, „Use of Force, Prohibition of", in: Wolfrum, MPEPIL, Rn. 13, online [Stand September 2015].

283 Siehe Art. 3a (Invasion), 3c (Blockade der Häfen oder Küsten) und 3e Alt. 2 (Verlängerung der Stationierung eigener Soldaten auf fremdem Staatsgebiet, obwohl das entsprechende Stationierungsabkommen ausgelaufen ist) DoA. In allen drei Fällen geht es ausdrücklich um den Einsatz von Streitkräften. Wesentliches Merkmal dieser ist ihre schwere Bewaffnung. In Abgrenzung zu einem einfachen Souveränitätsverstoß kann daraus abgeleitet werden, dass es zwar nicht zu Kampfhandlungen gekommen sein muss, doch aber zu der Mitführung militärischen Geräts, das im Falle des Widerstands des Territorialstaates gegen die Invasion oder Blockade offensichtlich einsatzfähig ist. Dies wird besonders im Rahmen der Untersuchung der Rechtmäßigkeit der Rettung eigener Staatsangehöriger relevant, siehe hierzu C.IV.; siehe auch *Henderson*, The Use of Force and International Law, S. 57 f.

284 *Dinstein*, War, Aggression and Self-Defence, Rn. 248.

285 *Institut de Droit International*, Resolution v. 8.11.2011, Tenth Commission, Present Problems of the Use of Force in International Law, Sub-Group C – Military assistance on request, Art. 1a.

des Instituts knapp dargelegt (1.). Sodann wird der Frage nachgegangen, ob eine Intervention auf Einladung in einen sich im Zustand eines nicht-internationalen bewaffneten Konflikts befindlichen Staat zulässig ist (2.). Abschließend ist zu erörtern, ob und inwiefern die Menschenrechte die Einladungsbefugnis eines Staates tangieren (3.).

1. *Grundlagen des Instituts*

Im Mittelpunkt des Instituts steht die Einladung, also das tatsächliche Einverständnis, eines Staates. Insbesondere in Fällen, in welchen kein zur Gewalt ermächtigendes Mandat des Sicherheitsrates vorliegt, kann der Zustimmung eines Staates zur Gewaltanwendung eines anderen Staates auf dem eigenen Staatsgebiet „a powerful legalizing role“ zukommen.[286] Conditio sine qua non für eine rechtmäßige Intervention auf Einladung ist die tatsächliche Zustimmung des Territorialstaates; eine ungebetene Antiterror-Operation auf fremdem Staatsgebiet ist rechtlich unzulässig.[287] Unabhängig davon, dass eine Einladung nicht von den Restriktionen des ius in bello oder dem Recht der Menschenrechte suspendiert,[288] werden die Grenzen der Intervention durch die Einladung selbst vorgegeben. So kann der Wortlaut einer Einladung entscheidend dafür sein, welche Staaten überhaupt Adressat der Einladung und damit eingriffsbefugt sind.[289] Wendet ein Staat in Reaktion auf eine entsprechende Einladung des Territorialstaates extraterritorial auf dessen Gebiet Gewalt an, handelt es sich nicht um eine Gewaltanwendung in „ihren internationalen Beziehungen“ i.S.d. Art. 2 Abs. 4 SVN.[290] Die Zustimmung des Territorialstaates zu einem Gewalteinsatz eines

---

286 *Lieblich*, Intervention and Consent, S. 13; siehe auch *Byrne*, in JUFIL 2016, 97, 101.

287 *Bannelier-Christakis*, LJIL 2016, 743, 752 ff.

288 Dies ist eine ganz entscheidende Feststellung im Hinblick auf den Einsatz von bewaffneten Drohnen außerhalb eines bewaffneten Konflikts, zu dem Diskussionsstand siehe *Byrne*, in JUFIL 2016, 97, 120 ff. So sind Drohnenangriffe trotz Zustimmung des Territorialstaates an den Bestimmungen der Menschenrechte zu messen, sofern kein bewaffneter Konflikt vorliegt. Eine entgegenstehende Annahme überstrapazierte die Wirkung der auf das ius contra bellum bezogenen Zustimmung des Territorialstaates und hebelte die Systematik des Friedenssicherungsrechts im weiteren Sinne vollends aus.

289 Vergleicht man bspw. die Einladung des jemenitischen Präsidenten Hadi mit jener des irakischen Außenministers, wird man feststellen, dass erstere deutlich enger gefasst ist als die adressatenoffene Einladung des Irak, instruktiv *Nußberger*, in: JUFIL 2017, 110, 128.

290 v. *Arnauld*, Völkerrecht, § 13, Rn. 1047; dass bereits der Tatbestand nicht einschlägig ist, lässt sich hingegen nicht mit den keine Einschränkungen entfaltenden Zusätzen

fremden Staates auf dem eigenen Territorium wirkt daher tatbestandsausschließend.[291] Hat der Staat im Innerstaatlichen unzweifelhaft das Gewaltmonopol, korrespondiert hiermit das Recht, andere Staaten zu einer Intervention auf dem eigenen Staatsgebiet zu bitten.[292] Auch der IGH erachtet eine Intervention auf Einladung durch die Regierung eines Staates als mit dem Völkerrecht vereinbar.[293] Zwar sind die einer Intervention auf Einladung zugrundeliegenden Fälle häufig nur bedingt vergleichbar und politische Erwägungen spielen eine besondere Rolle.[294] Das Institut der Intervention auf Einladung entfaltet heute dennoch unbestritten völkergewohnheitsrechtliche Geltung.[295] Insbesondere in den letzten Jahren ist es in verschiedenen Konflikten zur Erklärung extraterritorialer militärischer Gewaltanwendung durch intervenierende Staaten bemüht worden und dadurch in den Mittelpunkt des Interesses für die rechtliche Bewertung der entsprechenden Vorgänge getreten.[296] Ein für die Bewertung der Rechtmäßigkeit auch aktueller Bundeswehreinsätze relevantes Beispiel für eine Intervention auf Einladung ist die im Irak agierende und von den USA geführte Koalition.[297]

„territorial integrity or political independence" im Wortlaut des Art. 2 Abs. 4 SVN begründen, siehe oben in diesem Kapitel unter B.I.1.

291 *Henderson*, The Use of Force and International Law, S. 349; *Visser*, Russia's Intervention in Syria, in: EJIL:Talk! v. 25.11.2015, abrufbar unter: https://www.ejiltalk.org/russias-intervention-in-syria/ [zuletzt abgerufen am 15.5.2020]; *Nußberger*, in: JUFIL 2017, 110, 126; dogmatisch richtiger Anknüpfungspunkt der Intervention auf Einladung ist daher der Tatbestand des Art. 2 Abs. 4 SVN und nicht erst die Rechtswidrigkeit. Anders *Heintschel von Heinegg*, in: Ipsen, Völkerrecht (hrsg. v. Epping/Heintschel von Heinegg), § 56, Rn. 42.

292 Dies klingt auch in S/RES/387 (1976) an, wenn es heißt, „[r]ecalling also the inherent and lawful right of every State, in the exercise of its sovereignty, to request assistance from any other State or group of States."; *Nolte*, Eingreifen auf Einladung, S. 133.

293 *IGH*, Nicaragua vs. USA (Case Concerning Military and Paramilitary Activities in and Against Nicaragaua), I.C.J. Reports 1986, Ziff. 246; siehe auch (implizit) *IGH*, Democratic Republic of the Congo vs. Uganda (Case Concerning Armed Activities on the Territory of the Congo), I.C.J. Reports 2005, Ziff. 42–54.

294 *Nußberger*, in: JUFIL 2017, 110, 143.

295 *Krieger*, in: FW 2014, 125, 145; *Byrne*, in JUFIL 2016, 97, 102.

296 Siehe *Bannelier-Christakis*, LJIL 2016, 743 f.; zu den umfangreichen Drohneneinsätzen der USA in Pakistan, Somalia und dem Jemen siehe die rechtliche Bewertung von *Byrne*, in: JUFIL 2016, 97, 102 ff.; *Nußberger*, in: JUFIL 2017, 110, 129.

297 S/2014/691, S. 2. Die Koalition wird infolge eines entsprechenden Ersuchens des irakischen Außenministers vom 22.9.2014, Unterstützung gegen die auf irakisches Staatsgebiet erfolgende Angriffe des IS zu leisten, tätig.

Von weiterem Interesse für die nachfolgende Untersuchung ist auch das auf Einladung Assads[298] erfolgende Eingreifen durch Russland in Syrien.

2. *Einladung zum Eingreifen in einen Bürgerkrieg*

Umstritten ist, ob eine Intervention auf Einladung in einen sich im nicht-internationalen bewaffneten Konflikt (Bürgerkrieg) befindenden Staat zulässig ist.

a) Aktuelle Staatenpraxis

Die Staatenpraxis im Hinblick auf diese Frage tendiert – wie anderweitig festgestellt – dazu, dass ein Eingreifen auf Einladung auch in einem Staat, in welchen zum Zeitpunkt der Einladung ein Bürgerkrieg stattfindet, möglich ist.[299] Ein aktuelles Beispiel der Staatenpraxis stellt das Eingreifen der von den USA geführten Allianz im Irak auf Einladung durch dessen Regierung dar.[300] Sehr deutlich wird eine dahingehende opinio iuris auch in der Begründung Großbritanniens für das Vorgehen im Irak.[301] Auch Russland stützt sein Eingreifen in

---

298 S/2015/792, S. 2.

299 *de Wet*, in: EJIL 2015, 979, 998; *Nolte*, „Intervention by Invitation", in: Wolfrum, MPEPIL, Rn. 11, online [Stand Januar 2010]; *ILA*, Final Report on Aggression and the Use of Force, Sydney Conference 2018, S. 19.

300 *Kreß*, The Fine Line Between Collective Self-Defense and Intervention by Invitation: Reflections on the Use of Force against 'IS' in Syria, in: Just Security v. 17.2.2015, abrufbar unter: https://www.justsecurity.org/20118/claus-kreb-force-isil-syria/ [zuletzt abgerufen am 15.5.2020]; siehe auch *Akande/Vermeer*, The Airstrikes against Islamic State in Iraq and the Alleged Prohibition on Military Assistance to Governments in Civil Wars, in: EJIL:Talk! v. 2.2.2015, abrufbar unter: https://www.ejiltalk.org/the-airstrikes-against-islamic-state-in-iraq-and-the-alleged-prohibition-on-military-assistance-to-governments-in-civil-wars/ [zuletzt abgerufen am 15.5.2020]; ebenso *Visser*, Russia's Intervention in Syria, in: EJIL:Talk! v. 25.11.2015, abrufbar unter: https://www.ejiltalk.org/russias-intervention-in-syria/ [zuletzt abgerufen am 15.5.2020]; unschlüssig *Byrne*, in: JUFIL 2016, 97, 100 f., der eine solche Befugnis zunächst ablehnt, dann aber eine Einladung in „limited conflicts" als rechtmäßig erachtet.

301 „The government is satisfied that the consent of Iraq in these terms provides a clear and unequivocal legal basis for the deployment of UK forces and military assets to take military action to strike ISIL sites and military strongholds in Iraq", heißt es auf der Seite des Büros des Prime Ministers, abrufbar unter: https://www.gov.uk/government/publications/military-action-in-iraq-against-isil-government-legal-position/summary-of-the-government-legal-position-on-military-action-in-iraq-against-isil [zuletzt abgerufen am 15.5.2020]; siehe auch *Byrne*, in JUFIL 2016, 97, 102.

den ursprünglich nicht-internationalen bewaffneten Konflikt in Syrien auf eine Einladung des Assad-Regimes.[302] Ebenso interveniert eine von Saudi Arabien geführte und durch einige westliche Staaten logistisch unterstützte Koalition seit 2015 in dem sich in dem Zustand eines nicht-internationalen bewaffneten Konflikts befindlichen Jemen.[303] Von einem absoluten Verbot, militärisch auf Einladung des in einem Bürgerkrieg befindlichen Territorialstaates auf dessen Staatsgebiet zu intervenieren, kann demnach nicht ausgegangen werden.

b) Grenze beim Selbstbestimmungsrecht des Volkes

Gleichwohl suchen einige Stimmen in der Literatur, der Einladungsbefugnis der Regierung in den Situationen eines nicht-internationalen bewaffneten Konflikts Grenzen zu setzen. Gegen die Zulässigkeit des Eingreifens in einen Bürgerkrieg durch einen auswärtigen Staat wird häufig ein Verstoß gegen das völkervertraglich aus Art. 1 IPBPR[304] folgende Selbstbestimmungsrecht der Völker angeführt.[305] Teilweise wird eine differenzierende Ansicht, die eine zweckorientierte Betrachtung (sogenannter „purpose-based approach") zugrunde legt, vertreten. Die rechtliche Unzulässigkeit einer Intervention in einen Bürgerkrieg könnte hiernach nur dann anzunehmen sein, wenn die Intervention dem Ziel der Niederschlagung eines rein internen Aufstandes zugunsten der amtierenden Regierung dient.[306] Drittstaaten ist es jedenfalls verboten, Handlungen zu begünstigen,

302 S/2015/792, S. 2.

303 Eine ausführliche rechtliche Analyse liefert *Nußberger*, in: JUFIL 2017, 110, 129 ff.

304 Internationaler Pakt über bürgerliche und politische Rechte v. 16.12.1966, BGBl. 1973 II S. 1533; in der UN-Charta wird auf die Selbstbestimmung der Völker in Art. 1 Abs. 2 und Art. 55 rekurriert. Zudem wird es in der Friendly Relations Declaration der UN-Generalversammlung präzisiert, siehe vertiefend hierzu sowie zu dem Rechtscharakter des Selbstbestimmungsrechts *Thürer/Burri*, „Self-Determination", in: Wolfrum, MPEPIL, Rn. 6 ff., online [Stand Dezember 2008].

305 *Institut de Droit International*, Present Problems of the Use of Force in International Law, S. 335; *Henderson*, The Use of Force and International Law, S. 375 f.

306 Instruktiv *Bannelier-Christakis*, LJIL 2016, 743, 745 ff., die – in Unterstützung dieses Ansatzes – zudem herausarbeitet, dass die in Syrien und im Irak auf Einladung des jeweiligen Territorialstaates intervenierenden Staaten stets das Ziel der Terrorismusbekämpfung geltend machen; kritisch zu einer „terrorism-exception" *Nußberger*, in: JUFIL 2017, 110, 135 ff., der die Missbrauchsgefahr dieses Ansatzes anhand des Jemen-Falls herausarbeitet. Im Jemen werden zwar auch als Terrororganisationen durch den SR zentral anerkannte Gruppen wie der IS oder Al Qaeda bekämpft, aber eben auch die Houthi-Rebellen, die nicht zentral als Terrororganisation anerkannt sind. Entscheidend an dieser Stelle ist jedenfalls, dass ein Eingriff auf Einladung in Zeiten eines Bürgerkrieges weder von der Staatenpraxis noch von der Literatur

welche dazu im Stande sind, die Ausübung des Selbstbestimmungsrechts zu verhindern.[307]

Eine beim Selbstbestimmungsrecht des Volkes gezogene Grenze ist jedenfalls dann nicht einschlägig – und dies trifft auf die Situationen im Irak und Syrien zu[308] –, wenn die Gruppen nicht-staatlicher Akteure sich wesentlich auch aus Kämpfern aus dem Ausland zusammensetzen. Von der Ausübung eines Selbstbestimmungsrechts kann dann nicht die Rede sein.[309] Obgleich eine universell anerkannte Definition des Volksbegriffs nicht existent ist, ist doch zu fordern, dass ein gewisser Bezug zwischen dem betroffenen Gebiet und der nach Selbstbestimmung strebenden Gruppe besteht.[310] Nicht jede Gruppe, die in der Lage ist, durch bewaffneten Widerstand gegen die Regierung einen nicht-internationalen bewaffneten Konflikt auszulösen, repräsentiert das nach Selbstbestimmung strebende Volk.[311] Vielmehr ist davon auszugehen, dass terroristische Gruppen wie Al Qaeda oder der selbst deklarierte Islamische Staat die politische Instabilität in Zeiten volatiler Stabilitätsverhältnisse in zahlreichen Staaten für ihre Zwecke nutzen und einem Selbstbestimmungsrecht des jeweiligen Volkes im Wege stehen.[312] Das Ziel eines auswärtigen Eingriffs ist dann nicht, eine Selbstbestimmung des Volkes zu unterbinden, sondern eine solche erst zu ermöglichen.[313]

---

kategorisch ausgeschlossen wird. Umstritten ist die exakte Nuancierung der Grenzen der Eingriffsbefugnis.

307 *Irmscher*, „Selbstbestimmungsrecht", in: Schöbener, Völkerrecht, S. 373.

308 Ende 2015 sollen sich mindestens 27.000 Ausländer dem IS im Kampf in Syrien und im Irak angeschlossen haben, siehe *The New York Times*, Iraqi Army Retakes Government Complex in Central Ramadi, abrufbar unter: https://www.nytimes.com/interactive/2014/06/12/world/middleeast/the-iraq-isis-conflict-in-maps-photos-and-video.html [zuletzt abgerufen am 15.5.2020].

309 Ähnlich *Bannelier-Christakis*, LJIL 2016, 743, 745; in diese Richtung auch *Henderson*, in: JUFIL 2014, 209, 210.

310 *Irmscher*, „Selbstbestimmungsrecht", in: Schöbener, Völkerrecht, S. 369.

311 *Akande/Vermeer*, The Airstrikes against Islamic State in Iraq and the Alleged Prohibition on Military Assistance to Governments in Civil Wars, in: EJIL:Talk! v. 2.2.2015, abrufbar unter: https://www.ejiltalk.org/the-airstrikes-against-islamic-state-in-iraq-and-the-alleged-prohibition-on-military-assistance-to-governments-in-civil-wars/ [zuletzt abgerufen am 15.5.2020]; siehe auch *Nolte*, Eingreifen auf Einladung, S. 579, der meint, soweit nicht klar sei, ob eine deutliche Mehrheit des Volkes Widerstand leiste, im Zweifel anzunehmen sei, dass die Regierung das Selbstbestimmungsrecht im Namen des Volkes ausübe.

312 *Nußberger*, in: JUFIL 2017, 110, 148.

313 Siehe die differenzierende Betrachtung bei *Nußberger*, in: JUFIL 2017, 110, 146 f.

Vor diesem Hintergrund erwiese es sich als ein erstaunliches Ergebnis, dass eine Regierung in Zeiten der Abwesenheit eines bewaffneten Konflikts unstreitig zur Einladung befugt ist, aber dann, wenn ein bewaffneter Konflikt ausgebrochen ist, ein auswärtiger Eingriff unzulässig sein soll.[314]

3. *Systematische Menschenrechtsverletzungen als Grenze der Einladungsbefugnis – Die Beteiligung der Bundeswehr an der Koalition COUNTER DAESH in Syrien*

In Anbetracht aktueller Entwicklungen im Syrien-Konflikt stellt sich darüber hinaus die Frage, ob eine Regierung, die in massiver Form Menschenrechte der eigenen Bevölkerung missachtet, die völkerrechtliche Fähigkeit besitzt, eine wirksame Einladung auszusprechen.[315]

a) *Grundlagen der Einladungsbefugnis*

Die Regierung eines Staates wird im Grundsatz unstreitig als einladungsbefugt angesehen, Oppositionsgruppen hingegen gerade nicht.[316] Als Merkmal zur Feststellung der Einladungsbefugnis wird klassisch auf das Kriterium der Effektivität

---

314 *Akande/Vermeer*, The Airstrikes against Islamic State in Iraq and the Alleged Prohibition on Military Assistance to Governments in Civil Wars, in: EJIL:Talk! v. 2.2.2015, abrufbar unter: https://www.ejiltalk.org/the-airstrikes-against-islamic-state-in-iraq-and-the-alleged-prohibition-on-military-assistance-to-governments-in-civil-wars/ [zuletzt abgerufen am 15.5.2020].

315 Problem allgemein aufgeworfen bei *Nolte*, Eingreifen auf Einladung, S. 259 f.; siehe mit Blick auf die Situation in Syrien seit 2012 *Kreß*, in: JUFIL 2014, 11, 26 ff.; *ders.*, The Fine Line Between Collective Self-Defense and Intervention by Invitation: Reflections on the Use of Force against 'IS' in Syria, in: Just Security v. 17.2.2015, abrufbar unter: https://www.justsecurity.org/20118/claus-kreb-force-isil-syria/ [zuletzt abgerufen am 15.5.2020]; im Bericht des *Institut de Droit International*, Present Problems of the Use of Force in International Law von 2009 wird diese Grenze zwar nicht von der Kommission selbst eruiert. *Vladimir-Djuro Degan* schlägt eine solche Grenzziehung in einem dem Bericht beigefügten Kommentar unterdessen ausdrücklich vor, ebenda, S. 340.

316 *IGH*, Nicaragua vs. USA (Case Concerning Military and Paramilitary Activities in and Against Nicaragaua), I.C.J. Reports 1986, Ziff. 246. Der IGH unterscheidet explizit zwischen einer Einladung durch die Regierung und einer Einladung der Opposition; siehe auch (implizit) *IGH*, Democratic Republic of the Congo vs. Uganda (Case Concerning Armed Activities on the Territory of the Congo), I.C.J. Reports 2005, Ziff. 42–54.

der Staatsgewalt abgestellt.[317] Es kann jedoch beobachtet werden, dass dem Kriterium der innerstaatlichen Legitimität zunehmend Gewicht bei der Feststellung der Einladungsbefugnis beigemessen wird.[318] Eine fehlende Effektivität kann bis zu einem bestimmten Maße über die internationale oder demokratische Legitimation einer Regierung ausgeglichen werden.[319]

b) Die Einladung des syrischen Regimes 2014

Der aktuelle Syrien-Konflikt, an welchem die Bundeswehr im Rahmen einer USA-geführten Ad-hoc-Koalition (COUNTER DAESH) beteiligt ist,[320] rückt die Frage des Einflusses der Menschenrechte auf die Einladungsbefugnis einer Regierung in das Zentrum des Interesses. So kann die folgende, aus dem Jahre 2014 stammende Aussage des syrischen Außenministers durchaus als Einladung

---

317 Dies stellt das traditionelle Merkmal dar, welches sich sowohl aus dem Element der innerstaatlichen Kontrolle über das Staatsgebiet, Staatsvolk und wesentliche Durchsetzungsorgane für eine bestimmte Dauer als auch aus der Fähigkeit der Zusammenarbeit mit anderen Staaten speist, siehe *Nußberger*, in: JUFIL 2017, 110, 140; *Krieger*, in: FW 2014, 125, 134.

318 Siehe *Byrne*, in JUFIL 2016, 97, 114; *de Wet*, in: EJIL 2015, 979, 983 ff. weist in ihrer ausführlichen Betrachtung der Staatenpraxis (mit einem Fokus auf die Situation in Afrika) hingegen daraufhin, dass das Merkmal der demokratischen Legitimation der einladenden Regierung das klassische Kriterium der effektiven Kontrolle der Regierung nicht als conditio sine qua non für die völkerrechtliche Wirksamkeit der Einladung abgelöst hat; zu der Entwicklung und dem Zusammenspiel der Kriterien der Legitimation und der Effektivität siehe *Lieblich*, Intervention and Consent, S. 21 ff.; vor der Missbrauchsanfälligkeit des Kriteriums der innerstaatlichen Legitimität warnt *Krieger*, in: FW 2014, 125, 134 f., die die damit einhergehenden Komplikationen im Rahmen der Ukraine-Krise seit 2014 anhand der russischen Argumentation für ein Eingreifen auf der Krim verdeutlicht, *Krieger*, ebenda, 139.

319 *Krieger*, in: FW 2014, 125, 136 f.; *Nolte*, „Intervention by Invitation", in: Wolfrum, MPEPIL, Rn. 19, online [Stand Januar 2010]; siehe auch *Kreß/Nußberger*, in: JUFIL 2017, 239, 249; *Nußberger*, in: JUFIL 2017, 110, 141 f.; die zuvor angesprochene Gefahr der missbräuchlichen Argumentation könnte durch ein Tätigwerden des Sicherheitsrates als zentrale Stelle gemindert werden. Spricht sich dieser eindeutig für die Legitimität einer Regierung aus, erhält das Kriterium der demokratischen Legitimation ein besonderes Gewicht, siehe ausführlich hierzu mit Blick auf S/RES/2337 (2017) hinsichtlich der Situation in Gambia nach der Wahl von Adama Barrow zum neuen Präsidenten Gambias Ende 2016 und der Weigerung des alten Präsidenten Yahya Jammeh die Macht an den neu gewählten Präsidenten zu übergeben *Kreß/Nußberger*, in: JUFIL 2017, 239, 248 ff., siehe auch *Krieger*, ebenda, 136.

320 Siehe das 1. Kapitel unter B.

auch an westliche Staaten verstanden werden, den IS auf syrischem Staatsterritorium zu bekämpfen:

„Syria is ready to cooperate and coordinate on the regional and international level in the war of terror […] But any effort to combat terrorism should come in coordination with the Syrian government."[321]

Die USA sowie die weiteren an der Koalition beteiligten Staaten (einschließlich Deutschlands) lehnen ein koordiniertes Vorgehen mit Assad indessen ab und machen ein kollektives Selbstverteidigungsrecht zugunsten des Irak geltend.[322] Im Gegensatz dazu wird Russland in Syrien auf der Grundlage der Einladung des Assad-Regimes tätig.[323] Während Syrien das russische Eingreifen „[…]

---

321 Zitat abgedruckt bei *Henderson*, The Use of Force and International Law, S. 329, der diesbezüglich vorsichtig formuliert, dass „it should not […] necessarily be assumed that it [the Assad regime] was hostile to the US-led coalition taking action upon its territory; siehe auch FAZ v. 26.8.2014, S. 1: „Assad dient sich als Anti-Terror-Partner an." Ein Jahr nachdem die USA mit ihren Luftschlägen begonnen haben, betont die syrische Regierung, dass sie ein Vorgehen auf ihrem Staatsgebiet nur in „close cooperation and coordination" mit ihr für rechtmäßig erachtet und verurteilt das Vorgehen der US-geführten Koalition sowie die rechtliche Begründung hierfür scharf, siehe S/2015/719, S. 2; dennoch wird nicht das Vorgehen gegen den IS an sich verurteilt, sondern hauptsächlich die fehlende Absprache, welche als vehemente Verletzung der eigenen Souveränität angesehen wird. Diesbezüglich kann man auch heute noch davon ausgehen, dass eine „conditional invitation" Syriens noch immer gilt, siehe die Analyse bei *Bannelier-Christakis*, LJIL 2016, 743, 772 f.; auch *Kreß*, The Fine Line Between Collective Self-Defense and Intervention by Invitation: Reflections on the Use of Force against 'IS' in Syria, in: Just Security v. 17.2.2015, abrufbar unter: https://www.justsecurity.org/20118/claus-kreb-force-isil-syria/ [zuletzt abgerufen am 15.5.2020] spricht von einer „conditional invitation"; siehe auch *Gray*, International Law and the Use of Force, S. 241.

322 Siehe Washington Post v. 26.8.2014, U.S. rules out coordinating with Assad on airstrikes against Islamists in Syria, abrufbar unter: https://www.washingtonpost.com/world/national-security/us-rules-out-coordinating-with-assad-on-airstrikes-against-islamists-in-syria/2014/08/26/cda02e0e-2d2e-11e4-9b98-848790384093_story.html?noredirect=on&utm_term=.75665f3829e7 [zuletzt abgerufen am 15.5.2020]; zur Geltendmachung des Selbstverteidigungsrechts durch die USA siehe bspw. S/2014/695 und durch Deutschland siehe S/2015/946.

323 Siehe die Begründung für die seit dem 30.9.2018 erfolgenden Luftschläge in Syrien in dem Brief an den Sicherheitsrat vom 15.10.2015, S/2015/792; siehe auch The Guardian v. 21.10.2015, Bashar al-Assad thanks Putin for Syria strikes as Russia announces US talks, abrufbar unter: https://www.theguardian.com/world/2015/oct/21/bashar-al-assad-thanks-russia-vladimir-putin-syria-airstrikes [zuletzt abgerufen am 15.5.2020];

in response to a request from the Government of the Syrian Arab Republic […]" ausdrücklich als mit dem internationalen Recht, mit Betonung auf der syrischen Souveränität, im Einklang stehend begrüßt, verurteilt es im selben Brief an den Sicherheitsrat die Verletzung seiner Souveränität durch die amerikanischen Luftschläge (ohne diese beim Namen zu nennen) ausdrücklich und beklagt, die Appelle zu einem koordinierten Vorgehen seien auf „taube Ohren" gestoßen.[324]

c) *Systematische Menschenrechtsverletzungen als Grenze der Einladungsbefugnis*

Die Ablehnung der Einladung durch die COUNTER DAESH-Koalition sowie die Annahme dieser durch Russland sind vor dem Hintergrund der zahlreichen nachgewiesenen Menschenrechtsverletzungen des Assad-Regimes an der eigenen Bevölkerung zu beurteilen.[325] Als syrischer Machthaber war Assad im Grundsatz durchgehend einladungsbefugt.[326]

---

selbiges gilt für das Eingreifen des Iran in Syrien, siehe auch *Bannelier-Christakis*, LJIL 2016, 743, 760.

324 S/2015/789.

325 Siehe die entsprechenden Berichte des Menschenrechtsrats seit 2012. In A/HRC/19/69 heißt es, dass „[s]ince November 2011, its forces [die der Regierung] have committed more widespread, systematic and gross human rights violations"; siehe auch A/HRC/38/CRP.3, wonach „pro-Government forces" umfassend war crimes begangen haben, um „terror among civilian populations" zu verbreiten; syrische Regierungstruppen sind nachweislich für 20 Fälle des Einsatzes von chemischen Waffen gegen Zivilisten zwischen März 2013 und März 2017 verantwortlich – darunter der massive Einsatz von Sarin im April 2017 in der Stadt Khan Scheikhoun, bei welchem über 80 Zivilisten ihr Leben verloren haben und es mehr als 290 Verletzte gegeben hat, Report of the Independent International Commission of Inquiry on the Syrian Arab Republic, A/HRC/36/55, Rn. 72–77 u. Annex II, S. 21 ff.; siehe auch *Pavone*, in: Yearbook of International Law and Jurisprudence 2014, 103, 117 ff. speziell in Bezug auf den Giftgasanschlag in der syrischen Stadt Ghuta im August 2013. Auch wenn Syrien zu diesem Zeitpunkt völkervertraglich noch nicht an die Chemiewaffenkonvention gebunden war, hat das Assad-Regime die Grundregel des ius in bello, der zwischen Kombattanten und Zivilisten unterscheidenden Kriegsführung, verletzt; siehe jüngst den Bericht von Amnesty International „Nowhere is safe for us" aus dem Mai 2020, S. 35 (zu der Stellung von Nicht-Regierungs-Organisationen in der Völkerrechtsordnung siehe *A. Nußberger*, Das Völkerrecht, S. 54), in dem resümiert wird, „that there is sufficient evidence to conclude that these acts form part of the Syrian government's systematic, as well as widespread, attack on the civilian population and constitute crimes against humanity".

326 Eingehend *Bannelier-Christakis*, LJIL 2016, 743, 761 ff., die u.a. auch herausarbeitet, dass sich Kritik durch andere Staaten am Vorgehen Russlands – sofern eine solche

aa) Beeinflussung der Völkerrechtsordnung durch die Menschenrechte

Die Berücksichtigungsbedürftigkeit der Menschenrechte an dieser Stelle resultiert aus dem Umstand, dass „[i]t is certainly becoming increasingly clear that the human impact of international actions cannot be regarded as collateral to other actions, but must be a central preoccupation for all concerned."[327] In Anbetracht der Entwicklung der Menschenrechte zu einer festen Größe in der modernen Völkerrechtsordnung seit 1945[328] und der damit einhergehenden Durchbrechung der absoluten äußeren Souveränität eines Staates[329] ist im Ausgangspunkt dieser Problemstellung festzuhalten, dass eine Nichtberücksichtigung der Menschenrechte bei der Bestimmung der Grenze der Einladungsfähigkeit den dynamischen Charakter der Völkerrechtsordnung komplett vernachlässigte. Das Verständnis der Souveränität, wie es völkervertraglich in Art. 2 Abs. 1 SVN i.V.m. Art. 2 Abs. 7 SVN zum Ausdruck gelangt, bleibt nach völkerrechtlichen Grundsätzen gerade nicht für die Ewigkeit in dem absoluten Zustand konserviert, wie es zu Zeiten des klassischen Völkerrechts vorherrschte. Zwar ist auch die UN-Charta von 1945 in wesentlichen Bestimmungen durch eine Betonung

---

überhaupt artikuliert wurde – nicht generell auf das Vorgehen in Syrien bezog, sondern speziell im Hinblick auf die Bekämpfung anderer Akteure als Kämpfer des IS getätigt wurde; jedenfalls ist das Kriterium der effektiven Kontrolle nach der Staatenpraxis nach wie vor jenes, welches über die im Grundsatz einladungsbefugte Regierung entscheidet, siehe zuvor im Text unter II.2. Hiervon zu unterscheiden ist das Problem rund um die Reichweite der Einladungsbefugnis, *Kreß*, in: JUFIL 2014, 11, 26.

327 *ICISS-Report*, The Responsibility to Protect, Rn. 1.28.

328 Siehe *Lieblich*, Intervention and Consent, S. 176 ff., der die Verbreitung des Prinzips des effektiven Schutzes der Zivilbevölkerung im ius contra bellum skizziert; bildhaft *A. Nußberger*, Das Völkerrecht, S. 96; nachdem die UN sich 1945 in Art. 1 Abs. 3 ihrer Charta das Ziel der Förderung der Achtung und Festigung der Menschenrechte gesetzt hat, wurden alleine auf der Ebene der UN 18 Menschenrechtsverträge abgeschlossen, die dem Individuum ein hohes Maß an Schutz gewähren, *Heintze*, in: Ipsen, Völkerrecht (hrsg. v. Epping/Heintschel von Heinegg), § 32, Rn. 1.

329 Siehe die Erklärung des Generalsekretärs aus dem Jahre 1992, An Agenda for Peace, A/47/277, Nr. 17 in welcher dieser erklärt, „[t]he time of absolute and exclusive sovereignty, however, has passed [...]"; zu der Unterscheidung zwischen innerer und äußerer Souveränität siehe *Besson*, „Sovereignty", in: Wolfrum, MPEPIL, Rn. 70 u. 122, online [Stand April 2011]; instruktiv zu der „Internationalisierung des Menschenrechtsschutzes" *A. Nußberger*, Das Völkerrecht, S. 85 ff.

der Zwischenstaatlichkeit und der staatlichen Souveränität geprägt.[330] Nach geltendem Völkergewohnheitsrecht beinhaltet die Auslegung völkerrechtlicher Verträge indes ein dynamisches Element,[331] wie es gleichlautend in Art. 31 Abs. 3 lit. a und b WVK zum Ausdruck gelangt.

bb) Grenzziehung bei systematischen und weitreichenden Menschenrechtsverletzungen

Andererseits ist die äußere Souveränität eines Staates auch im modernen Völkerrecht eine wesentliche Säule der Rechtsordnung, welcher die Staaten nach wie vor große Bedeutung zuschreiben.[332] Die Grenze der Einladungsbefugnis kann keinesfalls bereits bei minimalen Verstößen gegen Menschenrechte der eigenen Bevölkerung gezogen werden. Vielmehr ist erforderlich, dass eine weitreichende Systematik erkennbar wird, welche die Grenze zu Völkerrechtsverbrechen überschreitet.[333] Dass es einer gewissen Systematik der Menschenrechtsverletzungen bedarf, lässt sich auch – unabhängig von der Rechtsverbindlichkeit – aus dem Konzept der Responsibility-to-Protect-Doktrin (RtoP) ableiten.[334] Diese

---

330 Umfassend zu dem „westphalian starting point" der UN-Charta *Kreß*, in: JUFIL 2014, 11, 13 ff.; *ICISS-Report*, The Responsibility to Protect, Rn. 2.11. f.

331 Siehe hierzu bereits oben unter A.II.

332 Dies lässt sich an den zuvor skizzierten Charaktereigenschaften der Völkerrechtsordnung ablesen. So sind es nach wie vor die gleichrangig nebeneinanderstehenden Staaten, die sich das Recht selbst geben, es auslegen und für seine Durchsetzung sorgen und dabei Vorkehrungen für ihre Fortexistenz treffen müssen, siehe grundlegend unter A.I. in diesem Kapitel. Auch Syrien protestiert vehement gegen die Verletzungen der eigenen Souveränität durch die US-geführte Koalition, siehe bspw. S/2015/719; insbesondere bietet der Schutz der staatlichen Souveränität strukturell unterlegenen Staaten nach wie vor eine wichtige rechtliche Sicherheit, *ICISS-Report*, The Responsibility to Protect, Rn. 1.32; *Nolte*, Eingreifen auf Einladung, S. 191 f.

333 *Lieblich*, Intervention and Consent, S. 203; ähnlich *Nolte*, Eingreifen auf Einladung, S. 578, der die Grenze jedenfalls bei der Verletzung des Genozidverbots und dem Verbot einer Apartheidherrschaft zieht; *Kreß*, in: JUFIL 2014, 11, 30.

334 Siehe *ICISS-Report*, The Responsibility to Protect, Synopsis, Art. 1 (A) u. (B), Art. 3 (C), Rn. 4.13, Rn. 4.19, Rn. 4.20, Rn. 4.21. Gefordert werden „large scale"-Verluste an Menschenleben. „[H]uman rights violations falling short of outright killing or ethnic cleansing" stellen ausdrücklich keinen Grund für eine militärische Intervention nach der RtoP-Doktrin dar, *ICISS-Report*, ebenda, Rn. 4.25. Anknüpfend hieran wird in der Generalversammlungsresolution A/RES/60/1, Rn. 139 die Handlungsverantwortlichkeit der internationalen Gemeinschaft an der Schwelle des Genozids, Kriegsverbrechen, ethnische Säuberungen und Verbrechen gegen die Menschlichkeit

verdeutlicht, dass mit der Souveränität eines Staates auch Verantwortung für den Schutz der eigenen Bevölkerung einhergeht, „die Pflichtenbindung der Souveränität akzentuiert“[335] wird und das klassische Kriterium der effektiven Gebietskontrolle seine Monopolstellung als Kriterium für die Rechtmäßigkeit des Ausspruches einer Einladung eingebüßt hat.[336] Eine Unterstützung eines anderen Staates ist jedenfalls dann unzulässig, wenn diesem nach Art. 16 der ILC-Artikel zur Staatenverantwortlichkeit „bei der Begehung einer völkerrechtswidrigen Handlung Beihilfe [ge]leistet oder Unterstützung gewährt“ wird, was die eigene völkerrechtliche Verantwortlichkeit des helfenden Staates zur Folge haben kann.[337] Ohne dies ausdrücklich als Grund anzuführen, haben es Staaten in der Vergangenheit dementsprechend vermieden, auf Einladung massiv menschenrechtsverachtender Staaten tätig zu werden.[338] Zudem scheinen Staaten auch heute noch zurückhaltend mit der ausdrücklichen Artikulation einer dahingehenden Ansicht, ein systematisch menschenrechtsverachtendes Regime verlöre sein Einladungsrecht.[339]

Diese im Hinblick auf die Tendenzen der modernen Völkerrechtsordnung noch als restriktiv zu bewertende Grenze für eine Einladungsbefugnis erscheint auch vor dem Hintergrund der folgenden Überlegung gerechtfertigt. Sofern es um eine Einladung zu einem Eingreifen in eine Situation geht, die das Ausmaß eines nicht-internationalen bewaffneten Konflikts erreicht hat, gelangt das Recht der bewaffneten Konflikte zur Anwendung. Dieses Rechtsregime gewährt weitgehende Eingriffsbefugnisse, welche die Menschenrechte in empfindlichen Bereichen (Leben, Gesundheit und Freiheit) zurückdrängen.[340] Die Schwelle einer Menschenrechtsverletzung in diesen Situationen liegt damit ohnehin

---

an der eigenen Bevölkerung ausdrücklich als Schwelle erwähnt; kleinschrittig herausgearbeitet bei *Lieblich*, Intervention and Consent, S. 179 ff.; zu den Grundlagen des Konzepts siehe unten unter C.III.3.

335 *Fremuth*, Menschenrechte, S. 116.

336 *Lieblich*, Intervention and Consent, S. 186 f. arbeitet heraus, dass Effektivität im normativen Sinne sich heute (auch) auf den effektiven Schutz der Zivilbevölkerung bezieht.

337 *Kreß*, in: JUFIL 2014, 11, 29 f.; *Hakimi*, YJIL 2014, 247, 269 führt eine solch verbotene Handlung eines Drittstaates auf die Unterstützung zu einer Verletzung der RtoP-Doktrin zurück.

338 *Nolte*, Eingreifen auf Einladung, S. 578.

339 *Kreß*, in: JUFIL 2014, 11, 28 f.

340 Siehe hierzu ausführlich im 3. Kapitel D. Zwar ist es auch nach dem Regime des Konfliktsvölkerrechts strikt verboten, Zivilisten gezielt zu töten, doch ist eine wissentliche Beeinträchtigung wesentlicher Rechtsgüter unbeteiligter Personen im Rahmen eines

schon deutlich höher als in dem völkerrechtlichen Normalzustand, der in Abwesenheit eines bewaffneten Konflikts herrscht. Kriegsführende Staaten, die sich an den Regeln des Konfliktsvölkerrechts orientieren, werden regelmäßig weit davon entfernt sein, überhaupt die Schwelle einer Menschenrechtsverletzung zu überschreiten.

d) Zwischenergebnis

Zeichnet eine Regierung verantwortlich für systematische und weitreichende Menschenrechtsverletzungen, verwirkt sie hierdurch ihr Einladungsrecht. Diesen Maßstab auf den Syrien-Fall anwendend, war die Ablehnung der Einladung des syrischen Regimes folgerichtig.[341]

4. Ergebnis

Eine Gewaltanwendung durch einen Staat auf fremdem Staatsterritorium verstößt dann nicht gegen das universelle Gewaltverbot, wenn der Territorialstaat eine Einladung zur Intervention ausgesprochen hat. Der Ausbruch eines nichtinternationalen bewaffneten Konflikts ist solange unerheblich für die tatbestandsausschließende Wirkung der Einladung, wie mit der Intervention nicht das Selbstbestimmungsrecht des Volkes des Territorialstaates tangiert wird. Der Zweck der Intervention liefert dabei, ebenso, wie die „Zusammensetzung" der Aufständischen, wichtige Indizien für die Feststellung, ob eine Einmischung in interne Angelegenheiten des Volkes vorliegt. Eine Grenze der Intervention auf Einladung resultiert aus der Entwicklung der modernen Völkerrechtsordnung, die auch von der zunehmenden Relativierung der äußeren Souveränität der Staaten geprägt ist. Ein Staat, dem nachweislich systematische und weitreichende Menschenrechtsverletzungen vorzuwerfen sind, kann eine wirksame Einladung nicht aussprechen.

III. Fazit

Die Gewaltanwendung auf zwischenstaatlicher Ebene wird durch den Tatbestand des Art. 2 Abs. 4 SVN umfassend verboten. Eine Intensitätsschwelle muss

---

bewaffneten Konflikts nach dem konfliktsvölkerrechtlichen Verhältnismäßigkeitsprinzip nicht unter allen Umständen ausgeschlossen.

341 *Kreß*, The Fine Line Between Collective Self-Defense and Intervention by Invitation: Reflections on the Use of Force against 'IS' in Syria, in: Just Security v. 17.2.2015, abrufbar unter: https://www.justsecurity.org/20118/claus-kreb-force-isil-syria/ [zuletzt abgerufen am 15.5.2020].

nicht überschritten werden, um von einer tatbestandlich erfassten Gewaltanwendung ausgehen zu können. Aus dem Wortlaut der Norm folgen keinerlei Einschränkungsmöglichkeiten. Tatbestandsausschließende Wirkung kommt einzig einer Intervention auf Einladung zu. Eine die effektive Staatsgewalt ausübende Regierung ist grundsätzlich einladungsbefugt. Diese Einladungsbefugnis kann ausnahmsweise infolge umfassender und systematischer Menschenrechtsverletzungen wegfallen. Dem Institut der Intervention auf Einladung als solches kommt im Angesichte der volatilen Zuverlässigkeit des Sicherheitsrates bei der Ausübung seiner Aufgabe – der Wahrung des Weltfriedens – eine große Bedeutung[342] mit weitreichender Wirkung zu.[343]

C. Möglichkeiten der Rechtfertigungen eines Gewalteinsatzes nach dem Rechtsregime des Friedenssicherungsrechts

Die Charta der Vereinten Nationen schließt eine Gewaltanwendung auf zwischenstaatlicher Ebene nicht unter allen Umständen aus. Weitsichtig und realitätsnah enthält die Satzung der Vereinten Nationen zwei geschriebene Ausnahmen von dem äußerst weit zu verstehenden Grundsatz des Art. 2 Abs. 4 SVN. Die grundlegende Idee besteht darin, dass mit dem Sicherheitsrat der Vereinten Nationen eine zentrale Instanz existiert, die über die Anwendung von zwischenstaatlicher Gewalt rechtsverbindlich entscheidet. Das berühmte VII. Kapitel der UN-Charta beinhaltet die Ausnahme der kollektiven Gewaltanwendung – die Etablierung dieses Systems der kollektiven Sicherheit[344] zielt auf die Vermeidung künftiger militärischer Konflikte.[345] Darüber hinaus lässt Art. 51 SVN mit der

---

342 *Nolte*, „Intervention by Invitation", in: Wolfrum, MPEPIL, Rn. 27, online [Stand Januar 2010]; *ders.*, Eingreifen auf Einladung, S. 627 f.

343 *Lieblich*, Intervention and Consent, S. 17; *Byrne*, in JUFIL 2016, 97, 101 f.; auch gegenüber dem Rechtfertigungsgrund des Selbstverteidigungsrechts bietet die tatbestandsausschließende Intervention tatsächliche Vorteile. Das Abstellen auf eine Einladung durch den Territorialstaat hat gegenüber der Geltendmachung eines Selbstverteidigungsrechts den nicht unbeachtlichen Vorteil, dass die Beschränkung des Selbstverteidigungsrechts durch das Verhältnismäßigkeitsprinzip gerade bei der Bekämpfung nicht-staatlicher Akteure eine Grenze setzt, die einen umfassenden Einsatz auf fremden Staatsgebiet im Einzelfall verhindern könnte, *Lieblich*, ebenda, S. 17.

344 Der Terminus „kollektive Sicherheit" ist kein Fachbegriff des internationalen Rechts, *de Wet/Wood*, „Collective Security", in: Wolfrum, MPEPIL, Rn. 2, online [Stand Juli 2013]. Anders ist dies auf grundgesetzlicher Ebene – in Art. 24 Abs. 2 GG ist der Begriff der (gegenseitigen) kollektiven Sicherheit prominent in Art. 24 Abs. 2 GG vertreten, siehe das 5. Kapitel unter D.IV.

345 *Whittle*, in: EJIL 2015, 671, 673.

individuellen und kollektiven Selbstverteidigung eine Möglichkeit zur völkerrechtsgemäßen unilateralen Gewaltanwendung zu. Obgleich im obersten Ziel der Vereinten Nationen, „den Weltfrieden und die internationale Sicherheit zu wahren", ein hohes Maß an Idealismus zum Ausdruck gelangt, stellt die UN-Charta also ganz offensichtlich keine pazifistische Weltverfassung dar. Vielmehr versucht die Charta ein System zu etablieren, welches die nicht erwünschte, aber doch erwartete zwischenstaatliche Gewaltanwendung einem institutionellen Rahmen unterordnet.[346] Ein gewaltsames Eingreifen der Bundeswehr auf fremdem Staatsterritorium stellt einen rechtfertigungsbedürftigen Anwendungsfall des Gewaltverbots dar, solange kein tatbestandsausschließendes Einverständnis zur Gewaltanwendung durch den Territorialstaat vorliegt. Insofern soll erörtert werden, unter welchen Bedingungen ein solcher Einsatz völkerrechtlich gerechtfertigt werden kann.

Nachstehend werden die Möglichkeiten und insbesondere die Voraussetzungen einer Autorisierung der Gewaltanwendung durch den Sicherheitsrat nach Kapitel VII der UN-Charta dargestellt (I.). Anschließend wird die rechtliche Zulässigkeit einer unilateralen extraterritorialen Gewaltanwendung durch die Bundeswehr untersucht. Dabei wird zunächst auf das Recht zur individuellen und kollektiven Selbstverteidigung insbesondere im Hinblick auf die Hauptherausforderung des modernen Völkerrechts – der Bekämpfung nicht-staatlicher Akteure – eingegangen (II.). Sodann ist die rechtliche Zulässigkeit einer humanitären Intervention sowie deren Fortentwicklung im Konzept der Responsibility to Protect-Doktrin zu erörtern (III.). Die Untersuchung orientiert sich dabei insbesondere an den aktuellen Einsätzen der Bundeswehr in Syrien und im Irak. Abschließend wird zu prüfen sein, ob und unter welchen Voraussetzungen eine extraterritoriale Rettung eigener Staatsangehöriger, wie sie durch die Bundeswehr in der Vergangenheit in Albanien, in Libyen und zuletzt im Südsudan bereits mehrfach durchgeführt wurde, einer völkerrechtlichen Rechtfertigung zugeführt werden kann (IV.).

---

346 Treffende Worte, um den durch die UN gewagten Balanceakt zwischen Realismus und Idealismus zu beschrieben, findet *Blokker*, in: Weller, Oxford Handbook of the Use of Force in International Law, 179, 180, indem er die UN als „[e]stablished to provide predictability and order in a world in constant flux, the UN—a bridge between power and principles, between state-based realism and international idealism [...]" umschreibt.

I. Autorisierung eines Gewalteinsatzes durch den Sicherheitsrat der Vereinten Nationen

Der nach Art. 24 SVN die Hauptverantwortung für die Wahrung des Weltfriedens tragende Sicherheitsrat der Vereinten Nationen ist ein politisches Organ mit den in der Charta der UN festgelegten, beschränkten Kompetenzen.[347] Der Sicherheitsrat hat das Monopol inne, über eine erlaubte kollektive Gewaltanwendung rechtsverbindlich zu entscheiden. Liegt ein zur Gewalt ermächtigendes Mandat des Sicherheitsrates vor, kann Deutschland in dem in der jeweiligen Resolution gesteckten Rahmen extraterritorial völkerrechtskonform Gewalt anwenden. Von Interesse für den Untersuchungsgegenstand ist die völkerrechtliche Bewertung der Beteiligung der Bundeswehr an dem Kampf gegen den IS seit 2015 im Angesichte der Resolution 2249 (2015). Bevor eine rechtliche Bewertung vorgenommen werden kann (2.), ist zunächst zu untersuchen, unter welchen Voraussetzungen von einer Autorisierung zur Gewaltanwendung durch den Sicherheitsrat auszugehen ist (1.). Die Syrien-Krise verdeutlicht, dass der Sicherheitsrat Probleme hat, seine normative Vorrangstellung faktisch auszufüllen (3.).

1. Ermächtigung der Staaten durch den Sicherheitsrat „to use all necessary measures“

Aus den Auslegungsregeln der auf die Interpretation von völkerrechtlichen Verträgen ausgerichteten Wiener Vertragsrechtskonvention können Anhaltspunkte auch für die Auslegung von Sicherheitsratsresolutionen entnommen werden.[348] Der IGH meint, dass es bei der Auslegung von Sicherheitsratsresolutionen einige relevante Faktoren zu berücksichtigen gebe, wobei die „rules on treaty interpretation embodied in Articles 31 and 32 of the Vienna Convention on the Law of Treaties may provide guidance […].“[349]

---

347 *Wood*, in: Frowein/Wolfrum, MPYUNL 1998, 73, 78 f.; *Greenstock*, in: Lowe/et al., The United Nations Security Council and War, 248, 252 u. 259 sieht den Sicherheitsrat als ein „magnet for political attention“.

348 Siehe im Einzelnen zu einer differenzierten Betrachtung *Wood*, in: Frowein/Wolfrum, MPYUNL 1998, 73, 88 ff.; *Dörr*, in: ders./Schmalenbach, VCLT, A Commentary, Art. 31, Rn. 22; zu den Grundsätzen der Auslegung nach Art. 31 und 32 WVK siehe oben unter A.II.

349 *IGH*, Advisory Opinion (Accordance with International Law of the Unilateral Declaration of Independence in Respect of Kosovo), I.C.J. Reports 2010, Ziff. 94.

Die ständige Praxis bei der Formulierung von Resolutionen durch den Sicherheitsrat gestaltet sich folgendermaßen: Nachdem das VII. Kapitel durch eine Entscheidung des Sicherheitsrates gemäß dem – einen weiten Einschätzungsspielraum beinhaltenden – Art. 39 SVN aktiviert wurde, indem eine „Bedrohung oder ein Bruch des Friedens oder eine Angriffshandlung" festgestellt wurde,[350] kann nach Art. 42 SVN zu durch die Mitgliedstaaten durchzuführenden militärischen Maßnahmen ermächtigt werden.[351] Diese (ausgehend von der im Zuge der ersten Irak-Krise 1990 ergangenen Sicherheitsratsresolution 678) heute etablierte Ermächtigungslösung[352] wird in der Resolutions-Praxis seitdem durch

---

350 Nur selten hat der Sicherheitsrat eine Aggressionshandlung oder einen Bruch des Friedens festgestellt. In der überwiegenden Anzahl der Fälle einer Ermächtigung zur Gewaltanwendung hat der SR eine Bedrohung des Friedens angenommen. Der Begriff der Friedensbedrohung wurde dafür aber sehr weit verstanden und hat nach dem Ende des Kalten Krieges dazu beigetragen, dass der SR seine Zentralstellung für den Weltfrieden hinreichend Rechnung tragen konnte. Insbesondere wurde auf diese Weise der Eingriff von außen in nicht-internationale bewaffnete Konflikte ermöglicht, *Gray*, in: Lowe/et al., The United Nations Security Council and War, 86, 89, ohne dass der SR dabei immer auf die Auswirkungen der internen Lage auf andere Staaten abstellt, *Nolte*, Eingreifen auf Einladung, S. 193; heute scheint es anerkannt zu sein, dass auch solche rein innerstaatlichen Situationen eine Friedensbedrohung darstellen können und der SR tätig werden kann, *Tams*, in: EJIL 2009, 359, 376. Dies zeigt sich insbes. auch an der Resolution der Generalversammlung A/RES/60/1, Rn. 139, die infolge der RtoP-Doktrin des ICISS angenommen wurde (näher unten unter C.III.3.), *Lieblich*, Intervention and Consent, S. 185.

351 In Art. 42 SVN ist vorgesehen, dass der SR, sofern er Sanktionsmöglichkeiten ohne Gewalt für nicht hinreichend erachtet, „mit Luft-, See- oder Landstreitkräften die zur Wahrung oder Wiederherstellung des Weltfriedens und der internationalen Sicherheit erforderlichen Maßnahmen durchführen" kann. Die hinter der Charta stehende Grundidee geht damit sogar über die ständige Praxis hinaus – der Sicherheitsrat sollte theoretisch über eigene Streitkräfte verfügen und nicht lediglich zu einer Gewaltanwendung durch nationale Streitkräfte ermächtigen können. Art. 43 Abs. 1 SVN sieht hierzu die Aushandlung von Sonderabkommen vor, zu welchen es tatsächlich aber nie gekommen ist, siehe *Gray*, in: Evans, International Law, 601, 603 u. 621. Auch das BVerfG erkennt als Praxis an, dass die Anwendbarkeit des Art. 42 SVN nicht voraussetze, dass dem Sicherheitsrat Truppen aufgrund von Sonderabkommen nach Art. 43 SVN zur Verfügung gestellt würden, *BVerfGE* 90, 286 (380). Zu den zahlreichen theoretischen – nie umgesetzten – Ansätzen, eine ständige UN-Armee zu schaffen, siehe *Roberts*, in: Lowe/et al., The United Nations Security Council and War, 99.

352 *Wood*, „Security Council", in: Wolfrum, MPEPIL, Rn. 30, online [Stand Juli 2007].

die Wendung „to use all necessary means" ausgelöst.[353] Seitdem indizieren diese Signalwörter die Rechtfertigung einer nach Art. 2 Abs. 4 SVN grundsätzlich verbotenen Gewaltanwendung.[354] Darüber hinaus ist aber auch der Kontext zu beachten, in welchem diese Wendung gebraucht wird: Nur wenn der Sicherheitsrat zu diesen Maßnahmen autorisiert („*authorizes*") und nicht lediglich die Staaten auffordert („*calls upon*"), kann nach der Praxis des Sicherheitsrates von einer Ermächtigung zur Gewaltanwendung ausgegangen werden.[355] Ein eindeutiges Zeichen gegen die Autorisierung einer Gewaltanwendung ist zu erkennen, wenn der Sicherheitsrat die Wendung „unter Einhaltung des Völkerrechts" („*in compliance with international law*") verwendet.[356] Von dieser Wendung umfasst wird schließlich auch das universelle Gewaltverbot der UN-Charta. Regelmäßig – seit Resolution 253 (1968)[357] – wird der Sicherheitsrat die Formulierung, „acting under Chapter VII of the Charter of the United Nations", gebrauchen, bevor er zu der Anwendung aller erforderlichen Mittel autorisiert.[358] Doch ist

353 *Gray*, in: Lowe/et al., The United Nations Security Council and War, 86, 89 f. Bis heute kommt es weder zu der Benennung des exakten Artikels des VII. Kapitels noch wird die konkretere Wendung „use of force" verwendet.

354 Bei dieser ständigen Formulierungspraxis des Sicherheitsrates handelt es sich im Endeffekt um eine „spätere Übung bei der Anwendung des Vertrages" im Sinne der auch völkergewohnheitsrechtlich geltenden Bestimmung des Art. 31 Abs. 3 lit. b WVK. Die Funktionsfähigkeit des kollektiven Sicherheitssystems wird durch die Staaten auf diese Weise sichergestellt, ohne die hohen Hürden des Art. 108 SVN überwinden zu müssen. An dieser Stelle verdeutlicht sich die vorstehend unter A.II. thematisierte, im koordinationsrechtlichen Charakter der Völkerrechtsordnung begründete, Flexibilität der Rechtsordnung.

355 *Payandeh/Sauer*, in: ZRP 2016, 34; zuweilen wird eine solche Autorisierung auch mit dem Begriff „decides" eingeleitet, siehe bspw. in S/RES/1556 (2004) und S/RES/1671 (2006).

356 *Akande/Milanovic*, The Constructive Ambiguity of the Security Council's ISIS Resolution, in: EJIL:Talk! v. 21.11.2015, abrufbar unter: https://www.ejiltalk.org/the-constructive-ambiguity-of-the-security-councils-isis-resolution/ [zuletzt abgerufen am 15.5.2020].

357 *Security Council Report* v. 23.6.2008, Security Council Action Under Chapter VII: Myths and Realities, S. 3, abrufbar unter: https://www.securitycouncilreport.org/research-reports/index.php?page=4 [zuletzt abgerufen am 15.5.2020].

358 Siehe beispielgebend S/RES/1484 (2003) zur Democratic Republic Kongo und S/RES/1529 (2004) zu Haiti; *de Wet/Wood*, „Collective Security", in: Wolfrum, MPEPIL, Rn. 15, online [Stand Juli 2013]; *Wood*, in: Frowein/Wolfrum, MPYUNL 1998, 73, 82; häufig wird Art. 39 SVN dabei ebenso wenig wie Art. 42 SVN ausdrücklich genannt, *Gray*, in: Lowe/et al., The United Nations Security Council and War, 86, 89.

hier Vorsicht bei der Auslegung geboten: Nicht jede Resolution, die das VII. Kapitel der UN-Charta erwähnt, stellt eine Ermächtigung zur Gewaltanwendung dar;[359] so kann der Sicherheitsrat insbesondere auch zu Wirtschaftssanktionen nach Art. 41 SVN ermächtigen, welche ebenfalls eine Maßnahme des Kapitels VII der UN-Charta darstellen. Darüber hinaus sind in diesem Kontext einerseits die vorbereitenden Arbeiten samt den Umstände der Entstehung von Relevanz sowie in besonderem Maße die im Nachhinein erfolgenden Stellungnahmen der Mitglieder des Sicherheitsrates,[360] wie der IGH im Hinblick auf den von Verträgen abweichenden Charakter von Sicherheitsratsresolutionen betont.[361]

2. *Die Beteiligung der Bundeswehr an dem Kampf gegen den IS seit 2015 und die Rolle des Sicherheitsrates*

In Syrien und im Irak beteiligt sich die Bundeswehr seit 2015 im Rahmen einer seit 2014 agierenden Ad-hoc-Koalition an der Bekämpfung des zwischenzeitlich große Teile des syrischen Staatsgebietes besetzenden und auch irakisches Staatsgebiet vereinnahmenden sogenannten Islamischen Staates. Während sich die mittlerweile vom Nordirak in den Zentralirak verlagerte Mission auf die Ausbildung irakischer Streitkräfte konzentriert, werden über syrischem Staatsgebiet insbesondere Aufklärungsflüge geflogen und Luft-zu-Luft-Betankungen durchgeführt.[362]

a) *Die rechtliche Begründung Deutschlands für den Einsatz*

Die Bundesregierung stützt sich ausweislich des entsprechenden Zustimmungsantrages an den Bundestag auf das Recht „auf kollektive Selbstverteidigung gemäß Artikel 51 der Charta der Vereinten Nationen im Rahmen der Resolutionen des

---

359 *Wood*, „Security Council", in: Wolfrum, MPEPIL, Rn. 23, online [Stand Juli 2007].

360 Durch Letztere können Rückschlüsse auf das Ziel und den Zweck der Resolution gezogen werden, welche für die Auslegung der Resolution nach dem Gedanken des Art. 31 Abs. 1 WVK von Bedeutung sind. Ebenso kann auf diese Weise eine spätere Übung im Sinne des aus Art. 31 Abs. 3 lit. b WVK folgenden Gedankens entstehen. Die vorbereitenden Arbeiten samt Umständen des Resolutionserlasses sind bei Verträgen entsprechend dem Art. 32 WKV lediglich ergänzende Auslegungsmethoden, bei der Interpretation von Resolutionen des Sicherheitsrates indessen wichtige Anhaltspunkte, die bereits neben den primären Auslegungsmethoden zum Tragen kommen, siehe *Wood*, in: Frowein/Wolfrum, MPYUNL 1998, 73, 90 ff.

361 *IGH*, Advisory Opinion (Accordance with International Law of the Unilateral Declaration of Independence in Respect of Kosovo), I.C.J. Reports 2010, Ziff. 94.

362 Siehe im Einzelnen im 1. Kapitel unter B.

Sicherheitsrats der Vereinten Nationen [...] und im Einvernehmen mit der irakischen Regierung".[363] In der Folge wird mit den Resolutionen 2170 (2014), 2199 (2015) und 2249 (2015) eine Kette von drei Resolutionen des Sicherheitsrates aufgeführt.[364] Die Bundesregierung bringt zur Rechtfertigung der Beteiligung an dem gewaltsamen Vorgehen der „Koalition der Willigen" eine Kombination aus Selbstverteidigungsrecht in der Form der Nothilfe zugunsten des Irak sowie einer Mandatierung des Sicherheitsrates zur Gewaltanwendung nach dem VII. Kapitel der UN-Charta an. Speziell im Hinblick auf das Vorgehen auf irakischem Staatsgebiet wird mit der Nennung des Hilfeersuchens der irakischen Regierung auch auf die tatbestandsausschließende Intervention auf Einladung rekurriert. Folglich wartet die Bundesregierung letztlich mit allen unstreitig bestehenden Möglichkeiten auf, welche die Gewaltanwendung rechtlich zulässig machen könnten.[365] Gleichwohl zählt nicht die Quantität der angeführten Gründe für die Rechtmäßigkeit der Gewaltanwendung; die Kumulation dreier nicht einschlägiger Institute führt nicht zum Entfallen der Rechtswidrigkeit einer Gewaltanwendung. Jeder einzeln angeführte Grund ist auf seinen rechtlichen Gehalt zu prüfen; entscheidend dabei ist die Trennung zwischen irakischem und syrischem Staatsgebiet.[366]

b) Keine Ermächtigung zur Gewaltanwendung durch Resolution 2249 (2015)

Der sogenannte Islamische Staat wird in der Resolution 2249 (2015) als eine „beispiellose Bedrohung des Weltfriedens und der internationalen Sicherheit" bezeichnet. Der Sicherheitsrat nutzt hier also die Terminologie des Art. 39 SVN. Auch die Schlüsselwörter „alle notwendigen Maßnahmen" („*all necessary measures*") werden in der Resolution 2249 (2015) aufgeführt. Diese beiden Elemente deuten tatsächlich auf eine Autorisierung zur Gewaltanwendung durch den Sicherheitsrat hin.[367] Anders als von der Bundesregierung suggeriert, sind

---

363 Bt.-Drs. 19/13290, S. 1 f.; zuvor: Bt.-Drs. 19/4719, S. 1.

364 Bt.-Drs. 19/13290, S. 2; zuvor: Bt.-Drs. 19/4719, S. 1.

365 Die Anführung verschiedener rechtlicher Begründungsansätze durch einen Staat für dessen Gewaltanwendung ist indessen kein Einzelfall, siehe *Lieblich*, Intervention and Consent, S. 14 ff.

366 Dass die Bundesregierung seit März 2018 dazu übergegangen ist, beide Einsätze in einem Mandat zusammenzufassen, erweist sich nicht nur als Hindernis für eine eindeutige rechtliche Bewertung, sondern insbesondere vor dem Hintergrund der Vorgaben des Parlamentsbeteiligungsgesetzes als problematisch, siehe ausführlich im 4. Kapitel unter F.

367 Siehe zuvor unter C.I.1.

die durch die „Koalition der Willigen" vorgenommenen militärischen Gewalthandlungen indessen weder von dieser noch von einer der anderen im Zustimmungsantrag genannten Sicherheitsratsresolutionen gedeckt. Der Sicherheitsrat handelt nicht unter Kapitel VII. Es fehlen erstens die üblichen Signalwörter, *„acting under Chapter VII"* und zweitens geht der Wendung *„all necessary measures"* unmittelbar die ganz entscheidende Einschränkung *„unter Einhaltung des Völkerrechts, insbesondere der Charta der Vereinten Nationen"* voraus.[368] Die Schlüsselwörter als eine notwendige Bedingung für die zwischenstaatliche Gewaltanwendung sind in dem verwendeten Kontext nicht hinreichend, um von dem universellen Gewaltverbot zu suspendieren.[369] Überdies sind die in diversen Stellungnahmen der ständigen Mitglieder des Sicherheitsrates zum Ausdruck gelangenden divergierenden Rechtsauffassungen ein gewichtiges Indiz dafür, dass eine Ermächtigung zur Gewaltanwendung gerade nicht erfolgt ist.[370] Von einer Autorisierung zu einer Gewaltanwendung durch den Sicherheitsrat in den im Zustimmungsantrag der Bundesregierung angeführten Resolutionen kann mithin nicht ausgegangen werden. Resolution 2249 wird in der Literatur häufig mit Kommentaren umschrieben, die das Wort „Ambiguität" beinhalten.[371]

---

368 Ebenso die Analyse bei *Payandeh/Sauer*, in: ZRP 2016, 34, 34 f.; siehe auch *Kremser*, in: DVBl 2016, 881, 883.

369 Im Ergebnis ebenso Wissenschaftlicher Dienst des BT, WD 2 - 3000 - 203/15 v. 30.11.2015, S. 14 u. 18; *Akande/Milanovic*, The Constructive Ambiguity of the Security Council's ISIS Resolution, in: EJIL:Talk! v. 21.11.2015, abrufbar unter: https://www.ejiltalk.org/the-constructive-ambiguity-of-the-security-councils-isis-resolution/ [zuletzt abgerufen am 15.5.2020]; siehe auch *Kreß*, Im Auge des Krieges, FAZ v. 10.12.2018, S. 9; mit Blick auf die ebenso von der Bundesregierung angeführte Resolution 2170 (2015) *Talmon*, Eine Koalition der Willigen reicht nicht, FAZ v. 8.1.2015, S. 6.

370 *O'Connor*, in: JUFIL 2016, 70, 76; Russland wirft der von den USA geführten, in Syrien intervenierenden Koalition ständig einen Verstoß gegen das Völkerrecht vor. Während Russland das Syrien regierende Assad-Regime unterstützt, intendiert die Koalition rund um die USA ein gegenteiliges Ziel zu erreichen – die Absetzung des Machthabers.

371 Siehe *Akande/Milanovic*, The Constructive Ambiguity of the Security Council's ISIS Resolution, in: EJIL:Talk! v. 21.11.2015, abrufbar unter: https://www.ejiltalk.org/the-constructive-ambiguity-of-the-security-councils-isis-resolution/ [zuletzt abgerufen am 15.5.2020], die von einer „creative ambiguity" sprechen; *O'Connor*, in: JUFIL 2016, 70, 76; bei *Kreß*, Im Auge des Krieges, FAZ v. 10.12.2018, S. 9, ist die Rede von einem „präzedenzlose[n] Kunststück konstruktiver Ambiguität"; *Starski*, in: DÖV 2018, 85, 92 erkennt in der Resolution ein „Meisterstück der Unbestimmtheit"; *Flasch*, in: JUFIL 2016, 37, 59 erblickt eine der „most ambiguous UNSC resolutions to date."

Mag die Resolution auch nicht zu einer Gewaltanwendung ermächtigen, kann und wird sie von den verschiedenen Parteien dennoch jeweils als Stütze einer politischen Argumentation genutzt, obwohl die Positionen im Einzelnen stark divergieren.[372]

3. Normative Vorrangstellung des Sicherheitsrates in Anbetracht der faktischen Lage

Der Sicherheitsrat der Vereinten Nationen ist nicht nur das zentrale, sondern auch das vorrangig zuständige Organ, um im Rahmen des kollektiven Sicherheitssystems der UN den Weltfrieden zu sichern. Dabei beansprucht die UN keineswegs, die einzige internationale Organisation zu sein, die nach diesem Ziel strebt. Im Gegenteil: Nach Art. 52 SVN wird das Bestehen von Regionalorganisationen (regional arrangements) ausdrücklich akzeptiert. Darüber hinaus erfüllen diese bei der Implementierung von den durch den Sicherheitsrat beschlossenen Zwangsmaßnahmen eine wichtige Rolle, indem sie vom Sicherheitsrat „zur Durchführung von Zwangsmaßnahmen unter seiner Autorität in Anspruch“[373] genommen werden können.[374] Die Vorrangstellung des Sicherheitsrates wird insbesondere daran deutlich, dass Regionalorganisationen ihrerseits nur Gewalt anwenden dürfen oder ihre Mitglieder zu solcher aufrufen, wenn der Sicherheitsrat sie hierzu ermächtigt hat.[375] Regionalorganisationen sind ebenso an das universelle Gewaltverbot gebunden wie einzelne Staaten. Die Autorisierungsbefugnis zu einer gerechtfertigten Gewaltanwendung liegt mit dem Sicherheitsrat der UN bei dem Zentralorgan der einzigen universellen internationalen Organisation auf der Welt. Zusätzliche Rechtfertigungsgründe (neben jenem der kollektiven Selbstverteidigung nach Art. 51 SVN) oder die Befugnis, solche zu schaffen, können sich aus der Mitgliedschaft in einer Regionalorganisation nicht

---

372 Treffend *Akande/Milanovic*, The Constructive Ambiguity of the Security Council's ISIS Resolution, in: EJIL:Talk! v. 21.11.2015, abrufbar unter: https://www.ejiltalk.org/the-constructive-ambiguity-of-the-security-councils-isis-resolution/ [zuletzt abgerufen am 15.5.2020]: „[…] it [Res. 2249] allows the major players in Syria to politically move closer together without departing from the legal positions that they had previously adopted, and without compromising their essential interests.“

373 Art. 53 Abs. 1 S. 1 SVN.

374 Siehe bspw. in S/RES/1973 (2011) zu Libyen, in welcher allgemein auch „regional organizations“ zur Gewaltanwendung im Hinblick auf den Schutz der Zivilbevölkerung und der Durchsetzung von einer „No Fly Zone“ ermächtigt werden.

375 Art. 53 Abs. 1 S. 2 SVN.

ergeben.[376] Auch gegenüber der Generalversammlung der Vereinten Nationen kommt dem Sicherheitsrat eine Vorrangstellung zu.[377] Hieran hat auch die 1950 durch die Generalversammlung erlassene Uniting for Peace-Resolution[378] nichts ändern können.[379] So sind auch Maßnahmen zur Selbstverteidigung entsprechend dem Wortlaut von Art. 51 SVN nur solange rechtlich zulässig, „bis der Sicherheitsrat die zur Wahrung des Weltfriedens und der internationalen Sicherheit erforderlichen Maßnahmen getroffen hat." Die normativ gewährte Vorrangstellung konnte der Sicherheitsrat – und dies zeigt bereits die bloße Existenz der Uniting for Peace-Resolution – faktisch von Anfang an nicht vollumfänglich ausfüllen. Dass dies bis heute problematisch ist, zeigen die Ausführungen der International Commission on Intervention and State Sovereignty (ICISS) von 2001, die den Unzulänglichkeiten im Sicherheitsrat einen ganzen Abschnitt widmen und an den hohen Preis der Uneinigkeit des Zentralorgans in essentiellen Fragen erinnern: die Unglaubwürdigkeit der Vereinten Nationen.[380] Aktuelle Ereignisse wie der Syrien-Konflikt und die Situation in der Ost-Ukraine sowie auf der Krim verdeutlichen die Lücke zwischen dem normativen Ideal und den faktischen Gegebenheiten.[381]

---

376 *Sarooshi*, in: Lowe/et al., The United Nations Security Council and War, 226, 229.

377 Diese folgt explizit aus Art. 12 SVN, in welchem es heißt: „Solange der Sicherheitsrat in einer Streitigkeit oder einer Situation die ihm in dieser Charta zugewiesenen Aufgaben wahrnimmt, darf die Generalversammlung zu dieser Streitigkeit oder Situation keine Empfehlung abgeben, es sei denn auf Ersuchen des Sicherheitsrats."

378 A/RES/377 (V). Zu den Hintergründen der Resolution siehe *Schöbener*, „Uniting for Peace-Resolution (1950)", in: ders., Völkerrecht, S. 481.

379 *Zaum*, in: Lowe/et al., The United Nations Security Council and War, 154, 158.

380 *ICISS-Report*, The Responsibility to Protect, S. XIII.

381 Seit Beginn der Syrien-Krise scheiterten bereits über ein Dutzend Resolutions-Entwürfe an einem Veto Russlands (sechs dieser Resolutionen wurden auch von China mit einem Veto zurückgewiesen), siehe hierzu 1. Kapitel C.II.3.; einen Überblick zu der Debatte im Sicherheitsrat und der diametralen Interessenlage der P5 bis 2014 liefert *Pavone*, in: Yearbook of International Law and Jurisprudence 2014, 103, 115 ff. Schien die Blockade des Sicherheitsrates insbesondere im Hinblick auf die Bekämpfung des internationalen Terrorismus Ende der 1980er überwunden (siehe *Tams*, in: EJIL 2009, 359, 375 ff.), zeichnet sich eine nicht nur kurzzeitige Blockade des für die Friedenssicherung zentralen Organs ab, die Erinnerungen an die vier Jahrzehnte des Kalten Krieges weckt.

4. *Fazit*

Nimmt der Sicherheitsrat der UN normativ auch eine Vorrangstellung ein, kann er diese in wesentlichen Konflikten dieser Zeit faktisch nicht ausfüllen. An der durch die UN-Charta gewährten normativen Vorrangstellung des Sicherheitsrates ändert indessen auch das machtgeleitete faktische Verhalten einiger militärisch mächtiger Staaten nichts, die der Natur der Sache nach im Vergleich zu einer internationalen Organisation über die besseren Durchsetzungmöglichkeiten verfügen.[382] Gleichwohl gehen mit der Blockade des Sicherheitsrates auch Folgen für die Beteiligung der Bundeswehr am Einsatz in Syrien einher. Die Beteiligung der Bundeswehr an der Koalition zur Bekämpfung des IS kann nicht auf eine der von der Bundesregierung zur Begründung des Bundeswehreinsatzes in Syrien herangezogenen Sicherheitsratsresolutionen gestützt werden. Rechtlich wendet sich ein auf internationaler Ebene Gewalt anwendender Staat zwangsläufig anderen Rechtfertigungsansätzen zu. Dies wird eindrücklich durch die Begründung der Bundesregierung in dem genannten Zustimmungsantrag zu den Einsätzen im Irak und in Syrien veranschaulicht. Werden die Resolutionen des Sicherheitsrates insbesondere zur verfassungsrechtlichen

382 Insofern vernachlässigt die Argumentation bei *Hakimi/Katz Cogan*, in: EJIL 2016, 257 im Ausgangspunkt eine saubere, den auch im Völkerrecht Geltung beanspruchenden juristischen Auslegungsregeln folgende Betrachtung der UN-Charta und misst dem politischen Verhalten einiger Staaten (dort als „state code" bezeichnet) eine übersteigerte Bedeutung bei. Zudem wirkt die Abgrenzung zu den Ansichten, die den institutionellen und kollektiven Charakter der Charta betonen (dort als „institutional code" betitelt), künstlich. Die Autoren meinen mit Blick auf die UN-Charta, „[a] state practice that conflicts with these [institutional] pronouncements will be viewed by most lawyers as lacking the requisite opinio juris, unless that practice is widely supported. In other words, because institutional pronouncements are treated as presumptively authoritative, a conflicting practice is generally evidence not of law but of lawlessness", *Hakimi/Katz Cogan*, ebenda, 257, 264. Verkannt wird damit nicht nur, dass die UN-Charta völkervertraglich – also rechtlich bindend – tatsächlich ein normatives Regime aufstellt, dass unilaterale Gewaltanwendung weitestgehend auszuschließen sucht, sondern auch, dass es im Wesen des Völkergewohnheitsrechts liegt, dass eine Regel, die heute als Völkerrechtsverstoß bewertet wird, in Zukunft immer nur dann zu Völkergewohnheitsrecht erstarken kann, wenn die Praxis „widely supported" ist. Dies ist keine Eigenheit eines etwaigen „institutional code", sondern per definitionem Voraussetzung für die Entstehung von Völkergewohnheitsrecht.

Rechtfertigung des Einsatzes angeführt,[383] wird dies zurecht als (völkerrechtlich) nicht ausreichend erkannt und durch die Kumulation mit weiteren die Gewaltanwendung legitimierenden Ansätzen ein „kreativer" Weg gewählt. Das hochpolitische Antlitz des Völkerrechts verdeutlicht sich auf keiner Ebene klarer und weist auf keiner anderen Ebene erheblichere Konsequenzen auf als im Sicherheitsrat der Vereinten Nationen.[384] Hat der Sicherheitsrat im Falle Syrien die Resolution 2249 bewusst mehrdeutig formuliert, kann dies durchaus als kreativ und einzigartig bezeichnet werden; der Glaubwürdigkeit und Effektivität dieses Zentralorgans der UN ist eine solche Vorgehensweise unterdessen abträglich[385] und wird die Entwicklung zu einer zunehmend unilateralen Gewaltanwendung vorantreiben. Ein weiterer negativer Nebeneffekt einer politisch mehrdeutigen Sicherheitsratsresolution ist, dass hierdurch die Weiterentwicklung des Völkervertragsrechts über eine nachträgliche Praxis der Staaten behindert wird.[386] Die deutlichen Appelle internationaler Komitees an den Sicherheitsrat, seiner Verantwortung gewissenhaft und ohne Anwendung eines „double-standard" nachzukommen, bleiben – und dies ist eine der Erkenntnisse des Syrien-Konflikts – unbeachtet.[387]

---

383 Dass die faktische Situation im Sicherheitsrat in besonderer Weise die verfassungsrechtliche Rechtfertigung von Auslandseinsätzen der Bundeswehr erschwert, wird im Zuge des 5. Kapitels D.V. darzustellen sein.

384 Zu dem Widerstreit nationaler Machtinteressen und dem Erfordernis der Erhaltung der Autorität der einzigen weltumspannenden Organisation siehe *Greenstock*, in: Lowe/et al., The United Nations Security Council and War, 248, 257.

385 Allgemein hierzu *Security Council Report* v. 23.6.2008, Security Council Action Under Chapter VII: Myths and Realities, S. 1 u. 9, abrufbar unter: https://www.securitycouncilreport.org/research-reports/index.php?page=4 [zuletzt abgerufen am 15.5.2020]; siehe auch *ICISS-Report*, The Responsibility to Protect, S. 55, 6.39.

386 Wie die Reaktionen vieler Staaten im Syrien-Konflikt zeigen, neigen die intervenierenden Staaten dazu, als Begründung ihrer Gewaltanwendung, eine Mischung aus Selbstverteidigungsrecht und Sicherheitsratsresolution geltend zu machen. Dies wird von einigen Kommentatoren gegen das Bestehen einer eindeutigen Staatenpraxis angeführt, die davon ausgeht, nicht-staatliche Angriffe seien auch ohne Zurechnung zu einem Staat vom Anwendungsbereich des Art. 51 SVN erfasst, siehe bspw. *Gray*, International Law and the Use of Force, S. 243. Siehe zum Selbstverteidigungsrecht gegen nicht-staatliche Angriffe unten unter C.II.2.

387 Der Begriff „double-standard" stammt von der *ILA*, Final Report on Aggression and the Use of Force, Sydney Conference 2018, S. 30; eindringliche Worte an den SR finden sich auch im *ICISS-Report*, The Responsibility to Protect, Rn. 6.22 f. u. 6.37.

II. Das Recht zur individuellen und kollektiven Selbstverteidigung nach Art. 51 SVN

Die Systematik der Charta der Vereinten Nationen ist wesentlich von dem Bestreben gekennzeichnet, die unilaterale Gewaltanwendung durch die Staaten auf ein Mindestmaß zu begrenzen.[388] Mit Art. 51 SVN existiert lediglich eine einzige niedergeschriebene Ausnahme von dem universellen Gewaltverbot des Art. 2 Abs. 4 SVN zur unilateralen Gewaltanwendung. Dass der Sicherheitsrat zwischen 1945 und 1989 nicht im Stande war und seit 2011 in wesentlichen Bereichen scheitert, die ihm nach Art. 24 SVN zugewiesene „Hauptverantwortung für die Wahrung des Weltfriedens" effektiv zu erfüllen, lässt der unilateralen Gewaltanwendung faktisch einen Stellenwert zukommen, den diese nach dem normativen Ideal der Charta nicht einnehmen sollte. Die Konsequenz aus dieser Entwicklung spiegelt sich in den argumentativen Bemühungen der Staaten wider, eine unilaterale Gewaltanwendung als rechtlich zulässige Selbstverteidigung zu rechtfertigen.[389] Dementsprechend bestehen bei der Anwendung des Art. 51 SVN trotz dessen klaren Wortlauts[390] zahlreiche Probleme.[391] Im folgenden Unterabschnitt werden zunächst die Grundlagen des Tatbestandsmerkmals des „bewaffneten Angriffs" skizziert, um den Grundstein für die nachfolgenden Analysen zu legen (1.). Sodann wird zu untersuchen sein, ob ein Selbstverteidigungsrecht gegen nicht-staatliche Akteure nach geltendem Völkerrecht existiert (2.). In den Blick zu nehmen sind Fälle, in denen die Zurechnung nicht-staatlicher Angriffe an

388 *Tams*, in: EJIL 2009, 359, 373; *Hobe*, Einführung in das Völkerrecht, S. 269.

389 Siehe auch *Tams*, in: EJIL 2009, 359, 382.

390 Art. 51 SVN lautet: „Diese Charta beeinträchtigt im Falle eines bewaffneten Angriffs gegen ein Mitglied der Vereinten Nationen keineswegs das naturgegebene Recht zur individuellen oder kollektiven Selbstverteidigung, bis der Sicherheitsrat die zur Wahrung des Weltfriedens und der internationalen Sicherheit erforderlichen Maßnahmen getroffen hat. Maßnahmen, die ein Mitglied in Ausübung dieses Selbstverteidigungsrechts trifft, sind dem Sicherheitsrat sofort anzuzeigen; sie berühren in keiner Weise dessen auf dieser Charta beruhende Befugnis und Pflicht, jederzeit die Maßnahmen zu treffen, die er zur Wahrung oder Wiederherstellung des Weltfriedens und der internationalen Sicherheit für erforderlich hält."

391 Siehe *Schiffbauer*, Vorbeugende Selbstverteidigung, S. 107 f. m.w.N.; diese können im Folgenden nicht im Einzelnen dargestellt werden. Der Fokus nachstehender Erörterungen soll im Hinblick auf den Untersuchungsgegenstand auf dem rechtlichen Rahmen der Selbstverteidigung gegen nicht-staatliche Angriffe sowie dem Verhältnis der kollektiven Selbstverteidigung zu der Intervention auf Einladung liegen. Beide Problemkreise tangieren in besonderer Weise aktuelle Auslandseinsätze der Bundeswehr.

den von den Selbstverteidigungshandlungen betroffenen Territorialstaat nicht gelingt. Hieran auch inhaltlich anschließend kommt es zu einer Untersuchung des Verhältnisses des Selbstverteidigungsrechts zur Intervention auf Einladung (3.). Im Syrien-Konflikt kommt es an dieser Stelle zu einer besonderen Situation. Erörterungsbedürftig ist, wie es sich auswirkt, wenn ein Staat zwar zu einer internationalen Kooperation bereit ist, die intervenierenden Staaten unterdessen ein koordiniertes Vorgehen ablehnen und stattdessen ein kollektives Selbstverteidigungsrecht geltend machen.

1. Der „bewaffnete Angriff" als Schlüsselbegriff für eine gerechtfertigte unilaterale Gewaltanwendung

Tatbestandsauslösendes Merkmal des Art. 51 SVN ist der „bewaffnete Angriff" („*armed attack*"). Das Vorliegen eines bewaffneten Angriffs ist zugleich notwendige Bedingung für das Bestehen eines Selbstverteidigungsrechts.[392] Konkretisierungsbedürftig ist der Inhalt des Tatbestandsmerkmals des bewaffneten Angriffs. An dieser Stelle kommt es auf das Verhältnis der drei das Friedenssicherungsrecht prägenden Schlüsselbegriffe,[393] nämlich „use of force" (Art. 2 Abs. 4 SVN), „act of aggression" (Art. 39 Alt. 3 SVN) und „armed attack" (Art. 51 SVN), an. Der Begriff des bewaffneten Angriffs wird enger verstanden als der der Angriffshandlung.[394] Die Angriffshandlung nach Art. 39 SVN wird in der Generalversammlungsresolution der Definition of Aggression konkretisiert. Anknüpfend

392 Die Frage, ob neben dem bewaffneten Angriff noch weitere Fälle existieren, in welchen das Selbstverteidigungsrecht nach Art. 51 SVN ausgelöst wird, ist allerdings umstritten. Letztlich geht es um das Verhältnis des 1945 schon bestehenden völkergewohnheitsrechtlich anerkannten Selbstverteidigungsrechts, welches nicht auf den bewaffneten Angriff beschränkt ist, und dem neu geschaffenen völkervertraglichen Selbstverteidigungsrecht des Art. 51 SVN. So wird das Wort *„inherent"* (auf deutsch mit „naturgegebene Recht" übersetzt) in Art. 51 SVN teilweise als Verweis auf ein über diese Fälle hinausgehendes im Zeitpunkt der Schaffung der UN-Charta bestehenden Völkergewohnheitsrechts verstanden. Ausführlich hierzu *Kreß*, Gewaltverbot und Selbstverteidigungsrecht, S. 175; *Ruys*, 'Armed Attack' and Article 51, S. 11 u. 58. Diese Auslegung überzeugt indessen nicht und ist abzulehnen – Wortlaut, Systematik und Telos sprechen für ein völkervertraglich auf den bewaffneten Angriff beschränktes Selbstverteidigungsrecht, *Ruys*, ebenda, S. 59 f.; eingehend und zwischen dem Anwendungsfall der kollektiven und individuellen Selbstverteidigung differenzierend *Kreß*, ebenda, S. 175 ff.; *Wandscher*, Internationaler Terrorismus, S. 137.

393 Siehe hierzu bereits oben unter B.I.2.

394 *Henderson*, The Use of Force and International Law, S. 65; *Schiffbauer*, Vorbeugende Selbstverteidigung, S. 107.

an die Rechtsprechung des IGH wird die DoA – ungeachtet der Tatsache, dass es sich bei der Angriffshandlung und dem bewaffneten Angriff um unterschiedliche Begriffe handelt – verbreitet als Dokument zur Konkretisierung des bewaffneten Angriffs im Sinne des Art. 51 SVN herangezogen.[395]

Insbesondere der IGH ist bis heute der Ansicht, dass ein bewaffneter Angriff erst ab eines gewissen Intensitätsgrades der Gewaltanwendung angenommen werden kann.[396] Gleichzeitig setzt der Anwendungsbereich des Art. 2 Abs. 4 SVN keine Intensitätsschwelle der Gewaltanwendung voraus – der Begriff use of force ist weiter gefasst als jener der armed attack.[397] Nach wie vor ist die exakte Abgrenzung der Anwendungsbereiche des Art. 2 Abs. 4 SVN und Art. 51 SVN Teil kontroverser Diskussionen.[398] Die ILA meint in ihrem Bericht

---

395 *Randelzhofer/Nolte*, in: Simma/et al., The Charter of the UN, Band 2, Art. 51, Rn. 17 f.

396 Ausgehend von dem *IGH*, Nicaragua vs. USA (Case Concerning Military and Paramilitary Activities in and Against Nicaragaua), I.C.J. Reports 1986, Ziff. 191, der es als notwendig erachtet, „to distinguish the most grave forms of the use of force (those constituting an armed attack) from other less grave forms."; daran anschließend *IGH*, Islamic Republic of Iran vs. United States of America (Case Concerning Oil Platforms), I.C.J. Reports 2003, Ziff. 51.

397 Siehe oben unter B.I.2.

398 Einerseits wird vor einer Gleichsetzung der Begriffe und dem damit einhergehenden weiten Anwendungsbereich des Art. 51 SVN vor dem Hintergrund des Eskalationspotentials einer Selbstverteidigung gegen Gewaltanwendungen geringer Intensität hin zu einem „full-scale war" gewarnt, *Randelzhofer/Nolte*, in: Simma/et al., The Charter of the UN, Band 2, Art. 51, Rn. 8. Andererseits ist zu beachten, dass durch die Auslegung des IGH eine Ungereimtheit im friedenssicherungsrechtlichen System der UN-Charta entsteht: Es sind Formen der rechtswidrigen Gewaltanwendung durch einen Staat denkbar, gegen welche dem Adressaten – mangels Vorliegens eines bewaffneten Angriffs – kein völkerrechtskonformes Selbstverteidigungsrecht nach Art. 51 SVN zusteht, *Dinstein*, War, Aggression and Self-Defence, Rn. 543; *Randelzhofer/Nolte*, in: Simma/et al., The Charter of the UN, Band 2, Art. 51, Rn. 6 f.; *Greenwood*, „Self-Defence", in: Wolfrum, MPEPIL, Rn. 12, online [Stand April 2011]; auch *Kreß*, Gewaltverbot und Selbstverteidigungsrecht, S. 186 u. 189 f. weist auf diese „Inkongruenz" der Auslegung des IGH im Nicaragua-Fall systematisch mit Blick auf den durchbrochenen Reziprozitätsgedankens hin. Denn der von einer Gewaltanwendung einer geringen Intensität betroffene Staat sei auf gewaltlose Gegenmaßnahmen und einen Schadensersatzanspruch beschränkt. Die Auslegung des Art. 51 SVN spreche gegen die vom IGH vorgenommene Beschränkung, *Kreß*, ebenda, S. 194; *ILA*, Final Report on Aggression and the Use of Force, Sydney Conference 2018, S. 5 f. Dies habe zu problematischen Verwerfungen im Völkerrecht geführt, die seiner Glaubwürdigkeit abträglich seien, so teilweise die Kritik an der Rechtsprechung, *Klein*, in: Isensee, Der Terror, der Staat und das Recht, 9, 26. Zudem wird darauf verwiesen, dass die im

zur „Aggression and the Use of Force" aus dem Jahre 2018, dass zum einen die Staatenpraxis für die Erfassung von „small-scale border attacks" unter Einsatz militärischer Gewalt von dem Begriff des bewaffneten Angriffs spräche und stellt zum anderen fest, dass, sollte es eine Lücke im Anwendungsbereich der beiden Begriffe geben, diese „relatively narrow" sei.[399] Im Folgenden wird es speziell um die Bekämpfung nicht-staatlicher Akteure gehen. In diesem Zusammenhang ist festzuhalten, dass das Erfordernis einer Intensitätsschwelle zwecks Abgrenzung zur innerstaatlichen Rechtsdurchsetzung in Form der Strafverfolgung natürlicher Personen anerkannt ist.[400] Diesbezüglich ist zu konstatieren, dass Attacken von Gruppierungen wie dem IS auch eine Mindestintensitätsschwelle weit überschreiten können.[401] Somit kann von der Qualität eines bewaffneten Angriffs im Sinne des Art. 51 SVN auch unter Zugrundelegung des Erfordernisses einer Mindestintensitätsschwelle ausgegangen werden.[402]

2. *Selbstverteidigung gegen nicht-staatliche Akteure*

Im Weißbuch zur Sicherheitspolitik und Zukunft der Bundeswehr aus dem Jahre 2016 werden terroristische Anschläge als die „unmittelbarste Herausforderung" für die Sicherheit Deutschlands erkannt.[403] Die Bekämpfung nicht-staatlicher Akteure steht dementsprechend im Mittelpunkt der deutschen Militärpolitik.

Rahmen der Ausübung der Selbstverteidigung zu beachtenden Kriterien der Erforderlichkeit und Verhältnismäßigkeit eine Gewaltspirale zur Genüge verhinderten, *Greenwood*, „Self-Defence", in: Wolfrum, MPEPIL, Rn. 12, online [Stand April 2011].

399 *ILA*, Final Report on Aggression and the Use of Force, Sydney Conference 2018, S. 6.

400 *Ruys*, 'Armed Attack' and Article 51, S. 499 f.; *Wandscher*, Internationaler Terrorismus, S. 268; *Leiden Policy Recommendations*, in: van den Herik/Schrijver, Counter-Terrorism Strategies, 706, 716, Rn. 39; *Tams*, in: EJIL 2009, 359, 388 f. erkennt in der Staatenpraxis darüber hinaus Ansätze, die gegen ein zu enges Verständnis des Intensitätserfordernisses geltend gemacht werden.

401 In Syrien war es dem IS gelungen, zwischenzeitlich beachtliche Teile des Staatsgebietes gewaltsam unter seine Kontrolle zu bringen. Zudem agierte der IS (auch im Irak) mit einer schwer in Worte zu fassenden Brutalität; siehe auch *Hakimi*, in: Int. Law Studies 2015, 1, 28; insgesamt kann eine beinahe exponentiell steigende Intensität nicht-staatlicher Gewaltakte beobachtet werden, siehe *Ruys*, 'Armed Attack' and Article 51, S. 368 f.

402 Siehe auch *Henderson*, in: JUFIL 2014, 209, 214, 215; der Präsident des Sicherheitsrates spricht im Zusammenhang mit den Attacken des IS u.a. im Irak davon, dass die „large-scale offensive poses a major threat to the region.", S/PRST/2014/20, S. 1.

403 Weißbuch 2016, S. 34. Zu dem Wandel der Bedrohungslage siehe bereits im 1. Kapitel unter C.I.4.

In die aktuellen Auslandseinsätze der Bundeswehr sowohl zu Land als auch zu See sind größtenteils nicht-staatliche Akteure involviert.[404] Der Fragestellung, ob Art. 51 SVN eine in Selbstverteidigung gerechtfertigte Gewaltanwendung gegen nicht-staatliche Akteure ermöglicht, kann daher entscheidende Bedeutung für die Rechtmäßigkeit eines extraterritorialen Bundeswehreinsatzes zukommen. Obgleich Deutschland derzeit in keinem Fall ein Recht zur individuellen Selbstverteidigung geltend macht, rückt die Beteiligung Deutschlands am Syrien-Konflikt das Problem der Bekämpfung nicht-staatlicher Akteure im Gewand der kollektiven Selbstverteidigung in den Blickpunkt. So hat der Irak die internationale Staatengemeinschaft ausdrücklich um Hilfe gegen die von syrischem Staatsgebiet ausgehenden Angriffe des IS auf den Irak gebeten.[405] Auch die deutsche Begründung zur Beteiligung an der Gewaltanwendung auf syrischem Staatsgebiet führt unter anderem Art. 51 SVN an.[406]

Nachfolgend wird Art. 51 SVN zunächst einer Auslegung nach dem völkergewohnheitsrechtlichen Inhalt des Art. 31 WVK im Hinblick auf die Möglichkeit einer Urhebereigenschaft eines bewaffneten Angriffs nicht-staatlicher Akteure zugeführt (a.). In einem anschließenden Schritt wird sich dem durch das Auslegungsergebnis bedingten Folgeproblem gewidmet: der Duldungspflicht des Territorialstaates hinsichtlich der ihn tangierenden Selbstverteidigungshandlungen,

---

404 Steht zu Land die Terrorismusbekämpfung im Vordergrund, zielen die Einsätze zu See gegen die Piraterie und die Schleuserkriminalität, siehe das 1. Kapitel unter B.II.

405 S/2014/691.

406 „In accordance with Article 51 of the Charter of the United Nations […] in the exercise of the right of collective self-defence, [the Federal Republic of Germany] has initiated military measures against the terrorist organization Islamic State in Iraq and the Levant (ISIL)“, S/2015/946; der rechtliche Inhalt der Begründung ist nicht eindeutig. Eine rechtliche Bewertung ist daher mit Schwierigkeiten verbunden. Im nächsten Absatz des Briefs an den Sicherheitsrat wird auf die Resolution 2249 (2015) des Sicherheitsrats abgestellt. Der Begründungsansatz besteht in einer Mischung aus Art. 51 SVN und einer Autorisierung durch den Sicherheitsrat. Wenn es heißt, dass Staaten, die Ziel von Angriffen ausgehend von syrischem Staatsgebiet geworden sind „therefore [are] justified under Article 51 of the Charter of the United Nations to take necessary measures of self-defence […]“ (S/2015/946), tauchen hier die Signalwörter zur Ermächtigung einer Gewaltanwendung des Sicherheitsrates in Verbindung mit Art. 51 SVN auf. Zu entsprechenden Einwänden gegen diese Vorgehensweise sowie zu dem ähnlichen Inhalt des Zustimmungsantrags siehe oben unter C.I.2. *Gray*, International Law and the Use of Force, S. 193 bezeichnet den Inhalt des Briefs im Ergebnis deswegen zu Recht als „less than clear“.

obgleich ihm die nicht-staatlichen Angriffe nicht zugerechnet werden können (b.).

a) *Nicht-staatliche Akteure als Urheber eines bewaffneten Angriffs im Sinne des Art. 51 SVN*

Bereits über 180 Jahre zurückliegend waren es nicht-staatliche Akteure, die im sogenannten Caroline-Fall von 1837 durch Großbritannien unter (nachträglicher) Berufung auf ein Selbstverteidigungsrecht bekämpft wurden.[407] Die beteiligten Staaten (USA und Großbritannien) gehen ungeachtet einiger Divergenzen auf tatsächlicher Ebene davon aus, das Selbstverteidigungsrecht erfasse auch nicht-staatliche Angriffe.[408] Auch in dem Nicaragua-Fall[409] spielten nicht-staatliche Akteure eine wesentliche Rolle.[410] Zwischen 1986 und 2001 trat die Bedrohung durch den internationalen Terrorismus in zahlreichen Fällen weltweit in Erscheinung. Schon vor 2001 ist zu beobachten, dass die Staatenpraxis einen Trend hin zur zunehmenden Anerkennung des internationalen Terrorismus als Bedrohung der internationalen Sicherheit erkennen lässt.[411] Vorsichtige Ansätze der Terrorismusbekämpfung durch internationale Abkommen lassen sich noch inmitten des Kalten Krieges zu Beginn der 1970er Jahre erkennen.[412] Dies führt aber nicht etwa dazu, dass sich neben Art. 51 SVN eine eigenständig bestehende Ausnahme zum Verbot der Gewaltanwendung in der Bekämpfung des internationalen Terrorismus herausgebildet hat.[413] Anknüpfungspunkt für

---

407 Zum Caroline-Fall siehe *Greenwood*, „Caroline“, in: MPEPIL, online [Stand April 2009].

408 *Greenwood*, „Caroline“, in: Wolfrum, MPEPIL, Rn. 11, online, [Stand April 2009]; *Frowein*, in: ZaöRV 2002, 879, 888.

409 *IGH*, Nicaragua vs. USA (Case Concerning Military and Paramilitary Activities in and Against Nicaragaua), I.C.J. Reports 1986.

410 Siehe die Besprechungen des Urteils speziell im Hinblick auf die potentielle Beteiligung der USA an Gewalthandlungen der Contras in Nicaragua bei *Kreß*, Gewaltverbot und Selbstverteidigungsrecht, S. 122 ff. sowie *Wandscher*, Internationaler Terrorismus, S. 151 ff.

411 Siehe *Ruys*, 'Armed Attack' and Article 51, S. 421 ff., der die Staatenpraxis der Bekämpfung nicht-staatlicher Akteure seit 1986 vor dem Hintergrund des zu dem Zeitpunkt endenden Dekolonisationsprozesses hin zu dem modernen Terrorismus untersucht und zu dem Ergebnis gelangt, dass 2001 in der Staatenpraxis zwar eine im Vergleich zu den Nicaragua-Kriterien „flexiblere Position“ im Hinblick auf die Bekämpfung nicht-staatlicher Akteure erkennbar wird, diese unterdessen „by no means well-established“ gewesen ist; siehe auch die Betrachtung der Praxis bei *Tams*, in: EJIL 2009, 359, 378 ff.

412 *Klein*, in: Isensee, Der Terror, der Staat und das Recht, 9, 16 f.

413 *Wandscher*, Internationaler Terrorismus, S. 231.

die rechtliche Bewertung der Zulässigkeit einer unilateralen Gewaltanwendung gegen nicht-staatliche Akteure kann demnach einzig Art. 51 SVN sein.

aa) Auslegung des Art. 51 SVN nach Wortlaut, Systematik und Telos

Erörterungsbedürftig erscheint daher zunächst, ob der Anwendungsbereich des Selbstverteidigungsrechts in seiner heutigen, durch Art. 51 SVN angenommenen Form nicht-staatliche bewaffnete Angriffe erfasst, ohne dass es der Zurechnung dieser Angriffe an einen anderen Staat bedarf.

(1) Der offene Wortlaut des Art. 51 SVN als Ausgangspunkt

Ausgehend von dessen diesbezüglich unbegrenztem Wortlaut, „[...] im Falle eines bewaffneten Angriffs [...]“, scheinen beide Auslegungsvarianten vertretbar, obgleich das Wort „staatlich“ in Art. 51 SVN nicht ausdrücklich aufgeführt ist.[414]

(2) Auslegung nach der Systematik zu Art. 2 Abs. 4 SVN

Systematisch ist Art. 51 SVN aufgrund des Regel-Ausnahme-Verhältnisses zu Art. 2 Abs. 4 SVN zwingend in Bezug zu diesem zu setzen.[415] Im Vergleich zu Art. 2 Abs. 4 SVN, der von Mitgliedstaaten und ihren internationalen Beziehungen spricht, findet sich in Art. 51 SVN kein Anhaltspunkt dafür, dass der Urheber eines bewaffneten Angriffs ein Staat sein muss; dies deutet in die Richtung der Zulässigkeit von Selbstverteidigungshandlungen auch gegen nicht-staatliche Akteure.[416] Dieses Argument umzudrehen, indem aus dem zwischenstaatlichen Charakter des Art. 2 Abs. 4 SVN zwingende Rückschlüsse auf Art. 51 SVN gezogen werden,[417] ist im Hinblick auf die unterschiedlichen Begrifflichkeiten sowie deren divergierende Funktion im Rahmen der UN-Charta nicht überzeugend.[418]

---

414 Auf letzteren Punkt weist IGH-Richterin *Higgins* in ihrer zum Gutachten des *IGH*, Legal Consequences of the Construction of a Wall in the Occupied Palestinian Territory, Advisory Opinion, I.C.J. Reports 2004, 136, 215 abweichenden Meinung hin. Der IGH war der Ansicht, dass Art. 51 SVN ein Selbstverteidigungsrecht „in the case of armed attack by one State against another State“ beinhaltet (S. 194).

415 *Schiffbauer*, Vorbeugende Selbstverteidigung, S. 91 u. 289; zu der diesbezüglichen Auslegung des Art. 2 Abs. 4 SVN in Systematik zu Art. 51 SVN siehe oben unter B.I.

416 *Dinstein*, War, Aggression and Self-Defence, Rn. 634.

417 Dieses beliebte Argument findet sich bspw. bei *Wandscher*, Internationaler Terrorismus, S. 235; *Löw*, Gewaltverbot und Selbstverteidigungsrecht nach dem 11. September 2001, S. 94; *Tams*, in: EJIL 2009, 1057, 1059; *Kremser*, in: DVBl 2016, 881, 882.

418 Siehe auch *Thiele*, Auslandseinsätze der Bundeswehr zur Bekämpfung des internationalen Terrorismus, S. 157.

Der zwischenstaatliche Kontext des Systems der UN-Charta, den viele Kommentatoren im Falle einer Erstreckung des Art. 51 SVN auf nicht-staatliche Angriffe in Gefahr sehen,[419] bleibt auch bei der hier befürworteten Auslegungsvariante erhalten: Nur Staaten können gegen das Gewaltverbot verstoßen und es bleibt auch dabei, dass nur Staaten das Selbstverteidigungsrecht auszuüben befugt sind.[420] Das Selbstverteidigungsrecht hängt nicht davon ab, wer Urheber eines bewaffneten Angriffs ist, sondern nur davon, ob ein solcher vorliegt.[421] Die Systematik kann mithin für eine Erfassung nicht-staatlicher Angriffe vom Anwendungsbereich des Art. 51 SVN angeführt werden.

(3) Auslegung nach dem Sinn und Zweck des Art. 51 SVN

aaa) Der Zweck des Art. 51 SVN im Kontext der gesamten UN-Charta

Die Auslegung des Art. 51 SVN nach Sinn und Zweck beginnt auf einer abstrakteren Ebene mit der Betrachtung eines aus dem Zusammenspiel mit Art. 2 Abs. 4 SVN resultierenden Zweck der gesamten UN-Charta. Die unilaterale Gewaltanwendung soll auf ein Mindestmaß begrenzt werden.[422] Die rechtliche Möglichkeit zur Bekämpfung auch nicht-staatlicher Akteure zum Zweck der Selbstverteidigung lieferte Staaten zwar nicht eine weitere Möglichkeit neben Art. 51 SVN, unilaterale Gewalt anzuwenden. Gleichwohl wäre der personelle Anwendungsbereich des Art. 51 SVN weiter gefasst. Doch ist auch die damit einhergehende Intention der UN-Charta zu berücksichtigen, zwischenstaatlichen Frieden zu gewährleisten. Ließe man nicht-staatliche Attacken, die das Ausmaß eines bewaffneten Angriffs einnehmen, aus dem Anwendungsbereich des Art. 51 SVN fallen, bestünde die Gefahr der Aushebelung des Systems,[423] wie die Entwicklungen des im Ausgangspunkt innerstaatlichen Konflikts in Syrien seit 2011 nachdrücklich zu belegen vermögen. Für den Irak macht es keinen Unterschied, ob seine staatliche Existenz durch bewaffnete Angriffe eines Drittstaates oder eines unter Umständen noch gefährlicheren nicht-staatlichen Akteurs, der aus einem Drittstaat operiert, bedroht wird.

---

419 Siehe bspw. *Tams*, in: EJIL 2009, 359, 385.

420 *Kreß*, Gewaltverbot und Selbstverteidigungsrecht, S. 212.

421 *ILA*, Final Report on Aggression and the Use of Force, Sydney Conference 2018, S. 14.

422 *ILA*, Final Report on Aggression and the Use of Force, Sydney Conference 2018, S. 5.

423 *Frowein*, in: ZaöRV 2002, 879, 887; *Klein*, in: Isensee, Der Terror, der Staat und das Recht, 9, 28; an Klein anknüpfend auch *Thiele*, Auslandseinsätze der Bundeswehr zur Bekämpfung des internationalen Terrorismus, S. 167.

bbb) Das Argument des Eskalationspotentials

Gegen die Erstreckung des Selbstverteidigungsrechts auf nicht-staatliche Akteure werden in der Literatur Bedenken hinsichtlich eines nicht zu unterschätzendes Eskalationspotentials erhoben. Es könne sich eine Art Eskalationsschraube bilden und ein rein innerstaatlicher Konflikt drohe zu einem internationalen bewaffneten Konflikt zu werden.[424] Auch dieses Szenario wird im Syrien-Konflikt auf eindrückliche Weise erkennbar.[425] Bei näherer Betrachtung dieses Einwands ist aber bereits fraglich, ob eine Argumentation hinsichtlich des Eskalationspotentials rechtserheblich ist. Überdies ist die Gefahr eines Eskalationspotentials kein Argument, das von der Grundstruktur her spezifisch aus der Situation der Bekämpfung nicht-staatlicher Akteure zur Selbstverteidigung resultiert. Vielmehr geht mit einem gewaltsamen Eingreifen in einem anderen Staat unter Geltendmachung eines kollektiven Selbstverteidigungsrechts stets und unabhängig vom Urheber eines bewaffneten Angriffs die Gefahr einer Eskalation einher.[426] Der Unterschied zu dem Fall des kollektiven Selbstverteidigungsrechts gegen nicht-staatliche Akteure könnte allenfalls darin gesehen werden, dass es nicht zu einer Änderung des Konfliktstypus kommt. Dabei handelt es sich allerdings

424 Siehe bspw. *Starski*, in: ZaöRV 2015, 455, 498, die dies als Argument gegen eine Aufgabe des Zurechnungskriteriums aus einer „policy perspective" anführt.

425 Die durch den sog. Arabischen Frühling ausgelöste staatliche Instabilität in Syrien wurde zunächst von der Terrormiliz des sog. Islamischen Staates, also nicht-staatlichen Akteuren, ausgenutzt, um große Teile des Staatsgebietes zu erobern und für eigene Zwecke zu missbrauchen. In Reaktion hierauf begannen Großmächte, wie Russland und die USA sowie große Nachbarstaaten wie die Türkei in Syrien zu intervenieren, um diese terroristische Bedrohung großen Ausmaßes zurückzudrängen. Ist der IS mittlerweile aus weiten Teilen des zunächst eroberten Gebietes vertrieben, stehen sich die Großmächte nun auf gegenüberliegenden Seiten entgegen und verfolgen stark divergierende und nicht miteinander in Einklang zu bringende Ziele. Waren kurdische Kämpfer der Peschmerga wichtige Verbündete der USA und auch Deutschlands (welches diese in der ursprünglichen Irak-Mission militärisch ausbildete), sieht die Türkei diese als massive terroristische Bedrohung für den eigenen Staat an. Drängen westliche Staaten seit der blutigen Niederschlagung der Proteste des syrischen Volkes auf die Absetzung des syrischen Machthabers Assad, kämpft Russland an der Seite dieses und generiert sich als dessen Schutzmacht. Der im Ausgangspunkt rein innerstaatliche Konflikt ist auf diese Weise zu einer stets drohenden zwischenstaatlichen Auseinandersetzung geworden.

426 Häufig werden sich alle beteiligten Parteien im Recht und selbst als Opfer eines bewaffneten Angriffs sehen. In der Folge werden verbündete Staaten um Hilfe gegen den aus der jeweiligen Perspektive völkerrechtswidrigen bewaffneten Angriff gebeten.

um eine Erwägung, die das ius in bello betrifft. Es liegt hingegen in beiden Fällen im Bereich des ius contra bellum, zu bewerten, welche Partei völkerrechtsmäßig Gewalt anwendet. In beiden Konstellationen ergeben sich die Grenzen aus Art. 51 SVN. Die Gefahr einer Eskalation stellt somit kein tragfähiges Argument gegen die Erfassung nicht-staatlicher Angriffe vom Anwendungsbereich des Art. 51 SVN dar.

ccc) Der spezifische Zweck des Art. 51 SVN

Umstritten ist, welchen Zweck das Selbstverteidigungsrecht neben dem (Selbst-)Schutzgedanken noch verfolgt.[427] Jedenfalls wird es in Abgrenzung zum Notstand verbreitet für notwendig gehalten, dass der staatliche Adressat seine eigene Position durch ein vorausgegangenes völkerrechtswidriges Verhalten geschwächt und infolgedessen die gegen ihn gerichteten Selbstverteidigungshandlungen zu dulden hat.[428] Bei einem Verzicht auf das Erfordernis der Zurechnung eines nicht-staatlichen bewaffneten Angriffs an jenen Staat, der Ziel der Selbstverteidigungsmaßnahmen werden soll, erscheint fraglich, worin das völkerrechtswidrige Verhalten des Zielstaates liegt. Gleichwohl ist es auch bei einem auf nicht-staatliche Angriffe erstreckten Selbstverteidigungsrecht möglich, zumindest den Beitrag des Territorialstaates zu berücksichtigen, indem auf der Ebene der Verhältnismäßigkeit zwischen Zielen des Staates und Zielen der nicht-staatlichen Akteure differenziert wird.[429] Das Vorverhalten des von den Selbstverteidigungshandlungen betroffenen Staates bleibt also nicht unberücksichtigt. Das Kriterium des völkerrechtswidrigen Vorverhaltens des von den Selbstverteidigungshandlungen territorial betroffenen Staates kann mithin nicht dafür herangezogen werden, dass es einer Zurechnung nicht-staatlichen Handelns zu einem Staat bedürfte.[430]

---

427 *Schiffbauer*, Vorbeugende Selbstverteidigung, S. 101.

428 *Wandscher*, Internationaler Terrorismus, S. 238; *Kreß*, Gewaltverbot und Selbstverteidigungsrecht, S. 213; in diese Richtung auch *Trapp*, in: EJIL 2009, 1049 f.; der Rechtfertigungsgrund des Notstands ist im Unterschied zur Selbstverteidigung nicht von dem vorherigen Verhalten des von der Maßnahme adressierten Staates abhängig, *Crawford*, The ILC's Articles on State Responsibility, Art. 25, Rn. 2.

429 Dies wurde in diesem Kontext auch von Befürwortern der engeren Auslegung des Art. 51 SVN bemerkt, siehe *Wandscher*, Internationaler Terrorismus, S. 241; auch *Löw*, Gewaltverbot und Selbstverteidigungsrecht nach dem 11. September 2001, S. 143 u. 149 zieht eine „Korrektur" der fehlenden Zurechnung im Rahmen der Verhältnismäßigkeit in Betracht.

430 Dies wird auch in der Betrachtung von *Trapp*, in: EJIL 2009, 1049, 1053 sehr deutlich. Trapp als eine Hauptverfechterin der Berücksichtigung einer staatlichen Beteiligung erst auf der Ebene der Verhältnismäßigkeit spricht sich ausdrücklich für das

(4) Zwischenergebnis

Die Auslegung des Art. 51 SVN nach Wortlaut, Systematik und Telos spricht insgesamt für die Erfassung nicht-staatlicher Angriffe von dem Anwendungsbereich des Art. 51 SVN.[431]

bb) Authentische Auslegung des Art. 51 SVN

Der nächste Auslegungsschritt folgt aus dem völkergewohnheitsrechtlichen Inhalt des Art. 31 Abs. 3 lit. b WVK. Zu untersuchen ist die konkrete Anwendung des Art. 51 SVN durch die Staaten bezüglich der Ausübung eines Selbstverteidigungsrechts gegen nicht-staatliche Akteure. Im Rahmen der Betrachtung der Staatenpraxis stellen die Reaktionen auf die Ereignisse am 11.9.2001 einen markanten Wendepunkt hinsichtlich der Staatenpraxis dar (1). Das Vorgehen der von den USA geführten Staatenkoalition in Syrien liefert weitere Belege für die Entwicklung der Staatenpraxis (2). Problematisch bei der Feststellung der Staatenpraxis sind die Auswirkungen des Schweigens eines Teils der Staatengemeinschaft (3.).

(1) Der 11.9.2001 als markanter Wendepunkt hinsichtlich der Staatenpraxis

Bei der Bewertung der späteren Übung in Anwendung des Art. 51 SVN stellen die Ereignisse des 11.9.2001 einen markanten Eckpunkt hinsichtlich der opinio iuris der Staaten dar, dass auch private Akteure einen bewaffneten Angriff i.S.d. Art. 51 SVN ausüben können.[432] Bis 2001 herrschte die Ansicht vor, dass

---

„inter-state reading“ des Art. 51 SVN aus, lehnt aber ausdrücklich ab, das Kriterium der staatlichen Beteiligung zwingend als ein solches der Zurechnung zu begreifen: „The question is whether that state involvement needs to be qualified as anything more than it is.“

431 A.A. *Wandscher*, Internationaler Terrorismus, S. 234 f.

432 *Dinstein*, War, Aggression and Self-Defence, Rn. 644 f.; war ein Trend hin zu dieser Ansicht in der Staatenpraxis bereits vor 2001 erkennbar (siehe auch die Untersuchung bei *Trapp*, in: ICLQ 2007, 141, 147 ff.), machen die in Afghanistan zur Bekämpfung der Al Qaeda-Terroristen intervenierenden Staaten, angeführt von den USA und dem Vereinigten Königreich, unmissverständlich ein Selbstverteidigungsrecht nach Art. 51 SVN geltend. Diese Rechtsansicht erhält von einem Großteil der Staatengemeinschaft sowie internationaler Organisationen, wie der EU und NATO, weitreichenden Zuspruch, siehe *Ruys*, 'Armed Attack' and Article 51, S. 439 f., der diese Tatsache insbesondere vor dem Hintergrund betont, dass eine Zurechnung der Handlungen Al-Qaeda's zu den Taliban nach dem „Nicaragua threshold“ nicht gelingt. Ruys erkennt hierin gleichwohl keine „conclusive answer as to possible changes in the customary

zwingend eine Zurechnung des privaten Handelns an einen Staat erforderlich ist.[433] So gefestigt diese Ansicht 2001 auch gewesen sein mag, die Ereignisse des 11. September brachten eine signifikante, bis heute andauernde Gegenbewegung sowohl in der Staatenpraxis als auch in der Praxis verschiedener Organe der UN in Gang. Mit den Resolutionen 1368 und 1373 erkennt der Sicherheitsrat nicht nur an, dass der internationale Terrorismus eine Bedrohung des internationalen Friedens und der internationalen Sicherheit darstellt, sondern betont in diesem nicht-staatlichen Kontext ausdrücklich das von der Charta gewährte Selbstverteidigungsrecht.[434]

(2) Das Vorgehen der Anti-IS-Koalition in Syrien als Verfestigung der Entwicklung der Staatenpraxis

Aktuell liefert der Syrien-Konflikt hinreichend Belege für eine Festigung der bereits seit dem Afghanistan-Konflikt bestehenden ständigen Praxis der Staaten, gegen nicht-staatliche Akteure zum Zweck der Selbstverteidigung vorzugehen. Die gegen den IS koalierenden Staaten berufen sich in ihren Briefen an den Präsidenten des Sicherheitsrates auf ein kollektives Selbstverteidigungsrecht zugunsten des Irak gegen die vom IS, einer nicht-staatlichen Terrororganisation, ausgehenden Angriffe.[435] Auch von nicht an der Koalition

---

boundaries of self-defence.", *Ruys*, ebenda, S. 443; *Gray*, in: Evans, International Law, 601, 615.

433 Siehe *Wandscher*, Internationaler Terrorismus, S. 139 u. 178.

434 Verbreitet werden die Resolutionen als wichtiger Beleg für das Bestehen eines Selbstverteidigungsrechts gegen nicht-staatliche Akteure herangezogen, siehe *Herdegen*, Völkerrecht, § 34, Rn. 31; *Ruys*, 'Armed Attack' and Article 51, S. 440; *Dinstein*, War, Aggression and Self-Defence, Rn. 647; *Trapp*, in: ICLQ 2007, 141, 142 u. 151; *Thiele*, Auslandseinsätze der Bundeswehr zur Bekämpfung des internationalen Terrorismus, S. 159 ff.; *Gray*, in: Evans, International Law, 601, 615; *Ratner*, in: van den Herik/Schrijver, Counter-Terrorism Strategies, 334, 335 f.; *Klein*, in: Isensee, Der Terror, der Staat und das Recht, 9, 26 f.; anders *Orakhelashvili*, in: Weller, The Oxford Handbook of the Use of Force in International Law, 157, 172 f., der wenig überzeugend und den Kontext bewusst ausblendend einzig von der Nennung von „two seperate principles" ausgeht; auch die fehlende Nennung des bewaffneten Angriffs in den Resolutionen kann als Argument gegen die hier befürwortete Auslegung nicht überzeugen, wird das Erfordernis eines solchen durch die Nennung des Art. 51 SVN impliziert, so aber *Wandscher*, Internationaler Terrorismus, S. 200.

435 Siehe S/2014/695 (USA); S/2015/221 (Kanada); S/2015/563 (Türkei); S/2015/693 (Australien); S/2015/745 (Frankreich); S/2014/851 und S/2015/928 (Großbritannien);

beteiligten Staaten erfährt das Vorgehen der koalierenden Staaten eine breite Zustimmung.[436]

Hierin kommt eine Entwicklung der Staatenpraxis zum Ausdruck, die sich in dem seit 2015 erfolgenden Vorgehen der Staaten in Syrien verfestigt. Kam *Kreß* in einer umfassenden Untersuchung der Staatenpraxis seit 1945 im Jahre 1995 zu dem Ergebnis, dass eine entsprechende Staatenpraxis nicht festgestellt werden kann,[437] konnte eine solche auch in den Jahren 2001/2002 (etwa in Form der Entstehung „spontanen Völkergewohnheitsrechts") noch nicht ausgemacht werden.[438] Noch im Jahre 2006 äußerte *Wandscher* in ihrer Untersuchung der Staatenpraxis Zweifel an der Verfestigung einer modernen Leseweise des Art. 51 SVN.[439] *Tams* erkannte in seinem Beitrag von 2009 dann einen bestehenden Wandel in der Staatenpraxis,[440] der im Wesentlichen ebenso in der Untersuchung von *Ruys* aus dem Jahre 2010 bekräftigt wurde.[441] Die Leiden-Expertenkommission kommt im selben Jahr sogar zu dem Ergebnis, dass „it is now well accepted that attacks by non-state actors, even when not acting on behalf of a state, can trigger a state's right of individual and collective (upon request of the victim state) self-defence."[442]

In Anwendung des Art. 38 Abs. 1 lit. d IGH-Statut kann als „Hilfsmittel zur Feststellung von Rechtsnormen" auf Berichte der International Law Association abgestellt werden.[443] Als weiterer Beleg für die hier herausgearbeiteten Erkenntnisse kann daher auf den im Zuge der Sydney-Konferenz erarbeiteten „Final Report on Aggression and the Use of Force" der ILA aus dem Jahre 2018 abgestellt werden. Im Hinblick auf den Meinungsstand in der Literatur und insbesondere der Entwicklung der Staatenpraxis heißt es dort:

S/2015/946 (Deutschland); S/2016/34 (Dänemark); S/2016/132 (Niederlande); S/2016/523 (Belgien).

436 Siehe *Hakimi*, in: Int. Law Studies 2015, 1, 22 ff. m.w.N.

437 *Kreß*, Gewaltverbot und Selbstverteidigungsrecht, S. 42 ff., 133 f. u. 235.

438 Siehe die abwägende und differenzierte Betrachtung bei *Ruys*, 'Armed Attack' and Article 51, S. 437 ff. u. 443.

439 *Wandscher*, Internationaler Terrorismus, S. 233.

440 *Tams*, in: EJIL 2009, 359, 384 f.

441 *Ruys*, 'Armed Attack' and Article 51, S. 419 ff. u. 493, der zu einem differenzierten Ergebnis gelangt und auch nach wie vor bestehende Unsicherheiten betont, gleichwohl aber das Resultat eines (noch andauernden) Wandels der Staatenpraxis herausarbeitet.

442 *Leiden Policy Recommendations*, in: van den Herik/Schrijver, Counter-Terrorism Strategies, 706, 715 f., Rn. 38 u. 42.

443 *Kempen*, „Rechtserkenntnisquellen", in: Schöbener, Völkerrecht, S. 340.

„Self-defence is a right triggered by an act, rather than the actor. The source of attack does not change the fact that the State must be able to stop it from causing harm. Although the issue is still debated, there is growing recognition – including through State practice – that there are certain circumstances in which a State may have a right of self-defence against non-state actors operating extraterritorially and whose attacks cannot be attributed to the host State. The military operations by numerous States from a variety of regions on Syrian territory against the so-called Islamic State since 2015 have, in particular, demonstrated the readiness of a considerable number of States to invoke Article 51 in the context of operations against a non-state actor."[444]

Diesen Entwicklungen Rechnung tragend, befindet sich zudem auch in der völkerrechtlichen Literatur die Ansicht auf dem Vormarsch, dass nicht-staatliche Akteure einen bewaffneten Angriff im Sinne des Art. 51 SVN ausüben können.[445] Ebenso deutet sich in der ausgehend vom Nicaragua-Urteil restriktiven Rechtsprechung des IGH diesbezüglich ein Wandel an.[446]

(3) Die Rechtserheblichkeit staatlichen Schweigens bei der Feststellung der späteren Übung

Eine selten thematisierte Problematik bei der Feststellung, ob sich das Verständnis des Art. 51 SVN auch im Wege der authentischen Auslegung gewandelt hat, stellt die rechtliche Einordnung des Schweigens einiger Staaten dar.[447] Nicht alle Staaten müssen aktiv dabei mitwirken, die nachträgliche Übung der Vertragsparteien zu etablieren.[448] Die konkrete Frage ist indes, ob bei der Anwendung des Art. 51 SVN durch die koalierenden Staaten in Syrien überhaupt eine „Übereinstimmung" der Vertragsparteien der UN-Charta im Sinne des

---

444 *ILA*, Final Report on Aggression and the Use of Force, Sydney Conference 2018, S. 15.

445 *Dinstein*, War, Aggression and Self-Defence, Rn. 650 (der Wert auf den Umstand legt, dass er eine solche Sichtweise schon in den 1990er Jahren vertrat); *Henderson*, in: JUFIL 2014, 209, 214; *ders.*, The Use of Force and International Law, S. 64 u. 210 m.w.N.; *Ruys*, 'Armed Attack' and Article 51, S. 493, der dies auf eine umfangreiche Untersuchung der Staatenpraxis stützt; so auch die Feststellung bei *Tams*, in: EJIL 2009, 359, 384 f., der selbst aber nicht gänzlich auf die Zurechnungskriterien verzichten möchte, sondern eine Lockerung gegenüber dem Erfordernis der effective control befürwortet, *Tams*, ebenda, 385 f.; *Thiele*, Auslandseinsätze der Bundeswehr zur Bekämpfung des internationalen Terrorismus, S. 168; *Ratner*, in: van den Herik/Schrijver, Counter-Terrorism Strategies, 334, 336; *Hmoud*, in: AJIL 2013, 576, 578.

446 Siehe *Tams*, in: EJIL 2009, 359, 384.

447 Instruktiv speziell zu dieser Problematik *Starski*, in: DÖV 2018, 85.

448 Siehe oben unter A.II.1.

völkergewohnheitsrechtlichen Inhalts des Art. 31 Abs. 3 lit. b WVK resultieren kann, wenn einige Staaten zu den Entwicklungen insgesamt schweigen.

Die Anforderungen an die „Übereinstimmung“ im Sinne des Art. 31 Abs. 3 lit. b WVK sind jedenfalls geringer anzusetzen als jene an die „spätere Übereinkunft“ gemäß Art. 31 Abs. 3 lit. a WVK.[449] Bei einer Gleichsetzung der Begriffe würde die Unterscheidung zwischen lit. a und lit. b in Art. 31 Abs. 3 WVK überflüssig. Eine stillschweigende Akzeptanz der späteren Übung bei der Auslegung des Vertrages ist für eine Übereinstimmung der Vertragsparteien ausreichend.[450] Gibt es keinen aktiven Widerspruch einer Vertragspartei gegen die spätere Übung bei der Anwendung des Vertrages durch andere Vertragsparteien, liegt eine Übereinstimmung der Vertragsparteien im Sinne des Art. 31 Abs. 3 lit. b WVK vor.[451] Staaten kommt infolge ihrer Stellung als Normsetzer eine besondere Verantwortung im Hinblick auf die Aufrechterhaltung der Völkerrechtsordnung zu.[452] Gerade im Hinblick auf die Situation in Syrien ist von den Vertragsstaaten aufgrund der UN-Charta eine aktive Reaktion zu erwarten. Die berechtigte Erwartung der Staatengemeinschaft, dass ein Staat, welcher dem über Art. 51 SVN etablierten Verständnis des Selbstverteidigungsrechts widersprechen wollte, diesbezüglich seine Ablehnung aktiv äußert, resultiert im Syrien-Fall gleich aus mehreren Umständen: Das Eingreifen der Anti-IS-Koalition in Syrien ist nicht nur kurzfristiger Natur, sondern erfolgt seit bereits fünf Jahren. Zudem knüpft das Verhalten an eine seit dem 9.11.2001 zunehmend sichtbar werdende Staatenpraxis an. Der Syrien-Konflikt nimmt in der Berichterstattung der Medien häufig eine prominente Stellung ein und drängt sogar ebenso akute Konflikte wie die Ukraine-Krise oder den Konflikt im Jemen in den Hintergrund. Auch im völkerrechtlichen Schrifttum wird das Selbstverteidigungsrecht gegen nicht-staatliche Akteure im Allgemeinen und in Bezug auf

---

449 In diese Richtung auch *Dörr*, in: ders./Schmalenbach, VCLT, A Commentary, Art. 31, Rn. 87 unter Hinweis auf die Rechtsprechung des *IGH* im Fall Botswana vs. Namibia (Case Concerning Kasikili/Sedudu Island), I.C.J. Reports 1999, Ziff. 63.

450 *Dörr*, in: ders./Schmalenbach, VCLT, A Commentary, Art. 31, Rn. 87.

451 *Villiger*, Commentary on the 1969 Vienna Convention on the Law of Treaties, Art. 31, Rn. 22.

452 *Starski*, in: DÖV 2018, 85, 88 u. 92. „Äußern sich Staaten zu einem potenziell modifizierenden Verhalten nicht, so greift die Rechtsordnung im Rahmen der Rechtserzeugungsregeln auf einen Selbstschutzmechanismus zurück: Die Annahme einer legitimen Erwartung, dass – sollte widersprochen werden wollen – dies explizit bekundet werde, ist ein Vehikel zur Demarkierung der Trennlinie zwischen Recht und Nicht-Recht“, *Starski*, ebenda, 89.

den Syrien-Konflikt im Speziellen rege diskutiert. Jedem Staat auf dieser Welt ist die hier in Rede stehende Problematik in der Theorie bekannt; treten darüber hinaus in der Realität auf der ganz großen Weltbühne wiederholt Ereignisse auf, die die praktische Reichweite eines theoretischen Rechtssatzes auf die Probe stellen, ist es verfehlt, aus diesem Schweigen eine Ablehnung zu folgern. Dies gilt insbesondere im Kontext des Art. 31 Abs. 3 lit. b WVK, der ohnehin eine aktive Zustimmung nicht erfordert.

cc) Zwischenergebnis

Die Auslegung des völkervertraglichen Selbstverteidigungsrechts ergibt, dass Art. 51 SVN im Jahr 2019 ein Verständnis zugrunde zu legen ist, welches dessen Anwendungsbereich auf nicht-staatliche bewaffnete Angriffe erstreckt, ohne dass es hierfür der Zurechnung zu einem Staat bedürfte.[453] Die Auslegung nach Wortlaut, Systematik und Telos deutet bereits in diese Richtung. Auch die spätere Praxis der Staaten bei der Anwendung des Art. 51 SVN spricht für die Erfassung nicht-staatlicher bewaffneter Angriffe vom Anwendungsbereich des Art. 51 SVN. Auf ein entgegenstehendes Ergebnis der subsidiären historischen Auslegung darf in diesem Fall nicht mehr zurückgegriffen werden.[454] Die zugrundeliegende Methodik verleiht der Völkerrechtsordnung im wahrsten Sinne des Wortes das nötige Rüstzeug, um auf langfristige Sicht gegen die in

---

453 Eine hiervon zu trennende Frage, der sich im unmittelbar folgenden Unterabschnitt gewidmet wird, betrifft die mit einigen Implikationen verbundene Reichweite sowie die Art und Weise der Ausübung des Selbstverteidigungsrechts. In diesem Kontext wird auch die Ablehnung des Vorgehens der Anti-IS-Koalition durch das syrische Regime relevant. Abgelehnt wird nicht die Bekämpfung des IS – hierzu wurde sogar aktiv eingeladen –, protestiert wird gegen einen potentiellen Eingriff in die Souveränität Syriens.

454 Siehe Art. 32 lit. a WVK. Siehe hierzu oben unter A.II.2. Die historische und genetische Auslegung ergibt, dass nicht-staatliche bewaffnete Angriffe nicht unter Art. 51 SVN subsumiert werden können, siehe ausführlich und differenzierend zwischen individueller und kollektiver Selbstverteidigung *Kreß*, Gewaltverbot und Selbstverteidigungsrecht, S. 215 ff., der dieses Ergebnis eindeutig für den Fall der kollektiven Selbstverteidigung herausarbeitet, bezüglich der individuellen Komponente des Art. 51 SVN zu dem Ergebnis gelangt, dass die historische Auslegung der Einbeziehung nicht-staatlicher Angriffe in den Anwendungsbereich des Art. 51 SVN zumindest nicht entgegensteht, *Kreß*, ebenda, S. 233 f.; hieran anschließend *Wandscher*, Internationaler Terrorismus, S. 242, die aber eine solche Differenzierung ablehnt und für beide Fälle die Staatlichkeit des Angriffs voraussetzt.

den Jahren um 1945 noch nicht vorhersehbaren Herausforderungen gewappnet zu sein.[455]

b) Staatlicher Adressat von Selbstverteidigungsmaßnahmen gegen nicht-staatliche Akteure – Das Problem der „state sovereignty barrier“

Erörterungsbedürftig ist in einem zweiten Schritt, welchen Grenzen das bestehende Selbstverteidigungsrecht gegen nicht-staatliche Akteure unterliegt. Nicht-staatliche Akteure haben per definitionem kein eigenes Staatsgebiet, von welchem aus sie ihre Angriffe ausüben. Regelmäßig werden sie zur Vorbereitung wie Durchführung der Attacken ein bestehendes staatliches Gebiet für ihre Zwecke benutzen. Die Selbstverteidigungshandlungen des angegriffenen Staates werden auch dieses Staatsgebiet tangieren. Insofern lässt sich von einer die rechtliche Bewertung erheblich verkomplizierenden „state sovereignty barrier“ sprechen.[456]

aa) Differenzierung zwischen staatlichen und nicht-staatlichen Zielen der Selbstverteidigungshandlung

Eingangs ist eine maßgebliche Differenzierung hervorzuheben: Im Fokus steht ein Selbstverteidigungsrecht gegen nicht-staatliche Akteure – es sind diese, die das Ziel der Selbstverteidigungshandlungen darstellen. Von diesen Konstellationen unbedingt zu trennen ist der Fall, in welchem sich die Selbstverteidigungsmaßnahmen (auch) gegen Ziele des Territorialstaates selbst richten.[457] In der nicht-staatlichen Konstellation bedarf es keiner Zurechnung der

---

455 Um nicht-staatliche Angriffe auch ohne Zurechnung zu dem Territorialstaat unter den Anwendungsbereich des Art. 51 SVN subsumieren zu können, muss heute aufgrund der mittlerweile konsistenten Staatenpraxis – anders als in den Jahren nach 2001 – kein überhöhtes Gewicht auf etwaige teleologische Gesichtspunkte, die bis auf die „Bewährung des Rechts“ durch eine „teleologische Weiterentwicklung“ des Art. 51 SVN zurückgeführt werden (so im Jahre 2004 die Argumentation von *Klein*, in: Isensee, Der Terror, der Staat und das Recht, 9, 28), gelegt werden.

456 Der Begriff ist von *Henderson*, The Use of Force and International Law, S. 309 geliehen, der diese Terminologie in dem hier zu betrachtenden Kontext nutzt.

457 Zu dieser Differenzierung siehe auch *Trapp*, in: ICLQ 2007, 141, 142; eine feine Differenzierung findet sich auch bei *Hmoud*, in: AJIL 2013, 576, 577; im Unterschied zum Afghanistan-Konflikt – dort waren nicht nur nicht-staatliche Akteure der Al Qaeda das Ziel, sondern auch das de-facto-Regime der Taliban – richten sich die Selbstverteidigungshandlungen nicht auch gegen den Territorialstaat, Syrien, selbst. Unerheblich für einen bewaffneten Angriff ist die de iure Anerkennung eines Regimes, *Wandscher*, Internationaler Terrorismus, S. 223.

nicht-staatlichen Angriffe an den Territorialstaat, um rechtmäßige Selbstverteidigungshandlungen auf dem Staatsgebiet des Territorialstaates vorzunehmen. Im Falle von Selbstverteidigungshandlungen (auch) gegen den Territorialstaat ist es nötig, dass der Staat selbst Urheber eines bewaffneten Angriffs ist. Dafür müssten dem Territorialstaat die nicht-staatlichen Angriffe zurechenbar sein.[458] Eine solche Differenzierung wird auch in der Praxis der Staaten erkennbar[459] und von der ILA ebenso befürwortet.[460] Ebenso wenig steht die bisherige Rechtsprechung des IGH im Hinblick auf die Bekämpfung nicht-staatlicher Akteure diesem Ergebnis entgegen. Es ging in den entschiedenen Fällen immer auch um gegen den Territorialstaat selbst gerichtete Selbstverteidigungshandlungen, die auch nach der hier vorgenommenen Differenzierung der Zurechnung des nicht-staatlichen Handelns zum Territorialstaat bedürfen.[461]

Auch ein Blick auf den Syrien-Konflikt verdeutlicht, dass es sich nicht um eine künstliche akademische Differenzierung handelt; die Selbstverteidigungshandlungen der in Syrien agierenden Koalition richten sich explizit gegen den sogenannten Islamischen Staat, nicht gegen die syrische Armee.[462] Dies wird in besonderem Maße an der offiziellen deutschen Begründung im Hinblick auf das Eingreifen in Syrien erkennbar: „These measures [der kollektiven Selbstverteidigung im Einklang mit Art. 51 SVN] are directed against ISIL, not against the Syrian Arab Republic."[463] Auch die australische Stellungnahme hinsichtlich des australischen Eingreifens in Syrien verdeutlicht diese Differenzierung: „These

458 Ebenso *Ruys*, 'Armed Attack' and Article 51, S. 496; zu den verschiedenen Varianten, die im Hinblick auf die Zurechnung in diesem Kontext vertreten werden, beginnend bei dem effective control-Test des IGH, über den overall control-Test des ICTY und der save-haven-Doktrin der USA sowie dem unwilling or unable-Standard und weiteren Versuchen, den Zurechnungsstandard herabzusetzen, siehe *Henderson*, The Use of Force and International Law, S. 312 ff.

459 Herausgearbeitet von *Ruys*, 'Armed Attack' and Article 51, S. 494.

460 *ILA*, Final Report on Aggression and the Use of Force, Sydney Conference 2018, S. 16.

461 Auf diesen Umstand weist *Trapp*, in: ICLQ 2007, 141, 142 ff., insbes. 145 unter Auswertung der maßgeblichen Passagen der Urteile hin; *dies.*, in: EJIL 2009, 1049, 1051 f.; siehe auch *Henderson*, The Use of Force and International Law, S. 316 f.

462 Hiervon wiederum zu trennen sind die Ausnahmefälle, in welchen zunächst die USA alleine, später dann die USA, Großbritannien und Frankreich gemeinsam, in Einzelfällen Ziele der syrischen Armee angegriffen haben. Diese Maßnahmen erfolgten aber sämtlich nicht auf der Grundlage eines Selbstverteidigungsrechts, sondern in Reaktion auf den Einsatz von Giftgas gegen Zivilisten und sind unter dem Stichwort der humanitären Intervention zu diskutieren, siehe hierzu unten unter C.III.5.

463 S/2015/946.

operations are not directed against Syria or the Syrian people, nor do they entail support for the Syrian regime."[464] Ebenso enthalten die Begründungen Belgiens[465] und Kanadas[466] diese Unterscheidung in einem sehr ähnlichen Wortlaut.

bb) Anwendungsfall des Gewaltverbots

Mit dem gezielten militärischen Eindringen in das Staatsgebiet des Territorialstaates geht ein Anwendungsfall des Gewaltverbots einher. Dass es sich in dieser Konstellation nur um eine zwingende Nebenerscheinung des Vorgehens gegen nicht-staatliche Ziele handelt, ist für das tatbestandlich ganz umfassend zu verstehende Gewaltverbot des Art. 2 Abs. 4 SVN unbeachtlich.[467] Durch die Handlungen zum Zweck der Selbstverteidigung gegen die nicht-staatlichen Akteure ist die territoriale Unversehrtheit eines Staates betroffen, der selbst nicht Urheber eines bewaffneten Angriffs war. Die territoriale Unversehrtheit als Ausdruck der staatlichen Souveränität[468] ist ein wesentliches Schutzgut des Art. 2 Abs. 4 SVN („*territorial integrity*").[469] Interveniert ein Drittstaat auf dem Gebiet des Territorialstaates und übt dort Hoheitsgewalt aus, kommt es auch zu einer Verletzung der Gebietshoheit des Territorialstaates.[470]

---

464 S/2015/693; siehe auch *ILA*, Final Report on Aggression and the Use of Force, Sydney Conference 2018, S. 16.

465 S/2016/523.

466 S/2015/221.

467 Insbesondere vermag in Anbetracht der Auslegungsergebnisse zu Art. 2 Abs. 4 SVN eine Argumentation nicht zu überzeugen, welche über die Zusätze im Wortlaut, wie der „territorial integrity" sucht, eine rein gegen nicht-staatliche Ziele gerichtete Maßnahme (auf dem Staatsgebiet eines Drittstaates) als bereits tatbestandlich nicht verbotene Gewalt zu deklarieren, siehe ausführlich oben unter B.I.1.; ebenso *Thiele*, Auslandseinsätze der Bundeswehr zur Bekämpfung des internationalen Terrorismus, S. 124 f.

468 *Blay*, „Territorial Integrity and Political Independence", in: Wolfrum, MPEPIL, Rn. 1, online [Stand März 2010]; *Besson*, „Sovereignty", in: Wolfrum, MPEPIL, Rn. 70, online [Stand April 2011].

469 Der Zusatz („territorial integrity") im Wortlaut des Art. 2 Abs. 4 SVN wirkt nicht tatbestandseinschränkend (siehe B.I.1.), sondern dient dazu, die hohe Schutzbedürftigkeit des Merkmals der staatlichen Souveränität zu betonen, *Schöbener*, „Gewaltverbot", in: ders., Völkerrecht, S. 132.

470 *Funke*, „Souveränität", in: Schöbener, Völkerrecht, S. 393; unter Gebietshoheit ist „die ausschließliche Herrschaftsgewalt über ein Territorium" zu verstehen, *Breuer*, „Gebietshoheit", in: Schöbener, Völkerrecht, S. 116.

Eine Aussage über den Anwendungsbereich des Art. 51 SVN wird mit den Feststellungen zu Art. 2 Abs. 4 SVN nicht getroffen. Während nicht-staatliche Akteure nicht gegen das Gewaltverbot verstoßen können, kann gegen diese doch ein Selbstverteidigungsrecht nach Art. 51 SVN bestehen.[471] Die Differenzierung läuft nicht auf eine Einschränkung des offensichtlich nur zwischenstaatliche Geltung entfaltenden Art. 2 Abs. 4 SVN hinaus, sondern sucht eine tatbestandlich vorliegende Gewaltanwendung zu rechtfertigen. In Diskussion steht folglich einzig die Reichweite des Selbstverteidigungsrechts.

cc) Duldungspflicht des Territorialstaates

Ein durch Selbstverteidigungshandlungen tangierter Staat ist mangels Völkerrechtswidrigkeit des Eingreifens seinerseits zur Duldung der Maßnahmen verpflichtet.[472] Bei einem Verzicht auf das Erfordernis der Zurechnung der nichtstaatlichen Handlungen zu einem Staat erscheint die Pflicht zur Duldung der Selbstverteidigungsmaßnahmen allerdings sehr weitgehend. Insbesondere deswegen wird in der völkerrechtlichen Literatur verbreitet nach wie vor gefordert, der nicht-staatliche bewaffnete Angriff müsse einem Staat zurechenbar sein, damit eine gegen diesen gerichtete Selbstverteidigungshandlung nach Art. 51 SVN rechtlich zulässig sei.[473] Die notwendigerweise gegebene Betroffenheit der

---

471 Dies ergibt eine Auslegung des Art. 51 SVN in Systematik zu Art. 2 Abs. 4 SVN, siehe oben unter C.II.2.a. Die Andeutung von *Gray*, International Law and the Use of Force, S. 247, dass die Differenzierung an Versuche erinnert, den Art. 2 Abs. 4 SVN durch die rechtlich bedeutungslosen Zusätze im Wortlaut einzuschränken, trifft auf den hier vorgeschlagenen Lösungsweg nicht zu. In der Literatur sind aber teilweise Ansätze erkennbar, welche in den hier diskutierten Konstellationen in die Richtung einer Einschränkung des Tatbestandes des Art. 2 Abs. 4 SVN laufen, siehe *Blay*, „Territorial Integrity and Political Independence", in: Wolfrum, MPEPIL, Rn. 56, online [Stand März 2010].

472 *Dinstein*, War, Aggression and Self-Defence, Rn. 529.

473 Siehe *Dörr*, „Use of Force, Prohibition of", in: Wolfrum, MPEPIL, Rn. 38, online [Stand September 2015]; *Hobe*, Einführung in das Völkerrecht, S. 266; *Orakhelashvili*, in: Weller, The Oxford Handbook of the Use of Force in International Law, 157, 171 ff.; *Löw*, Gewaltverbot und Selbstverteidigungsrecht nach dem 11. September 2001, S. 149 f.; *Payandeh/Sauer*, in: ZRP 2016, 34, 35, die zwar „belastbare Argumente für einen solchen Verzicht" auf das Zurechnungskriterium annehmen, aber eine entsprechende Staatenpraxis hierfür noch nicht erkennen; auch der IGH wendet in diesem Zusammenhang (allerdings im Kontext, in dem auch der Staat selbst das Ziel von Selbstverteidigungshandlungen ist, s.o. im Text) das Kriterium Zurechnung an, siehe *Randelzhofer/Dörr*, in: Simma/et al., The Charter of the UN, Band 1, Art. 2 (4), Rn. 31 m.w.N.; *O'Connor*, in: JUFIL 2016, 70, 96.

Rechte des Territorialstaates im Zuge der Bekämpfung nicht-staatlicher Akteure wird gegen einen weiten Anwendungsbereich und für ein staatzentriertes Verständnis des Art. 51 SVN angeführt.[474] Die rechtliche Bewertung kreist dann häufig um die Herausarbeitung einer Möglichkeit der Herabsetzung des strengen Nicaragua-Standards der Zurechnung.

dd) Berücksichtigungsbedürftigkeit der Folgeerwägungen auf der Ebene der Verhältnismäßigkeit der Selbstverteidigungsmaßnahme gegen nicht-staatliche Akteure

Erwägungen hinsichtlich etwaiger Folgen der Ausübung eines einschlägigen Selbstverteidigungsrechts lassen ein bestehendes Selbstverteidigungsrecht indessen nicht entfallen; sie sind nicht im Stande, das ursprüngliche Auslegungsergebnis abzuändern. Durch das in diesem Punkt weite Verständnis des Art. 51 SVN wird nicht ausgeschlossen, diese gewichtigen Folgeerwägungen zu berücksichtigen.[475] Das Selbstverteidigungsrecht des Art. 51 SVN ist nicht schrankenlos gewährleistet. Neben den ausdrücklichen Beschränkungen im Wortlaut (Vorrang des Sicherheitsrates und Anzeigepflicht von Selbstverteidigungsmaßnahmen an diesen) muss die Selbstverteidigungsmaßnahme erforderlich und verhältnismäßig sein.[476] Im Rahmen dieser völkergewohnheitsrechtlich anerkannten Kriterien können jene oder vergleichbare Voraussetzungen berücksichtigt werden, welche die staatenzentrierte Ansicht bereits als Voraussetzung für das Bestehen des Selbstverteidigungsrechts heranziehen möchte.[477] In dem Kontext der Verhältnismäßigkeit dienen die zu berücksichtigenden Kriterien nicht als

---

474 *Tams*, in: EJIL 2009, 359, 385; *Starski*, in: ZaöRV 2015, 455, 462 f; *Wandscher*, Internationaler Terrorismus, S. 283 u. 317.

475 Es erscheint sogar unvertretbar, die Bekämpfung nicht-staatlicher Akteure in diesen Fällen nach Art. 51 SVN für uneingeschränkt und in jedem Fall für zulässig zu erklären. Eine solche Position missachtete völlig die Verletzung der territorialen Unversehrtheit des Territorialstaates, *Trapp*, in: ICLQ 2007, 141, 146. Zudem liefert die teleologische Auslegung des Art. 51 SVN durchaus Anhaltspunkte dafür, dass dem Vor-Verhalten des Territorialstaates maßgebliche Bedeutung zukommt, siehe oben unter C.II.2.a.aa.(3).

476 *Heintschel von Heinegg*, in: Ipsen, Völkerrecht (hrsg. v. Epping/Heintschel von Heinegg), § 56, Rn. 31; *Dinstein*, War, Aggression and Self-Defence, Rn. 651; zu den Einzelheiten der Beschränkung des Selbstverteidigungsrechts durch das Verhältnismäßigkeitsprinzips siehe *Ruys*, 'Armed Attack' and Article 51, S. 110 ff.

477 Siehe auch *ILA*, Final Report on Aggression and the Use of Force, Sydney Conference 2018, S. 16.

Voraussetzung der Einschlägigkeit des Art. 51 SVN, sondern als Begrenzung der Reichweite des betroffenen Selbstverteidigungsrechts.

ee) Das Verhältnis des von den Selbstverteidigungsmaßnahmen adressierten Staates zu den von seinem Staatsgebiet aus operierenden nicht-staatlichen Akteuren

Entscheidend für die Rechtmäßigkeit einer staatlichen Handlung in Ausübung des abstrakt bestehenden Selbstverteidigungsrechts gegen nicht-staatliche Akteure im konkreten Fall ist, welche Anforderungen an die Verhältnismäßigkeit der Selbstverteidigungsmaßnahme gestellt werden. Die Selbstverteidigungshandlung ist in Verhältnis zu dem mit der Selbstverteidigung verfolgten Ziel zu setzen.[478] An dieser Stelle ist die mit der gegen die nicht-staatlichen Akteure gerichteten Selbstverteidigungshandlung einhergehende Verletzung der territorialen Unversehrtheit sowie die Einschränkung der Gebietshoheit des Territorialstaates in die Betrachtung miteinzubeziehen.[479] Mithin stehen sich das Recht des Territorialstaates auf territoriale Unversehrtheit sowie der Anspruch auf ausschließliche Ausübung der Gebietshoheit und das tatbestandlich vorliegende Recht auf Selbstverteidigung des von den nicht-staatlichen Akteuren angegriffenen Staates gegenüber. Dass die Selbstverteidigungshandlung nach der Struktur des Rechtsinstituts nur gegen den Angreifer selbst gerichtet sein darf,[480] ist nach obiger Differenzierung kein Argument gegen die Verhältnismäßigkeit der Handlung, da der Territorialstaat in der zu betrachtenden Konstellation nicht Ziel der Maßnahme ist.

(1) Unwilling or unable-Doktrin als Maßstab im Rahmen der Verhältnismäßigkeitsprüfung

Ob die Nebenfolgen der Selbstverteidigungshandlungen verhältnismäßig zu dem Ziel sind, hängt davon ab, welche Kriterien diesbezüglich zugrunde zu legen sind. Der Beziehung des Territorialstaates zu den von seinem Gebiet aus operierenden Akteuren ist im Rahmen der Verhältnismäßigkeitsprüfung ausschlaggebende

---

478 *ILA*, Final Report on Aggression and the Use of Force, Sydney Conference 2018, S. 12; siehe im Einzelnen *Dinstein*, War, Aggression and Self-Defence, Rn. 657 u. 743 ff.

479 Ebenso vorgehend *Trapp*, in: ICLQ 2007, 141, 142 u. 146, die zudem eine diese Vorgehensweise stützende Staatenpraxis herausarbeitet, *Trapp*, ebenda, 147 ff; auch die ILA befürwortet die Berücksichtigung der Verletzung der territorialen Unversehrtheit im Rahmen des Kriteriums der necessity, *ILA*, Final Report on Aggression and the Use of Force, Sydney Conference 2018, S. 16.

480 So der Hinweis von *Payandeh/Sauer*, in: ZRP 2016, 35.

Bedeutung beizumessen. An dieser Stelle ist auf die „unwilling or unable-Doktrin“ abzustellen, nach welcher eine Bekämpfung nicht-staatlicher Akteure nur insoweit zulässig ist, als der Territorialstaat nicht willens oder unfähig ist, die von seinem Gebiet auf andere Staaten zielenden Angriffe zu unterbinden.[481] Im Kontext des Syrien-Konflikts stellen neben den USA auch Kanada, Australien und die Türkei auf den unwilling or unable-Standard ab.[482] Bemerkenswert ist, dass ein Widerspruch seitens anderer Staaten gegen die Geltendmachung der Doktrin nicht vernehmbar ist.[483] An diesem Punkte zur Anwendung gebracht, stellt die Doktrin ein das Selbstverteidigungsrecht begrenzendes Kriterium und nicht erst ein die Selbstverteidigung auslösendes Merkmal dar.[484] Die territoriale

481 Wie hier als Kriterium der Verhältnismäßigkeit eines einschlägigen Selbstverteidigungsrechts erörternd *Ruys*, 'Armed Attack' and Article 51, S. 505 u. 509; ebenso *Trapp*, in: ICLQ 2007, 141, 147 u. 154 f.; auch *ILA*, Final Report on Aggression and the Use of Force, Sydney Conference 2018, S. 16 f.; ebenso *Leiden Policy Recommendations*, in: van den Herik/Schrijver, Counter-Terrorism Strategies, 706, 715, Rn. 32; *Greenwood*, „Self-Defence“, in: Wolfrum, MPEPIL, Rn. 18, online [Stand April 2011]; kritisch *Gray*, in: Evans, International Law, 601, 616; *dies.*, International Law and the Use of Force, S. 241 u. 243; auf die „numerous interpretive questions“ der Doktrin weist auch *Ratner*, in: van den Herik/Schrijver, Counter-Terrorism Strategies, 334, 347 hin; dagegen auch *Kremser*, in: DVBl 2016, 881, 883.

482 Siehe S/2014/695 (USA), S/2015/221 (Kanada), S/2015/693 (Australien) und S/2015/563 (Türkei).

483 Siehe *Flasch*, in: JUFIL 2016, 37, 62 f. m.w.N., die den fehlenden Widerspruch als Zeichen der zunehmenden Anerkennung der Doktrin in der Staatenpraxis wertet. Auch, wenn man nicht davon ausgeht, dass der unwilling or unable-Standard verbreitete Staatenpraxis ist, lässt dies das Bestehen des Selbstverteidigungsrechts unberührt. Nicht etwa geht es um eine Ersetzung des Nicaragua-Zurechnungsstandards der effektiven Kontrolle. Unterdessen wird genau dieser Punkt in der Literatur häufig noch als Anknüpfungspunkt der rechtlichen Bewertung eines Selbstverteidigungsrechts gegen nicht-staatliche Akteure herangezogen, siehe bspw. *O'Connor*, in: JUFIL 2016, 70, 88.

484 Die Kritik von *Gray*, International Law and the Use of Force, S. 241, dass die Doktrin als ein „trigger for action, not as a limit for action“ fungiert, geht dann ins Leere, wenn eine Zurechnung für nicht-staatliches Verhalten für entbehrlich gehalten wird. Auch die Argumente, die gegen die unwilling or unable-Doktrin als Zurechnungsmaßstab angeführt werden, bspw. die „Absurdität“ der Zurechnung einer Handlung trotz willentlicher Bekämpfung oder ein etwaiger Verlust der Souveränität nur aufgrund der Unfähigkeit einer effektiven Bekämpfung, siehe *Peters*, German Parliament decides to send troops to combat ISIS – based on collective self-defense „in conjunction with“ SC Res. 2249, in: EJIL:Talk! v. 8.12.2015, abrufbar unter: https://www.ejiltalk.org/german-parlament-decides-to-send-troops-to-combat-isis-%E2%88%92-based-

Unversehrtheit Syriens wird nicht auf der Grundlage der Unfähigkeit des syrischen Regimes eingeschränkt, sondern auf der Grundlage eines bestehenden Selbstverteidigungsrechts, im Rahmen dessen das Ausmaß des staatlichen Versagens Berücksichtigung findet.

(2) Schutzpflicht des Territorialstaates gegenüber Drittstaaten

Der Territorialstaat ist auch anderen Staaten gegenüber zu der Wahrung seines Gewaltmonopols verpflichtet.[485] Diese Schutzpflicht gegenüber Drittstaaten stellt das Gegenstück zu dem Recht auf den Schutz der eigenen Souveränität dar.[486] Die Souveränität in Ausprägung des Schutzes der territorialen Unversehrtheit verpflichtet den Territorialstaat dazu, von seinem Territorium ausgehende Angriffe auf andere Staaten zu unterbinden.[487] In Anbetracht dieser Schutzpflicht des Territorialstaates stellt der unwilling or unable-Standard in dieser konkreten Anwendung einen situationsgerechten Ausgleich der in Rede stehenden Rechtsgüter her.[488] Während dem angegriffenen Staat nämlich keine Möglichkeit zur Durchsetzung seines Selbstverteidigungsrechts bliebe, ist es dem Territorialstaat möglich, seinen ausschließlichen Anspruch auf Ausübung der Gebietshoheit sicherzustellen, ohne dabei in Rechte von Drittstaaten eingreifen zu müssen.

(3) Beschränktes Maß an zulässiger Hoheitsausübung zum Zweck der Selbstverteidigung auf fremdem Staatsgebiet

Das Ausmaß, in welchem der Territorialstaat seiner Schutzpflicht gegenüber Drittstaaten nachkommt, stellt in der Reichweite der Selbstverteidigungshandlung das zu berücksichtigende Vor-Verhalten des Territorialstaats dar. Soweit es dem Territorialstaat gelingt, seine Gebietshoheit dahingehend effektiv auszuüben, dass von seinem Staatsgebiet keine Angriffe auf Drittstaaten ausgehen, ist eine in Selbstverteidigung erfolgende Hoheitsausübung eines Drittstaates auf dem Staatsgebiet des Territorialstaates unverhältnismäßig. Hoheitsgewalt darf durch den in Selbstverteidigung handelnden Staat auf dem Gebiet des Territorialstaates lediglich in einem Maße ausgeübt werden, welches zur Kompensation des fehlenden Willens oder der fehlenden Fähigkeit einer effektiven Bekämpfung der nicht-staatlichen Akteure durch den Territorialstaat erforderlich ist. In diese Richtung können auch die Begründungen einiger in Syrien intervenierender

---

on-collective-self-defense-in-conjunction-with-sc-res-2249/ [zuletzt abgerufen am 15.5.2020], gehen an dieser Stelle ins Leere.

485 *Isensee*, in: ders., Der Terror, der Staat und das Recht, 83, 90.

486 *Kreß*, in: JUFIL 2014, 11, 49, dort in Fn. 196.

487 *Hmoud*, in: AJIL 2013, 576, 577.

488 Ebenso *Trapp*, in: ICLQ 2007, 141, 155.

Staaten verstanden werden, die nicht ausdrücklich die unwilling or unable-Doktrin anführen. So stellt Deutschland, ähnlich wie Belgien, in seinem Brief an den Präsidenten des Sicherheitsrates bezüglich des Eingreifens in Syrien darauf ab, dass „ISIL has occupied a certain part of Syrian territory over which the Government of the Syrian Arab Republic does not at this time exercise effective control."[489] Deswegen seien Staaten, die Ziele von bewaffneten Angriffen aus diesen Regionen geworden seien, zur Geltendmachung von erforderlichen Selbstverteidigungsmaßnahmen auch ohne die Zustimmung Syriens berechtigt. Auch die früh im Syrien-Konflikt erfolgte Aussage des damaligen UN-Generalsekretärs, Ban Ki-moon, geht in diese Richtung.[490]

(4) Beschränkte Missbrauchsgefahr

Das Ausmaß der zur Selbstverteidigung zulässigen Gewaltanwendung ist anhand eines jeden Einzelfalls zu bestimmen. Gehen nicht-staatliche bewaffnete Angriffe von dem Staatsgebiet verschiedener Staaten aus, ist das Verhalten eines jeden Territorialstaates gesondert zu bewerten.[491] Dem elementaren Bedürfnis des angegriffenen Staates zur Selbsterhaltung steht eine mögliche Missbrauchsgefahr[492] gegenüber. Durch eine strikte Handhabung des Kriteriums

---

489 S/2015/946 (Deutschland); S/2016/523 (Belgien).

490 Der Generalsekretär hat infolge des Beginns der amerikanischen Intervention in Syrien am 23.9.2014 „about the United Nations position on Syria" Folgendes zu Protokoll gegeben: „[…] I also note that the strikes took place in areas no longer under the effective control of that Government", siehe „Remarks at the Climate Summit press conference (including comments on Syria)", abrufbar unter: https://www.un.org/sg/en/content/sg/speeches/2014-09-23/remarks-climate-summit-press-conference-including-comments-syria [zuletzt abgerufen am 15.5.2020], siehe auch *O'Connor*, in: JUFIL 2016, 70, 89 f., die das Statement Ban Ki-moons' als „surprising" betitelt, aber einräumt, dass dies „may suggest support for the 'unwilling or unable' standard"; siehe auch *Flasch*, in: JUFIL 2016, 37, 64.

491 Dies ist der Betrachtung von *Löw*, Gewaltverbot und Selbstverteidigungsrecht nach dem 11. September 2001, S. 149 entgegenzuhalten, die meint, bei Aufgabe des Zurechnungskriteriums dürfe ein angegriffener Staat (ohne Weiteres) gegen alle Staaten vorgehen, „auch bei bloßem Transit" der nicht-staatlichen Akteure. Diese befürwortet sodann aber doch ein Korrektiv dieses Ergebnisses über die unwilling or unable-Doktrin und fasst dies wohl auch in diesem Rahmen als Zurechnungskriterium auf.

492 Zu dem „Missbrauchsargument" siehe bspw. *Tams*, in: EJIL 2009, 359, 386 u. 394, der bereits in der Auflockerung des strengen Nicaragua-Zurechnungsstandard – der effektiven Kontrolle – ein erhöhtes Missbrauchspotential erkennt und feststellt, dass „[t]his new flexibility of course comes at a price: the broadly construed exceptions to the ban on force can be abused […]."; Bedenken äußert auch *Löw*, Gewaltverbot und Selbstverteidigungsrecht nach dem 11. September 2001, S. 150; der Vorwurf, die

der Verhältnismäßigkeit kann die Missbrauchsgefahr in jedem konkreten Einzelfall rechtlich eingedämmt werden. Die Auswirkungen eines Unterlassens von Selbstverteidigungsmaßnahmen unter Hinweis auf das Bedürfnis der strikten Einhaltung der territorialen Souveränität des Territorialstaates brächten unberechenbare Konsequenzen hervor.[493]

(5) Zwischenergebnis

In Frage standen die Anforderungen an die Verhältnismäßigkeit von Selbstverteidigungsmaßnahmen gegen nicht-staatliche Akteure. Die unwilling or unable-Doktrin erweist sich als geeigneter Maßstab zur Begrenzung eines bestehenden Selbstverteidigungsrechts gegen nicht-staatliche Akteure. Durch die Anwendung der unwilling or unable-Doktrin im Rahmen der Verhältnismäßigkeit kann ein situationsgerechter Ausgleich zwischen den Rechtsgütern des Territorialstaates (territoriale Unversehrtheit und Anspruch auf alleinige Ausübung der Gebietshoheit) und des von nicht-staatlichen Akteuren angegriffenen Staates (Recht auf Selbstverteidigung) erreicht werden.

c) Ergebnis

Die Auslegung des Selbstverteidigungsrechts, wie es völkervertraglich in Art. 51 SVN geregelt ist, ergibt, dass Staaten, die Opfer eines das Ausmaß eines „bewaffneten Angriffs" einnehmenden Angriffs durch nicht-staatliche Akteure werden, nach geltendem Völkerrecht ein Selbstverteidigungsrecht zusteht. Auf die Zurechnung des nicht-staatlichen Handelns an einen anderen Staat kommt es

---

Voraussetzungen für das Vorliegen eines Selbstverteidigungsrechts würden unpräziser und interpretationsabhängiger, findet sich auch bei *Starski*, in: ZaöRV 2015, 455, 498.

493 Der Syrien-Konflikt verdeutlicht die Schwächen jener Ansichten, die auf dem Erfordernis einer Zurechnung beharren. Weder sind die Handlungen des IS dem Assad-Regime nach den restriktiven Kriterien des IGH (effective control) zurechenbar noch nach weiter gefassten, in der Literatur vorgeschlagenen, Zurechnungskriterien, wie einem „aiding and abetting", so der Vorschlag zur Ausweitung („new, flexible approach") der Zurechnungskriterien bei *Tams*, in: EJIL 2009, 359, 385 f., dagegen *Trapp*, in: EJIL 2009, 1049, 1054. Solche Fälle, in welchen der Territorialstaat zu schwach zur effektiven Bekämpfung der nicht-staatlichen Akteure ist, aber dennoch alles in seiner Macht Stehende unternimmt (wie das Assad-Regime in Syrien), um die Angriffe zu verhindern, fielen aus dem Anwendungsbereich des Art. 51 SVN heraus. Alleine der Versuch der Bekämpfung durch den Territorialstaat wird auf diese Weise in einem Maße honoriert, welches in Anbetracht der militärischen Macht einiger nicht-staatlicher Akteure in Kombination mit militärischer Schwäche des Territorialstaates zu einer Aushöhlung des Art. 51 SVN führte.

solange nicht an, wie die Selbstverteidigungsmaßnahmen sich einzig gegen die nicht-staatlichen Akteure und nicht (auch) gegen den Territorialstaat richten. Das mit dieser Dreieckskonstellation einhergehende Kernproblem liegt in dem Umstand begründet, dass die Selbstverteidigung das Staatsgebiet eines Staates tangiert, von welchem selbst kein bewaffneter Angriff ausgeht. Der Territorialstaat ist entsprechend zu der Duldung des Eingriffs in seine territoriale Unversehrtheit und der Einschränkung seiner Gebietshoheit verpflichtet, obwohl tatbestandlich ein Verstoß gegen das Gewaltverbot vorliegt.

Der Verzicht auf das Zurechnungskriterium im Rahmen der Prüfung der Anwendbarkeit des Art. 51 SVN bedeutet unterdessen nicht, dass diese maßgeblichen Folgen unberücksichtigt blieben. Vielmehr ist an diesem Punkte das völkergewohnheitsrechtlich anerkannte Kriterium der Verhältnismäßigkeit der Selbstverteidigungshandlung zu beachten.[494] Eine gegen nicht-staatliche Akteure gerichtete Selbstverteidigungshandlung auf dem Staatsgebiet des Territorialstaates ist nur insoweit verhältnismäßig, als der Territorialstaat nicht willens oder nicht in der Lage ist, die von seinem Staatsgebiet ausgehenden bewaffneten Angriffe zu unterbinden. In diesem Maße ist der Territorialstaat zur Duldung der Einschränkung seiner Gebietshoheit verpflichtet. Gleichzeitig ist der in Selbstverteidigung handelnde Staat an diese engen Grenzen gebunden. Die darüber hinausgehende Bekämpfung von Zielen des Territorialstaates (bspw. dessen Armee) bedarf einer eigenständigen völkerrechtlichen Rechtfertigung.

3. *Das Recht zur kollektiven Selbstverteidigung im Verhältnis zu der Intervention auf Einladung – Der Syrien-Fall*

Die rechtliche Begründung für das Vorgehen der internationalen Koalition in Syrien unter Beteiligung der Bundeswehr gibt Anlass dazu, die Anwendung der unwilling or unable-Doktrin im konkreten Fall zu prüfen. Erörterungsbedürftig ist, ob die Geltendmachung eines kollektiven Selbstverteidigungsrechts in Syrien verhältnismäßig ist. Über die Anwendung der unwilling or unable-Doktrin führt diese Fragestellung zu dem Verhältnis des Rechts der kollektiven Selbstverteidigung zu der Rechtsfigur der Intervention auf Einladung.

---

494 Der gewählten Vorgehensweise liegt eine eng am Text des Art. 51 SVN orientierte Auslegung des völkervertraglichen Selbstverteidigungsrechts zugrunde – von Kunstgriffen, wie etwa einer teleologischen Reduktion des Souveränitätsprinzips kann daher nicht die Rede sein, so aber die Kritik bei *Starski*, in: ZaöRV 2015, 455, 494.

a) *Die Eingriffsgrundlage der Koalition COUNTER DAESH in Syrien*

Der syrische Außenminister hat im Zuge der an die USA ausgesprochenen Einladung ausdrücklich auf den koordinativen Charakter eines potentiellen Eingreifens der USA rekurriert, wenn er betont, dass „[...] any effort to combat terrorism should come in coordination with the Syrian government."[495] Gleichzeitig warnte er die USA explizit, ohne die Zustimmung aus Damaskus vorzugehen: „Any strike which is not co-ordinated with the government will be considered as aggression."[496] Die von den USA in Syrien angeführte Koalition, an der auch die Bundeswehr im Rahmen der Mission COUNTER DAESH beteiligt ist, wird unterdessen nicht auf der Grundlage der Einladung des syrischen Regimes ausgeführt.[497] Eine tatbestandsausschließende Intervention auf Einladung ist nicht einschlägig. Die Bundeswehr ist an einer unter den Anwendungsbereich des Art. 2 Abs. 4 SVN fallenden Gewaltanwendung beteiligt. Der Einsatz erfolgt auf der Grundlage eines Hilfeersuchens der irakischen Regierung gegen die von syrischem Staatsgebiet ausgehenden Angriffe des IS.

b) *Rechtliche Fragestellung*

Ist der Territorialstaat zwar unfähig zur Bekämpfung, aber gewillt, eine solche mit Unterstützung von außen durchzuführen, stellt sich die Frage, ob und unter welchen Voraussetzungen die dennoch vorgenommene Selbstverteidigungshandlung noch als völkerrechtskonform bewertet werden kann. In Anbetracht der Einladung durch das syrische Regime sowie die aktive Bekämpfung des IS kann Syrien ein fehlender Wille zur Bekämpfung der nicht-staatlichen Terroristen nicht unterstellt werden.[498] Doch war Syrien seit Ende 2014 definitiv nicht in der

---

495 CBC-News v. 25.8.2014, U.S. airstrikes on Syrian ISIS targets need permission: Syria, abrufbar unter: https://www.cbc.ca/news/world/u-s-airstrikes-on-syrian-isis-targets-need-permission-syria-1.2745775 [zuletzt abgerufen am 15.5.2020].

496 The Guardian v. 26.8.2014, Syria offers to help fight ISIS but warns against unilateral air strikes, abrufbar unter: https://www.theguardian.com/world/2014/aug/26/syria-offers-to-help-fight-isis-but-warns-against-unilateral-air-strikes [zuletzt abgerufen am 15.5.2020].

497 Siehe hierzu bereits oben unter B.II.3.

498 *Goodman*, Airstrikes against ISIS in Syria, in: Just Security v. 28.8.2014, abrufbar unter: https://www.justsecurity.org/14414/international-law-airstrikes-isis-syria/ [zuletzt abgerufen am 15.5.2020] bezweifelt hingegen den „good faith" des Assad-Regimes. Ohne stichhaltige Beweise dafür, dass die Einladung nicht ernst gemeint sein könnte, klingt dies nach einer Schutzbehauptung, um sich ohne Umwege auf das kollektive Selbstverteidigungsrecht berufen zu können. Zumal auch Russland an der Seite Assads kämpft. Dass das Assad-Regime bei einer koordinierten Vorgehensweise

Lage (unable), die von seinem Staatsgebiet ausgehenden Angriffe abzuwenden. Syrien kann als „willing but unable" zur Bekämpfung des IS eingeordnet werden, was wiederum die Frage aufwirft, wie sich die beiden Kriterien zueinander verhalten.[499] In einem solchen Fall, in dem auch eine Intervention auf Einladung möglich wäre, könnte an der Verhältnismäßigkeit einer in Selbstverteidigung ausgeübten Handlung gezweifelt werden.[500] Letztlich steht hier das Verhältnis der Intervention auf Einladung zum Selbstverteidigungsrecht in Rede.

c) Grundsatz: Vorrangigkeit der Intervention auf Einladung

Ist das Verhältnis der Selbstverteidigung zu der kollektiven Gewaltanwendung nach Kapitel VII von der Charta ausdrücklich ausbuchstabiert,[501] ergibt sich das Verhältnis zu dem völkergewohnheitsrechtlich anerkannten Institut der Intervention auf Einladung implizit aus völkerrechtlichen Grundsätzen. Im Grundsatz ist das Recht zur kollektiven Selbstverteidigung als gegenüber der Intervention auf Einladung nachrangig einzustufen.[502] Ein militärisches Tätigwerden in willentlicher Zusammenarbeit mit dem Territorialstaat steht im Einklang mit der territorialen Unversehrtheit sowie der Gebietshoheit des Territorialstaates, während eine Intervention im Rahmen der kollektiven Selbstverteidigung zugunsten eines anderen Drittstaates diese Rechte des Territorialstaates tangiert.[503] Dieser

---

ein wesentliches Mitspracherecht im Hinblick auf die Reichweite des auswärtigen Einsatzes behält, mag gegen die größtmögliche Effektivität der Militärschläge sprechen. Dieser Umstand liegt unterdessen in der Natur der Intervention auf Einladung begründet.

499 Siehe *Flasch*, in: JUFIL 2016, 37, 54 u. 62.

500 *Henderson*, in: JUFIL 2014, 209, 217; deutliche Zweifel hinsichtlich der Anwendung der Doktrin im Syrien-Fall äußert *Gray*, International Law and the Use of Force, S. 241.

501 Nach Art. 51 SVN sind Selbstverteidigungsmaßnahmen nur solange rechtlich zulässig, „bis der Sicherheitsrat die zur Wahrung des Weltfriedens und der internationalen Sicherheit erforderlichen Maßnahmen getroffen hat."

502 *Kreß*, The Fine Line Between Collective Self-Defense and Intervention by Invitation: Reflections on the Use of Force against 'IS' in Syria, in: Just Security v. 17.2.2015, abrufbar unter: https://www.justsecurity.org/20118/claus-kreb-force-isil-syria/ [zuletzt abgerufen am 15.5.2020].

503 Folgend aus seiner Souveränität ist es einem Staat auf Grundlage eines freien Willensentschlusses gestattet, einen Drittstaat zu einer militärischen Intervention einzuladen, siehe S/RES/387 (1976): „Recalling also the inherent and lawful right of every State, in the exercise of its sovereignty, to request assistance from any other State or group of States"; im Rahmen eines Vorgehens auf Einladung kann der Territorialstaat entsprechende Grenzen ziehen und hat wesentlichen Einfluss auf das Vorgehen

Umstand verdeutlicht sich auch daran, dass die Intervention auf Einladung nach der hier vertretenen Ansicht tatbestandsausschließend wirkt und somit nicht den Tatbestand einer verbotenen Handlung erfüllt, während das Berufen auf die kollektive Selbstverteidigung nach Art. 51 SVN dazu dient, den Verstoß gegen eine Völkerrechtsnorm zu rechtfertigen. Das Institut der Intervention auf Einladung setzt formal betrachtet bereits eine Ebene vor dem Rechtfertigungsgrund der kollektiven Selbstverteidigung an und kann schon daher als vorrangig eingestuft werden. In Anbetracht des Stellenwertes der staatlichen Souveränität im internationalen System[504] ist die Vorrangstellung des milderen Mittels zwingend. Vor diesem Hintergrund müsste das Eingreifen der Bundeswehr in Syrien im Rahmen der Ad-hoc-Koalition trotz der tatbestandlichen Einschlägigkeit des Art. 51 SVN als völkerrechtswidrig eingestuft werden.[505]

d) Ausnahme: Systematische und schwere Menschenrechtsverletzungen des Territorialstaates

Anknüpfend an das Untersuchungsergebnis, dass eine für systematische und weitreichende Menschenrechtsverletzungen verantwortliche Regierung ihr Einladungsrecht verliert,[506] besteht eine Ausnahme von dem Grundsatz der Vorrangigkeit der Intervention auf Einladung. Im Einklang mit obiger Argumentation müssen die Menschenrechte bei der Betrachtung der Einladungsbefugnis neben

---

der Intervenierenden. Auch kann das Einverständnis jederzeit formlos zurückgezogen werden, *IGH*, Democratic Republic of the Congo vs. Uganda (Case Concerning Armed Activities on the Territory of the Congo), I.C.J. Reports 2005, Ziff. 47. Konträr hierzu läuft ein Eingreifen in Selbstverteidigung, welches naturgemäß ohne Absprache mit dem Zielstaat erfolgt. Verdeutlichen lässt sich dies an dem Hilfeersuchen des Irak an die internationale Gemeinschaft, gemeinsam gegen den IS vorzugehen. In dem entsprechenden Brief an den SR v. 22.9.2014, S/2014/691 betont der irakische Außenminister einerseits, wie „grateful" der Irak für die internationale Unterstützung sei, andererseits wird ausdrücklich darauf hingewiesen, dass der Irak „nonetheless attaches great importance to preserving its sovereignty and its ability to take decisions independently, both of which must be honoured in all circumstances."

504 Die „souveräne Gleichheit" aller Staaten gelangt als primär aufgeführter Grundsatz in Art. 2 Abs. 1 SVN zum Ausdruck; ein Großteil der internationalen Rechtsordnung beruht auf dem Prinzip der staatlichen Souveränität, siehe *Besson*, „Sovereignty", in: Wolfrum, MPEPIL, Rn. 1 f., online [Stand April 2011].

505 In diese Richtung argumentierend *Gray*, International Law and the Use of Force, S. 241; zu der Einladung Syriens sowie den Gründen der Ablehnung siehe oben unter B.II.3.

506 Siehe B.II.3.c.

dem Kriterium der effektiven Ausübung der Staatsgewalt berücksichtigt werden. Eine systematisch und umfassend die Menschenrechte ihrer eigenen Bevölkerung missachtende Regierung verliert ihr Einladungsrecht. Ein verhältnismäßigen Selbstverteidigungshandlungen entgegenstehender Wille des Territorialstaates ist bereits aus diesem Grunde unbeachtlich. Die Möglichkeit der Ausschlagung der Einladung Assads kann auch mit der anderenfalls drohenden Unterstützung und aktiven Stärkung eines menschenrechtsverachtenden Regimes zu begründen sein.[507]

Diese Position liegt auf einer Linie mit der seit 1945 kontinuierlich voranschreitenden Entwicklung des Völkerrechts, welche den Menschenrechten zunehmend stärkeres Gewicht einräumt. Ginge mit einer Stärkung einer menschenrechtsverachtend handelnden Regierung automatisch eine Schwächung der Menschenrechte einher, liefe dies konträr zu der schützenden Rolle der Staaten, die diese in der modernen Völkerrechtsordnung einnehmen sollten.[508] Es wäre widersprüchlich, wenn sich die Staaten in der World Summit Outcome-Resolution von 2005[509] ausdrücklich zu einer aus der Souveränität folgenden Schutzverantwortung bekannten, gleichzeitig aber dazu befugt wären, einen nachweislich systematisch Menschenrechte verachtenden Staat zu unterstützen. Ginge man an dieser Stelle von einem unerschütterlichen „Souveränitätspanzer"[510] der Staaten aus, wie er das klassische Völkerrecht symbolisierte, käme es mittels Wahrnehmung der Einladung eines systematisch menschenrechtsverachtenden Regimes durch einen Drittstaat zu einer Perpetuierung der Menschenrechtsverletzungen. Ist zudem die Schwelle zu einem nicht-internationalen bewaffneten Konflikt überschritten, kommen selbigen Staaten zudem die sehr

507 So ausdrücklich vorgeschlagen von *Kreß*, The Fine Line Between Collective Self-Defense and Intervention by Invitation: Reflections on the Use of Force against 'IS' in Syria, in: Just Security v. 17.2.2015, abrufbar unter: https://www.justsecurity.org/20118/claus-kreb-force-isil-syria/ [zuletzt abgerufen am 15.5.2020], der bemerkt, dass jede Kooperation mit dem Assad-Regime auch unterhalb der Schwelle zur völkerrechtswidrigen Beihilfe eine Stärkung von Assads Position bedeute, die dieser weiterhin für die Begehung schwerer Verletzungen des Völkerrechts zum Nachteil eines beachtlichen Teils seiner Bevölkerung missbrauche.

508 Siehe auch *Lieblich*, Intervention and Consent, S. 186; *Hakimi*, YJIL 2014, 247, 267 ff.

509 A/RES/60/1. Eine ausführliche Bewertung erfolgt nachstehend im Rahmen der Betrachtung der humanitären Intervention, siehe C.III.3.

510 Die Schöpfung dieses Begriffs wird *Bleckmann*, in: ZaöRV 1975, 79, 82 zugeschrieben; *ders.*, in FS-Doehring, 1989, 63, 74.

weitgehenden Befugnisse des ius in bello zugute, welche die Menschenrechte noch weiter zurückdrängen.

Eine sich ausdrücklich auf die hier diskutierte Fragestellung beziehende Staatenpraxis ist gleichwohl nicht erkennbar. Zwar lehnen viele Staaten ein Zusammenwirken mit Syrien ab, es fehlt aber diesbezüglich an einer ausdrücklichen Artikulation einer opinio iuris, die sich auf die „Menschenrechtsbilanz" des syrischen Regimes bezieht. Zum anderen werden Russland und der Iran auf Einladung Syriens tätig. Der Protest anderer Staaten richtet sich aber nicht gegen eine etwaige Unzulässigkeit der Intervention auf Einladung im Allgemeinen, weil das Assad-Regime sein Einladungsrecht verwirkt hätte, sondern gegen Angriffe, die statt der Bekämpfung des IS auf Gegner des syrischen Regimes zielen.[511] Gleichwohl zeigen die beschriebenen Entwicklungen auf, dass sich das Verständnis der Charta nach Art. 31 Abs. 3 lit. b WVK gewandelt hat und dieses gewandelte Souveränitätsverständnis auch in dieser Frage zu berücksichtigen ist.

e) Zwischenergebnis

Die Intervention auf Einladung genießt im Verhältnis zu dem Selbstverteidigungsrecht nach Art. 51 SVN als das einverständliche und damit souveränitätsschonendere Vorgehen grundsätzlich Vorrang. In Bezug auf die Anwendung der unwilling or unable-Doktrin folgt daraus, dass der Wille des Territorialstaates bei der Ausführung von Selbstverteidigungshandlungen gegen nicht-staatliche Akteure auf dem Gebiet des Territorialstaates grundsätzlich nicht übergangen werden darf. Eine Ausnahme von dem Vorrangverhältnis ist bei umfassenden und systematischen Menschenrechtsverletzungen zu machen. Der entgegenstehende Wille eines Staates steht der Verhältnismäßigkeit der Ausübung eines Selbstverteidigungsrechts dann nicht im Wege, wenn dem Regime des Territorialstaates nachweislich umfassende und systematische Menschenrechtsverletzungen zuzuschreiben sind. Für die Völkerrechtsmäßigkeit des Einsatzes der Bundeswehr in Syrien ist die Annahme der Einladung des syrischen Regimes aufgrund der umfassenden und systematischen Menschenrechtsverletzungen der syrischen Regierung keine notwendige Bedingung.[512]

---

511 *Bannelier-Christakis*, LJIL 2016, 743, 761 ff. m.w.N.

512 Zu der Etablierung einer entsprechenden Staatenpraxis ist es empfehlenswert, dass die Bundesregierung in einem Brief an den Sicherheitsrat und in dem entsprechenden Zustimmungsantrag an den Bundestag eine diesbezügliche Rechtsüberzeugung unmissverständlich zum Ausdruck bringt.

4. *Fazit*

Deutschland ist befugt, extraterritorial Gewalt anzuwenden, wenn es in individueller oder kollektiver Selbstverteidigung nach Art. 51 SVN handelt. Zwingende Voraussetzung hierfür ist, dass ein bewaffneter Angriff auf Deutschland oder auf einen anderen Staat erfolgt ist, welcher Deutschland um Hilfe gebeten hat. Ein bewaffneter Angriff kann auch von nicht-staatlichen Akteuren ausgehen. Die Auslegung des Art. 51 SVN ergibt, dass nach geltendem Völkerrecht ein völkervertragliches Selbstverteidigungsrecht gegen nicht-staatliche Akteure zudem auch ohne Zurechnung eines nicht-staatlichen bewaffneten Angriffs zu dem Territorialstaat besteht.

Das Selbstverteidigungsrecht gegen nicht-staatliche Akteure unterliegt engen Grenzen, die im Rahmen des völkergewohnheitsrechtlichen Kriteriums der Verhältnismäßigkeit der Selbstverteidigungshandlung zu berücksichtigen sind. An dieser Stelle ist auf die unwilling or unable-Doktrin zurückzugreifen. Verhältnismäßig ist die staatliche Reaktion nur insoweit als der Territorialstaat nicht willens oder unfähig ist, die von seinem Staatsterritorium auf Drittstaaten ausgehenden Angriffe zu unterbinden. Der Territorialstaat wird nur dann zur Duldung der Selbstverteidigungsmaßnahmen verpflichtet, wenn und solange er die von seinem Staatsgebiet ausgehenden Gefahren nicht beherrscht. In diesem Maße überwiegt das Recht auf Selbstverteidigung des durch die nicht-staatlichen Akteure angegriffenen Staates das Recht des Territorialstaates auf territoriale Unversehrtheit sowie dessen Anspruch auf alleinige Ausübung der Gebietshoheit. Alle darüber hinausgehenden Selbstverteidigungshandlungen sind unverhältnismäßig und bedürfen einer anderen völkerrechtlichen Rechtfertigung.

Im Grundsatz muss ein zum Eingriff entschlossener Staat die Einladung des Territorialstaates annehmen, um völkerrechtskonform militärische Gewalt gegen nicht-staatliche Akteure auf dem Gebiet des Territorialstaates ausüben zu können. Eine verhältnismäßige Selbstverteidigungshandlung gegen nicht-staatliche Akteure auf dem Gebiet eines Drittstaates kann in diesen Fällen grundsätzlich nicht erfolgen. Doch steht der entgegenstehende Wille eines Staates der Verhältnismäßigkeit der Ausübung eines Selbstverteidigungsrechts ausnahmsweise dann nicht im Wege, wenn dem Regime des Territorialstaates nachweislich umfassende und systematische Menschenrechtsverletzungen zuzuschreiben sind. Das Vorrangverhältnis der Intervention auf Einladung wird in diesem Fall durchbrochen.[513]

---

513 All diese Erwägungen erfolgen auf der Grundlage einer Auslegung des völkervertraglich bestehenden Selbstverteidigungsrechts des Art. 51 SVN nach Art. 31 und 32

III. Die humanitäre Intervention – Das Völkerrecht im Wandel

Die Problematik der völkerrechtlichen Zulässigkeit einer humanitären Intervention dreht sich um die Frage, „when, if ever, it is appropriate for states to take coercive – and in particular military – action, against another state for the purpose of protecting people at risk in that other state."[514] Es geht um eine militärische Intervention in einem anderen Staat zugunsten einer fremden Zivilbevölkerung, deren Menschenrechte systematisch verletzt werden. Nachstehend wird eingangs der dogmatische Anknüpfungspunkt der rechtlichen Bewertung dargestellt (1.). Sodann wird das Spannungsverhältnis zwischen der staatlichen Souveränität und den Menschenrechten skizziert (2.). Um eben dieses Spannungsverhältnis dreht sich auch die Responsibility to Protect-Doktrin (3.). Auf die in der Doktrin zum Ausdruck gelangenden Gedanken haben Staaten bislang zurückhaltend reagiert (4.). Dem seit 2013 von zahlreichen Angriffen gegen die Zivilbevölkerung geprägten Syrien-Konflikt soll abschließend besondere Beachtung bei der Bewertung der Staatenpraxis zukommen (5.).[515]

1. Staatenpraxis als ausschließlicher Anknüpfungspunkt der völkerrechtlichen Zulässigkeit einer humanitären Intervention

Mit einer militärischen Intervention auf dem Staatsgebiet eines Drittstaates geht ein rechtfertigungsbedürftiger Anwendungsfall des Art. 2 Abs. 4 SVN einher. Die rechtlich keine Bedeutung entfaltenden Zusätze „territoriale Unversehrtheit" oder „politische Unabhängigkeit" in Art. 2 Abs. 4 SVN können nicht als Anknüpfungspunkt einer tatbestandlichen Ausnahme dienen, sei diese auch

---

WVK unter Berücksichtigung der seit 1945 einem starken Wandel unterliegenden Staatenpraxis. Eine neuartige Doktrin, etwa zur Durchsetzung des Völkerrechts, wird hierdurch weder geschaffen noch benötigt. So zu Unrecht – ohne jeglichen Ansatz der textorientierten Arbeit – *Flasch*, in: JUFIL 2016, 37, 66, die dementsprechend auch keinen anderen Ausweg mehr sieht, als eine Kapitulationserklärung der UN-Charta abzugeben: „In extreme cases, it may be that respect for international law must be foregone as a lesser priority compared to the restoration of peace and security", *Flasch*, ebenda, 68.

514 *ICISS-Report*, The Responsibility to Protect, S. VII.

515 In der Literatur ist zu der Rechtmäßigkeit der im Folgenden zu betrachtenden Luftschläge in Syrien eine umfangreiche Diskussion entbrannt, die sich in die umfassend ausgetragene Kontroverse hinsichtlich der Rechtmäßigkeit einer unilateralen humanitären Intervention einreiht. Siehe die zahlreichen Beiträge ausschließlich zu dieser Frage bei EJIL:Talk!, https://www.ejiltalk.org/?s=humanitarian+intervention+syria [zuletzt abgerufen am 15.5.2020].

humanitär motiviert.[516] Einer durch ihre eigene Regierung unter systematischen Beschuss geratenen Zivilbevölkerung steht kein Selbstverteidigungsrecht nach Art. 51 SVN zu. Die Gewaltanwendung einer Regierung gegen ihre eigene Bevölkerung auf dem eigenen Staatsgebiet ist bereits nicht von dem Tatbestand der Verbotsnorm des Art. 2 Abs. 4 SVN erfasst.[517] Überdies ist Art. 51 SVN in dieser Hinsicht eindeutig zwischenstaatlich geprägt („gegen ein Mitglied der Vereinten Nationen").[518] Art. 51 SVN in seiner kollektiven Ausprägung kann deswegen nicht als Erlaubnissatz zugunsten eines zu Hilfe eilenden Drittstaates herangezogen werden. Die UN-Charta beinhaltet neben Art. 51 SVN keine weitere ausdrückliche Ausnahme zur unilateralen Gewaltanwendung. Im Ausgangspunkt kann festgestellt werden: Wortlaut, Systematik und Telos der UN-Charta sprechen gegen die Zulässigkeit einer humanitären Intervention.[519]

516 Zu einer umfassenden Auslegung des Tatbestandes des Art. 2 Abs. 4 SVN siehe oben unter B.I.; siehe auch *ILA*, Final Report on Aggression and the Use of Force, Sydney Conference 2018, S. 21; insoweit in Bezug auf die Ereignisse im Syrien-Konflikt vertreten wird, ein militärisches Eingreifen sei als einmaliges Zeichen keine Schwächung des Gewaltverbots, sondern führe zu dessen Stärkung, solange man sich in einer allgemeinen Erklärung zu der Wichtigkeit des Art. 2 Abs. 4 SVN bekenne, besteht hierfür kein dogmatischer Anknüpfungspunkt. Es handelt sich einzig um eine machtpolitische Argumentation. In diese Kerbe schlägt die Argumentation bei *Hakimi*, US Strikes against Syria and the Implications for the Jus ad Bellum, in: EJIL:Talk! v. 7.4.2017, abrufbar unter: https://www.ejiltalk.org/us-strikes-against-syria-and-the-implications-for-the-jus-ad-bellum/ [zuletzt abgerufen am 15.5.2020]; dagegen zutreffend *Roberts*, Syrian Strikes: A Singular Exception or a Pattern and a Precedent, in: EJIL:Talk! v. 10.4.2017, abrufbar unter: https://www.ejiltalk.org/syrian-strikes-a-singular-exception-or-a-pattern-and-a-precedent/ [zuletzt abgerufen am 15.5.2020]; *Koh*, Syria and the Law of Humanitarian Intervention (Part III), in: EJIL:Talk! v. 12.10.2013 verlässt jeglichen juristischen Rahmen, wenn er fragt: „But *why* should per se rule 'remain the law', particularly if it is so manifestly outmoded, and tolerant of gross human rights abuse" [Hervorhebung durch den Verfasser] und von den USA fordert in der Syrien-Krise den Weg eines „law-makers" einzuschlagen.

517 *Kreß*, in: JUFIL 2014, 11, 14; *Dörr*, „Use of Force, Prohibition of", in: Wolfrum, MPEPIL, Rn. 21, online [Stand September 2015]; *Schöbener*, „Gewaltverbot", in: ders., Völkerrecht, S. 131.

518 Der Adressat eines bewaffneten Angriffs muss ein Staat sein, der Urheber eines solchen kann auch ein nicht-staatlicher Akteur sein, siehe oben unter C.II.2.a. Nichtstaatlichen Akteuren steht damit kein Selbstverteidigungsrecht zu, sie können aber Ziel von Selbstverteidigungshandlungen werden.

519 Diese dogmatisch saubere Vorgehensweise stellt keine „over simplistic", „absolut position" oder eine „noninterventionist position" dar. Alle Begriffe tauchen, teilweise mit Verweis auf andere Autoren, bei *Koh*, Syria and the Law of Humanitarian Intervention

Mithin kann der einzige Bezugspunkt für die rechtliche Zulässigkeit einer humanitären Intervention die Staatenpraxis sein. Es ist die Frage zu stellen, ob die Charta der Vereinten Nationen sich nach Art. 31 Abs. 3 lit. b WVK durch eine „spätere Übung bei der Anwendung des Vertrages, aus der die Übereinstimmung der Parteien über seine Auslegung hervorgeht" gewandelt hat.[520] Auch heute geht die wohl überwiegende Meinung im Schrifttum mangels der Existenz einer substantiellen Staatenpraxis von der Unrechtmäßigkeit der humanitären Intervention im engeren Sinne aus[521] und dementsprechend auch von der Unrechtmäßigkeit eines Eingreifens wegen drohender Chemiewaffenangriffe auf die Zivilbevölkerung in Syrien.[522] Doch erscheint eine exakte Gewichtung der zahlreichen Literaturstimmen kaum möglich.[523] Differenzierende Untersuchungen erkennen in dem zurückliegenden Verhalten der Staaten durchaus Anzeichen, die für die Rechtmäßigkeit einer humanitären Intervention angeführt werden könnten.[524]

(Part II), in: EJIL:Talk! v. 4.10.2013, abrufbar unter: https://www.ejiltalk.org/syria-and-the-law-of-humanitarian-intervention-part-ii-international-law-and-the-way-forward/ [zuletzt abgerufen am 15.5.2020], auf.

520 Zu der aus der Auslegung völkerrechtlicher Verträge resultierenden Dynamik des Völkerrechts siehe oben unter A.II.; siehe auch *Gazzini*, The changing rules on the use of force, S. 175.

521 *ILA*, Final Report on Aggression and the Use of Force, Sydney Conference 2018, S. 23 f. m.w.N.; *Hobe*, „Humanitäre Intervention", in: Schöbener, Völkerrecht, S. 151 f.

522 Vehement *Milanovic*, The Syria Strikes: Still Clearly Illegal, in: EJIL:Talk! v. 15.4.2018, abrufbar unter: https://www.ejiltalk.org/the-syria-strikes-still-clearly-illegal/ [zuletzt abgerufen am 15.5.2020]; *Akande*, The Legality of Military Action in Syria: Humanitarian Intervention and Responsibility to Protect, in: EJIL:Talk! v. 28.8.2013, abrufbar unter: https://www.ejiltalk.org/humanitarian-intervention-responsibility-to-protect-and-the-legality-of-military-action-in-syria/ [zuletzt abgerufen am 15.5.2020]; siehe hierzu in diesem Abschnitt unter 5.

523 So geht *Weller*, Forcible Humanitarian Action in International Law- part II, in: EJIL:Talk! v. 18.5.2017, abrufbar unter: https://www.ejiltalk.org/forcible-humanitarian-action-in-international-law-part-i/ [zuletzt abgerufen am 15.5.2020] nur noch von einem Widerspruch von einem Drittel aus, während er meint, ein weiteres Drittel gehe von einer in Entstehung befindlichen Norm oder zumindest einer legitimen Rechtsbehauptung aus.

524 Siehe die Analyse bei *Kreß*, in: JUFIL 2014, 11, 34 ff., der eine Divergenz der abstrakten Äußerungen der Staaten und den konkreten Handlungen dieser in der Staatenpraxis seit 1990 herausarbeitet und sich letztlich für die höhere Gewichtung der konkreten Praxis ausspricht. Diese deute in die Richtung der Zulässigkeit einer humanitären Intervention, *Kreß*, ebenda, 54; für die Zulässigkeit einer unilateralen humanitären Intervention werden im Wege einer Gesamtbetrachtung nicht nur die Staatenpraxis,

2. *Das Spannungsverhältnis zwischen der staatlichen Souveränität und den Menschenrechten*

Im Ausgangspunkt ist zu berücksichtigen, dass die Völkerrechtsordnung seit 1945 einem Wandel von einer „Koexistenzrechtsordnung" zu einer „Kooperationsrechtsordnung" mit Konstitutionalisierungstendenzen unterliegt.[525] Die Folge ist eine (partielle) Durchbrechung des „Souveränitätspanzers"[526] der Staaten.[527] Auf internationaler Ebene werden zunehmend gemeinsame Werte festgelegt, die auch in den Menschenrechten zum Ausdruck gelangen.[528] „Human rights have now become a mainstream part of international law, and respect for human rights a central subject and responsibility of international relations."[529] Auch an dieser Stelle kommt dem Sicherheitsrat als Zentralorgan des kollektiven Sicherheitssystems eine maßgebliche Bedeutung zu. Einerseits hat dieser es nach dem Ende des Kalten Krieges durch eine weite Auslegung des Begriffs der Friedensbedrohung in Art. 39 SVN geschafft, auch rein innerstaatliche Konflikte zu adressieren[530] und auf diese Weise dem gewandelten Verständnis der Souveränität Ausdruck verliehen.[531] Andererseits erweist sich eben diese in wesentlichen Konflikten unserer Zeit enttäuschte Verantwortung als schwere Bürde für den rechtlichen Rahmen der Vereinten Nationen. Der zunehmende Einfluss der Menschenrechte in Verbindung mit der Blockade des kollektiven Sicherheitssystems der Vereinten Nationen führt zu der höchst strittigen Frage nach

---

sondern auch die Entwicklung des Völkerstrafrechts und der Menschenrechte sowie die Artikel der ILC zur Staatenverantwortlichkeit angeführt, siehe *Bethlehem*, Stepping Back a Moment – The Legal Basis in Favour of a Principle of Humanitarian Intervention, in EJIL:Talk! v. 12.9.2013, abrufbar unter: https://www.ejiltalk.org/stepping-back-a-moment-the-legal-basis-in-favour-of-a-principle-of-humanitarian-intervention/ [zuletzt abgerufen am 15.5.2020].

525 *Sauer*, Staatsrecht III, § 2, Rn. 7–11. Zum Begriff der Konstitutionalisierung siehe auch *Funke*, „Konstitutionalisierung", in: Schöbener, Völkerrecht, S. 253.

526 *Bleckmann*, in: ZaöRV 1975, 79, 82; *ders.*, in FS-Doehring, 1989, 63, 74.

527 Erörtert bereits zuvor im Rahmen der Einladungsbefugnis eines massiv und systematisch die Menschenrechte seiner eigenen Bevölkerung verletzenden Regimes, siehe unter B.II.3.

528 *Funke*, „Konstitutionalisierung", in: Schöbener, Völkerrecht, S. 253; *A. Nußberger*, Das Völkerrecht, S. 96.

529 *ICISS-Report*, The Responsibility to Protect, Rn. 1.25.

530 *Gray*, in: Lowe/et al., The United Nations Security Council and War, 86, 89; siehe bereits oben unter C.I.1.

531 *Nolte*, Eingreifen auf Einladung, S. 193 f.

der völkerrechtlichen Zulässigkeit einer humanitären Intervention in Fällen, in denen kein ermächtigendes Mandat des Sicherheitsrates vorliegt (humanitäre Intervention im engeren Sinne/unilaterale humanitäre Intervention).[532]

3. *Die Responsibility to Protect-Doktrin – ein modernes Verständnis der Souveränität*

Die ICISS arbeitete 2001 ein „modern understanding of the meaning of sovereignty" heraus, indem sie davon ausgeht, die Souveränität eines Staates sei nun als eine „dual responsibility" zu verstehen: Nach außen sei die Souveränität anderer Staaten zu beachten, nach innen müssten die Würde und die Grundrechte der gesamten Bevölkerung respektiert werden.[533] So findet die RtoP-Doktrin ihre Grundlage ausdrücklich in dem Konzept der Souveränität, welchem

532 Einige Kommentatoren argumentieren auf einer abstrakten Ebene gegen das Erfordernis einer humanitären Intervention aufgrund des theoretisch bestehenden Rahmens der Charta, welcher auch Reaktionen in humanitären Notlagen ermöglichte: „The current issue therefore is a lack of political will to act, not a lack of a legal toolkit", *O'Meara*, United States Missile Strikes in Syria: Should International Law Permit Unileteral Force to Protect Human Rights?, in: EJIL:Talk! v. 18.4.2017, abrufbar unter: https://www.ejiltalk.org/united-states-missile-strikes-in-syria-should-international-law-permit-unilateral-force-to-protect-human-rights/ [zuletzt abgerufen am 15.5.2020]. Eine solche Herangehensweise ist gleichwohl nicht förderlich zu der Lösung des in Rede stehenden Problems. Zunächst geht es primär nicht darum, ob das Völkerrecht aus abstrakten oder moralischen Gründen einen solchen Rechtfertigungstatbestand anerkennen sollte (es sei denn die Diskussion setzte bei einem formellen Änderungsverfahren der UN-Charta an, was jedoch nicht der Fall ist). Dass durch Ermächtigungen des Sicherheitsrats zweifellos ein Mechanismus besteht, auch in humanitären Notlagen einzugreifen, ist heute anerkannt. Die rechtliche Diskussion zu der Rechtmäßigkeit der unilateralen humanitären Intervention setzt unterdessen erst bei der Feststellung der Blockade des Sicherheitsrates mit einer Betrachtung der Staatenpraxis an. Erst hierdurch wird das Problem der Zulässigkeit einer unilateralen humanitären Intervention bedingt. Versuche, diesen Mechanismus wieder in Gang zu bringen, sind diskussionswürdig, aber wenig aussichtsreich. Dies zeigt die Blockade des Joint Investigative Mechanism (JIM) im Zuge des Syrien-Konflikts, siehe hierzu unter C.III.5.a.

533 Die Kommission legt ihrer Untersuchung internationale Menschenrechtsverträge, die UN-Praxis und die Staatenpraxis zugrunde. *ICISS-Report*, The Responsibility to Protect, Rn. 1.35 f. Diese nach innen gerichtete Schutzverantwortung erachtet die Kommission selbst als von „central importance" für den von ihr herausgearbeiteten Ansatz.

sie innewohnt („*inherent*“).[534] Die Kommission hat inhaltlich die Zulässigkeit der humanitären Intervention im geltenden Völkerrecht untersucht, sich aber bewusst für eine Umformulierung in der Terminologie der Rechtsfigur entschieden, um sicherzustellen, dass „language – and the concepts which lie behind particular choices of words – do not become a barrier to dealing with the real issues involved.“[535] Im Mittelpunkt der Debatte soll gerade nicht ein überkommenes Verständnis der Souveränität aus Zeiten des klassischen Völkerrechts stehen, sondern der Schutz einer schutzbedürftigen, aber schutzlosen Zivilbevölkerung. Im Fokus steht also die Sicherstellung der Rechte von Menschen und nicht die Einschränkung der Rechte von Staaten. Die primäre und souveräne Verantwortung des Schutzes der eigenen Bevölkerung bleibt dementsprechend bei dem jeweiligen Territorialstaat. Erst, wenn dieser nicht willens („*unwilling*“) oder unfähig („*unable*“) ist, seine Bevölkerung vor massiven Menschenrechtsverletzungen zu schützen oder selbst der Urheber dieser Verletzungen ist, geht die Verantwortung, Maßnahmen zum Schutze der Zivilbevölkerung zu ergreifen, auf die internationale Gemeinschaft über („*fallback responsibility*“).[536] Ein gewaltsames Vorgehen soll dabei auf „only extreme cases“ beschränkt sein.[537] Der internationalen Staatengemeinschaft kommt mithin nur eine subsidiäre Schutzverantwortung zu, die nur im Ausnahmefall mit Gewalt erfüllt werden darf. Die Kommission arbeitet heraus, dass Intervention und Souveränität nicht zwei gegenläufige Pole sind, sondern dass die der eigenen Bevölkerung geschuldete Schutzverantwortung „the most basic and fundamental of all the responsibilities that sovereignty imposes […]“ ist.[538] Obgleich die Kommission selbst feststellt, dass die Doktrin noch keine hinreichende Grundlage in dem Verhalten der Staaten gefunden hat, um schon von dem Vorliegen von Völkergewohnheitsrecht ausgehen zu können, sieht sie doch in dem von ihr herausgearbeiteten Konzept ein in der Entstehung befindliches „guiding principle“.[539]

---

534 *ICISS-Report*, The Responsibility to Protect, Synopsis, Art. 2 (A).

535 *ICISS-Report*, The Responsibility to Protect, Rn. 2.4.

536 *ICISS-Report*, The Responsibility to Protect, Synopsis, Art. 1 (B), Rn. 2.25, 2.31, Rn. 2.29, Rn. 4.1, Rn. 6.11, Rn. 8.31.

537 *ICISS-Report*, The Responsibility to Protect, Rn. 4.1., Rn. 4.10 ff. „[C]oercive measures short of military intervention“ seien vorrangig zu berücksichtigen, Rn. 4.3.

538 *ICISS-Report*, The Responsibility to Protect, Rn. 8.2.

539 *ICISS-Report*, The Responsibility to Protect, Rn. 2.24, Rn. 6.17.

4. *Das Zögern der Staatengemeinschaft*

Im September 2005 hat schließlich die Generalversammlung der Vereinten Nationen beruhend auf den Ergebnissen des zuvor stattgefundenen Weltgipfels die 2005 World Summit Outcome-Resolution angenommen.[540] Die von der ICISS erarbeitete RtoP-Doktrin wird darin ausdrücklich anerkannt.[541] Allerdings bezieht sich die Resolution ausschließlich auf ein kollektives Tätigwerden im Rahmen des VII. Kapitels der Charta nach einer entsprechenden Ermächtigung des Sicherheitsrates.[542] Die RtoP-Doktrin selbst hat zwar ausdrücklich die primäre Verantwortung des Sicherheitsrates auch für den Schutz der Zivilbevölkerung anerkannt, aber in Anbetracht der tatsächlichen Lage im Sicherheitsrat auch darüber hinausgehende Überlegungen angestellt.[543] Dabei geht sie realitätsnah davon aus, dass eine Einigung der Staaten auf die Rechtmäßigkeit einer humanitären Intervention ohne Anbindung an den Sicherheitsrat oder zumindest die Generalversammlung nicht aussichtsreich erscheint.[544]

Das World Summit Outcome Dokument verdeutlicht das Zögern der Staatengemeinschaft, die fortschrittlichen Überlegungen der ICISS in Gänze als ihre Rechtsüberzeugung zu teilen. Letztlich bestätigt die Resolution das bestehende System rund um die Zentralstellung des Sicherheitsrates. Andererseits ist das Konzept der Schutzverantwortung als solches in der Staatenpraxis angekommen; die Souveränität als absolutes Konzept ist damit nicht mehr tragbar.[545] Die

---

540 A/RES/60/1.

541 „Each individual State has the responsibility to protect its populations from genocide, war crimes, ethnic cleansing and crimes against humanity. This responsibility entails the prevention of such crimes, including their incitement, through appropriate and necessary means. We accept that responsibility and will act in accordance with it", A/RES/60/1, Rn. 138.

542 A/RES/60/1, Rn. 139. Zudem thematisiert die Resolution die RtoP lediglich in zwei knappen Absätzen. Hinter den Forderungen des ICISS-Report bleibt die Resolution also zurück.

543 *ICISS-Report*, The Responsibility to Protect, Rn. 6.14; zu den hilfsweise angestellten Überlegungen siehe Rn. 6.28 ff.

544 Gleichzeitig fragt sie, worin unter diesen extremen Umständen das größere Übel liegt: „in the damage to international order if the Security Council is bypassed or in the damage to that order if human beings are slaughtered while the Security Council stands by", *ICISS-Report*, The Responsibility to Protect, Rn. 6.37. Dies könnte darauf hindeuten, dass die Kommission eine humanitäre Intervention im engeren Sinne in extremen Ausnahmefällen für zulässig erachtet.

545 *Weller*, Forcible Humanitarian Action in International Law- part I, in: EJIL:Talk! v. 18.5.2017, abrufbar unter: https://www.ejiltalk.org/forcible-humanitarian-action-in-international-law-part-i/ [zuletzt abgerufen am 15.5.2020]; siehe hierzu bereits

Staaten haben in der Resolution zwar keine spätere Übereinkunft im Sinne des Art. 31 Abs. 3 lit. a WVK getroffen, welche die unilaterale humanitäre Intervention trägt.[546] Doch geht der Charakter der Resolution samt den zugrundeliegenden Gedanken der RtoP-Doktrin deutlich über eine bloß politische Rhetorik hinaus.[547] Durch die Annahme der Generalversammlungsresolution wird ein abgewandeltes Verständnis des Art. 2 Abs. 1 i.V.m. Art. 2 Abs. 7 UN-Charta deutlich.[548]

5. *Die humanitäre Intervention vor dem Hintergrund der Entwicklungen in Syrien seit 2013*

a) *Blockade des Joint Investigative Mechanism im Sicherheitsrat nach dem Giftgasanschlag in Khan Scheikhoun im April 2017*

Am 4.4.2017 ist es in der syrischen Stadt Khan Scheikhoun zu einem Giftgasanschlag gekommen, bei welchem über 80 Zivilisten ihr Leben verloren. Nach dem Bericht der am 22.8.2011 vom Menschenrechtsrat eingesetzten Independent International Commission of Inquiry on the Syrian Arab Republic[549] tragen die syrischen Streitkräfte die Verantwortung für den Einsatz des Giftgases Sarin.[550] Auch der vom Sicherheitsrat der UN bereits Mitte 2015 eingesetzte

---

oben unter B.II.3.c. im Kontext der Intervention auf Einladung und unter C.II.3.c. im Zusammenhang mit dem Recht auf Selbstverteidigung gegen nicht-staatliche Akteure.

546 *Henriksen/Schack*, in: JUFIL 2014, 122, 133; die RtoP-Doktrin wird im Schrifttum teilweise sehr kritisch betrachtet. Zuvorderst wird darauf rekurriert, dass die Doktrin den Staaten keine neuen Rechte oder Pflichten auferlegt, siehe hierzu *Orford*, International Authority, S. 23 f. m.w.N.; zudem fehle es derzeit noch an einer entsprechenden opinio iuris und Staatenpraxis der internationalen Gemeinschaft, *Hobe*, „Humanitäre Intervention", in: Schöbener, Völkerrecht, S. 153.

547 *Orford*, International Authority, S. 25 f.

548 Siehe auch *Weller*, Forcible Humanitarian Action in International Law- part I, in: EJIL:Talk! v. 17.5.2017, abrufbar unter: https://www.ejiltalk.org/forcible-humanitarian-action-in-international-law-part-i/ [zuletzt abgerufen am 15.5.2020], der die Staatenpraxis für ein Eingriffsrecht dritter Staaten im Falle der Verletzung der Schutzverantwortung eines Staates zusammenträgt.

549 Resolution adopted by the Human Rights Council at its seventeenth special session, S-17/1. Das Mandat der Kommission besteht u.a. darin, „to investigate all alleged violations of international human rights law since March 2011 in the Syrian Arab Republic […]", S-17/1, Rn. 13.

550 Report of the Independent International Commission of Inquiry on the Syrian Arab Republic A/HRC/36/55, Rn. 72–77 u. Annex II, S. 21 ff.

Joint Investigative Mechanism (JIM)[551] zeigte sich nach einer umfassenden Untersuchung „confident", dass Syrien für den Chemiewaffenangriff verantwortlich sei.[552] Am 6.4.2017 reagierte die USA erstmals militärisch durch den Angriff auf einen Stützpunkt der syrischen Luftwaffe, von welchem aus die den Chemiewaffenangriff ausführenden syrischen Flugzeuge gestartet sein sollen.[553] Ausgehend von zwei Kriegsschiffen im Mittelmeer wurden insgesamt 59 Marschflugkörper abgefeuert.[554] Ein Mandat des Sicherheitsrates für eine solche Aktion gibt es bis heute nicht und ist auch in Zukunft wenig aussichtsreich; bereits über ein Dutzend Resolutionen betreffend Syrien sind an einem Veto Russlands gescheitert.[555] Nach den Vorkommnissen in Khan Scheikhoun kritisierte Russland das Vorgehen und insbesondere die Untersuchungsmethoden des JIM vehement und blockierte daraufhin gleich mehrere Vorschläge zur Verlängerung des Mandates des JIM, der auch zukünftige Chemiewaffenangriffe hätte untersuchen sollen.[556]

Die starke Abwehrhaltung Russlands ist vor dem Hintergrund der fortschreitenden Tendenzen im Friedenssicherungsrecht im Hinblick auf die rechtliche Zulässigkeit einer humanitären Intervention im engeren Sinne zu würdigen. Die Versuche der ICISS, die Zentralstellung des Sicherheitsrates durch einen „code of conduct" auch in Fällen drohender humanitärer Katastrophen zu wahren,[557] können jedenfalls als vorerst gescheitert angesehen werden. Die Konfliktgräben zwischen den ständigen fünf Sicherheitsratsmitgliedern haben

551 S/RES/2235 (2015).

552 S/2017/904, Rn. 46.

553 Nachdem die USA 2012 für den Fall eines Chemiewaffenangriffs in Syrien bereits eine „rote Linie" gezogen und mit „enormen Konsequenzen" für deren Überschreitung gedroht haben, ist es am 21.8.2013 zu einem Chemiewaffeneinsatz in der syrischen nahe Damaskus gelegenen Stadt Ghuta gekommen. Damals ist eine militärische Reaktion trotz Überschreitung der roten Linie ausgeblieben.

554 SZ v. 8.4.2017, S. 2.

555 Siehe hierzu die Liste der Vetos der permanenten Mitglieder unter http://research.un.org/en/docs/sc/quick/ [zuletzt abgerufen am 15.5.2020].

556 Resolutions-Entwurf S/2017/962, siehe hierzu FAZ v. 18.11.2017, S. 6. Auch der Versuch das Mandat vorerst um 30 Tage mit Verlängerungsoption fortzusetzen in dem Resolutions-Entwurf S/2017/970 scheiterte an einem Veto Russlands. Zuletzt scheiterte auch der Entwurf der Resolution S/2018/321, der als Reaktion auf den Giftgaseinsatz im April 2018 in Syrien einen United Nations Independent Mechanism of Investigation (UNIM) einrichten sollte, an einem Veto Russlands.

557 Vorgeschlagen wurde die Einigung auf einen Verhaltenskodex zwischen den P5, der es diesen untersagt, ihr Veto einzulegen, wenn es um die Anhaltung oder Verhinderung

sich weiter nach vorne verlagert; es werden bereits Resolutionen blockiert, die der Untersuchung eines (zukünftigen) Vorfalls dienen, nicht erst der Resolutionsentwurf, der konkret zu einem Eingriff ermächtigen soll. Die Ergebnisse der Untersuchungen können als argumentative Grundlage im Hinblick auf die einer humanitären Intervention zugrundliegenden Tatsachen dienen. Unabhängige Untersuchungsberichte einer vom Sicherheitsrat eingesetzten Kommission erhöhen den Druck auf Staaten, bei umfassenden Menschenrechtsverletzungen tätig zu werden. Dies beförderte gleichzeitig entsprechende Äußerungen und Handlungen der Staaten, die zu einer die humanitäre Intervention tragenden Staatenpraxis beitragen könnten. Hinzu kommt: Je präsenter die Situation auf der internationalen Agenda ist, desto auffälliger wird das Schweigen eines Staates.[558]

b) Der Chemiewaffenangriff in Douma im April 2018 und der drohende Chemiewaffenangriff in Idlib im September 2018

Auch für die rechtliche Bewertung eines Eingreifens der Bundeswehr ist die Diskussion rund um die Zulässigkeit einer humanitären Intervention alles andere als eine wirklichkeitsferne Fiktion. Nachdem es am 7.4.2018 in der syrischen Stadt Douma erneut zu dem Einsatz von Giftgas durch „pro-Government-forces" gekommen ist, bei welchem mindestens 49 Zivilisten starben und weitere 650 verletzt wurden,[559] flogen die USA, Großbritannien und Frankreich am 14.4.2018 erstmals Angriffe gegen Stellungen der syrischen Armee, die in Zusammenhang mit dem vorausgegangenen Chemiewaffenangriff gebracht wurden.[560] Deutschland lehnte eine Beteiligung an entsprechenden Schlägen in Reaktion sowohl auf die Vorkommnisse im April 2017 als auch jene im April

---

einer wesentlichen humanitären Krise geht und ihre „vital" nationalen Interessen nicht involviert sind, *ICISS-Report*, The Responsibility to Protect, Rn. 6.21.

558 Insbesondere die mangelnde Kommentierung entsprechender militärischer Reaktionen anderer Staaten auf die in unabhängigen Berichten dargestellten Faktenlage könnte unter Umständen als rechtserhebliches Schweigen gedeutet werden und zu einer späteren Übung der Staaten bei der Anwendung der UN-Charta nach Art. 31 Abs. 3 lit. b WVK beitragen, instruktiv zu der Rechtserheblichkeit staatlichen Schweigens *Starski*, in: DÖV 2018, 85, 87. Siehe hierzu sogleich unter 5.d.

559 A/HRC/38/CRP.3, S. 14.

560 *Dunkelberg/Ingber/Pillai/Pothelet*, Mapping States' Reactions to the Syria Strikes of April 2018, in: Just Security v. 22.4.2018, abrufbar unter: https://www.justsecurity.org/55157/mapping-states-reactions-syria-strikes-april-2018/ [zuletzt abgerufen am 15.5.2020].

2018 noch eindeutig ab.[561] Gleichzeitig zeigte Deutschland bereits für den unilateralen Einsatz der USA aus dem April 2017 Verständnis.[562]

Ein halbes Jahr später kam es dann zu einer breiten politischen Diskussion bezüglich Deutschlands Rolle im Hinblick auf die Wahrung der Menschenrechte in Syrien. Konkreter Anlass war die Lage in der syrischen Stadt Idlib im September 2018. Nachdem Befürchtungen aufgekommen waren, dass in dem von Rebellen besetzten Gebiet, in welchem auch viele Zivilisten Schutz suchten, ein weiterer Chemiewaffenangriff drohte, entbrannte in Deutschland infolge vorangegangener Aussagen Frankreichs und der USA, im Falle des Einsatzes von Chemiewaffen Vergeltungsmaßnahmen zu ergreifen, eine hauptsächlich politisch geprägte Diskussion über eine etwaige Beteiligung Deutschlands an solchen Schlägen.[563] Obwohl diese Maßnahmen als Reaktion auf ein bereits abgeschlossenes Ereignis erfolgen, kommt die humanitäre Intervention als Rechtfertigungsgrund in Betracht.[564] Denn während des Konflikts in Syrien ist es durch die syrische Armee immer wieder zu dem Einsatz von Giftgas gegen die Zivilbevölkerung gekommen.[565] Entsprechende Reaktionen hierauf können als auf den in die Zukunft gerichteten Versuch des Schutzes der Zivilbevölkerung vor – aus Erfahrung tatsächlich drohenden – weiteren Chemiewaffenangriffen gesehen werden.

---

561 FAZ v. 14.4.2018, S. 10. Dort wird der deutsche Außenminister mit den folgenden Worten zitiert: „Dass wir uns an Militärschlägen gegen Syrien beteiligen als Reaktion auf den Giftgasanschlag [...] hat nie irgendwo zur Debatte gestanden."

562 SZ v. 8.4.2018, S. 2.

563 SZ v. 11.9.2018, S. 2; FAZ v. 11.9.2018, S. 4; FAZ v. 12.9.2018, S. 4; FAZ v. 13.9.2018, S. 4; SZ v. 13.9.2018, S. 8; FAZ v. 16.9.2018, S. 8. Der US-amerikanische Präsident hatte schon im April 2017 „alle zivilisierte Nationen" dazu aufgerufen, sich den Aktionen der USA anzuschließen, SZ v. 8.4.2017, S. 2.

564 Anders der Wissenschaftliche Dienst des BT, der bereits bezweifelt, ob durch den Militärschlag der Dreier-Koalition weiteres Leiden der Zivilbevölkerung verhindert werden könnte, WD 2 - 3000 - 048/18 v. 18.4.2018, S. 9.

565 Report of the Independent International Commission of Inquiry on the Syrian Arab Republic, A/HRC/36/55, Rn. 67; dies verkennt *Milanovic*, The Syria Strikes: Still Clearly Illegal, in: EJIL:Talk! v. 15.4.2018, abrufbar unter: https://www.ejiltalk.org/the-syria-strikes-still-clearly-illegal/ [zuletzt abgerufen am 15.5.2020], der die Chemiewaffenangriffe in Verhältnis zu den geschädigten Zivilisten im Gesamtkonflikt setzt und dadurch die Opferzahl durch Chemiewaffenangriffe zu relativieren sucht. Damit wird nicht nur die hinter den Angriffen stehende Systematik verkannt, sondern auch die Gefahr, einer noch umfassenderen humanitären Katastrophe durch solche Angriffe, wie sie im September 2018 in Idlib drohte.

c) *Die Reaktionen der Staatengemeinschaft*

Demzufolge stellt sich die Frage, ob ein entsprechender Eingriff nach der Charta der Vereinten Nationen aufgrund einer entsprechenden Übung der Staaten bei der Anwendung der UN-Charta als zulässig zu erachten ist. Nur dann dürfte sich die Bundeswehr an der Militäraktion beteiligen. Entsprechende Erkenntnisse sind aus der Reaktion der Staaten auf das Vorgehen der Dreier-Koalition im April 2018 zu gewinnen.[566] Großbritannien erachtet den Militärschlag ausdrücklich als auf der Grundlage der humanitären Intervention gerechtfertigte Gewaltanwendung.[567] Deutschland lehnte eine aktive Beteiligung an den Luftschlägen zwar ausdrücklich ab, doch wurden diese im Nachhinein von der Bundeskanzlerin als „erforderlich und angemessen" begrüßt, ohne jedoch eine völkerrechtliche Einschätzung abzugeben.[568] Elf Staaten – mit Russland und China befinden sich zwei ständige Mitglieder des Sicherheitsrates darunter – haben das Vorgehen des Dreierbündnisses ausdrücklich als völkerrechtswidrig verurteilt.[569] Diese Gegenstimmen werden beharrlich und immer wieder geäußert.

Wie in umfassenden Untersuchungen der Staatenpraxis festgestellt wurde, gab es in der Vergangenheit auch in anderen in Betracht kommenden

566 Einen umfassenden Überblick über die Reaktionen der Staatengemeinschaft haben *Dunkelberg/Ingber/Pillai/Pothelet*, Mapping States' Reactions to the Syria Strikes of April 2018, in: Just Security v. 22.4.2018, abrufbar unter: https://www.justsecurity.org/55157/mapping-states-reactions-syria-strikes-april-2018/ [zuletzt abgerufen am 15.5.2020] zusammengestellt.

567 Siehe https://www.gov.uk/government/publications/syria-action-uk-government-legal-position/syria-action-uk-government-legal-position [zuletzt abgerufen am 15.5.2020]; dieselbe opinio iuris äußerte Großbritannien bereits im August 2013. Großbritannien vertritt bereits seit Jahrzehnten eine eindeutige Rechtsposition hinsichtlich der rechtlichen Zulässigkeit der humanitären Intervention. Während der Begriff humanitäre Intervention bei der Kosovo-Intervention nicht ausdrücklich gefallen ist, aber doch umschrieben wurde („It is justified as an exceptional measure to prevent an overwhelming humanitarian catastrophe", S/PV 3988, S. 12), kommt es nun zum wiederholten Male zu der ausdrücklichen Erwähnung der Rechtsfigur, *Kreß*, in: JUFIL 2014, 11, 25 f. u. 33.

568 FAZ v. 15.4.2018, S. 1; der unabhängige Wissenschaftliche Dienst des Bundestages erachtet die Militärschläge dagegen als völkerrechtswidrig, BT WD 2 - 3000 - 130/18 v. 10.9.2018, S. 8; eine feine Differenzierung des rechtlichen und politischen Aussagegehaltes mag nicht trennscharf gelingen und ist doch von großer Bedeutung, siehe hierzu *Kreß/Haidar*, FAZ v. 19.7.2018, S. 6.

569 *Dunkelberg/Ingber/Pillai/Pothelet*, Mapping States' Reactions to the Syria Strikes of April 2018, in: Just Security v. 22.4.2018, abrufbar unter: https://www.justsecurity.

Fällen – zuvorderst ist hier die Intervention der NATO im Kosovo im Jahre 1999 anzuführen – stets erheblichen Widerspruch gegen Versuche, eine extraterritoriale Gewaltanwendung eines oder mehrerer Staaten auf der Grundlage einer humanitären Intervention zu rechtfertigen.[570] Bereits nach der Überschreitung Obamas „roter Linie" in Ghuta im Jahre 2013 und den damals scheinbar unmittelbar bevorstehenden (aber tatsächlich nie stattgefundenen) Militärschlägen der USA gegen Ziele der syrischen Armee hat eine Reihe an Staaten ausdrücklich aus rechtlichen Gründen vor solchen gewarnt.[571] Vor diesem Hintergrund erscheint es schwierig, nach den beiden Militärschlägen in Syrien von einer späteren Übung bei der Auslegung des Vertrages ausgehen zu können.[572] Ein weiterer Block an Staaten hat keine opinio iuris zu dem Geschehen in Syrien geäußert.

Zusätzlich ist in die Erwägung miteinzubeziehen, dass Großbritannien der einzige Staat ist, der eine eindeutige Rechtsauffassung artikuliert. Die USA als treibende Kraft in tatsächlicher Hinsicht lassen selbige Klarheit bei der Äußerung ihrer Rechtsauffassung vermissen.[573] Auch Frankreich als einer der handelnden Hauptakteure hat eine nur sehr allgemein gefasste Rechtsbegründung abgegeben.[574]

---

org/55157/mapping-states-reactions-syria-strikes-april-2018/ [zuletzt abgerufen am 15.5.2020].

570 *Henriksen/Schack*, in: JUFIL 2014, 122, 133 ff., die ihr Ergebnis so auf den Punkt bringen: „[T]he West says yes, but the rest say no. […] The non-Western opposition to the lawfulness of unilateral humanitarian intervention is as strong as ever."

571 *Henriksen/Schack*, in: JUFIL 2014, 122, 141.

572 Siehe allgemein zu Art. 31 WVK *Villiger*, Commentary on the 1969 Vienna Convention on the Law of Treaties, Art. 31, Rn. 22, der meint, kein anderer Vertragsstaat dürfe Einwände erhoben haben.

573 Die Begründung des mit Frankreich und dem Vereinigten Königreich koordinierten Luftschlages stellt hauptsächlich auf die Absicht ab, die Verbreitung und den erneuten Gebrauch von Chemiewaffen zu unterbinden, siehe Statement by Secretary James N. Mattis on Syria v. 13.4.2018, abrufbar unter: https://www.justsecurity.org/wp-content/uploads/2018/04/mattis-briefing-syria-strikes-april-2018.pdf [zuletzt abgerufen am 15.5.2020]. Bereits im April 2017 diente der unilaterale Militärschlag der USA laut der offiziellen Begründung des Präsidenten der Abschreckung vor weiterer solcher Angriffe, siehe FAZ v. 8.4.2017, S. 3.

574 Dort ist die u.a. die Rede von Werten der UN-Charta und dem Versuch, der „syrischen Tragödie ein Ende zu bereiten", siehe *Dunkelberg/Ingber/Pillai/Pothelet*, Mapping States' Reactions to the Syria Strikes of April 2018, in: Just Security v. 22.4.2018,

d) *Das Problem eines schweigenden Staates bei der Feststellung der opinio iuris*

Gerade das Beispiel Deutschlands im Rahmen der zuvor dargestellten Konstellationen in Syrien verdeutlicht, dass es in vielen Fällen an der Äußerung einer rechtlichen Ansicht fehlt. Eine eindeutige opinio iuris lässt sich daher kaum herausfiltern. So kann festgestellt werden, dass sich ein nicht unbeachtlicher Teil der Staaten gar nicht oder nicht rechtlich zu den Militärschlägen eingelassen hat. Die auf den ersten Blick naheliegende Annahme, dass hieraus ipso iure folgt, es mangele an einer entsprechenden opinio iuris für die Feststellung von Völkergewohnheitsrecht ist – besonders in Anbetracht der zunehmend in den Fokus tretenden Menschenrechte – kritisch zu hinterfragen. In eng umgrenzten Konstellationen kann dem Schweigen von Staaten eine zustimmende Wirkung zukommen.[575] Ein staatliches Schweigen kann insbesondere zu einer späteren Übung nach Art. 31 Abs. 3 lit. b WVK beitragen.[576] Gerade in einem in Entwicklung befindlichen Bereich, wie dem der humanitären Intervention, der durch die tatsächlichen Ereignisse in Syrien derart im Fokus steht, kann eine berechtigte Erwartungshaltung an jeden einzelnen Staat gestellt werden, sich zu den rechtlichen Umständen zu äußern. In einem Schweigen kann daher unter Umständen ausnahmsweise ein rechtserhebliches Verhalten dahingehend erblickt werden, dass die rechtliche Entwicklung gutgeheißen wird.[577]

---

abrufbar unter: https://www.justsecurity.org/55157/mapping-states-reactions-syria-strikes-april-2018/ [zuletzt abgerufen am 15.5.2020].

575 *Starski*, in: DÖV 2018, 85, 89 arbeitet diesbezüglich einen Kriterienkatalog heraus; zu einem ähnlichen Problem im Rahmen des Art. 51 SVN bezüglich der Selbstverteidigung gegen nicht-staatliche Akteure siehe oben unter C.II.2.a.bb.(3).

576 Dass die Parteien eines Vertrages sich auf eine nachträgliche Praxis bei der Auslegung des Vertrages geeinigt haben müssen, bedeutet nicht zwingend, dass alle Vertragsparteien hierzu aktiv geworden sein müssten – vielmehr ist auch eine stillschweigende Zustimmung denkbar, siehe *Villiger*, Commentary on the 1969 Vienna Convention on the Law of Treaties, Art. 31, Rn. 15; siehe hierzu oben unter A.II.

577 Geht man davon aus, dass eine eindeutige Rechtsbehauptung im Raum stehen muss, damit dem Schweigen rechtserhebliches Gewicht zukommen kann (so *Starski*, in: DÖV 2018, 85, 91 – eine Widerspruchsobliegenheit sei desto eher anzunehmen, je bestimmter die Rechtsbehauptung sei), sind die nicht übereinstimmenden Rechtsbehauptungen der drei in Syrien intervenierenden Staaten in diesem Kontext als hinderlich anzusehen.

6. *Fazit*

Die fehlgeschlagene Verlängerung des Mandats des JIM aufgrund des russischen Vetos im Sicherheitsrat verdeutlicht, dass der Sicherheitsrat hinsichtlich der Autorisierung einer humanitären Intervention auf unabsehbare Zeit ausfällt. Gleichzeitig lassen Wortlaut, Systematik und Telos der UN-Charta keine weitere Ausnahme zur unilateralen Gewaltanwendung neben Art. 51 SVN zu. Das Ergebnis der Völkerrechtskonformität der unilateralen humanitären Intervention ist einzig über die Feststellung einer entsprechenden Staatenpraxis, getragen von einer diesbezüglichen Rechtsüberzeugung, zu erreichen.

Die Syrien-Krise hat der Staatenpraxis durch das punktuell gegen das Assad-Regime gerichtete Eingreifen der USA 2017 und der Dreier-Koalition 2018 weitere Konturen verliehen.[578] Die klaren Äußerungen Großbritanniens in Verbindung mit den vagen Rechtsansichten Frankreichs und der USA sind im Grunde als geeignet anzusehen, eine entsprechende Rechtsüberzeugung zur Diskussion in das Forum der Staatengemeinschaft zu stellen.[579] Allerdings mangelt es noch an einer klaren opinio iuris. Der Widerstand der Staaten gegen die humanitäre Intervention als Ausnahme zum Gewaltverbot erscheint als noch zu groß, um von einer gefestigten opinio iuris der Staatengemeinschaft als Ganzes ausgehen zu können. Eine Beteiligung der Bundeswehr an entsprechenden Einsätzen zugunsten der Zivilbevölkerung, die nicht vom Sicherheitsrat mandatiert sind, bewegt sich zumindest am Rande der Völkerrechtsordnung. Ein klarer Völkerrechtsbruch Deutschlands könnte in Anbetracht des aktuellen Entwicklungsstandes nicht festgestellt werden. Insbesondere die im Kern durch die Staaten in einer Generalversammlungsresolution angenommene RtoP-Doktrin verdeutlicht ein abgewandeltes Verständnis der staatlichen Souveränität.

---

578 Nicht hingegen trägt die Syrien-Krise, wie *Pavone*, in: Yearbook of International Law and Jurisprudence 2014, 103, 132 ff., mit Blick auf die Blockade des SR meint, zu einer „crisis of R2P" bei. Die ICISS hat die häufige Blockade des SR als Ausgangspunkt ihrer Untersuchung genommen. Die Untätigkeit des SR also als eine Krise der RtoP-Doktrin zu werten, verkehrt die Tatsachen. Der Syrien-Konflikt verdeutlicht nicht eine Krise der RtoP, sondern die in der UN-Charta angelegten Schwächen, welche die R2P zu überwinden sucht. Wenn *Pavone*, ebenda darüber hinaus eine „constructive abstension" der P5 im Falle drohender humanitärer Katastrophen vorschlägt, spiegelt dies nur den Vorschlag der ICISS eines „code of conduct" wider.

579 Anderenfalls ignorierte man einfach die Rechtsposition Großbritanniens; anders *Milanovic*, The Syria Strikes: Still Clearly Illegal, in: EJIL:Talk! v. 15.4.2018, abrufbar unter: https://www.ejiltalk.org/the-syria-strikes-still-clearly-illegal/ [zuletzt abgerufen am 15.5.2020].

Die Völkerrechtsordnung ist an dieser Stelle in Bewegung. Einer weitergehenden Untersuchung bedarf insbesondere die Frage, wie sich das Schweigen von Staaten rechtlich auswirkt. Einiges spricht dafür, dass das Schweigen nicht stets rechtsunerheblich ist.[580]

IV. Rettung eigener Staatsangehöriger

Von Relevanz für den vorliegenden Untersuchungsgegenstand ist der Komplex rund um die Rettung eigener Staatsangehöriger, die sich im Ausland akuten Bedrohungen für Leib und Leben gegenübersehen. In der Historie der Bundeswehr ist es bereits mehrfach zu der Evakuierung eigener Staatsangehöriger aus solchen Notlagen gekommen – zuletzt am 13.7.2016 aus dem Südsudan.[581] Neben Problemen auf innerstaatlicher Ebene, die insbesondere die Reichweite des wehrverfassungsrechtlichen Parlamentsvorbehalts betreffen, ist auch die friedenssicherungsrechtliche Lage erörterungsbedürftig.[582] Wurde eine extraterritoriale Gewaltanwendung zum Schutze eigener Staatsangehöriger vor 1945 weitgehend als völkerrechtsmäßig angesehen, änderte sich dies mit dem Inkrafttreten der UN-Charta.[583]

---

580 Zu der Weiterentwicklung des Rechts bedarf es eines zielstrebigen Auftretens der Staaten in Tat und Wort. Den zu den aktuellen Entwicklungen schweigenden Staaten ist zu empfehlen, ihrer aus dem koordinationsrechtlichen Charakter der Völkerrechtsordnung folgenden Verantwortung für das Funktionieren der Völkerrechtsordnung nachzukommen und eine klare Rechtsauffassung zu artikulieren. Den zum Schutze der Zivilbevölkerung intervenierenden Staaten – und damit die Bürde der potentiellen Völkerrechtswidrigkeit tragenden Rechtssubjekten – ist hingegen anzuraten, eine eindeutige und abgestimmte Rechtsposition zu etablieren. Auf diese Weise wird die restliche Staatengemeinschaft zu einer unmissverständlichen Replik gezwungen; wird die Missbrauchsgefahr des Rechtfertigungsgrundes der humanitären Intervention häufig als Argument gegen deren Zulässigkeit angeführt, ist es an den befürwortenden Staaten, dieser Gefahr durch die Kundgabe einer unzweideutigen und engen Rechtsauffassung entgegenzuwirken, zumindest insofern zutreffend *Koh*, ebenda.

581 SZ v. 14.7.2016, S. 6; FAZ v. 13.7.2016, S. 2; siehe auch die Antwort der Bundesregierung auf die Kleine Anfrage einzelner Abgeordneter sowie der Fraktion BÜNDNIS 90/DIE GRÜNEN, Bt.-Drs. 18/9457; zuvor war es bereits im Jahre 1997 zu einer Rettungsoperation in Albanien (hierzu *Kreß*, in: ZaöRV 1997, 329) und im Jahre 2011 in Libyen (hierzu *Fischer/Ladiges*, in: NVwZ 2016, 32) gekommen.

582 Siehe zu den formellen Voraussetzungen der Zustimmungspflichtigkeit von Auslandseinsätzen im Allgemeinen und von Kurzeinsätzen zur Rettung eigener Staatsangehöriger im Speziellen das 4. Kapitel unter B. und C. Zu der wehrverfassungsrechtlichen Bewertung siehe das 5. Kapitel unter D.VI.3.

583 *Brownlie*, International Law and the Use of Force by States, S. 289 ff.

1. Geringe Eingriffsintensität deutscher Evakuierungseinsätze

Die Rettungsoperationen der Bundeswehr haben sich bislang stets durch ihre geringe Eingriffsintensität ausgezeichnet. So wurde im Rahmen der Operation Pegasus 2011 ein Teil des libyschen Territoriums von den Kräften der Bundeswehr zeitlich für nur drei Stunden und 26 Minuten in Anspruch genommen, es ist kein einziger Schuss gefallen und es wurden keine sonstigen Interessen in Libyen durchgesetzt.[584] Auch wurde erfolglos versucht, eine vorherige Zustimmung libyscher Behörden zu der Evakuierung einzuholen. Die Evakuierung selbst wurde ohne den Einsatz der mitgeführten Waffen und zeitlich strikt auf den für die Evakuierung nötigen Rahmen begrenzt vollzogen. Die durch die Bundeswehr im Südsudan im Juli 2016 durchgeführte Evakuierungsmission erfolgte mit der Zustimmung örtlicher Autoritäten.[585] Die Mission wurde zwar unter der Beteiligung von Soldatinnen und Soldaten vollzogen, die aber weder bewaffnet noch uniformiert waren.[586]

2. Niedrige Eingriffsintensität vor dem Hintergrund des Art. 2 Abs. 4 SVN

In Anbetracht der sehr niedrigen Intensitätsschwelle einer nach Art. 2 Abs. 4 SVN grundsätzlich verbotenen Gewaltanwendung,[587] wird ein extraterritorialer Einsatz militärischer Kräfte zur Rettung eigener Staatsangehöriger regelmäßig einen rechtfertigungsbedürftigen Anwendungsfall des Gewaltverbots darstellen.[588] Liegt hingegen die – grundsätzlich vorrangig einzuholende – Zustimmung des Territorialstaates zu der zeitlich begrenzten Operation vor, handelt es sich schon nicht um einen Anwendungsfall des Gewaltverbots.[589] Insofern stellt die Mission im Südsudan bereits keinen Anwendungsfall des Art. 2 Abs. 4 SVN dar. Doch auch der Verlauf der Rettungsoperation der Bundeswehr in Libyen 2011 gibt Anlass dazu, Überlegungen hinsichtlich der Reichweite des Anwendungsbereichs des Gewaltverbots anzustellen.[590] Kommt es im Rahmen einer

584 Siehe insofern die Feststellungen des *BVerfG* 140, 160 (166 f.).

585 Siehe Antwort der Bundesregierung auf die Kleine Anfrage einzelner Abgeordneter sowie der Fraktion BÜNDNIS 90/DIE GRÜNEN, Bt.-Drs. 18/9457, S. 2, Frage 5.

586 Antwort der Bundesregierung auf die Kleine Anfrage der Fraktion BÜNDNIS 90/DIE GRÜNEN, Bt.-Drs. 18/9457, S. 4, Frage 10.

587 Siehe oben unter B.I.2.

588 Siehe *ILA*, Final Report on Aggression and the Use of Force, Sydney Conference 2018, S. 17 f.

589 Siehe oben unter B.II.1.

590 Der Ansatz hierfür ist indes nicht eine Intervention auf Einladung. Die Begründung der Bundesregierung, dass man von einer konkludenten Zustimmung Libyens habe

Evakuierungsmission zu keinem Schusswechsel, erscheint in Abgrenzung zum Interventionsverbot fraglich, ob der Anwendungsbereich des Gewaltverbots als eröffnet angesehen werden kann.[591]

Dass das Abfeuern von Schüssen nicht conditio sine qua non für die Einschlägigkeit des Art. 2 Abs. 4 SVN ist, zeigt die Auflistung in Art. 3 im Anhang der Definition of Aggression.[592] Während es für eine Invasion, eine Blockade von Häfen oder Küsten oder des Belassens eigener Soldaten auf fremdem Staatsgebiet, obwohl das entsprechende Stationierungsabkommen ausgelaufen ist, keines Einsatzes von Waffengewalt bedarf, fällt auf, dass es in den hier relevanten Aufzählungen der DoA (Art. 3 lit. a Alt. 1, Art. 3 lit. c, Art. 3 lit. e Alt. 2) stets ausdrücklich um den Einsatz von Streitkräften („armed forces") geht. Wesentliches Merkmal von Streitkräften (gerade auch in Abgrenzung zu Polizeieinheiten) ist ihre schwere militärische Bewaffnung. In Abgrenzung zum Interventionsverbot kann daraus abgeleitet werden, dass es für die Einschlägigkeit des Art. 2 Abs. 4 SVN zwar nicht zu Kampfhandlungen gekommen sein muss, doch aber zu der Mitführung militärischen Geräts, das im Falle des Widerstands des Territorialstaates offensichtlich einsatzfähig ist.[593] Die an der Evakuierungsoperation in Libyen beteiligten Kräfte waren mit Pistolen des Typs P8 sowie Maschinengewehren des Typs MG3 und Gewehren der Typen G3 und G36 samt Zielfernrohren und einer Signalpistole ausgestattet. Zudem wurde der Einsatz militärischer Gewalt zur Durchsetzung der Evakuierung ausdrücklich legitimiert.[594] Dieses Einsatzszenario deutet mithin auf einen Anwendungsfall des Gewaltverbots hin.

---

ausgehen dürfen, siehe die Feststellungen in *BVerfGE* 140, 160 (181), ist rechtlich nicht tragfähig. Die bloße Unterrichtung „libyscher Behörden durch Verbalnote", ohne eine explizite Zustimmung Libyens reicht nicht aus, um von einem tatbestandsausschließenden Einverständnis auszugehen. Anderenfalls drohte gerade im Falle von Ländern, die sich in einem Bürgerkrieg befinden eine Aushöhlung des Gewaltverbots. Staatlichen Stellen des Territorialstaates werden in solchen Fällen nur sehr eingeschränkt oder gar nicht arbeiten.

591 Gedanken hinsichtlich der Abgrenzungsmöglichkeit des Gewaltverbots zum Interventionsverbot im Allgemeinen stellt *Dörr*, „Use of Force, Prohibition of", in: Wolfrum, MPEPIL, Rn. 18 f., online [Stand September 2015] an.

592 Art. 3a Alt. 1 (Invasion), 3c (Blockade der Häfen oder Küsten) und 3e Alt. 2 (Verlängerung der Stationierung eigener Soldaten auf fremdem Staatsgebiet, obwohl das entsprechende Stationierungsabkommen ausgelaufen ist) DoA.

593 Im Ergebnis ähnlich (nicht speziell auf den hier in Rede stehenden Fall bezogen) *Dörr*, „Use of Force, Prohibition of", in: Wolfrum, MPEPIL, Rn. 19, online [Stand September 2015].

594 Siehe auch insofern die Feststellungen des *BVerfG* 140, 160 (166 f.).

Letztlich hängt es nur vom Zufall ab, ob es am Ort der Evakuierung zu Kampfhandlungen kommt, wenn bewaffnete militärische Kräfte ausgestattet mit der Ermächtigung zum konkreten Gebrauch der Waffen auf fremdes Staatsgebiet vordringen.[595] Dies zeigt der Evakuierungseinsatz der Bundeswehr in Albanien, bei welchem durch deutsche Streitkräfte 250 Schuss abgefeuert wurden.[596]

3. *Art. 51 SVN als ausschließlicher Anknüpfungspunkt einer Rechtfertigung*

Ist der Tatbestand des Art. 2 Abs. 4 SVN einschlägig, kommt eine außerhalb der UN-Charta liegende Rechtfertigung nicht in Betracht.[597] Rechtfertigungsansätze erörternd, ist zunächst festzustellen, dass die extraterritoriale Rettung eigener Staatsangehöriger vor Gefahren für Leib und Leben weder eine humanitäre Intervention noch eine ungeschriebene Ausnahme zum Gewaltverbot neben den bestehenden Ausnahmen in der UN-Charta darstellt.[598] Den Zusätzen im

---

595 So hat das BVerfG die „qualifizierte Erwartung der Einbeziehung von Bundeswehrsoldaten in bewaffnete Auseinandersetzungen" als Kriterium der Zustimmungsbedürftigkeit des Einsatzes durch den Bundestag von der „besonderen Nähe der Anwendung von Waffengewalt" abhängig gemacht. Diesbezüglich wurde auch auf die „Einsatzplanung und Einsatzbefugnisse" abgestellt, die ergeben können, „dass eine gleichsam automatisch ablaufende Beteiligung deutscher Soldaten an der Anwendung bewaffneter Gewalt von der Gesamtsituation her wahrscheinlich ist und praktisch nur noch von Zufälligkeiten im tatsächlichen Geschehensablauf abhängt", *BVerfGE* 121, 135 (166). Hierauf ist das BVerfG dann im Pegasus-Fall zurückgekommen, *BVerfGE* 140, 160 (191).

596 FAZ v. 17.3.1997, S. 2; hierzu im Einzelnen *Kreß*, in: ZaöRV 1997, 329; anders wäre die Lage zu beurteilen, wenn die Evakuierung zwar durch eine Maschine der Bundeswehr durchgeführt worden, es dabei aber nicht zu dem Einsatz bewaffneter militärischer Kräfte gekommen wäre. Dass dies auch in Notsituationen kein unwahrscheinliches Szenario ist, zeigen die Erwägungen des Krisenstabes des Auswärtigen Amtes nur zwei Tage vor der tatsächlich erfolgten Evakuierung in Libyen. Eine Beteiligung bewaffneter Kräfte an der Operation wurde zunächst für nicht erforderlich gehalten. Vielmehr wurde es zu diesem Zeitpunkt für ausreichend erachtet, die gefährdeten Personen mit einer Transall C-160 ohne militärische Begleitung auszufliegen. Im Endeffekt wurden diese Überlegungen dann vom Einsatzführungskommando der Bundeswehr verworfen. Siehe *BVerfG* 140, 160 (163).

597 Wird der Anwendungsbereich des Art. 2 Abs. 4 SVN als eröffnet angesehen, scheidet eine Rechtfertigung bspw. über den Notstand nach der Systematik der UN-Charta zwingend aus, *Kreß*, in: ZaöRV 1997, 329, 342 f.; *ILA*, Final Report on Aggression and the Use of Force, Sydney Conference 2018, S. 18.

598 *ICISS-Report*, The Responsibility to Protect, Rn. 4.27; anders *Heintschel von Heinegg*, in: Ipsen, Völkerrecht (hrsg. v. Epping/Heintschel von Heinegg), § 56, Rn. 46.

Wortlaut des Art. 2 Abs. 4 SVN kommt keine konstitutive Wirkung zu,[599] so dass sie auch in diesen Fällen bedeutungslos sind. Bei einer humanitären Intervention geht es nicht um eigene Staatsangehörige, sondern um eine ausländische Zivilbevölkerung. Mithin kann der Anknüpfungspunkt für die Rechtfertigung eines Einsatzes zur Rettung eigener Staatsangehöriger unilateral[600] nur Art. 51 SVN sein.

4. *Bewaffneter Angriff auf das Staatsvolk*

Ob sich eine Rettung eigener Staatsangehöriger aber tatsächlich nach Art. 51 SVN rechtfertigen lässt, ist umstritten. Das völkerrechtliche Schrifttum ist in dieser Frage zweigeteilt.[601] Die eindeutige Benennung einer vorherrschenden Ansicht scheint kaum möglich.[602] Die Schnittstelle dieses Problems ist die Feststellung eines bewaffneten Angriffs im Falle einer ausschließlichen Betroffenheit des Staatsvolkes. Mangels Betroffenheit des Territoriums eines Staates wird das Vorliegen des den Tatbestand des Art. 51 SVN auslösenden Kriteriums des bewaffneten Angriffs von einigen Kommentatoren verneint.[603] Die

599 Siehe nochmals oben unter B.I.1.

600 Besteht eine zur Gewalt ermächtigende Sicherheitsratsresolution, ist von der dann rechtmäßigen kollektiven Gewaltanwendung auch die Rettung eigener Staatsangehöriger erfasst. Die strittigen und damit erörterungsbedürftigen Konstellationen sind unterdessen die Fälle der unilateralen Gewaltanwendung.

601 *Kittrich*, Individual Self-Defense, S. 53 f. m.w.N.

602 *Ruys*, in: JCSL 2008, 233, 236; so gehen auch die diesbezüglichen Proklamationen im Schrifttum auseinander: Während *Neubert*, in: DÖV 2017, 141, 142 meint, die „wohl überwiegende Ansicht" erkenne einen völkergewohnheitsrechtlichen Erlaubnissatz an und auch *Herdegen*, in: Maunz/Dürig, GG, Art. 26 [Stand: September 2017], Rn. 32 die Rettung eigener Staatsangehöriger als „im heutigen Völkerrecht zwar nicht einhellig, aber doch weithin als gerechtfertigt anerkannt […]" ansieht, ist *Fassbender*, in: Isensee/Kirchhof, HStR, Band XI, § 244, Rn. 45 der Meinung, die Völkerrechtslehre halte solche Einsätze „überwiegend für völkerrechtswidrig".

603 *Dörr*, „Use of Force, Prohibition of", in: Wolfrum, MPEPIL, Rn. 43, online [Stand September 2015]; *Randelzhofer/Dörr*, in: Simma/et al., The Charter of the UN, Band 1, Art. 2 (4), Rn. 58 m.w.N.; in der Literatur werden auch differenzierende Ansichten vertreten. Während der Angriff auf Kriegsschiffe und die Streitkräfte eines Staates auch außerhalb dessen Territorium als bewaffneter Angriff i.S.d. Art. 51 SVN verstanden werden könne, wird im Hinblick auf bewaffnete Angriffe auf Staatsbürger außerhalb des Staatsterritoriums teilweise dahingehend differenziert, ob der Angriff auf die konkreten Personen gerade aufgrund der Staatsangehörigkeit oder zufällig erfolgte, siehe *Ratner*, in: van den Herik/Schrijver, Counter-Terrorism Strategies, 334, 351; in diese

Tragfähigkeit dieser Argumentation ist anhand einer Auslegung des Art. 51 SVN zu überprüfen.

a) Auslegung des Art. 51 SVN

aa) Wortlaut

Der Wortlaut des Art. 51 SVN fordert einen bewaffneten Angriff „gegen ein Mitglied der Vereinten Nationen", also einen Staat. Das Staatsgebiet stellt nur eines von drei konstituierenden Elementen eines Staates im völkerrechtlichen Sinne dar. Zu einer ausdrücklichen Nennung, welches der drei Kriterien eines Staates im völkerrechtlichen Sinne betroffen sein muss, kommt es nicht. Der Wortlaut ist insoweit offen und lässt sich nicht für einen zwingenden Territorialbezug anführen.

bb) Systematik

Wird es mit dem IGH für zulässig erachtet, von der Generalversammlungsresolution der Definition of Aggression Rückschlüsse auf das Vorliegen eines bewaffneten Angriffs zu ziehen,[604] kann diese in systematischer Hinsicht als (Hilfsmittel zur) Konkretisierung des Begriffs des bewaffneten Angriffs herangezogen werden.[605] In dem die Angriffshandlungen im Einzelnen auflistenden Art. 3 DoA findet sich kein Unterpunkt zum Angriff auf die im Ausland befindlichen Staatsangehörigen.[606] Doch darf nicht übersehen werden, dass Art. 3 DoA Varianten enthält, die gerade nicht an das Territorialprinzip anknüpfen.[607] Ein eindeutiges Ergebnis ist also auch nicht durch einen Blick in die DoA zu erlangen.

Systematisch kann an dieser Stelle darüber hinaus auf wesentliche vorherige Untersuchungsergebnisse hinsichtlich der zunehmenden Bedeutung von Menschenrechten zurückgegriffen werden. Der Schutz des Individuums beeinflusst zunehmend auch die Auslegung friedenssicherungsrechtlicher Normen und

---

Richtung auch *Wandscher*, Internationaler Terrorismus, S. 279; siehe auch *ILA*, Final Report on Aggression and the Use of Force, Sydney Conference 2018, S. 18.

604 Siehe *IGH*, Nicaragua vs. USA (Case Concerning Military and Paramilitary Activities in and Against Nicaragaua), I.C.J. Reports 1986, Ziff. 195. Siehe hierzu bereits oben unter C.II.1.

605 Befürwortend *Randelzhofer/Nolte*, in: Simma/et al., The Charter of the UN, Band 2, Art. 51, Rn. 19 u. 22; *Hobe*, „Bewaffneter Angriff", in: Schöbener, Völkerrecht, S. 46.

606 Hierauf weisen *Randelzhofer/Nolte*, in: Simma/et al., The Charter of the UN, Band 2, Art. 51, Rn. 28 hin.

607 In diese Richtung auch *Ruys*, in: JCSL 2008, 233, 237.

Prinzipien.[608] Bei einem pauschalen Abstellen einzig auf den Territorialbezug des bewaffneten Angriffs bliebe diese Entwicklungslinie unbeachtet.

cc) Sinn und Zweck

Soll die unilaterale Gewaltanwendung durch das friedenssicherungsrechtliche System der UN-Charta nach den Art. 2 Abs. 4 und Art. 51 SVN in Verbindung mit Art. 39 SVN auf ein Mindestmaß beschränkt werden, deutet diese teleologische Herangehensweise hingegen auf die fehlende Anwendbarkeit des Art. 51 SVN auf ausschließlich das Staatsvolk tangierende Angriffe hin. Durch eine in diesem Punkt weite Leseweise des Selbstverteidigungsrechts käme es nämlich zu einer Steigerung der Fälle, in denen rechtmäßig unilateral Gewalt angewendet werden dürfte. Andererseits stellt die Friedenswahrung nicht das einzige Ziel der UN-Charta dar; Art. 1 Abs. 3 SVN weist ebenso die Achtung und Förderung der Menschenrechte als Ziel der Vereinten Nationen aus.[609] Wie bereits die Auslegung nach Wortlaut und Systematik, liefern auch teleologische Aspekte kein eindeutiges Ergebnis.

dd) Spätere Übung

Gleichwohl besteht die Möglichkeit, dass sich nach dem völkergewohnheitsrechtlichen Inhalt des Art. 31 Abs. 3 lit. b WVK eine nachträgliche Praxis der Staaten in Anwendung des Art. 51 SVN entwickelt hat. Das Vorliegen einer entsprechenden Praxis wird in der Literatur unterschiedlich bewertet. Teilweise wird eine solche Praxis heute als bestehend angesehen.[610] Insbesondere

---

608 *Lieblich*, Intervention and Consent, S. 178 arbeitet eine „collective *opinio juris*" [Hervorhebung im Original] in Bezug auf den hohen Stellenwert des Schutzes von Zivilisten heraus; siehe zu den Schnittstellen der Beeinflussung des Friedenssicherungsrechts durch das Recht der Menschenrechte bereits oben unter B.II.3.c. und C.II.3.d.

609 Siehe oben unter B.I.1.; im Hinblick auf den Schutzgedanken des Art. 51 SVN ist zudem zu berücksichtigen, dass eine Attacke gegen das Staatsvolk größeren Schaden anrichten kann als manch ein (ausschließlich) gegen das Staatsgebiet gerichteter bewaffneter Angriff, zutreffend *Greenwood*, „Self-Defence", in: Wolfrum, MPEPIL, Rn. 24, online [Stand April 2011].

610 *Randelzhofer/Dörr*, in: Simma/et al., The Charter of the UN, Band 1, Art. 2 (4), Rn. 59, die diese anders als hier – aufgrund der Anknüpfung des bewaffneten Angriffs einzig an das Staatsgebiet – als Beleg für eine eigenständige, neben Art. 51 SVN bestehende, völkergewohnheitsrechtliche Ausnahme heranziehen; siehe auch *Dörr*, „Use of Force, Prohibition of", in: Wolfrum, MPEPIL, Rn. 44, online [Stand September 2015]; *Neubert*, in: DÖV 2017, 141, 142.

wird darauf hingewiesen, dass die Verurteilung einer Rettungsoperation unter der Geltendmachung eines Selbstverteidigungsrechts nur selten ausdrücklich erfolgte.[611] Andere beurteilen die Staatenpraxis deutlich zurückhaltender.[612] Es sei unmöglich, auf bestehendes Völkergewohnheitsrecht schließen zu können.[613] Die ILA spricht von einem „ambiguous case-law".[614]

b) *Zwischenergebnis*

Die Auslegung des Art. 51 SVN lässt einige Anhaltspunkte für das Bestehen eines Selbstverteidigungsrechts auch bei Angriffen gegen eigene Staatsangehörige im Ausland erkennen. Ein eindeutiges Ergebnis resultiert aus der Auslegung indes nicht. Im Hinblick auf die Rechtfertigung einer mit der Rettung eigener Staatsangehöriger einhergehenden Gewaltanwendung existieren bei weitem keine einheitlichen Prinzipien.[615] Sofern Rettungsoperationen unter Art. 51 SVN subsumiert werden, sind jedenfalls sehr enge Voraussetzungen an die einschränkenden Kriterien der Erforderlichkeit und der Verhältnismäßigkeit zu stellen.[616]

---

611 *Henderson*, The Use of Force and International Law, S. 256.

612 *Kittrich*, Individual Self-Defense, S. 52; *Wandscher*, Internationaler Terrorismus, S. 278 f.; *Schöbener*, „Gewaltverbot", in: ders., Völkerrecht, S. 133. Es fehle insbes. am nötigen Rechtsbindungswillen der Staaten.

613 *Ruys*, in: JCSL 2008, 233, 262 f. gelangt infolge einer ausführlichen Untersuchung der Staatenpraxis von 1945 bis 2008 zu diesem Schluss, indem er die Staatengemeinschaft in drei Gruppen einteilt: Eine kleine Gruppe bestehend aus quasi nur westlichen Staaten, welche die Doktrin als Recht ansehen, eine größere die Doktrin ablehnende Gruppe, hauptsächlich bestehend aus Entwicklungsländern, sowie eine dritte, von der Anzahl her wohl die größte, zu dem Rechtscharakter der Figur der Rettung eigener Staatsangehöriger schweigender Staaten.

614 *ILA*, Final Report on Aggression and the Use of Force, Sydney Conference 2018, S. 17.

615 *Henderson*, The Use of Force and International Law, S. 256 spricht daher von einer „grey area".

616 In diese Richtung auch *Franck*, Recourse to Force, S. 96; im Hinblick auf die Reichweite des Selbstverteidigungsrechts kann auf zuvor gefundene Untersuchungsergebnisse zurückgegriffen werden. Nicht-staatliche Akteure können im Grundsatz einen Art. 51 SVN auslösenden bewaffneten Angriff begehen. Doch ist ein Eingreifen des Heimatstaates in Selbstverteidigung nur dann erforderlich, wenn der Territorialstaat keine erfolgsversprechenden Maßnahmen ergreifen kann oder möchte. Wie im Rahmen der kollektiven Selbstverteidigung gegen nicht-staatliche Akteure ist also auch an dieser Stelle auf die unwilling or unable-Doktrin zurückzugreifen (*Greenwood*, „Self-Defence", in: Wolfrum, MPEPIL, Rn. 24, online [Stand April 2011]), um sicherzustellen, dass es sich bei dem Vorgehen um die ultima ratio-Variante handelt (*Randelzhofer/Dörr*, in: Simma/et al., The Charter of the UN, Band 1, Art. 2 (4), Rn. 61.).

5. *Non-combatant evacuation operations*

Unter dem Stichwort der „non-combatant evacuation operations“ wird ein Ansatz vorgeschlagen, der als Alternative zu der Doktrin der Rettung eigener Staatsangehöriger dienen soll.[617] Dabei geht es um Einsätze, die einzig auf die Evakuierung eigener Staatsangehöriger gerichtet sind, erst vorgenommen werden, wenn keine Zustimmung des Territorialstaates zu erlangen war und die möglichst ohne den Einsatz jeglicher Art militärischer Gewalt durchgeführt werden.[618] Letztlich unterscheiden sich die genannten Voraussetzungen nicht von jenen, die im Rahmen der Verhältnismäßigkeitsprüfung der Selbstverteidigungshandlung bei Art. 51 SVN zu erörtern sind. Dass eine vorherige Zustimmung des Territorialstaates eingeholt werden muss, ergibt sich bereits aus dem Vorrangverhältnis der Intervention auf Einladung gegenüber dem Selbstverteidigungsrecht. Ist die Evakuierungsmission nicht strikt auf die Rettung der eigenen Staatsangehörigen (sowie unter Umständen Staatsangehöriger von Drittstaaten) begrenzt, ist die Selbstverteidigungshandlung nicht verhältnismäßig. Wird Waffengewalt über das für den Selbstschutz der beteiligten Streitkräfte und dem Schutz der zu rettenden Personen erforderliche Maß eingesetzt, mangelt es an der Erforderlichkeit der Selbstverteidigungshandlung.

Im Endeffekt sind auch non-combatant evacuation operations auf Grundlage des Art. 51 SVN zu bewerten. Die Betitelung als non-combatant evacuation operation führt mithin nicht dazu, dass sich der rechtliche Ausgangspunkt ändert. Der Fokus der rechtlichen Bewertung wird aber auf die maßgeblichen Umstände hinsichtlich der geringen Eingriffsintensität gelegt. Auf diese Weise könnte eine

---

Gehen die Angriffe hingegen von Organen des Territorialstaates aus, besteht prima facie eine Notwendigkeit des Eingriffs, da die eigenen Staatsangehörigen anderenfalls schutzlos dastünden (*Henderson*, The Use of Force and International Law, S. 249). Die Selbstverteidigungshandlung ist strikt auf die Rettung eigener Staatsangehöriger zu begrenzen. Maßnahmen, die auf einen gewaltsamen Regierungswechsel abzielen, werden sich regelmäßig weit außerhalb des für die Rettung eigener Staatsangehöriger Erforderlichen bewegen.

617 Siehe *Ruys*, in: JCSL 2008, 233, 263 ff., der hiermit zum Ausdruck zu bringen versucht, dass „protection of nationals is not a 'one size fits all' doctrine“, *Ruys*, ebenda, 263; die ILA verwendet das Stichwort der non-combatant evacuation operations bereits im Hinblick auf die Eröffnung des Anwendungsbereichs des Gewaltverbots, siehe *ILA*, Final Report on Aggression and the Use of Force, Sydney Conference 2018, S. 17.

618 Siehe *Ruys*, in: JCSL 2008, 233, 265 ff., der anhand der „technical guidelines“ von Kanada, den USA, dem Vereinigten Königreich und Australien erste Ansätze für die Entstehung neuen Völkergewohnheitsrechts herausarbeitet.

erhöhte Akzeptanz in der Staatenpraxis erreicht und die verbleibenden Unsicherheiten der Rechtmäßigkeit von Rettungsoperationen zugunsten eigener Staatsangehöriger beseitigt werden.[619] In diesem Sinne erinnert der Ansatz an die Vorschläge der ICISS, die sich inhaltlich auf den Fall der humanitären Intervention beziehen, dabei jedoch einen anderen Titel wählen, um den inhaltlichen Schwerpunkt der Diskussion zu verschieben.[620] Die Einsätze der Bundeswehr in Libyen und im Südsudan entsprechen jedenfalls den Kriterien einer non-combatant evacuation operation. In der Staatenpraxis sind Tendenzen erkennbar, die auf die rechtliche Zulässigkeit solcher in Art und Ausmaß eng begrenzter Einsätze auf Grundlage des Art. 51 SVN deuten.[621]

6. *Fazit*

Die bisherigen Rettungsoperationen durch die Bundeswehr zeichneten sich stets durch eine geringe Eingriffsintensität aus. Dennoch ist von einem Anwendungsfall des Gewaltverbots auszugehen, wenn die Rettung eigener Staatsangehöriger durch die Bundeswehr unter Beteiligung militärisch ausgerüsteter und jederzeit einsatzbereiter Streitkräfte erfolgt und keine Zustimmung des Territorialstaates zu dem Einsatz vorliegt. Kommt es gar nicht zu dem Einsatz von militärisch bewaffnetem Personal, ist das Gewaltverbot nicht betroffen. Solange der Anwendungsbereich des Gewaltverbots von einer Rettungsoperation tangiert wird, kommt einzig Art. 51 SVN als Rechtfertigungsmöglichkeit in Betracht. Die Einhaltung der sehr eng zu verstehenden Anforderungen an die Verhältnismäßigkeit der Selbstverteidigungshandlung sorgt dafür, dass die zwischenstaatliche Gewaltanwendung auf ein Mindestmaß reduziert bleibt. Einsätze einer geringen Eingriffsintensität können unter das Stichwort der non-combatant evacuation operation gefasst werden. Diesbezüglich ist – wie anderweitig herausgearbeitet – festzustellen, dass zumindest diese eng begrenzten Evakuierungsmissionen von der Staatengemeinschaft geduldet werden.[622] Evakuierungseinsätze zugunsten eigener Staatsangehöriger durch die Bundeswehr sind über Art. 51 SVN einer

---

619 So meint *Ruys*, in: JCSL 2008, 233, 271, dass ein beachtlicher Teil der internationalen Gemeinschaft die Doktrin der Rettung eigener Staatsangehöriger verständlicherweise weiterhin mit einer „gunboat diplomacy“ und den Interessen großer Staaten assoziiere.

620 Siehe hierzu oben unter C.III.3.

621 *Gazzini*, The changing rules on the use of force, S. 173 f.

622 *Gazzini*, The changing rules on the use of force, S. 173 f.; in diese Richtung auch *Henderson*, The Use of Force and International Law, S. 255 f.

völkerrechtlichen Rechtfertigung zugänglich, wenn sie in Art und Ausmaß derart beschränkt sind wie die Operation Pegasus in Libyen im Jahre 2011.

V. Gesamtergebnis

Nach geltendem Recht lässt sich ein Einsatz der Bundeswehr, der in den Anwendungsbereich des Art. 2 Abs. 4 SVN fällt, über eine zur Gewalt ermächtigende Sicherheitsratsresolution rechtfertigen. Neben dem Fall der individuellen oder kollektiven Selbstverteidigung nach Art. 51 SVN sieht die Satzung der Vereinten Nationen keine weitere ausdrückliche Möglichkeit der unilateralen Gewaltanwendung vor. Ein Militäreinsatz zugunsten einer systematisch in ihren Menschenrechten verletzten fremden Zivilbevölkerung ohne ermächtigendes Mandat des Sicherheitsrates (unilaterale humanitäre Intervention) kann nur über eine nachträgliche Übung der Vertragsstaaten der UN bei der Anwendung der UN-Charta gerechtfertigt werden. Eine eindeutige Staatenpraxis ist auch heute infolge der Vorfälle im Syrien-Konflikt noch nicht ersichtlich. Doch sind Tendenzen erkennbar geworden, die in Richtung der Zulässigkeit einer unilateralen humanitären Intervention deuten. Von einem offensichtlichen Völkerrechtsverstoß kann in solchen Fällen mithin nicht mehr ausgegangen werden. Eine Rettungsmission zugunsten eigener Staatsangehöriger kann in eng begrenztem Ausmaß über Art. 51 SVN einer völkerrechtlichen Rechtfertigung zugeführt werden.

Ein Großteil der Auslandseinsätze der Bundeswehr steht heute in Zusammenhang mit nicht-staatlichen Akteuren. Ein weiter Ansatz der Terrorismusbekämpfung lässt sich durch die Erstreckung des Begriffs der Friedensbedrohung des Art. 39 SVN auf nicht-staatliche Akteure in das System des VII. Kapitels einfügen.[623] Der Syrien-Konflikt sowie die Ukraine-Krise zeigen allerdings, dass der Sicherheitsrat aufgrund der vermehrten Ausübung des Veto-Rechts durch seine ständigen Mitglieder in tatsächlicher Hinsicht blockiert ist. In diesen Fällen ist daher einzig eine Rechtfertigung über Art. 51 SVN aussichtsreich. Gegen nichtstaatliche Angriffe, die das Ausmaß eines bewaffneten Angriffs einnehmen, steht dem angegriffenen Staat auch ohne Zurechnung der nicht-staatlichen Handlungen zu dem Territorialstaat ein Selbstverteidigungsrecht zu. Regelmäßig wird durch Selbstverteidigungshandlungen gegen nicht-staatliche Akteure die territoriale Unversehrtheit sowie die Gebietshoheit des Territorialstaates betroffen sein. Der Territorialstaat ist insoweit zur Duldung der Selbstverteidigungshandlungen und der damit verbundenen Eingriffe in seine Rechte verpflichtet, als

623 Siehe auch *Tams*, in: EJIL 2009, 359, 393.

er nicht willens oder nicht fähig ist, die von seinem Staatsgebiet ausgehenden Angriffe zu unterbinden. Kollidierende Interessen des Territorialstaates werden durch die Anwendung der unwilling or unable-Doktrin im Rahmen des völkergewohnheitsrechtlich anerkannten Kriteriums der Verhältnismäßigkeit der Selbstverteidigungshandlung hinreichend berücksichtigt. An dieser Stelle ist auch zu beachten, dass ein systematisch und umfassend die Menschenrechte seiner Bevölkerung verletzender Staat seine Einladungsbefugnis verliert. Die grundsätzlich vorrangige Intervention auf Einladung kann in diesem Fall nicht gegen die Verhältnismäßigkeit von kollektiven Selbstverteidigungsmaßnahmen angeführt werden.

D. Fazit zum Einsatz der Bundeswehr nach den Regeln des Völkerrechts

„What will be increasingly needed in the future are partnerships of the able, the willing and the well-intended – and the duly authorized", heißt es in dem ICISS-Report.[624] Dass es an interventionswilligen Staaten nicht fehlt, zeigt das breite Engagement der Staaten in Syrien und im Irak. Die zahlreichen Auslandseinsätze der Bundeswehr verdeutlichen die militärische Einsatzbereitschaft Deutschlands. Es fehlt hingegen zumeist an einer Autorisierung durch den Sicherheitsrat zur Anwendung von Gewalt. Das zentrale Organ des kollektiven Sicherheitssystems der UN ist in großen Krisen tatsächlich handlungsunfähig. Die Konstellationen im Syrien-Konflikt sind symptomatisch für die Schwächen des Systems der UN, die auf die gegenüber den nationalen Rechtsordnungen abweichenden Charaktereigenschaften – besonders auf den dezentralen Charakter – der Völkerrechtsordnung zurückgeführt werden können.

Das klassisch souveränitätsbetonte System wird unterdessen zunehmend von den für die moderne Völkerrechtsordnung charakteristischen Menschenrechten beeinflusst. Die auf die Förderung der Achtung der Menschenrechte gerichtete Zielsetzung der UN, die hieran anschließenden zahlreichen Menschenrechtsverträge auf universeller und regionaler Ebene, die Betonung der Schutzverantwortung eines Staates zugunsten seiner Zivilbevölkerung in zahlreichen internationalen Dokumenten – zuvorderst in der RtoP-Doktrin –, die Erfassung rein innerstaatlicher Konflikte durch den Begriff der Friedensbedrohung i.S.d. Art. 39 SVN und nicht zuletzt die Entwicklungen des Völkerstrafrechts verdeutlichen eine Abweichung zu dem noch 1945 vorherrschenden Verständnis der

624 *ICISS-Report*, The Responsibility to Protect, Rn. 6.27.

Souveränität i.S.d. Art. 2 Abs. 1 i.V.m. Art. 2 Abs. 7 SVN. Der Schutz der Menschenrechte und das altgediente Souveränitätsprinzip sind heute zwei Positionen, die es miteinander in Einklang zu bringen gilt.[625]

Bleibt der niedergeschriebene Rahmen mit den Regelungen der UN-Charta derselbe, zeigt sich der dynamische Charakter des Völkerrechts nuanciert insbesondere im Zuge einer Betrachtung der Rechtfertigungsgründe einer tatbestandlich verbotenen Gewaltanwendung. So kann das Vorgehen der Bundeswehr in Syrien nur dann als völkerrechtsgemäß bewertet werden, wenn zum einen den Menschenrechten im Rahmen der Feststellung der Einladungsbefugnis ein dem Kriterium der Effektivität der Herrschaft überwiegendes Gewicht zugesprochen wird. Zum anderen ist die Möglichkeit, dass nicht-staatliche Akteure Urheber eines bewaffneten Angriffs i.S.d. Art. 51 SVN sein können, anzuerkennen. Auch die gesamte Diskussion zu der Zulässigkeit einer humanitären Intervention ist Ausdruck der dynamischen Fortentwicklungsmöglichkeiten der Rechtsordnung des Völkerrechts. Jedenfalls ist der Leiden-Expertenkommission in ihrer aus dem Bericht „Leiden Policy Recommendations on Counter-Terrorism and International Law" resultierenden Feststellung aus dem April 2010 zuzustimmen, dass

„[t]here is no need for new rules of general international law to deal with the use of force in relation to international terrorism. The framework laid down in the UN Charter is the cornerstone of the international legal regime on the use of force and states are deeply committed to it. However, the Charter is not a static instrument and needs to be interpreted in the light of contemporary practice and taking states' expectations into account."[626]

---

625 Siehe *Lieblich*, Intervention and Consent, S. 178; siehe auch (mit Blick auf die RtoP-Doktrin) *Wagner*, in: Chiari/Pahl, Auslandseinsätze der Bundeswehr, 121, 126: „Die vormals eherne Regel von der Unverletzlichkeit staatlicher Grenzen verliert demnach dort ihre Gültigkeit, wo Staaten Menschenrechte fundamental brechen."

626 *Leiden Policy Recommendations*, in: van den Herik/Schrijver, Counter-Terrorism Strategies, 706, 714, Rn. 28.

3. Kapitel – Extraterritoriale Gewaltanwendung im Lichte des Konfliktsvölkerrechts

Wird die Bundeswehr in einen Staat entsandt, in dem ein bewaffneter Konflikt herrscht, gelangen die Regelungen des ius in bello zur Anwendung. Die Rechtmäßigkeit der konkreten Gewaltanwendung durch die Streitkräfte richtet sich dann nach den dem Konfliktsvölkerrecht zugrundeliegenden völkerrechtlichen Verträgen und dem entsprechenden Völkergewohnheitsrecht.[627] Im Anschluss an die Darstellung der friedenssicherungsrechtlichen Umstände wird im Folgenden dementsprechend das Konfliktsvölkerrecht Gegenstand der Betrachtung sein. Zunächst wird dazu das Verhältnis zum Friedenssicherungsrecht skizziert (A.). Anschließend wird ein Blick auf die Systematik des Teilrechtgebiets geworfen (B.). Sodann ist auf den Kompromisscharakter des ius in bello einzugehen (C.), bevor abschließend das Verhältnis des Konfliktsvölkerrechts zu den Menschenrechten skizziert wird (D.).

A. Konfliktsvölkerrecht im Verhältnis zum Friedenssicherungsrecht

Ein im Einklang mit friedenssicherungsrechtlichen Vorschriften stehender Einsatz der Bundeswehr ist nicht zwangsläufig völkerrechtskonform. Erst das kumulative Hinzutreten der Bedingung der dauerhaften Einhaltung der auf und neben dem Schlachtfeld geltenden Regelungen – sprich die Kriegsführung in Homogenität mit dem Konfliktsvölkerrecht – führt zu der Völkerrechtsmäßigkeit eines Auslandseinsatzes der Bundeswehr.[628] Das Friedenssicherungsrecht und das Konfliktsvölkerrecht sind zwei eigenständig bestehende, aber sich gegenseitig ergänzende, nicht jedoch ausschließende Teilbereiche des Völkerrechts.[629] Die Anwendbarkeit des Konfliktsvölkerrechts hängt nicht von der Rechtmäßigkeit oder Unrechtmäßigkeit der Gewaltanwendung eines Staates nach friedenssicherungsrechtlichen Maßstäben ab;[630] entscheidend ist das

---

627 Zu der Entwicklung der völkervertraglichen Grundlagen des Konfliktsvölkerrechts siehe das 1. Kapitel unter C.II.1.

628 *Greenwood*, in: ders., Essays on War in International Law, 13, 28 u. 31.

629 *Greenwood*, in: ders., Essays on War in International Law, 13, 31.

630 *Hans-Peter Gasser*, „Humanitarian Law, International", in: Wolfrum, MPEPIL, Rn. 2, online [Stand Dezember 2015]. Auch im Falle eines Verstoßes gegen das

Vorliegen eines bewaffneten Konflikts.[631] Auch derjenige Staat, der Opfer einer dem friedenssicherungsrechtlichen Gewaltverbot zuwiderlaufenden Maßnahme wird, bleibt in seiner Reaktionsmöglichkeit an die Regelungen des Konfliktsvölkerrechts gebunden. Die friedenssicherungsrechtlich erlaubten Maßnahmen müssen sich ihrerseits in den Bahnen des Rechts der bewaffneten Konflikte bewegen.[632] Andererseits bleibt der Aggressorstaat friedenssicherungsrechtlich für die Verletzung des Gewaltverbots verantwortlich. Eine nach dem Friedenssicherungsrecht völkerrechtswidrige Aggression kann auch durch die Einhaltung der konfliktsvölkerrechtlichen Regelungen nicht beseitigt werden.[633] Die bestehenden Kampfführungsbefugnisse nach dem Regime des Konfliktsvölkerrechts werden aufgrund der friedenssicherungsrechtlichen Verantwortlichkeit nicht suspendiert – es erfolgt eine nicht diskriminierende Anwendung der Materie.[634] Die Konsequenzen dieses Befundes sind weitgehend. Auch ein Staat der beispielsweise Deutschland friedenssicherungsrechtswidrig angreift, kann im konkreten Fall konfliktsvölkerrechtskonform Gewalt anwenden.[635]

B. Systematik des Rechts der bewaffneten Konflikte

Einführend ist zunächst ein Blick auf die Systematik des Konfliktsvölkerrechts zu werfen. Dazu wird zunächst auf die Untergliederung des Teilrechtsgebietes in den Genfer und Haager Strang eingegangen, bevor die vorherrschende

---

friedenssicherungsrechtliche Gewaltverbot durch einen Staat ist derselbe weiterhin dazu verpflichtet, die konfliktsvölkerrechtlichen Regeln einzuhalten, *Greenwood*, in: ders., Essays on War in International Law, 13, 22.

631 *Solis*, The Law of Armed Conflict, S. 22.

632 *Cannizzaro*, in: Clapham/Gaeta, The Oxford Handbook of International Law in Armed Conflict, 332, 351; *Greenwood*, in: ders., Essays on War in International Law, 13, 19 ff., insbes. 22.

633 Siehe *ICRC*, Commentary on the Additional Protocols, Präambel, Rn. 27.

634 *Schmahl*, in: Hasse/Müller/Schneider, Humanitäres Völkerrecht, 41, 60; *Meron*, in: AJIL 2000, 239, 241; dies wird bereits aus Abs. 5 der Präambel des ZP I deutlich, siehe *ICRC*, Commentary on the Additional Protocols, Präambel, Rn. 32.

635 Deswegen wurde bereits in den Anfangszeiten der UN im Schrifttum darüber diskutiert, ob die unter dem System der UN Gewalt anwendenden Truppen überhaupt an die Einschränkungen des ius in bello gebunden sein sollten, siehe *Kunz*, in: AJIL 1956, 313, 319 ff., der eine solche Form der diskriminierenden Anwendung des ius in bello im Ergebnis zu Recht ablehnt. Letztlich dient die Konzeption der nicht diskriminierenden Anwendung des Konfliktsvölkerrechts dem Zwecke der Humanität der Kriegsführung, *Greenwood*, in: ders., Essays on War in International Law, 13, 22.

Benennung des Teilrechtsgebietes als humanitäres Völkerrecht einer kritischen Reflexion unterzogen wird.

I. Untergliederung des Konfliktsvölkerrechts

Historisch bedingt kann das Recht der bewaffneten Konflikte in zwei Teile bzw. Stränge eingeteilt werden – das Genfer Recht und das Haager Recht.[636] Gemeinsam stellen beide Teile das Fundament des Konfliktsvölkerrechts dar. Die weit verbreitete Unterteilung soll keineswegs implizieren, dass es sich um zwei getrennt voneinander bestehende Teilgebiete des Rechts der bewaffneten Konflikte handelt.[637] Doch spiegeln die zwei komplementären Teile die Grundgedanken des Konfliktsvölkerrechts in einem unterschiedlichen Maße wider. Die Einteilung in diese beiden Kategorien ermöglicht eine Systematisierung der Regeln und lässt auf diese Weise eine Nuancierung des verfolgten Zweckes zu. Dass insbesondere seit der Fusionierung des Genfer und des Haager Strangs in dem ersten Zusatzprotokoll[638] eine exakte Differenzierung nach dem Vertrag im Generellen nicht mehr möglich ist, ändert hieran nichts.[639] Nach wie vor lassen sich die einzelnen Normen jeweils einem der beiden Stränge zuordnen. Auch vorliegende Ausarbeitung bedient sich dieser sinnvollen Differenzierung, um die widerstreitenden Zielrichtungen des Rechtsgebietes sowie den Einfluss der Menschenrechte auf das Recht der bewaffneten Konflikte nuanciert darstellen zu können.

II. Benennung als humanitäres Völkerrecht

Das in der vorliegenden Untersuchung als Recht der bewaffneten Konflikte, Konfliktsvölkerrecht oder ius in bello betitelte Rechtsgebiet wird weitläufig als humanitäres Völkerrecht bezeichnet. Der Begriff des humanitären Völkerrechts

---

636 Zu einem Überblick und der Entwicklung des Haager Rechts einerseits und des Genfer Rechts andererseits siehe *Kalshoven/Zegveld*, in: ICRC, Constraints on the Waging of War, S. 8 ff.; *Gasser/Melzer*, Humanitäres Völkerrecht, S. 23.

637 Kritisch hierzu *Dinstein*, The Conduct of Hostilities, S. 18.

638 So enthält ZP I einerseits Vorschriften zum Schutze Verwundeter, Kranker, Schiffsbrüchiger (Teil II ZP I) sowie der Zivilbevölkerung (Teil IV ZP I) und andererseits Regelungen zu Methoden und Mitteln der Kriegsführung (Teil III). Erstere sind dem Genfer Recht zuzuordnen, während Letztere dem Haager Teil zugehörig sind.

639 Dieser Mehrwert wird nicht von allen gesehen. So attestiert *Schmahl*, in: Hasse/Müller/Schneider, Humanitäres Völkerrecht, 41, 55 die Unterscheidung sei von „zweifelhaftem Mehrwert", nutzt eben diese abgelehnte Unterscheidung dann doch für ein differenziertes Fazit selbst, siehe *Schmahl*, ebenda, 76.

wird zwar weder in den vier Genfer Konventionen von 1949 noch in den beiden Zusatzprotokollen von 1977 explizit erwähnt, hat sich aber unbeirrt hiervon seit seiner Verwendung im Zuge der Konferenzen zu der Erarbeitung der beiden Zusatzprotokolle im internationalen Sprachgebrauch etabliert.[640] In der Literatur als auch in der Praxis sind verschiedene Begrifflichkeiten in Verwendung, um dieses Teilrechtsgebiet zu umschreiben.[641] Die Begriffe „humanitäres Völkerrecht" und „Konfliktsvölkerrecht" oder auch „Recht der bewaffneten Konflikte" sowie „Kriegsvölkerrecht"[642] sind letztlich kongruent, umfassen inhaltlich also dasselbe: diejenigen geschriebenen oder ungeschriebenen Völkerrechtsnormen, die erst im Falle bewaffneter Konflikte zur Anwendung gelangen. Begrifflich nicht eingeschlossen sind etwaig ebenso anwendbare Menschenrechte oder Regelungen des Völkerstrafrechts.[643] Vor diesem Hintergrund mögen Erwägungen hinsichtlich der trefflicheren Benennung als für die Praxis irrelevant

---

640 *Hans-Peter Gasser*, „Humanitarian Law, International", in: Wolfrum, MPEPIL, Rn. 3, online [Stand Dezember 2015]; siehe auch *Ipsen*, in: ders., Völkerrecht, 6. Auflage, § 58, Rn. 20; insbesondere das IKRK spricht von humanitärem Völkerrecht, siehe u.a. den Titel der Studie des IKRK zum Völkergewohnheitsrecht, „Customary International Humanitarian Law", *Henckaerts/Doswald-Beck*, in: ICRC, Customary International Humanitarian Law, Band I; siehe auch ICISS-Report, The Responsibility to Protect, Rn. 1.27. Auch in der deutschsprachigen Literatur spricht ein Großteil der Kommentatoren von humanitärem Völkerrecht, siehe u.a. *Gasser/Melzer*, Humanitäres Völkerrecht, S. 3 u. 22 oder *Dreist*, „Humanitäres Völkerrecht für den internationalen bewaffneten Konflikt – Grundsätze", in: Schöbener, Völkerrecht, S. 162. Siehe auch den Titel des Buches von Hasse/Müller/Schneider, Humanitäres Völkerrecht. Aber auch Begrifflichkeiten wie „Recht der bewaffneten Konflikte" oder „völkerrechtliche Kriegsrecht" sind national wie international in Gebrauch, so bspw. bei *Bothe*, in: Vitzthum/Proelß, Völkerrecht, S. 815 ff., Rn. 56 ff. Dabei wird sich zumeist ohne nähere Begründung für eine Bezeichnung entschieden. Zuweilen werden die Begriffe auch abwechselnd verwendet, so bei *Kalshoven/Zegveld*, in: ICRC, Constraints on the Waging of War, S. 1.

641 Zu den Nuancen der einzelnen Begriffe sowie deren uneinheitlichen Verwendungen dieser in der Literatur siehe den prägnanten Überblick bei *Solis*, The Law of Armed Conflict, S. 21 ff.

642 Zu der rechtlichen Einordnung des Begriffs des Kriegsvölkerrechts siehe *Solis*, The Law of Armed Conflict, S. 23.

643 Anders vorgehend *Sivakumaran*, The Law of Non-International Armed Conflict, S. 2, der mit Hinweis auf den Umstand, dass die genannten Rechtsgebiete „have become linked inextricably with international humanitarian law […]" unter den Begriff des „law of non-international armed conflict" auch Menschenrechte und völkerstrafrechtliche Regelungen fasst.

kritisiert werden; doch wäre dies zu kurz gegriffen. Erörterungen in Bezug auf Begrifflichkeiten sind in diesem Fall schon aus dem Grunde lohnend, als sie bereits auf sprachlicher Ebene auf die dem Rechtsgebiet inhärenten inhaltlichen Spannungslagen hinzudeuten vermögen.[644] Der Begriff des humanitären Völkerrechts birgt die Gefahr einer Missinterpretation dahingehend, dass das Rechtsgebiet auf den Schutz der Menschenrechte in bewaffneten Konflikten ausgelegt ist.[645] Hiervon kann indes nicht die Rede sein; im Besonderen eine Betrachtung des sich seit 1948 kontinuierlich ausweitenden Schutzes der Menschenrechte[646] im Verhältnis zu dem Recht der bewaffneten Konflikte wird diesbezügliche Spannungen und Wertungswidersprüche verdeutlichen können. Staaten dürfen ihre Intention in einem solch elementaren Rechtsgebiet nicht hinter einem Euphemismus verbergen können.[647] Wenn der BGH jüngst von dem „humanitären Kriegsvölkerrecht" spricht,[648] so bringt er damit einerseits die zunehmende Entwicklung des Menschenrechtsschutzes[649] zum Ausdruck, kombiniert hiermit aber einen rechtlich veralteten Begriff. Der Begriff des Kriegsvölkerrechts stammt noch aus einer Zeit, in der strikt zwischen Friedens- und Kriegszustand differenziert wurde. Spätestens seit der Ratifizierung der Genfer Konventionen

---

644 Siehe auch *Benvenisti*, in: Tel Aviv University Law Faculty Papers, 2006, 81, 82 f.

645 *Dinstein*, The Conduct of Hostilities, S. 19. Diese Gefahr verstärkt sich im englischen Sprachgebrauch noch durch die Ähnlichkeit der Begriffe „human rights law" und „humanitarian law".

646 Zu einem prägnanten Überblick der Entwicklung des internationalen Menschenrechtsschutzes siehe *Schmahl*, in: Hasse/Müller/Schneider, Humanitäres Völkerrecht, 41, 41 ff. Siehe hierzu im Zusammenhang mit dem ius contra bellum das 2. Kapitel unter B.II.3.c.aa. und C.III.2.

647 Ebenfalls Bedenken an der Bezeichnung „humanitäres Völkerrecht" äußernd, *Roberts/-Guelff*, Documents on the Laws of War, S. 2. Gilt dieses Ergebnis im Allgemeinen auf internationaler Ebene, beansprucht es auf der nationalen rechtlichen Ebene des deutschen Grundgesetzes eine besondere Beachtung. Hierfür streitet der folgende Gedanke: Letztlich müssen bewaffnete Einsätze der deutschen Streitkräfte parlamentarisch legitimiert sein (*BVerfGE* 90, 286 (281 f.). Den Abgeordneten des Deutschen Bundestages ist eine umfassende Informationsbasis für jeden konkreten Auslandseinsatz zu liefern, damit sie die Gefährdungslage der Streitkräfte sowie das „Eskalations- und Verstrickungspotential" (*BVerfGE* 121, 135 (161) eines jeden konkreten Einsatzes überblicken können, siehe das 4. Kapitel unter E.II.

648 *BGHZ* 212, 173 (179 u. 190).

649 Auch diese thematisiert der *BGHZ* 212, 173 (178 u. 190).

von 1949, die an einen bewaffneten Konflikt anknüpfen,[650] ist diese Bezeichnung rechtlich überholt.[651]

C. Kompromisscharakter des Konfliktsvölkerrechts

Der Betrachtung muss die Erkenntnis zugrunde liegen, dass das Recht der bewaffneten Konflikte den Krieg als solchen nicht zu verhindern sucht, sondern (lediglich) bezweckt, ihn in rechtliche Bahnen zu geleiten.[652] Gleichzeitig soll dem militärisch Notwendigen zu der Erringung eines militärischen Sieges ein rechtlicher Rahmen geboten werden, indem den Kriegsführenden sehr weitgehende Befugnisse gewährt werden.[653] Hierin verdeutlicht sich der Kompromisscharakter des Konfliktsvölkerrechts.[654] So sind alle Normen „animated by a pragmatic (as distinct from a purely idealistic) approach to armed conflict".[655] Im Folgenden wird zunächst das „idealistische Element" des ius in bello (in Form des Schutzcharakters) herausgearbeitet, bevor auf das „pragmatische Element" (in Form des Eingriffscharakters) eingegangen wird.

I. Schutzcharakter des Rechts der bewaffneten Konflikte

Zurückgehend auf die Ausarbeitung *Dunants* aus dem Jahre 1862 und die sich hieran anschließende Gründung des IKRK[656] bezweckt das humanitäre Völkerrecht primär die Eindämmung der Gewalt auf ein militärisch notwendiges Maß zum Schutze der von der Gewalt betroffenen Personen.[657] Auf langfristige Sicht

---

650 Siehe Gemeinsamer Art. 2 u. 3 der Genfer Konventionen.

651 In Gebrauch ist diese aber auch in der rechtlichen Literatur nach wie vor, siehe hierzu *Solis*, The Law of Armed Conflict, S. 22; siehe bspw. bei *Bothe*, in: Vitzthum/Proelß, Völkerrecht, S. 817 ff., Rn. 58 ff. oder *Waechter*, in: JZ 2007, 61.

652 *Haines*, in: Clapham/Gaeta, The Oxford Handbook of International Law in Armed Conflict, 273, 278; *Dinstein*, The Conduct of Hostilities, S. 5.

653 *Kreß*, in: JZ 2014, 365, 367 f.

654 Siehe auch *Sassòli*, in: Yearbook of International Humanitarian Law 2007, 45, 50, der das Konfliktsvölkerrecht als „compromise between humanity and military necessity [...]" beschreibt.

655 *Dinstein*, The Conduct of Hostilities, S. 5.

656 Siehe hierzu das 1. Kapitel unter C.II.1.; zu einer kurzen Erläuterung der bis dahin herrschenden Probleme in der medizinischen Versorgung der Verwundeten auf dem Schlachtfeld sowie deren Ursachen siehe *Kalshoven/Zegveld*, in: ICRC, Constraints on the Waging of War, S. 16 f.

657 *Bundesministerium der Verteidigung*, Humanitäres Völkerrecht in bewaffneten Konflikten, S. 10, Rn. 103 f., bestätigt durch das Dokument A-2141/1; *Melzer*, in: Clapham/Gaeta, The Oxford Handbook of International Law in Armed Conflict, 296.

soll auf diese Weise überdies die dauerhafte Friedensbildung ermöglicht werden.[658] Sowohl der Genfer Strang als auch der Haager Strang sind im Ausgangspunkt von einem Schutzgedanken geprägt, den es nachfolgend zu skizzieren gilt.

1. Genfer Strang

Der dem Konfliktsvölkerrecht zweifelsohne zugrunde liegende Gedanke der Humanität wird insbesondere durch den Genfer Strang widergespiegelt. Dieser erste der beiden Stränge findet seine Grundlage zuvorderst in den vier Genfer Konventionen von 1949. Die beiden Zusatzprotokolle von 1977 ergänzen den Schutz, indem sie erstmals Regelungen des Genfer Teils und des Haager Teils zusammenführen.[659] Die vier Genfer Konventionen sind auch 70 Jahre nach ihrer Entstehung das Fundament des Rechts der bewaffneten Konflikte. Mit einem Ratifikationsstand von 196 Staaten herrscht eine universelle Anwendbarkeit.[660] Der Schutz der vier Genfer Konventionen zielt auf „Personen, die nicht oder nicht mehr direkt an Feindseligkeiten teilnehmen."[661] Schutzgüter sind das Leben und die Menschenwürde des durch die jeweilige Konvention geschützten Personenkreises.[662] Die Behandlung der nicht an den Kriegshandlungen teilnehmenden, aber von der Gewalt betroffenen Personen hat stets mit „Menschlichkeit" zu erfolgen. Alle vier Konventionen betonen diesen Umstand mehrfach.[663] So schützt die Erste Genfer Konvention unter anderem Streitkräfte, die aufgrund von Verwundung oder Krankheit nicht mehr am Gefecht teilnehmen können.[664]

---

658 *Bothe*, in: Vitzthum/Proelß, Völkerrecht, S. 817 f., Rn. 58.

659 *Dinstein*, The Conduct of Hostilities, S. 18.

660 *ICRC*, Commentary on the First Geneva Convention, Introduction, Rn. 64. Abrufbar unter: https://ihl-databases.icrc.org/ihl/full/GCI-commentary [zuletzt abgerufen am 15.5.2020].

661 *ICRC*, Commentary on the First Geneva Convention, Introduction, Rn. 63 (übersetzt aus dem Englischen).

662 *ICRC*, Commentary on the First Geneva Convention, Introduction, Rn. 76.

663 Siehe Art. 12 Abs. 2 GK I und GK II. Siehe Art. 13 Abs. 1 GK III, wonach Kriegsgefangene jederzeit mit Menschlichkeit zu behandeln seien. Auch Art. 27 Abs. 1 GK IV erlegt den Vertragsparteien die Pflicht auf, die nach der GK IV geschützten Zivilpersonen jederzeit mit Menschlichkeit zu behandeln. Der in allen vier Konventionen gleichlautende Gemeinsame Artikel 3 statuiert, dass „Personen, die nicht unmittelbar an den Feindseligkeiten teilnehmen […] mit Menschlichkeit behandelt" werden müssen.

664 Zu dem personellen Anwendungsbereich der ersten Genfer Konvention siehe die Aufzählung in Art. 13 GK I. Bspw. sind auch verwundete und kranke „Mitglieder anderer Milizen und Freiwilligenkorps" geschützt.

Diese sollen von der Konfliktspartei, „in deren Händen sie sich befinden, mit Menschlichkeit behandelt und gepflegt [werden], ohne jede auf Geschlecht, Rasse, Nationalität, Religion, politischer Meinung [...] beruhende[r] Benachteiligung."[665] Die Zweite Genfer Konvention setzt einen Schutzstandard für Streitkräfte zur See. Die Dritte Genfer Konvention stellt ein detailreiches und umfassendes Regelungswerk zur Behandlung von Kriegsgefangenen auf. In ganzen 143 Artikeln samt fünf Anhängen wird bis in kleine Details die Behandlung von Kriegsgefangenen geregelt.[666] Schließlich werden Zivilisten, die sich im Machtbereich einer gegnerischen Partei befinden, durch die Vierte Genfer Konvention geschützt.[667]

2. *Haager Strang*

Der Haager Teil des Konfliktsvölkerrechts schränkt die Kampfführung auf dem Schlachtfeld ein; Methoden und Mittel der Kriegsführung werden reglementiert.[668] Rechtsgrundlagen sind hier hauptsächlich das erste Zusatzprotokoll und die Haager Landkriegsordnung. Wie bereits 1907 durch Art. 22 der Haager Landkriegsordnung statuiert, haben die kriegsführenden Parteien „kein unbeschränktes Recht in der Wahl der Mittel zur Schädigung des Feindes."[669] Das Schädigungsrecht wird also gerade auch in der Situation eines bewaffneten

---

665 Art. 12 Abs. 2 GK I. Selbiger Wortlaut findet sich in Art. 12 Abs. 2 GK II bezüglich der Streitkräfte zu See.

666 *Ipsen*, in: ders., Völkerrecht, 6. Auflage, § 62, Rn. 20, konstatiert, dass das III. Genfer Abkommen „eine der gründlichsten humanitären Kodifikationen" darstelle; *Schmidt-Radefeldt*, in: Fleck, Rechtsfragen der Terrorismusbekämpfung, 101, 103 stellt fest, dass insbesondere die Gewährleistungen der III. Genfer Konvention über die Gewährleistungen der EMRK oder des IPBPR hinausgingen.

667 Siehe Art. 4 Abs. 1 GK IV. Aus Abs. 3 ergibt sich, dass die weite Definition des Anwendungsbereichs im ersten Absatz nicht für die in den ersten drei Genfer Konventionen speziell geschützten Personenkreise gilt. Siehe *ICRC*, Commentary on the Fourth Geneva Convention, Art. 4, Abs. 4.

668 *Gasser*, „Geneva Conventions I–IV (1949)", in: Wolfrum, MPEPIL, Rn. 6, online [Stand Dezember 2015].

669 Zuvor statuierte bereits Abs. 5 der St. Petersburger Erklärung von 1868, dass auf Mittel verzichtet werden soll, „welche unnötigerweise die Wunden der außer Gefecht gesetzten Leute vergrößern oder ihnen unvermeidlich den Tod bringen", siehe hierzu bereits das 1. Kapitel unter C.II.1.

Konflikts explizit begrenzt.[670] Die Kampfführung ist hiernach an den Belangen des militärisch Notwendigen zu messen.[671] Den „Haager Kampfführungsrechten" liegt das „Kardinalprinzip" der Unterscheidung in der Bekämpfung zwischen Kombattanten und Zivilisten – die diskriminierende Kriegsführung – zugrunde.[672] Gezielte Angriffe auf Zivilisten sind verboten.[673] Zur Abrundung des Schutzes dürfen ferner gemäß Artikel 52 Abs. 1 ZP I auch zivile Objekte nicht angegriffen werden.[674] Zudem wurden in einer Reihe internationaler Abkommen verschiedene Kampfmittel verboten.[675] Der Haager Strang ist damit im Ausgangspunkt klar auf die Reglementierung und Beschränkung der Gewaltanwendung auf dem Schlachtfeld ausgerichtet. Zusammengenommen statuieren der Genfer und der Haager Strang ein vom Humanitätsgedanken geleitetes Schutzsystem für den Fall eines bewaffneten Konflikts.

---

670 Zu den Einzelheiten des Grundsatzes des militärischen Notwendigkeit siehe den kompakten Überblick bei *Dreist*, „Humanitäres Völkerrecht für den internationalen bewaffneten Konflikt – Grundsätze", in: Schöbener, Völkerrecht, S. 154 f.;

671 *Oeter*, in: Fleck, Handbuch des humanitären Völkerrechts, Rn. 401.

672 *IGH*, Legality of the Threat or Use of Nuclear Weapons, Advisory Opinion, I.C.J. Reports 1996, 226, S. 257, Rn. 78.

673 Siehe Art. 51 Abs. 2 ZP I für den internationalen bewaffneten Konflikt sowie den gleichlautenden Artikel 13 Abs. 2 ZP II für den nicht-international bewaffneten Konflikt. In der HLO fand sich kein ausdrückliches Unterscheidungsgebot. Einzig Art. 23 lit. g sowie Art. 25 HLO deuteten das Prinzip an, siehe *Oeter*, in: Fleck, Handbuch des humanitären Völkerrechts, Rn. 401. Abgesichert wird der Schutz durch das Repressalienverbot in Art. 51 Abs. 6 ZP I.

674 Trotz des Fehlens eines entsprechenden Artikels im ZP II, gilt das Verbot anerkanntermaßen auch im nicht-internationalen bewaffneten Konflikt, siehe zu der Herleitung *Sivakumaran*, The Law of Non-International Armed Conflict, S. 342.

675 Siehe bspw. das Genfer Giftgasprotokoll von 1925, das Übereinkommen von 1972 über das Verbot der Entwicklung, Herstellung und Lagerung bakteriologischer (biologischer) Waffen und von Toxinwaffen sowie über die Vernichtung solcher Waffen, das Übereinkommen von 1980 über das Verbot oder die Beschränkung des Einsatzes bestimmter konventioneller Waffen, die übermäßige Leiden verursachen oder unterschiedslos wirken können samt dazugehörigen Protokollen, das Übereinkommen von 1993 über das Verbot der Entwicklung, Herstellung, Lagerung und des Einsatzes chemischer Waffen und über die Vernichtung solcher Waffen, das Ottawa-Übereinkommen von 1997 über die Ächtung von Antipersonenminen sowie das Übereinkommen über Streumunition aus dem Jahre 2008. Alle Abkommen sind (auszugsweise) abgedruckt in: *Auswärtiges Amt/et al.*, Dokumente zum Humanitären Völkerrecht.

II. Eingriffscharakter des Rechts der bewaffneten Konflikte

Der Schutzcharakter des Rechts der bewaffneten Konflikte ist unterdessen nur die eine Seite der Medaille. Nachfolgend soll sich der anderen Seite – dem „pragmatischen Element" – gewidmet werden, welches den Eingriffscharakter verdeutlicht. Dazu wird auf die Reichweite des konfliktsvölkerrechtlichen Verhältnismäßigkeitsprinzips, die Relativität des Schutzes von Zivilisten anhand von Regelungen zur militärischen Notwendigkeit sowie auf die Kriegsgefangenenschaft als Form einer Präventivhaft eingegangen.

1. Konfliktsvölkerrechtliches Verhältnismäßigkeitsprinzip

Der Eckpfeiler des Kampfführungsrechts, das Verbot unterschiedsloser Angriffe, führt keineswegs *ipso iure* zu der Völkerrechtswidrigkeit eines (auf ein militärisches Ziel gerichteten) Angriffes, im Rahmen dessen es zivile Todesopfer zu beklagen gibt. Vielmehr folgt aus dem konfliktsvölkerrechtlichen Verhältnismäßigkeitsgrundsatz des Art. 51 Abs. 5 lit. b ZP I, dass in Fällen, in denen zivile Opfer nicht von vorneherein auszuschließen sind,[676] eine Abwägung zwischen der Anzahl der Opfer in der Zivilbevölkerung und den erwarteten konkreten und unmittelbaren Vorteilen des Angriffs erfolgen muss.[677] Der Bewertung ist die ex ante Sichtweise des den Angriff befehligenden Offiziers zugrunde zu legen.[678] Den Entscheidungsträgern kommt in der konkreten Situation ein Einschätzungsspielraum zu, der zwangsläufig einen prognostischen Charakter in

---

676 Dies ist aber überhaupt die Voraussetzung für die Anwendbarkeit des konfliktsvölkerrechtlichen Verhältnismäßigkeitsprinzips. Ein allgemeines Verhältnismäßigkeitsprinzip, das etwa auch bei dem Angriff auf legitime militärische Ziele zur Anwendung käme, kennt das Recht der bewaffneten Konflikte nicht. Dies verkennend FAZ v. 25.11.2017, S. 10. Unzutreffend auch *Waechter*, in: JZ 2007, 61, 66, der eine Abwägung gegen die „Rechtseinbußen bei den gegnerischen Kombattanten" aus dem Verbot bestimmter Waffenarten herleitet.

677 Siehe insoweit den Wortlaut des Art. 51 Abs. 5 lit. b ZP I: „Unter anderem sind folgende Angriffsarten als unterschiedslos anzusehen: [...] ein Angriff, bei dem damit zu rechnen ist, dass er auch Verluste an Menschenleben unter der Zivilbevölkerung, die Verwundung von Zivilpersonen, die Beschädigung ziviler Objekte oder mehrere derartige Folgen zusammen verursacht, die in keinem Verhältnis zum erwarteten konkreten und unmittelbaren militärischen Vorteil stehen."

678 *Oeter*, in: Hasse/Müller/Schneider, Humanitäres Völkerrecht, 78, 92; so auch der BGH, *BGHZ* 212, 173 (198 f.).

sich trägt.[679] Alleine der Umstand, dass es zu einer Abwägung zwischen Menschenleben einerseits und den prognostizierten militärischen Vorteilen andererseits kommt, erschüttert den sich zunächst so aufdrängenden Gedanken der Humanität.[680]

a) Kundus-Fall

Auch deutschen Soldatinnen und Soldaten obliegt es in schwierigsten Gefechtssituationen, in denen Kontakt zu Zivilisten bestehen könnte, eine solche Abwägung vorzunehmen. In die schwierige Lage, eine solche Abwägung im Auslandseinsatz vornehmen zu müssen, kam im September 2009 auch ein das in Kundus stationierte Regionalkommando der ISAF zu diesem Zeitpunkt führende deutscher Oberst. Nach umfassender Abwägung der ihm bekannten Umstände entschied er, einen Luftangriff auf zwei am Tage zuvor von Taliban-Kämpfern entführte Tanklaster, die bei dem Versuch, einen Fluss zu überqueren, im Schlamm stecken geblieben waren, anzuordnen. Im Zuge des Angriffs starben ca. 50 Menschen; unter ihnen nicht nur lokale Taliban-Führer, sondern auch konfliktsvölkerrechtlich geschützte Zivilisten. In der Folge hat die Bundesanwaltschaft ein Ermittlungsverfahren gegen den Oberst eingeleitet. Der Generalbundesanwalt formuliert in seinem Gutachten in diesem sogenannten Kundus-Fall in einem obiter dictum[681] ungeschönt:

„Selbst wenn aber mit der Tötung mehrerer Dutzend geschützter Zivilisten hätte gerechnet werden müssen (was hilfsweise hier unterstellt werden soll),

---

679 *Oeter*, in: Tomuschat/Lagrange/Oeter, The Right to Life, 167, 174 ff.; den subjektiven Maßstab kritisch hinterfragend *Cassese*, in: ders., The New Humanitarian Law of Armed Conflict, 161, 175 f.: „The difficulty of looking into such imponderable elements to determine whether a belligerent *should have expected* disproportionate damages to civilians could result in rendering the practical application of that rule very difficult.“

680 Diese grundlegende Feststellung ist im Besonderen für die verfassungsrechtliche Bewertung einer extraterritorialen Tötungshandlung durch die Bundeswehr essentiell. Das 6. Kapitel widmet sich dieser Problematik in dem Unterabschnitt B. ausführlich.

681 Die Abwägung war aus dem Grunde nicht mehr entscheidungserheblich, dass der GBA bereits zuvor herausgearbeitet hatte, dass nach den dem Oberst bekannten Umständen die Anwesenheit geschützter Zivilisten fernliegend gewesen sei, Einstellungsvermerk im Ermittlungsverfahren gegen Oberst Klein und Hauptfeldwebel W. wegen des Verdachts einer Strafbarkeit nach dem VStGB und anderer Delikte vom 16.4.2010, 3 BJs 6/10-4 (offene Version), S. 65.

hätte dies bei taktisch-militärischer Betrachtung nicht außerhalb jeden Verhältnisses zu den erwarteten militärischen Vorteilen gestanden."[682]

Die Anwendung des konfliktsvölkerrechtlichen Verhältnismäßigkeitsprinzips im Kundus-Fall verdeutlicht eindrücklich, dass Zivilisten im Haager Recht keinen unbedingten und allumfassenden Schutz genießen.[683] Zivile Kollateralschäden im Zuge der Bekämpfung legitimer militärischer Ziele sind konfliktsvölkerrechtskonform, solange und soweit diese weder gegen das Exzessverbot des Art. 51 Abs. 5 lit. b ZP I verstoßen, noch das allgemeine Sorgfaltsgebot, wie es in Art. 57 Abs. 1 ZP I völkervertraglich niedergelegt ist, außer Acht lassen.[684] Das Konfliktsvölkerrecht versucht auf diese Weise einen Ausgleich zwischen der militärischen Notwendigkeit zur Erreichung eines militärischen Ziels – im Endeffekt der militärische Sieg über den Gegner – und den humanitären Belangen zu erreichen.[685] Hierin verdeutlicht sich der der Rechtsordnung inhärente

---

682 Einstellungsvermerk im Ermittlungsverfahren gegen Oberst Klein und Hauptfeldwebel W. wegen des Verdachts einer Strafbarkeit nach dem VStGB und anderer Delikte vom 16.4.2010, 3 BJs 6/10–4 (offene Version), S. 66.

683 Dass diese Erkenntnis noch nicht hinreichend in der Öffentlichkeit bekannt ist, zeigt die Berichterstattung des Spiegels zu dem Kundus-Fall, der am 1.2.2010, noch vor der Fertigstellung des Gutachtens des GBA, den Angriff als „ein deutsches Verbrechen" betitelt, vgl. Spiegel vom 1.2.2010 (Heft 05/2010). Konfliktsvölkerrechtliche Grundsätze werden, so hat es den Anschein, bewusst ignoriert. Die (fehlerhafte) Erzeugung einer negativen öffentlichen Wahrnehmung ist äußerst bedenklich – wird den gegnerischen Kriegsparteien der Eindruck vermittelt, Deutschland verletzte das Konfliktsvölkerrecht, wird auch die eigene Bereitschaft sich ihrerseits an die entsprechenden Regeln zu halten sinken, siehe hierzu *Sassòli*, in: Yearbook of International Humanitarian Law 2007, 45, 72; zu dem wechselseitigen Verhältnis der Medien zum Militär sowie der von einer Kriegsberichtserstattung ausgehenden Wirkung siehe *Feldhoff*, in: Schwegmann, Bewährungsproben einer Nation, 171, 177 ff., insbes. 179; es ist zudem fraglich, ob im Hinblick auf Art. 26 Abs. 1 S. 1 GG bewusst fehlerhafte Berichterstattungen aus Konflikten noch von dem Schutzbereich der Presse- und Rundfunkfreiheit erfasst sind, siehe *Fink*, in: v. Mangoldt/Klein/Starck, GG, Band II, Art. 26, Rn. 48.

684 Im Kundus-Fall hat der GBA in seinem Einstellungsvermerk festgestellt, dass auch das Erfordernis einer vorherigen Warnung, wie es in Art. 57 Abs. 2 lit. c ZP I normiert ist, der Konformität des Angriffs mit dem Konfliktsvölkerrecht – aufgrund der Fluchtgefahr der anwesenden Taliban – nicht entgegensteht, Einstellungsvermerk im Ermittlungsverfahren gegen Oberst Klein und Hauptfeldwebel W. wegen des Verdachts einer Strafbarkeit nach dem VStGB und anderer Delikte vom 16.4.2010, 3 BJs 6/10–4 (offene Version), S. 67.

685 Siehe hierzu *Sassòli*, in: Yearbook of International Humanitarian Law 2007, 45, 50; *Oeter*, in: Hasse/Müller/Schneider, Humanitäres Völkerrecht, 78, 91; *Solis*, The Law of

Kompromisscharakter, nicht hingegen die Lückenhaftigkeit des Rechtsgebiets.[686] Das Eingeständnis, dass ein absolutes rechtliches Verbot der Kollateralschäden in der Notsituation eines Krieges nicht zielführend ist, um eine Kriegsführung unter das Regime und die Restriktionen des Rechts zu stellen, ist wesentlich für die praktische Umsetzbarkeit des Rechtsgebiets des Konfliktsvölkerrechts.[687]

b) Das Verhältnismäßigkeitsprinzip im nicht-internationalen bewaffneten Konflikt

Ein Vergleich zu der Rechtslage im nicht-internationalen bewaffneten Konflikt verdeutlicht die Härte des Verhältnismäßigkeitsprinzips.[688] Der zunehmende Menschenrechtsschutz hat sich in besonderem Maße auf diesen Konfliktstypus ausgewirkt.[689] Auch dort ist in Art. 13 Abs. 2 ZP II zwar wortgleich das Verbot des gezielten Angriffs auf Zivilisten enthalten, wie es auch im internationalen bewaffneten Konflikt existiert,[690] der Verhältnismäßigkeitsgrundsatz hat hingegen keine Aufnahme in das zweite Zusatzprotokoll gefunden. Weit verbreitet wird von der gewohnheitsrechtlichen Geltung des in ZP I normierten Grundsatzes der Verhältnismäßigkeit ausgegangen.[691] Ginge man hier alternativ indes in Anwendung des lex specialis-Grundsatzes in Ermangelung einer ausdrücklichen Regelung von der Anwendbarkeit der Menschenrechte aus,[692] stellte die Anwendung des Verhältnismäßigkeitsprinzips entgegen der Annahme des IKRK keine Erweiterung des Schutzes der Zivilisten, sondern

---

Armed Conflict, S. 270 f., der zudem die enge Verbindung zwischen den Prinzipien der unterscheidenden Kriegsführung und dem konfliktsvölkerrechtlichen Verhältnismäßigkeitsgebot betont, *Solis*, ebenda, 277 f. u. 296.

686 Den Schluss der Lückenhaftigkeit zieht indes *Hankel*, Das Tötungsverbot im Krieg, S. 42. Ein solcher Schluss verkennt aber, dass das Recht bewaffneter Konflikte nicht einzig auf den umfassenden Schutz der Zivilisten ausgelegt ist und den Krieg als solchen eben nicht verbietet.

687 *Oeter*, in: Tomuschat/Lagrange/Oeter, The Right to Life, 167, 169.

688 Siehe zu dem Folgenden *Kretzmer*, in: Israel Law Review 2009, 8, 27 f.

689 Instruktiv hierzu *Kreß*, in: JZ 2014, 365, 366 f.; *Kretzmer*, in: Israel Law Review 2009, 8, 21 ff.; *Lippold*, in: ZaöRV 2016, 53, 90.

690 Siehe Art. 51 Abs. 2 ZP I.

691 Maßgebend insbesondere das IKRK in seiner Studie zum Völkergewohnheitsrecht, *Henckaerts/Doswald-Beck*, in: ICRC, Customary International Humanitarian Law, Band I, S. 46; siehe auch *BGHZ* 212, 173 (198).

692 Siehe hierzu sogleich unter D.II.

eben eine Einschränkung dar.[693] Schließlich könnte ihre Opferung doch nun unter Umständen zugunsten eines militärischen Vorteils in Kauf genommen werden.[694] Feststellungen wie: „Proportionality is the true guarantee of robust civilian protection from the effects of attacks in wartime“[695] müssen demnach insbesondere im nicht-internationalen bewaffneten Konflikt kritisch hinterfragt werden.[696]

c) Problematische Abwägung zwischen Menschenleben und militärischem Vorteil

Erhebliche Schwierigkeiten bestehen bei der Feststellung des zugrunde zu legenden Maßstabs für die Verhältnismäßigkeit – sind doch zwei so ungleiche Positionen wie Menschenleben und der erwartete militärische Vorteil eines Angriffs gegeneinander abzuwägen.[697] Einerseits wird erkannt, dass eine solche Abwägung nur schwerlich getroffen werden kann und gerade keine feststehenden Richtlinien existieren.[698] Andererseits wird aber eben eine solche Abwägung den jeweiligen Protagonisten von dem konfliktsvölkerrechtlichen Verhältnismäßigkeitsprinzip auferlegt. Erschwerend kommt hinzu, dass von diesen verlangt wird, eine Prognose über den erwarteten, niemals mit Sicherheit vorhersagbaren, militärischen Vorteil zu treffen. Zusätzlich wird oftmals eine exakte Differenzierung zwischen militärischen und zivilen Zielen in der Eindeutigkeit der kategorischen Unterscheidung des Gesetzes nicht möglich sein.[699] Den Ausführungen des Generalbundesanwalts im Kundus-Fall liegt sicherlich ein weites

---

693 Siehe auch *Lippold*, in: ZaöRV 2016, 53, 93; siehe zu diesen Gedanken hinsichtlich möglicherweise geltender Alternativregeln *Kretzmer*, in: Israel Law Review 2009, 8, 28 f.

694 An dieser Stelle zeigt sich der Einfluss der Menschenrechte besonders prägnant. Ein Fortschritt zu einer unbegrenzten Schädigungsbefugnis von Zivilisten zugunsten militärischer Erwägungen stellt die Anwendung des Verhältnismäßigkeitsprinzips allemal dar. Doch im Vergleich zu dem strengen Regime der Menschenrechte folgt aus Anwendung eine Rücknahme des umfassenden Menschenrechtsschutzes.

695 *Dinstein*, The Conduct of Hostilities, S. 130.

696 Vor einer „overapplication“ der bestehenden konfliktsvölkerrechtlichen Regelungen warnt auch *Sassòli*, in: Yearbook of International Humanitarian Law 2007, 45, 50 ff.

697 Eingehend hierauf *Cannizzaro*, in: Clapham/Gaeta, The Oxford Handbook of International Law in Armed Conflict, 332, 337 ff.; siehe auch *Benvenisti*, in: Tel Aviv University Law Faculty Papers, 2006, 81, 93; *Solis*, The Law of Armed Conflict, S. 297 ff.

698 So u.a. *Oeter*, in: Fleck, Handbuch des humanitären Völkerrechts, Rn. 459.

699 *Oeter*, in: Fleck, Handbuch des humanitären Völkerrechts, Rn. 459.

Verständnis der konfliktsvölkerrechtlichen Verhältnismäßigkeit zugrunde.[700] Trotz der Schlüsselstellung des konfliktsvölkerrechtlichen Verhältnismäßigkeitsprinzips ist es so, dass „the concept of excessive is such that any explanation, even that designed to elucidate the test, may have the effect of distorting rather than clarifying the meaning."[701] Eine allseits akzeptierte Formel wurde daher bislang weder von der Wissenschaft noch von der Praxis hervorgebracht. Man wird jedenfalls nicht um die Feststellung herumkommen, dass nur eine Reglementierung des Krieges durchgesetzt werden kann, die militärische Notwendigkeiten nicht vollends vernachlässigt.[702] Nur eine nicht zu eng gezogene Grenze der Verhältnismäßigkeit gewährleistet die Akzeptanz des Konfliktsvölkerrechts durch die Staaten.[703] Die Beachtung der militärischen Notwendigkeit dient gerade dazu, militärische Vorteile zu ermöglichen unter simultaner Geringhaltung des menschlichen Leidens.[704]

2. Militärische Notwendigkeit und Schutz von Zivilisten

Demensprechend nimmt das Recht der bewaffneten Konflikte an vielen Stellen auf die militärische Notwendigkeit Bezug.[705] Wie weit der militärischen Notwendigkeit Rechnung gezollt wird, zeigt sich auch an der Relativität der Sorgfaltsregeln, wie sie völkervertraglich aus Art. 57 ZP I folgen. Insbesondere bedarf es nach Art. 57 Abs. 2 lit. c ZP I der vorherigen Warnung der Zivilbevölkerung, wenn deren Betroffenheit durch den Angriff nicht ausgeschlossen werden

700 So liegt laut dem GBA ein „offensichtlicher Exzess" erst „bei der Vernichtung einer kompletten Ortschaft mit Hunderten ziviler Einwohner um einen einzelnen gegnerischen Kämpfer zu treffen […]" vor, Einstellungsvermerk im Ermittlungsverfahren gegen Oberst Klein und Hauptfeldwebel W. wegen des Verdachts einer Strafbarkeit nach dem VStGB und anderer Delikte vom 16.4.2010, 3 BJs 6/10–4 (offene Version), S. 66.

701 *Sivakumaran*, The Law of Non-International Armed Conflict, S. 351.

702 *Gasser/Melzer*, Humanitäres Völkerrecht, S. 26 f.; *Kreß*, in: JZ 2014, 365, 368; *Oeter*, in: Hasse/Müller/Schneider, Humanitäres Völkerrecht, 78, 91.

703 In diesem Sinne (bezogen auf die Regelungen des Konfliktsvölkerrechts im Allgemeinen) auch *Sassòli*, in: Yearbook of International Humanitarian Law 2007, 45, 49 f.; *Oeter*, in: Tomuschat/Lagrange/Oeter, The Right to Life, 167, 193.

704 *Solis*, The Law of Armed Conflict, S. 278; zu einer Analyse bezüglich der Gewichtung der divergierenden Belange siehe *Benvenisti*, in: Tel Aviv University Law Faculty Papers, 2006, 81, 93 ff.

705 Siehe *Solis*, The Law of Armed Conflict, S. 288.

kann.[706] Zunächst wird erneut die Beschränktheit des Schutzes der Zivilbevölkerung vor Augen geführt – darf ein Angriff doch trotz der Ungewissheit über die Anwesenheit von Zivilisten ausgeführt werden. Der Zusatz „es sei denn, die gegebenen Umstände erlaubten dies nicht" ebnet überdies dem Erfordernis des Überraschungsmoments einer militärischen Handlung[707] und damit dem militärisch Notwendigen den Weg; der Schutz der Zivilbevölkerung hat beiseite zu treten. Dementsprechend lehnt der BGH im Kundus-Fall eine Verletzung des Art. 57 Abs. 2 lit. c ZP I durch den befehligenden Oberst (hilfsweise) ab. Der von den Kampfjetpiloten vorgeschlagenen „show of force" durch einen Tiefflug als Warnung möglicherweise anwesender Zivilisten musste der Oberst nicht folgen, „weil damit zugleich das legitime militärische Ziel der Bekämpfung der anwesenden Taliban vereitelt worden wäre".[708] Jedenfalls sind die Wirkungen des Angriffs auf die Zivilisten dann aber durch die Waffenwahl und Angriffsart nach Art. 57 Abs. 2 lit. a ii ZP I „auf ein Mindestmaß zu beschränken". Selbst das Verbot des Aushungerns der Zivilbevölkerung als Mittel der Kriegsführung, völkervertraglich in Art. 54 Abs. 1 ZP I niedergelegt, lässt in Abs. 5 eine Abweichung wegen einer zwingenden militärischen Notwendigkeit zu. Diese ist zwar eng begrenzt auf die Verteidigung des Hoheitsgebiets gegen eine Invasion, doch wird auch an diesem Gesichtspunkt der nur beschränkte Schutz der Zivilisten durch das Konfliktsvölkerrecht aufgezeigt. Schlussendlich wird man gleichfalls an dieser Stelle das humanitäre Grundanliegen erkennen können. Auch wenn dies paradox anmuten mag, dient letztlich die Möglichkeit der Opferung einzelner Zivilisten in konkreten Ausnahmefällen dem Schutz des von bewaffneten Konflikten betroffenen Zivilisten im Allgemeinen.

3. *Kriegsgefangenenschaft als Präventivhaft*

Doch nicht nur die thematisierten Regelungskomplexe des Haager Strangs zeigen den einschneidenden Charakter des Rechts der bewaffneten Konflikte auf. Auch der Genfer Teil des Rechts der bewaffneten Konflikte beinhaltet Regelungen, die weitgehende Befugnisse gewähren. So zeigt sich gerade auch in dem Institut der Kriegsgefangenenschaft, wie es von der dritten Genfer Konvention

---

706 Das Gebot der vorherigen Warnung stellt geltendes Völkergewohnheitsrecht dar und gilt auch im nicht-internationalen bewaffneten Konflikt, siehe *Henckaerts/Doswald-Beck*, in: ICRC, Customary International Humanitarian Law, Band I, S. 62–64.

707 Laut *Dinstein*, The Conduct of Hostilities, S. 144, ist „surprise […] one of the main staples of warfare, not only when an assault is contemplated".

708 *BGHZ* 212, 173 (200).

etabliert wurde, die Reichweite der konfliktsvölkerrechtlichen Eingriffsbefugnisse.[709] Es bedarf für die Internierung eines gegnerischen Kombattanten keines gesonderten Festnahmegrundes. Vielmehr wird die Zugehörigkeit zu den gegnerischen Streitkräften als ausreichend erachtet. Auch eine zeitliche Begrenzung der Festnahme bis zum Konfliktsende ist nicht vorgesehen[710] und es besteht auch keine prozessuale Möglichkeit der Haftprüfung.[711] Trotz der zweifellos bestehenden Normdichte der dritten Genfer Konvention zum Schutze der Kriegsgefangenen,[712] handelt es sich bei der Kriegsgefangenschaft letztlich um eine Form der Präventivhaft.[713]

III. Fazit

Im Ausgangspunkt steht der Schutzcharakter des Rechts der bewaffneten Konflikte, der das Prinzip der Menschlichkeit in den Mittelpunkt stellt. Nicht (mehr) am Konflikt Beteiligte sind stets mit Menschlichkeit zu behandeln. Auch im Rahmen von konkreten Kampfhandlungen erfahren Zivilisten insbesondere durch die Pflicht zur diskriminierenden Kriegsführung Schutz. Andererseits ist das Recht der bewaffneten Konflikte von einem Eingriffscharakter geprägt, der gerade den Schutz von Zivilisten relativiert. Der Kundus-Fall verdeutlicht die weitgehenden konfliktsvölkerrechtlichen Eingriffsbefugnisse, die auch deutschen Streitkräften im Rahmen eines bewaffneten Konflikts zukommen. Gerade das konfliktsvölkerrechtliche Verhältnismäßigkeitsprinzip, welches im Mittelpunkt der rechtlichen Bewertung des Kundus-Falls stand, lässt die Reichweite der Befugnisse erkennen. Bereits die in die Abwägung einzubeziehenden Erwägungen – Menschenleben einerseits und ein militärischer Vorteil andererseits – verdeutlichen das Ausmaß der Einschlägigkeit des Rechts der bewaffneten Konflikte. Schwierigkeiten bei der Feststellung der richtigen Gewichtung der

709 *Kreß*, in: JZ 2014, 365, 367.

710 Erst nach Beendigung der aktiven Feindseligkeiten sind Kriegsgefangene nach Art. 118 Abs. 1 GK III freizulassen.

711 *Meron*, in: AJIL 2000, 239, 240. Dies wurde auch von Richter *Spano* in seiner teilweise abweichenden Meinung zum Urteil EGMR v. 16.9.2014, Hassan v. The United Kingdom (Application no. 29750/09), Nr. 5. herausgearbeitet.

712 *Gasser/Melzer*, Humanitäres Völkerrecht, S. 113 sprechen von einem „eindrucksvollen Normgebilde". Siehe zu dem Schutzcharakter des „Genfer Strangs" oben unter C.I.1.

713 Es geht darum, dem Internierten die weitere Teilnahme an den Feindseligkeiten unmöglich zu machen – es handelt sich nicht etwa um eine (nachträgliche) Bestrafung für die Teilnahme an den Kämpfen, *Gasser/Melzer*, Humanitäres Völkerrecht, S. 112 f.; *Kreß*, in: JZ 2014, 365, 367.

widerstreitenden Interessen werden dabei nicht völlig aufgelöst werden können. Auch das Gebot der militärischen Notwendigkeit zeigt den im bewaffneten Konflikt relativierten Schutz von Zivilisten auf. Das Rechtsgebiet ist von einem Kompromisscharakter geprägt: „Laws of war, to be accepted and to be applied in practice, must strike the correct and just balance between, on the one hand, the principles of humanity and chivalry, and on the other hand, military interests".[714]

D. Menschenrechtsschutz und Konfliktsvölkerrecht

Betrachtet man das Recht der bewaffneten Konflikte vor dem Hintergrund der menschenrechtlichen Gewährleistungen, tritt der Eingriffscharakter („pragmatisches Element") deutlich in den Vordergrund. Der Schutzcharakter des Konfliktsvölkerrechts („idealistisches Element") wird heute auch wesentlich durch die Menschenrechte übernommen. Maßgebliche Bedeutung kommt daher der Antwort auf die Frage zu, wie das Recht der bewaffneten Konflikte zu den Menschenrechten steht.

I. Abweichungen zum Menschenrechtsschutz abseits eines bewaffneten Konflikts

Wie einleitend angedeutet, ist das sogenannte humanitäre Völkerrecht – anders als der Begriff suggerieren könnte – nicht auf den Schutz der Menschenrechte in bewaffneten Konflikten ausgelegt.[715] Zwar liegt dem Recht der bewaffneten Konflikte wie auch dem Recht der Menschenrechte der Gedanke der Humanität zugrunde.[716] Ebenso kann ein Einfluss der Menschenrechte auf das Recht der bewaffneten Konflikte festgestellt werden.[717] Auch findet das – hiervon grundsätzlich getrennte[718] – Rechtsgebiet der Menschenrechte nicht nur zu Zeiten

714 *Kunz*, in: AJIL 1956, 313, 316.

715 *Dinstein*, The Conduct of Hostilities, S. 19.

716 *Meron*, in: AJIL 2000, 239, 245; *A. Nußberger*, Das Völkerrecht, S. 88 f.

717 *Gowlland-Debbas/Gaggioli*, in: in: Kolb/Gaggioli, Research Handbook on Human Rights and Humanitarian Law, 77, 78 f.

718 Siehe *Sivakumaran*, The Law of Non-International Armed Conflict, S. 84 f. Verschiedentlich werden die Vorzüge einer Einheit der Rechtsgebiete propagiert, so bspw. *Hankel*, Das Tötungsverbot im Krieg, S. 112, der auf diese Weise „eine Privilegierung der militärischen Notwendigkeit" zu verhindern sucht. Offen bleibt die praktisch entscheidende Frage, wie dann überhaupt eine effektive Kriegsführung möglich bleibt vor dem Hintergrund des umfassenden Schutzes des Lebens und der Freiheit durch die Menschenrechte.

des Friedens, sondern auch in dem Rahmen bewaffneter Konflikte Anwendung.[719] Doch kann es – diese Prämisse zugrunde legend – zu starken Widersprüchen der anwendbaren Regelungen kommen. Deutlich wird dann, dass der Schutz der Menschenrechte durch das Konfliktsvölkerrecht empfindlich eingeschränkt wird.

1. *Recht auf Leben*

Das Recht auf Leben wird als Voraussetzung für die Ausübung aller weiteren Menschenrechte als ein Grundpfeiler des Menschenrechtsschutzes betrachtet.[720] Dementsprechend wird das Recht auf Leben durch regionale wie universelle Menschenrechtsverträge umfassend geschützt. „Niemand darf absichtlich getötet werden [...]" heißt es in Art. 2 Abs. 1 EMRK. Art. 6 Abs. 1 IPBPR verlautbart, dass „[n]iemand [...] willkürlich seines Lebens beraubt werden" darf. Art. 4 AMRK verbietet, dass „Leben willkürlich genommen werden." Auch die Afrikanische Charta der Menschenrechte und der Rechte der Völker beinhaltet in Art. 4 einen „Anspruch darauf, [jedermanns] Leben und körperliche und geistige Unversehrtheit" zu achten. Niemand dürfe dieses Rechts beraubt werden.[721] Im bewaffneten Konflikt dürfen gegnerische Kombattanten hingegen unabhängig der Gegenwärtigkeit eines Angriffs, alleine aufgrund ihrer Zugehörigkeit zu den Streitkräften, gezielt getötet werden. Gerade auch die Bewertung der Verhältnismäßigkeit von Tötungen von Zivilisten findet unter dem Regime der Menschenrechte im Vergleich zum Recht der bewaffneten Konflikte unter einer völlig unterschiedlichen Ausgangsprämisse statt.[722]

---

719 *Heintze*, in: ders./Ipsen, Heutige bewaffnete Konflikte als Herausforderung an das humanitäre Völkerrecht, 163, 165 f.; *Doswald-Beck*, Human Rights in Times of Conflict and Terrorism, S. 5; *Lippold*, in: ZaöRV 2016, 53, 56 u. 69; *Schmahl*, in: Hasse/Müller/Schneider, Humanitäres Völkerrecht, 41, 72; *Gowlland-Debbas/Gaggioli*, in: Kolb/Gaggioli, Research Handbook on Human Rights and Humanitarian Law, 77, 79 f.

720 *Petersen*, „Life, Right to, International Protection", in: Wolfrum, MPEPIL, Rn. 1, online [Stand Oktober 2012].

721 Alle hier genannten Menschenrechtsverträge sind abgedruckt in *Fremuth*, Menschenrechte. Vertiefend zu Ursprung und Entwicklung der genannten Verträge siehe die Beiträge von *Irmscher*, „Afrikanische Menschenrechtscharta", in: Schöbener, Völkerrecht, S. 1 ff., *ders.*, „Amerikanische Menschenrechtscharta", ebenda, S. 22 ff., *Nußberger*, „Europäische Menschenrechtskonvention", ebenda, S. 85 ff. und *Gornig*, „Internationaler Pakt über bürgerliche und politische Rechte", ebenda, S. 211 ff.

722 *Solis*, The Law of Armed Conflict, S. 301.

2. *Recht auf Freiheit*

Ein Blick in Art. 5 EMRK,[723] der das Recht auf Freiheit und Sicherheit statuiert, offenbart die Friktion zwischen Konfliktsvölkerrecht und Menschenrechten im Bereich des Rechts auf Freiheit.[724] Die EMRK ermöglicht eine Einschränkung der Freiheit nur unter engen Voraussetzungen, insbesondere in Fällen der Verurteilung durch ein Gericht oder im Falle des hinreichenden Verdachts der Begehung einer Straftat. Weiterhin müssen dem Festgenommenen die Gründe seiner Festnahme mitgeteilt werden und ein Richter hat auf Antrag über die Rechtmäßigkeit der Festnahme zu entscheiden. Ganz ähnliche Gewährleistungen finden sich in Art. 9 IPBPR. So schreibt Art. 9 Abs. 3 IPBPR die „unverzüglich[e]" Vorführung vor einen Richter sowie ein „Gerichtsverfahren innerhalb angemessener Frist" vor. Gerade die generelle Präventivhaft, die im bewaffneten Konflikt möglich ist, wird nach menschenrechtlichen Standards nur in ganz engen Grenzen gewährt.[725] Auch die vierte Genfer Konvention zum Schutze der Zivilbevölkerung erlaubt die Internierung geschützter Personen aus Sicherheitsgründen.[726] Zwar wird diesen ein deutlich höheres Maß an Rechten, insbesondere zur Haftprüfung, eingeräumt,[727] doch ändert dies nichts an dem Umstand, dass die Festnahme aus Sicherheitsgründen von Art. 5 Abs. 1 EMRK nicht vorgesehen ist und somit hinter den menschenrechtlichen Standards zurückbleibt.

II. Konfliktsvölkerrecht als lex specialis zu dem Schutz der Menschenrechte

Das Verhältnis zwischen Konfliktsvölkerrecht und Menschenrechten ist bis heute umstritten.[728] Gerade in Bezug auf das Recht auf Leben geht der IGH ausdrücklich

---

723 Vergleichbare Rechte finden sich in Art. 9 IPBPR und Art. 7 AMRK.

724 Siehe auch *Wallace*, Application of the European Convention on Human Rights, S. 142.

725 Siehe *Schmidt-Radefeldt*, in: Fleck, Rechtsfragen der Terrorismusbekämpfung, 101, 120 m.w.N.

726 Siehe Art. 42 GK IV für Ausländer im Gebiet einer Konfliktspartei und Art. 78 GK IV für die Festnahme in besetzten Gebieten. Damit wird der Anwendungsbereich der Internierungsbefugnis der Staaten auf geschützte Personen erweitert, die materiellen Voraussetzungen für die Festnahme aber erhöht. So muss es nach Art. 42 GK IV die Sicherheit „unbedingt erfordern" und nach Art. 78 GK IV die Internierung als aus „zwingenden Sicherheitsgründen" notwendig erscheinen.

727 Siehe insoweit die Art. 43, 78 Abs. 2 u. 3 und 132 GK IV sowie Art. 75 Abs. 3 ZP I.

728 Siehe die Bestandsaufnahme bei *Heintze*, in: Kolb/Gaggioli, Research Handbook on Human Rights and Humanitarian Law, 53, 54 ff. und bei *Gowlland-Debbas/Gaggioli*,

von einem lex specialis-Verhältnis der beiden Rechtsgebiete aus.[729] In seinem Gutachten „Legal Consequences of the Construction of a Wall in the Occupied Palestinian Territory" bestätigt der IGH das Spezialitätsverhältnis, bezieht es indes nicht kategorisch auf alle denkbaren Situationen.[730] Im Rahmen des internationalen bewaffneten Konflikts wird Art. 5 EMRK laut dem Urteil des EGMR im Fall Hassan vs. United Kingdom von den konfliktsvölkerrechtlichen Regelungen überlagert.[731] Die Regelungen des ius in bello sind genau auf die Situation eines bewaffneten Konflikts zugeschnitten. Kämen die Menschenrechte hier uneingeschränkt zur Anwendung, liefe das Recht der bewaffneten Konflikte ins Leere.[732] Dementsprechend ist davon auszugehen, dass das Konfliktsvölkerrecht den Menschenrechten im Falle des bewaffneten Konflikts als lex specialis vorgeht.[733] Auch wenn der Menschenrechtsschutz in dem Rahmen eines bewaffneten Konflikts nicht aufhört seinen Schutz zu entfalten[734] und es Situationen gibt, in denen Menschenrechtsschutz und humanitäres Völkerrecht nebeneinander wirken

---

in: Kolb/Gaggioli, Research Handbook on Human Rights and Humanitarian Law, 77, 84 ff.; eine ausführliche Analyse des Verhältnisses der EMRK zu dem Recht der bewaffneten Konflikte unter Berücksichtigung der Rechtsprechung des EGMR bietet *Wallace*, Application of the European Convention on Human Rights, S. 141 ff.

729 *IGH*, Legality of the Threat or Use of Nuclear Weapons, Advisory Opinion, I.C.J. Reports 1996, 226, S. 240, Rn. 25.

730 *IGH*, Legal Consequences of the Construction of a Wall in the Occupied Palestinian Territory, Advisory Opinion, I.C.J. Reports 2004, 136, S. 178, Rn. 106.

731 EGMR v. 16.9.2014, Hassan v. The United Kingdom (Application no. 29750/09), Rn. 101 ff. Dies gilt laut dem Gerichtshof auch ohne die Abgabe einer Derogationserklärung, Rn. 101–103. Diese Feststellungen beziehen sich indes ausdrücklich auf den internationalen bewaffneten Konflikt (Rn. 104); siehe zu dem Fall und einer Analyse der Entscheidung *Wallace*, Application of the European Convention on Human Rights, S. 157 ff.; zu dem Erfordernis der Abgabe einer Derogationserklärung siehe *Schmahl*, in: Fleck, Rechtsfragen der Terrorismusbekämpfung, 125, 142 ff.

732 Siehe auch *Kreß*, in: JZ 2014, 365, 368: „[…] der völkerrechtlich erlaubte Verteidigungskrieg [ließe sich] typischerweise nicht gewinnen […], wenn der Kampf im Einklang mit dem menschenrechtlichen Ideal geführt werden müsste".

733 *Dinstein*, The Conduct of Hostilities, S. 24; *Gasser/Melzer*, Humanitäres Völkerrecht, S. 29 f.

734 *IGH*, Legal Consequences of the Construction of a Wall in the Occupied Palestinian Territory, Advisory Opinion, I.C.J. Reports 2004, 136, S. 178, Rn. 106; *Leiden Policy Recommendations*, in: van den Herik/Schrijver, Counter-Terrorism Strategies, 706, 720, Rn. 56.

können,[735] sind es doch gerade die elementaren Rechte – wie das Recht auf Leben und das Recht auf Freiheit –, die im Falle eines bewaffneten Konflikts von den konfliktsvölkerrechtlichen Regeln zumindest in dem Kern des Schutzes zurückgedrängt werden.[736] Die Anwendung des lex specialis-Grundsatzes bewirkt zwar nicht die Verdrängung des gesamten Menschenrechtsschutzes; doch gerade in essentiellen Bereichen, in denen die einzelnen Normen im Regelungsinhalt stark divergieren, kommt es zu einer Verdrängung des strengen Menschenrechtsregimes.[737] Wird im Schrifttum festgestellt, dass nur „*[a]usnahmsweise* […] der allgemeine Menschenrechtsschutz hinter das humanitäre Völkerrecht zurück[tritt] (Anwendungsvorrang des humanitären Völkerrechts)“[738], mag diese Einschätzung in Bezug auf den gesamten Menschenrechtskatalog zutreffend sein. Doch hält ein solch pauschaler Befund einer konkreten Betrachtung der Umstände in einem bewaffneten Konflikt nicht stand. Es kommt insbesondere in den Bereichen der regelmäßig tangierten Rechtsgüter (Leben, Gesundheit und Freiheit) zu einer Verdrängung der Menschenrechte durch das Konfliktsvölkerrecht, mit welcher eine umfassende Zurückdrängung der Menschenrechte einhergeht. Umgekehrt käme genannter Befund näher an die Realität – nur ausnahmsweise entfalten die typischerweise betroffenen Menschenrechte des Lebens, der Gesundheit und der Freiheit in bewaffneten Konflikten ihre Schutzwirkung.

III. Ergebnis

Die Menschenrechte gelten zwar auch im Rahmen eines bewaffneten Konflikts fort. Doch werden sie von den Regelungen des ius in bello insbesondere bezüglich des

---

735 Nämlich dann, wenn es keinen Normenkonflikt zwischen den Rechtsordnungen gibt. So richten sich bspw. die Rechte der Versammlungsfreiheit oder Meinungsfreiheit auch im bewaffneten Konflikt nach dem Regime des Menschenrechtsschutzes, *Kleffner*, in: Fleck, The Handbook of International Humanitarian Law, Rn. 253; *v. Arnauld*, in: Weingärtner, Streitkräfte und Menschenrechte, 61, 68 f.; siehe auch *Gowlland-Debbas/Gaggioli*, in: Kolb/Gaggioli, Research Handbook on Human Rights and Humanitarian Law, 77, 86.

736 *Leiden Policy Recommendations*, in: van den Herik/Schrijver, Counter-Terrorism Strategies, 706, 721 f., Rn. 65; *Sassòli*, in: Yearbook of International Humanitarian Law 2007, 45, 51; *Kreß*, in: JZ 2014, 365, 368; *Dinstein*, The Conduct of Hostilities, S. 24; speziell zum Recht auf Freiheit siehe *Sivakumaran*, The Law of Non-International Armed Conflict, S. 90.

737 *Kleffner*, in: Fleck, The Handbook of International Humanitarian Law, Rn. 253.

738 *Fassbender*, in: Isensee/Kirchhof, HStR, Band XI, § 244, Rn. 139, Hervorhebung durch den Verfasser.

Rechts auf Leben und körperliche Unversehrtheit sowie des Rechts auf Freiheit in Anwendung des lex specialis-Grundsatzes verdrängt. Bei der Gegenüberstellung dieser Menschenrechte zu den konfliktsvölkerrechtlichen Eingriffsbefugnissen wird ein deutlicher Kontrast erkennbar. Vor diesem Hintergrund ist auch zu konstatieren, dass „dem wohlklingenden Begriff des humanitären Völkerrechts ein stark beschönigender Zug anhaftet."[739] Die Definition des Rechtsgebiets als „Gesamtheit jener internationalen Regeln, welche aus humanitären Gründen der Anwendung von Gewalt in einem bewaffneten Konflikt Grenzen setzen",[740] greift daher auch zu kurz, da einzig der Schutz- nicht aber der Eingriffscharakter verdeutlicht wird.

E. Fazit

Der häufig hervorgehobene Zweck der Humanität lässt nicht allen Normen des Konfliktsvölkerrechts automatisch humane Züge zukommen. Umgekehrt sorgen die weitgehenden Eingriffsbefugnisse einzelner Normen nicht dafür, dass der Gesamtzweck der Teilrechtsordnung samt dessen humanitären Anliegen in Frage zu stellen ist. Eine unkritische Ausweitung des Anwendungsbereichs des Konfliktsvölkerrechts konterkarierte aber letztlich Henry Dunants Idee der Humanisierung des Krieges, dem sich das humanitäre Völkerrecht verpflichtet hat. Insbesondere die Zurückdrängung des strengen Menschenrechtsregimes zumindest in den Kernbereichen rund um den Schutz des Lebens und der Freiheit, lässt den um ihre Sicherheit besorgten Staaten das Konfliktsvölkerrecht als eine möglichst breit anzuwendende Rechtsordnung erscheinen, geht hiermit doch eine deutliche Erweiterung des Handlungsspielraums einher.[741] So suchen einige Staaten eine immer weitere Entfaltung des Regelungskomplexes – insbesondere in der Terrorismusbekämpfung – zu erreichen.[742] Dies ist vor dem

739 *Kreß*, in: JZ 2014, 365, 367.

740 *Gasser/Melzer*, Humanitäres Völkerrecht, S. 23.

741 *Kretzmer*, in: Israel Law Review 2009, 8, 21 f.; vor den Gefahren einer Trivialisierung des Begriffs des bewaffneten Angriffs aufgrund einer „[...] – in diesem Fall kontraproduktiven – humanitären Gesinnung [...]" warnt *Kreß*, in: Schwegmann, Bewährungsproben einer Nation, 87, 99.

742 *Sassòli*, In: Yearbook of International Humanitarian Law 2007, 45, 50 f.; *Oeter*, in: Tomuschat/Lagrange/Oeter, The Right to Life, 167, 176 f. stellt den Versuch des US-Militärs dar, den Anwendungsbereich des Merkmals „militärischer Ziele" auf sogenannte „war-sustaining" Ziele, also Ziele wirtschaftlicher und politischer Natur, auszuweiten; diesbezüglich tritt auch der – für alle gegenwärtigen Bundeswehreinsätze nicht relevante – extraterritoriale Drohneneinsatz gegen nicht-staatliche Akteure in Gebieten, in denen kein bewaffneter Konflikt herrscht, in den Mittelpunkt des

herausgearbeiteten Hintergrund sehr kritisch zu sehen.[743] Möchte man das Ziel der umfassenden Befolgung der konfliktsvölkerrechtlichen Regelungen durch alle kriegsführenden Parteien nicht schon im Ansatz zu einer Utopie verkommen lassen, führt indes kein Weg an der Gewährung von militärischen Belangen Rechnung tragenden Befugnissen vorbei. Letztlich dienen also auch die den Menschenrechten zuwider laufenden Befugnisse dem humanitären Anliegen des Rechtsgebiets, indem kein rein idealistischer Maßstab angesetzt wird und so den Kriegsführenden nicht jeglicher Handlungsspielraum genommen und damit die Bereitschaft zur Akzeptanz von Regeln geschaffen wird.[744] So ernüchternd diese Erkenntnis auch sein mag, sind existierende Regeln, wenn auch (im Hinblick auf die gewährten Schädigungsbefugnisse) weit gezogen, für den Ernstfall die für alle von Gewalt Betroffenen vorzugswürdige Alternative zu der Regellosigkeit des Krieges.[745] Auch die Bundeswehr unterliegt im Kampf im Rahmen eines bewaffneten Konflikts dem Rechtsregime des ius in bello. Völkerrechtlich kommen den beteiligten Soldatinnen und Soldaten dann die hier herausgearbeiteten Eingriffsbefugnisse zu.

Interesses. Siehe *Byrne*, in: JUFIL 2016, 97, der US-Drohnenangriffe in Pakistan, Somalia und dem Jemen untersucht und dabei ansatzweise den Einfluss von Regelungen des ius contra bellum auf das ius in bello betrachtet.

743 Insbesondere dann, wenn ein „pick-and choose approach" gewählt wird, bei dem versucht wird, sich nur auf die Eingriffsbefugnisse zu berufen, nicht aber den Schutz der Genfer Konventionen zu gewähren, *Sassòli*, in: Yearbook of International Humanitarian Law 2007, 45, 51. Zu denken ist in diesem Kontext etwa an die USA, die zu diesem Zwecke die kreative Idee des „unlawful combatants" in die Welt setzte, auf deren Grundlage die Inhaftierung Gefangener in Guantanamo Bay erfolgt. Siehe fundiert zu der Anwendbarkeit der Menschenrechte auf Terroristen in Notstandsituationen *Schmahl*, in: Fleck, Rechtsfragen der Terrorismusbekämpfung, 125, 134 f.

744 „'Excessive' humanization might exceed the limits acceptable to armed forces, provoke their resistance, and thus erode the credibility of the rules", *Meron*, in: AJIL 2000, 239, 241; diese Tatsache verkennend *Hankel*, Das Tötungsverbot im Krieg, S. 20.

745 Ebenso *Solis*, The Law of Armed Conflict, S. 309; in diesem Sinne auch *Sassòli*, in: Yearbook of International Humanitarian Law 2007, 45, 50; Forderungen nach der Einschränkung konfliktsvölkerrechtlicher Prinzipien, wie dem des Verhältnismäßigkeitsprinzips im Hinblick auf die Möglichkeit der Inkaufnahme von Kollateralschäden, mögen gut klingen, doch ist die Praktikabilität dieser zumeist zweifelhaft und die Konsequenzen konträr zu dem verfolgten Zweck – das Leid der Zivilbevölkerung im Krieg zu mindern. *Oeter*, in: Tomuschat/Lagrange/Oeter, The Right to Life, 167, 192 f. spricht von einem „pyrrhic victory", wenn man aus der Unbestimmtheit der der militärischen Notwendigkeit Rechnung tragenden Regelungen die Konsequenz zöge, die Regelungen hinsichtlich der Zulässigkeit von Kollateralschäden zu „verbannen".

4. Kapitel – Kompetenzverteilung zwischen Bundesregierung und Bundestag

Der verfassungsrechtliche Teil der Untersuchung beginnt in diesem vierten Kapitel der Ausarbeitung mit der formellen Rechtslage rund um die wesentlichen Gesichtspunkte der innerstaatlichen Organkompetenzverteilung zwischen Bundesregierung und Bundestag. Dazu wird zunächst der Ausgangspunkt der grundgesetzlichen Organkompetenzverteilung skizziert (A.), bevor auf Einzelheiten zu dem sogenannten wehrverfassungsrechtlichen Parlamentsvorbehalt eingegangen wird (B.). Im Anschluss wird die Rechtslage beim „Kurzeinsatz" erörtert. Im Pegasus-Urteil[746] aus dem Jahre 2015 hat das Bundesverfassungsgericht in diesem Kontext eine Ausnahme von der grundsätzlichen Zustimmungspflichtigkeit des bewaffneten Auslandseinsatzes herausgearbeitet (C.). Schließlich wird ein Reformvorschlag des Grundgesetzes in Hinblick auf den wehrverfassungsrechtlichen Parlamentsvorbehalt unterbreitet (D.). Der zweite thematische Schwerpunkt dieses Kapitels wird auf den inhaltlichen Anforderungen der Zustimmungsanträge der Bundesregierung – speziell dem Erfordernis der Nennung der Rechtsgrundlagen des konkreten Einsatzes – liegen (E.). Abschließend ist das Vorgehen der Bundesregierung hinsichtlich der Zusammenlegung der Mandate für den Syrien- und Irakeinsatz in einem Zustimmungsantrag einer kritischen Prüfung zu unterziehen (F.).

A. Ausgangspunkt: Enge Auslegung des Art. 59 Abs. 2 S. 1 GG

Mit Art. 59 Abs. 1 und 2 GG enthält das Grundgesetz eine Normierung für die Organkompetenzverteilung im Bereich der auswärtigen Gewalt. Bedarf der Beitritt zu einem System gegenseitiger kollektiver Sicherheit im Sinne des Art. 24 Abs. 2 GG eines Zustimmungsgesetzes nach Art. 59 Abs. 2 S. 1 GG,[747] so legt das Bundesverfassungsgericht selbige Bestimmung bei der Fortentwicklung der zugrundeliegenden Bündnisverträge sehr eng aus.[748] Solange die Fortentwicklung des rechtlichen Rahmens der internationalen Organisation nicht in Form eines völkerrechtlichen Vertrages erfolgt, ist keine erneute Beteiligung des Bundestages nach Art. 59 Abs. 2 S. 1 GG erforderlich. So stellte das

746 *BVerfGE* 140, 160.
747 *BVerfGE* 104, 151 (194).
748 Kritisch hierzu *Sauer*, in: ZaöRV 2002, 317, 330 ff.

Bundesverfassungsgericht 1984 fest, dass eine Ausdehnung des Zustimmungserfordernisses nach Art. 59 Abs. 2 S. 1 GG auf andere Akte als Vertragsabschlusserklärungen mit dem Wortlaut der Bestimmung nicht vereinbar sei.[749] Auch im Streitkräfte-Urteil sieht der Zweite Senat den Anwendungsbereich des Art. 59 Abs. 2 S. 1 GG über vertragliche Änderungen hinaus als nicht eröffnet an.[750] Schließlich bestätigt der selbe Senat seine enge Auslegung der Kompetenznorm in der Entscheidung zum NATO-Strategiekonzept von 2001.[751] In dieselbe Richtung geht die Entscheidung des Bundesverfassungsgerichts zum Syrien-Einsatz aus dem Jahre 2019. Dort ging es im Grunde um die Frage, ob die im Vergleich zu dem Beitrittszeitpunkt Deutschlands zu den Vereinten Nationen gewandelte Auslegung des Art. 51 SVN ein erneutes Zustimmungsgesetz nach Art. 59 Abs. 2 S. 1 GG erforderlich macht.[752] Das Bundesverfassungsgericht geht von einem „weit bemessenen Gestaltungsspielraum der Bundesregierung" aus.[753] „Das politische Handeln auf Grundlage des Vertrages und seine Konkretisierung, also die konkrete Ausfüllung und Entwicklung des mit ihm niedergelegten Programms, [sind] Aufgabe der Bundesregierung."[754] Durch das ursprüngliche Zustimmungsgesetz zu einem völkerrechtlichen Vertrag ist die Bundesregierung durch das Parlament ermächtigt, den völkerrechtlichen Vertrag in den „Formen des Völkerrechts" fortzuentwickeln.[755] Dies ist insbesondere vor dem Hintergrund beachtlich, dass die Grenzen zwischen authentischer Auslegung und Vertragsgestaltung im Völkerrecht fließend sind.[756] Durch die authentische Auslegung

749 *BVerfGE* 68, 1 (84).

750 *BVerfGE* 90, 286 (371 f.). Das Ergebnis fiel mit vier gegen vier Stimmen denkbar knapp aus. In Anwendung des § 15 Abs. 4 S. 3 BVerfGG konnte ein Verstoß gegen das Grundgesetz nicht festgestellt werden.

751 *BVerfGE* 104, 151 (206 f.). Die nicht als Vertragsänderung erfolgende Fortentwicklung eines Systems gegenseitiger kollektiver Sicherheit im Sinne des Art. 24 Abs. 2 GG bedürfe keiner gesonderten Zustimmung des Bundestags. Kritisch zu dieser gefestigten Rechtsprechung *Sauer*, in: ZaöRV 2002, 317, 336, der aufgrund Zurückdrängung des Instituts des völkerrechtlichen Vertrags durch flexiblere Vorgehensweisen, wie bi- oder multilateralen Erklärungen, vor dem Hintergrund der geschilderten Auslegung des Art. 59 Abs. 2 S. 1 GG durch das BVerfG eine „Aushöhlung der Mitwirkungsbefugnisse des Bundestags" befürchtet.

752 *BVerfG* v. 17.9.2019 – 2 BvE 2/16, auszugsweise in: NVwZ 2019, 1669.

753 *BVerfG* v. 17.9.2019 – 2 BvE 2/16, Rn. 37, in: NVwZ 2019, 1669, 1672; kritisch hierzu *van Ooyen*, in RuP 2020, 49, 51 ff.

754 *BVerfG* v. 17.9.2019 – 2 BvE 2/16, Rn. 34, in: NVwZ 2019, 1669, 1671.

755 *BVerfG* v. 17.9.2019 – 2 BvE 2/16, Rn. 34, in: NVwZ 2019, 1669, 1671.

756 *Dörr*, in: ders./Schmalenbach, VCLT, A Commentary, Art. 31, Rn. 76; *Villiger*, Commentary on the 1969 Vienna Convention on the Law of Treaties, Art. 31, Rn. 23.

kann ein völkerrechtlicher Vertrag weitgehend modifiziert werden, ohne dass es einer förmlichen Vertragsänderung bedürfte.[757] Vor dem Hintergrund dieser Rechtsprechungslinie kommt Art. 59 Abs. 2 S. 1 GG bei extraterritorialen Bündniseinsätzen in ihrer aktuellen Form keine Bedeutung zu.

B. Wehrverfassungsrechtlicher Parlamentsvorbehalt

Ungeachtet der Rechtsprechungslinie zu Art. 59 Abs. 2 S. 1 GG bedarf der (konkrete) Einsatz bewaffneter Streitkräfte im Ausland grundsätzlich der vorherigen konstitutiven Zustimmung des Bundestages. Dieser mittlerweile seit den 1990er Jahren praktizierte Grundsatz[758] steht so nicht ausdrücklich im Grundgesetz. Er entspringt vielmehr dem Streitkräfte-Urteil des Bundesverfassungsgerichts aus dem Jahre 1994, in welchem das Gericht den konstitutiven Parlamentsvorbehalt im Wege der Verfassungsauslegung hervorgebracht hat.[759] Ohnehin prägt der Zweite Senat des Bundesverfassungsgerichts das Verhältnis zwischen Bundestag und Bundesregierung im Bereich der auswärtigen Angelegenheiten durch seine Rechtsprechung zu der Reichweite der Mitwirkungsrechte des Bundestages seit 1984.[760] Unabhängig von der vielfach geübten Kritik an der dogmatischen Herleitung[761] des wehrverfassungsrechtlichen Parlamentsvorbehalts herrscht doch weitgehend Einigkeit im Hinblick auf das Ergebnis der Zustimmungspflichtigkeit von bewaffneten Auslandseinsätzen.[762] Ungeachtet jeglicher Kritik stellt der

---

757 *Starski*, in: DÖV 2018, 85, 87; siehe oben im 2. Kapitel unter A.II.1.

758 Siehe zu der Praxis seit 1990 *Wiefelspütz*, Parlamentsbeteiligungsgesetz, S. 357 ff.

759 Zu der hauptsächlich verfassungshistorischen Auslegung siehe *BVerfGE* 90, 286 (383 ff.); kritisch hinsichtlich dieses Ansatzes *Fassbender*, in: Isensee/Kirchhof, HStR, Band XI, § 244, Rn. 90 f. u. 97.

760 Hier sind insbesondere folgende Entscheidungen hervorzuheben: *BVerfGE* 68, 1 (Nachrüstungsurteil), *BVerfGE* 90, 286 (Streitkräfte-Urteil), *BVerfGE* 104, 151 (206 ff.) (NATO-Strategiekonzept), *BVerfGE* 121, 135 (AWACS), *BVerfGE* 140, 160 (Pegasus-Urteil); *BVerfG* v. 17.9.2019 – 2 BvE 2/16, auszugsweise in: NVwZ 2019, 1669 (Syrien-Urteil).

761 Siehe *Depenheuer*, in: Maunz/Dürig, GG, Art. 87a [Stand: Oktober 2008], Rn. 143 ff.

762 Exemplarisch *Wiefelspütz*, in: ZParl 2008, 203, 204, der von einer „Erfindung" durch „verfassungsänderndes Richterrecht" spricht, das Ergebnis indes als „juristische[n] Geniestreich" sieht. Einen Überblick der Reaktionen gibt *ders.*, Parlamentsbeteiligungsgesetz, S. 258 ff.; *Tietje/Nowrot*, in: Morlok/Schliesky/Wiefelspütz, Parlamentsrecht, § 45, Rn. 53 f. m.w.N.; *Sauer*, in: JZ 2016, 46, 47, heißt das Ergebnis als „überzeugende[n] Baustein der Gewaltenteilung des Grundgesetzes" gut; *ders.*, in: ZaöRV 2002, 317, 323 sieht in der Entwicklung des wehrverfassungsrechtlichen Parlamentsvorbehalts indes einen Widerspruch zu der vorangegangenen engen

Vorbehalt gem. § 31 Abs. 1 BVerfGG für die Verfassungsorgane geltendes Recht dar und hat seit seiner Herausarbeitung durch das Bundesverfassungsgericht eine „beispiellose Karriere“[763] gemacht; heute kann er als ein Grundbaustein der Wehrverfassung bezeichnet werden.[764] In der Überzeugung der Gesellschaft sowohl bei Soldatinnen und Soldaten als auch in der breiten Bevölkerung und nicht zuletzt im politischen Diskurs ist der wehrverfassungsrechtliche Parlamentsvorbehalt fest verankert.[765] Der Fokus dieses Abschnitts soll daher weniger auf der Herleitung als vielmehr auf den inhaltlichen Auswirkungen, wie der Reichweite des Parlamentsvorbehalts, liegen.

Der Befund von Norbert Lammert in seiner letzten Rede vor dem Bundestag in seiner Funktion als Bundestagspräsident, dass der Deutsche Bundestag im Vergleich zu anderen Parlamenten unter anderem in seinen verfassungsmäßigen Aufgaben stärker und einflussreicher als die meisten Parlamente auf diesem Globus sei,[766] kann sicherlich auch mit dem Mitentscheidungsrecht des Bundestages bei Auslandseinsätzen der Bundeswehr begründet werden. Der wehrverfassungsrechtliche Parlamentsvorbehalt prägt den deutschen Parlamentarismus seit nunmehr einem viertel Jahrhundert nachhaltig. Die sich mit den jeweiligen Zustimmungsanträgen befassenden Parlamentsdebatten sind nicht nur rechtlich von Relevanz, sondern gehen auch mit einer äußersten politischen Brisanz einher.[767]

I. Schlüsselstellung des Bundesverfassungsgerichts

Der Inhalt der Parlamentsbeteiligung wird durch die verfassungsrechtlichen Vorgaben zum Parlamentsvorbehalt bestimmt. Da dieser jedoch nicht ausdrücklich in der Verfassung niedergelegt ist, kommt der Rechtsprechung des Bundesverfassungsgerichts in diesem Kontext eine Schlüsselrolle zu;

Auslegung des Art. 59 Abs. 2 S. 1 GG; *Arndt*, in: NJW 1994, 2197, 2198; *Nolte*, in: ZaöRV 1994, 652, 675, der dem BVerfG im Ergebnis bezogen auf diese Situation ein „erhebliche[s] Maße an Rechtsfortbildungskompetenz“ zuerkennt.

763 *Ladiges*, in: JuS 2015, 598, 603.

764 *Wiefelspütz*, in: NZWehrr 2010, 177, 179 spricht von Verfassungsgewohnheitsrecht.

765 *Paulus*, in: Weingärtner, Einsatz der Bundeswehr im Ausland, 81, 112 meint zu Recht, der wehrverfassungsrechtliche Parlamentsvorbehalt sei politisch gewollt und tief in das Bewusstsein von Parlament und Bevölkerung eingedrungen.

766 Die komplette Rede vom 5.9.2017 ist abrufbar unter: http://www.bundestag.de/parlament/praesidium/reden/2017/006/525764 [zuletzt abgerufen am 15.5.2020].

767 Auf letzteren Umstand weist *Paulus*, in: Weingärtner, Einsatz der Bundeswehr im Ausland, 81, 87 f. hin.

der wehrverfassungsrechtliche Parlamentsvorbehalt hat den Inhalt, den ihm das Bundesverfassungsgericht durch seine Rechtsprechung gibt.[768] In seinen Entscheidungen prägte das Bundesverfassungsgericht den Begriff des „Parlamentsheers".[769] Das Streitkräfte-Urteil brachte nicht nur den wehrverfassungsrechtlichen Parlamentsvorbehalt hervor, sondern legte gleichzeitig dessen „Mindestanforderungen und Grenzen"[770] fest. Diese wurden insbesondere 2008 durch das AWACS-Urteil[771] und zuletzt 2015 durch das Pegasus-Urteil[772] präzisiert und nuanciert. So gilt es die bundesverfassungsrechtliche Direktive der parlamentsfreundlichen Auslegung des wehrverfassungsrechtlichen Parlamentsvorbehalts[773] zu berücksichtigen. Eine ausdrückliche einfachgesetzliche Grundlage hinsichtlich der Beteiligung des Parlaments an der Auslandsverwendung von Streitkräften findet sich seit 2005 in dem Parlamentsbeteiligungsgesetz.[774] Der Vorbehalt für Auslandseinsätze der Bundeswehr folgt aber unmittelbar aus der Verfassung,[775] hat demnach Verfassungsrang. Das Parlamentsbeteiligungsgesetz gestaltet die parlamentarische Mitwirkung näher aus.[776] Auch wenn aufgrund des Ranges eines einfachen Bundesgesetzes eine rechtsverbindliche Konkretisierung der Verfassung nicht möglich ist,[777] liefert es doch zumindest eine Auslegungshilfe.[778] Die Feststellung der exakten Reichweite des Parlamentsvorbehalts gerade

---

768 *Sauer*, Stellungnahme zur Sachverständigenanhörung des Geschäftsordnungsausschusses des Deutschen Bundestages am 13.4.2016, S. 3.

769 *BVerfGE* 121, 135 (161). Präziser wäre indes die Betitelung als Parlamentsarmee, denn das Heer stellt nur eine von drei Teilstreitkräften dar.

770 *BVerfGE* 90, 286 (389).

771 *BVerfGE* 121, 135.

772 *BVerfGE* 140, 160.

773 *BVerfGE* 121, 135 (162).

774 Gesetz über die parlamentarische Beteiligung bei der Entscheidung über den Einsatz bewaffneter Streitkräfte im Ausland (Parlamentsbeteiligungsgesetz) v. 18.3.2005 (BGBl. I S. 775).

775 *BVerfGE* 90, 286 (390).

776 In seinem Urteil hat das BVerfG nur Mindestanforderungen sowie Grenzen des Vorbehalts genannt. Jenseits dieser sei es Sache des Gesetzgebers, die Form und das Ausmaß der parlamentarischen Mitwirkung näher zu gestalten, *BVerfGE* 90, 286 (389). Dieser Aufgabe ist der Gesetzgeber mit dem Beschluss des Parlamentsbeteiligungsgesetzes nachgekommen, siehe insoweit die Begründung des Gesetzesentwurfs, Bt.-Drs. 15/2742, S. 4.

777 *BVerfGE* 140, 160 (190).

778 Auch das BVerfG betont, dass „die gesetzliche Ausgestaltung des Instituts im Einzelfall Hinweise für seine verfassungsunmittelbare Reichweite zu geben vermag", *BVerfGE* 140, 160 (190); siehe auch *BVerfGE* 121, 135 (156).

in den unscharfen Schattierungen bereitet aufgrund der fehlenden ausdrücklichen Niederlegung des wehrverfassungsrechtlichen Parlamentsvorbehalts im Grundgesetz auch für den einfachen Gesetzgeber erhebliche Schwierigkeiten.[779]

II. Rechtserheblicher Einfluss des Parlaments

In seinen Entscheidungen war das Bundesverfassungsgericht stets darauf bedacht, im Hinblick auf den wehrverfassungsrechtlichen Parlamentsvorbehalt die herausragend wichtige Stellung dieser „integrationsfesten"[780] Größe der Wehrverfassung zu betonen. Hintergrund ist das „politische Eskalations- oder Verstrickungspotential", wie es das Gericht nennt.[781] Bewaffnete Einsätze deutscher Soldaten können immer auch zu einem länger andauernden Krieg führen.[782] Mit dem „Übergang von Diplomatie zur Gewalt korrespondiert eine Veränderung in den Proportionen der innerstaatlichen Gewaltenteilung".[783] Auch auf das „erhebliche Risiko für Leben und Gesundheit deutscher Soldaten" wird rekurriert.[784] Der Vorbehalt dient dazu, dem Parlament einen „rechtserheblichen Einfluß auf Aufbau und Verwendung der Streitkräfte zu sichern".[785] Wichtig ist auch die Erkenntnis, dass der Bundestag in dieser Funktion nicht lediglich die Rolle des wachsamen Zuschauers einnimmt; laut Bundesverfassungsgericht trägt er vielmehr die Verantwortung für die bewaffneten Auslandseinsätze,[786] denn mit der Anwendung militärischer Gewalt ende der weit bemessene Gestaltungsspielraum der Exekutive im auswärtigen Bereich.[787] So wird im Gebiet der auswärtigen Gewalt „ein wirksames Mitentscheidungsrecht des Deutschen Bundestages begründet".[788] Auf das „Machtpotential" der Armee wird dem Bundestag so ein „rechtserheblicher Einfluss" gesichert.[789] Damit dieser rechtserhebliche Einfluss

779 *Sauer*, Stellungnahme zur Sachverständigenanhörung des Geschäftsordnungsausschusses des Deutschen Bundestages am 13.4.2016, S. 3.

780 *BVerfGE* 123, 267 (361).

781 *BVerfGE* 121, 135 (161).

782 *BVerfGE* 140, 160 (192).

783 *BVerfGE* 121, 135 (161).

784 *BVerfGE* 121, 135 (161).

785 *BVerfGE* 90, 286 (382); *BVerfGE* 121, 135 (164); *BVerfGE* 140, 160 (193 f.).

786 *BVerfGE* 90, 286 (382); *BVerfGE* 121, 135 (161).

787 *BVerfGE* 121, 135 (161).

788 *BVerfGE* 121, 135 (154); *BVerfGE* 140, 160 (188).

789 *BVerfGE* 90, 286 (382); zuletzt wiederholt in *BVerfGE* 140, 160 (193 f.); hiermit kommen sicherlich auch Konsequenzen aus den Erfahrungen der Weimarer Zeit zum Tragen; die Entstehung eines „Staats im Staat" soll verhindert werden, siehe *Epping*, in: Maunz/Dürig, GG, Art. 65a [Stand: Oktober 2008], Rn. 13.

gewahrt bleibt, ist die Reichweite des Vorbehalts nicht restriktiv, sondern parlamentsfreundlich zu bestimmen.[790]

III. Gegenstand der Parlamentsbeteiligung

Unbewaffnete wie auch bewaffnete Verwendungen der Bundeswehr im Inland unterliegen keiner allgemeinen Zustimmungspflicht des Deutschen Bundestages.[791] Anders steht es um die Rechtslage hinsichtlich des Auslandseinsatzes der Bundeswehr.

1. Einbeziehung in bewaffnete Unternehmungen

Als Gegenstand des Parlamentsvorbehalts benannten die Karlsruher Richter zunächst nur „Einsätze bewaffneter Streitkräfte".[792] In dem AWACS-Urteil wird dieses unbestimmte Kriterium konkretisiert – als das den Vorbehalt auslösende Kriterium soll die Einbeziehung in bewaffnete Unternehmungen herangezogen werden.[793] Insbesondere lehnt das Gericht die enge Sichtweise ab, dass eine Zustimmung des Parlaments erst dann benötigt wird, wenn es tatsächlich zu einer Gewaltanwendung gekommen ist.[794] Es kommt vielmehr darauf an, „ob nach dem jeweiligen Einsatzzusammenhang und den einzelnen rechtlichen und tatsächlichen Umständen die Einbeziehung deutscher Soldaten in bewaffnete Auseinandersetzungen konkret zu erwarten ist und deutsche Soldaten deshalb bereits in bewaffnete Unternehmungen einbezogen sind".[795] Somit liegt eine Einbeziehung in bewaffnete Unternehmungen und damit ein Einsatz bewaffneter Streitkräfte dann vor, wenn eine bewaffnete Auseinandersetzung konkret zu erwarten ist. Das Bundesverfassungsgericht legt explizit Wert auf die begriffliche Unterscheidung zwischen „bewaffnete[r] Unternehmung" und „bewaffnete[r] Auseinandersetzung"; „bewaffnete Unternehmungen" implizierten schon

---

790 *BVerfGE* 121, 135 (162).

791 *BVerfGE* 126, 55 (71). Der Bundestag ist nur zu beteiligen, wenn dies ausdrücklich im Grundgesetz vorgeschrieben ist, *BVerfGE* ebenda, 72 f.; siehe zu der – in dieser Ausarbeitung nicht näher zu beleuchtenden – Zustimmungsbedürftigkeit von Inlandsverwendungen der Streitkräfte *Ladiges*, in: NVwZ 2010, 1075; a.A. *Dreist*, in: ZaöRV 2004, 1001, 1034.

792 *BVerfGE* 90, 286 (387); zuletzt bestätigt in *BVerfGE* 140, 160 (190).

793 *BVerfGE* 121, 135 (163). Dieses Kriterium wurde im Streitkräfte-Urteil bereits angedeutet, siehe *BVerfGE* 90, 286 (388).

794 *BVerfGE* 121, 135 (163 f.). Wiederholt in *BVerfGE* 140, 160 (190).

795 *BVerfGE* 121, 135 (164).

ihrem Wortsinn nach nicht, dass es tatsächlich zu Kampfhandlungen kommen müsse.[796] Der Begriff der „bewaffneten Unternehmungen" ist also deutlich weiter gefasst als derjenige der „bewaffneten Auseinandersetzung". Nicht zustimmungspflichtig seien, so das Bundesverfassungsgericht bereits 1994, Einsätze der Streitkräfte nach der Feststellung des Verteidigungsfalls nach Art. 115a GG[797] und Hilfsdienste und Hilfeleistungen im Ausland, sofern die Soldaten dabei nicht in bewaffnete Unternehmungen einbezogen seien.[798]

2. *Qualifizierte Erwartung*

In Abgrenzung von der bloßen Möglichkeit der Einbeziehung in bewaffnete Auseinandersetzungen, die sich bei einem Streitkräfteeinsatz kaum je von vorneherein ausschließen lasse, stellt der Senat auf eine qualifizierte Erwartung ab. Erst die qualifizierte Erwartung einer Einbeziehung in bewaffnete Auseinandersetzungen führe zur parlamentarischen Zustimmungsbedürftigkeit.[799] Eine solche knüpft das Gericht an zwei Voraussetzungen; es bedürfe hinreichend greifbarer tatsächlicher Anhaltspunkte dafür, dass ein Einsatz nach seinem Zweck, den konkreten politischen und militärischen Umständen sowie den Einsatzbefugnissen in die Anwendung von Waffengewalt münden kann,[800] sowie eine „besondere Nähe der Anwendung von Waffengewalt".[801] Diese beiden Kriterien der AWACS-Entscheidung werden durch die Subsumtionen des Bundesverfassungsgerichts im Pegasus-Urteil inhaltlich noch präziser ausgestaltet. Das Gericht kommt zu dem Ergebnis, dass Gewaltmaßnahmen der deutschen Evakuierer aufgrund der nicht nur abstrakten Gefährdungslage in Libyen konkret drohten. Dies wird auch an der Bewaffnung der Soldaten sowie dem Auftrag dieser festgemacht, der „nicht auf eine Selbstverteidigung im engeren, nur die eigene Verteidigung betreffenden Sinn beschränkt" war.[802] Das Kriterium der

796 *BVerfGE* 121, 135 (164).

797 Diese Entscheidung schließe die Zustimmung des Parlaments zu einem Einsatz bewaffneter Streitkräfte ein, *BVerfGE* 90, 286 (387).

798 *BVerfGE* 90, 286 (388). Bestätigt in *BVerfGE* 140, 160 (193). Dort umgekehrt bzw. positiv formuliert.

799 *BVerfGE* 121, 135 (165).

800 *BVerfGE* 121, 135 (165). Wiederholt in *BVerfGE* 140, 160 (190).

801 *BVerfGE* 121, 135 (165). Wiederholt in *BVerfGE* 140, 160 (191).

802 *BVerfGE* 140, 160 (207). Das BVerfG spricht hier von einer Verpflichtung zur „erweiterten Selbstverteidigung", der eben auch „die Befugnis und die Pflicht, Leib und Leben gefährdende Angriffe gegen die zu Evakuierenden sowie Angriffe gegen die Transportmaschinen mit militärischer Gewalt abzuwehren" umfasst.

„besonderen Nähe der Waffengewalt" wird im Pegasus-Urteil dahingehend ausgelegt, dass der Einsatz von Waffengewalt nach dem Einfliegen in den libyschen Luftraum zeitlich einzig davon abhing, ob und wann ein Angriff auf die evakuierenden Soldaten erfolgt; ein solcher Angriff hätte ohne weitere Möglichkeit der Beeinflussung der Soldaten durch die Bundesregierung zu dem Einsatz von Waffengewalt der deutschen Truppen in Form von „unmittelbare[n] Abwehrmaßnahmen" geführt.[803]

3. *Eigene militärische Bewaffnung keine notwendige Bedingung der Zustimmungspflichtigkeit*

Aber auch wenn deutsche Soldaten nicht selbst bewaffnet sind, kann eine Einbeziehung in eine bewaffnete Unternehmung vorliegen und eine vorherige Zustimmung des Parlaments erforderlich werden, falls der Einsatz ein „militärisches Gepräge" hat und „die näheren Umstände auf eine unmittelbar bevorstehende Verwicklung in Kampfhandlungen hin[deuten]".[804] Nämlich dann, „wenn die am Einsatz beteiligten Soldaten der Bundeswehr zwar selbst unbewaffnet sind, aber als wesentlicher Teil des den bewaffneten Einsatz durchführenden integrierten militärischen Systems handeln".[805] Die Beschaffung von bedeutenden Informationen für den Einsatz von Waffengewalt durch Andere, das Betreiben einer „die bewaffnete Operation unmittelbar leitende[n] Aufklärung" oder die Möglichkeit der Befehligung des Waffeneinsatzes nennt das Bundesverfassungsgericht als solche Fälle.[806] So können insbesondere auch AWACS-Aufklärungsflüge deutscher Soldaten im Rahmen defensiv ausgerichteter Bündnis-Operationen zustimmungspflichtig sein.[807]

---

803 *BVerfGE* 140, 160 (208).
804 *BVerfGE* 121, 135 (168).
805 *BVerfGE* 121, 135 (168).
806 *BVerfGE* 121, 135 (168).
807 Siehe hierzu *BVerfGE* 121, 135 (172). Im Rahmen der NATO-Operation „Display Deterrence" zur Überwachung des Luftraums der Türkei gegen befürchtete Angriffe des Irak war es die Aufgabe der AWACS-Flugzeuge, die Resultate der Überflüge im Falle bewaffneter Angriffe an den Bodengefechtsstand zu übermitteln, damit dieser eine entsprechende Abwehr einleiten konnte. Dabei können die AWACS-Maschinen die Feuerleitführung für die die militärische Abwehr ausführenden Jagdflugzeuge übernehmen.

4. *Unbeachtlichkeit des Einsatztyps oder des Einsatzcharakters*

Doch auch diese engeren Vorgaben ließen noch weiteren Auslegungsspielraum, wie die Argumentation der Bundesregierung im Rahmen der Evakuierungsoperation „Pegasus" in Libyen im Frühjahr 2011 unter Beweis stellte.[808] Benannten die Karlsruher Richter als zustimmungspflichtig zunächst explizit nur Einsätze im Rahmen eines Bündnisses[809] und betonten die Zustimmungspflichtigkeit der Einsätze im Rahmen von Resolutionen des Sicherheitsrates,[810] stellte das Bundesverfassungsgericht in seinem Pegasus-Urteil klar, dass auch unilaterale Einsätze, wie die Rettung eigener Staatsangehöriger, grundsätzlich der Bedingung der vorherigen Parlamentszustimmung unterliegen.[811] Entscheidend für die Auslösung des Vorbehalts ist alleine der Einsatz bewaffneter Streitkräfte; zusätzliche „militärische Erheblichkeitsschwellen" müssen nicht passiert werden;[812] ebenso wenig ist entscheidend, ob die geplanten Einsätze „einen auf offensive Gewaltanwendung angelegten Charakter aufweisen" oder humanitäre Anliegen verfolgt werden.[813] Überdies ist es so, dass „[a]uch Einsätze, die erkennbar von geringer Intensität und Tragweite oder politisch von untergeordneter Bedeutung sind, [...] dem wehrverfassungsrechtlichen Parlamentsvorbehalt unterfallen [können]."[814] Damit erteilte das Bundesverfassungsgericht der Argumentation

---

808 Die Bundesregierung vertrat vor und nach der Evakuierungsoperation in Libyen die Auffassung, es handele sich bei Evakuierungseinsätzen der vorgenommenen Art nicht um Einsätze bewaffneter Streitkräfte, die dem Parlamentsbeteiligungsgesetz unterliegen, siehe die Antwort der Bundesregierung auf die Kleine Anfrage der Fraktion DIE LINKE vom 4.4.2011, Bt.-Drs. 17/5359, S. 4, 6 u. 7. Insbesondere wurde auf die humanitäre Zielsetzung des Evakuierungseinsatzes rekurriert, siehe insoweit die Feststellungen des *BVerfGE* 140, 160 (168 ff.).

809 *BVerfGE* 90, 286 (387 f.).

810 Ohne Bedeutung soll hierbei sein, ob die Ermächtigung des Sicherheitsrats Zwangsbefugnisse nach Kapitel VII der SVN umfasst, *BVerfGE* 90, 286 (387).

811 *BVerfGE* 140, 160 (188 u. 192). Die Argumentation des Gerichts liest sich an dieser Stelle wie ein Erst-Recht-Schluss zu der Zustimmungsbedürftigkeit von Einsätzen, die zusammen mit Bündnispartnern beschlossen werden.

812 *BVerfGE* 140, 160 (192). Insoweit wiederholt das BVerfG die Kriterien aus seiner AWACS-Entscheidung, wann eine „qualifizierten Erwartung der Einbeziehung deutscher Soldaten in bewaffnete Auseinandersetzungen" vorliegt, *BVerfGE*, ebenda (190 f.).

813 *BVerfGE* 140, 160 (193).

814 *BVerfGE* 140, 160 (192). Dies wurde überdies bereits im Urteil des *BVerfGE* 90, 286 (389) angedeutet.

der Bundesregierung im Hinblick auf die Evakuierungsaktion in Libyen eine klare Absage – bei dieser handelte es sich folglich um den Einsatz bewaffneter Streitkräfte im Sinne des Parlamentsvorbehalts.[815]

5. *Formelle Rechtssicherheit, aber keine Auswirkungen auf die materielle Rechtslage*

Zu der formellen Rechtslage hinsichtlich bewaffneter Auslandseinsätze der Bundeswehr hat das Bundesverfassungsgericht, dem eine Schlüsselstellung bei der Feststellung der Reichweite des ungeschriebenen wehrverfassungsrechtlichen Parlamentsvorbehalts zukommt, mittlerweile sehr differenzierte Kriterien geschaffen. Diese tragen zu einem hohen Maß an Rechtsklarheit bei. So betont das Bundesverfassungsgericht auch, dass die eingesetzten Soldaten ein Interesse daran haben „nur aufgrund einer rechtlich verlässlichen und nicht etwa schwebend unwirksamen Anordnung in einen bewaffneten Auslandseinsatz entsandt zu werden“.[816] Eine nachträgliche Missbilligung des Einsatzes änderte in keinem Fall rückwirkend etwas an der Rechtmäßigkeit des Einsatzes.[817] Der Fokus des Bundesverfassungsgerichts liegt klar auf den formellen Voraussetzungen eines bewaffneten Auslandseinsatzes.[818] Diese Entwicklung resultiert aus dem Charakter des Organstreitverfahrens, das eben nicht einer „allgemeinen Verfassungsaufsicht“ dient.[819] Es geht im Rahmen eines Organstreitverfahrens nicht um die Überprüfung der materiellen Rechtmäßigkeit eines Auslandseinsatzes. Die rein

815 *BVerfGE* 140, 160 (193 u. 203 ff.).

816 *BVerfGE* 140, 160 (196).

817 *Schmidt-Radefeldt*, Parlamentarische Kontrolle, S. 159 (dort Fn. 284); *Kreß*, in: ZaöRV 1997, 329, 356; *Sauer*, in: JZ 2016, 46, 49.

818 Siehe auch *Depenheuer*, in: Maunz/Dürig, GG, Art. 87a [Stand: Oktober 2008], Rn. 155; auf diesen Umstand weist auch der Abgeordnete *Christian Schmidt* in der Debatte zur Verabschiedung des Parlamentsbeteiligungsgesetzes hin, Plenarprotokoll 15/146, S. 13639 (A).

819 *BVerfGE* 100, 266 (268). Vielmehr dient es „dem Schutz der Rechte der Staatsorgane im Verhältnis zueinander“, *BVerfGE*, ebenda. Die Rechte der antragsstellenden Fraktion [hier die PDS-Fraktion] beschränkten sich auf eine ordnungsgemäße Beteiligung am Verfahren, *BVerfGE*, ebenda, 270. Auch in seinem Urteil zum Tornado-Einsatz in Afghanistan bestätigt das Gericht, dass „[d]as Verfahren [...] maßgeblich der Abgrenzung der Kompetenzen von Verfassungsorganen [...] [dient], nicht der davon losgelösten Kontrolle der objektiven Verfassungsmäßigkeit eines bestimmten Organhandelns“, *BVerfGE* 118, 244 (257). Diese Linie hat das BVerfG in seinem jüngsten Beschluss zum Syrien-Einsatz bestätigt, *BVerfG* v. 17.9.2019 – 2 BvE 2/16, Rn. 28, in: NVwZ 2019, 1669, 1670. Das Grundgesetz habe den Deutschen Bundestag als

auf die formelle Rechtslage fokussierte Rechtsentwicklung erscheint gleichwohl bedenklich. Denn auch die Zustimmung des Bundestages zu einem materiell nicht von den Vorgaben der Verfassung gedeckten Einsatzes, wandelt diesen nicht in einen rechtmäßigen Auslandseinsatz.[820] Es liegt jedoch in der Hand des verfassungsändernden Gesetzgebers und nicht des Bundesverfassungsgerichts, eine entsprechende Verfahrensart zur Überprüfungsmöglichkeit von Auslandseinsätzen der Bundeswehr zu schaffen.[821] Obgleich beobachtet werden kann, dass sich das Bundesverfassungsgericht auch im Organstreitverfahren zuweilen weitreichend zu materiell-rechtlichen Fragen einlässt,[822] bleiben essentielle materielle Fragestellungen unbeantwortet.

IV. Fazit

Voraussetzung für die formelle Rechtmäßigkeit eines extraterritorialen Einsatzes bewaffneter Streitkräfte ist grundsätzlich die vorherige Zustimmung des Deutschen Bundestages. Das Bundesverfassungsgericht hat diesen (ungeschriebenen) wehrverfassungsrechtlichen Parlamentsvorbehalt aus der Verfassung hergeleitet und in einer ganzen Reihe an Entscheidungen inhaltlich präzisiert. Unbeachtlich für die Zustimmungspflichtigkeit ist, ob der Einsatz im Rahmen eines Bündnisses oder unilateral erfolgt. Bestehen konkrete Anhaltspunkte dafür, dass deutsche Streitkräfte in bewaffnete Unternehmungen einbezogen werden,

---

Gesetzgebungsorgan, nicht als „umfassendes Rechtsaufsichtsorgan" über die Bundesregierung eingesetzt.

820 *BVerfGE* 126, 55 (69); zudem können materielle und kompetenzielle Fragestellungen eng miteinander verknüpft sein, *Sauer*, in: JZ 2016, 46, 47.

821 Hierauf weist das BVerfG in seiner Syrien-Entscheidung ausdrücklich hin, *BVerfG* v. 17.9.2019 – 2 BvE 2/16, Rn. 44, in: NVwZ 2019, 1669, 1673; diesen Zustand halten *Fischer/Ladiges*, in: GSZ 2019, 254, 260 für „verfassungspolitisch misslich"; nur knapp einen Monat nach der Entscheidung hat die Fraktion Bündis90/DIE GRÜNEN einen Gesetzentwurf (Bt.-Drs. 19/14025) zur Einführung einer entsprechenden Verfahrensart im Bundesverfassungsgerichtsgesetz zur Überprüfung von Auslandseinsätzen der Bundeswehr durch das Bundesverfassungsgericht eingebracht. Eine instruktive rechtliche Würdigung des Vorschlages findet sich bei *Sauer*, Tücken einer verfassungsrechtlichen Legalitätskontrolle von Auslandseinsätzen, in: Verfassungsblog v. 7.1.2020, abrufbar unter: https://verfassungsblog.de/tuecken-einer-verfassungsgerichtlichen-legalitaetskontrolle-von-auslandseinsaetzen/ [zuletzt abgerufen am: 15.5.2020].

822 Auffällig war dies zuletzt im Syrien-Urteil des BVerfG. *Sassenrath*, in: NVwZ 2020, 442, 445 bemüht im Hinblick auf die weitgehenden materiell-rechtlichen Ausführungen des BVerfG im Syrien-Urteil das althergebrachte Bild der Büchse der Pandora; siehe auch *Fischer/Ladiges*, in: GSZ 2019, 254, 260.

greift der Parlamentsvorbehalt. Der unbestimmte Rechtsbegriff der bewaffneten Unternehmungen wird in der weiteren bundesverfassungsgerichtlichen Rechtsprechung durch den anderen unbestimmten Rechtsbegriff der qualifizierten Erwartung präzisiert und letztlich von der Unmittelbarkeit der Gewaltanwendung durch deutsche Streitkräfte abhängig gemacht. Unerheblich ist dabei, ob die deutschen Soldatinnen und Soldaten selbst Waffen tragen. Dieser Punkt ist in Anbetracht der derzeitigen Auslandseinsätze der Bundeswehr ein wegweisender Faktor. Dass deutsche Truppen nicht an vorderster Front kämpfen, sondern die internationalen Koalitionen mit Ausbildungsleistungen von lokalen Sicherheitskräften, Aufklärungsflügen zur Erstellung von Lagebildern sowie dem Bereitstellen von Stabspersonal in den integrierten Verbänden unterstützen, führt nicht zum Entfallen der Zustimmungspflichtigkeit durch den Bundestag. Auch die humanitäre Zielsetzung eines Einsatzes, die alleine aufgrund der grundgesetzlichen Vorgaben jedem Einsatz innewohnen wird, lässt die Zustimmungspflichtigkeit des konkreten Einsatzes nicht entfallen. Art. 59 Abs. 2 S. 1 GG spielt hingegen infolge der Rechtsprechung des Bundesverfassungsgerichts auch im Rahmen der Fortentwicklung eines Systems gegenseitiger kollektiver Sicherheit de facto keine Rolle.

C. Nicht gegebene Zustimmungspflichtigkeit eines Kurzeinsatzes der Bundeswehr

Eine Sonderkonstellation im Hinblick auf die grundsätzliche Zustimmungsbedürftigkeit von Einsätzen bewaffneter Streitkräfte stellen Einsätze dar, die aufgrund von Gefahr im Verzug beschlossen werden (I.). Im Pegasus-Urteil[823] beschäftigt sich das Bundesverfassungsgericht erstmals mit der Situation, dass ein eilbedürftiger, alleine von der Bundesregierung beschlossener Einsatz nur wenige Stunden gedauert hat und im Zeitpunkt der erforderlichen nachträglichen Parlamentsbeteiligung bereits abgeschlossen ist, ein Rückrufverlangen des Bundestages also ins Leere ginge. Diese im Folgenden zu analysierende Konstellation soll hier als Kurzeinsatz bezeichnet werden (II.). In diesem speziellen Fall hat der Bundestag kein rechtserhebliches Mitspracherecht. Die Rechtsprechung begründet indes keinen Kurswechsel des Bundesverfassungsgerichts, sondern bestätigt den Grundsatz der umfassenden Zustimmungspflichtigkeit (III.). Die nachträgliche Zustimmungspflichtigkeit eines Kurzeinsatzes ergibt sich auch nicht aus § 5 Abs. 3 S. 1 ParlBG (IV.).

823 *BVerfGE* 140, 160.

I. Grundsatz: Nachträgliche Zustimmungspflichtigkeit bei eilbedürftigen Einsätzen

Wiederholt äußert das Bundesverfassungsgericht, dass die Bundesregierung bei Gefahr im Verzug ausnahmsweise berechtigt sei, vorläufig allein den Einsatz bewaffneter Streitkräfte zu beschließen.[824] Diese „Durchbrechung des originären parlamentarischen Mitentscheidungsrechts“[825] dient dazu, „in einer kurzfristigen Ausnahmesituation die militärpolitische Handlungsfähigkeit der Bundesrepublik Deutschland [zu] sichern“.[826] Eine nachträgliche umgehende Befassung des Parlaments mit dem so beschlossenen Einsatz müsse jedoch vorgenommen werden.[827] Der Bundestag ist dann befugt, den sofortigen Abzug zu beschließen.[828] Mithin kommt einer nachträglichen Entscheidung des Bundestages in diesem Fall noch eine rechtserhebliche Wirkung zu (der Abzug der Truppen oder die Fortführung des Einsatzes), der Beschluss ist also auch in dieser Konstellation konstitutiv.

II. Sonderkonstellation: Gefahr im Verzug bei Kurzeinsätzen (Pegasus-Urteil des Bundesverfassungsgerichts)

Der Parlamentsvorbehalt verpflichtet die Bundesregierung hingegen dann nicht dazu, eine nachträgliche Zustimmung des Bundestages einzuholen, wenn der im Eilfall beschlossene Einsatz „zum frühestmöglichen Zeitpunkt einer nachträglichen Parlamentsbefassung bereits beendet“ ist.[829] Die Richter gehen davon aus, dass einer nachträglichen Zustimmung des Bundestages keine Rechtserheblichkeit mehr zukommen kann.[830] Eine Anordnung des Streitkräfteeinsatzes durch die Bundesregierung bei Gefahr im Verzug bedürfe keiner rückwirkenden rechtsgestaltenden Legitimierung durch den Bundestag.[831] So stellt das Gericht klar, dass ein nachträglicher Beschluss zu einem wegen Gefahr im Verzug beschlossenen Einsatz keine ex tunc-Wirkung zukommt, sondern nur die Rechtslage ab dem Zeitpunkt des Beschlusses dahingehend beeinflusst, dass die eingesetzten

---

824 *BVerfGE* 140, 160 (194 f.); so bereits *BVerfGE* 90, 286 (388) und *BVerfGE* 121, 135 (174).
825 *BVerfGE* 140, 160 (196).
826 *BVerfGE* 140, 160 (196).
827 *BVerfGE* 90, 286 (388).
828 *BVerfGE* 90, 286 (388).
829 *BVerfGE* 140, 160 (199).
830 *BVerfGE* 140, 160 (200 u. 208).
831 *BVerfGE* 140, 160 (195 u. 200).

Truppen im Falle der Verweigerung der Zustimmung zurückzurufen sind.[832] Für eine Mitverantwortung und -entscheidung sei kein Raum mehr. Der Bundestag könne seine Kompetenz aus tatsächlichen Gründen nicht ausüben. Der Einsatz sei im Falle einer Versagung der Zustimmung nicht von Anfang an rechtswidrig. Bei einem abgeschlossenen Einsatz könne das Parlament weder die Fortdauer des Streitkräfteeinsatzes noch dessen Beendigung und die Rückholung der eingesetzten Soldaten beschließen.[833] Überdies betonen die Richter, dass das Bundesverfassungsgericht die einzige Instanz ist, die verbindlich über die Rechtmäßigkeit des exekutiven Handelns urteilen kann.[834] Die Annahme der ex nunc-Wirkung eines nachträglichen Beschlusses des Bundestages wird (neben dem bereits öfter herangezogenen Argument der Wehr- und Bündnisfähigkeit) mit der erforderlichen Rechtssicherheit der Soldaten begründet.[835] Als Ausfluss des Parlamentsvorbehalts sei die Bundesregierung allerdings verpflichtet, den Bundestag unverzüglich und qualifiziert über den abgeschlossenen Streitkräfteeinsatz zu unterrichten.[836]

III. Kein wehrverfassungsrechtliches Mitentscheidungsrecht des Bundestages beim Kurzeinsatz

Trotz der Pflicht zu einer qualifizierten Unterrichtung des Bundestages ist die Konsequenz des Pegasus-Urteils, dass solche Kurzeinsätze einen Falltypus darstellen, in dem die Bundesregierung weder vor noch nach einem Einsatz bewaffneter Streitkräfte dazu verpflichtet ist, den Bundestag in die Entscheidung miteinzubeziehen. Die Volksvertretung hat in solchen Fällen – die den Regelfall einer oft überraschend entstehenden, hektischen und mit zeitlichem Druck verbundenen Evakuierungslage darstellen dürfte – kein rechtserhebliches Mitspracherecht.[837] Wie das Bundesverfassungsgericht selbst feststellt, liegt in dem Handeln der Bundesregierung im Rahmen der Eilkompetenz immer

832 *BVerfGE* 140, 160 (195 f.).

833 *BVerfGE* 140, 160 (201).

834 *BVerfGE* 140, 160 (201); so bereits 1997 *Kreß*, in: ZaöRV 1997, 329, 356.

835 Auch der alleinige Beschluss der Bundesregierung muss in diesen Ausnahmekonstellationen eine rechtlich verlässliche Grundlage für den Einsatz der Soldaten darstellen. *BVerfGE* 140, 160 (196). Das Gericht führt ausdrücklich an, dass so zugleich dem Interesse der eingesetzten deutschen Soldaten Rechnung getragen werde, nur aufgrund einer rechtlich verlässlichen und nicht etwa schwebend unwirksamen Anordnung in einen bewaffneten Auslandseinsatz entsandt zu werden.

836 *BVerfGE* 140, 160 (202).

837 Siehe auch *Fischer/Ladiges*, in: NVwZ 2016, 32, 34.

eine Einschränkung des Parlamentsvorbehalts.[838] Diese Wirkung wird durch die nachträgliche Zustimmung bei länger dauernden Einsätzen abgefedert, bei einem Kurzeinsatz hingegen fällt eine solche Milderungswirkung nach der Pegasus-Entscheidung weg. Das Pegasus-Urteil enthält für viele Kommentatoren ein überraschendes Ergebnis[839] und sieht sich daher umfassender Kritik ausgesetzt.[840]

Der Zweite Senat des Bundesverfassungsgerichts hat in seiner AWACS-Entscheidung aus dem Jahre 2008 eine parlamentsfreundliche Auslegung des Vorbehalts vorgegeben und sich explizit gegen eine restriktive Auslegung ausgesprochen.[841] Insbesondere die Aussage, dass dem Deutschen Bundestag die Verantwortung für den bewaffneten Außeneinsatz der Bundeswehr obliege,[842] wird in der Literatur als Beleg dafür herangezogen, dass eine zumindest teilweise Verantwortungsübernahme des Parlaments für den gesamten Einsatz, also auch rückwirkend, stets möglich ist und auch der Funktion des Parlamentsvorbehalts entspricht.[843] Auch das Streitkräfte-Urteil deutet durch kategorische Formulierungen in Richtung eines ausnahmslos bestehenden Parlamentsvorbehalts – in jedem Fall, so das Gericht ausdrücklich, sei das Parlament umgehend mit dem so beschlossenen Einsatz zu befassen.[844] In der Literatur wird das Urteil daher teilweise als „deutliche Kehrtwende“[845] sowie als „Kurswechsel“[846] betrachtet. Ob und inwiefern das Pegasus-Urteil etwas an dem mittlerweile ein Vierteljahrhundert praktizierten Grundsatz der Zustimmungspflichtigkeit jedes konkreten Auslandseinsatzes der Bundeswehr ändert, wird nachfolgend analysiert.

---

838 *BVerfGE* 140, 160 (195).

839 Siehe *Fischer/Ladiges*, in: NVwZ 2016, 32, die von einer „unerwarteten Entscheidung“ sprechen, die die Fachwelt überrasche. So weist auch das Bundesverfassungsgericht selbst auf die entgegenstehende Ansicht in der überwiegenden Literatur hin, *BVerfGE* 140, 160 (200).

840 *Wiefelspütz*, in: JILPAC 2012, 56, 66 ff.; *Sauer*, in: JZ 2016, 46, 49 f.; *Fischer/Ladiges*, in: NVwZ 2016, 32, 33 ff; das Ergebnis des Urteils begrüßend hingegen *Glawe*, in: NVwZ 2015, 1593, 1602.

841 *BVerfGE* 121, 135 (162).

842 *BVerfGE* 121, 135 (161).

843 *Sauer*, in: JZ 2016, 46, 49 f.; so im Ergebnis auch *Wiefelspütz*, in: JILPAC 2012, 56, 68.

844 *BVerfGE* 90, 286 (388).

845 So *Fischer/Ladiges*, in: NVwZ 2016, 32, 33.

846 *Glawe*, in: NVwZ 2015, 1593, 1602.

1. *Abweichende Fallkonstellationen*

In den Ausführungen des Senats im AWACS-Urteil findet sich auch die Aussage, „[w]enn und soweit dem Grundgesetz eine Zuständigkeit des Deutschen Bundestags in Form eines wehrverfassungsrechtlichen Mitentscheidungsrechts entnommen werden kann, besteht gerade kein eigenverantwortlicher Entscheidungsraum der Bundesregierung".[847] Hierin kommt bereits die Möglichkeit der Einschränkung des Parlamentsvorbehalts zum Ausdruck.[848] Da der wehrverfassungsrechtliche Parlamentsvorbehalt auf Verfassungsebene ungeschrieben ist und durch die Rechtsprechung des Bundesverfassungsgerichts konkretisiert wird, sind die vorausgegangenen Urteile für die Feststellung der Reichweite des Parlamentsvorbehalts im konkreten Fall des Kurzeinsatzes maßgeblich.

Das apodiktische Postulat der ausnahmslosen Zustimmungsbedürftigkeit von bewaffneten Auslandseinsätzen[849] lässt prima facie wenig Spielraum für entgegengesetzte Deutungen. Der Kontext der Ausführungen weist indes in eine andere Richtung. Das Bundesverfassungsgericht hatte die Evakuierungskonstellation in dieser Entscheidung nicht vor Augen.[850] Im konkreten Fall ging es um die Beteiligung an der NATO-Operation „Display Deterrence" zur Überwachung des Luftraums der Türkei gegen befürchtete Angriffe des Irak; diese stufte die Bundesregierung aufgrund des rein defensiven Charakters als nicht zustimmungsbedürftig ein. Die Argumentation des Gerichts bezieht sich an dieser Stelle zum einen auf Einsätze im Rahmen eines Bündnisses und die dortige Aufgabenverteilung (Stichwort: „Bündnisautomatik") sowie zum anderen auf den Charakter der Mission.[851] Explizit werden die Ausführungen zur Verantwortungsübernahme des Bundestages auf Bündniseinsätze bezogen („wegen der politischen Dynamik eines Bündnissystems [...] stellt der wehrverfassungsrechtliche Parlamentsvorbehalt insoweit (!) ein wesentliches Korrektiv für die Grenzen der parlamentarischen Verantwortungsübernahme im Bereich der auswärtigen Sicherheitspolitik dar"[852]). Ein unilateraler Kurzeinsatz unterscheidet

---

847 *BVerfGE* 121, 135 (163); aufgegriffen in *BVerfGE* 140, 160 (189).

848 *Glawe*, in: NVwZ 2015, 1593, 1603.

849 Siehe *BVerfGE* 121, 135 (173).

850 So führt der Senat im Pegasus-Urteil aus, „[o]b indes eine nachträgliche Parlamentsbefassung auch erforderlich ist, wenn die Möglichkeit zur parlamentarischen Rückholung der Streitkräfte nicht mehr besteht, war bisher nicht Gegenstand verfassungsgerichtlicher Verfahren", *BVerfGE* 140, 160 (199).

851 Siehe die Ausführungen in *BVerfGE* 121, 135 (173).

852 *BVerfGE* 121, 135 (160 f.).

sich von diesen Fallkonstellationen in zwei Weisen: Zunächst erfolgt der Evakuierungseinsatz typischerweise außerhalb eines Bündnisses im Sinne des Art. 24 Abs. 2 GG. Weiterhin hat ein Kurzeinsatz aber nicht nur bereits begonnen (was der Bezugspunkt für die Aussage im AWACS-Urteil ist), er ist darüber hinaus schon beendet, so dass auch dieser Passus des Urteils trotz der pauschalen Formulierung sich nicht auf jeglichen Einsatztyp beziehen kann.[853] Eine nachträgliche Zustimmung sieht das Bundesverfassungsgericht folgerichtig nicht als Möglichkeit an, eine unterbliebene vorherige Zustimmung auszugleichen, weil das Zurückbeordern der eigenen Soldaten im Rahmen der Bündnisverpflichtungen faktisch nicht umsetzbar ist.[854]

2. *Gefährdungslage der Soldaten sowie Eskalations- und Verstrickungspotential als Gründe der Zustimmungsbedürftigkeit*

In der Literatur wird vertreten, das Gericht gelange zu dem Ergebnis der fehlenden Zustimmungsbedürftigkeit eines Kurzeinsatzes durch eine Verengung der möglichen Funktionen, die eine solche Zustimmung übernehmen könne.[855] Es wird davon ausgegangen, dass sich die mit dem nachträglichen Zustimmungsbeschluss verbundene Übernahme eines Teils der Verantwortung durch das Parlament rückwirkend auswirkt und damit rechtlich nicht bedeutungslos sein kann.[856] Dem Deutschen Bundestag müsse Gelegenheit gegeben werden, (Mit-) Verantwortung für den Einsatz übernehmen zu können.[857] Aufgabe des Parlaments sei die umfassende politische Kontrolle von Einsätzen, vor allem wenn sie innen- und außenpolitisch umstritten und völkerrechtlich heikel erscheinen.[858] Zudem werde der Einsatz mit einem erhöhten Maß an demokratischer Legitimation ausgestattet.[859] Sei der Bundestag nicht gewillt, die politische

---

853 Anders *Wiefelspütz*, in: JILPAC 2012, 56, 68, der aus diesem Urteilsabschnitt die nachträgliche Zustimmung auch bei bereits abgeschlossenen Einsätzen für nötig erachtet. Dabei wird aber das entscheidende Kriterium der Abgeschlossenheit nicht gewürdigt. Dass bei in Gefahr im Verzug beschlossenen noch laufenden Einsätzen eine nachträgliche Zustimmung erforderlich ist, wird gar nicht bestritten.

854 *BVerfGE* 121, 135 (174). Hierbei beruft sich das Gericht auf Angaben von Generalleutnant Dora, der zwischen 2000 und 2003 Kommandeur der AWACS-Einheiten der NATO war.

855 *Sauer*, in: JZ 2016, 46, 49.

856 Siehe *Sauer*, in: JZ 2016, 46, 49 f.

857 *Wiefelspütz*, in: JILPAC 2012, 56, 68.

858 *Schmidt-Radefeldt*, in: NZWehrr 2013, 89, 103.

859 *Payandeh*, in: DVBl. 2011, 1325, 1329. Dieser stellt zusätzlich darauf ab, dass die nachträgliche Zustimmung eine erhöhte Legitimation unabhängig eines Verstoßes des

Mitverantwortung für den Einsatz zu übernehmen, ändere das an der Rechtmäßigkeit des Regierungshandelns nichts – die Bundesregierung müsse den Einsatz und seine außenpolitischen Konsequenzen dann aber allein verantworten.[860]

Diese in der Literatur in unterschiedlichen Ausprägungen geäußerten Ansichten überzeugen gleichwohl nicht und wirken allzu oft einzig von dem Wunsche getragen, den Parlamentsvorbehalt zu einer möglichst breiten Anwendung gelangen zu lassen. Dabei werden jedoch die Vorgaben des Bundesverfassungsgerichts verkannt. So kann ein nachträglicher Beschluss zu einem bereits beendeten Einsatz die Funktion der Mitverantwortungsübernahme des Parlaments für den Auslandseinsatz der Bundeswehr nicht mehr erfüllen. In diesem Zusammenhang ist es unerlässlich, sich den Grund für das gesteigerte Bedürfnis nach demokratischer Legitimierung der außenpolitischen Entscheidung, die grundsätzlich der Exekutive zusteht,[861] zu vergegenwärtigen. Dabei kommt es in erster Linie auf die Ausführungen des Bundesverfassungsgerichts zu der Reichweite des Parlamentsvorbehalts an. Im Allgemeinen kann es geltendes ungeschriebenes Verfassungsrecht ohne ein Gutheißen desselbigen durch das Bundesverfassungsgericht nicht geben.[862]

Die Verantwortungsübernahme bezieht sich ganz entscheidend auf das Tragen des Risikos der erheblichen Rechtsgutsgefährdungen deutscher Soldaten sowie das mit dem Einsatz einhergehende „Eskalations- und Verstrickungspotential". In diesem Zusammenhang spricht das Bundesverfassungsgericht von dem „Entscheidungsverbund von Parlament und Regierung".[863] Die Streitkräfte seien zurückzurufen, wenn es der Bundestag verlangt, so die Richter des Zweiten

---

Einsatzes gegen Art. 87a Abs. 2 GG hätte herbeiführen können. Diesen Einwand mit Blick auf die Rechtsprechung des BVerfG zu Recht widerlegend *Wiefelspütz*, in: JIL-PAC 2012, 56, 67.

860 *Sauer*, in: JZ 2016, 46, 50.

861 Im Grundsatz ist es so, dass „[d]as Grundgesetz [...] in Anknüpfung an die traditionelle Staatsauffassung der Regierung im Bereich auswärtiger Politik einen weit bemessenen Spielraum zu eigenverantwortlicher Aufgabenwahrnehmung überlassen [hat]", *BVerfGE* 131, 152 (195); mit Blick auf Art. 59 Abs. 2 S. 1 GG hat das BVerfG den weit bemessenen Gestaltungsspielraum der Bundesregierung jüngst in seiner Syrien-Entscheidung betont, *BVerfG* v. 17.9.2019 – 2 BvE 2/16, Rn. 37, in: NVwZ 2019, 1669, 1672; die Exekutive nimmt (in der Staatspraxis) eine vorherrschende Stellung im Rahmen des auswärtigen Handelns ein, *Tietje/Nowrot*, in: Morlok/Schliesky/Wiefelspütz, Parlamentsrecht, § 45, Rn. 10 u. 50; *Lerche*, in: Merten/Papier, HGR, Band III, § 62, Rn. 56.

862 *Stern*, Das Staatsrecht der Bundesrepublik Deutschland, Band I, S. 112.

863 *BVerfGE* 121, 135 (161).

Senats im Streitkräfte-Urteil.[864] Zwingende Voraussetzung hierfür ist, dass sich die Soldaten noch in dem Einsatzgebiet befinden. Es wird bereits in diesem Urteil von 1994 ersichtlich, dass der Senat auf diese Tatsache besonderen Wert legt.[865] In dieselbe Richtung gehen die Ausführungen im AWACS-Urteil. Auch hier wird erneut ausschließlich auf das Rückrufverlangen rekurriert.[866] Zudem ist bereits im AWACS-Urteil von dem im Pegasus-Urteil aufgegriffenen rechtserheblichen Einfluss in Bezug auf den Zeitraum vor Einsatzbeginn die Rede.[867] Im Streitkräfte-Urteil wird ausgeführt, dass ein wegen Gefahr im Verzug beschlossener Einsatz durch Bundestagsbeschluss unterbunden werden kann.[868] Dass nur ein noch stattfindender Einsatz unterbunden werden kann, bedarf keiner Erwähnung. Schließlich konnten die evakuierenden Einsatzkräfte im Pegasus-Fall nicht mehr aus der Gefahrensituation zurückgerufen werden. Sowohl die Lebensgefahr als auch das „Eskalations- und Verstrickungspotential“ bestehen bei einem abgeschlossenen Einsatz nicht mehr. Im Übrigen wurde bereits in dem vorangegangenen Eilverfahren zwischen nachträglichen, rein politischen, und dem Einsatz vorangestellten – mitverantworteten – Entscheidungen des Bundestages unterschieden.[869]

3. *Keine konstitutive Wirkung eines nachträglichen Zustimmungsbeschlusses zum Kurzeinsatz*

Aufgrund der Tatsache, dass die hier in Rede stehenden Kurzeinsätze per definitionem bereits abgeschlossen sein werden zum Zeitpunkt der frühesten nachträglichen Parlamentsbefassung, gehen mit diesem keine Rechtsfolgen einher, es fehlt zwingend an der konstitutiven Wirkung.[870]

---

864 *BVerfGE* 90, 286 (388).

865 Dieser Umstand wird von *Fischer/Ladiges*, in: NVwZ 2016, 32, 33 f. ohne ausreichende Würdigung abgetan, wenn – trotz Erkennen des Kontextes – lapidar die Rede davon ist, dass nicht ersichtlich sei, dass nur bei laufenden Einsätzen eine nachträgliche Zustimmung erforderlich sein sollte.

866 *BVerfGE* 121, 135 (154).

867 *BVerfGE* 121, 135 (161). Insofern unzutreffend *Fischer/Ladiges*, in: NVwZ 2016, 32, 34, die das Kriterium des rechtserheblichen Einflusses einer Parlamentsbeteiligung als das erste Mal im Pegasus-Urteil angeführt wähnen.

868 *BVerfGE* 90, 286 (389).

869 *BVerfGE* 89, 38 (47); *Scherrer*, Das Parlament und sein Heer, S. 289.

870 Ebenso *Glawe*, in: NVwZ 2015, 1593, 1603; in diese Richtung auch *Schmidt-Radefeldt*, Parlamentarische Kontrolle, S. 159, der dann aber auf die scheinbar entgegenstehende Verfassungsorganpraxis im Fall der Evakuierungsoperation „Libelle“ in Albanien 1997 abstellt; a.A. *Wiefelspütz*, in: JILPAC 2012, 56, 68.

a) Unbeachtlichkeit politischer Wirkungen eines nachträglichen Zustimmungsbeschlusses

Auch erhoffte politische Signale einer nachträglichen Zustimmung, sei es in bestärkender (bei positiver Bescheidung des Antrags) oder disziplinierender Wirkung (bei einer ablehnenden Haltung)[871], vermögen an diesem Befund nichts zu ändern. Die Wirkung – so stark diese insbesondere in der Öffentlichkeit auch wahrgenommen würde – bleibt einer politischen und keiner rechtlichen Natur.[872] So groß die Macht des Parlaments in diesem Bereich sein mag, die Zeit zurückdrehen kann auch ein nachträglicher Beschluss des Deutschen Bundestages nicht – ein abgeschlossener Einsatz bleibt ein abgeschlossener Einsatz[873] und kann dementsprechend keine konstitutive Wirkung entfalten. Die Mitentscheidungsbefugnis beschränkt sich auf die Ermöglichung oder Verhinderung des in Rede stehenden Einsatzes.[874] Zu einem anderen Ergebnis gelangte man einzig, wenn man auf nicht rechtserhebliche Gesichtspunkte, wie etwa eine „vertrauensbegründende Komponente“[875] abstellte. Eine nachträgliche Billigung des Einsatzes hätte den Effekt, dass die Position der Bundesregierung als alleinige Entscheidungsträgerin gestützt würde; ebenso beinhaltete ein solcher Beschluss ein starkes außenpolitisches Zeichen der innerstaatlichen Einigkeit. Es läge ein rein deklaratorischer, die Entscheidung der Bundesregierung politisch missbilligender oder gutheißender, nicht aber rechtserheblicher Beschluss vor.[876] Überdies ließe sich dieses Argument auch umkehren: Man stelle sich vor, welche Wirkung von einem ablehnenden Beschluss des Parlaments auf die Soldaten, die in dem bereits abgeschlossenen Einsatz ihr Leben riskiert haben, ausginge. Dies

---

871 Siehe zu dieser Argumentationslinie *Fischer/Ladiges*, in: NVwZ 2016, 32, 34; *Lutze*, in: DÖV 2003, 972, 978.

872 So stellt *Kreß*, in: ZaöRV 1997, 329, 356 fest, dass für ein „*ex post facto*-Urteil des Bundestages über die politische Zweckmäßigkeit der jeweiligen Operation [...] ein zwingendes verfassungsrechtliches Bedürfnis nicht ohne weiteres zu erkennen [ist]“; *Dau*, in: NZWehrr 1998, 89, 99.

873 So im Ergebnis auch *Glawe*, in: NVwZ-Extra 2011, 1, 3 und *ders.*, in: NVwZ 2015, 1593, 1603.

874 *Schmidt-Radefeldt*, Parlamentarische Kontrolle, S. 155.

875 So *Dau*, in: NZWehrr 1998, 89, 99, der davon ausgeht, ohne nachträgliche Zustimmung würde die „sensiblen Befindlichkeiten“, die durch die Beteiligung des Bundestages entstünden, gestört; hieran anschließend *Lutze*, in: DÖV 2003, 972, 978.

876 Auch *Dau*, in: NZWehrr 1998, 89, 99 geht in keinem dieser Fälle von einer rechtserheblichen, sondern immer von einer rein politischen Bedeutung aus.

verdeutlicht die Kehrseite dieser beliebten Argumentationslinie, entfaltet aber ebenso wenig rechtliche Wirkung.

b) Argument der fehlenden öffentlichen Diskussion

Gegen die Richtigkeit der die Entscheidung tragenden Gründe spricht auch nicht, dass eine öffentliche Diskussion im Parlament im Nachhinein nicht mehr möglich ist; auch ist nicht die zwingende Folge, dass über die Einsätze nur im „Arkanbereich" der Regierung und nicht im Parlament beraten wird.[877] Eine solche Ansicht verkennt die Möglichkeit eines schlichten Parlamentsbeschlusses, der die erforderliche Öffentlichkeit herzustellen vermag.[878] Denn mit der Ablehnung der Verpflichtung, nachträglich einen konstitutiven Parlamentsbeschluss herbeizuführen, geht keineswegs eine völlige Umgehung des Parlaments einher. Die Option eines unverbindlichen Parlamentsbeschlusses zu Fragestellungen rund um den abgeschlossenen Einsatz zur Kontrolle der Exekutive wird durch die Ablehnung eines rechtsverbindlichen nachträglichen Parlamentsbeschlusses nicht ausgeschlossen.[879] Der schlichte Parlamentsbeschluss ermöglicht dem Bundestag die Äußerung zu grundlegenden Thematiken der Politik.[880] Insbesondere kann der schlichte Beschluss in einem – öffentlich stark wahrgenommenen – Ersuchen, das Anforderungen des Parlaments an die Regierung

877 So aber *Payandeh*, in: DVBl. 2011, 1325, 1329 f.

878 *Butzer*, in: AÖR 1994, 61, 85.

879 Unverbindliche Parlamentsbeschlüsse begründen keine rechtliche Bindung der jeweils von den Beschlüssen Adressierten. Diese sind aber angehalten, aus den ergangenen Beschlüssen Konsequenzen zu ziehen. Auch durch unverbindliche Beschlüsse ist das Parlament fähig, das Verhalten der Exekutive zu beeinflussen (so auch ausdrücklich das BVerfG, *BVerfGE* 104, 151 (208 f.). Die zentrale Stellung des Parlaments im Gesetzgebungsverfahren ermöglicht es diesem, die Regierungsarbeit zu erschweren, sollte sich die Regierung dauerhaft über den Willen des Parlaments hinwegsetzen. So bedarf es auch nicht immer gleich des konstruktiven Misstrauensvotums, das als ultima ratio anzusehen ist. Die Kontrolle kann auch durch die Einsetzung von Untersuchungsausschüssen oder des Gebrauchmachens von dem Anfragerecht sichergestellt werden. Zwar enthält das Grundgesetz keine ausdrückliche Ermächtigung des Parlaments zum Erlass schlichter Parlamentsbeschlüsse. Doch folgt die Zulässigkeit aus einer ungeschriebenen Organkompetenz, *Luch*, in: Morlok/Schliesky/Wiefelspütz, Parlamentsrecht, § 10, Rn. 29 ff. Der Vorteil eines schlichten Parlamentsbeschlusses gegenüber dem formellen Parlamentsgesetz ist seine Flexibilität. Er ist daher in besonderem Maße für die Einflussnahme des Parlaments auf die Außenpolitik geeignet, *Wolfrum*, in: VVDStRL 1996, 38, 66.

880 *Butzer*, in: AÖR 1994, 61, 72 f.

enthält, bestehen. Auf diese Weise kann das Verständnis des Parlaments als mitgestaltendes Organ zum Ausdruck gebracht werden.[881] Wie das Bundesverfassungsgericht auch ausführt, kann der Bundestag von seinem „Frage-, Antrags-, Debatten- und Entschließungsrecht" Gebrauch machen.[882] Bereits der Evakuierungseinsatz in Libyen bietet bestes Anschauungsmaterial hierfür. So hat die Fraktion der Linken eine Kleine Anfrage an die Bundesregierung gerichtet mit zahlreichen Fragen zu inhaltlichen wie rechtlichen Umständen des Einsatzes.[883] Auch im Nachgang zu der im Südsudan 2016 erfolgten Evakuierungsoperation machte die Opposition von dem Mittel der Kleinen Anfrage Gebrauch[884] und erhielt eine ausführliche Stellungnahme der Bundesregierung zu den Einsatzdetails.[885]

4. *Restriktiv auszulegender Ausnahmefall*

Das Bundesverfassungsgericht betont im Pegasus-Urteil sehr deutlich, dass die exekutive Eilkompetenz lediglich in einer kurzfristigen Ausnahmesituation die militärpolitische Handlungsfähigkeit der Bundesrepublik Deutschland sichern solle.[886] Auch unterliegt die Feststellung, ob eine Gefahr im Verzug-Konstellation gegeben ist, nicht einer Einschätzungsprärogative der Bundesregierung und ist gerichtlich voll nachprüfbar.[887] Das Bundesverfassungsgericht ist an dieser Stelle ersichtlich darauf bedacht, die mit der Eilkompetenz einhergehende Missbrauchsgefahr auszuschließen. Es wirkt der „materiellen Entwertung der parlamentarischen Mitentscheidungskompetenz"[888] entgegen, indem es nachdrücklich betont, dass der Gesetzgeber den Grundsatz der vollständigen gerichtlichen Nachprüfbarkeit hinsichtlich des unbestimmten Rechtsbegriffs der Gefahr im Verzug nicht durch eine etwaige gesetzliche Regelung einschränken kann.[889] Dabei ist das Gericht darauf bedacht, die Grenzen für diese „kurzfristige

---

881 *Butzer*, in: AÖR 1994, 61, 73 mit Nennung von Beispielen für ein Ersuchen.

882 *BVerfGE* 140, 160 (202); das erste Mal hat das BVerfG diesen Gedanken bereits 1984 geäußert, *BVerfGE* 68, 1 (109 f.).

883 Kleine Anfrage der Fraktion Die Linke vom 4.4.2011, Bt.-Drs. 17/5359. Auf die hierin enthaltenen Ausführungen beziehen sich Teile der Feststellung der tatsächlichen Umstände im Urteil des Gerichts, *BVerfGE* 140, 160 (171).

884 Kleine Anfrage der Fraktion Bündnis 90/Die Grünen vom 2.8.2016, Bt.-Drs. 18/9319.

885 Antwort der Bundesregierung auf Bt.-Drs. 18/9319, Bt.-Drs. 18/9457.

886 *BVerfGE* 140, 160 (196).

887 *BVerfGE* 140, 160 (197).

888 *BVerfGE* 140, 160 (198).

889 *BVerfGE* 140, 160 (197 f.). Das Bundesverfassungsgericht besitzt also die vollständige, durch den einfachen Gesetzgeber nicht abänderbare, Überprüfungskompetenz, ob die

Ausnahmesituation" durch die Betonung des absoluten Ausnahmecharakters eng zu ziehen, indem es die Subsidiarität dieser Kompetenz gegenüber dem „originären parlamentarischen Mitentscheidungsrecht" herausstellt.[890] Einer Missbrauchsgefahr dahingehend, dass die Bundesregierung die Ausnahmekonstellation der Kurzeinsätze durch eine ausufernde Auslegung des Gefahr im Verzug-Kriteriums zu der Regel werden lässt, beugt der Zweite Senat damit vor. Das Postulat des grundsätzlich bestehenden rechtserheblichen Mitspracherechts des Parlaments bleibt unangetastet.

5. *Ergebnis*

Im Rahmen des Kurzeinsatzes kommt dem Deutschen Bundestag kein rechtserhebliches Mitspracherecht zu. Das Pegasus-Urteil stellt dennoch keinen Kurswechsel in der Rechtsprechung des Bundesverfassungsgerichts dar. Eine teilweise Kehrtwende wurde ebenso wenig vollzogen. Auch das Pegasus-Urteil ändert nichts daran, dass es grundsätzlich der Deutsche Bundestag ist, der die Verantwortung für den bewaffneten Auslandseinsatz trägt.[891] Für die Übernahme der Verantwortung durch das Parlament für einen Auslandseinsatz ist es als conditio sine qua non anzusehen, dass eine Entsendung deutscher Soldaten in eine solche Gefahrenlage bevorsteht oder sie sich noch in einer solchen befinden[892] oder das Potential besteht, in langwierige Konflikte hineingezogen zu werden.[893] Die fundamentale Weichenstellung zwischen Krieg und Frieden, über die in jedem Fall das Parlament zu befinden hat, ist im Falle des Kurzeinsatzes nicht betroffen.

---

der Eilentscheidung zugrundeliegenden tatsächlichen Umstände, die Annahme einer Gefahr im Verzug-Konstellation durch die Bundesregierung gerechtfertigt haben.

890 *BVerfGE* 140, 160 (196).

891 Siehe *BVerfGE* 121, 135 (161).

892 Gerade in der erhöhten Gefährdung der Rechtsgüter deutscher Soldaten in bewaffneten Konflikten liegt der wesentliche Grund für das Bedürfnis der gesteigerten demokratischen Legitimation. *Schmidt-Radefeldt*, Parlamentarische Kontrolle, S. 157; *Paulus/Jacobs*, in: FW 2012, 23, 59; rekurrierend auf die Wesentlichkeitstheorie *Paulus*, in: Weingärtner, Einsatz der Bundeswehr im Ausland, 81, 86; a.A. *Wiefelspütz*, Parlamentsbeteiligungsgesetz, S. 274 f.

893 Auf diese beiden Aspekte stellt das BVerfG im Wesentlichen ab, *BVerfGE* 121, 135 (161). Würde man hingegen einzig auf die Gefährdung der Rechtsgüter der Soldaten abstellen, fehlte es in diesen Konstellationen an der Zustimmungsbedürftigkeit eines bewaffneten Drohneneinsatzes, wenn der Drohnenpilot – wie dies regelmäßig der Fall sein wird – von weit außerhalb des Konfliktgeschehens agiert. Siehe hierzu *Schmidt-Radefeldt*, in: NZWehrr 2013, 89, 103.

Doch gerade diese besonderen Umstände eines Militäreinsatzes bedingen das Erfordernis einer erhöhten demokratischen Legitimation,[894] nicht hingegen pauschal die politische Bedeutung der Entscheidung an sich.[895] Die Pegasus-Rechtsprechung statuiert den Rahmen für einen eng auszulegenden Ausnahmefall. Ausdrücklich hat der Zweite Senat vor dem Pegasus-Urteil zu keinem Zeitpunkt etwas zu der Einsatzform der kurz andauernden unilateralen Evakuierungseinsätze gesagt. Dass es diese Konstellation vor dem Pegasus-Urteil auch nicht im Sinn gehabt hat, wird an dem aufgezeigten Kontext der Entscheidung deutlich. Bei abgeschlossenen Einsätzen können die Funktionen des Parlamentsvorbehalts de facto nicht mehr erfüllt werden. Es bleibt dem Bundestag in jedem Fall unbenommen, einen schlichten Parlamentsbeschluss über den abgeschlossenen Einsatz zu erlassen und auf diese Weise eine öffentliche Auseinandersetzung mit der Thematik zu erwirken.

IV. Kein nachträgliches Mitspracherecht aus § 5 Abs. 3 S. 1 ParlBG beim Kurzeinsatz

Auch wenn ein Widerspruch des Pegasus-Urteils zu den vorherigen Judikaten des zweiten Senats nicht festgestellt werden kann, bleibt zu fragen, ob § 5 Abs. 3 S. 1 ParlBG ausreichend Berücksichtigung gefunden hat – heißt es dort doch ausdrücklich: „Der Antrag auf Zustimmung zum Einsatz ist unverzüglich nachzuholen." Dabei gilt es zu berücksichtigen, dass die einfachgesetzlichen Vorschriften des Parlamentsbeteiligungsgesetzes einzig als Auslegungshilfe für den verfassungsrechtlichen Einsatzvorbehalt dienen können. Verstoßen Normierungen des einfachgesetzlichen Parlamentsbeteiligungsgesetzes gegen den ungeschriebenen aber mit Verfassungsrang ausgestatteten Parlamentsvorbehalt, sind diese unwirksam. Gleichwohl ist es auch denkbar, dass im Parlamentsbeteiligungsgesetz Regelungen getroffen werden, die nach der bundesverfassungsgerichtlichen Rechtsprechung nicht zwingend sind, aber eben auch nicht im Widerspruch hierzu stehen. Mangels ausreichender Auseinandersetzung des Senats mit dem klaren Wortlaut der Vorschrift des § 5 Abs. 3 S. 1 ParlBG stößt das Urteil auf Kritik.[896] Und in der Tat fehlt es im Pegasus-Urteil an einer fundierten

---

894 *Baldus/Müller-Franken*, in: v. Mangoldt/Klein/Starck, GG, Band III, Art. 87a, Rn. 101; *Neubert*, in: DÖV 2017, 141, 143.

895 So aber *Heun*, in: Dreier, GG, Band III, Art. 87a, Rn. 19.

896 *Sauer*, in: JZ 2016, 46, 49; *Fischer/Ladiges*, in: NVwZ 2016, 32, 34.

Auseinandersetzung mit der Regelung des § 5 ParlBG.[897] Insbesondere ist zu berücksichtigen, dass die Debatte im Bundestag über den Gesetzesentwurf des Parlamentsbeteiligungsgesetzes wohl in Richtung einer umfassenden Zustimmungspflicht deutet.[898] Obgleich auch in dieser Debatte die Konstellation des Kurzeinsatzes ebenso wenig ausdrücklich zur Sprache gelangt wie in der Gesetzesbegründung.

Eine systematische Betrachtung des Parlamentsbeteiligungsgesetzes ergibt darüber hinaus, dass § 5 Abs. 3 S. 1 ParlBG den Kurzeinsatz nicht erfasst. Bereits der zweite Absatz desselben Paragraphen verdeutlicht, dass Satz 1 offensichtlich auf noch in Ausführung befindliche Einsätze bezogen ist, indem er als Rechtsfolge für die Ablehnung des Antrags die Beendigung des Einsatzes vorsieht.[899] Überdies sieht § 8 ParlBG ausdrücklich ein Widerrufsrecht der ursprünglichen Zustimmung des Parlaments vor. Hieraus kann zunächst durchaus ein Rückschluss auf die grundsätzliche Verantwortungstragung des Parlaments für den Auslandseinsatz gezogen werden.[900] Gleichwohl indiziert auch hier die Überschrift „Rückholrecht“ eine tatsächliche bzw. zeitliche Grenze dieser Verantwortungsübernahme; die Möglichkeit des Rückrufs der Streitkräfte muss für den Widerruf der Zustimmung noch bestehen – nur solange trägt das Parlament die Verantwortung. Es geht um die Rückgängigmachung einer getroffenen Entscheidung.[901] Im Falle des abgeschlossenen Einsatzes kann die Entscheidung aber offensichtlich nicht rückgängig gemacht werden.[902] Sicherlich ist demnach kritikwürdig, dass eine fundierte Argumentation zu der Norm des § 5 Abs. 3 S. 1 ParlBG im Pegasus-Urteil unterbleibt. In der Sache ändert sich aber nichts an der Stringenz des Ergebnisses. Auch nach dem Parlamentsbeteiligungsgesetz ist eine nachträgliche Zustimmung in diesen Fällen nicht nötig. Einer teleologischen Reduktion des Normgehalts bedarf es nach dem Ergebnis der systematischen Auslegung nicht.[903]

---

897 So weist das Gericht einzig darauf hin, dass sich die Auffassung des Gesetzgebers zu dieser Frage aus dem Parlamentsbeteiligungsgesetz nicht eindeutig entnehmen lasse und auch die Gesetzesbegründung nicht weiterhilft, *BVerfGE* 140, 160 (200).

898 Siehe Plenarprotokoll 15/146, S. 13640 (D) und insbes. 15/146, S. 13644 (B).

899 Ebenso *Scherrer*, Das Parlament und sein Heer, S. 288.

900 Einen solchen zieht *Sauer*, in: JZ 2016, 46, 49.

901 So ausdrücklich die Gesetzesbegründung, Bt.-Drs. 15/2742, S. 6.

902 *Fassbender*, in: Isensee/Kirchhof, HStR, Band XI, § 244, Rn. 114.

903 Die Folge des Urteils ist jedenfalls, dass – auch im Falle einer von dieser Sichtweise abweichender Auffassung – § 5 Abs. 3 ParlBG verfassungskonform ausgelegt werden muss. Solche Konstellationen sind nicht von der Norm erfasst, die von der Bundesregierung bei dem Vorliegen von Gefahr im Verzug beschlossen wurden und zum

V. Fazit

Ist der im Eilfall beschlossene Einsatz „zum frühestmöglichen Zeitpunkt einer nachträglichen Parlamentsbefassung bereits beendet", muss die Bundesregierung den Deutsche Bundestag nicht um Zustimmung bitten. In dieser Ausnahmekonstellation kommt dem Parlament kein rechtserhebliches Mitspracherecht zu. Dem wehrverfassungsrechtlichen Parlamentsvorbehalt kommt Verfassungsrang zu. Es sind zuvorderst die Ausführungen des Bundesverfassungsgerichts, die den formellen Rahmen des verfassungskonformen Auslandseinsatzes vorgeben.[904] So ist festzuhalten, dass „[e]ine erweiternde Auslegung der Zustimmungs- oder Mitwirkungsbefugnisse des Bundestages unter Überspielung der konkreten Ordnung der Verteilung und des Ausgleichs staatlicher Macht im Grundgesetz [...] sich nicht auf einen aus dem Demokratieprinzip abgeleiteten allumfassenden Parlamentsvorbehalt stützen [lässt]."[905] Bereits in seinem Nachrüstungsurteil[906] aus dem Jahre 1984 lehnte das Bundesverfassungsgericht einen „Totalvorbehalt des Gesetzes" ab. Auch kenne das Grundgesetz keine Kompetenzregel, die besage, dass alle wesentlichen Entscheidungen vom Gesetzgeber zu treffen wären.[907] Ein kategorisches Abstellen auf die politische Mitverantwortungsübernahme des Bundestages für abgeschlossene Auslandseinsätze der Bundeswehr – losgelöst von der bundesverfassungsgerichtlichen Rechtsprechung – ist daher abzulehnen.[908] Die verfassungsrechtlichen Gründe des Erfordernisses einer erhöhten demokratischen Legitimation für die Entscheidung zu einem bewaffneten Auslandseinsatz liegen in einer bevorstehenden oder noch bestehenden Gefährdung der Soldaten (Möglichkeit des Rückrufs durch das Parlament) sowie dem Vorhandensein einer Eskalationsgefahr hin zu einem umfassenden Krieg. Hingegen geht es nicht um die politische Verantwortungsübernahme. Das Erfordernis einer kategorischen

frühestmöglichen Zeitpunkt der nachträglichen Parlamentsbeteiligung bereits abgeschlossen sind. Eine entsprechende Klarstellung des Parlamentsbeteiligungsgesetzes wäre anzuraten. Ein anderes Ergebnis ließe sich hingegen nur im Falle einer – sogleich zu thematisierenden – Verfassungsänderung erreichen, siehe unten unter D.

904 Siehe auch *Paulus/Jacobs*, in: FW 2012, 23, 53.

905 *BVerfGE* 131, 152 (195 f.).

906 *BVerfGE* 68, 1 (109).

907 *BVerfGE* 68, 1 (109).

908 Insbesondere kann auch nicht aus der Bezeichnung als „Parlamentsheer" die Verpflichtung zu einem nachträglichen Beschluss hergeleitet werden. So im Ergebnis aber *Lutze*, in: DÖV 2003, 972, 978, der davon ausgeht, die politische Missbilligung sei das Mindeste, was einem „Parlamentsheer" nach der Konzeption des BVerfG zustehen müsse.

Verantwortungsübernahme zur Sicherstellung einer möglichst umfassenden politischen Kontrolle bewaffneter Auslandseinsätze ergab sich auch vor dem Pegasus-Urteil nicht aus der Rechtsprechung des Bundesverfassungsgerichts. Ebenso ist zu berücksichtigen, dass auch die Regierung ein demokratisch legitimiertes Organ ist.[909] Das von vielen Literaturstimmen geradezu ersehnte Ergebnis einer weiteren Stärkung des Parlaments mag aus politischer Sicht wünschenswert sein, folgt aber nicht aus rechtlichen Erwägungen von Verfassungsrang. Hierzu ist eine entsprechende Änderung des Grundgesetzes erforderlich. Eine Mitverantwortungsübernahme für weitere Zwecke, die sich nicht unmittelbar aus der Rechtsprechung des Bundesverfassungsgerichts ergeben, kann auch im Anschluss an einen abgeschlossenen Einsatz durch einen unverbindlichen Parlamentsbeschluss erfolgen.

D. Reformvorschläge des Grundgesetzes im Hinblick auf den wehrverfassungsrechtlichen Parlamentsvorbehalt

Sollte es zu einer Reform der Wehrverfassung kommen, führte kein Weg an der positivrechtlichen Niederlegung des Parlamentsvorbehalts vorbei. Zunächst sollte die grundsätzliche Pflicht der vorherigen konstitutiven Parlamentsbeteiligung ausdrücklich in das Grundgesetz aufgenommen werden. Hierfür kommt in Anlehnung an die Rechtsprechung des Bundesverfassungsgerichts etwa folgende Formulierung in Betracht:

> Der Auslandseinsatz bewaffneter Streitkräfte bedarf der vorherigen konstitutiven Zustimmung des Deutschen Bundestages, wenn eine Einbeziehung deutscher Streitkräfte in bewaffnete Auseinandersetzungen konkret zu erwarten ist. Näheres regelt ein Bundesgesetz.[910]

Hält die für die Verfassungsänderung erforderliche Zweidrittelmehrheit überdies das fehlende konstitutive Mitspracherecht des Parlaments bei Kurzeinsätzen für unzureichend, so ist es denkbar, eine diesbezügliche Regelung auf Verfassungsebene zu installieren. Diese könnte in Anlehnung an den Wortlaut des Pegasus-Urteils[911] etwa lauten:

---

909 *BVerfGE* 68, 1 (109); *Ossenbühl*, in: Isensee/Kirchhof, HStR, Band V, § 101, Rn. 23.

910 Zu einem ähnlichen Vorschlag siehe bereits *Wiefelspütz*, Parlamentsbeteiligungsgesetz, S. 280.

911 *BVerfGE* 140, 160 (199). Eine möglichst enge Anlehnung an den Wortlaut zu der verfassungsgerichtlichen Rechtsprechung ist zu empfehlen. Wie zuvor herausgearbeitet, ist es mangels Ausdrücklichkeit des wehrverfassungsrechtlichen Parlamentsvorbehalts alleine das BVerfG, das den verfassungsrechtlichen Rahmen dieses vorgibt. Ein der

Ist ein von der Bundesregierung wegen Gefahr im Verzug beschlossener Einsatz bewaffneter Streitkräfte zum frühestmöglichen Zeitpunkt einer nachträglichen Parlamentsbefassung bereits abgeschlossen (Kurzeinsatz), muss die Bundesregierung den Deutschen Bundestag unverzüglich um die nachträgliche Zustimmung ersuchen. Die nachträgliche Entscheidung des Bundestages beeinflusst die Rechtmäßigkeit der ursprünglichen Einsatzentscheidung nicht.

Der zweite Satz ist sehr wichtig, um allen beteiligten Soldatinnen und Soldaten die nötige Rechtssicherheit zu gewährleisten.[912] Die eingesetzten Kräfte sollten weder vor noch nach einer Auslandsverwendung „mit solchen hochkomplexen Fragen im Grenzbereich von Recht und Politik“[913] belastet werden. Zwingend erforderlich ist eine solche Änderung des Grundgesetzes nach den vorherigen Ausführungen gleichwohl nicht.

An diesem Punkte sei vertiefend noch angemerkt, dass auch der in den Parlamentsdebatten zum Parlamentsbeteiligungsgesetz rege diskutierte und umstrittene Entsendeausschuss[914] durch den einfachen Gesetzgeber nicht als Alternativlösung bzw. als Notlösung eingerichtet werden kann. Der Gedanke, dass zumindest ein ausgewählter Teil der Parlamentarier einem bei Gefahr im Verzug beschlossenen Einsatz vorher und/oder etwa auch nachträglich zustimmen muss – quasi als Kompromisslösung – ist ebenso wenig mit der neueren Rechtsprechung des Bundesverfassungsgerichts vereinbar.[915]

Rechtsprechung des BVerfG widersprechendes Gesetz wäre damit in diesem Fall verfassungswidrig.

912 Dies gilt im Besonderen auch in Bezug auf die Rechtfertigungsmöglichkeit der Soldaten für im Auslandseinsatz verwirklichte Straftatbestände, wenn man den Auslandseinsatz mandatierenden Bundestagsbeschluss als Voraussetzung dafür ansieht, dass deutsche Soldaten sich an einer vom SR mandatierten Gewaltanwendung beteiligen dürfen, siehe hierzu den fundierten Beitrag von *Frister/Korte/Kreß*, in: JZ 2010, 10, 14 f.

913 *Paulus*, in: Weingärtner, Einsatz der Bundeswehr im Ausland, 81, 87 in Bezug auf eine etwaige Völkerrechtsstrafbarkeit der am Auslandseinsatz (im Allgemeinen, nicht explizit auf den Kurzeinsatz bezogen) teilnehmenden Soldatinnen und Soldaten. Erneut muss diese Erwägung erst recht im Hinblick auf den Kurzeinsatz gelten.

914 Zur parlamentarischen Diskussion siehe Plenarprotokoll 15/100, S. 8985 (B), 8988 (C), 8989 (B), 8991 (C) und Plenarprotokoll 15/146, S. 13636 (D), 13638 (A), 13639 (C), 13641 (C), 13650 (B).

915 Doch stünde es dem verfassungsändernden Gesetzgeber frei, eine entsprechende Regelung in das Grundgesetz aufzunehmen. Eine etwaige Norm könnte vorsehen, dass bei Gefahr im Verzug-Konstellationen ein Entsendeausschuss, dessen Ausgestaltung näher durch ein Bundesgesetz geregelt wird, dem eilbedürftigen Einsatz zuzustimmen hat.

E. Der Zustimmungsantrag der Bundesregierung

Nachdem sich die Bundesregierung dazu entschlossen hat, die Bundeswehr in einen bewaffneten extraterritorialen Einsatz zu entsenden, legt sie dem Deutschen Bundestag einen Zustimmungsantrag zu dem konkreten Einsatzvorhaben vor.

I. Gliederung des Antrags

Die Zustimmungsanträge der Bundesregierung zumindest zu den derzeitigen Einsätzen der Bundeswehr folgen meist einem standardisierten Musteraufbau, der die Anträge weitestgehend einheitlich untergliedert. Überschrieben sind die Anträge mit „Antrag der Bundesregierung“, woraufhin unmittelbar in einem Satz folgt, aus welchem Grunde und auf welcher Grundlage der Einsatz bewaffneter deutscher Streitkräfte erfolgen soll.[916] Unter dem folgenden Punkt „Der Bundestag wolle beschließen“ kommt es zu einer Ausarbeitung von bis zu elf Unterpunkten. Zunächst wird der Beschluss der Bundesregierung dargelegt und die Einsatzzeit wird bestimmt. Es folgen die Unterpunkte „Völker- und verfassungsrechtliche Grundlagen“[917], „Auftrag“, „Aufgaben“[918] „Einzusetzende Fähigkeiten“, „Ermächtigung zu Einsatz und Dauer“, „Status und Rechte“, „Einsatzgebiet“, „Personaleinsatz“ sowie „Auslandsverwendung“[919] und „Kosten und Finanzierung“. Zum Abschluss des Antrags folgt dessen Begründung.[920]

---

916 In diesem ersten Punkt ist die Praxis aber eher uneinheitlich. Nicht immer kommt es zu einer Nennung etwaig einschlägiger Resolutionen und gleichzeitig der groben Zielrichtung des jeweiligen Einsatzes.

917 In einigen (älteren) Anträgen lautet der erste Punkt „Völkerrechtliche Grundlagen und politische Rahmenbedingungen“ und es folgt eine gesonderte Aufzählung der „Rechtlichen Grundlagen“, so beispielhaft die ersten Zustimmungsanträge zu der EUTM in Somalia. Während diese Unterscheidung in Bt.-Drs. 16/11337 (2008) noch vorgenommen wird, folgt Bt.-Drs. 18/11621 (2017) dem im Fließtext genannten Aufbau.

918 Dieser Unterpunkt ist in einem Großteil der Zustimmungsanträge nicht gesondert enthalten. Zumeist werden die Aufgaben in dem Unterpunkt „Auftrag“ mitbehandelt. Siehe aber Bt.-Drs. 18/10820.

919 Dieser Punkt rund um die Besoldung der Soldaten ist nicht einheitlich in allen Zustimmungsanträgen enthalten. Angaben zur Besoldung und Versorgung der Soldaten sind in einigen Anträgen unter dem Stichwort „Personaleinsatz“ mitgeregelt.

920 Siehe bspw. Bt.-Drs. 18/7207.

II. Benennung der Rechtsgrundlagen des Einsatzes

Anknüpfungspunkt für eine rechtliche Auseinandersetzung mit dem Zustimmungsantrag soll § 3 Abs. 2 ParlBG sein, der die inhaltlichen Angaben vorgibt, welche der Zustimmungsantrag der Bundesregierung insbesondere enthalten muss. Genannt sind der Einsatzauftrag, das Einsatzgebiet, die rechtlichen Grundlagen des Einsatzes, die Höchstzahl der einzusetzenden Soldatinnen und Soldaten, die Fähigkeiten der einzusetzenden Streitkräfte, die geplante Dauer des Einsatzes sowie die voraussichtlichen Kosten und die Finanzierung. Auffällig ist, dass die einschlägige Literatur sich kaum mit dem Gesichtspunkt der Nennung der rechtlichen Grundlagen beschäftigt[921] – an dieser Stelle knüpft vorliegender Abschnitt an.

1. Fehlende Benennung der Grundlagen des Konfliktsvölkerrechts

Der fehlende Fokus auf die Nennung der Rechtsgrundlagen mag aus dem Dafürhalten resultieren, dass diese eindeutig und unproblematisch benannt werden können. Vergegenwärtigt man sich indessen einige der bisherigen Zustimmungsanträge der Bundesregierung, kann dieser Befund nicht bestätigt werden. Dort sind die rechtlichen Grundlagen oft nur sehr unzureichend aufgeführt. Unter dem Punkt „Völker- und verfassungsrechtliche Grundlagen“ wird alleine die friedenssicherungsrechtliche Lage dargestellt. So werden für einschlägig erachtete Sicherheitsratsresolutionen[922] oder die Umstände für eine völkerrechtlich

921 Auch der gescheiterte Entwurf der Rühe-Kommission zur Reformierung des Parlamentsbeteiligungsgesetzes lässt § 3 Abs. 2 ParlBG unverändert (siehe Bt.-Drs. 18/5000, S. 47) und beschäftigt sich kaum mit der Benennung der rechtlichen Grundlagen, sondern thematisiert lediglich die für die Fragestellung praktisch relevanten Gesichtspunkte der personellen Obergrenze sowie der Festlegung des räumlichen Einsatzgebietes (siehe Bt.-Drs. 18/5000, S. 25 f.). Die „Kommission zur Überprüfung und Sicherung der Parlamentsrechte bei der Mandatierung von Auslandseinsätzen der Bundeswehr“ wurde auf Antrag Fraktionen der CDU/CSU und SPD am 19.3.2014 eingesetzt und sollte dem Erfordernis der Anpassung des Parlamentsbeteiligungsgesetzes an die fortschreitende Bündnisintegration Deutschlands nachgehen, Bt.-Drs. 18/870, S. 1 f. Bekannt ist diese unter dem Namen ihres Leiters, dem CDU-Politiker, Volker Rühe.

922 So bspw. in dem Antrag zur Beteiligung deutscher Streitkräfte an der Internationalen Sicherheitsunterstützungstruppe in Afghanistan, Bt.-Drs. 14/7930, S. 2 oder in dem Antrag auf Fortsetzung der Beteiligung an dem Einsatz im Kosovo vom 10.5.2017, Bt.-Drs. 18/12298, S. 1.

zulässige Selbstverteidigung genannt,[923] nicht aber die für den Einsatz entscheidenden Regelungen des Rechts der bewaffneten Konflikte.

In dem Abschlussbericht der Rühe-Kommission findet sich lediglich der Punkt „Reflexionsprozess zu den verfassungsrechtlichen Grundlagen von Einsätzen der Streitkräfte".[924] Die verfassungsrechtlichen Grundlagen stellten einen wichtigen Aspekt in der politischen Willensbildung im Rahmen der Beratungen zur Mandatierung von Einsätzen dar.[925] Der offensichtliche Zusammenhang zur Parlamentsbeteiligung wird demnach erkannt. Nähere Ausführungen zu den Anforderungen an die inhaltlichen Ausgestaltungen werden indessen nicht getätigt.[926] Wird aber anerkannt, dass die verfassungsrechtlichen Grundlagen maßgebend für die Willensbildung der Parlamentarier sind, gilt selbiges zwingend auch für die (konflikts-)völkerrechtlichen Grundlagen. Sofern die Bundeswehr im Rahmen eines bewaffneten Konflikts zum Einsatz gelangt, liegt auch das Recht der bewaffneten Konflikte dem bewaffneten Einsatz deutscher Streitkräfte im Ausland zugrunde.[927]

2. *Erste qualitative Fortentwicklung der Zustimmungsanträge*

Unter dem im Zustimmungsantrag ebenso aufgeführten Punkt namens „Status und Rechte" erfolgen einige Ergänzungen zu rechtlichen Grundlagen. Dort heißt es in vielen der Anträge fast wortgleich:

„Die Anwendung militärischer Gewalt erfolgt auf der Grundlage des Völkerrechts und wird durch die geltenden Einsatzregeln spezifiziert. Das umfasst auch den Einsatz militärischer Gewalt zum Schutz eigener Kräfte, Kräfte verbündeter

923 So bspw. in dem Antrag zur Beteiligung deutscher Streitkräfte zur Verhütung und Unterbindung terroristischer Handlungen durch die Terrororganisation IS, Bt.-Drs. 18/6866, S. 1.

924 Bt.-Drs. 18/5000, S. 44.

925 Bt.-Drs. 18/5000, S. 45.

926 Stattdessen wird auf den bestehenden Reformbedarf der Wehrverfassung verwiesen und empfohlen, dass „der Deutsche Bundestag in einem geeigneten Verfahren über eine mögliche Reform des verfassungsrechtlichen Rahmens für Auslandseinsätze der Bundeswehr berät", Bt.-Drs. 18/5000, S. 45.

927 Ohne Zweifel müssen Zustimmungsanträge zu extraterritorialen Verwendungen der Bundeswehr in Abwesenheit eines bewaffneten Konflikts keine Angaben zu dem – in diesem Falle gar nicht anwendbaren – Teilrechtsgebiet enthalten. Die angesprochene Problematik stellt sich nur in Fällen der Entsendung deutscher Truppen in einen bewaffneten Konflikt.

Nationen sowie zur Nothilfe. Die Wahrnehmung des Rechtes zur individuellen Selbstverteidigung bleibt unberührt.“[928]

An keiner Stelle der Anträge wird der Begriff des humanitären Völkerrechts erwähnt. Es heißt lapidar, der Einsatz erfolge auf der Grundlage des Völkerrechts. Doch bereits diese Entwicklung stellt einen Fortschritt zu früheren Anträgen der Bundesregierung dar, wenn man sich die Antragspraxis im Falle des dreizehnjährigen Afghanistaneinsatzes (ISAF) vergegenwärtigt. So enthielten die Anträge der Bundesregierung zu der ursprünglichen ISAF-Mission der NATO auch unter dem Gliederungspunkt „Status und Rechte“ einzig Angaben zu den anwendbaren und zu Gewaltmaßnahmen autorisierenden Sicherheitsratsresolutionen, also ausschließlich zu der friedenssicherungsrechtlichen Rechtsgrundlage. Erst die Zustimmungsanträge zu der seit 2014 laufende Nachfolgemission der NATO (RSM) enthalten den oben aufgeführten Passus zur Gewaltanwendung durch deutsche Streitkräfte.[929] In den Zustimmungsanträgen – insbesondere betreffend der ISAF-Mission – verdeutlicht sich die bereits herausgearbeitete[930] Humanisierung gefährlicher Auslandseinsätze auf einer rechtlich relevanten Ebene.

Erst im Februar 2010 – also nach den Ereignissen in Kundus im September des vorangegangenen Jahres rund um den von einem deutschen Offizier befehligten Luftangriff, bei dem es zu zahlreichen zivilen Opfern gekommen ist[931] – erklärte der damalige Bundesminister des Auswärtigen in einer Regierungserklärung vor dem Deutschen Bundestag, dass die Bundeswehr in einem bewaffneten Konflikt kämpft.[932] Die Reaktion eines Abgeordneten auf diese ohnehin schon sehr späte

---

928 Bt.-Drs. 18/12298, S. 2; siehe u.a. auch Bt.-Drs. 18/10819, S. 3; Bt.-Drs. 18/10820, S. 3, hier noch ergänzt um den Schutz des eigenen sowie des Materials von Partnernationen; Bt.-Drs. 18/11621, S. 4; Bt.-Drs. 18/11628, S. 2 f.; Bt.-Drs. 18/10188, S. 3; Bt.-Drs. 19/22, S. 3; die Funktion dieses Passus liegt darin, auszudrücken, dass sich der Soldat als Amtsträger zur strafrechtlichen Rechtfertigung einer gegen einen Tatbestand des StGB (welches aufgrund der Regelung des § 1a Abs. 2 WStG auf Soldaten im Auslandseinsatz anwendbar ist) verstoßenden Handlung auf Notrechte wie § 32 und § 34 StGB berufen kann, *Frister/Korte/Kreß*, in: JZ 2010, 10, 12.

929 Siehe Bt.-Drs. 18/3246; Bt.-Drs. 18/6743; Bt.-Drs. 18/10347.

930 Siehe das 1. Kapitel unter D.

931 Siehe ausführlich hierzu das 3. Kapitel unter C.II.1.a.

932 „Die Bundesregierung hat sehr sorgfältig die Frage geprüft, wie die Lage im Norden Afghanistans zu bewerten ist. Die Intensität der mit Waffengewalt ausgetragenen Auseinandersetzung mit Aufständischen und deren militärischer Organisation führt uns zu der Bewertung, die Einsatzsituation von ISAF auch im Norden Afghanistans als bewaffneten Konflikt im Sinne des humanitären Völkerrechts zu qualifizieren. Ob uns das politisch gefällt oder nicht, so ist die Lage. Ob wir es so nennen oder nicht, so

Erkenntnis der damaligen Bundesregierung ist bezeichnend für das hier herausgearbeitete Problem, der fehlenden Nennung der konfliktsvölkerrechtlichen Rechtsgrundlagen und liefert einen Erklärungsansatz dafür, warum die Zustimmungsanträge trotz des Bekenntnisses der Bundesregierung auch in den folgenden Jahren die konfliktsvölkerrechtlichen Umstände nicht aufführten. Wenn dieser in direkter Reaktion auf die Erklärung des Bundesaußenministers äußert,

> „[a]n dieser Stelle passt ein Satz zu Ihren Ausführungen in der Regierungserklärung, was die Qualifizierung unseres Einsatzes in Afghanistan angeht. Das steht nicht im Mandat, sondern war nur Teil Ihrer Regierungserklärung. Ich glaube, wir müssen uns gegenseitig nicht darüber belehren, wie die Lage in Afghanistan ist. Die unterschätzt hier im Hause niemand. Wir sind aber auch der Meinung, dass wir nicht durch Eigenbewertungen zur Eskalation der Lage in Afghanistan beitragen sollten“,[933]

beschreibt der Abgeordnete durch eine Fehlinterpretation der Funktion des Parlamentsvorbehalts exakt das hier herausgearbeitete Problem. Die Qualifikation des Konflikts müsste im Mandat stehen und führte nicht zu einer Eskalation, sondern einer Aufklärung der Lage, die als Entscheidungsgrundlage für das Parlament dient. Der Bundestag ist gerade zu einer Eigenbewertung der Lage verpflichtet, bevor er Soldaten in die Gefahren eines Auslandseinsatzes entsendet.

3. *Zweite qualitative Fortentwicklung der Zustimmungsanträge*

In jüngster Vergangenheit kann eine weitere Fortentwicklung des Zustimmungsantrags erkannt werden. Denn die Anträge der Bundesregierung hinsichtlich der Beteiligung deutscher Streitkräfte an dem Einsatz in Syrien zur Bekämpfung des IS enthalten neben dem oben aufgeführten Standardpassus zusätzlich den folgenden Abschnitt: „Status und Rechte der eingesetzten Kräfte richten sich nach dem Völkerrecht, insbesondere der Charta der Vereinten Nationen und dem anwendbaren humanitären Völkerrecht […].“[934] Erstmals findet der Begriff des

---

ist die Lage. Die Lage beim Namen zu nennen, sind wir all denen schuldig, die sich vor Ort den Gefahren aussetzen“, Plenarprotokoll 17/22, S. 1896 (D), 1897 (A).

933 Plenarprotokoll 17/22, S. 1898 (D). Bezeichnenderweise gingen die politischen Streitigkeiten um die korrekte rechtliche Einordnung, bzw. viel vordergründiger, die richtige Benennung des Konflikts in der Politik weiter. Obgleich die Völkerrechtslage mit einem terminus technicus doch benannt wurde, stritt man nun über den Kriegsbegriff (dem indes schon länger keine rechtliche Bedeutung mehr zukommt, siehe das 3. Kapitel unter B.II.), siehe FAZ v. 14.4.2010, S. 1 u. 2, FAZ v. 15.4.2010, S. 1.

934 Bt.-Drs. 18/6866; Bt.-Drs. 18/9960; Bt.-Drs. 19/4719.

humanitären Völkerrechts Einzug in den Zustimmungsantrag. Selbiger Passus findet sich auch in dem neusten Zustimmungsantrag der Bundesregierung zu den Einsätzen in Syrien und Zentralirak.[935] Im Abschnitt zu den Rechtsgrundlagen wird das Recht der bewaffneten Konflikte indes nach wie vor nicht thematisiert.[936]

III. Rechtliche Bewertung der Antragspraxis im Hinblick auf die Rechtsgrundlage

Im Folgenden wird zu erörtern sein, inwiefern die skizzierte Antragspraxis den rechtlichen Anforderungen an den Zustimmungsantrag standhält. Unbestreitbar richtig ist, dass jeder Auslandseinsatz der Bundeswehr an den Regeln des Völkerrechts zu messen ist. Das Völkerrecht umfasst auch die Rechtsordnung des Rechts der bewaffneten Konflikte. Durch die Erwähnung, dass die Anwendung von Gewalt den Regeln des Völkerrechts folgt, könnte die Bundesregierung ihrer Informationspflicht also hinreichend nachgekommen sein. Verträte man eine solche Ansicht, wären auch die stets vertiefter erfolgenden Ausführungen zu der verfassungs- und friedenssicherungsrechtlichen Rechtslage überflüssig und stünden im Belieben der Bundesregierung. Es reichte ein Hinweis darauf, dass als Grundlage des Einsatzes deutscher Soldaten die (Wehr-)Verfassung und das Völkerrecht im weitesten Sinne dienen. Das Problem dreht sich mithin um das Kriterium der Ausführlichkeit besagter Informationen.

1. Vorgaben des Bundesverfassungsgerichts

Da der Parlamentsvorbehalt unmittelbar aus der Verfassung folgt und das Bundesverfassungsgericht das Parlamentsbeteiligungsgesetz nur als Auslegungshilfe heranzieht,[937] müssen zuvorderst die entsprechenden Vorgaben der bundesverfassungsgerichtlichen Rechtsprechung berücksichtigt werden. Hinsichtlich der Benennung der Rechtsgrundlagen hat sich das Bundesverfassungsgericht nicht oft und auch nicht vertieft eingelassen. In seinem Pegasus-Urteil hat das Gericht Stellung zu der Unterrichtungspflicht des Bundestages bezogen. Die dortigen Ausführungen beziehen sich indes auf die „unverzügliche und qualifizierte" Unterrichtung des Bundestages nach einem wegen Gefahr im Verzug durch die

935 Bt.-Drs. 19/13290, S. 5; zuvor: Bt.-Drs. 19/1093, S. 4.

936 Exemplarisch der Zustimmungsantrag zur Verlängerung der Einsätze in Syrien und im Irak v. 4.10.2018, Bt.-Drs. 19/4719. Dort wird die (potentielle) friedenssicherungsrechtliche Lage auf fast zwei Seiten dargestellt.

937 Siehe oben unter B.I.

Bundesregierung alleine beschlossenen, zum frühestmöglichen Zeitpunkt der nachträglichen Parlamentsbeteiligung bereits abgeschlossenen Einsatz. Jedenfalls wird die Bundesregierung in solchen Fällen auch dazu verpflichtet, über die rechtlichen Grundlagen der Einsatzentscheidung zu informieren; denn „nur in Kenntnis der genannten, allein der Bundesregierung vorliegenden Informationen zu einem abgeschlossenen Auslandseinsatz der Bundeswehr ist der Bundestag in der Lage, diesen politisch zu bewerten und parlamentarische Kontrolle, auch mit Blick auf die im hier gegebenen Zusammenhang stets zu beantwortenden Kompetenzfragen, effektiv auszuüben".[938] Nichts Anderes kann im Hinblick auf die vorherige Zustimmung gelten. In dem Fall der nachträglichen Zustimmung zu einem beendeten Einsatz geht es zwar in einem besonderen Maße um die Kompetenzverteilung zwischen Bundesregierung und Parlament, aber eben nicht ausschließlich, wie aus der Formulierung „auch mit Blick auf [...] Kompetenzfragen [...]" deutlich wird. Nur so kann der Bundestag tatsächlich die Verantwortung für die Gefährdung der Soldatinnen und Soldaten tragen. Letztlich sind es gerade die Angaben zum ius in bello, also zu jenen Normen, die im Rahmen des bewaffneten Konflikts zur Anwendung gelangen, welche die konkrete Gefährdungslage der Streitkräfte spiegeln. Der Schluss liegt daher nahe, dass die rechtlichen Grundlagen folglich auch nach der Rechtsprechung des Bundesverfassungsgerichts zu den dem Parlament zu liefernden Informationen zur Schaffung einer möglichst breiten Entscheidungsgrundlage gehören. Gleichwohl ist aber auch hiermit keine Aussage zu der inhaltlichen Reichweite dieser Pflicht verbunden.

2. *Auslegung des § 3 Abs. 2 Fall 3 ParlBG*

a) Wortlaut

Der Wortlaut des § 3 Abs. 2 Fall 3 ParlBG („rechtliche Grundlagen des Einsatzes") gibt keine Hinweis auf die erforderliche Tiefe der Informationen und lässt damit sowohl eine sehr enge als auch eine sehr weite Lesart zu. Die Grundlage für den Einsatz an sich ist ohne Zweifel zunächst eine friedenssicherungsrechtliche Ausnahme von dem Gewaltverbot. An dieser Stelle endet der Einsatz der Streitkräfte indes nicht, sondern beginnt gerade erst. Die Rechtsgrundlage des Friedenssicherungsrechts sagt nichts über die Rechtsgrundlage des Konfliktsvölkerrechts aus.

---

938 *BVerfGE* 140, 160 (202).

b) Systematik

In systematischer Hinsicht streitet die seit 2005 bestehende einfachgesetzliche Regelung des Rückholrechts nach § 8 ParlBG i.V.m. der Unterrichtungspflicht nach § 6 ParlBG für eine umfassende Nennung der rechtlichen Grundlagen. Ist der Volksvertretung die rechtliche Grundlage zu Beginn des Einsatzes nicht bekannt, können die Informationen aus den ständigen Berichten der Bundesregierung über den Verlauf des Einsatzes nach § 6 ParlBG nicht richtig eingeordnet werden; es fehlte an einer ausreichenden Informationsbasis, um das Rückholrecht geltend zu machen.

c) Sinn und Zweck

Der aus der Gesetzesbegründung folgende Sinn und Zweck des § 3 Abs. 2 ParlBG ist die Sicherstellung einer „umfassenden Informationsbasis für die parlamentarische Entscheidung".[939] Eine solche beruht auch auf der Nennung der Rechtsgrundlagen. Der wehrverfassungsrechtliche Parlamentsvorbehalt dient gerade dazu, dass der Bundestag die Verantwortung für die Rechtsgutsgefährdung deutscher Streitkräfte übernehmen soll.[940] Es ist zuvorderst das Recht der bewaffneten Konflikte, das diese Gefährdungslage spiegelt. Dieses enthält, wie im Rahmen des dritten Kapitels herausgearbeitet,[941] weitgehende Eingriffsbefugnisse, die deutschen Soldatinnen und Soldaten im Einsatz zukommen. Andererseits – und diesem Umstand gebührt an dieser Stelle besonderer Beachtung – gelten diese Eingriffsbefugnisse aber auch für die gegnerischen Konfliktsparteien. Der Nennung dieser Rechtsgrundlage kommt damit in gewisser Weise eine Erinnerungsfunktion zu. Den Abgeordneten wird vor Augen geführt, dass deutsche Streitkräfte im Krieg unter Umständen in rechtmäßiger Weise getötet werden können oder als Kriegsgefangene präventiv bis zum Ende des Konflikts festgehalten werden dürfen.[942] Die Nennung der Rechtsgrundlagen des Rechts

939 Bt.-Drs. 15/2742, S. 5.

940 Siehe oben unter B.III.; siehe auch *Epping*, in: BeckOK, GG, Art. 87a [Stand: Dezember 2019], Rn. 29.5.

941 Siehe das 3. Kapitel unter C.II.

942 Und diese Erkenntnis ist so offensichtlich nicht, wird doch auch in der einschlägigen Fachliteratur allzu oft noch hauptsächlich auf die humanitäre Seite des Rechts der bewaffneten Konflikte rekurriert, *Hankel*, Das Tötungsverbot im Krieg, S. 19. Gerade Bundesregierungen neigten in der Vergangenheit zu dem Versuch der Beschönigung der Auslandsverwendungen der Streitkräfte. Siehe hierzu oben im ersten Kapitel unter D. So ist auch die Argumentation der Bundesregierung im Rahmen des Evakuierungseinsatzes in Libyen aus dem Jahre 2011 von diesem Bestreben gekennzeichnet. Unter anderem aufgrund der humanitären Zielsetzung des (bewaffneten) Kurzeinsatzes

der bewaffneten Konflikte führt also gleichzeitig dazu, dass eine „Pseudohumanisierung“ des Einsatzzweckes durch die Bundesregierung verhindert wird.

Man mag dem Punkt entgegenhalten, dass die modernen Massenmedien die grauenhaften Bilder des unendlichen Leids des Krieges sowie die der Verwundung und Tötung der eigenen Soldaten ohnehin tagesaktuell verbreiteten; die Abgeordneten wären sich schon aus diesem Grunde der erheblichen Gefährdungslage bewusst. Doch geht eine solche Argumentationslinie aus zwei Gründen fehl. Zum einen obliegt es schlicht der Bundesregierung, die wesentlichen Informationen zusammenzutragen. Zweitens resultiert aus der Erkenntnis, dass eine hohe Gefährdungslage der Soldaten besteht, keineswegs zwangsläufig der Schluss, dass deutsche Soldaten unter gewissen Voraussetzungen rechtmäßig getötet oder für einen unter Umständen sehr langen, zeitlich nicht konkretisierbaren Zeitraum festgehalten werden dürfen. Eine (völker-)strafrechtliche Verfolgung gegnerischer Kombattanten, die im Einklang mit konfliktsvölkerrechtlichen Regelungen – also insbesondere ohne Einsatz verbotener Kampfmethoden oder verbotener Kampfmittel – eine ganze deutsche Kompanie ausschalten, scheidet ebenso aus.[943] Dies sind alles Informationen, die letztlich auch dem Entscheidungsträger, dem Bundestag, im Rahmen des Entscheidungsprozesses zur Verfügung stehen müssten; insbesondere vor dem Hintergrund der im literarischen Sinne entscheidenden Rolle des Parlaments. Die Funktionen des Parlamentsvorbehalts können nur dann zur Geltung kommen, wenn die

---

hielt man eine konstitutive Zustimmung des Bundestages zu der Operation nicht für erforderlich, siehe die Feststellungen im Urteil des *BVerfGE* 140, 160 (168 ff.).

943 Ziel der kriegsführenden Parteien ist der militärische Sieg. Diesem Umstand trägt auch das Recht der bewaffneten Konflikte Rechnung. Siehe ausführlich hierzu das 3. Kapitel C. So bezieht sich auch das konfliktsvölkerrechtliche Verhältnismäßigkeitsprinzip, wie es in Art. 51 Abs. 5 lit. b ZP I geregelt ist, einzig auf die Schädigung von Zivilisten, *Dinstein*, The Conduct of Hostilities, S. 129 f.; Art. 8 Abs. 2 lit. b (iv) stellt die entsprechende Norm im IStGH-Statut dar. Durch das Verlangen eines „eindeutigen“ Missverhältnisses, wurde die Hürde für eine Strafbarkeit nach dieser Norm nochmals höher gelegt, *Werle*, Völkerstrafrecht, Rn. 1435. Ein Kombattant, der ein legitimes militärisches Ziel vernichtet, unterliegt gerade keiner (völker-)strafrechtlichen Verfolgung, *Arnold/Wehrenberg*, in: Triffterer/Ambos, The Rome Statute, Art. 8, Rn. 246. Ebenso scheidet eine Strafbarkeit nach deutschem Recht aus. Die konfliktsvölkerrechtlichen Befugnisse wirken über Art. 25 S. 1 GG als Rechtfertigungsgründe in die deutsche Rechtsordnung hinein, siehe Einstellungsvermerk im Ermittlungsverfahren gegen Oberst Klein und Hauptfeldwebel W. wegen des Verdachts einer Strafbarkeit nach dem VStGB und anderer Delikte vom 16.4.2010, 3 BJs 6/10–4 (offene Version), S. 43 u. 53 und Bt.-Drs. 14/8524, S. 13.

Bundesregierung in der Praxis substantiell zu den rechtlichen Grundlagen, die das Konfliktsvölkerrecht einschließen, vorträgt und sich nicht auf „gebetsmühlenhafte und ritualisierte Leerformeln beschränkt".[944] Der Sinn und Zweck des § 3 Abs. 2 ParlBG streitet mithin für eine umfassende Aufklärungspflicht über die völkerrechtlichen Grundlagen.

d) *Genetische Auslegung*

Aus den beiden Beratungen im Bundestag über den Gesetzesentwurf des Parlamentsbeteiligungsgesetzes[945] ergeben sich keine gegenteiligen Erkenntnisse. Das Parlamentsbeteiligungsgesetz dient einer möglichst breiten Informationsbasis als Voraussetzung der parlamentarischen Entscheidung während des gesamten Auslandseinsatzes.[946] Eine Debatte über die Einzelheiten der inhaltlichen Anforderungen des Zustimmungsantrages ist darüber hinaus indes nicht erfolgt.

3. *Zwischenergebnis*

Die Auslegung des § 3 Abs. 2 Fall 3 ParlBG ergibt, dass rechtliche Grundlagen im Sinne der Norm auch solche aus dem völkerrechtlichen Teilrechtsgebiet des Rechts der bewaffneten Konflikte umfasst. In dieselbe Richtung deutend kann auch die Rechtsprechung des Bundesverfassungsgerichts interpretiert werden. Obgleich die Rechtsprechung hinsichtlich dieses speziellen Problems wenig ergiebig ist. Jedenfalls ist es nicht als ausreichend anzusehen, wenn pauschal auf die Regelungen des Völkerrechts abgestellt wird. Der Sinn und Zweck des wehrverfassungsrechtlichen Parlamentsvorbehalts liefe dann (teilweise) leer.

IV. Reichweite der Informationspflicht hinsichtlich konfliktsvölkerrechtlicher Grundlagen

Abschließend ist mithin zu erörtern, welche Angaben zum Recht der bewaffneten Konflikte ein Zustimmungsantrag der Bundesregierung enthalten muss. Unbestreitbar ist es so, dass die der Gefechtssituation im Einzelnen zugrundeliegenden rechtlichen Erwägungen nicht bereits vor Beginn des Einsatzes

---

944 *Depenheuer*, in: Maunz/Dürig, GG, Art. 87a [Stand: Oktober 2008], Rn. 155. Dieser bezieht die Aussage insbesondere auf die Frage, ob der konkrete Streitkräfteeinsatz jedenfalls auch der „Verteidigung" deutscher Sicherheitsbelange diene – mithin auf die verfassungsrechtlichen Grundlagen für den Streitkräfteeinsatz.

945 Plenarprotokoll 15/100, S. 8977 (C)-8992 (A); Plenarprotokoll 15/146, S. 13635 (D)-13652 (D).

946 Plenarprotokoll 15/146, S. 13644 (B).

detailliert dargestellt werden können; viele tatsächliche Details werden sich noch im Unklaren befinden[947] und im Laufe des Einsatzes auch ändern. Jeder Konflikt ist von einer eigenen Dynamik gekennzeichnet. Erkennt man mit dem Bundesverfassungsgericht das „Eskalations- und Verstrickungspotential" als einen der Hauptgründe für die konstitutive Parlamentsbeteiligung an, gilt es auch den Prognosecharakter eines solchen Zustimmungsantrages zu akzeptieren.[948]

1. Nennung der grundlegenden Rechtsgrundlagen

Die diesbezüglich bestehende Informationspflicht über die (konflikts)völkerrechtliche Rechtslage hat dieser Dynamik Rechnung zu tragen. So kann es nicht darum gehen, vertieft in die an vielen Punkten umstrittenen Einzelheiten des Rechts der bewaffneten Konflikte einzutauchen. Die absolute Minimalanforderung ist indes die Nennung des Rechts der bewaffneten Konflikte als rechtliche Grundlage, wenn der Einsatz der Bundeswehr im Rahmen eines bewaffneten Konflikts stattfindet. Hier müssen die Lehren aus dem nicht überzeugenden Umgang der Bundesregierung mit der Einordnung des Afghanistan-Konflikts gezogen werden.[949] Darüber hinaus sollten auch die einschlägigen völkerrechtlichen Verträge genannt werden. Durch die Nennung dieser rechtlichen Details im Zustimmungsantrag verliert der Bundestag keine Kontrollrechte,[950] sondern ermöglicht erst die nachträgliche Kontrolle eines Einsatzes, insbesondere in Bezug auf die tatsächliche Gefährdungslage der Soldaten.[951]

---

947 Zu dem Prognosecharakter der dem Antrag zugrundeliegenden Informationen siehe auch *Wiefelspütz*, Parlamentsbeteiligungsgesetz, S. 482.

948 Siehe hierzu auch *Paulus*, in: Weingärtner, Einsatz der Bundeswehr im Ausland, 81, 102.

949 Eine ständige Änderung des Einsatzauftrages kombiniert mit der fehlenden und/oder beschönigten völkerrechtlichen Einordnung des extraterritorialen Engagements schafft nicht die erforderlichen Voraussetzungen dafür, dass die ihr Leben riskierenden Soldaten den Kampfeinsatz unter den hierfür erforderlichen Bedingungen absolvieren können, *Rühe*, in: Schwegmann, Bewährungsproben einer Nation, V, XI ff.; *Kreß*, in: Schwegmann, Bewährungsproben einer Nation, 87, 101 f.

950 So die Befürchtung *Schmidt-Radefeldts*, Parlamentarische Kontrolle, S. 156 in Bezug auf immer detailliertere Anträge hinsichtlich aller aufzuführenden Punkten und die hierdurch verringerte nachträgliche Kritikmöglichkeit; Befürchtungen in dieselbe Richtung äußernd im Rahmen der ersten Beratung zum ParlBG *Eckhardt von Klaeden*, Plenarprotokoll 15/100, S. 8981 (B).

951 Siehe die systematischen Erwägungen zu § 3 Abs. 2 Fall 3 ParlBG oben unter E.III.2.b. Dadurch werden den Abgeordneten des Bundestages zumindest die abstrakten Risiken vergegenwärtigt und die Gefahr einer potentiellen Instrumentalisierung des

2. *Trennung zwischen operativen und rechtlichen Details*

An diesem Punkte ist es mithin essentiell zwischen operativen und rechtlichen Details zu unterscheiden. Den Parlamentariern wird nicht die Rolle eines Ersatz-Generalstabes zuteil,[952] der über Details der Einsatzführung entscheidet. Ein inhaltlich rechtlich fundierter Zustimmungsantrag wird durch diesen Befund indes keineswegs ausgeschlossen. Die rechtliche Bewertung bietet vielmehr den Ausgangspunkt für die inhaltliche Gestaltung des Einsatzes samt aller operativen Details.[953] Sofern möglich, sind darüber hinaus die klar bestehenden, beiden kriegsführenden Seiten zugutekommenden Eingriffsbefugnisse,[954] in ungeschönter Klarheit zu nennen.[955] Dies muss auch dann gelten, wenn Unsicherheiten hinsichtlich der bestehenden Rechtsgrundlagen herrschen. Dass Rechtsunsicherheiten eine solche Vorgehensweise nicht ausschließen, zeigt die Nennung von den verfassungs- und völkerrechtlichen Grundlagen im Zustimmungsantrag zu den Einsätzen in Syrien und im Irak. Die Rechtsgrundlagen sind alles andere als eindeutig.[956] Es geht also nicht um seitenlange Erläuterungen

---

Parlaments verringert. Zu der Gefahr einer solchen *Schmidt-Radefeldt*, Parlamentarische Kontrolle, S. 155.

952 In diese Richtung auch *Christian Schmidt*, Plenarprotokoll 15/100, S. 8991 (B).

953 Diese Bewertung deckt sich mit der Einschätzung des früheren Bundesverteidigungsministers Volker Rühe, der eine zu weitgehende Einmischung des Parlaments in operative Details beklagt, aber eine klare Benennung der völker- und verfassungsrechtlichen Grundlagen fordert, *Rühe*, in: Schwegmann, Bewährungsproben einer Nation, V, XIII.

954 Nicht verschwiegen werden darf an dieser Stelle indes, dass gerade in nicht-internationalen bewaffneten Konflikten ein nicht unerhebliches Maße an Unsicherheit im Hinblick auf den Umfang der Eingriffsbefugnisse besteht.

955 Ist dies bereits eine Voraussetzung des § 3 Abs. 2 Alt. 3 ParlBG, beansprucht diese Forderung insbesondere dann Geltung, wenn der konstitutive Zustimmungsbeschluss als Grundlage für Eingriffe in das grundgesetzlich verbriefte Recht auf Leben nach Art. 2 Abs. 2 GG durch deutsche Einsatzkräfte im Rahmen der Auslandseinsätze herangezogen werden soll. Hiermit beschäftigt sich das 6. Kapitel C.III.4. Dort werden auch Voraussetzungen und Grenzen der Reichweite und Bestimmtheit der Niederlegung der Eingriffsbefugnisse in dem Zustimmungsantrag diskutiert.

956 Dennoch führen die Zustimmungsanträge einige rechtlichen Grundlagen zu den intendierten Auslandseinsätzen auf, siehe bspw. den Zustimmungsantrag zu der Bekämpfung des IS in Syrien und im Irak (Bt.-Drs. 19/1093) oder den nachfolgend zusammengelegten Zustimmungsantrag zu den Einsätzen in Syrien und im Irak (Bt.-Drs. 19/4719). Hier werden eine Reihe an Sicherheitsratsresolutionen genannt, von denen keine den Gewalteinsatz trägt, siehe das 2. Kapitel unter C.I.2. Auch die verfassungsrechtliche Lage ist nicht eindeutig, *Talmon*, Eine Koalition der Willigen

konfliktsvölkerrechtlicher Spezifika, die zivilrechtlichen Allgemeinen Geschäftsbedingungen gleichen könnten und zu einer erheblichen Unübersichtlichkeit des Antrags beitrügen. Angaben über den zum Zeitpunkt des Einsatzbeginns bestehenden Konfliktstyp sowie den bestehenden Eingriffsbefugnissen deutscher Soldaten müssen in dem Zustimmungsantrag der Bundesregierung enthalten sein.

F. Rechtlich unzulässige Zusammenlegung wesensverschiedener Mandate

I. Zusammenlegung der Mandate für Syrien und Irak in einem gemeinsamen Zustimmungsantrag seit März 2018

Seit dem Jahre 2015 beteiligt sich Deutschland an der internationalen Koalition im Kampf gegen den IS. Der Bundestag hat die beiden Einsätze in Syrien und im Irak zunächst getrennt mandatiert, bevor er im März 2018 einem beide Verwendungen zusammenfassenden Zustimmungsantrag[957] der Bundesregierung zugestimmt hat.[958] Der offensichtliche Konnex, der beide Einsätze verbindet, liegt in dem gemeinsamen Ziel der Missionen. Der sich in beiden Ländern ausgebreitete sogenannte Islamische Staat soll zurückgedrängt und letztlich besiegt werden. Diese Erwägung hat die Bundesregierung dazu veranlasst, zwei rechtlich völlig verschiedenartige[959] Auslandseinsätze unter einem Mandat zusammenzufassen.

II. Anforderungen des Parlamentsbeteiligungsgesetzes

Das Vorgehen der Bundesregierung ist an den Anforderungen des wehrverfassungsrechtlichen Parlamentsvorbehalts zu messen. Die von § 3 Abs. 2 ParlBG bezweckte „umfassende Informationsbasis für die parlamentarische

reicht nicht, FAZ v. 8.1.2015, S. 6. Siehe im Einzelnen die verfassungsrechtliche Untersuchung im 5. Kapitel unter D.IV.4.c.

957 Bt.-Drs. 19/1093; verlängert mit dem Beschluss der Bundesregierung v. 2.10.2018, Bt.-Drs. 19/4719; jüngst Bt.-Drs. 19/13290.

958 Siehe Plenarprotokoll 19/23, S. 2062 ff. Der zunächst bis zum 31.10.2018 befristete Einsatz wurde durch die Zustimmung des Bundestages v. 18.10.2018 um ein Jahr verlängert, Plenarprotokoll 19/58, S. 6435 (D).

959 Zutreffend erkannt und in der Plenardebatte vorgetragen von einigen Oppositionsparteien. So in Plenarprotokoll 19/20, S. 1608 (C), (D) u. S. 1609 (A), Plenarprotokoll 19/23, S. 2065 (C), (D) u. S. 2066 (B), Plenarprotokoll 19/58, S. 6430 (C); siehe auch im abgelehnten Entschließungsantrag der Grünen, Bt.-Drs. 19/1344, S. 3.

Entscheidung“[960] liefert der die Mandate zusammenfassende Antrag gleich in zweifacher Hinsicht nicht.

1. *Nennung der Rechtsgrundlagen*

Vor dem Hintergrund des aus § 3 Abs. 2 Fall 3 ParlBG folgenden und soeben aus einem anderen Blickwinkel beleuchteten Erfordernisses der Nennung der rechtlichen Grundlagen in dem Zustimmungsantrag der Bundesregierung verstößt ein solcher Zustimmungsantrag gegen das Parlamentsbeteiligungsgesetz. Beide Einsätze beruhen insbesondere hinsichtlich des Völkerrechts auf gänzlich divergierenden Rechtsgrundlagen.[961] Während der Einsatz im Irak nach wie vor eine völkerrechtlich unproblematische Intervention auf Einladung darstellt, ist die Völkerrechtslage in Syrien umstrittener.[962] Auch im Hinblick auf die verfassungsrechtliche Lage herrschen Rechtsunsicherheiten.[963] Insbesondere die sich in Syrien und im Irak unterscheidende Rechtslage auf völkerrechtlicher Ebene wird in dem Zustimmungsbeschluss in seiner Form aus dem Oktober 2018 nicht deutlich. Es fehlt in jedem Fall an einer dezidierten rechtlichen Begründung des Engagements in Syrien. Die hoch umstrittene Verfassungsrechtslage wird nur in einem kurzen Abschnitt dargestellt; durch die insgesamt aber recht lange Stellungnahme zu den Rechtsgrundlagen fällt dieser Umstand zunächst nicht auf.[964]

2. *Nennung des Einsatzgebietes*

Ob der Zustimmungsantrag dem Erfordernis des § 3 Abs. 2 Fall 2 ParlBG – der Nennung des Einsatzgebietes – entspricht, erscheint ebenso zweifelhaft. Bereits in der Überschrift des Zustimmungsantrags zu den Einsätzen in Syrien und im Irak fehlt die Erwähnung Syriens.[965] Auch unter dem ersten Punkt – dem Beschlussgegenstand – wird ausdrücklich einzig der Irak erwähnt. Die ausführliche Begründung des Zustimmungsantrages bezieht sich zu einem Großteil auf die Ausweitung des Einsatzes im Irak. Zu den völker- und verfassungsrechtlichen

960 Bt.-Drs. 15/2742, S. 5.

961 Auch dies klingt in den von den Oppositionsparteien in der Plenardebatte vorgetragenen Argumenten an, siehe Plenarprotokoll 19/23, S. 2067 (C), (D).

962 Siehe hierzu die Untersuchung im 2. Kapitel unter B.II.3. und C.II.2.b. sowie C.II.3.

963 Zu einer Analyse siehe sogleich im 5. Kapitel unter D.III. und D.IV.4.c.

964 Hieraus resultierende Konfusionen sind auch in der parlamentarischen Debatte zu erkennen, siehe Plenarprotokoll 19/58, S. 6427 (D).

965 Der Antrag ist überschrieben mit: „Einsatz bewaffneter deutscher Streitkräfte zur nachhaltigen Bekämpfung des IS-Terrors und zur umfassenden Stabilisierung Iraks“.

Grundlagen ist fast ausschließlich die Rede von den Irak betreffenden Erwägungen. In einem Nebensatz wird erwähnt, dass „[i]n diesem Zusammenhang [...] auch militärische Maßnahmen auf syrischem Gebiet durchgeführt [werden]".[966]

3. Umgehung der Erfordernisse des Parlamentsbeteiligungsgesetzes

Die Informationsbasis wird in dem zusammengefassten Zustimmungsantrag zu den Einsätzen in Syrien und im Irak verkürzt dargestellt. Die Voraussetzungen des § 3 Abs. 2 ParlBG werden nicht im Sinne der Norm erfüllt. Auch wenn in dem jüngsten Zustimmungsantrag einige dieser Mängel beseitigt wurden, indem sowohl in der Überschrift als auch unter dem Beschlussgegenstand sowohl Irak als auch Syrien Erwähnung finden,[967] bleiben die grundsätzlichen rechtlichen Bedenken gegen eine solche Kombination bestehen. Die Zusammenlegung zweier so unterschiedlicher Mandate führt zu der Möglichkeit, politisch und rechtlich umstrittene Fragen zu kaschieren. Streitige Rechtsfragen können durch Nichterwähnung umgangen werden, indem die jeweils wenig strittigere Rechtsgrundlage auf beide Einsätze bezogen wird oder zumindest dieser Anschein erweckt wird. Die Zusammenlegung mehrerer Einsätze in nur einem Antrag alleine aufgrund eines gemeinsamen Ziels der Missionen ist mithin dann nicht mit dem Parlamentsbeteiligungsgesetz vereinbar, solange nicht auch die zugrundeliegende rechtliche Lage identisch ist.[968] Jede andere Vorgehensweise führte zu einer Umgehung der Erfordernisse des Parlamentsbeteiligungsgesetzes durch die Hintertür. Zudem werden Parlamentarier, die einen der beiden Einsätze gutheißen, gegen den anderen aber Bedenken hegen, dazu gezwungen, sich für oder gegen beide Einsätze zu entscheiden, obwohl diese nur durch einen übergeordneten Zusammenhang miteinander verknüpft sind, im Detail indes größere Divergenzen aufweisen.[969] An dieser Stelle zeigt sich eine Parallele zu

---

966 Bt.-Drs. 19/1093, S. 2. Fast gleichlautend im Verlängerungsantrag, Bt.-Drs. 19/4719, S. 2. Anders in dem neuesten Zustimmungsantrag aus dem September 2019. Dort ist ausdrücklich die Rede von „Maßnahmen auf syrischem Gebiet", Bt.-Drs. 19/13290, S. 2.

967 Bt.-Drs. 19/13290, S. 1. Die Überschrift lautet: „Einsatz bewaffneter deutscher Streitkräfte – Stabilisierung sichern, Wiedererstarken des IS verhindern, Versöhnung fördern in Irak und Syrien".

968 Zuspitzen ließe sich dieses „Stilmittel" der Bundesregierung dahingehend, dass man alle Antiterroreinsätze in einem Mandat zum Beschluss vorlegte. Schließlich richtet sich der Terror stets gegen freiheitliche demokratische Grundwerte. Je umfangreicher der Antragsgegenstand, desto besser lassen sich streitige Aspekte kaschieren.

969 An dieser Stelle sei auf die Reaktion eines Großteils der FDP-Fraktion hingewiesen. Obwohl die Partei hinter dem Einsatz im Irak steht, hat sich diese bei der

dem Bundestagsbeschluss des ursprünglichen Afghanistanmandats, welcher mit der Vertrauensfrage nach Art. 68 GG verbunden wurde.[970] Die Kombination der Vertrauensfrage mit einem Zustimmungsantrag zu einem Auslandseinsatz stellt bereits im Ausgangspunkt eine deutlich verschärftere Konstellation als die hier erörterte dar. Doch das Ergebnis ist dasselbe: Die Abstimmung wird verfälscht.[971] Abgeordnete werden gezwungen, zu zwei nicht bzw. nur lose zusammenhängenden Sachverhalten einen einheitlichen Entschluss zu fassen, obwohl die gewissenhafte Ausübung des Mandats sie zu einer anderen Entscheidung in einem der beiden Punkte zwänge.[972]

4. *Vergleich zu den Mali-Einsätzen*

Verdeutlichen lässt sich die hier aufgeworfene Problematik anhand einer Betrachtung der beiden Einsätze der Bundeswehr in Mali. In Mali sind die Streitkräfte der Bundeswehr sowohl an der UN-geführten Operation MINUSMA als auch an der EUTM Mali unter der Führung der EU beteiligt.[973] Ausweislich der Ausführungen der Bundesregierung in den Zustimmungsanträgen verhalten sich beide Missionen „komplementär" zueinander und ergänzen sich gegenseitig.[974] Dennoch bittet die Bundesregierung den Bundestag – im Einklang mit den Vorgaben des Parlamentsbeteiligungsgesetzes – in getrennten Anträgen um eine Zustimmung zu dem jeweiligen Einsatz.[975] Während die eine Mission auf die Ausbildung lokaler Sicherheitskräfte zielt (EUTM Mali), weicht die Aufgabenstellung der anderen Mission (MINUSMA) mit dem Ziel der Überwachung und Unterstützung des Friedensabkommens auf der Grundlage der Resolution 2480 (2019) hiervon erheblich ab; sogar Kampfhubschrauber waren hierfür zwischenzeitlich im Einsatz. Die gemeinsamen Nenner (Einsatz in demselben Staat, Ziel

---

Abstimmung über den zusammengefassten Antrag enthalten, siehe Plenarprotokoll 19/23, S. 2066 (A).

970 Zu diesem innenpolitischen Ereignis kurz nach den Terroranschlägen in den USA siehe FAZ v. 14.11.2001, S. 1 u. 2 und FAZ v. 15.11.2001, S. 4.

971 *Paulus*, in: Weingärtner, Einsatz der Bundeswehr im Ausland, 81, 88 bezüglich der Abstimmung über das Afghanistanmandat. Im Ergebnis bejaht dieser trotzdem die Möglichkeit dieser Verbindung, *Paulus*, ebenda, S. 108.

972 Zu einer verfassungsrechtlichen Einschätzung im Hinblick auf die Zulässigkeit der Verbindung der Vertrauensfrage mit dem Zustimmungsbeschluss durch den damaligen Bundeskanzler Gerhard Schröder siehe FAZ v. 15.11.2001, S. 4.

973 Siehe das 1. Kapitel unter B.

974 Bt.-Drs. 19/8972, S. 7; Bt.-Drs. 19/1098, S. 7; Bt.-Drs. 19/24, S. 6; Bt.-Drs. 18/11628, S. 5.

975 Bt.-Drs. 19/19004 (MINUSMA) und Bt.-Drs. 19/19002 (EUTM Mali).

der Stabilisierung der Region) führen richtigerweise nicht dazu, dass der Bundestag in einem einheitlichen Antrag um Zustimmung ersucht werden könnte. Nicht nur die Rechtsgrundlagen, auch die Gefährdungslage der Einsatzkräfte unterscheiden sich voneinander.

Wie in Mali lassen sich in Bezug auf die Einsätze in Syrien und im Irak Oberbegriffe bilden, welche die Gemeinsamkeiten spiegeln (Ziel der nachhaltigen Stabilisierung der gesamten Region, gemeinsame Koalition, zusammenhängende Gebietskontrolle des IS). Zuvorderst dient der Bundesregierung für die formelle Zusammenlegung der Einsätze wohl die gemeinsame Führung der Missionen durch die USA. Gerade hierin könnte schließlich auch der maßgebliche Unterschied zu den Mali-Einsätzen erblickt werden, die in dem einen Fall von der EU und in dem anderen Fall von den UN geführt werden. Doch streitet gerade diese Divergenz noch stärker für ein Erfordernis der Differenzierung der Anträge. Der Umstand, dass weder der Irak- noch der Syrien-Einsatz im Rahmen bewährter Bündnisstrukturen erfolgt, erschwert die Bewertung der rechtlichen Lage.[976] Es besteht damit ein erhöhter Begründungsaufwand sowohl auf verfassungsrechtlicher als auch auf völkerrechtlicher Ebene, um der Informationspflicht des § 3 Abs. 2 Fall 3 ParlBG gerecht zu werden. Zudem weicht auch die Gefährdungslage der Einsatzkräfte – wie auch in den beiden Mali-Einsätzen – in den unterschiedlichen Regionen und bei den verschiedenartig gelagerten Einsatzaufgaben voneinander ab. Der Zustimmungsantrag soll es dem Bundestag ermöglichen, die Gefährdungslage der eingesetzten Soldatinnen und Soldaten einschätzen zu können. Nur dann können sie die vom wehrverfassungsrechtlichen Parlamentsvorbehalt bezweckte Verantwortungsübernahme für die Gefährdung der Einsatzkräfte[977] wahrnehmen. Eine Rückkehr zu einer getrennten Mandatierung der Einsätze in Syrien und im Irak ist vor dem Hintergrund der Vorgaben des wehrverfassungsrechtlichen Parlamentsvorbehaltes und des Parlamentsbeteiligungsgesetzes daher zwingend notwendig.

---

976 Zu der völkerrechtlichen Bewertung siehe im 2. Kapitel unter B.II. und C. Eine verfassungsrechtliche Bewertung der Einsätze wird im 5. Kapitel unter D.III. und D.IV.4. vorgenommen.

977 Siehe dazu in diesem Kapitel unter C.III.2.

5. Kapitel – Der Einsatz der Bundeswehr nach den Regeln der Wehrverfassung

In diesem Kapitel wird die materielle Rechtslage auf wehrverfassungsrechtlicher Ebene untersucht. Damit wird an die im vierten Kapitel begonnene verfassungsrechtliche Bewertung angeknüpft. Für die Rechtmäßigkeit eines bewaffneten Auslandseinsatzes der Bundeswehr reicht es nicht aus, dass die grundgesetzlich vorgesehene Organkompetenzverteilung eingehalten wurde. Die formelle Rechtslage lässt gerade keine Rückschlüsse auf die materielle Rechtslage zu.[978]

Die Untersuchung wird mit einer Ausgangsüberlegung zu dem grundsätzlichen Verhältnis des Verfassungsrechts zum Völkerrecht beginnen (A.). Sodann soll grundlegend für die folgenden Ausführungen die Regelungssystematik der Wehrverfassung analysiert werden (B.). Die Spiegelung der friedenssicherungsrechtlichen Lage auf wehrverfassungsrechtlicher Ebene beginnt mit einer Betrachtung des Art. 26 GG als äußere Grenze für die grundgesetzliche Zulässigkeit eines Auslandseinsatzes der Bundeswehr (C.). Im Anschluss wird sich den Fragen gewidmet, ob der bewaffnete Einsatz deutscher Streitkräfte im Ausland einer grundgesetzlichen Ermächtigungsgrundlage bedarf und welche Möglichkeiten das Grundgesetz zur Ermächtigung sowohl für ausdrücklich im Grundgesetz vorgesehene als auch nicht explizit geregelte Einsatzarten vorsieht (D.). Dabei ist zu erörtern, inwiefern dem Friedenssicherungsrecht Einfluss auf die wehrverfassungsrechtliche Bewertung zukommt. Schließlich sollen ein Gesamtfazit zur Änderungsbedürftigkeit der Wehrverfassung gezogen und konkrete Reformvorschläge unterbreitet werden (E.).

A. Ausgangsüberlegung: Das Grundgesetz als Ausdruck der Interdependenz der Staaten in Friedensfragen

Die folgenden Ausgangsüberlegungen zu den Grundlagen des wechselseitigen Verhältnisses zwischen der Völkerrechtsordnung und der nationalen Rechtslage auf grundgesetzlicher Ebene führen einerseits an die Thematik heran. Andererseits enthalten sie bereits konkrete Erkenntnisse, welche die Auslegung grundgesetzlicher Vorschriften beeinflussen können.

---

978 *BVerfGE* 126, 55 (69).

I. Der Konnex zwischen der völker- und der verfassungsrechtlichen Bewertung

Staaten haben längst erkannt, dass ein dauerhafter Friedenszustand durch abgeschirmten Unilateralismus nicht erreichbar ist; die Sicherung des Friedens ist eine Aufgabe, die Staaten nur im Verbund lösen können. So kann nicht nur die eingangs dieser Arbeit erwähnte Institutionalisierung zwischenstaatlicher Zusammenarbeit als Wesensmerkmal der neuen völkerrechtlichen Epoche erblickt werden. Auch ist eine (hiermit einhergehende) zunehmende wechselseitige Abhängigkeit zwischen den nationalen Rechtsordnungen und der Völkerrechtsordnung zu beobachten.[979] Keineswegs ist die Erörterung der verfassungsrechtlichen Lage isoliert von der zuvor erfolgten völkerrechtlichen Bewertung möglich. Zwar stellen die Rechtsordnungen des Völker- und Verfassungsrechts nach der Lehre des gemäßigten Dualismus zwei jeweils voneinander unabhängige Rechtsordnungen dar, doch bestehen zwischen dem Grundgesetz und der Völkerrechtsordnung beachtliche Schnittmengen, die potentiell Normwidersprüche hervorrufen können.[980]

Aus einer völkerrechtlichen Erlaubnis zur Vornahme einer militärischen Handlung kann grundsätzlich nicht der zwingende Schluss gezogen werden, eben diese müsste auch im Einklang mit grundgesetzlichen Bestimmungen stehen;[981] Deutschland ist „keine nachgeordnete Verwaltungsstelle der Vereinten Nationen."[982] Gleichwohl wird im Wehrverfassungsrecht eine besonders enge Bindung an das Friedenssicherungsrecht deutlich. Ein eindeutiger Schnittpunkt der Rechtsordnungen besteht hinsichtlich des Verbotes des Angriffskrieges in Art. 26 Abs. 1 GG. Das Friedenssicherungsrecht in seiner positivrechtlichen Ausprägung der UN-Charta sowie das Grundgesetz legen im Grundsatz denselben Ausgangspunkt zugrunde: zwischenstaatliche Gewaltanwendung stellt kein erlaubtes politisches Mittel zur Durchsetzung eigener Machtinteressen oder von Machtansprüchen dar.[983] Sowohl das Friedenssicherungsrecht als auch der

979 *Wahl*, in: JuS 2003, 1145, 1151; *Herdegen*, in: Maunz/Dürig, GG, Art. 25 [Stand: Mai 2016], Rn. 5.

980 *Schöbener*, „Völkerrecht und nationales Recht", in: ders., Völkerrecht, S. 518 f.; siehe hierzu bereits die Eingangsüberlegungen im 2. Kapitel.

981 Instruktiv zum Völkergewohnheitsrecht *Talmon*, in: JZ 2013, 12, 17.

982 *Depenheuer*, in: Maunz/Dürig, GG, Art. 87a [Stand: Oktober 2008], Rn. 135.

983 Siehe zum umfassenden Charakter des völkerrechtlichen Gewaltverbots das 2. Kapitel unter B.I.; siehe auch *Wollenschläger*, in: Dreier, GG, Band II, Art. 26, Rn. 1.

wehrverfassungsrechtliche Teil des Grundgesetzes zielen darauf ab, die Herrschaft des Rechts über die zügellose Gewalt sicherzustellen.[984]

II. Offene Verfassungsstaatlichkeit

Die Öffnung des Staates nach außen für die koordinierte Zusammenarbeit mit anderen Staaten ist ein grundlegender Wesenszug des Grundgesetzes,[985] der an zahlreichen Stellen der deutschen Verfassung deutlich wird.[986] Unter der Führung Adenauers intendierte die westdeutsche Republik bereits seit ihren Anfangsjahren, von dieser Möglichkeit Gebrauch zu machen, nicht zuletzt, um die weithin sehr kritisch gesehene Wiederaufrüstung Deutschlands zu ermöglichen.[987] Die Abhängigkeit von internationaler Zusammenarbeit hinsichtlich der äußeren Sicherheit wurde bereits auf dem Verfassungskonvent von Herrenchiemsee erkannt.[988] So findet sich Art. 24 Abs. 2 GG, der die Einordnung Deutschlands in Systeme gegenseitiger kollektiver Sicherheit vorsieht, bereits in der Urfassung des Grundgesetzes wieder. Mit den Vereinten Nationen wurde auf der internationalen Ebene erstmalig ein universelles kollektives Sicherheitssystem geschaffen, das als Antwort auf die niederschmetternden Erfahrungen aus der ersten Hälfte des 20. Jahrhunderts ein System der wechselseitigen Abhängigkeiten etabliert.[989] Dieser „*Doppelanfang*“[990] auf nationaler wie internationaler Ebene, weg von dem vielzitierten „Souveränitätspanzer“[991] und hin zu einer interdependenten Abhängigkeit, prägt

---

984 *Kotzur*, in: DÖV 2002, 195; *Proelß*, in: Isensee/Kirchhof, HStR, Band XI, § 227, Rn. 3; zu dem Friedensgebot des Grundgesetzes siehe auch *Fassbender*, in: Isensee/Kirchhof, HStR, Band XI, § 244, Rn. 48 f. u. 53.

985 *Wahl*, in: JuS 2003, 1145.

986 So in Art. 1 Abs. 2, Art. 23 bis 26 sowie Art. 59 Abs. 2 GG.

987 Vertiefend zu der öffentlichen Meinung sowie deren Rolle bei der Debatte um die Wiederbewaffnung *Jacobsen*, Von der Strategie der Gewalt zur Politik der Friedenssicherung, S. 222 ff.; siehe das 1. Kapitel unter C.I.

988 Siehe hierzu die Feststellungen in *BVerfGE* 90, 286 (291 f. u. 345 f.).

989 Gerade der hohe Stellenwert der Etablierung organisierter Kollektivmaßnahmen wurde der Welt durch den Überfall des Dritten Reichs auf Polen im Zweiten Weltkrieg vor Augen geführt, *Franck*, Recourse to Force, S. 17.

990 *Wahl*, in: JuS 2003, 1145, 1146.

991 Begriff nach *Bleckmann* in: ZaöRV 1975, 79, 82; siehe auch *ders.*, in FS-Doehring, 1989, 63, 74.

im Besonderen auch die deutsche Sicherheitspolitik nach außen.[992] Hiermit einher geht der Wandel von dem klassischen, den Krieg als Lösung zwischenstaatlicher Konflikte nicht verbietenden Völkerrecht hin zu dem heute völkergewohnheitsrechtlich und völkervertraglich anerkannten umfassenden Gewaltverbot, das den Aufbruch in eine neue völkerrechtliche Epoche markiert.[993] Das Grundgesetz beschreitet als „Gegenentwurf zu dem Totalitarismus des nationalsozialistischen Regimes“[994] mit dem in Art. 26 Abs. 1 GG statuierten Verbot des Angriffskrieges denselben Weg. Der Ansatz gelangt bereits in der Präambel mit den Worten „[...] von dem Willen beseelt, als gleichberechtigtes Glied in einem vereinten Europa dem Frieden der Welt zu dienen [...]“ zum Ausdruck.

III. Völkerrechtsfreundlichkeit des Grundgesetzes

Eine wichtige Ausprägung der offenen Verfassungsstaatlichkeit ist die Völkerrechtsfreundlichkeit des Grundgesetzes.[995] Die Völkerrechtsfreundlichkeit wird insbesondere anhand der aus Art. 25 GG folgenden hohen normenhierarchischen Stellung des Völkergewohnheitsrechts innerhalb der deutschen Rechtsordnung verdeutlicht.[996] Es ist nicht verfehlt – trotz mangelnder Ausdrücklichkeit[997] –, von einem verfassungsrechtlichen Grundsatz der Völkerrechtsfreundlichkeit

---

992 Weißbuch 2016, S. 23; ausgelöst wurde diese Entwicklung im Besonderen durch die Erfahrungen mit dem nationalsozialistischen Regime, siehe auch *BVerfGE* 124, 300 (328 f.).

993 *Hobe*, Einführung in das Völkerrecht, 42 f.

994 *BVerfGE* 124, 300 (328).

995 *Proelß*, in: Rensen/Brink, Linien der Rechtsprechung des Bundesverfassungsgerichts, Band I, 553, 554.

996 Siehe *Doehring*, Die allgemeinen Regeln des völkerrechtlichen Fremdenrechts und das deutsche Verfassungsrecht, S. 4, der mit Blick auf Art. 25 GG von einem „Akt der blinden Unterwerfung“ auch unter „unbekannte zukünftige Normen“ des Völkergewohnheitsrechts spricht; bei *Tomuschat*, in: Isensee/Kirchhof, HStR, Band XI, § 226, Rn. 36 ist u.a. im Hinblick auf Art. 25 GG die Rede von einer „Grundsatzentscheidung für die Harmonie zwischen Völkerrecht und staatlichem Recht“; *Streinz*, in: Sachs, GG, Art. 25, Rn. 9 spricht von der Sicherstellung des „Gleichklangs“ des Völker- und Verfassungsrechts.

997 *Häberle*, in: ders., Rechtsvergleichung im Kraftfeld des Verfassungsstaates, 321, 322 spricht u.a. im Hinblick auf die Völkerrechtsfreundlichkeit des GG von einem „Erziehungsziel“, dessen Umfang die „Rückseite der Verfassungsnormen“ darstellt.

zu sprechen.[998] Der hohe Stellenwert des Völkerrechts im Rahmen der grundgesetzlichen Ordnung gelangt auch in der Rechtsprechung des Bundesverfassungsgerichts zum Ausdruck. So führt das Bundesverfassungsgericht aus, dass „[d]as Grundgesetz […] den von ihm verfassten Staat in eine freiheits- und friedenswahrende Völkerrechtsordnung ein[ordnet], weil es einen Gleichklang der eigenen freiheitlichen Friedensordnung mit einem Völkerrecht sucht, das nicht nur die Koexistenz der Staaten betrifft, sondern Grundlage der Legitimität jeder staatlichen Ordnung sein will."[999] Zudem sieht das Bundesverfassungsgericht die Staatsorgane einschließlich des Gerichts selbst als „mittelbar im Dienst der Durchsetzung des Völkerrechts."[1000] An anderer Stelle verlangt das Bundesverfassungsgericht, dass das Verfassungsrecht mit dem Völkerrecht abgestimmt werden müsse.[1001]

1. Funktion des Verfassungsprinzips der Völkerrechtsfreundlichkeit

Gleichwohl ist zu beachten, dass die vorstehenden Feststellungen keine Aussage über etwaige normative Auswirkungen dieses in Rechtsprechung und Literatur weitgehend unbestrittenen[1002] Grundsatzes treffen.

Der Grundsatz der Völkerrechtsfreundlichkeit beeinflusst die Auslegung des Grundgesetzes zwecks Vermeidung einer Kollision mit der Völkerrechtsordnung.[1003] Gerade der Auslandseinsatz der Bundeswehr bewegt sich an einer Schnittstelle des Völker- und Verfassungsrechts. Beide Rechtsordnungen sehen verbindliche Normen für den Fall des extraterritorialen Einsatzes des Militärs vor. Das Fehlen einer ausdrücklichen Kollisionsnorm sowohl im Grundgesetz als auch in der Völkerrechtsordnung wird durch diese Funktion der

---

998 Näher *Sauer*, Staatsrecht III, S. 105 f., Rn. 37; *Tomuschat*, in: Isensee/Kirchhof, HStR, Band XI, § 226, Rn. 36; eine ausführliche Herleitung des Prinzips bietet *Payandeh*, in: JÖR n.F. 2009, 465, 467 ff.

999 *BVerfGE* 112, 1 (25).

1000 *BVerfGE* 112, 1 (25); *BVerfGE* 109, 13 (24); siehe zu der Rolle nationaler Gerichte im Hinblick auf die Durchsetzung des Völkerrechts auch *Kotzur*, in: DÖV 2002, 195, 201.

1001 *BVerfGE* 100, 313 (362 f.).

1002 *Proelß*, in: Rensen/Brink, Linien der Rechtsprechung des Bundesverfassungsgerichts, Band I, 553, 556; *Payandeh*, in: JÖR n.F. 2009, 465.

1003 Siehe *Herdegen*, in: Maunz/Dürig, GG, Art. 25 [Stand: Mai 2016], Rn. 8; eine Aufzählung von Beispielen findet sich bei *Tomuschat*, in: Isensee/Kirchhof, HStR, Band XI, § 226, Rn. 39 ff.

Völkerrechtsfreundlichkeit des Grundgesetzes als Kollisionsvermeidungsprinzip[1004] abgefedert.[1005] Im Endeffekt bezwecken die dem Prinzip der Völkerrechtsfreundlichkeit zugrundeliegenden Artikel, eine größtmögliche Parallele der beiden Rechtsordnungen aufzubauen,[1006] um Verstöße durch Deutschland gegen das Völkerrecht aufgrund entgegenstehender innerstaatlicher Normierungen[1007] zu vermeiden. Die Überwindung tatsächlicher Schwierigkeiten bei der Umsetzung grundgesetzlicher Anforderungen bei Auslandseinsätzen der Bundeswehr in fernen Regionen ist durch das Prinzip der Völkerrechtsfreundlichkeit hingegen nicht bezweckt.[1008]

Jedenfalls kann das Prinzip der Völkerrechtsfreundlichkeit nicht als Substitut für fehlende verfassungsrechtliche Befugnisse herangezogen werden. Gerade das Völkergewohnheitsrecht kann nicht dazu dienen, etwaige auf verfassungsrechtlicher Ebene fehlende Handlungsbefugnisse zu ergänzen.[1009] Art. 25 GG „bewirkt, daß diese Regeln [allgemeine Regeln des Völkerrechts i.S.d. Art. 25 GG] ohne ein Transformationsgesetz, also unmittelbar, Eingang in die deutsche Rechtsordnung finden und dem deutschen innerstaatlichen Recht - nicht dem Verfassungsrecht - im Range vorgehen.“[1010] Da Art. 25 GG eine jener Normen ist, aus welchen das Prinzip der Völkerrechtsfreundlichkeit hergeleitet wird, kann auch das Prinzip selbst nicht dafür herangezogen werden, die Auslegung des Art. 25 GG dahingehend zu beeinflussen, dass völkergewohnheitsrechtlichen Normen Verfassungsrang zukommt.[1011]

1004 Methodisch herausgearbeitet bei *Proelß*, in: Rensen/Brink, Linien der Rechtsprechung des Bundesverfassungsgerichts, Band I, 553, 558; *Rojahn*, in: v. Münch/Kunig, GG, Art. 24, Rn. 3.

1005 *Sauer*, Staatsrecht III, S. 106, Rn. 38a.

1006 *Payandeh*, in: JÖR n.F. 2009, 465, 481.

1007 Art. 27 S. 1 WVK besagt: „Eine Vertragspartei kann sich nicht auf ihr innerstaatliches Recht berufen, um die Nichterfüllung eines Vertrags zu rechtfertigen.“

1008 Instruktiv *Sauer*, Staatsrecht III, S. 109 ff. Rn. 40a f.

1009 *Talmon*, in: JZ 2013, 12, 17.

1010 *BVerfGE* 6, 309 (363); den Verfassungsrang des Völkergewohnheitsrechts lehnt das BVerfG auch in *BVerfGE* 111, 307 (318 f.) ab; teilweise wird vertreten, allgemeine Regeln des Völkerrechts i.S.d. Art. 25 GG stünden ranggleich neben dem GG, so *Streinz*, in: Sachs, GG, Art. 25, Rn. 90; *Doehring*, Die allgemeinen Regeln des völkerrechtlichen Fremdenrechts und das deutsche Verfassungsrecht, S. 183.

1011 So *Payandeh*, in: JÖR n.F. 2009, 465, 484.

2. Grenzen der völkerrechtsfreundlichen Auslegung

Inhaltlich kann die Verfassung durch den Grundsatz der Völkerrechtsfreundlichkeit überhaupt nur dann beeinflusst werden, wenn sich Völker- und Verfassungsrecht entgegenstehen,[1012] wenn also ein „rechtsordnungsübergreifender Normenkonflikt"[1013] vorliegt. Für diesen Fall entfaltet der verfassungsrechtliche Grundsatz der Völkerrechtsfreundlichkeit normative Wirkung dahingehend, dass der Rechtsanwender zu versuchen verpflichtet ist, das Verfassungsrecht in Einklang mit der völkerrechtlichen Rechtslage auszulegen.[1014] Ein Schluss, der aus der Völkerrechtswidrigkeit eines Einsatzes über das Prinzip der Völkerrechtsfreundlichkeit automatisch einen Verfassungsverstoß herleitet,[1015] geht somit fehl.[1016] Ebenso wird die Funktion des Grundsatzes der Völkerrechtsfreundlichkeit verkannt, wenn das Prinzip gar als kollidierendes Verfassungsrecht zu vorbehaltlos gewährleisteten Grundrechten verstanden wird.[1017]

In jedem Fall ist die Grenze des Wortlauts zu beachten. Anwendung kann das Prinzip der Völkerrechtsfreundlichkeit überhaupt nur dann finden, wenn eine Norm voneinander divergierende Leseweisen zulässt.[1018] Erforderliche Verfassungsänderungen dürfen durch eine übermäßig praktizierte völkerrechtsfreundliche Auslegung nicht umgangen werden.[1019] Ein

---

1012 *Sauer*, Staatsrecht III, S. 110, Rn. 40b; *Payandeh*, in: JÖR n.F. 2009, 465, 483 spricht von der „Subsidiarität des Verfassungsprinzips der Völkerrechtsfreundlichkeit".

1013 Nach *Schöbener*, in: JA 2011, 885, 886 als „Konstellationen, in denen Rechtsnormen aus (mindestens) zwei Rechtsordnungen die rechtlich verbindliche Regelung eines bestimmten Sachverhalts beanspruchen und insoweit unterschiedliche – sich widersprechende – Rechtsfolgen vorsehen" definiert.

1014 *Payandeh*, in: JÖR n.F. 2009, 465, 485.

1015 So *Kokott*, in: Sachs, GG, Art. 87a, Rn. 15.

1016 Ein völkerrechtswidriger Einsatz ist vielmehr vor dem konkreten Hintergrund des Normeninhalts des Art. 26 Abs. 1 S. 1 GG zu bewerten (hierzu unten unter C.). Der Verstoß gegen das Grundgesetz folgt hier aus einem ausdrücklichen Artikel des Grundgesetzes, nicht aus dem Verfassungsprinzip der Völkerrechtsfreundlichkeit.

1017 So aber *Yousif*, Die extraterritoriale Geltung der Grundrechte, S. 131. Der Verfassungsgrundsatz der Völkerrechtsfreundlichkeit ist allerdings im Stande, auch Kollisionen der Völkerrechtsordnung und der deutschen Rechtsordnung zu beeinflussen, welche sich im grundrechtsrelevanten Bereich zutragen, siehe das 6. Kapitel unter C.II.3.b.

1018 *Proelß*, in: Rensen/Brink, Linien der Rechtsprechung des Bundesverfassungsgerichts, Band I, 553, 556.

1019 *Bernhardt*, in: DÖV 1977, 457, 458; auch *Rojahn*, in: v. Münch/Kunig, GG, Art. 24, Rn. 5 warnt vor einer „verfassungsrechtlichen Überhöhung" des Grundsatzes.

Verfassungswandel[1020] kommt in einem dynamischen Bereich, wie dem ständig vor neuartige Bedrohungsszenarien gestellten Wehrverfassungsrecht, eine besondere Relevanz zu[1021] – das „Spannungsverhältnis zwischen Verfassungsrecht und Verfassungswirklichkeit"[1022] ist greifbar. Aber gerade die grundlegenden Werte, für welche das Grundgesetz steht, dürfen nicht unterlaufen werden.[1023] Auch der Telos einzelner Artikel darf nicht – etwa unter Rekurrieren auf das Prinzip der Völkerrechtsfreundlichkeit – arbiträr ausgedehnt werden.[1024] Diese Grenzen beachtend, führt die völkerrechtsfreundliche Auslegung nicht zu einem „blinden Vertrauen in das Völkerrecht",[1025] sondern zu der sowohl vom Grundgesetz als auch der heutigen Völkerrechtsordnung angestrebten Stärkung gemeinsamer rechtlicher Werte. Zudem gilt es zu beachten, dass Widersprüche der beiden Rechtsordnungen nicht grundsätzlicher Natur sind, sondern vielmehr ein weitgehender Gleichlauf der Schutzstandards beobachtet werden kann.[1026]

IV. Fazit

Die Ausgangsüberlegungen verdeutlichen eine zunehmend zu beobachtende Wechselbezüglichkeit internationalen Rechts und nationalen Rechts. Das Eingehen von rechtlichen Verpflichtungen beschränkt sich nicht auf den wirtschaftlichen Bereich. Insbesondere auch in Angelegenheiten der militärischen Verteidigung, dem Kernbereich staatlicher Souveränität, kommt es zu einer

1020 Nach *Stern*, Das Staatsrecht der Bundesrepublik Deutschland, Band I, S. 161 im folgenden Sinne verstanden: „Durch Verfassungswandel ändert sich der Sinn einer Verfassungsnorm, ohne daß auch ihr Text verändert wird."

1021 Ein Versuch, den Verfassungswandel im Hinblick auf Auslandseinsätze der Bundeswehr zu analysieren, findet sich bei *Stock*, Verfassungswandel, S. 148 ff.

1022 *Stern*, Das Staatsrecht der Bundesrepublik Deutschland, Band I, S. 161.

1023 Vertiefend und eindringlich warnend vor einer ungebremsten, inflationären und ausufernden völkerrechtsfreundlichen Auslegung *Talmon*, in: JZ 2013, 12, 16 ff., insbes. S. 21; *Bernhardt*, in: DÖV 1977, 457, 458; so entschied auch das BVerfG, dass der Grundsatz der Völkerrechtsfreundlichkeit der Nichtbeachtung völkerrechtlicher Verträge nicht entgegensteht, „sofern nur auf diese Weise ein Verstoß gegen tragende Grundsätze der Verfassung abzuwenden ist", *BVerfGE* 111, 307 (319). Hierauf hinweisend *Rojahn*, in: v. Münch/Kunig, GG, Art. 24, Rn. 5.

1024 Zu dieser Grenze des Verfassungswandels im Allgemeinen *Stern*, Das Staatsrecht der Bundesrepublik Deutschland, Band I, S. 161 f.

1025 *Talmon*, in: JZ 2013, 12, 21.

1026 Siehe *Tomuschat*, in: Isensee/Kirchhof, HStR, Band XI, § 226, Rn. 90.

Intensivierung der rechtlichen Verbindungen. Gerade Deutschland geht seit 1949 bewusst und gewollt immer enger werdende Bindungen mit militärisch verbündeten Staaten ein, wie aktuell am Beispiel des im Dezember 2017 durch den Rat der Europäischen Union gefassten Beschlusses einer „Ständigen Strukturierten Zusammenarbeit“ (auch PESCO genannt)[1027] auf dem Gebiet der Gemeinsamen Sicherheits- und Verteidigungspolitik sowie dem jüngst vorgestellten „Fähigkeitsprofil der Bundeswehr“[1028] deutlich wird. Das Grundgesetz ermöglicht diese Entwicklung nicht nur, sondern begünstigt sie durch seine Offenheit, die im Verfassungsprinzip der Völkerrechtsfreundlichkeit zum Ausdruck gelangt.[1029] Das Prinzip der Völkerrechtsfreundlichkeit dient als Kollisionsvermeidungsregel und kann nicht als abstrakter Argumentationstopos zur Begründung wünschenswert erscheinender Ergebnisse herangezogen werden. Je schwerer es fällt, gegenwärtige Auslandseinsätze im Zuge der Verfassungsinterpretation unter die Artikel der Wehrverfassung zu subsumieren, desto mehr spricht für das Erfordernis einer Verfassungsänderung. Die Kompetenz des verfassungsändernden Gesetzgebers darf in dem essentiellen Bereich der Außen- und Sicherheitspolitik nicht durch eine ausufernde völkerrechtsfreundliche Auslegung in unzulässiger Weise beschnitten werden.

1027 *Rat der EU*, Council Decision establishing Permanent Structured Cooperation (PESCO) and determining the list of Participating Member States v. 8.12.2017, 14866/17. Auch, wenn dies nur ein erster kleiner Schritt in Richtung der vollständigen Vergemeinschaftung der Verteidigung war, ist die hiervon ausgehende symbolische Kraft nicht zu unterschätzen. 25 Mitgliedstaaten der EU – darunter Deutschland – sind bereit, auf dem souveränitätssensiblen Gebiet der Verteidigung Schritte in Richtung einer Verteidigungsarmee zu tätigen. Siehe auch die Pressemitteilung des Rates der EU, abrufbar unter: https://www.consilium.europa.eu/de/press/press-releases/2017/12/11/defence-cooperation-pesco-25-member-states-participating/ [zuletzt abgerufen am: 15.5.2020].

1028 Siehe FAZ v. 4.9.2018, S. 4. Neben einer deutlichen Erhöhung des Wehretats soll demnach insbesondere die bi- und multilaterale Zusammenarbeit mit verbündeten Nationen vorangetrieben werden.

1029 So bekräftigt auch das Bundesverfassungsgericht, dass „[d]ie Völkerrechtsfreundlichkeit des Grundgesetzes [...] Ausdruck eines Souveränitätsverständnisses [ist], das einer Einbindung in inter- und supranationale Zusammenhänge sowie deren Weiterentwicklung nicht nur nicht entgegensteht, sondern diese voraussetzt und erwartet“, *BVerfGE* 128, 326 (369).

B. Regelungssystematik der Wehrverfassung

Die verfassungsrechtliche Untersuchung der Rechtmäßigkeit eines extraterritorialen bewaffneten Bundeswehreinsatzes[1030] findet ihren normativen Anknüpfungspunkt in den Artikeln der sogenannten Wehrverfassung.

I. Die Wehrverfassung als Teil des Grundgesetzes

Die Wehrverfassung ist integraler Bestandteil des Grundgesetzes. Dieses enthält indessen keinen übergeordneten Abschnitt, der etwa mit dem Titel „Wehrverfassung“ oder „Das Militär“ überschrieben ist. Vielmehr verteilen sich die das Militär betreffenden Artikel – im Grundgesetz nicht als Bundeswehr betitelt – über mehrere Abschnitte der Verfassung. Als der Wehrverfassung zugehörige Vorschriften sind Art. 12a, 17a GG (Abschnitt I, „Die Grundrechte“), Art. 45a, 45b (Abschnitt III, „Der Bundestag“), Art. 65a (Abschnitt VI, „Die Bundesregierung“), Art. 87a, 87b (Abschnitt VIII, „Die Ausführung der Bundesgesetze und die Bundesverwaltung“) sowie Art. 115a bis 115l GG (Abschnitt Xa, „Verteidigungsfall“) zu benennen.[1031] Zählt man den im zweiten Abschnitt, „Der Bund und die Länder“, verorteten Art. 24 Abs. 2 GG, dem infolge der Rechtsprechung des Bundesverfassungsgerichts eine Schlüsselrolle im Rahmen heutiger Auslandseinsätze der Bundeswehr zukommt, zu der Wehrverfassung hinzu, verteilen sich deren Vorschriften über sechs verschiedene Abschnitte des Grundgesetzes.[1032]

Die Bundeswehr ist durch die nachträglichen Ergänzungen verteilt über die Weite des Grundgesetzes fest in der Verfassung verankert und als Teil der

---

1030 Unter dem Einsatz bewaffneter Streitkräfte werden hier alle nach dem wehrverfassungsrechtlichen Parlamentsvorbehalt zustimmungspflichtigen Auslandseinsätze der Bundeswehr verstanden. Zu den Kriterien für die Auslösung des Vorbehalts siehe das 4. Kapitel unter B.III.

1031 *Epping*, in: Maunz/Dürig, GG, Art. 65a [Stand: Oktober 2008], Rn. 1.

1032 Dass es sich hierbei mit Ausnahme des Art. 24 Abs. 2 GG um erst nach Inkrafttreten des Grundgesetzes im Wege einer Verfassungsänderung eingefügte Artikel handelt, wird bereits an den literarischen Zusätzen zu den numerischen Benennungen deutlich. Der Grund hierfür liegt in der vollständigen Entmilitarisierung Deutschlands nach Ende des Zweiten Weltkrieges. Zur Zeit der Schaffung des Grundgesetzes erschien es schwer vorstellbar, dass Deutschland eines Tages wieder über eine eigene Armee verfügen würde. Erst die äußeren Umstände des sich zuspitzenden Ost-West-Konflikts führten im Jahre 1955 zur Gründung der Bundeswehr, woraufhin eine Schaffung eines diesbezüglichen rechtlichen Rahmens erforderlich wurde. Siehe das 1. Kapitel unter C.I.

Exekutive „kein Fremdkörper im Verhältnis zur ‚zivilen' Staatsgewalt."[1033] Das mit der Aufstellung einer Armee einhergehende Machtpotential wird besonders durch den nach Art. 45a Abs. 1 Alt. 2 GG vorgeschriebenen Verteidigungsausschuss sowie das Erfordernis der Berufung eines Wehrbeauftragten im Bundestag nach Art. 45b S. 1 GG der parlamentarischen Kontrolle unterworfen.[1034] Auch der ungeschriebene, aber aus der Verfassung folgende wehrverfassungsrechtliche Parlamentsvorbehalt macht jeden konkreten bewaffneten Auslandseinsatz von der Zustimmung des Parlaments abhängig. Das Bundesverfassungsgericht sieht in Art. 45a und 45b GG (sowie Art. 87a Abs. 1 S. 2 GG) den „Ausdruck eines ausgeprägten Systems der parlamentarischen Kontrolle."[1035] Eben diese wird auch durch das von Art. 87a Abs. 1 S. 2 GG vorgesehene Erfordernis, die „zahlenmäßige Stärke und die Grundzüge ihrer [der Streitkräfte] Organisation" im Haushalsplan auszuweisen, sichergestellt.[1036] Dass den Streitkräften des Grundgesetzes keine „Sonderstellung" außerhalb der drei Staatsgewalten zukommt, findet seinen Ausdruck auch in der Tatsache, dass nach Art. 65a Abs. 1 GG dem Bundesminister der Verteidigung und nicht dem Staatsoberhaupt die Befehls- und Kommandogewalt über die Streitkräfte zugewiesen wird.[1037] Durch die Installation eines „zivilen" Ministers an der Spitze des Militärs wird überdies eine besonders enge Bindung zwischen dem faktisch wirkungsmächtigen Militär und der rechtsstaatlichen Struktur des Grundgesetzes geschaffen. Der aus der Zeit der Weimarer Republik resultierenden Erfahrung der Gefahr eines „Staates im Staate" wird an dieser Stelle besonders deutlich Rechnung getragen.[1038]

II. Differenzierung zwischen Innen- und Außeneinsätzen

Der Staat gibt seinen Bürgern das Versprechen, für ihre Sicherheit einzustehen, und verlangt im Gegenzug die Befolgung der von ihm aufgestellten Regeln. Die Verfassung eines jeden Staates – und so auch das Grundgesetz der Bundesrepublik Deutschland – enthält zwangsläufig entsprechende, nur in der Art der

---

1033 *Stern*, Das Staatsrecht der Bundesrepublik Deutschland, Band II, S. 858.

1034 *Dürig/Klein*, in: Maunz/Dürig, GG, Art. 45a [Stand: Januar 2019], Rn. 5.

1035 *BVerfGE* 90, 286 (385).

1036 *Kokott*, in: Sachs, GG, Art. 87a, Rn. 7.

1037 *Wolff*, in: Hömig/Wolff, GG, Art. 65a, Rn. 1; nach Art. 115b GG geht „[m]it Verkündung des Verteidigungsfalles [...] die Befehls- und Kommandogewalt über die Streitkräfte auf den Bundeskanzler über".

1038 Siehe *Epping*, in: Maunz/Dürig, GG, Art. 65a [Stand: Oktober 2008], Rn. 12 f.; siehe auch *Oldiges/Brinktrine*, in: Sachs, GG, Art. 65a, Rn. 3 und 14; generell auch *Depenheuer*, in: Maunz/Dürig, GG, Art. 87a [Stand: Oktober 2008], Rn. 62.

Ausformung, nicht aber grundsätzlich in seiner Disposition stehende Grundvorgaben.[1039] Der Aufgabenbereich der Polizei und der Streitkräfte findet in der Gefahrenabwehr eine gemeinsame Schnittmenge.[1040] Das Grundgesetz sieht eine funktionale Trennung zwischen der für die innere Gefahrenabwehr verantwortlichen Polizei und den für die äußere Sicherheit verantwortlichen Streitkräften vor.[1041] Systematisch sind die sich auf den Auslandseinsatz der Bundeswehr beziehenden Vorschriften von jenen Artikeln des Grundgesetzes zu differenzieren, die sich auf den Inneneinsatz der Streitkräfte beziehen. Dabei ist im Ausgangspunkt die Feststellung zu betonen, dass die Streitkräfte im Grundsatz dazu bestimmt sind, die Verteidigung des Staates nach außen zu bewirken, während der Einsatz im Inneren nur in den im Grundgesetz festgelegten Ausnahmesituationen rechtlich zulässig ist.[1042]

Im Normalfall sorgt insbesondere die Polizei für die Wahrung der öffentlichen Sicherheit und Ordnung; nur in Ausnahmefällen kommt dem Militär die Aufgabe der Gefahrenabwehr zu.[1043] So gilt der dahingehende Verfassungsvorbehalt des Art. 87a Abs. 2 GG, dass Streitkräfte außer zur Verteidigung nur im Falle einer ausdrücklichen grundgesetzlichen Ermächtigung eingesetzt werden dürfen, unstreitig für den Einsatz der Streitkräfte im Inland. Solche Ermächtigungen für einen Inlandseinsatz der Bundeswehr sind in den Vorschriften der Art. 87a Abs. 3 GG, Art. 87a Abs. 4 GG, Art. 35 Abs. 2 S. 2 GG und Art. 35 Abs. 3 S. 1 GG zu erblicken.[1044] Die Untersuchung der verfassungsrechtlichen Lage im Hinblick auf die Rechtmäßigkeit bewaffneter Auslandseinsätze der Bundeswehr wird sich an den für den Untersuchungsgegenstand relevanten Vorschriften der Art. 87a und 24 Abs. 2 GG ausrichten.[1045]

1039 Instruktiv *Depenheuer*, in: Maunz/Dürig, GG, Art. 87a [Stand: Oktober 2008], Rn. 1–3.

1040 *Depenheuer*, in: Maunz/Dürig, GG, Art. 87a [Stand: Oktober 2008], Rn. 15.

1041 *Kirchhof*, in: Isensee/Kirchhof, HStR, Band IV, § 84, Rn. 4 u. 49.

1042 *Stern*, Das Staatsrecht der Bundesrepublik Deutschland, Band II, S. 859.

1043 Siehe im Einzelnen *Depenheuer*, in: Maunz/Dürig, GG, Art. 87a [Stand: Oktober 2008], Rn. 18 ff.

1044 *BVerwGE* 127, 1 (11 f.); *Kirchhof*, in: Isensee/Kirchhof, HStR, Band IV, § 84, Rn. 59; siehe hierzu speziell in Bezug auf die Terrorismusbekämpfung *Bäumerich/Schneider*, in: NVwZ 2017, 189.

1045 Auf die weiteren Vorschriften der Wehrverfassung wird erforderlichenfalls im Rahmen dieser Ausführungen eingegangen werden. Zu erwähnen ist in diesem Zusammenhang besonders der Abschnitt Xa. des Grundgesetzes, der mit „Verteidigungsfall“ überschrieben ist und begrifflich eine Überschneidung zu dem die „Verteidigung“ in den Mittelpunkt stellenden Art. 87a Abs. 1 S. 1 und Abs. 2 GG

III. Mangelnde Erheblichkeit einer Differenzierung zwischen Einsätzen militärischen und polizeilichen Charakters bei Auslandseinsätzen

Militärische Einsätze der Bundeswehr werden regelmäßig Verwendungen eines „polizeilichen Charakters" gegenübergestellt.[1046] Die Unterscheidung folgt aus den auf den Inlandseinsatz bezogenen Artikeln des Grundgesetzes, die in eng begrenzten Ausnahmefällen die Übernahme polizeilicher Aufgaben durch die Bundeswehr ermöglichen.[1047] Dort ist die Unterscheidung in vielerlei Hinsicht von großer Relevanz für die Rechtmäßigkeit des Einsatzes der Bundeswehr.[1048] Doch auch im Zuge bestehender extraterritorialer Einsätze nimmt die Bundeswehr oft Aufgaben wahr, die als im Ausgangspunkt polizeilicher Natur charakterisiert werden können, was in der Literatur vereinzelt zu der Annahme eines „Trennungsgebotes" zwischen polizeilichen und militärischen Aufgaben auch im Hinblick auf den Auslandseinsatz führt.[1049]

Für den vorliegenden Untersuchungsgegenstand ist eine solche Differenzierung gleichwohl nicht relevant. Dies folgt bereits aus dem Umstand, dass eine lehrbuchartige Trennung zwischen militärischen und polizeilichen Elementen eines Einsatzes praktisch nicht erfolgen kann.[1050] Zudem verkennt ein klinischer

---

aufweist. Dass Normallage und Ausnahmelage in Anbetracht der Erscheinungsformen des transnationalen Terrorismus zunehmend ineinander übergehen, ist Anlass für kritische Reflexionen der starren Zuständigkeitsverteilung im Hinblick auf die innerstaatliche Situation. Siehe umfassend hierzu *Depenheuer*, in: Maunz/Dürig, GG, Art. 87a [Stand: Oktober 2008], Rn. 23 f. sowie Rn. 29 f., der diese Unterscheidung im Hinblick auf moderne Sicherheitsrisiken für einen Staat als „zunehmend fragwürdig und obsolet" befindet und stattdessen auf eine an dem Gedanken der Effektivität der Gefahrenabwehr ausgerichteten Abgrenzung der Zuständigkeiten rekurriert, *Depenheuer*, ebenda, Rn. 26. Die Ausführungen dieses Kapitels konzentrieren sich unterdessen auf die Auswirkungen der im zweiten Kapitel bearbeiteten Konstellationen auf die grundgesetzlichen Vorgaben hinsichtlich des extraterritorialen Kampfeinsatzes.

1046 Siehe im Einzelnen *Fassbender*, in: Isensee/Kirchhof, HStR, Band XI, § 244, Rn. 8.

1047 *Fassbender*, in: Isensee/Kirchhof, HStR, Band XI, § 244, Rn. 8; näher *Soria*, in: DVBl. 2004, 597, 599.

1048 Siehe *Soria*, in: DVBl. 2004, 597, 600; siehe auch *Wieland*, in: Fleck, Rechtsfragen der Terrorismusbekämpfung, 167, 173 ff.

1049 Zu dem Meinungsstand siehe *Wiefelspütz*, Parlamentsbeteiligungsgesetz, S. 238 f., der das Trennungsgebot bei Auslandseinsätzen für eine „staatsrechtliche Legende" hält, *Wiefelspütz*, ebenda, S. 240.

1050 In diese Richtung auch *Epping*, in: BeckOK, GG, Art. 87a [Stand: Dezember 2019], Rn. 32.4.

Trennungsversuch den gesamtheitlichen Charakter eines Militäreinsatzes, der – soll dauerhafter Frieden gesichert werden – eben nicht nur die Phase der militärischen Auseinandersetzung umfasst, sondern auch den folgenden stabilisierenden Teil. Auch diese Konfliktphasen lassen sich überdies nicht immer sauber voneinander abgrenzen, sondern gehen fließend ineinander über.[1051] So erfolgt auch der Bundeswehreinsatz MINUSMA in Mali ausweislich des Zustimmungsantrages der Bundesregierung aufgrund eines „umfassende[n] Stabilisierungsmandat[s] und verbindet als multidimensionale Friedensmission zivile, polizeiliche und militärische Elemente".[1052] Die abschreckende Wirkung des Militärs ermöglicht oft erst die Wahrnehmung auch von polizeilichen Aufgaben.[1053]

Regelmäßig werden polizeiliche Elemente aufweisende Auslandseinsätze der Bundeswehr nach den Kriterien des wehrverfassungsrechtlichen Parlamentsvorbehalts zustimmungspflichtig sein. So unterliegt der bewaffnete Einsatz der Streitkräfte unabhängig von einer etwaigen humanitären Zielsetzung dem Zustimmungserfordernis des wehrverfassungsrechtlichen Parlamentsvorbehalts. Auf die Überwindung „militärischer Erheblichkeitsschwellen oder einen auf offensive Gewaltanwendung angelegten Charakter" kommt es nach der Rechtsprechung des Bundesverfassungsgerichts nicht an, um von einem bewaffneten Einsatz der Streitkräfte ausgehen zu können.[1054]

1051 Dies auch nicht immer nur in eine Richtung, wie bspw. das Widererstarken der Taliban in Afghanistan zeigt. Die „Resolute Support Mission" ist die Nachfolgemission zu der „International Security Assistance Force" (ISAF) in Afghanistan, die Ende 2014 endete. Ziel ist es, afghanische Sicherheitskräfte dazu zu befähigen, die Sicherheit im eigenen Land selbst aufrecht erhalten zu können, Bt.-Drs. 19/21, S. 5; ähnlich auch in Bt.-Drs. 19/1094, S. 5 und Bt.-Drs. 19/7726, S. 6. Die Bundesregierung ist in ihren Zustimmungsanträgen darauf bedacht, den von der Ausgangsmission (Kampfeinsatz) abweichenden Charakter zu betonen, siehe Bt.-Drs. 19/21, S. 5. Dennoch arbeitet die Bundeswehr hier in einem schwelenden Konflikt, der die militärische Kompetenzen unabdingbar macht.

1052 Bt.-Drs. 19/19004, S. 5; siehe hierzu bereits oben im 4. Kapitel unter F.II.4.

1053 Zu den „präventiven Aspekte[n] militärischer Gewalt" siehe *Giegerich*, in: Schwegmann, Bewährungsproben einer Nation, 55, 62 f. Siehe hierzu bereits das 1. Kapitel unter D.

1054 *BVerfGE* 140, 160 (193); wie bereits im ersten Kapitel erarbeitet, ändert auch ein viele Auslandseinsätze begleitendes humanitäres Narrativ nicht den Charakter eines Militäreinsatzes, siehe 1. Kapitel unter D. Humanitär und militärisch stellen keine zwingend gegenläufige Begrifflichkeiten dar – Einsätze werden regelmäßig einem humanitären Ziel dienen, ihres Charakters nach aber unstreitig militärisch sein, siehe auch *Scholz*, in: Schwarz/Steinkamm, Einsatz der Bundeswehr »out of area«, 29, 35.

IV. Die defensive Ausrichtung des Grundgesetzes

Den Ausgangspunkt einer jeden rechtlichen Bewertung der Rechtmäßigkeit eines extraterritorialen bewaffneten Einsatzes der nach Art. 87a Abs. 1 S. 1 GG „zur Verteidigung" aufgestellten Streitkräfte stellt Art. 87a Abs. 2 GG dar. Dass die Streitkräfte, wie es in Art. 87a Abs. 2 GG heißt, „[a]ußer zur Verteidigung [...] nur eingesetzt werden [dürfen], soweit dieses Grundgesetz es ausdrücklich zuläßt", deutet den mit der Aufstellung der Streitkräfte verbundenen defensiven Charakter des Grundgesetzes im Hinblick auf den Einsatz des Militärs bereits an. Dient der Einsatz nicht der Verteidigung, bedarf es einer grundgesetzlichen Ermächtigung, die darüber hinaus ausdrücklich zu erfolgen hat – „[s]trikter hätte man den Aufgabenbereich der Bundeswehr von Verfassungs wegen kaum begrenzen können."[1055] Trotz der sich faktisch wandelnden Sicherheitslage bleibt der Verteidigungsauftrag der grundgesetzlich vorgeschriebene primäre Ankerpunkt zur Ausrichtung der Bundeswehr.[1056] Zudem steht dieser in enger Verbindung mit dem Friedensgebot des Grundgesetzes.[1057]

Als Ermächtigungsgrundlage für Auslandseinsätze der Streitkräfte hat zudem Art. 24 Abs. 2 GG durch die bundesverfassungsrechtliche Rechtsprechung eine maßgebliche Relevanz für die rechtliche Bewertung dieser Einsätze erlangt. Soll durch die Einordnung Deutschlands in ein System gegenseitiger kollektiver Sicherheit nach Art. 24 Abs. 2 GG bereits eine zwischenstaatliche Aggressionen vermeidende Wirkung einhergehen,[1058] konditioniert Art. 24 Abs. 2 GG eine solche Einordnung zusätzlich, indem die Zielrichtung des Systems mit der Herbeiführung und Sicherung „[...] eine[r] friedliche[n] und dauerhafte[n] Ordnung in Europa und zwischen den Völkern der Welt"[1059] konkret vorgegeben wird.[1060]

Neben diesen zentralen Befugnisnormen benennt das Grundgesetz in Art. 26 eine eindeutig formulierte Grenze für die Rechtmäßigkeit des Auslandseinsatzes der Bundeswehr. In dessen erstem Satz des ersten Absatzes heißt es, dass „Handlungen, die geeignet sind und in der Absicht vorgenommen werden, das

1055 *Wieland*, in: Fleck, Rechtsfragen der Terrorismusbekämpfung, 167, 172. Umstritten ist, ob sich dieser Vorbehalt nur auf den Inlandseinsatz oder auch auf den Auslandseinsatz bezieht, siehe hierzu unten unter D.II.

1056 *Gramm*, in: Die Verwaltung 2008, 375, 383 u. 393.

1057 *Hillgruber*, in: Isensee/Kirchhof, HStR, Band II, § 32, Rn. 142.

1058 Siehe das 1. Kapitel unter C.I.2.

1059 Art. 24 Abs. 2 GG.

1060 Siehe *Oeter*, in: Isensee/Kirchhof, HStR, Band XI, § 243, Rn. 23.

friedliche Zusammenleben der Völker zu stören, insbesondere die Führung eines Angriffskrieges vorzubereiten, [...] verfassungswidrig" sind.

C. Art. 26 Abs. 1 S. 1 GG als absolute Grenze des extraterritorialen Bundeswehreinsatzes

In Art. 26 GG kann eine Bekräftigung des völkerrechtlichen Gewaltverbots auf der grundgesetzlichen Ebene erblickt werden.[1061] Unmissverständlich verboten ist der Einsatz der Bundeswehr zur Führung eines Angriffskrieges im Sinne des Art. 26 Abs. 1 S. 1 GG. Die Begrifflichkeit des Angriffskrieges ist auf die strafrechtliche Aufarbeitung des Zweiten Weltkrieges in den Nürnberger Prozessen auf Grundlage des Statuts des Internationalen Militärtribunals von Nürnberg zurückzuführen.[1062] Zur Konkretisierung des Begriffs kann als Orientierungshilfe auf die hinsichtlich des Begriffs der Angriffshandlung im Sinne des Art. 39 SVN ergangenen Aggressionsdefinition der Generalversammlung der Vereinten Nationen abgestellt werden.[1063] Doch wie das Wort „insbesondere" erkennen lässt, handelt es sich nicht um eine abschließende Aufzählung; auch andere „Handlungen, die geeignet sind und in der Absicht vorgenommen werden, das friedliche Zusammenleben der Völker zu stören, sind verboten." Maßgeblich ist folglich, welche Handlungen hiervon erfasst werden.

I. Das Gewaltverbot im systematischen Kontext zu den Ausnahmebestimmungen der UN-Charta auf grundgesetzlicher Ebene

Diesbezüglich ist mit einem Großteil der Literaturstimmen zu befürworten, dass friedensstörende Handlungen im Sinne der Norm jedenfalls dann nicht vorliegen, wenn diese im Einklang mit der friedenssicherungsrechtlichen Ordnung in ihrer aktuellen Ausprägung stehen – Art. 26 GG spiegelt im Ausgangspunkt insofern die aktuelle friedenssicherungsrechtliche Lage wider.[1064] Die Folgen

1061 *Herdegen*, in: Maunz/Dürig, GG, Art. 26 [Stand: September 2017], Rn. 2.

1062 *Fink*, in: v. Mangoldt/Klein/Starck, GG, Band II, Art. 26, Rn. 32; *Herdegen*, in: Maunz/Dürig, GG, Art. 26 [Stand: September 2017], Rn. 21.

1063 *Wollenschläger*, in: Dreier, GG, Band II, Art. 26, Rn. 31; *Heintschel von Heinegg/Frau*, in: BeckOK, GG, Art. 26 [Stand: Dezember 2019], Rn. 12; *Fink*, in: v. Mangoldt/Klein/Starck, GG, Band II, Art. 26, Rn. 34; siehe zu der Funktion der DoA im Rahmen der Völkerrechtsordnung das 2. Kapitel unter B.I.2. und C.II.1.

1064 Siehe *Herdegen*, in: Maunz/Dürig, GG, Art. 26 [Stand: September 2017], Rn. 4, der meint, das Verbot des Art. 26 Abs. 1 Satz 1 GG lebe vom grundsätzlichen Gleichlauf

dieses Befundes sind vor dem Hintergrund des durch eine besondere Dynamik geprägten Charakters der Völkerrechtsordnung jedenfalls sehr weitgehend.[1065] Denn der Gleichklang zwischen Völkerrechtsordnung und Grundgesetz über Art. 26 Abs. 1 S. 1 GG betrifft das Friedenssicherungsrecht als Ganzes unter Einbeziehung der völkerrechtlichen Rechtfertigungsgründe und nicht lediglich einen solchen von Art. 26 Abs. 1 S. 1 GG und der Verbotsnorm des Art. 2 Abs. 4 SVN.[1066] Anderenfalls läge die Schwelle zu einer nach Art. 26 Abs. 1 S. 2 GG unter Strafe zu stellenden Friedensstörung äußerst tief, denn auf tatbestandlicher Ebene führt einzig eine völkerrechtswirksame Einladung zur Nichteröffnung des Anwendungsbereichs des Art. 2 Abs. 4 SVN; selbst Gewaltanwendungen geringen Ausmaßes sind vom Tatbestand der Verbotsnorm erfasst.[1067] Die Offenheit des Grundgesetzes gegenüber den Einflüssen der Völkerrechtsordnung ließe es nur schwerlich schlüssig erscheinen, eine grundgesetzlich verbotene Friedensstörung in Handlungen zu erblicken, die in den Anwendungsbereich des Gewaltverbots fallen, ohne dabei die friedenssicherungsrechtlichen Ausnahmen zu berücksichtigen. So ist es unpräzise, „dem Gewaltverbot" Verfassungsrang zuzusprechen.[1068] Verfassungsrang kommt dem Gewaltverbot im systematischen Zusammenhang mit den Ausnahmebestimmungen der UN-Charta zu. Ein ungerechtfertigter Anwendungsfall des Art. 2 Abs. 4 SVN führt über Art. 26 Abs. 1 S. 1 GG gleichzeitig auch zu einem Verfassungsverstoß.[1069] Der seit Inkrafttreten des Grundgesetzes unverändert gebliebene Art. 26 GG spiegelt den zuvor beschriebenen, vom Grundgesetz und dem Friedenssicherungsrecht geprägten „Doppelanfang" nach dem Zweiten Weltkrieg wie kaum eine zweite Norm wider.[1070]

---

von Verfassungs- und Völkerrecht; in diese Richtung auch *Streinz*, in: Sachs, GG, Art. 26, Rn. 11; *Heintschel von Heinegg/Frau*, in: BeckOK, GG, Art. 26 [Stand: Dezember 2019], Rn. 2; *Fink*, in: v. Mangoldt/Klein/Starck, GG, Band II, Art. 26, Rn. 19.

1065 Zu der Dynamik der Völkerrechtsordnung siehe 2. Kapitel A.II.; symptomatisch hierfür kann auf die Erfassung der das Ausmaß eines bewaffneten Angriffs einnehmenden Handlungen nicht-staatlicher Akteure vom Anwendungsbereich des Art. 51 SVN hingewiesen werden, siehe hierzu das 2. Kapitel unter C.II.2.

1066 Siehe *Heintschel von Heinegg/Frau*, in: BeckOK, GG, Art. 26 [Stand: Dezember 2019], Rn. 7, 14 u. 17.

1067 Siehe das 2. Kapitel unter B.

1068 Siehe bspw. bei *Wollenschläger*, in: Dreier, GG, Band II, Art. 26, Rn. 53.

1069 *Fink*, in: v. Mangoldt/Klein/Starck, GG, Band II, Art. 26, Rn. 45.

1070 Siehe auch *Wollenschläger*, in: Dreier, GG, Band II, Art. 26, Rn. 5 f.

II. Völkerrechtlich gerechtfertigte Gewaltanwendung als kein Anwendungsfall des Art. 26 GG

Die Folge eines solchen Gleichlaufs ist, dass über Art. 26 Abs. 1 S. 1 GG sämtliche Handlungen der Bundeswehr, die einen zu rechtfertigenden Anwendungsfall des Art. 2 Abs. 4 SVN darstellen, mit keinem Verstoß gegen Art. 26 Abs. 1 S. 1 GG einhergehen. Gelingt eine völkerrechtliche Rechtfertigung der Gewaltanwendung, liegt mithin auch kein Verstoß gegen Art. 26 Abs. 1 S. 1 GG vor.[1071]

1. Ausdrücklich in der UN-Charta vorgesehene Rechtfertigungsgründe

Im Hinblick auf Einsätze, die sich im Rahmen der anerkannten, ausdrücklichen Rechtfertigungsgründe der UN-Charta bewegen, liegt kein Anwendungsfall des Art. 26 Abs. 1 S. 1 GG vor. So stellt insbesondere auch das in kollektiver Selbstverteidigung erfolgende Vorgehen Deutschlands gegen die nicht-staatlichen Akteure des sogenannten Islamischen Staates in Syrien keine friedensstörende Handlung im Sinne des Grundgesetzes dar.[1072] Eine durch den Sicherheitsrat mandatierte Gewaltanwendung geht nicht mit einem völkerrechtswidrigen Verstoß gegen das Gewaltverbot einher und ist als solche dementsprechend auch keine friedensstörende Handlung im Sinne des Grundgesetzes.[1073] Dies ergibt sich im Übrigen auch aus dem systematischen Zusammenhang des Art. 26 GG zu Art. 24 Abs. 2 GG, der die Einordnung in ein System gegenseitiger kollektiver Sicherheit ausdrücklich zulässt.[1074]

1071 *Herdegen*, in: Maunz/Dürig, GG, Art. 26 [Stand: September 2017], Rn. 29 u. 31; *Heintschel von Heinegg/Frau*, in: BeckOK, GG, Art. 26 [Stand: Dezember 2019], Rn. 17; *Fink*, in: v. Mangoldt/Klein/Starck, GG, Band II, Art. 26, Rn. 22–25; liegt hingegen ein Verstoß gegen Art. 26 GG vor, führt dies auch zur rechtlichen Unverbindlichkeit eines entsprechenden Befehls eines militärisch Vorgesetzten, siehe *BVerwGE* 127, 302 (314).

1072 Zu der völkerrechtlichen Bewertung siehe 2. Kapitel unter C.II.2.

1073 Zu der Ausnahme der kollektiven Gewaltanwendung siehe das 2. Kapitel unter C.I. In diesem Kontext kann der Auslegung von Sicherheitsratsresolutionen – wie Res. 2249 (2015) im Rahmen des Syrien-Konflikts zeigt – besondere Bedeutung beizumessen sein.

1074 *Fink*, in: v. Mangoldt/Klein/Starck, GG, Band II, Art. 26, Rn. 24.

2. *Nicht ausdrücklich in der UN-Charta vorgesehene Rechtfertigungsgründe*

Zudem wird aufgrund der weitgehenden Rechtsfolgen des Art. 26 Abs. 1 GG (Verfassungswidrigkeit und Strafbarkeitsandrohung) eine „hinreichende Klarheit" der Völkerrechtswidrigkeit, oft als „Evidenz" betitelt, vorausgesetzt, um von einer Friedensstörung ausgehen zu können.[1075] Nach den Untersuchungsergebnissen des völkerrechtlichen Teils dieser Ausarbeitung folgt daraus besonders für die Rechtsfigur der humanitären Intervention, dass mit einer Beteiligung Deutschlands an einer solchen jedenfalls kein Verstoß gegen Art. 26 Abs. 1 S. 1 GG einherginge.[1076] Gleiches gilt für die Rettung eigener Staatsangehöriger, die – insbesondere in der Ausprägung der zuletzt erfolgten Evakuierungen in Libyen und dem Südsudan – weit davon entfernt sind, den Tatbestand des Art. 26 Abs. 1 S. 1 GG zu erfüllen.[1077]

III. Umfassende und systematische Menschenrechtsverletzungen als friedensstörende Handlung

Darüber hinaus wird man auch schwerwiegende Menschenrechtsverletzungen, welche die friedenssicherungsrechtliche Lage auf verschiedenen Ebenen weitgehend beeinflussen,[1078] als Friedensstörung im Sinne der Norm erfassen müssen. Solche Verletzungen werden regelmäßig mit einer umfassenden Gewaltanwendung verbunden sein.[1079] Auch wird dieses Verständnis durch eine systematische Betrachtung des Art. 26 GG in Bezug zu dem Bekenntnis der Menschenrechte

---

1075 *Wollenschläger*, in: Dreier, GG, Band II, Art. 26, Rn. 20; *Herdegen*, in: Maunz/Dürig, GG, Art. 26 [Stand: September 2017], Rn. 29 u. 31; *Heintschel von Heinegg/Frau*, in: BeckOK, GG, Art. 26 [Stand: Dezember 2019], Rn. 14.

1076 Die humanitäre Intervention kann nach aktuellem Stand nicht mehr als eindeutig völkerrechtswidrig bewertet werden, siehe das 2. Kapitel unter C.III.

1077 Zu den Einzelheiten sowie der völkerrechtlichen Bewertung dieser Einsätze siehe das 2. Kapitel unter C.IV. Zu der verfassungsrechtlichen Bewertung siehe unten unter D.VI.3.

1078 So verliert ein systematisch und umfassend Menschenrechtsverletzungen begehendes Regime seine Einladungsbefugnis, siehe das 2. Kapitel unter B.II.3. und Drittstaaten können stattdessen unter gewissen Umständen in kollektiver Selbstverteidigung ohne Zustimmung des Territorialstaates extraterritorial Gewalt anwenden, siehe das 2. Kapitel unter C.II.3.d. Auch im Rahmen der Rechtsfigur der humanitären Intervention und der hiermit eng zusammenhängenden Responsibility to Protect-Doktrin nehmen die Menschenrechte eine Zentralstellung ein, siehe 2. Kapitel C.III.

1079 Siehe auch *Herdegen*, in: Maunz/Dürig, GG, Art. 26 [Stand: September 2017], Rn. 17.

des Art. 1 Abs. 2 GG gefordert.[1080] Parallel zur völkerrechtlichen Lage ist zu verlangen, dass die Verletzungen eine gewisse Systematik und Schwere (Intensität) erreichen, um von einer friedensstörenden Handlung ausgehen zu können.[1081] Ginge ein Bundeswehreinsatz also mit umfassenden und systematischen Menschenrechtsverletzungen einher, wäre hierin eine friedensstörende Handlung zu sehen. Insbesondere bei Einsätzen, die im Rahmen eines bewaffneten Konflikts stattfinden, liegt die Schwelle hierfür aufgrund der weitgehenden Verdrängung maßgeblicher Menschenrechte durch die spezielleren Regelungen des ius in bello allerdings besonders hoch.[1082]

IV. Ergebnis

Eine friedensstörende Handlung im Sinne des Art. 26 Abs. 1 S. 1 GG ist dann anzunehmen, wenn ein nicht zu rechtfertigender Verstoß gegen das völkerrechtliche Gewaltverbot vorliegt oder es zu umfassenden und systematischen Menschenrechtsverletzungen kommt. Ein entsprechender Auslandseinsatz der Bundeswehr wäre damit nicht nur völkerrechtswidrig, sondern auch verfassungswidrig. Schließlich kann festgehalten werden, dass das grundgesetzliche Regime Gewaltanwendung grundsätzlich nicht in einem großzügigeren Ausmaß zulässt als das Völkerrecht.[1083]

D. Rechtfertigung extraterritorialer bewaffneter Einsätze der Bundeswehr nach dem Grundgesetz

Die grundgesetzliche Systematik im Hinblick auf die Zulässigkeit eines bewaffneten Auslandseinsatzes weist im Ausgangspunkt über Art. 26 GG weitgehende Parallelen zur friedenssicherungsrechtlichen Systematik auf. Darüber hinausgehend erscheint es unterdessen fraglich, ob es für die Rechtmäßigkeit eines extraterritorialen Kampfeinsatzes ausreicht, dass eine völkerrechtsgemäße Anwendung von Gewalt vorliegt und somit keine grundgesetzlich verbotene friedensstörende Handlung. Dass grundgesetzliche Regelungen möglicherweise durch das ius contra bellum beeinflusst werden, bedeutet nicht, dass eine eigenständige Bewertung anhand von Artikeln der Wehrverfassung unterbleiben

---

1080 Zutreffend *Fink*, in: v. Mangoldt/Klein/Starck, GG, Band II, Art. 26, Rn. 17.

1081 *Wollenschläger*, in: Dreier, GG, Band II, Art. 26, Rn. 21 f.

1082 Siehe hierzu das 3. Kapitel unter D.

1083 Siehe auch *Peters*, in: JUFIL 2018, 246, 262; *Sauer*, in: DÖV 2019, 714, 715.

könnte. Im Mittelpunkt der Untersuchung steht vielmehr der Einfluss des Friedenssicherungsrechts auf die Artikel der Wehrverfassung.

Nachstehend wird als Bewertungsgrundlage zunächst eine Differenzierung zwischen den zu untersuchenden Einsatzszenarien und Einsatzkonstellationen vorgenommen (I.). In einem zweiten Schritt wird erörtert, ob es neben eines völkerrechtlichen Erlaubnissatzes zur Gewaltanwendung zusätzlich einer grundgesetzlichen Ermächtigungsgrundlage bedarf, um von der Rechtmäßigkeit eines bewaffneten Auslandseinsatzes ausgehen zu können (II.). Sodann wird sich dem Einsatz zur Verteidigung nach Art. 87a Abs. 2 GG gewidmet (III.), bevor zu einer Untersuchung von Einsätzen im Rahmen eines Systems gegenseitiger kollektiver Sicherheit übergegangen wird (IV.). Im Anschluss werden die Auswirkungen der Blockade des Sicherheitsrates der Vereinten Nationen vor dem Hintergrund der ständigen Verfassungsrechtspraxis auf die grundgesetzliche Bewertung thematisiert (V.). Schließlich werden grundgesetzlich nicht ausdrücklich vorgesehene Einsatzarten (namentlich die Intervention auf Einladung, die Rettung eigener Staatsangehöriger sowie die humanitäre Intervention) auf ihre Rechtmäßigkeit nach der aktuellen wehrverfassungsrechtlichen Lage überprüft (VI.).

I. Generelle Differenzierung nach Einsatzart und konkrete Differenzierung nach Einsatzkonstellation

Ein wesentlicher Gegenstand dieser Untersuchung ist die Spiegelung der völkerrechtlichen Lage auf verfassungsrechtlicher Ebene. Es gilt die Schnittpunkte der beiden autonomen Rechtsordnungen auf der Ebene der Wehrverfassung herauszuarbeiten. Hierfür ist eine Differenzierung zwischen den mannigfaltigen denkbaren Einsatzszenarien und Einsatzkonstellationen unverzichtbar. Das folgende Zwei-Ebenen-System wird der nachstehenden wehrverfassungsrechtlichen Bewertung zugrunde liegen:

Systematisch können potentielle Auslandseinsätze der Bundeswehr in einem ersten Schritt in fünf verschiedene Einsatzszenarien, bzw. Einsatzarten eingeteilt werden: Einsätze auf Einladung des Territorialstaates (Intervention auf Einladung), Einsätze zur Durchsetzung eines Sicherheitsratsmandats nach dem VII. Kapitel der UN-Charta, Einsätze in individueller oder kollektiver Selbstverteidigung, Einsätze zur Rettung eigener Staatsangehöriger und Einsätze zur Rettung von Drittstaatsangehörigen, die systematischen und massiven Menschenrechtsverletzungen ausgesetzt sind (humanitäre Intervention).

In einem zweiten Schritt, quasi auf einer zweiten Ebene, kann hinsichtlich der konkreten Einsatzkonstellation (gemeint ist das Format, in welchem die Bundeswehr agiert) zwischen vier Varianten differenziert werden: Die zuvor genannten

Einsatzarten können entweder von Deutschland alleine, im Rahmen der Vereinten Nationen, im Rahmen der NATO oder der EU oder im Zuge einer sogenannten Ad-hoc-Koalition vorgenommen werden. Darüber hinaus sind auch Überschneidungen denkbar. So können NATO oder EU im Rahmen und nach den Regeln des Systems der Vereinten Nationen in Anspruch genommen werden.[1084]

II. Erforderlichkeit einer grundgesetzlichen Ermächtigungsgrundlage für bewaffnete Auslandseinsätze

Art. 26 Abs. 1 S. 1 GG steht keinem der derzeitigen Auslandseinsätze entgegen. Ob dieser Befund unterdessen ausreichend für die Rechtmäßigkeit eines Auslandseinsatzes ist, hängt davon ab, welche Anforderungen das Grundgesetz hinsichtlich der extraterritorialen Gewaltanwendung durch die Streitkräfte aufstellt.

1. Art. 87a Abs. 2 GG als Ausgangspunkt der Bewertung

Maßgeblicher Ausgangspunkt ist das Postulat des Art. 87a Abs. 2 GG, dass solche Einsätze, die nicht der Verteidigung dienen, einer ausdrücklichen Ermächtigungsgrundlage vom Range einer Verfassungsnorm bedürfen. Für die Rechtfertigungsbedürftigkeit der in Rede stehenden Auslandseinsätze ist zunächst die seit Jahrzehnten umstrittene Antwort auf die Frage entscheidend, ob sich Art. 87a Abs. 2 GG einzig auf den Inlandseinsatz oder auch auf extraterritoriale Einsätze der Bundeswehr bezieht.[1085] Können beide Ansichten jeweils einige Argumente für ihr Anliegen ins Felde führen, wird an dieser Stelle auf eine erneute Darstellung des anderweitig hinreichend dokumentierten Streitstandes verzichtet.[1086]

1084 Siehe etwa die dem Streitkräfte-Urteil zugrundliegende Konstellation, in welcher NATO und WEU in Ausführung von Resolutionen des Sicherheitsrates tätig wurden, hierzu die Feststellungen des *BVerfGE* 90, 286 (353 f.).

1085 Die konträr zueinander verlaufenden Ansichten stehen sich unversöhnlich gegenüber. Siehe *Thiele*, Auslandseinsätze der Bundeswehr zur Bekämpfung des internationalen Terrorismus, S. 261 m.w.N.

1086 Siehe bspw. die Streitdarstellung bei *Thiele*, Auslandseinsätze der Bundeswehr zur Bekämpfung des internationalen Terrorismus, S. 263 ff.; gute Argumente sprechen jedenfalls dafür, den Vorbehalt auch auf extraterritoriale Einsätze der Bundeswehr zu beziehen, siehe *Heun*, in Dreier, GG, Band III, Art. 87a, Rn. 16 und *Baldus/Müller-Franken*, in: v. Mangoldt/Klein/Starck, GG, Band III, Art. 87a, Rn. 72 ff.

Bereits der Wortlaut des Art. 87a Abs. 2 GG liest sich eindeutig – nicht ersichtlich erscheint, wie diese äußere Auslegungsgrenze bei derart eindeutiger Formulierung Spielraum für eine Begrenzung auf Inlandseinsätze lässt.[1087] So geht auch das Bundesverwaltungsgericht davon aus, der Vorbehalt des Art. 87a Abs. 2 GG bezöge sich neben dem Inlandseinsatz der Bundeswehr auch auf deren Auslandseinsatz.[1088] Auch das Bundesverfassungsgericht scheint – obgleich es in seiner Streitkräfte-Entscheidung das Verhältnis von Art. 87a Abs. 2 GG und Art. 24 Abs. 2 GG offen gelassen hat – von einem generellen Vorbehalt für den Einsatz der Bundeswehr auszugehen. Schließlich lag der Lösungsweg über Art. 24 Abs. 2 GG keineswegs auf der Hand und war mit erheblichen Argumentationsbemühungen verbunden und wäre bei einem Bezug des Art. 87a Abs. 2 GG nur auf Inlandseinsätze nicht nötig gewesen.[1089] Darüber hinaus ist anzumerken, dass auch in der verfassungspolitischen Praxis von der Rechtfertigungsbedürftigkeit ausgegangen wird. Die Zustimmungsanträge der Bundesregierung zu allen bestehenden Auslandseinsätzen führen neben den völkerrechtlichen Einsatzgrundlagen auch die verfassungsrechtlichen Grundlagen auf.[1090] Hielte die Bundesregierung einen Auslandseinsatz auch ohne explizite Ermächtigungsgrundlage für zulässig, reichte eine knappe Begründung, warum der Einsatz keine friedensstörende Handlung im Sinne des Art. 26 Abs. 1 S. 1 GG darstellt.

Der extraterritoriale Kampfeinsatz der Bundeswehr ist also nicht ipso iure zulässig, wenn kein Verstoß gegen Art. 26 Abs. 1 S. 1 GG vorliegt.[1091] Art. 26

1087 Ebenso *Fassbender*, in: Isensee/Kirchhof, HStR, Band XI, § 244, Rn. 59 m.w.N.; zu der Wortlautgrenze als Grenze der Verfassungsinterpretation zu der „Verfassungsänderung durch Interpretation" siehe *Hesse*, Grundzüge des Verfassungsrechts, § 2, Rn. 77.

1088 *BVerwGE* 127, 1 (11).

1089 Zutreffend *Gramm*, in: Die Verwaltung 2008, 375, 397.

1090 Zu dem Aufbau sowie der Praxis der Zustimmungsanträge siehe die Untersuchung im 4. Kapitel unter E.

1091 Zu einem anderen Ergebnis führte die Ansicht, die Art. 87a Abs. 2 GG nur auf den Inlandseinsatz bezieht. Vertreten bspw. von *Oeter*, in: Isensee/Kirchhof, HStR, Band XI, § 243, Rn. 30; *Kokott*, in: Sachs, GG, Art. 87a, Rn. 15; siehe auch *Kirchhof*, in: Isensee/Kirchhof, HStR, Band IV, § 84, Rn. 57 f.; *Stein*, in: Frowein/Stein, Beteiligung der Bundesrepublik Deutschland an Friedenstruppen der Vereinten Nationen, 17, 24. Ein Spannungsverhältnis zwischen völkerrechtlichen und grundgesetzlichen Vorgaben bestünde auf dieser Ebene demnach nicht. Eine dahingehende Korrektur dieser weitgehenden Folge, etwa über das Prinzip der Völkerrechtsfreundlichkeit einen Völkerrechtsverstoß, der nicht unter Art. 26 GG fällt, auch zu der grundgesetzlichen Unzulässigkeit des Einsatzes zu gelangen, geht in Anbetracht der Funktion des Verfassungsprinzips fehl, so aber *Kokott*, in: Sachs, GG, Art. 87a, Rn. 15. Ein

Abs. 1 S. 1 GG verbietet den Angriffskrieg, trifft aber keine Aussage über den Verteidigungskrieg.[1092] Art. 87a Abs. 2 GG stellt einen Verfassungsvorbehalt auch für den Auslandseinsatz der Bundeswehr auf. Die weitere Bewertung der Rechtmäßigkeit des bewaffneten Auslandseinsatzes richtet sich mit Art. 87a Abs. 2 GG und Art. 24 Abs. 2 GG nach den Schlüsselnormen der Wehrverfassung.

2. *Erfordernis eines klarstellenden Zusatzes in Art. 87a Abs. 2 GG*

In Anbetracht der Aussichtslosigkeit einer eindeutigen Lösung der zuvor erörterten Streitfrage sowie im Hinblick auf das Bedürfnis nach Rechtssicherheit erscheint eine Verfassungsergänzung in Art. 87a Abs. 2 GG zur Klarstellung der Rechtslage geboten – Art. 87a Abs. 2 GG könnte etwa folgendermaßen gestaltet werden:

Außer zur Verteidigung dürfen die Streitkräfte *sowohl im Inland als auch im Ausland* nur eingesetzt werden, soweit dieses Grundgesetz es ausdrücklich zulässt.

III. Der Einsatz zur Verteidigung nach Art. 87a Abs. 2 GG

Der zweite Absatz des Art. 87a GG stellt die Ermächtigungsgrundlage für den Einsatz der Streitkräfte dar.[1093] Essentiell für die Bewertung der rechtlichen Zulässigkeit eines Auslandseinsatzes ist das Verständnis des Tatbestandsmerkmals der „Verteidigung" in Art. 87a Abs. 2 GG (1.). Das Auslegungsergebnis zu Art. 87a Abs. 2 GG ist auch maßgeblich für die Zulässigkeit der

---

völkerrechtswidriger Einsatz verstieße gegen das Prinzip der Völkerrechtsfreundlichkeit des GG. Hierzu und zu dem Prinzip der Völkerrechtsfreundlichkeit oben unter A.III. Jedenfalls aber gälte es auf der Ebene der konkreten Kampfführung – dessen rechtlichen Rahmen auf völkerrechtlicher Ebene das ius in bello darstellt –, das Verhältnis zwischen den Grundrechten des Grundgesetzes und den Kampfführungsbefugnissen des Konfliktsvölkerrechts zu berücksichtigen, siehe hierzu das 6. Kapitel.

1092 *Wollenschläger*, in: Dreier, GG, Band II, Art. 26, Rn. 3; zu den entsprechenden Beratungen des Konvents von Herrenchiemsee siehe *Fink*, in: v. Mangoldt/Klein/Starck, GG, Band II, Art. 26, Rn. 4; *Doehring*, in: Schwarz/Steinkamm, Einsatz der Bundeswehr »out of area«, 67, 70.

1093 Maßgeblich ist, dass eine Ermächtigungsgrundlage für den Einsatz der Streitkräfte besteht. Ob diese aus dem ersten oder zweiten Absatz des Art. 87a GG folgt, kann letztlich dahinstehen, siehe *Depenheuer*, in: Maunz/Dürig, GG, Art. 87a [Stand: Oktober 2008], Rn. 83, der sich auf Abs. 1 festlegt; siehe auch *Epping*, in: BeckOK, GG, Art. 87a [Stand: Dezember 2019], Rn. 4.1; *Kokott*, in: Sachs, GG, Art. 87a, Rn. 4.1., die sich aber für Abs. 2 ausspricht.

grundgesetzlichen Selbstverteidigung gegen nicht-staatliche Akteure, welche in den aktuellen Einsätzen in Syrien und im Irak im Mittelpunkt steht (2.). Hierbei kommt der Differenzierung zwischen den Begriffen Verteidigung und Verteidigungsfall entscheidende Bedeutung zu (3.). Vor diesem Hintergrund ist auch eine Klarstellung in der Verfassung zu erörtern (4.).

1. Auslegung des Art. 87a Abs. 2 GG im Einklang mit dem völkerrechtlichen Selbstverteidigungsrecht

Weithin wird der Inhalt des Begriffs der Verteidigung nach Art. 87a Abs. 2 GG in Anlehnung an das völkerrechtliche Selbstverteidigungsrecht nach Art. 51 SVN sowohl in seiner individuellen als auch in seiner kollektiven Ausprägung bestimmt.[1094] Diese Ansicht wird auch vom Bundesverwaltungsgericht geteilt, welches davon ausgeht, der Bündnisfall sei nur ein Beispiel der nach Art. 87a Abs. 2 GG zulässigen kollektiven Selbstverteidigung.[1095] Konkret in Bezug auf den Einsatz in Syrien geht auch der Wissenschaftliche Dienst des Bundestages in Anknüpfung an das zuvor zitierte Urteil des Bundesverwaltungsgerichts von einem „erweiterten Verteidigungsbegriff" aus, der sich an der völkerrechtlichen Selbstverteidigung orientiert.[1096]

In Anbetracht der Tatsache, dass die Wiederbewaffnung Deutschlands nach dem Zweiten Weltkrieg sowie die Schaffung der entsprechenden grundgesetzlichen Rechtsgrundlagen wesentlich durch die Einbindung Deutschlands in internationale Strukturen – zuvorderst der NATO und der UN – geprägt und

---

1094 Siehe *Epping*, in: BeckOK, GG, Art. 87a [Stand: Dezember 2019], Rn. 6; *Kokott*, in: Sachs, GG, Art. 87a, Rn. 24 f.; *Heun*, in Dreier, GG, Band III, Art. 87a, Rn. 11; *Fassbender*, in: Isensee/Kirchhof, HStR, Band XI, § 244, Rn. 50; *Kreß*, Im Auge des Krieges, FAZ v. 10.12.2015, S. 9; *Payandeh/Sauer*, in: ZRP 2016, 34, 37; *Baldus/Müller-Franken*, in: v. Mangoldt/Klein/Starck, GG, Band III, Art. 87a, Rn. 41; *Ipsen*, in: Schwarz/Steinkamm, Einsatz der Bundeswehr »out of area«, 51, 61 f.; *Steinkamm*, Generaldebatte, in: Schwarz/Steinkamm, Einsatz der Bundeswehr »out of area«, 89, 98; a.A. *Kremser*, in: DVBl 2016, 881, 882 und *Depenheuer*, in: Maunz/Dürig, GG, Art. 87a [Stand: Oktober 2008], Rn. 135.

1095 *BVerwGE* 127, 302 (312) („z.B. Bündnisfall").

1096 Wissenschaftlicher Dienst des BT, WD 2 - 3000 - 203/15 v. 30.11.2015, S. 16 f. Soweit der WD darüber hinaus auf die EU-Beistandsklausel des Art. 42 Abs. 7 EUV rekurriert, können die Ausführungen nicht überzeugen. Der Einsatz in Syrien erfolgt nicht unter der Regie der EU.

überhaupt erst ermöglicht wurden, verdient diese Auffassung Zustimmung.[1097] Von Anfang an bestand zwischen der Wehrverfassung und der friedenssicherungsrechtlichen Ordnung des Völkerrechts ein besonderes Näheverhältnis. Dieses im Zuge der Bestimmung des wesentlichen Tatbestandsmerkmals der zentralen Norm der Wehrverfassung unberücksichtigt zu lassen und dadurch eine künstliche Distanz zweier von Beginn an in enger Verbindung stehender Teilrechtsgebiete verschiedener Rechtsordnungen zu schaffen, überzeugt demnach nicht.

2. *Grundgesetzliche Verteidigung gegen nicht-staatliche Akteure*

Maßgeblich für die Zulässigkeit eines extraterritorialen Bundeswehreinsatzes zur Verteidigung nach Art. 87a Abs. 2 GG ist folglich, ob ein bewaffneter Angriff auf Deutschland erfolgt ist oder Deutschland durch einen Drittstaat, der selbst Opfer eines bewaffneten Angriffs geworden ist, um Hilfe bei der Abwehr des Angriffs gebeten wurde. Völkerrechtlich sind Selbstverteidigungshandlungen gegen bewaffnete Angriffe durch nicht-staatliche Akteure auch dann zulässig, wenn eine Zurechnung dieser Angriffe an den Territorialstaat nicht gelingt.[1098] Anknüpfend an die Ausführungen des vorstehenden Abschnitts kann auch eine grundgesetzlich zulässige Verteidigung gegen Handlungen nicht-staatlicher Akteure vorgenommen werden, sofern deren Aktionen im konkreten Fall das Ausmaß eines bewaffneten Angriffs einnehmen. Gleichzeitig sind in diesem Fall die engen Grenzen des Selbstverteidigungsrechts zu beachten, die dem Umstand Rechnung tragen, dass sich die Selbstverteidigungshandlung zwangsläufig gegen die territoriale Unversehrtheit eines Staates richtet, dem das Verhalten der nichtstaatlichen Akteure nicht zuzurechnen ist.

Diese Grenzen, die im zweiten Kapitel unter dem Stichwort der „state sovereignty barrier“ behandelt wurden,[1099] gilt es gerade auch im Rahmen der grundgesetzlichen Bewertung einzuhalten. Ein Missbrauch des Selbstverteidigungsrechts gegen nicht-staatliche Akteure, indem versucht wird, im Rahmen der Bekämpfung nicht-staatlicher Akteure etwa einen Regime Change herbeizuführen, wird vorgebeugt. Denn im Rahmen des Selbstverteidigungsrechts gegen

---

1097 Siehe hierzu das 1. Kapitel unter C.I.; siehe auch *Epping*, in: BeckOK, GG, Art. 87a [Stand: Dezember 2019], Rn. 6.1.; zur internationalen Einbindung siehe auch *Glawe*, in: NVwZ-Extra 2011, 1, 3 f.

1098 Siehe das 2. Kapitel unter C.II.2.

1099 Siehe 2. Kapitel unter C.II.2.b. Begriff nach *Henderson*, The Use of Force and International Law, S. 309.

nicht-staatliche Akteure ist einzig die Bekämpfung nicht-staatlicher Ziele zulässig und dies auch nur insoweit als der Territorialstaat nicht selbst willens oder in der Lage ist, die Bekämpfung eigenhändig durchzuführen und auf diese Weise die vom eigenen Staatsgebiet auf Drittstaaten ausgehenden Angriffe zu unterbinden.[1100]

Auch der Hinweis darauf, dass sich das Friedenssicherungsrecht an einigen Stellen in der Entwicklung befindet und das Grundgesetz diese rechtliche Entwicklung erst dann aufnehmen kann, wenn eine hinreichende Verfestigung der Tendenzen erkennbar wird,[1101] ändert an diesem Ergebnis nichts. Insbesondere in Anbetracht des Eingreifens der Staatenkoalition in Syrien sowie der Reaktionen eines Großteils der Staatengemeinschaft kann bei der Bekämpfung nichtstaatlicher Akteure in kollektiver Selbstverteidigung nicht (mehr) von einem völkerrechtlichen Graubereich ausgegangen werden.

In der Tat hat sich das Verständnis des Art. 51 SVN auch infolge des Vorgehens zahlreicher Staaten im Syrien-Konflikt im Vergleich zum Beitrittszeitpunkt Deutschlands zu den Vereinten Nationen gewandelt. Doch ist dieses von früheren Zeiten abweichende Verständnis nicht auf der Grundlage einer förmlichen Vertragsänderung herbeigeführt, sondern im Wege der Auslegung erreicht worden, in deren Rahmen die authentische Auslegung nach dem völkergewohnheitsrechtlichen Inhalt des Art. 31 Abs. 3 lit. b WVK eine entscheidende Rolle spielt. Die Völkerrechtsordnung ist von einer erheblichen Dynamik geprägt. Staaten als Herren der Verträge sind nicht nur gleichzeitig Rechtssetzer sowie Adressat der Völkerrechtsnormen, sondern beeinflussen auch die Auslegung nachträglich maßgeblich.[1102] Hierin liegt ein wesentlicher Unterschied zu der innerstaatlichen Rechtsordnung. Wenn der Zweite Senat in seiner Syrien-Entscheidung ausführt, „[d]ass derartige Bedrohungen in der Vergangenheit hauptsächlich von zwischenstaatlichen Konflikten ausgingen, nur die historischen Gegebenheiten [beschreibt], aber nicht die Beschränkung des Selbstverteidigungsrechts auf Angriffe staatlicher Akteure [erzwingt]“,[1103] klingt hier diese völkerrechtliche Methodik an. Nach dem völkergewohnheitsrechtlichen Inhalt des Art. 32 lit. a WVK stellt die historische Auslegung eben nur ein subsidiäres

1100 Zu der Anwendung der unwilling or unable-Doktrin im Rahmen des völkergewohnheitsrechtlich anerkannten Kriteriums der Verhältnismäßigkeit der Selbstverteidigungshandlung siehe das 2. Kapitel unter C.II.2.b.ee.

1101 *Peters*, in: JUFIL 2018, 246, 270; im Ansatz ebenso *Payandeh/Sauer*, in: ZRP 2016, 34, 37.

1102 Siehe das 2. Kapitel unter A.II.1.

1103 *BVerfG* v. 17.9.2019 – 2 BvE 2/16, Rn. 50, in: NVwZ 2019, 1669, 1674.

Auslegungsmittel dar, welches auch der authentischen Auslegung nachrangig ist. Dieses Verständnis wirkt über Art. 87a Abs. 2 GG unmittelbar auf die deutsche Rechtsordnung ein.[1104]

3. *Terminologische Differenzierung zwischen Verteidigung und Verteidigungsfall*

Im Übrigen ist der Begriff der Verteidigung in Art. 87a Abs. 1 und 2 GG von jenem in Art. 115a Abs. 1 S. 1 GG als „[d]ie Feststellung, daß das Bundesgebiet mit Waffengewalt angegriffen wird oder ein solcher Angriff unmittelbar droht [...]" legaldefinierten Begriff des Verteidigungsfalls zwingend abzugrenzen. Verbieten bereits die nicht übereinstimmenden Termini eine Gleichsetzung, hat ein regelmäßig zitierter Satz des Bundesverfassungsgerichts aus dem Lissabon-Urteil für umfassende Diskussionen gesorgt. Wenn das Bundesverfassungsgericht meint, „[d]er Auslandseinsatz der Streitkräfte ist außer im Verteidigungsfall nur in Systemen gegenseitiger kollektiver Sicherheit erlaubt",[1105] wäre die in Art. 87a Abs. 2 GG gestattete Verteidigung auf bewaffnete Angriffe auf das Gebiet Deutschlands beschränkt. Bewaffnete Angriffe auf einen anderen Staat, der Deutschland zur Abwehr des Angriffs um Hilfe bittet, fielen nicht unter den Verteidigungsbegriff des Grundgesetzes. Erfolgt ein entsprechendes Handeln Deutschlands zudem nicht in einem System gegenseitiger kollektiver Sicherheit nach Art. 24 Abs. 2 GG, sondern im Rahmen einer sogenannten Ad-hoc-Koalition – wie die derzeitigen Einsätze in Syrien und im Irak –,[1106] fehlte es gänzlich an einer verfassungsrechtlichen Grundlage. Von der friedenssicherungsrechtlichen Befugnis, völkerrechtskonform Gewalt anzuwenden, dürfte Deutschland aufgrund seiner Verfassung keinen Gebrauch machen; es bestünde ein Spannungsverhältnis

1104 Die Ausführungen des BVerfG in der Syrien-Entscheidung erfolgten im Wesentlichen unter der Fragestellung, ob eine nach Art. 59 Abs. 2 S. 1 zustimmungspflichtige Fortentwicklung des Art. 24 Abs. 2 GG stattgefunden hat, indem nicht-staatliche Angriffe als vom Anwendungsbereich des Art. 51 SVN erfasst angesehen werden. In diesem Kontext hat das BVerfG festgestellt, dass es nicht um eine „Neuausrichtung der Vereinten Nationen als kollektives Sicherheitssystem" geht und ein Wandel der „Struktur der Vereinten Nationen" durch den Syrien-Einsatz der Bundeswehr nicht erfolgt, *BVerfG* v. 17.9.2019 – 2 BvE 2/16, Rn. 47 f., in: NVwZ 2019, 1669, 1673. Die Auslegung des Art. 51 SVN im Syrien-Konflikt wirkt sich auf grundgesetzlicher Ebene tatsächlich auf Art. 87a Abs. 2 GG aus.

1105 *BVerfGE* 123, 267 (360).

1106 Hierzu nachstehend unter D.IV.4.c.

zwischen völkerrechtlichen Erlaubnissen und grundgesetzlichen Vorgaben.[1107] Wird eine solche Gleichsetzung der Begriffe im verfassungsrechtlichen Schrifttum zu Recht zurückgewiesen, verbleiben Unsicherheiten in der rechtlichen Bewertung, die einige Ergänzungen und Klarstellungen in der Verfassung nötig werden lassen.[1108]

4. *Vorschlag zu einer klarstellenden Verfassungsänderung des Art. 87a Abs. 2 GG*

Im Hinblick auf die bestehenden Unsicherheiten in diesem Bereich ist eine Klarstellung des Art. 87a Abs. 2 GG zu befürworten. Einsätze, die sich im Rahmen des völkerrechtlichen Selbstverteidigungsrechts bewegen, wie es völkervertraglich in Art. 51 SVN niedergeschrieben ist, sollten als grundgesetzlich zulässige Selbstverteidigung deklariert werden.[1109] In Art. 87a Abs. 2 GG könnten drei folgendermaßen formulierte Sätze eingefügt werden:

Unter Verteidigung ist ein Einsatz der Streitkräfte zu verstehen, der die Voraussetzungen des völkerrechtlichen Selbstverteidigungsrechts, wie es in Art. 51 der Charta der Vereinten Nationen niedergelegt ist, erfüllt und sich in dessen Grenzen bewegt. Dies gilt insofern nicht, als das Selbstverteidigungsrecht in seiner aktuellen Ausprägung erkennbar der diesbezüglichen ständigen Praxis der Bundesrepublik Deutschland zuwiderläuft. Bei allen Einsätzen ist insbesondere das Prinzip der Verhältnismäßigkeit zu beachten.

Der dritte Satz, der die Einhaltung des Verhältnismäßigkeitsprinzips fordert, ergibt sich zwar schon implizit aus dem ersten Satz, da es sich um eine völkergewohnheitsrechtlich anerkannte Grenze des Selbstverteidigungsrechts handelt. Doch gerade im Hinblick auf die Abänderbarkeit des Völkergewohnheitsrechts perpetuierte der Satz die defensive Ausrichtung des Grundgesetzes. Vor dem

---

1107 Eine „Lücke zwischen dem staatsrechtlich und dem völkerrechtlich erlaubten Einsatzspektrum“ infolge des bundesverfassungsgerichtlichen Lissabon-Urteils erkennt auch *Wiefelspütz*, in: DÖV 2010, 72, 80; *Talmon*, in: JZ 2013, 12, 16 vertritt die Ansicht, dass das Völkerrecht hier weit über das deutsche Verfassungsrecht hinausreiche. „Kurz gesagt: Deutschland kann völkerrechtlich mehr, als es verfassungsrechtlich darf“.

1108 Diesen soll sich nachstehend unter 4. und unter D.VI. gewidmet werden.

1109 Einen Vorschlag zur Änderung des Art. 87a Abs. 2 GG, der generell auf „die Charta der Vereinten Nationen“ verweist, unterbreitet *Ipsen* bereits 1991 (obgleich dieser präferierte, das Grundgesetz unverändert zu lassen), Generaldebatte, in: Schwarz/Steinkamm, Einsatz der Bundeswehr »out of area«, 89, 109; siehe auch *Wiefelspütz*, in: DÖV 2010, 72, 77 f.

Hintergrund des hier herausgearbeiteten Lösungsweges hinsichtlich der Erfassung nicht-staatlicher Angriffe vom Selbstverteidigungsrecht des Art. 51 SVN und dessen starker Eingrenzung im Rahmen der Kriterien der Verhältnismäßigkeit begegnete diese Einschränkung den teilweise in der Literatur geäußerten Bedenken gegen die Erstreckung des Selbstverteidigungsrechts auf nicht-staatliche Akteure. Der einschränkende Zusatz des zweiten Satzes stellt einen Versuch dar, zwar einen Gleichlauf zwischen Friedenssicherungsrecht und Wehrverfassungsrecht in Fragen der zulässigen Selbstverteidigung zu schaffen, dabei aber die rechtliche Bewertung nicht völlig und ausschließlich von der völkerrechtlichen Lage abhängig zu machen. Auf diese Weise kann den Einwänden gegen die hier befürwortete Leseweise des Art. 87a Abs. 2 GG begegnet werden, die insbesondere ein „Aufweichen des verfassungsrechtlichen Prüfungsmaßstabs" befürchten.[1110] Jedenfalls hätten die verschiedenen Organe der Bundesrepublik Deutschland es weiterhin selbst in der Hand, darauf zu achten, eine etwaige Konturenlosigkeit des grundgesetzlichen Verteidigungsbegriffs zu vermeiden.

5. *Ergebnis*

Die Auslegung des Verteidigungsbegriffs im Sinne des Art. 87a Abs. 2 GG hat sich am völkerrechtlichen Selbstverteidigungsrecht, wie es völkervertraglich in Art. 51 SVN niedergelegt ist, zu orientieren. Diesbezüglich ist eine Klarstellung der Verfassung in der hier vorgeschlagenen Form anzustreben. Grundgesetzlich ist auch eine Verteidigung gegen bewaffnete Angriffe von nicht-staatlichen Akteuren zulässig. Die Reichweite der Selbstverteidigungshandlung unterliegt in diesem Fall ganz engen Grenzen.[1111] Ein so ausgestaltetes Selbstverteidigungsrecht lässt sich auch in die Gesamtsystematik der Wehrverfassung einfügen.

1110 Siehe im Einzelnen hierzu WD 2 – 3000 – 025/16, S. 11 f. Zutreffend geht der WD des BT insbes. im Hinblick auf den Zustimmungsantrag der Bundesregierung bezüglich der Einsätze in Syrien und im Irak davon aus, ein solches „Aufweichen" habe bereits begonnen, WD, ebenda, S. 13; siehe auch *Talmon*, in: JZ 2013, 12, 21, der meint, dass die „uneingeschränkte Inkorporation des Völkerrechts in die innerstaatliche Rechtsordnung die Gefahr einer Absenkung des verfassungsrechtlich geschützten Freiheitsstandards in sich [birgt]"; zu einem Vorschlag zur uneingeschränkten Parallelisierung des Völker- und Verfassungsrechts siehe *Wiefelspütz*, Parlamentsbeteiligungsgesetz, S. 167.

1111 Zu diesen auch völkergewohnheitsrechtlich anerkannten Grenzen, die im Rahmen der Untersuchung zu Art. 51 SVN herausgearbeitet wurden, siehe 2. Kapitel C.II.2.b.

IV. Auslandseinsätze in Systemen gegenseitiger kollektiver Sicherheit nach Art. 24 Abs. 2 GG

Neben Art. 87a Abs. 2 GG kann der bewaffnete Einsatz der Streitkräfte auch auf die Ermächtigungsgrundlage des Art. 24 Abs. 2 GG gestützt werden, wenn der Einsatz „im Rahmen und nach den Regeln" eines Systems gegenseitiger kollektiver Sicherheit stattfindet. Diese heute weitestgehend unumstrittene, damals hingegen wegweisende und bahnbrechende Erkenntnis geht auf das Streitkräfte-Urteil des Bundesverfassungsgerichts aus dem Jahre 1994 zurück.[1112] Art. 24 Abs. 2 GG ist seither die Schlüsselnorm der Rechtspraxis (1.). Maßgebliches Tatbestandsmerkmal ist die Wendung „Systeme gegenseitiger kollektiver Sicherheit" (2.). Vor dem Hintergrund des Ausdrücklichkeitsgebotes des Art. 87a Abs. 2 GG ist die Erforderlichkeit einer klarstellenden Ergänzung der grundlegenden Normen der Wehrverfassung zu diskutieren (3.). Von besonderer Bedeutung für die Bewertung der grundgesetzlichen Rechtmäßigkeit eines bewaffneten Auslandseinsatzes der Bundeswehr ist zum einen die Abgrenzung von Systemen kollektiver Sicherheit zu Ad-hoc-Koalitionen (4.) und zum anderen die Frage, ob Art. 24 Abs. 2 GG für die grundgesetzliche Zulässigkeit eines bewaffneten Bündniseinsatzes zwingend eine Resolution des Sicherheitsrates fordert (5.).

1. Art. 24 Abs. 2 GG als Schlüsselnorm der Wehrverfassung in der Rechtspraxis

Art. 24 GG wird in seiner Gesamtheit eine Schlüsselstellung in der deutschen Verfassung zuteil – er statuiert und symbolisiert die Öffnung des Grundgesetzes für Einflüsse des internationalen Rechts, wie kaum eine zweite Norm des Grundgesetzes.[1113] In Anbetracht der vollständigen Entmilitarisierung Deutschlands nach dem Zweiten Weltkrieg kam Art. 24 Abs. 2 GG für die äußere Sicherheit Deutschlands die entscheidende Rolle zu.[1114] Mit der Schaffung der Vereinten

---

1112 *BVerfGE* 90, 286 (345); siehe hierzu und zu der Diskussion bezüglich der grundgesetzlichen Zulässigkeit von Einsätzen außerhalb des NATO-Vertragsgebietes bereits das 1. Kapitel unter C.I.; siehe aber *Depenheuer*, in: Maunz/Dürig, GG, Art. 87a [Stand: Oktober 2008], Rn. 124 u. 128, der zwar von einem „im historischen Rückblick geniale[n] Schachzug" des BVerfG ausgeht, die Bündnisverteidigung aber unter Art. 87a Abs. 1 GG i.V.m. Art. 24 Abs. 1 GG fasst. Art. 24 Abs. 2 GG als eigenständige Ermächtigungsgrundlage bedürfe es dazu nicht.

1113 Siehe *Wahl*, in: JuS 2003, 1145, 1148; zur Funktion des Art. 24 GG siehe auch *Bleckmann*, in FS-Doehring, 1989, 63, 66 ff.

1114 Siehe hierzu die Feststellungen in *BVerfGE* 90, 286 (291 f. u. 345 f.) m.w.N.

Nationen und der eindeutigen Zuwendung des Grundgesetzes zu der internationalen und multilateralen Zusammenarbeit beginnt Mitte des 20. Jahrhunderts nicht nur auf der nationalen Ebene Deutschlands eine neue Epoche, in der versucht wird, aus den Tragödien der ersten Hälfte des 20. Jahrhunderts die Konsequenzen zu ziehen.[1115] Seit dem wegweisenden Streitkräfte-Urteil des Bundesverfassungsgerichts kommt Art. 24 Abs. 2 GG darüber hinaus eine Zentralstellung in der Wehrverfassung zu, die Art. 87a Abs. 2 GG in der Rechtspraxis in den Hintergrund treten lässt. Auffällig ist, dass sich die Bundesregierung, wann immer möglich, zur Rechtfertigung eines Auslandseinsatzes auf Art. 24 Abs. 2 GG beruft, ohne erkennbar in Betracht zu ziehen, ob ein Begründungsweg über Art. 87a Abs. 2 GG die rechtlich solidere Basis darstellten könnte.[1116]

2. *Systeme gegenseitiger kollektiver Sicherheit*

Die Etablierung kollektiver Sicherheitssysteme auf zwischenstaatlicher Ebene hängt eng mit dem koordinationsrechtlichen und dezentralen Charakter der Völkerrechtsordnung zusammen. Durch die Schaffung kollektiver Sicherheitssysteme wird versucht, das Fehlen von zentralen Organen, welche die zwischenstaatliche Rechtsordnung durchsetzen, zu kompensieren.[1117] Insbesondere durch die Gründung der Vereinten Nationen nach dem Zweiten Weltkrieg samt der Zentralbestimmungen des Kapitels VII der UN-Charta wird auf zwischenstaatlicher Ebene nach kollektiver Sicherheit gestrebt.[1118] Während der Begriff „collective security" im Völkerrecht gleichwohl kein in der UN-Charta aufzufindender Fachbegriff ist,[1119] ist er in Art. 24 Abs. 2 GG prominent als Rechtsbegriff vertreten. Das Verständnis des Begriffs des kollektiven Sicherheitssystems ist mithin essentiell für die Auslegung des Art. 24 Abs. 2 GG. Obgleich der Begriff der

1115 Siehe in diesem Kapitel unter A.I. u. II. sowie das 1. Kapitel unter C.I.

1116 Siehe hierzu unten unter D.V.2.

1117 *Hobe*, „System kollektiver Sicherheit", in: Schöbener, Völkerrecht, S. 469; zu den Charaktereigenschaften des Völkerrechts auch im Vergleich zum Verfassungsrecht siehe das 2. Kapitel unter A.I.

1118 *Oeter*, in: Isensee/Kirchhof, HStR, Band XI, § 243, Rn. 1.

1119 *de Wet/Michael Wood*, „Collective Security", in: Wolfrum, MPEPIL, Rn. 2 f., online [Stand Juli 2013]; in Art. 1 Nr. 1 SVN werden einzig Kollektivmaßnahmen als Mittel zum Zwecke der Wahrung des Weltfriedens und der internationalen Sicherheit genannt; kritisch zu der Nutzung des Begriffs im Zusammenhang mit der UN *Lowe/et al.*, in: dies., The United Nations Security Council and War, 1, S. 13 ff.

kollektiven Sicherheit dem völkerrechtlichen System entstammt, ist er verfassungsautonom auszulegen.[1120]

a) NATO und EU als Systeme gegenseitiger kollektiver Sicherheit

Der Begriff des kollektiven Sicherheitssystems wird regelmäßig von jenem des kollektiven Verteidigungsbündnisses abgegrenzt.[1121] In der Literatur konnte weder nach dem Zweiten Weltkrieg noch heute eine (gänzliche) Einigkeit über den exakten Begriffsinhalt hergestellt werden[1122] Umstritten ist besonders, ob potentielle Angreifer ein Teil des Bündnisses sein müssen, um von einem kollektiven Sicherheitssystem ausgehen zu können.[1123] Mit dem Bundesverfassungsgericht ist eine weite Auslegung des Begriffs des kollektiven Sicherheitssystems zu befürworten.[1124] Nach der Auslegung des Bundesverfassungsgerichts ist ein System gegenseitiger kollektiver Sicherheit „dadurch gekennzeichnet, daß es durch ein friedensicherndes Regelwerk und den Aufbau einer eigenen Organisation für jedes Mitglied einen Status völkerrechtlicher Gebundenheit begründet, der wechselseitig zur Wahrung des Friedens verpflichtet und Sicherheit gewährt."[1125] Laut Bundesverfassungsgericht könnten auch Bündnisse kollektiver Selbstverteidigung Systeme gegenseitiger kollektiver Sicherheit im Sinne des Art. 24 Abs. 2 GG sein, wenn und soweit sie strikt auf die Friedenswahrung verpflichtet seien.[1126] Sowohl die NATO als auch die UN seien solche Systeme gegenseitiger kollektiver Sicherheit.[1127] In Ergänzung dieser Rechtsprechung hat das BVerfG infolge umfassender Diskussionen in der Literatur[1128] in seinem jüngsten Beschluss zum Auslandseinsatz der Bundeswehr in Syrien klargestellt, dass

---

1120 *Calliess*, in: Maunz/Dürig, GG, Art. 24 Abs. 2 [Stand: Januar 2018], Rn. 27.

1121 Siehe bspw. *Herdegen*, Völkerrecht, § 40, Rn. 2; siehe auch *Hobe*, „System kollektiver Sicherheit", in: Schöbener, Völkerrecht, S. 469 f.; *Doehring*, in: Schwarz/Steinkamm, Einsatz der Bundeswehr »out of area«, 68.

1122 Siehe *Calliess*, in: Maunz/Dürig, GG, Art. 24 Abs. 2 [Stand: Januar 2018], Rn. 14–16.

1123 *Calliess*, in: Maunz/Dürig, GG, Art. 24 Abs. 2 [Stand: Januar 2018], Rn. 20 f.; vehement für die Unterscheidung kollektiver Sicherheit und kollektiver Verteidigung plädierend *Deiseroth*, in: Wissenschaft & Frieden 2009, 12, 14 f.

1124 *BVerfGE* 90, 286 (349): „Ob das System dabei ausschließlich oder vornehmlich unter den Mitgliedstaaten Frieden garantieren oder bei Angriffen von außen zum kollektiven Beistand verpflichten soll, ist unerheblich".

1125 *BVerfGE* 90, 286 (349).

1126 *BVerfGE* 90, 286 (349).

1127 *BVerfGE* 90, 286 (350 f.) zur NATO u. (351 ff.) zu den UN.

1128 Siehe die Ausarbeitung des WD des BT v. 5.2.2015, WD - 3000 - 022/15 S. 5 ff. speziell zu dieser Frage; *Heintschel von Heinegg/Frau*, in: BeckOK, GG, Art. 24

anhand der im Streitkräfte-Urteil aufgestellten Kriterien auch die Europäische Union „zumindest vertretbar als ein System gegenseitiger kollektiver Sicherheit angesehen werden [kann].“[1129] Teilweise wird in diesem Ergebnis eine Entwicklung des Begriffsverständnisses der kollektiven Sicherheit erkannt.[1130]

b) *Beschränkung von Hoheitsrechten*

Jedenfalls geht mit der Einordnung in ein System gegenseitiger kollektiver Sicherheit eine Beschränkung von Hoheitsrechten einher, welche zu einer Einschränkung der Fähigkeit führt, von Dritten unabhängige Entscheidungen zu treffen.[1131] Eben durch diese verflochtene Anbindung an andere Staaten[1132] in militärischen Fragen wurde die schrittweise Wiederbewaffnung Deutschlands bereits zehn Jahre nach Ende des Zweiten Weltkrieges überhaupt erst ermöglicht.[1133] Die UN verfügt bis heute – anders als in der UN-Charta vorgesehen – nicht über eigene Streitkräfte. Der Sicherheitsrat ist zur Herstellung der Funktionsfähigkeit des kollektiven Sicherheitssystems seit 1990 in ständiger Praxis dazu übergegangen, Staaten zur Gewaltanwendung zu ermächtigen.[1134] Eine weitergehende Führung des Einsatzes durch ein UN-Zentralkommando ist nicht nötig, um von einem

---

[Stand: Dezember 2019], Rn. 33.3; *Tomuschat*, in: Isensee/Kirchhof, HStR, Band XI, § 226, Rn. 62.

1129 *BVerfG* v. 17.9.2019 – 2 BvE 2/16, Rn. 52, in: NVwZ 2019, 1669, 1674; diese Rechtsprechung ausdrücklich begrüßend *Fischer/Ladiges*, in: GSZ 2019, 254, 260; *van Ooyen*, in RuP 2020, 49 spricht von einer „‘europafreundliche[n]‘ Kehrtwende“; siehe auch *Sassenrath*, in: NVwZ 2020, 442, 444.

1130 Von einer solchen Entwicklung geht bspw. *Oeter*, in: Isensee/Kirchhof, HStR, Band XI, § 243, Rn. 11 aus und stützt diese zusätzlich auf die gewandelte Aufgabenbereich der NATO sowie der EU; darauf, dass der Begriff aber bereits von Beginn an auch diesbezüglich nicht unumstritten klar definiert werden konnte, weist *Calliess*, in: Maunz/Dürig, GG, Art. 24 Abs. 2 [Stand: Januar 2018], Rn. 14 hin; a.A. *Deiseroth*, in: Wissenschaft & Frieden 2009, 12, 15 f.

1131 *Oeter*, in: Isensee/Kirchhof, HStR, Band XI, § 243, Rn. 21; hiervon zu unterscheiden ist die „Übertragung“ von Hoheitsrechten, welche explizit in Art. 24 Abs. 1 GG angeordnet ist und deutlich über die „Beschränkung“ des Abs. 2 hinausgeht.

1132 Wurde sich seitens Deutschland entschieden, Truppen für einen konkreten Einsatz zur Verfügung zu stellen, unterliegen sie „operational command“ oder der „operational control“ der multinationalen Führungsebene, *Heintschel von Heinegg/Frau*, in: BeckOK, GG, Art. 24 [Stand: Dezember 2019], Rn. 38; eine Abgrenzung zur „full command“ findet sich bei *Sauer*, in: DÖV 2019, 714, 715; zu der Zuständigkeit der NATO siehe auch *Wolfrum*, in: Isensee/Kirchhof, HStR, Band X, § 221, Rn. 18.

1133 Siehe hierzu das 1. Kapitel unter C.I.

1134 Siehe das 2. Kapitel unter C.I.1.

Einsatz nach Art. 24 Abs. 2 GG ausgehen zu können.[1135] Gleichwohl geht mit dem Abstellen eines gewissen Truppen-Kontingents der Bundeswehr für eine solche Mission zwangsläufig eine Eingliederung in eine multinationale „Planungs- und Führungsstruktur“ einher[1136] – das Bundesverfassungsgericht spricht von einer „Einordnung in ein [...] Organisationssystem“.[1137]

3. *Erforderlichkeit klarstellender Ergänzungen in Art. 24 Abs. 2 GG und Art. 87a Abs. 2 GG*

Um dem Gebot der strikten Texttreue der Ermächtigungsgrundlage des Art. 87a Abs. 2 GG[1138] sowie der Rechtsprechung des Bundesverfassungsgerichts zu Art. 24 Abs. 2 GG und der seither folgenden ständigen Praxis Rechnung zu tragen, könnte in enger Anlehnung an die Rechtsprechung des Bundesverfassungsgerichts ein folgendermaßen zu formulierender zweiter Satz in Art. 24 Abs. 2 GG eingefügt werden:

> Die Einwilligung in die Beschränkung von Hoheitsrechten nach Satz 1 umfasst auch die Eingliederung von Streitkräften in integrierte Verbände des Systems sowie eine Beteiligung der Streitkräfte an bewaffneten Auslandseinsätzen, die im Rahmen und nach den Regeln des Systems gegenseitiger kollektiver Sicherheit erfolgen.

Auch hierdurch könnte die Wehrverfassung einen Zugewinn an Rechtssicherheit verzeichnen. In der Literatur wird zuweilen nach wie vor kritisiert, dass der Wortlaut des derzeitigen Art. 24 Abs. 2 GG nur von einer „Einordnung“ spreche und es daher als sehr weitgehend erscheint, hieraus eine Ermächtigung zum bewaffneten Streitkräfteeinsatz abzuleiten.[1139] Die hier gewählte Formulierung der Reform ist eng an die Formulierungen des Bundesverfassungsgerichts

---

1135 *Nolte*, in: ZaöRV 1994, 652, 661; *Scholz*, in: Schwarz/Steinkamm, Einsatz der Bundeswehr »out of area«, 29, 43.

1136 *Oeter*, in: Isensee/Kirchhof, HStR, Band XI, § 243, Rn. 20.

1137 *BVerfGE* 90, 286 (346).

1138 *BVerfGE* 90, 286 (357); *BVerwGE* 127, 1 (11).

1139 So bspw. *Depenheuer*, in: Maunz/Dürig, GG, Art. 87a [Stand: Oktober 2008], Rn. 124; *Oeter*, in: Isensee/Kirchhof, HStR, Band XI, § 243, Rn. 30 spricht diesbezüglich gar von einer „Lebenslüge“; siehe vehement für das Vorhandensein der geforderten Ausdrücklichkeit in Art. 24 Abs. 2 GG plädierend *Doehring*, in: Schwarz/Steinkamm, Einsatz der Bundeswehr »out of area«, 67, 72; vereinzelt wird auch zu einer vorsichtigen Verwendung des Art. 24 Abs. 2 GG für den Einsatz bewaffneter Streitkräfte geraten. *Fassbender*, in: Isensee/Kirchhof, HStR, Band XI, § 244, Rn. 69 warnt vor einer Verwendung als „Passepartout“.

im Streitkräfte-Urteil angelehnt.[1140] Das Urteil dient bis heute als verbindliche Konkretisierung der verfassungsrechtlichen Lage. Alternativ oder auch als weitere Klarstellung der Rechtslage zu der vorgeschlagenen Ergänzung könnte nach Art. 87a Abs. 2 GG in seiner neuen Fassung[1141] ein Absatz 2a eingefügt werden, der die folgende Gestalt annehmen könnte:

Insbesondere ist ein im Rahmen und nach den Regeln eines Systems gegenseitiger kollektiver Sicherheit im Sinne des Art. 24 Abs. 2 GG erfolgender bewaffneter Auslandseinsatz der Streitkräfte zulässig.

Als ausreichend zur Klarstellung der Rechtslage könnte bereits die zuvor vorgeschlagene Ergänzung des Art. 24 Abs. 2 GG angesehen werden. Gleichwohl erscheint eine weitere Ergänzung in Art. 87a GG sinnvoll. Auf diese Weise ließe sich besonders die Bündnisorientiertheit der Wehrverfassung hervorheben, ohne aber gleichzeitig zu suggerieren, dass ein Handeln im Rahmen eines Bündnisses unter allen Umständen zwingende Voraussetzung für die Rechtmäßigkeit eines bewaffneten Auslandseinsatzes, zuvorderst des Verteidigungseinsatzes, wäre („insbesondere").

4. *Abgrenzung zur Koalition der Willigen*

Von maßgeblicher Bedeutung für den Untersuchungsgegenstand ist die Abgrenzung des bewaffneten Einsatzes der Bundeswehr im Rahmen eines Systems der gegenseitigen kollektiven Sicherheit zu einer Koalition der Willigen (coalition of the willings). Kann ein multilateraler Einsatz Deutschlands nicht als Vorgehen im Rahmen eines kollektiven Sicherheitssystems eingestuft werden, scheidet Art. 24 Abs. 2 GG als verfassungsrechtliche Ermächtigungsgrundlage aus. Als aktueller Anknüpfungspunkt dieser Abgrenzungsfrage können die gegenwärtigen Einsätze in Syrien und im Irak herangezogen werden. An dieser Stelle ist maßgeblich, ob der Einsatz wirklich „im Rahmen und nach den Regeln eines Systems gegenseitiger kollektiver Sicherheit nach Art. 24 Absatz 2 Grundgesetz"[1142] erfolgt, wie es eingangs des Zustimmungsantrages der Bundesregierung

1140 *BVerfGE* 90, 286 (351).

1141 Siehe vorstehend unter D.II.2. Danach könnte Art. 87a Abs. 2 GG lauten: „Außer zur Verteidigung dürfen die Streitkräfte sowohl im Inland als auch im Ausland nur eingesetzt werden, soweit dieses Grundgesetz es ausdrücklich zulässt".

1142 Bt.-Drs. 19/4719, S. 1. Sodann ist von der Unterstützung der „internationale[n] Anti-IS-Koalition" die Rede und es kommt zu der Nennung einer Reihe an Resolutionen des Sicherheitsrates. Bietet die Bundesregierung hier gleich mehrere Rechtfertigungsgründe für die in den Anwendungsbereich des Art. 2 Abs. 4 SVN fallenden

zu den Einsätzen in Syrien und im Irak unter dem Punkt „Völker- und verfassungsrechtliche Grundlagen" heißt. Diese Frage kann durch eine Abgrenzung kollektiver Sicherheitssysteme zu Ad-hoc-Koalitionen einer Antwort zugeführt werden.

a) Merkmale einer Ad-hoc-Koalition

Sich zur Erreichung eines bestimmten Zweckes bildende Ad-hoc-Koalitionen gewinnen in einer Zeit zunehmender Spannungen zwischen den den Sicherheitsrat dominierenden Großmächten stetig an Relevanz. Dieser Umstand macht sich bereits in der Praxis deutscher Militärpolitik bemerkbar, wenn es im aktuellen Weißbuch heißt, dass „Deutschland [...] dieser Entwicklung Rechnung tragen und sich in solchen Fällen, in denen es seine Interessen auf diesem Weg schützen kann, an Ad-hoc-Kooperationen beteiligen oder diese gemeinsam mit seinen Partnern initiieren [wird]".[1143] Gegenüber dem Einsatz im Rahmen einer internationalen Organisation zeichnen sich Ad-hoc-Koalitionen durch eine ungleich höhere Flexibilität der Staaten aus. Diese liegt zum einen in dem Umstand begründet, dass eine solche Koalition zeitlich äußerst schnell gegründet werden kann. Zum anderen unterliegt eine solche Koalition im Gegensatz zu einer internationalen Organisation nicht dem strengen Regime eines völkerrechtlichen Vertrages, der den Rahmen für militärische Vorgehensweisen absteckt und im Hinblick auf die Friedenswahrung wechselseitige Verpflichtungen aufstellt. Ad-hoc-Zusammenschlüsse werden speziell für eine bestimmte Operation und/oder einen zuvor festgelegten Zeitraum gegründet. Entscheidungen können überdies zügiger getroffen werden. Im Unterschied zu einem kollektiven Sicherheitssystem fehlt es gerade an einem entscheidungsbefugten Zentralorgan. Mit dem Widerstand eines Koalitionsmitglieds ist in diesen Konstellationen nicht zu rechnen. Einer Koalition der Willigen schließen sich naturgemäß nur hinsichtlich des speziellen Ziels gleichgesinnte Staaten an. Aus welchen Gründen auch immer „unwillige" Staaten partizipieren von vorneherein nicht an einer solchen Kooperation und können dem angestrebten multilateralen Militäreinsatz nicht im Wege stehen.

Einsätze an, ist jede einzelne gesondert auf ihren rechtlichen Gehalt zu prüfen, siehe 2. Kapitel unter C.I.2.

1143 Weißbuch 2016, S. 81. Gleichzeitig ist die Bundesregierung offensichtlich darauf bedacht, zu betonen, dass der Schwerpunkt deutscher Militärpolitik auf der dauerhaften Kooperation in den hierfür vorgesehenen internationalen Organisationen liegt und bewährte Formate wie die UN, NATO, EU und OSZE durch Ad-hoc-Kooperationen nicht beeinträchtigt werden, siehe Weißbuch 2016, S. 80, 81, 88 u. 138.

b) Mangelnde Anwendbarkeit des Art. 24 Abs. 2 GG auf Ad-hoc-Koalitionen

Eine Koalition der Willigen genügt allerdings nicht schon aufgrund der Tatsache, dass ein multilaterales Zusammenwirken erfolgt, den Voraussetzungen des Art. 24 Abs. 2 GG.[1144] Es fehlt gerade an dem institutionellen Rahmen, der auf Grundlage von völkerrechtlichen Normen zur Friedenswahrung verpflichtet. Im Gegensatz zum Handeln in einem System gegenseitiger kollektiver Sicherheit kommt es auch nicht zu der Beschränkung von Hoheitsrechten. Zu einem Einsatz im Rahmen und nach den Regeln der UN (unumstritten ein System gegenseitiger kollektiver Sicherheit im Sinne der Norm) bestehen große Unterschiede. Notwendige Bedingung dafür, dass ein militärischer Einsatz der Bundeswehr im Rahmen und nach den Regeln der Vereinten Nationen erfolgt, ist eine legitimierende Sicherheitsratsresolution.[1145] Gehen die Bündnisstaaten infolge einer ermächtigenden Resolution des Sicherheitsrates gemeinsam gegen den Friedensstörer vor, handeln sie mithin multilateral und kollektiv. Eine Ad-hoc-Koalition handelt hingegen zwangsläufig nicht kollektiv im Sinne eines Systems gegenseitiger kollektiver Sicherheit.

c) Einsätze in Syrien und Irak als Beteiligung an Ad-hoc-Koalitionen

Die Beteiligung der Bundeswehr an dem Vorgehen der Anti-IS-Koalition erfolgt nicht im Rahmen des VII. Kapitels der UN-Charta. Es reicht nicht aus, dass sich der Sicherheitsrat bloß eines konkreten Gegenstandes angenommen hat, ohne eine Ermächtigung an die Staaten auszusprechen.[1146] Obgleich der Zustimmungsantrag der Bundesregierung im Hinblick darauf, welches System gegenseitiger kollektiver Sicherheit gemeint ist, (bewusst) offen gehalten wird, ist zu konstatieren, dass die beiden Einsätze auch nicht im institutionellen Rahmen der NATO oder der EU stattfinden. Die Bundeswehr beteiligt sich nicht an der Mitte 2018 beschlossenen Ausbildungsmission der NATO im Irak. Vielmehr wird sie in Fortführung der seit 2015 erfolgenden unilateralen Ausbildungsmission in Unterstützung der Koalition der Willigen tätig.[1147] Die Terroranschläge

---

1144 *Talmon*, Eine Koalition der Willigen reicht nicht, FAZ v. 8.1.2015, S. 6.

1145 Zutreffend herausgearbeitet vom Wissenschaftlichen Dienst des Bundestages, WD 2 - 3000 – 239/14, S. 6.

1146 In S/Res/2249 (2015) spricht der SR von einer „beispiellose[n] Bedrohung des Weltfriedens und der internationalen Sicherheit". Mangels Ermächtigung zum konkreten Tätigwerden, ist in der Resolution keine den Art. 24 Abs. 2 GG auslösende Voraussetzung zu erblicken, *Peters*, in: JUFIL 2018, 246, 265. Zu der Analyse der konkreten Resolution siehe das 2. Kapitel unter C.I.2.b.

1147 Vor diesem Hintergrund ist der neuerliche, zeitlich nach der Einsatzentscheidung der NATO ergangene Zustimmungsantrag der Bundesregierung in der entsprechenden

von Paris am 13.11.2015 führten zwar zu dem Ausruf des Europäischen Verteidigungsfalls; allerdings einseitig durch Frankreich und nicht durch die Europäische Union. Die folgenden Maßnahmen erfolgten dementsprechend auch nicht unter der Gemeinsamen Außen- und Sicherheitspolitik der EU, so dass auch die EU als durchführendes System gegenseitiger kollektiver Sicherheit im Sinne des Art. 24 Abs. 2 GG ausscheidet.[1148] Die Bundeswehr beteiligt sich in Syrien an einer Ad-hoc-Koalition. Festzuhalten bleibt daher im Ergebnis, dass eine Koalition der Willigen im Irak und in Syrien die Voraussetzungen des Art. 24 Abs. 2 GG nicht erfüllt.[1149]

d) Die Syrien-Entscheidung des Bundesverfassungsgerichts (2019)

Im September 2019 hat das Bundesverfassungsgericht einen Beschluss zum Syrien-Einsatz erlassen.[1150] Im Ausgangspunkt ging es mit der Frage der Antragsbefugnis im Organstreitverfahren wegen der Verletzung des Mitentscheidungsrechts des Bundestages im Bereich der auswärtigen Angelegenheiten auf der Grundlage des Art. 24 Abs. 2 GG in Verbindung mit Art. 59 Abs. 2 S. 1 GG[1151] um eine formelle Problematik. In dem zugrunde liegenden Verfahren sah die antragsstellende Fraktion der LINKEN den Bundestag durch die Entscheidung zum Syrien-Einsatz durch Bundesregierung und Bundestag in seinem Mitwirkungsrecht verletzt. Das Bundesverfassungsgericht hat den Antrag mangels Antragsbefugnis als unzulässig verworfen. Auf Grundlage der Entscheidung des Bundesverfassungsgerichts kann zunächst festgestellt werden, dass die enge

---

Parlamentsdebatte auf Unverständnis der Oppositionsparteien gestoßen, die mehrfach auf die (vermeintlich) fehlende Verfassungsmäßigkeit hinweisen, am deutlichsten in Plenarprotokoll 19/58, S. 6428 (D) f. u. 6431 (A). Auch in den Reihen der Regierungsparteien äußert sich wegen der nicht erfolgenden Eingliederung der Ausbildungsmission in die NATO-Strukturen deutlicher Unmut („peinlich", „Sonderweg"), Plenarprotokoll 19/58, S. 6432 (A).

1148 *Payandeh/Sauer*, in: ZRP 2016, 34, 36; Wissenschaftlicher Dienst des BT, WD 2 - 3000 - 203/15, S. 18; *Kreß*, Im Auge des Krieges, FAZ v. 10.12.2018, S. 9.

1149 Siehe auch *Talmon*, Eine Koalition der Willigen reicht nicht, FAZ v. 8.1.2015, S. 6; ähnlich, aber vorsichtiger mit Blick auf den Einsatz der Bundeswehr in Syrien *Peters*, in: JUFIL 2018, 246, 265 („borderline case that strains the constitution").

1150 *BVerfG* v. 17.9.2019 – 2 BvE 2/16, auszugsweise in: NVwZ 2019, 1669. Siehe hierzu auch *Sassenrath*, in: NVwZ 2020, 442, *van Ooyen*, in RuP 2020, 49, *Fischer/Ladiges*, in: GSZ 2019, 254 und *Weingärtner*, in: NZWehrr 2020, 26.

1151 In diesem Mitentscheidungsrecht ist ein Recht des Bundestages im Sinne des § 64 Abs. 1 BVerfGG zu sehen, *BVerfG* v. 17.9.2019 – 2 BvE 2/16, Rn. 31, in: NVwZ 2019, 1669, 1671.

Auslegung des Art. 59 Abs. 2 S. 1 GG im Bereich der auswärtigen Angelegenheiten fortgeführt wird.[1152]

Hinsichtlich der Begründung der Antragsbefugnis machte die Antragstellerin hilfsweise geltend, dass die Antragsgegner die Charta der Vereinten Nationen in einer Weise fortgebildet hätten, die die Integrationsgrenzen des Vertragsgesetzes vom 6. Juni 1973 überschreite, wenn mittlerweile auch bewaffnete Angriffe nichtstaatlicher Akteure das Recht zur Selbstverteidigung auslösten.[1153] In diesem Rahmen geht das Bundesverfassungsgericht auf die Reichweite des völkerrechtlichen Selbstverteidigungsrechts nach Art. 51 SVN ein, indem es überprüft, ob die Fortentwicklung der UN-Charta über die mit dem Zustimmungsgesetz erteilte Ermächtigung hinausgeht.[1154] Rückschlüsse darauf, dass der Einsatz auf der Grundlage des Art. 24 Abs. 2 GG erfolgt, lässt das Urteil nicht zu.[1155] Das Bundesverfassungsgericht prüft ausdrücklich nur, „ob durch den Syrien-Einsatz die Zielsetzung, Struktur oder grundlegenden Regeln der Vereinten Nationen oder gar deren Ausrichtung auf die Wahrung des Weltfriedens antastet".[1156] Dass dies durch die Einbeziehung nicht-staatlicher Angriffe in den Anwendungsbereich des Art. 51 SVN nicht der Fall ist, stellt der Zweite Senat zutreffend[1157] fest.

1152 Siehe hierzu das 4. Kapitel unter A. Diese Rechtsprechung ist zwingend im Kontext mit dem wehrverfassungsrechtlichen Parlamentsvorbehalt zu sehen; kritisch hierzu *van Ooyen*, in RuP 2020, 49, 58, der von einer „carte blanche" für die Bundesregierung spricht.

1153 So gibt das BVerfG den Antrag wieder, *BVerfG* v. 17.9.2019 – 2 BvE 2/16, Rn. 15. Dies ist einer von insgesamt drei Strängen, welche die Antragstellerin zur Begründung der Antragsbefugnis bemüht. Zunächst wird darauf abgestellt, dass der Einsatz nicht im Rahmen eines bestehenden Systems gegenseitiger kollektiver Sicherheit erfolge – insbes. stelle die EU nicht ein solches dar. Bei der Errichtung eines neuen Systems gegenseitiger kollektiver Sicherheit müsse der Bundestag nach Art. 59 Abs. 2 S. 1 GG beteiligt werden (Rn. 12 f.). Als zweites wird auf eine entstehende „Rechtsschutzlücke" rekurriert, sollte das BVerfG die Antragsbefugnis im Organstreitverfahren ablehnen. Das bedeutende Thema des Einsatzes bewaffneter Streitkräfte könne nicht „schutzlos der Exekutive überantwortet werden", (Rn. 14).

1154 *BVerfG* v. 17.9.2019 – 2 BvE 2/16, Rn. 36, in: NVwZ 2019, 1669, 1672.

1155 So auch *Weingärtner*, in: NZWehrr 2020, 26, 28 f.; a.A. *Sassenrath*, in: NVwZ 2020, 442, 444.

1156 *BVerfG* v. 17.9.2019 – 2 BvE 2/16, Rn. 46, in: NVwZ 2019, 1669, 1673.

1157 Nicht-staatliche Angriffe sind vom völkerrechtlichen Selbstverteidigungsrecht auch ohne Zurechnung des Angriffs an den Territorialstaat vom Anwendungsbereich des Art. 51 SVN erfasst. Dies ist das Ergebnis einer Auslegung des Art. 51 SVN nach dem Maßstab des Völkerrechts. Die Grundsätze der UN-Charta bleiben hiervon unberührt, siehe das 2. Kapitel unter C.II.2.

Im Ergebnis wurde eine nach Art. 59 Abs. 2 S. 1 GG zustimmungspflichtige Fortentwicklung des Art. 24 Abs. 2 GG verneint.[1158] Der Zweite Senat lässt hingegen ausdrücklich offen, ob er der Begründung der Bundesregierung für den Einsatz in Syrien folgt und beschränkt die Prüfung auf die Frage, „ob die Annahmen außerhalb des Vertretbaren liegen".[1159]

Da das Bundesverfassungsgericht trotz fehlender Antragsbefugnis umfassende Ausführungen zu der materiellen Rechtslage tätigt,[1160] hätte an diesem Punkt aber durchaus für die Feststellung Spielraum bestanden, dass der Einsatz nicht im Rahmen eines Systems gegenseitiger kollektiver Sicherheit erfolgt. Das Bundesverfassungsgericht präzisiert zwar seine Rechtsprechung aus dem Streitkräfte-Urteil dahingehend, dass die Europäische Union als System gegenseitiger kollektiver Sicherheit angesehen werden kann.[1161] Dass der Syrien-Einsatz allerdings nicht im Rahmen und nach den Regeln der Gemeinsamen Außen- und Sicherheitspolitik der Europäischen Union erfolgt, wird nicht thematisiert. Die Antragstellerin hat insoweit Recht, als sie geltend macht, der Einsatz sei nicht auf ein anerkanntes System gegenseitiger kollektiver Sicherheit zurückzuführen.[1162] Insbesondere liegt keine zur Gewalt ermächtigende Sicherheitsratsresolution vor. Insoweit das Bundesverfassungsgericht andeutet, dass Resolution 2249 (2015) des Sicherheitsrates oder gar der bloße Aufruf des Sicherheitsrates zum Tätigwerden gegen den IS eine ausreichende Einsatzgrundlage darstellen könnte, gehen die Ausführungen fehl.[1163] Hier wird der „Unvertretbar-Maßstab" zugunsten rein politischer Begründungen sehr weit gezogen. Das Bundesverfassungsgericht erweitert damit indes nicht etwa „den Spielraum" für Einsätze

---

1158 *BVerfG* v. 17.9.2019 – 2 BvE 2/16, Rn. 45 ff., in: NVwZ 2019, 1669, 1673.

1159 *BVerfG* v. 17.9.2019 – 2 BvE 2/16, Rn. 46 u. 49 f., in: NVwZ 2019, 1669, 1673 f. Das BVerfG betont dabei ausdrücklich die unterschiedlichen Konstellationen, die seiner NATO-Strategiekonzept-Entscheidung aus dem Jahre 2001 und der Syrien-Entscheidung aus dem Jahre 2019 zugrunde liegen, *BVerfG* v. 17.9.2019 – 2 BvE 2/16, Rn. 47, in: NVwZ 2019, 1669, 1673. Während es in der Entscheidung von 2001 um die Fortentwicklung des NATO-Strategiekonzeptes ging, beschäftigt sich die Syrien-Entscheidung mit der Vertragsauslegung im Angesichte neuartiger Bedrohungslagen.

1160 Siehe *Fischer/Ladiges*, in: GSZ 2019, 254, 259 f., die diesen Umstand als „durchaus bemerkenswert" befinden; siehe auch *Sassenrath*, in: NVwZ 2020, 442, 443, der hierin eine „(eingeschränkte) materielle Verfassungsprüfung im Gewand einer eine Antragsbefugnis begründenden Integrationsprüfung" sieht.

1161 *BVerfG* v. 17.9.2019 – 2 BvE 2/16, Rn. 52, in: NVwZ 2019, 1669, 1674.

1162 *BVerfG* v. 17.9.2019 – 2 BvE 2/16, Rn. 12.

1163 *BVerfG* v. 17.9.2019 – 2 BvE 2/16, Rn. 47 u. 49, in: NVwZ 2019, 1669, 1673.

im Rahmen des Art. 24 Abs. 2 GG.[1164] Eine solche Interpretation des Urteils risse eine einzelne unbegründete, nicht entscheidungserhebliche Aussage aus dem Gesamtkontext der Ausführungen.[1165] An besagter Stelle des Urteils geht es um die Grenzen des Zustimmungsgesetzes zu der UN-Charta im Hinblick auf die Auslegung des Art. 51 SVN – nicht hingegen um die Voraussetzungen des Art. 24 Abs. 2 GG. Das Eingehen auf Resolution 2249 (2015) durch das Bundesverfassungsgericht an dieser Stelle lässt sich wohl auch damit erklären, dass die Bundesregierung in ihren Zustimmungsanträgen zu dem Syrien- und Irakeinsatz undifferenziert stets alle völkerrechtlich in Betracht kommenden Erlaubnissätze anführt.[1166]

Eines Zustimmungsgesetzes nach Art. 59 Abs. 2 S. 1 GG bedarf es aber auch nach diesem Ergebnis nicht. Denn entgegen der Andeutungen der Antragstellerin erfolgt der Syrien-Einsatz nicht im Rahmen eines neu geschaffenen Systems gegenseitiger kollektiver Sicherheit, sondern in einer Ad-hoc-Koalition. Die Ermächtigungsgrundlage ist in Art. 87a Abs. 2 GG zu sehen; ein Zustimmungsgesetz nach Art. 59 Abs. 2 S. 1 GG ist in diesem Kontext nicht erforderlich.

5. *Erforderlichkeit einer ermächtigenden Sicherheitsratsresolution für NATO- und EU-Missionen?*

Vorstehende Erörterungen treffen gleichwohl noch keine Aussage darüber, ob es stets einer Resolution des Sicherheitsrates der Vereinten Nationen bedarf, um von einem nach Art. 24 Abs. 2 GG zulässigen extraterritorialen Einsatz der Bundeswehr ausgehen zu können. Konkret ist die Frage aufzuwerfen, ob auch Einsätze im Rahmen und nach den Regeln der NATO oder der EU einer zu dem konkreten Einsatz ermächtigenden Sicherheitsratsresolution bedürfen, um als

---

1164 So aber die Schlussfolgerung von *Sassenrath*, in: NVwZ 2020, 442, 444. So bleibt es völlig unklar, ob das BVerfG die Aussage zu der Resolution 2249 (2015) aus verfassungsrechtlicher oder völkerrechtlicher Sicht als „ausreichende Grundlage" für den Einsatz erachtet. Aus dem Umstand, dass es wegen des Meinungsstandes in der völkerrechtlichen Literatur „überraschend" wäre, die Ausführung auf die völkerrechtliche Ebene zu beziehen (*Sassenrath*, ebenda), den sehr weitgehenden Schluss zu ziehen, der Spielraum für Einsätze im Rahmen und nach den Regeln des kollektiven Sicherheitssystems VN sei auf grundgesetzlicher Ebene erheblich erweitert worden, überzeugt schon methodisch nicht.

1165 *Weingärtner*, in: NZWehrr 2020, 26, 28 warnt zurecht davor, diesem nicht entscheidungserheblichen Hinweis eine zu große Aussagekraft beizumessen.

1166 Siehe zu der Begründung im Einzelnen sowie einer rechtlichen Einordnung das 2. Kapitel unter C.I.2.a.

grundgesetzkonform eingestuft werden zu können. Auf völkerrechtlicher Ebene ist eine zur Gewalt ermächtigende Resolution des Sicherheitsrates jedenfalls conditio sine qua non für die Rechtmäßigkeit der kollektiven Gewaltanwendung. Mit der Mitgliedschaft in Regionalorganisationen gehen keine zusätzlichen Ausnahmen zum Gewaltverbot des Art. 2 Abs. 4 SVN einher.[1167]

a) Relevanz von NATO-Missionen ohne Mandat des Sicherheitsrates

Erörterungsbedürftig sind zunächst die praktischen Konsequenzen der Annahme, eine Sicherheitsratsresolution sei nicht zwingende Voraussetzung eines nach Art. 24 Abs. 2 GG zulässigen Auslandseinsatzes. Wird Art. 87a Abs. 2 GG in Anlehnung an das völkerrechtliche Selbstverteidigungsrecht ausgelegt, sind die Bündnisfälle der NATO (Art. 5 Nordatlantikvertrag)[1168] sowie der EU (Art. 42 Abs. 7 UAbs. 1 EUV),[1169] die beide auf Art. 51 SVN rekurrieren, als Fälle der grundgesetzlich zulässigen Verteidigung zu betrachten. Auf Art. 24 Abs. 2 GG kommt es in diesen Situationen also gar nicht an. Sofern in der Literatur vereinzelt kritisch konnotiert von einer „Selbstmandatierung“ der NATO die Rede ist,[1170] können damit nur die nachfolgend zu untersuchenden Konstellationen gemeint sein.

aa) Intervention auf Einladung

Liegt eine Einladung des Territorialstaates vor, ist der Anwendungsbereich des Art. 2 Abs. 4 SVN nicht eröffnet. Eine völkerrechtliche Rechtfertigung bspw. durch eine Sicherheitsratsresolution ist in diesem Fall nicht nötig.[1171] Auf grundgesetzlicher Ebene bedürfte es gleichwohl einer Ermächtigungsgrundlage für den

---

1167 Dies ergibt sich schon aus Art. 53 Abs. 1 S. 2 SVN. Der SR kann nach Art. 53 Abs. 1 S. 1 SVN diese Regionalorganisationen „zur Durchführung von Zwangsmaßnahmen unter seiner Autorität in Anspruch“ nehmen, was in der Praxis heißt, dass er diese wie einzelne Staaten zur Gewaltanwendung ermächtigt, siehe im Einzelnen das 2. Kapitel unter C.I.3. Die NATO-Staaten könnten sich überdies nicht ihrerseits auf eine vertragliche Grundlage einigen, in welcher die humanitäre Intervention als weitere Ausnahme von Art. 2 Abs. 4 SVN beschlossen wird. Möglich ist aber, dass die humanitäre Intervention sich als eigenständige Ausnahme zum Gewaltverbot entwickelt und die NATO auf Grundlage dieses neuen Rechtfertigungsgrundes tätig wird.

1168 BGBl. 1955 II S. 289.

1169 BGBl. 2008 II S. 1038.

1170 *Deiseroth*, in: Wissenschaft & Frieden 2009, 12, 16; erwidernd hierauf *Calliess*, in: Maunz/Dürig, GG, Art. 24 Abs. 2 [Stand: Januar 2018], Rn. 38.

1171 Siehe das 2. Kapitel unter B.II.1.

Auslandseinsatz, da die Frage, ob ein Verstoß gegen das Gewaltverbot vorliegt, nur die Eingangsfrage ist, die über Art. 26 Abs. 1 S. 1 GG als äußere Grenze der Zulässigkeit eines Bundeswehreinsatzes zu beantworten ist. Das gegenwärtige Wehrverfassungsrecht kennt den Fall der Intervention auf Einladung hingegen nicht; es ist zu befürworten, diesen Fall unter Art. 87a Abs. 2 GG zu fassen.[1172] Wird dies abgelehnt, kommt der in Rede stehenden Konstellation entscheidungserhebliche Bedeutung zu.[1173] Wird eine Friedensmission durch die NATO oder EU auf Einladung des Territorialstaates, aber ohne Mandat des Sicherheitsrates, ausgeführt, stellte eine Beteiligung Deutschlands an dieser Mission nur dann einen grundgesetzkonformen Auslandseinsatz dar, wenn Art. 24 Abs. 2 GG nicht zwingend das Vorhandensein einer ermächtigenden Sicherheitsratsresolution fordert.

bb) Humanitäre Intervention

Keine „Ausweichmöglichkeit" auf Art. 87a Abs. 2 GG bietet sich hingegen im Falle der auf die Rettung fremder Staatsangehöriger vor systematischen und massiven Menschenrechtsverletzungen gerichteten humanitären Intervention. Diese stellt nach geltendem Völkerrecht noch keinen anerkannten Rechtfertigungsgrund zur unilateralen Gewaltanwendung dar.[1174] Eine humanitäre Intervention im Rahmen und nach den Regeln der NATO oder EU könnte dennoch nach Art. 24 Abs. 2 GG verfassungsgemäß sein.[1175] Das Grundgesetz etablierte hierdurch also nicht etwa einen dem Friedenssicherungsrecht völlig unbekannten Rechtfertigungsgrund zum völkerrechtlichen Gewaltverbot.

1172 Siehe hierzu sogleich unter D.VI.2.a.

1173 Dies wird auch im Weißbuch 2016, S. 109 deutlich, in welchem es heißt: „Gerade in Fällen, in denen die völkerrechtlichen Voraussetzungen für ein militärisches Vorgehen ohnehin vorliegen (etwa in Form einer Unterstützungsbitte der jeweiligen Gastregierung) und die daher auch keiner weiteren völkerrechtlichen Ermächtigung bedürfen, wird die Einbindung in ein System gegenseitiger kollektiver Sicherheit zunehmend schwierig."

1174 Siehe die Untersuchung der aktuellen, auch vom Syrien-Konflikt geprägten Völkerrechtslage im 2. Kapitel unter C.III.

1175 Jedenfalls scheidet ein Verstoß gegen Art. 26 Abs. 1 S. 1 GG aus. Ein evidenter Verstoß gegen das Gewaltverbot kann nach heutigem Entwicklungsstand des Friedenssicherungsrechts nicht mehr angenommen werden. Siehe das 2. Kapitel unter C.III. und zu Art. 26 GG oben in diesem Kapitel unter C.

b) *Einordnung der NATO als kollektives Sicherheitssystem als Indiz gegen das Erfordernis eines Sicherheitsratsbeschlusses*

Historisch stand Art. 24 Abs. 2 GG die gerade erfolgte Gründung der Vereinten Nationen vor dem Auge – auf diese ist Art. 24 Abs. 2 GG zugeschnitten.[1176] Wie soeben herausgearbeitet, erfolgt ein Einsatz im Rahmen und nach den Regeln der UN, wenn eine ermächtigende Resolution des Sicherheitsrates vorliegt. Die historische Betrachtung könnte für eine den Anwendungsbereich des Art. 24 Abs. 2 GG in dieser Hinsicht begrenzende Auslegung streiten. Auch die Ausführungen des bundesverfassungsgerichtlichen Streitkräfte-Urteils beziehen sich auf eine NATO-Mission sowie eine WEU-Mission, die in Ausführung einer Sicherheitsratsresolution erfolgen. Die Beteiligung der Bundeswehr an der NATO-Mission wird unter Art. 24 Abs. 2 GG „im Rahmen einer Aktion der Vereinten Nationen." für zulässig erachtet.[1177] Der auf Missionen in Ausführung eines Sicherheitsratsmandates beschränkte Gegenstand des Streitkräfte-Urteils lässt indes keine Rückschlüsse auf hiervon abweichende Konstellationen zu.[1178] Die Charakterisierung der NATO als System gegenseitiger kollektiver Sicherheit ist vielmehr dafür anzuführen, dass die grundgesetzliche Zulässigkeit eines NATO-Einsatzes nicht zwingend an ein Mandat des Sicherheitsrates zu binden ist.[1179] Anderenfalls bliebe die Kategorisierung der NATO als kollektives Sicherheitssystem im Sinne des Art. 24 Abs. 2 GG folgenlos:[1180] Die UN stellen ganz sicher ein kollektives Sicherheitssystem im Sinne der Norm dar, die NATO kann also auch ohne explizite Einordnung als kollektives Sicherheitssystem unter Mandat des Sicherheitsrates tätig werden.

Auch dem Wortlaut des Art. 24 Abs. 2 GG lässt sich nichts dafür entnehmen, dass es einer Sicherheitsratsresolution bedürfte. Fasst man NATO und EU als Systeme gegenseitiger kollektiver Sicherheit auf, reichte es für die Rechtmäßigkeit des konkreten Einsatzes nach Art. 24 Abs. 2 GG (neben dem Ziel der Friedenswahrung) aus, dass dieser im Rahmen und nach den Regeln des jeweiligen Systems durchgeführt wird.[1181] Ebenso wenig setzt die Beschränkung der Hoheitsrechte eine verbindliche Sicherheitsratsresolution voraus. Von einer

---

1176 *BVerfGE* 104, 151 (195); *Doehring*, in: Schwarz/Steinkamm, Einsatz der Bundeswehr »out of area«, 67, 70.

1177 *BVerfGE* 90, 286 (354 f.).

1178 So auch *Heintschel von Heinegg/Frau*, in: BeckOK, GG, Art. 24 [Stand: Dezember 2019], Rn. 41; siehe auch *Stein/Kröninger*, in JURA 1995, 254, 260.

1179 Im Ergebnis ebenso *Kreß*, in: ICLQ 1995, 414, 419.

1180 *Sauer*, in: ZaöRV 2002, 317, 322 f.; *Stein/Kröninger*, in JURA 1995, 254, 260.

1181 Im Ergebnis ebenso *Wiefelspütz*, Parlamentsbeteiligungsgesetz, S. 162 u. 173.

Beschränkung kann auch im Rahmen anderer kollektiver Sicherheitssysteme ausgegangen werden, indem beteiligte Staaten in eine auf internationaler Ebene erfolgenden Planung und Durchführung involviert sind und folglich nicht mehr jegliche Einzelentscheidung selbst treffen können.[1182]

c) *Ziel der Friedenswahrung als begrenzendes Kriterium auch bei reinen NATO-Einsätzen*

Bedenken hinsichtlich der Gefahr von Beteiligungen der Bundeswehr an völkerrechtswidrigen Einsätzen im Rahmen der NATO kann auch über das Tatbestandsmerkmal der Friedenswahrung in Art. 24 Abs. 2 GG begegnet werden.[1183] Der Zweck der Friedenswahrung ist nicht nur Beitrittsvoraussetzung, sondern Bedingung für Deutschlands fortwährende Mitgliedschaft in dem jeweiligen Bündnis.[1184] Ein punktueller Völkerrechtsverstoß ist zwar nicht dazu geeignet, das Ziel der Friedenswahrung in Abrede zu stellen.[1185] Ein wiederholt völkerrechtswidriger NATO-geführter Einsatz könnte indes Bedenken an der Einhaltung der in Art. 24 Abs. 2 GG vorgesehenen Schranke der Friedenswahrung hervorrufen. In diesem Rahmen ist die Weiterentwicklung der Strategie der NATO zu berücksichtigen.[1186] Auch nach der derzeitigen strategischen Ausrichtung darf

1182 Siehe *Oeter*, in: Isensee/Kirchhof, HStR, Band XI, § 243, Rn. 20, dessen Ausführungen die Erforderlichkeit einer Sicherheitsratsresolution für die Rechtmäßigkeit einer NATO-geführten Mission nach Art. 24 Abs. 2 GG letztlich offen lassen.

1183 *Calliess*, in: Maunz/Dürig, GG, Art. 24 Abs. 2 [Stand: Januar 2018], Rn. 38.

1184 *BVerfG* v. 17.9.2019 – 2 BvE 2/16, Rn. 38, in: NVwZ 2019, 1669, 1672.

1185 Das Bundesverfassungsgericht sieht in der Verletzung des Gewaltverbots lediglich einen „Indikator" für das Abrücken vom verfassungsrechtlich vorgegebenen Friedensgebot des Art. 24 Abs. 2 GG, *BVerfGE* 118, 244 (271); *Wollenschläger*, in: Dreier, GG, Band II, Art. 24, Rn. 69.

1186 Maßgebliche Bedeutung im Hinblick auf die hier untersuchte Frage wird auch dem aus dem Jahre 2001 stammenden Urteil des Bundesverfassungsgerichts zum neuen Strategischen Konzept der NATO (*BVerfGE* 104, 151) beigemessen, siehe *Fassbender*, in: Isensee/Kirchhof, HStR, Band XI, § 244, Rn. 66 f. und *Heintschel von Heinegg/Frau*, in: BeckOK, GG, Art. 24 [Stand: Dezember 2019], Rn. 42. Das unter Beteiligungsaspekten des Parlaments sehr umstrittene Urteil behandelt die Grenzen der Weiterentwicklung eines völkerrechtlichen Vertrages vor dem Hintergrund der Zustimmungspflichtigkeit nach Art. 59 Abs. 2 GG. Zu einer umfassenden Analyse des Urteils siehe *Sauer*, in: ZaöRV 2002, 317. Krisenreaktionseinsätze, die Ende des 20. Jahrhunderts eine wesentliche Erweiterung des Einsatzspektrums der NATO bedeuteten, sind in dem neuen Strategischen Konzept 1999 ausdrücklich vorgesehen. Siehe *BVerfGE* 104, 151 (203): „Eine bedeutsame, im Vertrag nicht implizierte Erweiterung der Aufgabenstellung findet sich allerdings in der Möglichkeit

die NATO nur im Rahmen und nach den Regeln der UN-Charta vorgehen.[1187] Doch sind eben auch völkerrechtskonforme Einsätze denkbar, die sich außerhalb des VII. Kapitel der UN-Charta bewegen.[1188] Auch diese sind Teil der strategischen Ausrichtung der NATO.[1189]

d) Zwischenergebnis

Aus verfassungsrechtlicher Sicht ist ein ermächtigendes Mandat des Sicherheitsrates keine zwingende Voraussetzung dafür, um von einem nach Art. 24 Abs. 2 GG verfassungsmäßigen bewaffneten Bündniseinsatz der Bundeswehr im Rahmen der NATO oder EU ausgehen zu können. Die Anerkennung eines Bündnisses als ein System gegenseitiger kollektiver Sicherheit bringt folglich weitreichende Konsequenzen mit sich. Man kann den verfassungsrechtlichen Begriff der kollektiven Sicherheit an dieser Stelle als weiter als jenen des Völkerrechts bezeichnen. Dies ist unterdessen nicht dahingehend misszuverstehen, dass auf grundgesetzlicher Ebene mit Einsätzen im Rahmen und nach den Regeln der NATO eine zusätzliche Ausnahme zu dem völkerrechtlichen Gewaltverbot einhergeht. Vielmehr geht es um die grundgesetzliche Ermächtigungsgrundlage für den Einsatz, die schon aufgrund der Vorgaben des Art. 26 Abs. 1 S. 1 GG keinen neuen Ausnahmetatbestand zum völkerrechtlichen Gewaltverbot vorsehen kann.

6. Ergebnis

Auslandseinsätze der Bundeswehr sind nach Art. 24 Abs. 2 GG in Systemen gegenseitiger kollektiver Sicherheit zulässig. Eine Klarstellung dieser Rechtslage im Wege einer Reform der Wehrverfassung trüge mit Blick auf die aus dem Wortlaut des Art. 87a Abs. 2 GG resultierenden Unsicherheiten zu erhöhter Rechtssicherheit bei. Als Systeme gegenseitiger kollektiver Sicherheit sind neben der UN auch die NATO sowie die EU zu begreifen. Für die Zulässigkeit eines

---

so genannter Krisenreaktionseinsätze." Mit Augenmerk auf den „nicht unter Art. 5 fallenden Krisenreaktionseinsatz" judiziert das Gericht, dass sich „[d]ie getroffenen Inhaltsbestimmungen [...] noch als Fortentwicklung und Konkretisierung der offen formulierten Bestimmungen des NATO-Vertrags verstehen [lassen]", *BVerfGE* 104, 151 (205).

1187 Siehe *BVerfGE* 104, 151 (211 f.).

1188 Hierauf weisen in diesem Kontext auch *Heintschel von Heinegg/Frau*, in: BeckOK, GG, Art. 24 [Stand: Dezember 2019], Rn. 42 hin.

1189 Siehe *Heinz*, in: Fleck, Rechtsfragen der Terrorismusbekämpfung, 67, 77 f.

Einsatzes der Bundeswehr im Rahmen und nach den Regeln letzterer beider Systeme bedarf es nicht zwingend einer ermächtigenden Sicherheitsratsresolution. So können auch außerhalb des VII. Kapitels der UN-Charta liegende Einsätze der NATO und der EU grundgesetzkonform sein. Die völkerrechtliche Bewertung bleibt von diesem Ergebnis unberührt. Eine Beteiligung der Bundeswehr an einer Koalition der Willigen, wie derzeit in Syrien und im Irak, genügt nicht den Anforderungen des Art. 24 Abs. 2 GG. Eine Aussage über die Zulässigkeit einer Beteiligung an einer Ad-hoc-Koalition vor dem Hintergrund des Art. 87a Abs. 2 GG geht hiermit nicht einher.

V. Die Blockade des Sicherheitsrates der Vereinten Nationen vor dem Hintergrund der Verfassungsrechtspraxis in Bezug auf Art. 87a Abs. 2 GG und Art. 24 Abs. 2 GG

Die seit 2011 erneut erkennbar werdende Blockade des Sicherheitsrates und der damit einhergehenden Untüchtigkeit einer wesentlichen Stellschraube des kollektiven Sicherheitssystems strahlt durch die enge Verbindung des Grundgesetzes zu dem System der Vereinten Nationen über Art. 24 Abs. 2 GG auf die verfassungsrechtliche Rechtslage aus (1.). Hinzu kommt die ständige Rechtspraxis der Bundesregierung, Auslandseinsätze stetig auf die grundgesetzliche Ermächtigungsgrundlage des Art. 24 Abs. 2 GG zu stützen, ohne dabei Art. 87a Abs. 2 GG überhaupt in Erwägung zu ziehen (2.). Die Kombination beider Entwicklungslinien führt zu Rechtfertigungsproblemen in Bezug auch auf aktuelle Auslandseinsätze der Bundeswehr.

1. Auswirkungen der Blockade des Sicherheitsrates der Vereinten Nationen

Können sich die ständigen Mitglieder des Sicherheitsrates (aus politischen Gründen) nicht auf den Beschluss konkreter Maßnahmen nach Kapitel VII der UN-Charta einigen, obwohl offensichtlich eine Bedrohung des Friedens im Sinne des Art. 39 SVN vorliegt, ist das kollektive Sicherheitssystem der UN-Charta blockiert. Obgleich es im Ermessen des Sicherheitsrates steht, einen solchen Bruch des Friedens festzustellen, fällt der konkrete Handlungsbedarf in tatsächlicher Hinsicht nicht weg, wenn der Sicherheitsrat untätig bleibt. Neben den Auswirkungen auf die völkerrechtliche Bewertung[1190] wirkt sich diese Entwicklung über Art. 24 Abs. 2 GG auch auf die grundgesetzliche Untersuchung aus.

1190 Siehe im 2. Kapitel unter C.I.3.

a) Erhöhte Relevanz von Einsätzen im Rahmen der NATO und EU

Zunächst ist es so, dass im Angesichte der Blockade des Sicherheitsrates Einsätzen im Rahmen der NATO und der EU eine verstärkte Bedeutung zukommen. Ungeachtet der Tatsache, dass beide Organisationen ohnehin schon mit der Umsetzung von Sicherheitsratsresolutionen zur kollektiven Friedenssicherung beitragen, kann Einsätzen im Rahmen dieser Bündnisse zunächst für die verfassungsrechtliche Bewertung eine maßgebliche Rolle beizumessen sein.[1191] Art. 24 Abs. 2 GG kann in diesem Kontext trotz Blockade des Sicherheitsrates die ermächtigende Norm auf grundgesetzlicher Ebene darstellen, da ein Sicherheitsratsmandat nicht zwingende Voraussetzung für die grundgesetzliche Zulässigkeit einer Beteiligung der Bundeswehr an einem bewaffneten NATO- oder EU-Einsatz ist.[1192] Durch die weite Auslegung des Art. 24 Abs. 2 GG wiegt die Blockade des Sicherheitsrates an dieser Stelle nicht ganz so schwer wie im Rahmen der friedenssicherungsrechtlichen Bewertung.

b) Bedeutungsgewinn von Ad-hoc-Koalitionen

Stellt die Bundesregierung im Weißbuch 2016 fest, dass „Ad-hoc-Kooperationen [...] als Instrumente der internationalen Krisen- und Konfliktbewältigung weiter an Bedeutung gewinnen" werden,[1193] drückt dies die aus der Blockade des Sicherheitsrates in wesentlichen Konflikten unserer Zeit resultierende Konsequenz aus. Beinahe zwangsläufiges Resultat der Blockade ist, dass den institutionellen Rahmen der Vereinten Nationen verlassende Kooperationsformen – häufig Koalitionen der Willigen – gewählt werden, die aber nicht in Einklang mit Art. 24 Abs. 2 GG zu bringen sind. Die im Weißbuch von 2016 und den untersuchten Zustimmungsanträgen deutlich werdende militärpolitische Strategie der Bundesregierung, zwar multilateral tätig zu werden, nicht aber zwangsläufig im Rahmen der bestehenden Institutionen, ist vor dem Hintergrund des Art. 24 Abs. 2 GG durchgreifenden rechtlichen Bedenken ausgesetzt.[1194]

c) Der Verteidigungseinsatz außerhalb des Systems der Vereinten Nationen

Dass Art. 24 Abs. 2 GG nicht einschlägig ist, wenn es an einer ermächtigenden Sicherheitsratsresolution mangelt, führt unterdessen nicht ipso iure zu der

---

1191 Namentlich in der Konstellation systematischer und umfassender Menschenrechtsverletzungen an einer fremden Zivilbevölkerung, siehe hierzu sogleich unter VI.4.

1192 Siehe zuvor unter D.IV.5.

1193 Weißbuch 2016, S. 81.

1194 Siehe zuvor unter IV.4.b.

Verfassungswidrigkeit eines Einsatzes. In Betracht kommt eine Rechtfertigung auch über Art. 87a Abs. 2 GG. Ist der bewaffnete Verteidigungseinsatz der Streitkräfte grundgesetzlich zulässig, ist hiermit noch keine Aussage über die Konstellationen getroffen, in welchen Deutschland diese Verteidigung vornehmen darf. Möglich ist, im Rahmen der UN, NATO oder EU nach den jeweiligen Regeln der Institution vorzugehen. Doch auch die Bildung einer (von Deutschland geführten) Ad-hoc-Koalition ist als zulässig zu bewerten. Schließlich ist dem Grundgesetz auch nicht zu entnehmen, dass Deutschland sich nicht im Alleingang, also unilateral, verteidigen dürfte – auch die Nähe des grundgesetzlichen Verteidigungsbegriffs zur Bündnisverteidigung ändert hieran nichts.[1195] Ein anderes Ergebnis folgt nicht aus der Ermächtigungsgrundlage des Art. 24 Abs. 2 GG. Art. 87a Abs. 2 GG kommt neben Art. 24 Abs. 2 GG eigenständige Bedeutung zu. Die Beteiligung an einer Ad-hoc-Koalition ist demnach nicht unter allen Umständen grundgesetzwidrig.

2. *Der politische Fokus auf Art. 24 Abs. 2 GG im Kontext der wehrverfassungsrechtlichen Lage*

Die Beteiligung an einer Koalition der Willigen ließe sich unter Umständen also auch über Art. 87a Abs. 2 GG rechtfertigen. Dass dieser Befund nicht so offensichtlich ist, zeigt ein Blick auf die verfassungspolitische Praxis. Art. 87a Abs. 2 GG wird – wenn überhaupt – als „second-best legal ground" für einen Auslandseinsatz aufgefasst.[1196] Obgleich der Einsatz in Syrien und im Irak als Einsatz zur Verteidigung nach Art. 87a Abs. 2 GG als grundgesetzkonform einzustufen ist,[1197] wird – in überdehnter Auslegung von Sicherheitsratsresolutionen – ein Begründungsweg über Art. 24 Abs. 2 GG gewählt.

a) *Das politische Argument des verlässlichen Bündnispartners*

Das hiermit einhergehende Statement, Deutschland als verlässlicher Bündnispartner, der aus den Erfahrungen der ersten Hälfte des 20. Jahrhunderts seine Lehren gezogen hat, ist sowohl an die eigene Bevölkerung als auch an andere

---

1195 *Hillgruber*, in: Isensee/Kirchhof, HStR, Band II, § 32, Rn. 143: „Der Verteidigungsauftrag war von Anfang an bündnisorientiert, aber nicht bündnisfixiert".

1196 *Peters*, in: JUFIL 2018, 246, 250.

1197 Siehe oben unter D.III.2.; a.A. in Bezug auf den Syrien-Einsatz *Payandeh/Sauer*, in: ZRP 2016, 34, 37.

Staaten gerichtet.[1198] Der Hervorhebung bedarf die Tatsache, dass es sich hierbei um eine rein politische Argumentation handelt, die strikt von der bestehenden rechtlichen Grundlage der Wehrverfassung zu trennen ist.[1199] Die militärische Vergangenheit Deutschlands hat das Grundgesetz insbesondere hinsichtlich der Regelungsmaterie des bewaffneten Militäreinsatzes grundlegend beeinflusst.[1200] Eine Instrumentalisierung historischer Argumente über juristische Auslegungsgrundsätze hinaus ist indes nicht zielführend, um den tatsächlichen Rechtsrahmen verlässlich feststellen zu können.[1201]

b) Politische Aktivierung des Art. 87a Abs. 2 GG

Der Wissenschaftliche Dienst des Bundestages spricht in seinem Gutachten „Verfassungsrechtliche Grundlagen für Auslandseinsätze der Bundeswehr" folgerichtig von einer „politische[n] „Aktivierung" des Art. 87a Abs. 2 GG als verfassungsrechtliche Grundlage".[1202] Hierdurch wird die Spannungslage zwischen geltender Rechtslage und der rechtspolitischen Handhabung des Rechts – zum Ausdruck gelangend in den Zustimmungsanträgen der Bundesregierung – treffend hervorgehoben. Das Gutachten reagiert auf eine bis in die Spitzen der Politik vorgedrungene Diskussion, Art. 87a Abs. 2 GG für die Begründung von Auslandseinsätzen den Vorzug gegenüber einem offensichtlich nicht einschlägigen

1198 *Peters*, in: JUFIL 2018, 246, 268, die zustimmungswürdig bezweifelt, ob es dieses Zeichens nach wie vor bedarf; in eine ähnliche Richtung mit Blick auf die Innenpolitik geht *Oeter*, in: Isensee/Kirchhof, HStR, Band XI, § 243, Rn. 29.

1199 Gehen Politikerinnen und Politiker, wie die Sprecherin für Sicherheitspolitik und Abrüstung der Bundestagsfraktion BÜNDNIS 90/DIE GRÜNEN, Agnieszka Brugger, „Das verstößt gegen das Grundgesetz", Deutschlandfunk v. 13.7.2016, abrufbar unter: https://www.deutschlandfunk.de/weissbuch-zur-sicherheitspolitik-das-verstoesst-gegen-das.694.de.html?dram:article_id=359933 [zuletzt abgerufen am 15.5.2020] im Zusammenhang mit einer Beteiligung an Ad-hoc-Koalitionen undifferenziert bspw. von einem „große[n] Tabubruch" aus, spiegelt dies die politische, nicht aber die rechtliche Lage in Deutschland wider.

1200 Siehe das 1. Kapitel unter C.I. und in diesem Kapitel unter B.IV.

1201 In diese Richtung geht auch die (politische) Aussage von *Rühe*, in: Schwegmann, Bewährungsproben einer Nation, S. VIII: „Wenn wir künftig wieder einmal gefragt werden, ob wir in einer Region mit unseren Soldaten zu Frieden und Stabilität beitragen können, sollte deswegen nicht der erste Reflex ein Blick in unsere Geschichtsbücher sein, sondern eine Abwägung unserer Interessen und die Sondierung der Zustimmung in der Region."

1202 WD 2 – 3000 – 025/16, S. 4 u.9.

Art. 24 Abs. 2 GG zu geben.[1203] Da die restriktive Handhabung des Art. 87a Abs. 2 GG möglicherweise auf die aus dem eingangs thematisierten obiter dictum des Bundesverfassungsgerichts im Lissabon-Urteil hervorgegangenen Unsicherheiten zurückgeht,[1204] erscheint die vorgeschlagene Verfassungsänderung des Art. 87a Abs. 2 GG zielführend, um es den politisch Verantwortlichen zu erleichtern, Art. 87a Abs. 2 GG zur Anwendung zu bringen. Auf diese Weise könnte eine „politische Aktivierung" des rechtlichen Potentials des Art. 87a Abs. 2 GG erreicht werden.

3. *Ergebnis*

Die Blockade des Sicherheitsrates der Vereinten Nationen wirkt sich über Art. 24 Abs. 2 GG zwar auch auf die verfassungsrechtliche Bewertung von bewaffneten Auslandseinsätzen aus. Dadurch, dass auch NATO und EU als Systeme gegenseitiger kollektiver Sicherheit im Sinne der Norm betrachtet werden können, im Rahmen derer auch ohne eine ermächtigende Sicherheitsratsresolution grundgesetzkonform gehandelt werden kann, ist die Blockade unterdessen nicht so folgenschwer wie im Zuge der völkerrechtlichen Bewertung. Dass der Bundesregierung bislang keine überzeugende rechtliche Begründung des Auslandseinsatzes in Syrien gelingt, ist auf die politische Zurückhaltung hinsichtlich der Heranziehung des einschlägigen Art. 87a Abs. 2 GG zurückzuführen. Bedenken an der Heranziehung des Art. 87a Abs. 2 GG als eigenständige Ermächtigungsgrundlage für bewaffnete Auslandseinsätze außerhalb eines institutionalisierten Bündnisses sind verfassungspolitisch motiviert, spiegeln indes nicht die geltende Verfassungsrechtslage wider. Zur Klarstellung der Rechtslage sind die vorstehend vorgeschlagenen Verfassungsänderungen zu befürworten.[1205]

1203 Siehe FAZ v. 9.2.2016, S. 4, „Nicht Moskau über Auslandseinsätze entscheiden lassen"; zuvor hatte bereits der Vorsitzende des Auswärtigen Ausschusses des Bundestages, Norbert Röttgen, für die Heranziehung des Art. 87a Abs. 2 GG als rechtliche Grundlage für die Bekämpfung des IS plädiert, siehe FAZ v. 28.11.2015, S. 8, „In Syrien verteidigen wir unsere Sicherheit"; siehe auch eine entsprechende Äußerung des Abgeordneten Hendrik Hoppenstedt in einer Rede vor dem Bundestag, Plenarprotokoll 18/234, S. 23695 (A/B); die Berichterstattung in der FAZ v. 9.2.2016 war der ausschlaggebende Faktor für die Erstellung des Gutachtens des WD des BT zum Thema „Verfassungsrechtliche Grundlagen für Auslandseinsätze der Bundeswehr", siehe WD 2 - 3000 - 025/16, S. 4.

1204 *Kreß*, Im Auge des Krieges, FAZ v. 10.12.2015, S. 9.

1205 Zu Art. 87a Abs. 2 GG siehe D.III.4 und zu Art. 24 Abs. 2 GG siehe D.IV.3.

VI. Grundgesetzlich nicht ausdrücklich vorgesehene Einsatztypen im Spiegel aktueller Auslandseinsätze

Nachfolgend soll erörtert werden, wie mit Einsatzarten umzugehen ist, die grundgesetzlich nicht ausdrücklich vorgesehen sind. Vor dem Hintergrund vorstehender Untersuchungsergebnisse wird zu diskutieren sein, ob und in welchen Konstellationen sich diese Einsatzarten in das bestehende wehrverfassungsrechtliche System rund um Art. 87a GG und Art. 24 Abs. 2 GG einfügen lassen. In diesem Rahmen werden auch konkrete Vorschläge zu Verfassungsänderungen zu unterbreiten sein.

1. Der Bewertung zugrunde zu legende Faktoren

Zunächst ist auf jene Faktoren einzugehen, welche dem Behandlungsgegenstand dieses Unterabschnitts zugrunde liegen.

a) Die Blockade des Sicherheitsrates der Vereinten Nationen

Der Ausgangspunkt der Betrachtung ist die Blockade des Sicherheitsrates der Vereinten Nationen.[1206] Alle in diesem Unterabschnitt behandelten und unter dem Stichwort „grundgesetzlich nicht ausdrücklich vorgesehene Einsatztypen" diskutierten Fälle wären unter der Prämisse des Vorliegens eines ermächtigenden Sicherheitsratsmandats auf der Grundlage des Art. 24 Abs. 2 GG als Einsätze im Rahmen und nach den Regeln der Vereinten Nationen grundgesetzlich zulässig.

b) Das Obiter dictum des Bundesverfassungsgerichts im Lissabon-Urteil

Zum anderen wirkt sich an dieser Stelle das obiter dictum des Bundesverfassungsgerichts im Lissabon-Urteil aus.[1207] Als grundgesetzlich nicht zu rechtfertigen stellten sich bei wortwörtlicher Übernahme der Aussage des Bundesverfassungsgerichts im Lissabon-Urteil nach geltender Rechtslage die Beteiligungen Deutschlands an verschiedenen Einsatzszenarien dar.[1208] Trotz Versuchen der

---

1206 Siehe zu den Auswirkungen auf die grundgesetzliche Bewertung oben unter D.V.

1207 *BVerfGE* 123, 267 (360). Siehe hierzu oben unter D.III.3.

1208 Siehe auch *Wiefelspütz*, in: DÖV 2010, 72, 77; *ders.*, Parlamentsbeteiligungsgesetz, 2012, S. 166. So mangelte es für die Intervention auf Einladung, die Rettung eigener Staatsangehöriger und der humanitären Intervention an einer grundgesetzlichen Rechtsgrundlage. Zu diesem Problem im Rahmen der Rettung eigener Staatsangehöriger siehe auch *Glawe*, in: NVwZ-Extra 2011, 1, 3.

Relativierung in der Literatur verbleiben rechtliche Unsicherheiten.[1209] Diese lassen sich selbst dann nicht ausräumen, wenn man davon ausgeht, das Bundesverfassungsgericht habe seine Rechtsprechung mit dem Pegasus-Urteil zumindest implizit korrigiert, indem es auch sämtliche unilateralen bewaffneten Einsätze der Bundeswehr grundsätzlich als von dem wehrverfassungsrechtlichen Parlamentsvorbehalt erfasst sieht.[1210]

c) Keine grundgesetzliche Kompetenzbegründung völkerrechtlich zulässiger Einsätze durch Art. 32 Abs. 1 GG

Das Grundgesetz enthält auch keine Generalermächtigung für jeglichen (völkerrechtlich zulässigen) Auslandseinsatz der Bundeswehr. Alle völkerrechtlich zulässigen, aber grundgesetzlich nicht geregelten Einsatzarten unter Art. 32 Abs. 1 GG in Verbindung mit Art. 25 GG oder in Verbindung mit Art 59 Abs. 2

1209 Angesichts der weitreichenden Auswirkungen dieser Ansicht und vor dem Hintergrund, dass es sich um eine nicht weiter begründete, nicht entscheidungserhebliche Feststellung handelt, die zudem schwerlich in Einklang mit dem Streitkräfte-Urteil von 1994 gebracht werden kann, wird dem entsprechenden Satz des Lissabon-Urteils zuweilen kein gewichtiger Wert beigemessen. Siehe *Ladiges*, in: JuS 2015, 598, 600 und *Kokott*, in: Sachs, GG, Art. 87a, Rn. 32. Teilweise wird schlicht von einer unpräzisen Wortwahl des BVerfG ausgegangen. So meint *Ladiges*, ebenda, 600, das BVerfG habe „ungenau formuliert". Siehe auch die Ausführungen des Wissenschaftlichen Dienstes des BT in WD 2 - 3000 – 239/14, S. 13 „vielleicht nicht ganz glücklich formuliertes obiter-dictum" [Hervorhebung des Originals entfernt]. Fragend auch *Payandeh/Sauer*, in: ZRP 2016, 34, 37 „(versehentliche?) Rigidität".

1210 *BVerfGE* 140, 160 (188); zum einen bleibt die Frage der Ermächtigungsgrundlage für solche Einsätze ausdrücklich offen, siehe *BVerfGE* 140, 160 (189). Zum anderen folgt aus der Aussage des BVerfG trotz des in die entgegengesetzte Richtung deutenden Wortlauts („jeder unilaterale Auslandseinsatz") keineswegs, dass jeglicher unilateraler Einsatz grundgesetzlich zulässig sein muss. Der Kontext der Ausführungen verdeutlicht, dass hiermit die Einsatzart der Rettung eigener Staatsangehöriger gemeint ist, welche typischerweise das einzige Einsatzszenario ist, das Deutschland unilateral ausführt. Gleichwohl ist diese Ansicht im Schrifttum recht verbreitet, siehe bspw. *Glawe*, in: NVwZ 2015, 1593, 1603; *Wollenschläger*, in: Dreier, GG, Band II, Art. 24, Rn. 74; *Neubert*, Der Einsatz tödlicher Waffengewalt, S. 51 f. möchte dem Satz des BVerfG aus dem Lissabon-Urteil infolge des Pegasus-Urteils zumindest eine „geringere Bedeutung" beimessen als „dessen wortwörtliche Verständnis suggeriert"; auch der WD des BT geht in WD 2 – 3000 – 025/16, S. 7 von einer Korrektur des obiter dictum aus.

GG zu subsumieren,[1211] kann nicht überzeugen.[1212] Sollten sich die nicht ausdrücklich geregelten Einsatzarten in unilateraler Konstellation nicht unter bestehende Artikel der Wehrverfassung subsumieren lassen, ist es alleine Aufgabe des verfassungsändernden Gesetzgebers, entsprechende Anpassungen des rechtlichen Rahmens vorzunehmen. Die unbestimmte und weit gefasste Norm des Art. 32 Abs. 1 GG als Ermächtigungsgrundlage für alle völkerrechtskonformen Einsatzarten heranzuziehen kommt der abzulehnenden Ansicht gleich, den Verfassungsvorbehalt des Art. 87a Abs. 2 GG einzig auf Inlandseinsätze zu erstrecken.[1213] Ebenso wenig ist die Völkerrechtsfreundlichkeit als abstrakter Argumentationstopos geeignet, grundgesetzlich nicht bestehende Kompetenzen herzuleiten.[1214]

2. Die Intervention auf Einladung

Typischerweise erfolgen Trainingsmissionen, wie die zurzeit im Irak stattfindende Operation Inherent Resolve,[1215] auf Einladung des Territorialstaates. Ein extraterritorialer Einsatz der Bundeswehr, der auf Einladung eines anderen Staates auf dessen Staatsgebiet erfolgt, findet keine ausdrückliche Ermächtigungsgrundlage im Grundgesetz. Völkerrechtlich ist die Intervention auf Einladung hingegen grundsätzlich zulässig – es fehlt bereits an der Eröffnung des Anwendungsbereichs des Art. 2 Abs. 4 SVN.[1216] Nun bestehen verschiedene Möglichkeiten, diese Einsatzart als grundgesetzkonform zu erachten. Nachdem nachstehend zwei Lösungswege aufgezeigt wurden, soll ein Vorschlag zu einer diesbezüglichen Reform der Wehrverfassung unterbreitet werden.

1211 So *Wiefelspütz*, Parlamentsbeteiligungsgesetz, S. 183 f. u. 236 f.; *Stein*, in: Frowein/Stein, Beteiligung der Bundesrepublik Deutschland an Friedenstruppen der Vereinten Nationen, 17, 26.

1212 Siehe auch *Talmon*, in: JZ 2013, 12, 16.

1213 Siehe hierzu oben unter D.II. Auch dann wäre das Völkerrecht der einzige Bewertungsmaßstab für diese Konstellationen. Es bedürfte folgerichtig auch keiner Heranziehung des Art. 32 Abs. 1 GG als Ermächtigungsgrundlage.

1214 Siehe eingangs dieses Kapitels unter A.III. Eine Argumentation, die eine Verfassungsänderung „[i]m Hinblick auf die Völkerrechtsfreundlichkeit des Grundgesetzes, wie sie aus Art. 24 bis 26 GG spricht […]" als „überflüssig, vielleicht sogar schädlich" bewertet (siehe *Breitwieser*, in: Chiari/Pahl, Auslandseinsätze der Bundeswehr, 153, 165), geht bereits aus rechtstechnischer Sicht fehl. Die Funktion des Verfassungsprinzips der Völkerrechtsfreundlichkeit als Kollisionsvermeidungsregel wird verkannt.

1215 Bt.-Drs. 19/1093; Bt.-Drs. 19/13290.

1216 Zu der völkerrechtlichen Bewertung siehe das 2. Kapitel unter B.II.

a) Lösungsvariante über Art. 87a Abs. 2 GG

Die Intervention auf Einladung stellt nach der hier vertretenen Ansicht keinen völkerrechtlichen Rechtfertigungsgrund dar, sondern ein tatbestandsausschließendes Einverständnis. Auch bei einer an Art. 51 SVN orientierten Auslegung des Art. 87a Abs. 2 GG ließe sich die Intervention auf Einladung, die dementsprechend gerade kein Fall des Art. 51 SVN ist, mithin nicht automatisch unter Art. 87a Abs. 2 GG subsumieren. Als vertretbar erscheint dennoch, von einem Verteidigungseinsatz nach Art. 87a Abs. 2 GG im Einklang mit der friedenssicherungsrechtlichen Rechtslage auch Trainingsmissionen auf Einladung des Territorialstaates erfasst anzusehen.[1217] Es ließe sich argumentieren, diese eindeutig nicht völkerrechtswidrigen Fälle erst recht unter den Verteidigungsbegriff des Grundgesetzes zu fassen, beruhen sie doch auf einer solideren völkerrechtlichen Grundlage als die Selbstverteidigung.[1218] Die Anbindung dieses Argumentationsstrangs an die wehrverfassungsrechtliche Situation könnte über folgenden Gedanken erreicht werden: In den Fällen einer Einladung kann insofern von einem defensiveren Charakter des Militäreinsatzes ausgegangen werden, als dieser nicht gegen den Willen des Territorialstaates erfolgt, wie dies regelmäßig im Rahmen von Einsätzen in Selbstverteidigung der Fall sein wird (prototypisch kann diesbezüglich auf den Einsatz in Syrien verwiesen werden).[1219] Die Intervention auf Einladung lässt sich damit sogar besser in das charakteristisch defensive wehrverfassungsrechtliche System einfügen als die Selbstverteidigung. Über Art. 87a Abs. 2 GG ließe sich so sowohl ein unilaterales als auch ein multilaterales Vorgehen der Bundeswehr auf Einladung grundgesetzlich rechtfertigen.

b) Lösungsvariante über Art. 24 Abs. 2 GG

Ein zweiter möglicher Lösungsweg führt über Art. 24 Abs. 2 GG. Findet eine Intervention auf Einladung im Rahmen und nach den Regeln der Strukturen der NATO oder der EU statt, könnte eine diesbezügliche Beteiligung Deutschlands über Art. 24 Abs. 2 GG eine grundgesetzliche Ermächtigung finden. Die

---

1217 *Peters*, in: JUFIL 2018, 246, 266 f.

1218 In diese Richtung *Kreß*, Im Auge des Krieges, FAZ v. 10.12.2015, S. 9.

1219 Verurteilt das Syrien regierende Assad-Regime das Vorgehen der von den USA geführten Ad-hoc-Koalition ausdrücklich als Verletzung der Souveränität Syriens, betont es dabei, dass dieses nicht im Einklang mit der von Syrien ausgesprochenen Einladung der koordinierten Zusammenarbeit steht und begrüßt das auf seine Einladung erfolgende Intervenieren Russlands ausdrücklich, siehe im Einzelnen das 2. Kapitel unter B.II.3.

Prämisse dieses Lösungsweges ist das vorherige Untersuchungsergebnis, dass eine ermächtigende Sicherheitsratsresolution keine zwingende Voraussetzung für einen grundgesetzkonformen Einsatz im Rahmen und nach den Regeln der NATO und der EU nach Art. 24 Abs. 2 GG ist.[1220] Ein unilateraler Einsatz der Bundeswehr zur Intervention auf Einladung wäre über diesen Lösungsweg indes nicht möglich.

c) Reformvorschlag

Eine Reform der Wehrverfassung zur Schaffung weiterer Rechtssicherheit ist daher auch für diesen Einsatztyp zu empfehlen. In Anknüpfung an die Praxis Deutschlands, örtliche Sicherheitskräfte auszubilden, zu beraten und zu unterstützen (train, advice and assist), um diese langfristig zur eigenverantwortlichen Übernahme dieser Aufgaben zu befähigen,[1221] könnte eine Ergänzung des Grundgesetzes folgende Gestalt annehmen:

> Die Streitkräfte dürfen im Ausland auch zu einem bewaffneten Einsatz herangezogen werden, der mit Zustimmung des Territorialstaates zu Ausbildungszwecken regionaler Sicherheitskräfte erfolgt und dazu bestimmt ist, dem Frieden in der Region sowie der Welt zu dienen.

Der extraterritoriale Einsatz der Bundeswehr auf Einladung eines Drittstaates auf dessen Staatsgebiet wird nicht an ein Vorgehen im Rahmen einer NATO oder EU-Mission geknüpft. Auch ein bewaffneter Angriff wäre keine Voraussetzung für einen solchen Einsatz. Die Bundeswehr dürfte für Trainingsmissionen, also unilateral oder im Rahmen einer hierauf gerichteten Ad-hoc-Koalition, eingesetzt werden. Mit dem Zusatz „dem Frieden in der Region sowie der Welt zu dienen" fügt sich die Vorschrift in den defensiven Rahmen des Grundgesetzes ein. Mit dem Wort „Weltfrieden" wird eine Vokabel der UN-Charta verwendet und es wird eine Parallele zu der Schranke des Art. 24 Abs. 2 GG, „eine friedliche und dauerhafte Ordnung in Europa und zwischen den Völkern der Welt herbeiführen und sichern", erkennbar. Spezifisch auf diesen Fall zugeschnitten und in Bestätigung des Art. 26 Abs. 1 S. 1 GG wird deutlich, dass Ausbildungsmissionen nicht zur Vorbereitung eines Angriffs auf einen Nachbarstaat des

---

1220 Siehe oben unter D.IV.5.

1221 Siehe bspw. die Resolute Support Mission in Afghanistan, Bt.-Drs. 19/7726, S. 4. In ähnlicher Weise geht es in den Missionen am Horn von Afrika in den Operationen Atalanta und der EUTM Somalia im Rahmen eines „umfassenden Ansatzes" auch um die Befähigung der lokalen Sicherheitskräfte, zur eigenständigen Kontrolle des Staatsgebietes, siehe Bt.-Drs. 18/11621, S. 6 und Bt.-Drs. 18/11273.

Territorialstaates zulässig sind, um dort eigene geopolitische Interessen zu verfolgen.

3. Die Rettung eigener Staatsangehöriger

Auch die Einsatzart der Rettung eigener Staatsangehöriger ist grundgesetzlich nicht ausdrücklich vorgesehen.

a) Besonderheit aufgrund des unilateralen Vorgehens

Der Ausnahmecharakter des Einsatzes zur Rettung eigener Staatsangehöriger liegt in dem Umstand begründet, dass solche Einsätze in der Vergangenheit stets unilateral, also weder in einem institutionalisierten Bündnis noch in einer losen Ad-hoc-Koalition erfolgten. Alle aktuellen Einsätze der Bundeswehr finden hingegen gemeinsam mit anderen Staaten statt.[1222] Die Wahrscheinlichkeit, dass es in der Zukunft zu einer erneuten Evakuierung durch die Bundeswehr kommt, ist als hoch zu bewerten. In Kontrast hierzu steht die grundgesetzliche Rechtslage. Eine Rechtfertigung eines unilateralen Einsatzes auf der Grundlage des Art. 24 Abs. 2 GG scheidet aus. Eine Rechtfertigung über Art. 87a Abs. 2 GG ist größeren Zweifeln ausgesetzt.[1223]

b) Art. 87a Abs. 2 GG als Anknüpfungspunkt

Von maßgeblicher Bedeutung ist daher, ob ein Einsatz zur Rettung eigener Staatsangehöriger unter einen am völkerrechtlichen Selbstverteidigungsrecht ausgerichteten Verteidigungsbegriff des Grundgesetzes subsumiert werden kann. Jedenfalls ist das völkerrechtliche Selbstverteidigungsrecht des Art. 51 SVN der korrekte Bezugspunkt für eine Rechtfertigung von Rettungseinsätzen, die in den Anwendungsbereich des Art. 2 Abs. 4 SVN fallen. Fasste man die Rettung eigener Staatsangehöriger auf völkerrechtlicher Ebene als einen Fall des Art. 51 SVN auf, bestünde mit Art. 87a Abs. 2 GG auch eine verfassungsrechtliche Grundlage.

1222 Siehe das 1. Kapitel unter B.

1223 Bezöge man den Verteidigungsbegriff einzig auf die Landesverteidigung und damit das Territorium Deutschlands, schiede auch Art. 87a Abs. 2 GG als Rechtsgrundlage aus. Bei der Rettung eigener Staatsangehöriger steht ein Einsatz in Rede, im Rahmen dessen Staatsangehörige, die zu dem untersuchungsrelevanten Zeitpunkt keinen Kontakt zu deutschem Staatsgebiet haben, gerettet werden. Vereinzelt wird der Verteidigungsbegriff des Grundgesetzes auch auf die „Personalverteidigung" erstreckt, so bei *Depenheuer*, in: Maunz/Dürig, GG, Art. 87a [Stand: Oktober 2008], Rn. 108 u. 129.

Diesbezüglich ist auf die Untersuchungsergebnisse des zweiten Kapitels zu rekurrieren: Völkerrechtlich bewegt sich die Rettung eigener Staatsangehöriger (noch) in einer Grauzone, wobei gerade Einsätze geringer Eingriffsintensität zunehmend als völkerrechtsgemäß betrachtet werden können. Eine eindeutige völkerrechtliche Ermächtigung zur Gewaltanwendung kann in diesen Fällen gleichwohl noch nicht ausgemacht werden.[1224]

c) *Reformvorschlag*

Aufgrund der bestehenden Unsicherheiten ist eine klarstellende Einfügung für diese Art des Einsatzes zu befürworten, die wie folgt ausbuchstabiert werden könnte:

> Der bewaffnete Auslandseinsatz der Streitkräfte zur Rettung eigener Staatsangehöriger sowie die hiermit untrennbar verbundene Rettung Staatsangehöriger aus Drittstaaten ist in den Grenzen des Völkerrechts gestattet. Näheres regelt ein Bundesgesetz.

Primärer Vorteil der Neueinfügung wäre ein beachtlicher Zugewinn an Rechtssicherheit auf grundgesetzlicher Ebene. Mit in die Überlegung ist auch der folgende Gedanke einzubeziehen: Deutschland könnte auf diese Weise eine unmissverständliche opinio iuris kundtun. Hierdurch trüge Deutschland auf völkerrechtlicher Ebene zu der weiteren Verfestigung des in der Entstehung befindlichen Völkerrechts bei.[1225] Art. 26 Abs. 1 S. 1 GG stünde einer solchen Neueinfügung nicht entgegen.[1226] Das Verfassungsrecht entwickelte auf diese Weise keinen neuen, dem Friedenssicherungsrecht unbekannten Rechtfertigungsgrund. Ein entsprechendes Bundesgesetz könnte insbesondere die engen

---

1224 Siehe zu alldem das 2. Kapitel unter C.IV. Darüber hinaus bedürfte auch eine sog. non-combatant evacuation operation, die teilweise als außerhalb des Anwendungsbereichs des Art. 2 Abs. 4 SVN liegend angesehen wird (zurückhaltend formulierend *ILA*, Final Report on Aggression and the Use of Force, Sydney Conference 2018, S. 17), und damit keiner Rechtfertigung nach Art. 51 SVN zugeführt werden müsste, dennoch einer grundgesetzlichen Ermächtigung. Bei Einsätzen, in dessen Rahmen aber weder auf militärisches Gerät noch auf uniformierte Einsatzkräfte zurückgegriffen wird, ist indes bereits fraglich, ob überhaupt ein Einsatz im Sinne des Art. 87a Abs. 2 GG vorliegt. Zu dem Einsatzbegriff siehe *Baldus/Müller-Franken*, in: v. Mangoldt/Klein/Starck, GG, Band III, Art. 87a, Rn. 79 f.

1225 Ähnlich *Fassbender*, in: Isensee/Kirchhof, HStR, Band XI, § 244, Rn. 76 u. 47, der eine diesbezügliche Reform für „wünschenswert", doch nicht wahrscheinlich hält.

1226 Für die Einschlägigkeit des Art. 26 Abs. 1 S. 1 GG ist eine Evidenz des friedensstörenden Charakters des Gewalteinsatzes nötig, die bei diesem Einsatztyp gerade nicht angenommen werden kann, siehe oben unter C.II.2.

Voraussetzungen eines solchen Einsatzes festschreiben. Diesbezüglich können die Durchführung und der Ablauf bisheriger Evakuierungseinsätze Orientierungspunkte für die konkrete Ausgestaltung eines solchen Gesetzes liefern.[1227] Hinzuweisen ist auch auf den Umstand, dass mit § 5 ParlBG bereits eine auf den Fall der Rettung eigener Staatsangehöriger gerichtete einfachgesetzliche Grundlage zur formellen Voraussetzung der Zustimmungspflichtigkeit existiert.[1228] In diesem Rahmen sollte dann auch eine Regelung getroffen werden, inwiefern die Rettung ausländischer Staatsangehöriger, die sich räumlich untrennbar in derselben Situation wie die deutschen Staatsangehörigen befinden, zulässig ist.[1229]

4. *Die humanitäre Intervention*

Unter dem Stichwort der humanitären Intervention werden jene Fälle diskutiert, in denen es um ein bewaffnetes Einschreiten auf fremdem Staatsgebiet zum Schutze einer fremden Zivilbevölkerung geht, die sich umfassenden und systematischen Menschenrechtsverletzungen durch die eigene Regierung gegenübersieht. Das Friedenssicherungsrecht kennt keinen ausdrücklichen Erlaubnissatz, der in diesen Fällen eine zwischenstaatliche Gewaltanwendung rechtfertigte. In der Staatenpraxis werden indessen Tendenzen erkennbar, die für die Entwicklung eines entsprechenden Rechtfertigungsgrundes angeführt werden können.[1230]

a) Kein Anwendungsfall des Art. 87a Abs. 2 GG

Teilweise wird versucht, auch die humanitäre Intervention unter den Verteidigungsbegriff des Grundgesetzes zu subsumieren.[1231] Ist es bereits umstritten, ob

---

1227 Verwiesen sei an dieser Stelle auf die Ausführungen im 2. Kapitel unter C.IV.1.

1228 Ausführlich zum wehrverfassungsrechtlichen Parlamentsvorbehalt unter Auswertung der aktuellen Rechtsprechung des BVerfG zu „Kurzeinsätzen" das 4. Kapitel unter C.; auch in Anbetracht dessen, dass Bundesregierung und Bundestag von der Rechtmäßigkeit von Auslandseinsätzen der Bundeswehr zur Rettung eigener Staatsangehöriger ausgehen, erscheint das obiter dictum des BVerfG im Lissabon-Urteil „mehr als erstaunlich", *Wiefelspütz*, in: DÖV 2010, 72, 77.

1229 Zu denken ist dabei beispielsweise an die Evakuierung einer deutschen Botschaft, in welcher sich zu dem Zeitpunkt der Evakuierung mit großer Wahrscheinlichkeit ausländische Staatsangehörige (gemeint sind nicht solche des Territorialstaates) befinden werden.

1230 Zu der völkerrechtlichen Bewertung siehe das 2. Kapitel unter C.III.

1231 *Kokott*, in: Sachs, GG, Art. 87a, Rn. 26 f.; *Depenheuer*, in: Maunz/Dürig, GG, Art. 87a [Stand: Oktober 2008], Rn. 137 bindet die grundgesetzliche Zulässigkeit der

eigene Staatsangehörige (und damit immerhin ein konstitutives Element des völkerrechtlichen Staatsbegriffes) unter den Verteidigungsbegriff des Grundgesetzes fallen, kann die humanitäre Intervention, bei der es um die Rettung fremder Staatsangehöriger geht, nicht unter den Verteidigungsbegriff des Grundgesetzes subsumiert werden. Ebenso wenig ist die humanitäre Intervention ein Anwendungsfall des völkerrechtlichen Selbstverteidigungsrechts (Art. 51 SVN setzt einen bewaffneten Angriff „gegen ein Mitglied der Vereinten Nationen" voraus). Selbst die hier befürwortete Verfassungsänderung des Art. 87a Abs. 2 GG führte mithin nicht zur grundgesetzlichen Rechtmäßigkeit der humanitären Intervention. Anders als die Intervention auf Einladung stellt die humanitäre Intervention auch keine gesicherte völkerrechtliche Ermächtigungsgrundlage für einen Gewalteinsatz dar. Die obige Argumentation zur Intervention auf Einladung[1232] lässt sich also nicht auf die Rechtsfigur der humanitären Intervention übertragen.

b) Art. 24 Abs. 2 GG als möglicher Anknüpfungspunkt

Ein potentieller Lösungsweg führt über Art. 24 Abs. 2 GG und eine Beteiligung der Bundeswehr an einer humanitären Intervention im Rahmen und nach den Regeln der NATO oder der EU. Prämisse der grundgesetzlichen Zulässigkeit der unilateralen humanitären Intervention über Art. 24 Abs. 2 GG ist, dass für einen Einsatz in diesen nach dem Grundgesetz als kollektive Sicherheitssysteme zu bewertenden Bündnissen kein Sicherheitsratsmandat verlangt wird.[1233] Die Voraussetzung eines solchen Einsatzes ist demnach, dass er im Rahmen und nach den Regeln eines gegenseitigen kollektiven Sicherheitssystems im Sinne des Art. 24 Abs. 2 GG erfolgt. Eine Beteiligung Deutschlands an einer Ad-hoc-Koalition, die sich spontan nur für den Zweck des gewaltsamen Schutzes einer fremden Zivilbevölkerung auf fremdem Staatsgebiet gegründet hat, kann also ebenso wenig grundgesetzkonform erfolgen wie ein (aus politischen und historischen Gründen wenig wahrscheinliches) unilaterales Vorgehen Deutschlands. Für die grundgesetzliche Zulässigkeit der humanitären Intervention über Art. 24 Abs. 2 GG kann in Bezugnahme auf das Prinzip der Einheit der Verfassung[1234]

humanitären Intervention über Art. 87a Abs. 1 GG an die Gefährdung von Sicherheitsinteressen Deutschlands.

1232 Siehe unter VI.2.a.

1233 Hierfür sprechen überzeugende Argumente, siehe oben unter D.IV.5.

1234 Hierzu *Hesse*, Grundzüge des Verfassungsrechts, § 2, Rn. 71.

auch auf das Bekenntnis zu den Menschenrechten in Art. 1 Abs. 2 GG[1235] abgestellt werden.

c) *Zwischenergebnis*

Zweifel, wie die humanitäre Intervention de lege lata grundgesetzlich zu rechtfertigen ist, können nicht vollumfassend ausgeräumt werden.[1236] Als sicher feststehend zu bewerten ist indes die Erkenntnis, dass eine Beteiligung der Bundeswehr an einer humanitären Intervention in einer Ad-hoc-Koalition oder gar unilateral erfolgend nicht mit dem Grundgesetz vereinbar ist. Auch in Syrien steht das Grundgesetz einer Beteiligung Deutschlands an spontanen Staatenzusammenschlüssen zur Verhinderung weiterer Chemiewaffenangriffe auf die syrische Zivilbevölkerung entgegen.[1237] Art. 24 Abs. 2 GG ist der einzige denkbare Anknüpfungspunkt für die grundgesetzliche Zulässigkeit einer Intervention auf Einladung. Eine Ergänzung der Verfassung mit einem entsprechenden Erlaubnissatz ist in Anbetracht der noch zu unklaren und im Fluss befindlichen Völkerrechtslage nicht zielführend.

5. *Ergebnis*

Die Wehrverfassung kennt keine ausdrückliche Ermächtigung für die Einsatzkonstellationen der Intervention auf Einladung, der Rettung eigener Staatsangehöriger sowie der humanitären Intervention. Für alle drei Konstellationen sind Rechtfertigungsansätze über die bestehenden Artikel 87a Abs. 2 GG und 24 Abs. 2 GG zumindest nicht ausgeschlossen. Der Grad der Tragfähigkeit der Begründungen variiert indes. Eine Intervention auf Einladung sowie eine humanitäre Intervention ließen sich, soweit sie im Rahmen und nach den Regeln der NATO oder der EU erfolgten, über Art. 24 Abs. 2 GG rechtfertigen. Zusätzlich kommt für die Intervention auf Einladung eine tragfähige Begründung über

---

1235 „Das Deutsche Volk bekennt sich darum zu unverletzlichen und unveräußerlichen Menschenrechten als Grundlage jeder menschlichen Gemeinschaft, des Friedens und der Gerechtigkeit in der Welt."

1236 *Fassbender*, in: Isensee/Kirchhof, HStR, Band XI, § 244, Rn. 79; gegen die hier vorgeschlagene Lösung auch *Hillgruber*, in: Isensee/Kirchhof, HStR, Band II, § 32, Rn. 144.

1237 Hieran ändern auch die politischen Sympathiebekundungen an dem Vorgehen des Dreier-Bündnisses USA, Frankreich und Großbritannien im April 2018 nichts. Die Koalition war als Reaktion auf einen von zahlreichen Giftgasanschlägen von „pro-Government-forces" gegen die eigene Zivilbevölkerung in der syrischen Stadt Douma gegen Ziele der syrischen Armee vorgegangen, siehe hierzu im Einzelnen das 2. Kapitel unter C.III.5.

Art. 87a Abs. 2 GG in Betracht, die auch ein unilaterales Vorgehen umfasste. Die Rettung eigener Staatsangehöriger ließe sich in Anbetracht dessen, dass sie stets unilateral erfolgt ist und auch in Zukunft einsatztypisch unilateral erfolgen wird, einzig über Art. 87a Abs. 2 GG rechtfertigen. Vor dem Hintergrund der in Entwicklung befindlichen Völkerrechtslage ist dieser Lösungsweg allerdings mit Unsicherheiten behaftet. Im Hinblick auf die Einsatzkonstellationen der Intervention auf Einladung sowie insbesondere jener der Rettung eigener Staatsangehöriger ist daher eine Reform der Wehrverfassung anzuraten.

VII. Fazit

Damit ein bewaffneter Auslandseinsatz der Bundeswehr als rechtmäßig bewertet werden kann, muss zu dem Ergebnis der friedenssicherungsrechtlichen Betrachtung, dass keine völkerrechtswidrige Anwendung von Gewalt vorliegt, hinzutreten, dass eine tragfähige grundgesetzliche Ermächtigungsgrundlage einschlägig ist. Die völkerrechtliche Feststellung, dass kein rechtswidriger Verstoß gegen das Gewaltverbot vorliegt, reicht nicht automatisch aus, um von der Grundgesetzkonformität eines Einsatzes ausgehen zu können. Ein bewaffneter Auslandseinsatz kann je nach Konstellation auf Art. 87a Abs. 2 GG oder auf Art. 24 Abs. 2 GG gestützt werden. In der Praxis der Bundesregierung kommt es fast ausschließlich zu einer Anwendung des Art. 24 Abs. 2 GG. Art. 87a Abs. 2 GG tritt dabei in den Hintergrund.

Zur Auslegung des zentralen Tatbestandsmerkmals des Art. 87a Abs. 2 GG ist auf das völkerrechtliche Selbstverteidigungsrecht, wie es in Art. 51 SVN niedergeschrieben ist, abzustellen. Die Bekämpfung nicht-staatlicher Akteure ist auf Grundlage des in dieser Weise ausgelegten Art. 87a Abs. 2 GG auch ohne Zurechnung ihres Verhaltens an einen Territorialstaat möglich, sofern die Angriffshandlungen der nicht-staatlichen Akteure das Ausmaß eines bewaffneten Angriffs erreichen. Denkbar ist auch, dass diese Selbstverteidigung in der Konstellation einer Ad-hoc-Koalition vorgenommen wird. Auf Grundlage des Art. 24 Abs. 2 GG sind hingegen nur Einsätze zulässig, die im Rahmen und nach den Regeln eines kollektiven Sicherheitssystems erfolgen. Hierunter fallen neben den UN auch die NATO und die EU. Für die Grundgesetzkonformität der Einsätze im Rahmen der beiden zuletzt genannten Bündnisse bedarf es nicht zwingend einer ermächtigenden Sicherheitsratsresolution. Letztlich erscheint demzufolge auch eine humanitäre Intervention ohne ermächtigendes Sicherheitsratsmandat grundgesetzlich nicht ausgeschlossen, wenn sie im Rahmen und nach den Regeln der NATO oder der EU erfolgt. Neben dem Fall der humanitären Intervention sieht das Grundgesetz auch keine ausdrückliche

Ermächtigungsgrundlage für die Einsatzarten der Intervention auf Einladung und die Rettung eigener Staatsangehöriger vor. Die Intervention auf Einladung könnte als weniger eingriffsintensiver Fall unter Art. 87a Abs. 2 GG subsumiert werden oder, soweit der Einsatz im Rahmen eines gegenseitigen kollektiven Sicherheitssystems erfolgt, unter Art. 24 Abs. 2 GG. Für die stets unilateral erfolgende Fallkonstellation der Rettung eigener Staatsangehöriger kommt eine Rechtfertigung über Art. 87a Abs. 2 GG in Betracht. Eine solche ist aufgrund der nicht eindeutigen Völkerrechtslage indes mit Unsicherheiten behaftet.

E. Änderungsbedürftigkeit der Wehrverfassung

Insgesamt hat die vorstehende Untersuchung ein beachtliches Maß an Rechtsunsicherheit in dem Bereich des bewaffneten Auslandseinsatzes der Bundeswehr festgestellt. Eine Reform der Wehrverfassung ist daher zu befürworten. Eine Anpassung des wehrverfassungsrechtlichen Rahmens nach mehr als einem halben Jahrhundert seit der letzten großen Änderung ist kein voreiliger Aktionismus. Eine Reform kann, basierend auf der reichhaltigen Einsatzerfahrung der letzten Jahrzehnte, fundiert gestaltet werden.[1238]

I. Sicherstellung der normativen Kraft der Wehrverfassung

Trotz der stabilisierenden Rahmenfunktion, die eine staatliche Verfassung leisten sollte, ist der Befund der Änderungsbedürftigkeit nicht negativ konnotiert.[1239] Die Verfassung ist „weder vollständig noch vollkommen".[1240] Vielmehr ist sie einerseits bewusst weit ausgestaltet, um gerade den Veränderungen im Tatsächlichen ausreichend Raum zu belassen, und bezweckt andererseits die Erhaltung einer umfassenden gesellschaftlichen Stabilität.[1241] Die folgenden Ausführungen von *Konrad Hesse* passen gut zu dem vorliegenden Untersuchungsgegenstand:

1238 Meldete *Bothe*, in: Schwarz/Steinkamm, Einsatz der Bundeswehr »out of area«, 82, 87 f. in einem Referat 1991 noch Bedenken an einer verfassungsrechtlichen Klarstellung an, da es zu früh sei, die Konfliktsituationen, denen sich der Staat irgendwann stellen müsse, irgendwie abzuschätzen („uniformierter Kuhhandel"), stellt sich die Situation heute auch infolge jahrzehntelanger Einsatzerfahrung des wiedervereinigten Deutschlands grundlegend anders dar.

1239 Siehe auch *Wieland*, in: Fleck, Rechtsfragen der Terrorismusbekämpfung, 167, 180.

1240 *Hesse*, Grundzüge des Verfassungsrechts, § 1, Rn. 19.

1241 *Hesse*, Grundzüge des Verfassungsrechts, § 1, Rn. 37; dass das im Jahre 2019 seit 70 Jahren bestehende Grundgesetz als „Glücksfall" für Deutschland und Europa bezeichnet werden kann, siehe *von Danwitz*, „Wert und Werte des Grundgesetzes", FAZ v. 21.1.2019, S. 6, liegt in der aus dem Grundgesetz resultierenden

„Der Zuordnung dieser Momente bedarf es, damit beide [die „Starrheit“ und die „Beweglichkeit“ der Verfassung[1242]] ihre Aufgabe erfüllen können. Das Beharrende darf nicht zum Hindernis werden, wo Bewegung und Fortschreiten aufgegeben sind; sonst geht die Entwicklung über die rechtliche Normierung hinweg. Das Bewegende darf nicht die stabilisierende Wirkung der verbindlichen Fixierungen aufheben; sonst bleibt die Aufgabe rechtlicher Grundordnung des Gemeinwesens unbewältigt.“[1243]

Im Bereich der Wehrverfassung des „notorisch von Unsicherheiten geprägten Außenverfassungsrecht[s]“[1244] drängt die „bewegte“ Realität die normative Kraft zunehmend zurück. Wurde eine Verfassungsänderung im Hinblick auf Einsätze, die im Rahmen der Vereinten Nationen stattfinden, insbesondere solche außerhalb des NATO-Vertragsgebietes, zur Zeit rund um die Wiedervereinigung von vielen Verfassungsrechtlern mit guten Gründen für nicht zwingend erforderlich gehalten,[1245] hat in den letzten knapp 30 Jahren ein beachtlicher Wandel der Sicherheitslage stattgefunden. Dadurch sind einerseits Einsatztypen in den Vordergrund gerückt, die zu Beginn der 1990er Jahre nicht denkbar waren oder zumindest nicht im Fokus standen. Gleichzeitig hat die Anzahl der Auslandseinsätze stark zugenommen. Andererseits hat sich auch die Völkerrechtsordnung zunehmend weiterentwickelt. Bedingt durch diese Faktoren ist der „Interpretationsdruck“[1246] auf die Wehrverfassung an vielen Stellen mittlerweile zu hoch und geht letztlich zu Lasten der rechtlichen Stabilität. In Anbetracht der nun schon beinahe drei Jahrzehnte andauernden Rolle der Bundeswehr als einer Armee im Einsatz, die sich seit mindestens zwei Jahrzehnten zunehmend auch

---

Stabilität gesellschaftlicher Verhältnisse, die auch auf die offenen Formulierungen des Grundgesetztextes zurückzuführen ist, siehe *Meissner*, „Ein Glücksfall“, FAZ v. 23.1.2019, S. 6.

1242 Anmerkung des Verfassers. Die Begriffe werden von *Hesse*, Grundzüge des Verfassungsrechts, § 1, Rn. 36 selbst eingeführt.

1243 *Hesse*, Grundzüge des Verfassungsrechts, § 1, Rn. 37.

1244 *Payandeh*, in: NJW 2016, 1279, 1280.

1245 Zusammenfassend für ein entsprechendes Kolloquium aus dem August 1989 *Frowein*, in: Frowein/Stein, Beteiligung der Bundesrepublik Deutschland an Friedenstruppen der Vereinten Nationen, S. 91; *Doehring*, in: Schwarz/Steinkamm, Einsatz der Bundeswehr »out of area«, 67, 73; doch wurde die Frage des Erfordernisses einer Verfassungsänderung in beiden hier angesprochenen Kolloquien strittig diskutiert und es waren auch Gegenstimmen zu vernehmen, siehe u.a. die Generaldebatte, in: Schwarz/Steinkamm, Einsatz der Bundeswehr »out of area«, 89, 90 (*Fleck*) u. 91 (*Heyde*).

1246 *Gramm*, in: Die Verwaltung 2008, 375, 382.

nicht-staatlichen Bedrohungen widmet, liefert die Wehrverfassung nach wie vor einen gewissen Grad an Stabilität. Es ist Aufgabe des Verfassungsinterpreten, eben diese Stabilität bestmöglich zu gewährleisten.[1247] Auch dem Bundesverfassungsgericht ist es gelungen, durch seine Urteile eine gewisse Stabilität in diesem Bereich zu schaffen. Die Folge ist allerdings eine starke Fallbezogenheit des Wehrverfassungsrechts,[1248] welches die Feststellung einer eindeutigen Rechtslage zunehmend erschwert.[1249]

Heute sind im einschlägigen Schrifttum zahlreiche Stimmen zu vernehmen, die eine Änderung der Wehrverfassung für erforderlich halten. Die „Glaubwürdigkeit" der Wehrverfassung wird in Gefahr gesehen – die Wehrverfassung wird als „antiquiert" befunden, weshalb die „juristische Interpretationskunst an ihre Grenzen stößt."[1250] Die zuvor herausgearbeiteten rechtlichen Unsicherheiten auf der Ebene der Wehrverfassung werden als „Malaise" empfunden, die durch eine Klarstellung der entsprechenden Normen zu beseitigen sei.[1251] Eine

---

1247 Eingehend *Depenheuer*, in: Maunz/Dürig, GG, Art. 87a [Stand: Oktober 2008], Rn. 14. Dieser Verantwortung dürfe sich die Verfassungsinterpretation nicht unter Verweis auf vermeintlich für erforderlich gehaltene Verfassungsänderungen entziehen. Auch Depenheuer befindet eine „Neuordnung des Sicherheitsverfassungsrechts [für] wünschenswert", hält eine solche aber derzeit (Stand der dortigen Bearbeitung: 2008) für nicht wahrscheinlich und sieht Art. 87a GG als gerüstet, um auf die Bedrohungen des transnationalen Terrorismus effektiv reagieren zu können, *Depenheuer*, ebenda, Rn. 58.

1248 Siehe auch *Wieland*, in: NZWehrr 2006, 133, 138 f., der ein „wehrverfassungsrechtliches Case Law" erkennt; die Feststellung eines sehr fallbezogenen Wehrverfassungsrechts trifft besonders auf die formelle Seite der Wehrverfassung rund um den ungeschriebenen wehrverfassungsrechtlichen Parlamentsvorbehalt zu, siehe hierzu das 4. Kapitel unter B.I. Im Bereich des materiellen Wehrverfassungsrechts ist das Bundesverfassungsgericht aufgrund des Charakters des Organstreitverfahrens hingegen regelmäßig daran gehindert, zu den materiellen Grundlagen der Wehrverfassung für einen Auslandseinsatz Stellung zu beziehen.

1249 Siehe den Diskussionsbeitrag von *Tomuschat*, in: Frowein/Stein, Beteiligung der Bundesrepublik Deutschland an Friedenstruppen der Vereinten Nationen, S. 88, aus dem Jahre 1989, der mit Blick auf die rechtliche Normierungen des Bündnisfalls im Grundgesetz meint, dass, wolle man sich in der Literatur darüber unterrichten, wie die Rechtslage beschaffen sei, man verzweifelt nachschlagen müsse. „Einen Vormittag lang braucht man schon, um zu einem Ergebnis zu kommen." Ist diese Feststellung Tomuschats' bereits knapp 30 Jahre alt, hat sie heute – auch in Anbetracht der umfassenden Rechtsprechung zum wehrverfassungsrechtlichen Parlamentsvorbehalt – eher an Einschlägigkeit zugenommen, denn abgenommen.

1250 *Gramm*, in: Die Verwaltung 2008, 375, 402.

1251 *Kreß*, Im Auge des Krieges, FAZ v. 10.12.2015, S. 9.

Neuformulierung der Wehrverfassung sei unumgänglich geworden.[1252] Eine Reform der Wehrverfassung sei geboten, denn faktisch trete der verfassungsändernde Gesetzgeber seine Kompetenzen zu einem nicht unwesentlichen Teil an das Bundesverfassungsgericht ab.[1253] Deutschland brauche eine neue Wehrverfassung, zumindest eine ergänzende Novellierung.[1254] Eine Reform der Wehrverfassung sei aufgrund von „Glaubwürdigkeitsdefiziten" „überfällig",[1255] eine „gesetzliche Klarstellung dringend geboten."[1256] Die erneut sichtbar werdende Blockade des Sicherheitsrates sowie die zunehmende Akzeptanz, Gewalt gegen nicht-staatliche Akteure in Selbstverteidigung auszuüben, bedingten eine Reflexion, wie das Verfassungsrecht diesen neuen Herausforderungen angepasst werden könnte.[1257] Die Entwicklung in Syrien und im Irak in den letzten Jahren hat auch einzelnen politischen Akteuren Anlass dazu gegeben, öffentlich für eine Verfassungsänderung zu werben – eine „Klarstellung der Rechtslage" wird als zielführend auch hinsichtlich der Verlässlichkeit Deutschlands als Bündnispartner betrachtet.[1258] Die Rühe-Kommission erachtet „die Frage nach Reformbedarf und Reformoptionen mit Blick auf die Wehrverfassung" in ihrem Abschlussbericht aus dem Mai 2015, im Zusammenhang mit der zunehmend fortschreitenden Bündnisintegration Deutschlands und dem wehrverfassungsrechtlichen Parlamentsvorbehalt zurückhaltend formulierend, für „bedeutsam" und empfiehlt dem Bundestag, „in einem geeigneten Verfahren über eine mögliche Reform des verfassungsrechtlichen Rahmens für Auslandseinsätze" zu beraten.[1259]

1252 So *Glawe*, in: NVwZ-Extra 2011, 1, 3 bezogen sowohl auf den Innen- als auch den Außeneinsatz des Militärs; in Bezug auf den Auslandseinsatz ebenso *Kreß*, in: Schwegmann, Bewährungsproben einer Nation, 87, 99.

1253 *Wieland*, in: NZWehrr 2006, 133, 138 f.

1254 So ausdrücklich *Baldus*, in: NZWehrr 2007, 133, 137.

1255 *Gramm*, in: NZWehrr 2007, 221, 235.

1256 *Fastenrath*, Ein Verteidigungskrieg läßt sich nicht vorab begrenzen, FAZ v. 12.11.2001, S. 8.

1257 *Peters*, in: JUFIL 2018, 246, 293.

1258 So äußert der außenpolitische Sprecher der CDU/CSU-Bundestagsfraktion Jürgen Hardt in der FAZ v. 18.9.2018, S. 8, dass „[d]ie Vorstellung, dass unser Grundgesetz uns hindern könnte, aktiv zu werden, selbst wenn es für ein Handeln eine Völkerrechtsgrundlage gibt, [...] Deutschlands Stellung in der Welt nicht gerecht [wird]."

1259 Siehe Bt.-Drs. 18/5000, S. 45. Die Auseinandersetzung mit den materiellen Rechtsgrundlagen für den Auslandseinsatz war nicht Teil des Auftrages der Kommission.

II. Systematik einer Verfassungsänderung

Über die genaue Verortung der einzelnen Ergänzungen und Klarstellungen wird man ebenso wie hinsichtlich der konkreten Ausformulierung trefflich streiten können. Art. 87a GG wird im Hinblick auf den Regelungszusammenhang zuweilen ohnehin als nicht optimal verortet empfunden.[1260] Auch die bisherige Zusammenlegung von Vorschriften zum In- und Auslandseinsatz in einer einzelnen Norm erscheint diskutabel. Im Zuge der Reform der Wehrverfassung sollte auch die Überlegung verfolgt werden, dieser einen eigenständigen Abschnitt im Grundgesetz zu widmen. Die bestehenden Vorschriften binden die Streitkräfte eng in das demokratische und rechtsstaatliche System des Grundgesetzes ein.[1261] Die Entstehung eines „Staates im Staate" wird auch dann nicht zu befürchten sein, wenn den Streitkräften 85 Jahre nach dem Ende des Zweiten Weltkrieges ein eigener Abschnitt im Grundgesetz zugewiesen wird.

Häufig werden Verfassungsänderungen in Zusammenhang mit dem Inlandseinsatz der Streitkräfte in Anbetracht der neuartigen terroristischen Bedrohungen diskutiert und vorgeschlagen.[1262] Auch die Bundesregierung erkannte in ihrem Weißbuch „zur Sicherheitspolitik Deutschlands und zur Zukunft der Bundeswehr" aus dem Jahre 2006 „die Notwendigkeit einer Erweiterung des verfassungsrechtlichen Rahmens für den Einsatz der Streitkräfte", bezog dies allerdings offensichtlich ausschließlich auf ihre begrenzte Inlandskompetenz.[1263] Eine etwaige Änderung der Wehrverfassung sollte hingegen einen ganzheitlichen Ansatz verfolgen und nicht auf die Vorschriften im Hinblick auf den Inlandseinsatz begrenzt werden. Im Zuge einer Reform der Wehrverfassung ist darauf zu achten, einen „Flickenteppich" an Einzelregelungen zu vermeiden.[1264]

1260 *Heun*, in Dreier, GG, Band III, Art. 87a, Rn. 7.

1261 Siehe eingangs dieses Kapitels unter B.I.

1262 Fundiert bspw. bei *Wieland*, in: Fleck, Rechtsfragen der Terrorismusbekämpfung, 167, 179 f.; ein Überblick zu konkreten Änderungsvorschlägen des Art. 35 GG infolge des bundesverfassungsgerichtlichen Urteils zum Luftsicherheitsgesetz findet sich bei *Wiefelspütz*, Parlamentsbeteiligungsgesetz, S. 120 ff.

1263 Weißbuch 2006, S. 67. Der zitierte Satz erfolgt im Anschluss an Ausführungen zu den begrenzten Einsatzmöglichkeiten der Bundeswehr im Inneren – insbesondere nach Art. 35 GG und der Problematik des Einsatzes „spezifischer militärischer Kampfmittel".

1264 Siehe *Tomuschat*, in: Frowein/Stein, Beteiligung der Bundesrepublik Deutschland an Friedenstruppen der Vereinten Nationen, S. 88, der davor warnt, „konkrete Einzelmaßnahmen im Wege des verfassungsändernden und verfassungsergänzenden legitimen Gesetzes zu wollen", da die Verfassung dadurch eine andere „Qualität" als bisher erhalten würde.

Gleichzeitig ist zu berücksichtigen, dass die Grundgesetzänderungen hinsichtlich der Textfassungen in den Gesamtstil des Grundgesetzes passen, welcher sich durch offene Formulierungen auszeichnet, die Raum für neue Entwicklungen lassen.[1265] Das Grundgesetz kann bildlich als mit „breiten Pinselstrich[en] gemalt" charakterisiert werden.[1266] Allzu detaillierte (quasi gesetzesvertretende) Regelungen passen nicht in die Gesamtsystematik des Grundgesetzes.[1267]

III. Zusammenfassung der Reformvorschläge

Zusammenfassend werden nachfolgend die hier erarbeiteten Reformvorschläge der Wehrverfassung dargestellt. Die Vorschläge folgen nicht „blind" dem völkerrechtlichen System des Friedenssicherungsrechts, sondern erfolgen autonom aus wehrverfassungsrechtlicher Perspektive. Dabei wird die Systematik der Wehrverfassung ebenso berücksichtigt wie die tatsächlichen Entwicklungen. Die bestehende Offenheit des Grundgesetzes für völkerrechtliche Einflüsse wirkt sich überdies nicht nur in eine Richtung aus. Eine eindeutige Rechtslage ermöglicht es Deutschland - auch im Wege klarer rechtlicher Begründungen –, die Völkerrechtslage aktiv mitzugestalten.

1265 *Hesse*, Grundzüge des Verfassungsrechts, § 1, Rn. 37; siehe im Hinblick auf das Grundgesetz als Ganzes *Meissner*, „Ein Glücksfall", FAZ v. 23.1.2019, S. 6, der Art. 16a GG als Negativbeispiel anführt und davor warnt, das Grundgesetz zu einem „Tummelplatz für gesetzesvertretende Regelungen" werden zu lassen.

1266 Formulierung nach *Tomuschat*, in: Frowein/Stein, Beteiligung der Bundesrepublik Deutschland an Friedenstruppen der Vereinten Nationen, S. 87.

1267 Siehe auch die Warnung von *Grimm*, „Der Politik Spielraum lassen", FAZ v. 23.5.2019, S. 10, der betont: „Je mehr die Verfassung jedoch ins Detail geht, desto stärker schrumpft der Spielraum für Politik, desto folgenloser werden Wahlen"; auch *Dreier*, „Änderungen nur mit Referendum", FAZ v. 23.5.2019, S. 10, meint, die über 60 verfassungsändernden Gesetze in der 70 jährigen Geschichte des Grundgesetzes hätten der Verfassung nicht gutgetan. Die Textgestalt sei vielfältig entstellt worden. Als Gründe hierfür führt er u.a. „ungefüge Aufblähungen (z.B. Art. 13 Abs. 3 bis 6, Art. 16a)" und „detailversessene Regelungswut (z.B. Art. 29, 91c, 125c, 143c)" an. Obgleich eine Verfassungsänderung aufgrund der erhöhten Mehrheitserfordernisse in Bundestag und Bundesrat zu Zeiten, in welchen eine einzelne oder auch zwei Parteien diese Mehrheit nicht aufbringen können, stets Kompromisse erfordert, sollte es um der Sache willen strikt vermieden werden, dass sich der Kompromisscharakter in negativer Weise im Text des Grundgesetzes niederschlägt.

Änderung 1: Ausdrücklichkeit des Verfassungsvorbehalts für Auslandseinsätze, Art. 87a Abs. 2 S. 1 GG

„Außer zur Verteidigung dürfen die Streitkräfte sowohl im Inland als auch im Ausland nur eingesetzt werden, soweit dieses Grundgesetz es ausdrücklich zulässt."

Änderung 2a: Erforderlichkeit eines klarstellenden zweiten Satzes in Art. 24 Abs. 2 GG

„Die Einwilligung in die Beschränkung von Hoheitsrechten nach Satz 1 umfasst auch die Eingliederung von Streitkräften in integrierte Verbände des Systems sowie eine Beteiligung der Streitkräfte an bewaffneten Auslandseinsätzen, die im Rahmen und nach den Regeln des Systems gegenseitiger kollektiver Sicherheit erfolgen."

Änderung 2b: Möglichkeit eines klarstellenden Verweises in Art. 87a Abs. 2a GG

„Insbesondere ist ein im Rahmen und nach den Regeln eines Systems gegenseitiger kollektiver Sicherheit im Sinne des Art. 24 Abs. 2 GG erfolgender bewaffneter Auslandseinsatz der Streitkräfte zulässig."

Änderung 3: Anbindung des Verteidigungsbegriffs an das völkerrechtliche Selbstverteidigungsrecht, Art. 87a Abs. 2 S. 2, 3 GG

„Unter Verteidigung ist ein Einsatz der Streitkräfte zu verstehen, der die Voraussetzungen des völkerrechtlichen Selbstverteidigungsrechts, wie es in Art. 51 der Charta der Vereinten Nationen niedergelegt ist, erfüllt und sich in dessen Grenzen bewegt. Dies gilt insofern nicht, als das Selbstverteidigungsrecht in seiner aktuellen Ausprägung erkennbar der diesbezüglichen ständigen Praxis der Bundesrepublik Deutschland zuwiderläuft. Bei allen Einsätzen ist insbesondere das Prinzip der Verhältnismäßigkeit zu beachten."

Änderung 4: Ergänzung betreffend die Intervention auf Einladung

„Die Streitkräfte dürfen im Ausland auch zu einem bewaffneten Einsatz herangezogen werden, der mit Zustimmung des Territorialstaates zu Ausbildungszwecken regionaler Sicherheitskräfte erfolgt und dazu bestimmt ist, dem Frieden in der Region sowie der Welt zu dienen."

Änderung 5: Ergänzung betreffend der Rettung eigener Staatsangehöriger

„Der bewaffnete Auslandseinsatz der Streitkräfte zur Rettung eigener Staatsangehöriger sowie die hiermit untrennbar verbundene Rettung Staatsangehöriger aus Drittstaaten ist in den Grenzen des Völkerrechts gestattet. Näheres regelt ein Bundesgesetz."

F. Ergebnis

Dieses Kapitel zielte auf die Untersuchung des wehrverfassungsrechtlichen Rahmens für einen bewaffneten extraterritorialen Einsatz vor dem Hintergrund der friedenssicherungsrechtlichen Untersuchungsergebnisse. Die äußere Grenze der Rechtmäßigkeit wird durch Art. 26 Abs. 1 S. 1 GG parallel zum Friedenssicherungsrecht bei einem nicht zu rechtfertigenden Anwendungsfall des Art. 2 Abs. 4 SVN gezogen. Ein evident völkerrechtswidriger Einsatz ist über Art. 26 Abs. 1 S. 1 GG damit auch grundgesetzwidrig. Aus dem Verfassungsprinzip der Völkerrechtsfreundlichkeit kann darüber hinaus kein abstrakter Argumentationstopos hergeleitet werden, der jegliches völkerrechtliches Ergebnis für die grundgesetzliche Bewertung verbindlich werden ließe. Gleichwohl bestehen weitere Parallelen zwischen dem Regelungsregime des Friedenssicherungsrechts und jenem der Wehrverfassung. Für die Verfassungskonformität eines bewaffneten Auslandseinsatzes bedarf es einer eigenständigen grundgesetzlichen Ermächtigungsgrundlage. Die zentralen Ermächtigungsgrundlagen stellen Art. 87a Abs. 2 GG und Art. 24 Abs. 2 GG dar; beide weisen historisch bedingt enge Verbindungen zur Rechtsordnung des Völkerrechts auf.

Der Verteidigungsbegriff des Grundgesetzes ist in Einklang mit dem völkerrechtlichen Begriff der Selbstverteidigung zu verstehen, wie er in Art. 51 SVN völkervertraglich niedergeschrieben ist. Nach geltender Rechtslage ist damit auch eine Bekämpfung nicht-staatlicher Akteure in Selbstverteidigung grundgesetzlich zulässig. Obgleich eine zumindest klarstellende Reform der zentralen Ermächtigungsgrundlagen in der hier vorgeschlagenen Form förderlich für die Rechtssicherheit wäre. Der Verteidigungseinsatz kann sowohl im Bündnis als auch durch Deutschland alleine oder im Rahmen einer Ad-hoc-Koalition grundgesetzkonform ausgeführt werden.

Der auf das System der Vereinten Nationen zugeschnittene Art. 24 Abs. 2 GG erfasst auch Einsätze im Rahmen und nach den Regeln der NATO und der EU. Während eine zur Gewalt ermächtigende Sicherheitsratsresolution auf völkerrechtlicher Ebene conditio sine qua non für die Völkerrechtsmäßigkeit des Einsatzes ist, bedarf es einer solchen im Rahmen von Einsätzen unter der NATO und der EU nicht zwingend, um von der Grundgesetzkonformität des Einsatzes ausgehen zu können. Nicht ausgeschlossen ist daher, dass eine humanitäre Intervention im Rahmen und nach den Regeln der NATO oder der EU grundgesetzkonform erfolgen kann. Ad-hoc-Koalitionen, auch Koalitionen der Willigen genannt, können hingegen nicht unter Art. 24 Abs. 2 GG subsumiert werden. Die rechtliche Begründung der Bundesregierung für den Einsatz in Syrien ist daher nicht tragfähig. An dieser Stelle gilt es, Art. 87a Abs. 2 GG heranzuziehen, mag dies auch einen politischen Kurswechsel bedeuten.

Die grundgesetzlich nicht vorgesehenen Einsatztypen (Intervention auf Einladung, Rettung eigener Staatsangehöriger, humanitäre Intervention) können bei entsprechender Auslegung unter den bestehenden grundgesetzlichen Rahmen subsumiert werden. Dabei bestehen an vielen Stellen und je nach Einsatzkonstellation indes größere Rechtsunsicherheiten. Diese gilt es durch eine ganzheitliche Reform der Wehrverfassung zu beseitigen.

6. Kapitel – Die konfliktsvölkerrechtliche Befugnis zur (gezielten) Tötung im Lichte der Grundrechte

Die Kernaussage des Titels vorliegender Ausarbeitung – im Spannungsverhältnis zwischen innerstaatlichen und völkerrechtlichen Vorgaben – wird in keinem der bislang behandelten Bereiche so deutlich, wie auf dem Felde der im ersten Abschnitt des Grundgesetzes niedergelegten Grundrechte. Auf die aus dem dritten Kapitel resultierenden Ergebnisse wird nun auf der Ebene des Verfassungsrechts, an dieser Stelle erstmals explizit außerhalb von Bestimmungen der Wehrverfassung, zurückzugreifen sein. An folgenden Begriffspaaren kann die Brisanz dieses Abschnitts ohne viele Worte verdeutlicht werden – muten die Gegenüberstellungen doch paradox an:

Kollateralschaden – Menschenwürde
Befugnis zur gezielten Tötung – Recht auf Leben

Die der Gegenüberstellung zugrundeliegende Prämisse ist indes die extraterritoriale Geltung der im Grundgesetz niedergelegten Grundrechte für das Verhalten der Bundeswehr im Auslandseinsatz – nur dann kann ein Spannungsverhältnis bestehen (A.). Nachdem die extraterritoriale Geltung der Grundrechte festgestellt worden ist, wird das Hauptaugenmerk auf der Untersuchung der durch Art. 1 Abs. 1 GG garantierten Menschenwürde unbeteiligter Zivilisten im Kontext des bewaffneten Konflikts liegen (B.). Im Hinblick auf das aus Art. 2 Abs. 2 GG resultierende Grundrecht auf Leben wird sich die Frage nach dem einen Eingriff rechtfertigenden Gesetz zunächst mit der Antwort konfrontiert sehen, dass ein Gesetz über den Status und die Befugnisse deutscher Soldaten im Rahmen eines Auslandseinsatzes oder auch ein Auslandseinsatzgesetz nicht existiert. Im Anschluss soll der Frage nachgegangen werden, ob sich ein nach dem Recht der bewaffneten Konflikte rechtmäßiger Eingriff in das Recht auf Leben dennoch verfassungsrechtlich rechtfertigen lässt (C.). Eine umfassende Behandlung dieser beiden Probleme ist in der Literatur nach wie vor die Ausnahme. Die entsprechende Diskussion steht noch am Anfang und wird den tatsächlichen Entwicklungen noch nicht gerecht.[1268]

1268 Siehe die Bestandsaufnahme zum Diskussionsstand rund um das Thema Töten im Krieg (Stand: 2010) bei *Eser*, in: FS-Schöch, 461, 463 f.; dies lässt sich auch anhand

A. Extraterritoriale Grundrechtsbindung deutscher Soldaten

Eingangs stellt sich zunächst die Frage nach der extraterritorialen Grundrechtsbindung; konkret also, ob die im Einsatz in einem anderen Staat als Deutschland dienenden und dabei Hoheitsgewalt ausübenden Soldatinnen und Soldaten an die Grundrechte der deutschen Verfassung gebunden sind. Das Grundgesetz enthält keine ausdrücklich niedergeschriebene Antwort auf diese Frage. Doch ergibt sich die Gebundenheit aus Art. 1 Abs. 3 GG, der die Grundrechte des Grundgesetzes als für „Gesetzgebung, vollziehende Gewalt und Rechtsprechung [...] unmittelbar geltendes Recht" deklariert und dabei weder im Hinblick auf die räumliche Sphäre zwischen inländischen und ausländischen Handlungen eine Differenzierung vornimmt noch hinsichtlich der Betroffenheit des Grundrechtseingriffs zwischen In- und Ausländern unterscheidet.[1269] Auch die Beteiligung an einem Krieg ist nicht etwa sachlicher Ausschlussgrund der Anwendbarkeit der deutschen Grundrechtsordnung.[1270] Eine räumliche Beschränkung des Geltungsbereichs der Grundrechte liefe der Entwicklung des zunehmend von wechselseitigen Abhängigkeiten geprägten Völkerrechts und nationalen Rechts entgegen.[1271] Gerade auch aufgrund der das Grundgesetz prägenden Offenheit für internationale Einflüsse[1272] und die damit einhergehenden strukturellen Veränderungen in der Aufgabenwahrnehmung – welche an der Geschichte der Bundeswehr aufgezeigt werden können[1273] – ist es wichtig, dass die Grundrechte in einem zentralen Bereich, wie dem der extraterritorialen Gewaltanwendung nicht ins Leere laufen.[1274] So ist die Geltung der Grundrechte mit extraterritorialen Berührungspunkten heute wohl anerkannt.[1275] Auch das Bundesverfassungsgericht geht bei extraterritorial wirkenden Vollzugshandlungen der auswärtigen

---

des Gutachtens des WD des BT WD 2 - 3000 - 130/18 v. 10.9.2018, S. 8 f. zu Rechtsfragen einer etwaigen Beteiligung der Bundeswehr an möglichen Militärschlägen der Alliierten gegen das Assad-Regime in Syrien verdeutlichen – wird hier doch einzig das „Auslandseinsatz-Verfassungsrecht (Art. 24 bis 26 GG)" [Hervorhebung des Originals entfernt] als Grundlage der Prüfung einer etwaigen Beteiligung der Bundeswehr an militärischen Reaktionen auf potentielle zukünftige Giftgaseinsätze der syrischen Armee herangezogen.

1269 *Yousif*, Die extraterritoriale Geltung der Grundrechte, S. 96.

1270 *Krieger*, in: Fleck, Rechtsfragen der Terrorismusbekämpfung, 101, 237.

1271 *v. Arnauld*, in: Weingärtner, Streitkräfte und Menschenrechte, 61, 63.

1272 Siehe hierzu 5. Kapitel unter A.II.

1273 Siehe das 1. Kapitel unter C.

1274 *Werner*, Die Grundrechtsbindung der Bundeswehr, S. 97 f.

1275 *v. Arnauld*, in: Weingärtner, Streitkräfte und Menschenrechte, 61, 64 m.w.N.

Gewalt von der Bindung dieser an die Grundrechte des Grundgesetzes aus.[1276] Ebenso besteht speziell an der Bindung der Bundeswehr an die Grundrechte im In- und Ausland kein Zweifel, wurde doch durch die erste Wehrnovelle von 1956 der Begriff der „Verwaltung“ durch den Ausdruck „vollziehende Gewalt“ ersetzt, um gerade auch die Bindung der Bundeswehr an die Grundrechte sicherzustellen.[1277] Im Ergebnis kann man sagen, dass „[d]ie Grund- und Menschenrechtsbindung [...] damit dem staatlichen Handeln gewissermaßen als rechtsstaatliche Hypothek auch ins Ausland [folgt].“[1278] Ein einschränkendes Kriterium, dass für die Grundrechtsbindung etwa die dauerhafte Ausübung der Herrschaftsgewalt in einem Konflikt notwendige Bedingung für die Anwendbarkeit der Grundrechte wäre, ist abzulehnen.[1279] Rechtlich zulässig ist eine die Grundrechte der Zivilbevölkerung tangierende militärische Handlung sowohl im Verteidigungskrieg als auch im extraterritorialen Einsatz der Bundeswehr mithin nur, wenn der Eingriff verfassungsrechtlich gerechtfertigt werden kann.[1280] Sogar im Verteidigungsfall nach Art. 115a GG ist eine über die reguläre Einschränkbarkeit der Grundrechte hinausgehende Restriktion dieser nur in den in Art. 115c Abs. 2 GG genannten Fällen möglich.[1281] Die grundgesetzlichen Grundrechte sind daher neben den Normen der Wehrverfassung der zugrunde zu legende Maßstab einer Prüfung der Verfassungsmäßigkeit extraterritorialer Tötungshandlungen der Bundeswehr; die Verfassungsmäßigkeit konfliktsvölkerrechtskonformer Schädigungshandlungen folgt nicht etwa ipso iure aus der Transformation konfliktsvölkerrechtlicher Regelungen in die deutsche Rechtsordnung über Art. 59 Abs. 2 GG sowie Art. 25 GG. Die Verfassungskonformität kann nur am Maßstab der deutschen Verfassung und dort zuvorderst der Grundrechte bewertet werden.[1282]

1276 „[...] denn die Grundrechte binden die deutsche öffentliche Gewalt auch, soweit Wirkungen ihrer Betätigung im Ausland eintreten“, *BVerfGE* 6, 290 (295).

1277 *Fassbender*, in: Isensee/Kirchhof, HStR, Band XI, § 244, Rn. 151.

1278 *v. Arnauld*, in: Weingärtner, Streitkräfte und Menschenrechte, 61, 68.

1279 Die Meinungen im Schrifttum zu dieser Frage gehen auseinander. A.A. bspw. *Krieger*, in: Fleck, Rechtsfragen der Terrorismusbekämpfung, 101, 237; wie hier *Yousif*, Die extraterritoriale Geltung der Grundrechte, S. 100 und *Sauer*, in: DÖV 2019, 716 f.

1280 *Mußgnug*, in: DÖV 1989, 917, 919.

1281 Eine Generalklausel für die Einschränkung der Grundrechte im Verteidigungsfall enthält das Grundgesetz nicht. Auch darüber hinaus sind in Art. 9 Abs. 3, 10 Abs. 2, 11 Abs. 2, 12a Abs. 3–6, 17a Abs. 2 GG nur vereinzelt Einschränkungsbefugnisse für diesen speziellen Notfall vorgesehen, *Hofmann*, in: Isensee/Kirchhof, HStR, Band I, § 9, Rn. 54; *Zimmermann*, in: ZRP 2012, 116, 118.

1282 *Ipsen*, in: NZWehrr 2008, 156, 159.

B. Die Menschenwürde völkerrechtsgemäß getöteter Zivilisten

Steht also fest, dass die Hoheitsausübung der Bundeswehr im Zuge von extraterritorialen Einsätzen an den Grundrechte des Grundgesetzes zu messen ist, wird im Folgenden die Menschenwürdegarantie des Art. 1 Abs. 1 GG jener Zivilisten, die im bewaffneten Konflikt von durch die Bundeswehr ausgehenden militärischen Angriffen betroffen werden, fokussiert. Zunächst werden hierzu die Grundzüge des Art. 1 Abs. 1 GG nachgezeichnet (I.). Anschließend wird untersucht, ob durch die Auslegung der Menschenwürde des Bundesverfassungsgerichts in der Entscheidung zum Luftsicherheitsgesetz ein Wertungswiderspruch zu den aus dem konfliktsvölkerrechtlichen Verhältnismäßigkeitsprinzip resultierenden Eingriffsbefugnissen gegenüber Zivilisten resultiert (II.). Schließlich sind Lösungsansätze zu erörtern, die einen solchen Wertungswiderspruch vermeiden könnten (III.).

I. Der starre Ausgangspunkt des Art. 1 Abs. 1 GG

Normativer Knotenpunkt nachstehender Erörterungen ist die in Art. 1 Abs. 1 GG garantierte Menschenwürde. Nicht zufällig verlautbart der erste Artikel der deutschen Verfassung: „Die Würde des Menschen ist unantastbar. Sie zu achten und zu schützen ist Verpflichtung aller staatlichen Gewalt.“[1283] Die Garantie der Menschenwürde ist das zentrale Grundrecht der deutschen Verfassung.[1284] Die Postulierung der garantierten Menschenwürde sowie das hiermit verbundene Bekenntnis des Deutschen Volks zu „unverletzlichen und unveräußerlichen Menschenrechten“ des zweiten Absatzes reagieren maßgeblich auf die Unrechtsherrschaft des Dritten Reichs.[1285] Das Grundgesetz als Reaktion auf die grausamen Erfahrungen aus der Zeit des Nationalsozialismus stellt die Garantie

1283 „Das Grundgesetz ist eine wertgebundene Ordnung, die den Schutz von Freiheit und Menschenwürde als den obersten Zweck allen Rechts erkennt“, *BVerfGE* 12, 45 (51). „Nach dem Grundgesetz ist es vornehmste Pflicht des Rechtsstaates, die Würde des Menschen, die zu den tragenden Konstitutionsprinzipien gehört, und die freie menschliche Persönlichkeit als oberste Werte zu achten“, *BVerfGE* 72, 105 (115).

1284 Grundsätzlich gibt es zwar kein abstraktes Rangverhältnis der Grundrechte. Doch kommt Art. 1 Abs. 1 GG schon aufgrund seiner Platzierung an erster Stelle des Grundgesetzes und seines Absolutheitsanspruchs eine herausragende Bedeutung innerhalb des Grundgesetzes zu, *Kunig*, in: v. Münch/Kunig, GG, Art. 1, Rn. 4; *Di Fabio*, in: JZ 2004, 1, 5 f.

1285 So ergibt sich aus den Protokollen des Parlamentarischen Rats, dass die Diskussion zu der Formulierung des Art. 1 GG ihren Ausgangspunkt in dem Ersuchen nimmt, eine Formulierung zu finden, um angesichts der „bitteren Erfahrungen in der Nazi-Zeit“ einen bewussten „Gegensatz gegen die zwölf Jahre Willkürherrschaft deutlich

der Menschenwürde, welche das gesamte Rechtssystem prägt, in das Zentrum der deutschen Rechtsordnung.[1286] Sind beide der oben genannten Begriffspaare von einer enormen Brisanz geprägt, trifft dies in einem besonders hohen Maße auf die Betrachtung des Art. 1 Abs. 1 GG vor dem Hintergrund konfliktsvölkerrechtlicher Schädigungsbefugnisse zu. Die Menschenwürde ist ausdrücklich von der Ewigkeitsgarantie des Art. 79 Abs. 3 GG erfasst; eine Art. 1 Abs. 1 GG betreffende Verfassungsänderung ist rechtlich unzulässig. Für die deutsche Rechtsordnung ist eine Abweichung von dem Verbot eines Verstoßes gegen die Menschenwürde damit unvorstellbar.[1287]

Während also die in den vorstehenden Kapiteln behandelten Probleme der Wehrverfassung stets vor dem Hintergrund einer möglichen Verfassungsänderung erörtert wurden, ist die Prämisse dieses Abschnitts eine andere: Gelangte diese Untersuchung zu der Unvereinbarkeit der grundgesetzlichen Menschenwürdegarantie mit einem Teil des Rechts der bewaffneten Konflikte, stellte dies einen rechtlich nicht abänderbaren Zustand dar. Dass bei der Konkretisierung des Art. 1 Abs. 1 GG aufgrund der generalklauselartigen Formulierung in Verbindung mit der eindeutigen Postulierung der Unantastbarkeit Konkretisierungsprobleme bestehen,[1288] verkompliziert die rechtliche Bewertung zusätzlich.[1289] Bereits der eindeutige Wortlaut („unantastbar") führt zu einem in der

---

heraus[zu]stellen", Der Parlamentarische Rat, 1948–1949, Akten und Protokolle, Band 5/I, S. 63.

1286 *BVerfGE* 39, 1 (67).

1287 *Poscher*, in: JZ 2004, 756, 760.

1288 *Höfling*, in: Sachs, GG, Art. 1, Rn. 10; insofern wird häufig der Vorwurf erhoben, bei der Menschenwürdegarantie des Art. 1 Abs. 1 GG sowie der gängigen Auslegung durch die Objektformel handele es sich um eine Leerformel, siehe grundlegend *Hoerster*, in: JuS 1983, 93, 96; konkret in Bezug auf die Anwendung der Objektformel in der bundesverfassungsgerichtlichen Rechtsprechung zum Luftsicherheitsgesetz *Gramm*, in: DVBl 2006, 653, 661.

1289 Sehr kritisch in Bezug auf die Unbestimmtheit der Formel *Isensee*, in: AöR 2006, 173, 182, der bildlich formuliert: „Die feierliche Unbestimmtheit, die der Würdeformel Faszination verschafft, bereitet dem Juristen, der mit ihr arbeiten soll, gerade Probleme. Auf ihn wirkt dunkel, was in der Öffentlichkeit strahlt. Er steht vor der Schwierigkeit, die Menschenwürde juristisch zu definieren." Die Folge sei eine Ausdehnung der Menschenwürdegarantie. Da sich diese schwer juristisch fassen lasse, könne hier jedermann um so leichter zugreifen (S. 187). Hieraus folge eine „Würde-Sensibilisierung" (S. 189). Als Resultat erkennt Isensee, dass „[...] die Menschenwürde als kleine Münze in juristisches Falschgeld gewechselt, das Erhabene ins Lächerliche gezogen [...]" wird (S. 190); eine juristisch eindeutig subsumierbare Definition wird

Literatur wie Rechtsprechung herrschenden absoluten Verständnis der Menschenwürde, welches jegliche Einschränkung und Abwägung des Art. 1 Abs. 1 GG als unzulässig betrachtet.[1290] Die Verletzung der an der Spitze des Grundgesetzes garantierten Menschenwürde wird als absolutes Tabu, nicht lediglich als Verbot aufgefasst.[1291] Dies hat die Folge, dass anders als bei der Interpretation der weiteren Grundrechte statt einer Betrachtung „zweckrationaler Überlegungen" auf eine „wertrationale Betrachtung" abgestellt wird.[1292] Insbesondere das Bundesverfassungsgericht legt der in Art. 1 Abs. 1 GG verbrieften Menschenwürde generell einen enorm hohen Standard zugrunde.[1293] Eine Einschränkung des Schutzbereichs der Menschenwürde ist rechtlich unzulässig – ein Eingriff stellt zugleich eine Verletzung der grundgesetzlich garantierten Menschenwürde dar.[1294] Das Bundesverfassungsgericht sowie ein großer Teil der Literatur verstehen die durch Art. 1 Abs. 1 GG garantierte Menschenwürde absolut.[1295] Einschränkungen und Abwägungen sind ohne Ausnahme unzulässig[1296] und die Menschenwürde geht anderen Grundrechten immer vor.[1297]

---

man dem Würdebegriff nicht geben können, *Kunig*, in: v. Münch/Kunig, GG, Art. 1, Rn. 22.

1290 *Baldus*, in: AöR 2011, 529, 530 f. m.w.N.

1291 *Poscher*, in: JZ 2004, 756, 758 f. Damit einher geht laut Poscher auch ein „Thematisierungstabu", wonach bereits die Thematisierung der tabuisierten Handlung als Bruch des Tabus gelte; *Pawlik*, in: JZ 2004, 1045 beschäftigt schon vor der Entscheidung des BVerfG zum Luftsicherheitsgesetz, ob dessen Art. 14 Abs. 3 einen „Tabubruch" darstellt und erkennt – ohne Art. 1 Abs. 1 GG, aber die dahinter stehenden Wertungen, explizit zu erwähnen – „den Beginn einer Erosion bislang anerkannter Wertungsgrundlagen"; auch *Kutscha*, in: RuP 2006, 202, 207 erblickt in der Abschussermächtigung des § 14 Abs. 3 LuftSiG einen „Tabubruch".

1292 *Poscher*, in: JZ 2004, 756, 758; instruktiv zu der Orientierungsfunktion von Werten, *Di Fabio*, in: JZ 2004, 1, 3 f; *ders.*, in: Maunz/Dürig, GG, Art. 2 Abs. 2 [Stand: Februar 2004], Rn. 11.

1293 *Nolte*, in: FW 2009, 93, 100 ff. stellt einen Vergleich zu einer (potentiellen) Lösung des zugrundeliegenden Problems auf internationaler Ebene an und gelangt zu dem Ergebnis, dass internationale Instanzen, wie bspw. der EGMR, durchaus zu demselben Ergebnis wie das BVerfG gelangen könnten, das BVerfG mit seiner sehr kategorischen Begründung über die abwägungsfeste Menschenwürde aber einen „Sonderweg" eingeschlagen hat.

1294 *Höfling*, in: Sachs, GG, Art. 1, Rn. 10.

1295 Nachdrücklich für den Absolutheitsanspruch der Menschenwürde eintretend *Khan*, in: FS-Klein, 143, 150 f.

1296 *Dreier*, in: ders., GG, Band I, Art. 1, Rn. 130; *Di Fabio*, in: Maunz/Dürig, GG, Art. 2 Abs. 2 [Stand: Februar 2004], Rn. 11.

1297 *Baldus*, in: AöR 2011, 529, 530.

II. Wertungswiderspruch zwischen der grundgesetzlichen Menschenwürde und dem konfliktsvölkerrechtlichen Verhältnismäßigkeitsgebot

Erörterungsbedürftig ist, wie sich das starre Verständnis der Menschenwürde zu den konfliktsvölkerrechtlichen Eingriffsbefugnissen verhält. Möglicherweise kommt es infolge der Rechtsprechung des Bundesverfassungsgerichts zum Luftsicherheitsgesetz zu einem Wertungswiderspruch[1298] der grundgesetzlich garantierten Menschenwürde zu dem Regelungskomplex des Rechts der bewaffneten Konflikte.

1. Rechtsprechung des Bundesverfassungsgerichts zum Luftsicherheitsgesetz

Den Ausgangspunkt der folgenden Überlegungen stellt die die Garantie der Menschenwürde konkretisierende Rechtsprechung des Bundesverfassungsgerichts zum Luftsicherheitsgesetz[1299] dar. An dieser lässt sich das „anspruchsvolle“[1300] und „kategorische“[1301] Verständnis der Menschenwürde verdeutlichen,

---

1298 Ein Wertungswiderspruch liegt bei der „unterschiedlichen[n] Bewertung wertungsmäßig gleichliegender Tatbestände“ vor und verstößt gegen den Gleichheitssatz, *Larenz/Canaris*, Methodenlehre der Rechtswissenschaft, S. 155 u. 280.

1299 Das BVerfG hat im Urteil v. 15.2.2006 über eine Verfassungsbeschwerde zur Vereinbarkeit einer gesetzlichen Ermächtigung von Bundeswehrkräften - wie sie der Gesetzgeber in Art. 14 Abs. 3 LuftSiG vorgesehen hatte –, zweckentfremdete Flugzeuge, die als Waffe gegen Menschen eingesetzt zu werden drohen (sog. Renegade-Flugzeuge), als letztes Mittel der Gefahrenabwehr mit Waffengewalt zu bekämpfen, entschieden. Vor der Entscheidung lautete § 14 Abs. 3 LuftSiG: „Die unmittelbare Einwirkung mit Waffengewalt ist nur zulässig, wenn nach den Umständen davon auszugehen ist, dass das Luftfahrzeug gegen das Leben von Menschen eingesetzt werden soll, und sie das einzige Mittler zur Abwendung dieser gegenwärtigen Gefahr ist.“ Das Bundesverfassungsgericht hielt die Verfassungsbeschwerde für zulässig und begründet, § 14 Abs. 3 LuftSiG sei mit Art. 2 Abs. 2 Satz 1 in Verbindung mit Art. 87 a Abs. 2 und Art. 35 Abs. 2 und 3 sowie in Verbindung mit Art. 1 Abs. 1 GG unvereinbar und nichtig, *BVerfGE* 115, 118.

1300 *Kreß*, in: Schwegmann, Bewährungsproben einer Nation, 87, 98.

1301 *Nolte*, in: Tomuschat/Lagrange/Oeter, The Right to Life, 83, 86 u. 90, der zudem vermutet, dass „[...] most international bodies, as well as many highest courts of other countries, would probably choose a less categorical line of reasoning. They

das insbesondere in der Rechtsprechung des Gerichts seinen Ausdruck findet.[1302] Zunächst sind die hier relevanten Kernaussagen der bundesverfassungsgerichtlichen Rechtsprechung zum Luftsicherheitsgesetz (LuftSiG)[1303] zu skizzieren, um die „robuste Argumentationslinie"[1304] sowie die „Rigidität"[1305] der bundesverfassungsgerichtlichen Auslegung aufzuzeigen. Der in diesem Zusammenhang entscheidende Leitsatz liest sich folgendermaßen:

„Die Ermächtigung der Streitkräfte, gemäß § 14 Abs 3 des Luftsicherheitsgesetzes durch unmittelbare Einwirkung mit Waffengewalt ein Luftfahrzeug abzuschießen, das gegen das Leben von Menschen eingesetzt werden soll, ist mit dem Recht auf Leben nach Art 2 Abs 2 Satz 1 GG in Verbindung mit der Menschenwürdegarantie des Art 1 Abs 1 GG nicht vereinbar, soweit davon tatunbeteiligte Menschen an Bord des Luftfahrzeugs betroffen werden."[1306]

Maßnahmen der in § 14 Abs. 3 LuftSiG seien als Streitkräfteeinsätze nichtkriegerischer Art mit dem Recht auf Leben und der Verpflichtung des Staates zur Achtung und zum Schutz der menschlichen Würde nicht zu vereinbaren.[1307] Mit der Menschenwürdegarantie als unvereinbar erachtet das Gericht, dass Unbeteiligte durch eine etwaige Rettungsoperation zum Objekt staatlichen Handelns gemacht werden und der Subjektqualität des Einzelnen nicht Rechnung getragen wird.[1308] Indem der Staat die Tötung unbeteiligter Zivilisten zur Gefahrenabwehr

---

would probably solve the tension between the duty to respect and the duty to protect human life as well as the dignity of all affected innocent people in a more balancing and situation-oriented way."

1302 Es geht an dieser Stelle nicht um die gesonderte rechtliche Bewertung der innerstaatlichen „Flugzeugproblematik". Ziel dieses Abschnitts ist es, die Folgen der Rechtsprechung für den Auslandseinsatz der Bundeswehr zu erarbeiten.

1303 BGBl. I S. 78.

1304 *Oeter*, in: Tomuschat/Lagrange/Oeter, The Right to Life, 167, 168.

1305 *Ipsen*, in: NZWehrr 2008, 156, 158; *Wiefelspütz*, in: RuP 2006, 71 stellt eine „erstaunliche Rigorosität" fest; das „klar[e]" und „kompromisslos[e]" Judikat explizit begrüßend *Khan*, in: FS-Klein, 143, 148.

1306 *BVerfGE* 115, 118 (Leitsatz 3). Für die verfassungsrechtliche Beurteilung sei allein entscheidend, so führt der Erste Senat in den Entscheidungsgründen weiter aus, dass der Gesetzgeber nicht durch Schaffung einer gesetzlichen Eingriffsbefugnis zu Maßnahmen der in § 14 Abs. 3 LuftSiG geregelten Art gegenüber unbeteiligten, unschuldigen Menschen ermächtigen, solche Maßnahmen nicht auf diese Weise als rechtmäßig qualifizieren und damit erlauben dürfe, *BVerfGE*, ebenda, 157.

1307 *BVerfGE* 115, 118 (157).

1308 *BVerfGE* 115, 118 (153) unter Verweis auf seine vorherige Rechtsprechung zur Garantie der Menschenwürde.

für andere Zivilisten benutzt, werden erstere „verdinglicht und zugleich entrechtlicht" und ihnen wird „der Wert abgesprochen, der dem Menschen und seiner selbst willen zukommt."[1309] Der Senat lehnt auch eine auf die Schutzpflicht des Staates gegenüber den von einem entführten Flugzeug gefährdeten Menschen außerhalb des Luftfahrzeugs zielende Argumentation mit dem Hinweis ab, dass in dem Fall eines Abschusses des Flugzeuges die gegenüber den unbeteiligten Flugzeuginsassen ebenfalls bestehende Schutzpflicht konterkariert wird.[1310] Einzig den Abschuss eines nicht besetzten Flugzeuges oder eines solchen, das nur von den Angreifern selbst besetzt ist, hält das Gericht für mit Art. 1 Abs. 1 GG vereinbar.[1311] Das Gericht lässt ausdrücklich offen, ob im Falle eines auf die „Beseitigung des Gemeinwesens und die Vernichtung der staatlichen Rechts- und Freiheitsordnung" zielenden Angriffs eine solidarische Einstandspflicht des Einzelnen dahingehend ausgelöst wird, dass dieser zur Aufopferung seines Lebens verpflichtet ist.[1312] Als ein weiteres wesentliches Argument für eine Unvereinbarkeit der gesetzlichen Anordnung der Abschussmöglichkeit mit Art. 1 Abs. 1 GG zieht der Senat bestehende Prognoseunsicherheiten heran, sieht die Gefahr eines „Makel[s] einer Fehlinterpretation"[1313] und hält es für „praktisch unmöglich, verlässlich zu beurteilen, ob die Voraussetzungen des § 14 Abs. 3 LuftSiG vorliegen",[1314] um dann zu befinden, dass „[a]uch wenn sich im Bereich der Gefahrenabwehr Prognoseunsicherheiten vielfach nicht gänzlich vermeiden

1309 *BVerfGE* 115, 118 (154). Insbesondere tritt der Senat der Auffassung entgegen, auch unbeteiligte Passagiere eines entführten Flugzeuges seien Teil der Tatwaffe gegen das Leben anderer Menschen. Hierin erkennt das Gericht die „unverhohlene" Ansicht einer Verobjektivierung des Individuums, welche mit Art. 1 Abs. 1 GG nicht in Einklang zu bringen ist, *BVerfGE* ebenda, 158.

1310 *BVerfGE* 115, 118 (160); äußerst kritisch zu der Argumentation des BVerfG *Isensee*, in: AöR 2006, 173, 192 f. Das Gericht handhabe die Objektformel geradezu einfältig und flüchte vor der Realität; das Ergebnis der Verfassungswidrigkeit des § 14 Abs. 3 LuftSiG begrüßend, aber die strikte Argumentation anhand des Art. 1 Abs. 1 GG ebenso ablehnend *Zimmermann/Geiß*, in: Der Staat 2003, 377, 392.

1311 *BVerfGE* 115, 118 (160 f.).

1312 *BVerfGE* 115, 118 (159). Um solche Angriffe gehe es aber bei § 14 Abs. 3 LuftSiG nicht; dagegen weist *Gramm*, in: DVBl 2006, 653, 660 darauf hin, dass auch § 14 Abs. 3 LuftSiG einen solchen Fall erfassen kann – etwa, wenn ein entführtes Flugzeug auf ein Atomkraftwerk zugesteuert wird; *Khan*, in: FS-Klein, 143, 149 f. meint hingegen, eine solche Konstellation stellte „ein völlig hypothetisches, wirklichkeitsfernes Szenarium dar."

1313 *BVerfGE* 115, 118 (155).

1314 *BVerfGE* 115, 118 (156).

lassen, [...] es unter der Geltung des Art. 1 Abs. 1 GG schlechterdings unvorstellbar [ist], auf der Grundlage einer gesetzlichen Ermächtigung unschuldige Menschen, die sich wie die Besatzung und die Passagiere eines entführten Luftfahrzeugs in einer für sie hoffnungslosen Lage befinden, gegebenenfalls sogar unter Inkaufnahme solcher Unwägbarkeiten vorsätzlich zu töten."[1315] Es bestehe nicht nur ein immenser zeitlicher Entscheidungsdruck, sondern damit auch die Gefahr vorschneller Entscheidungen.

2. *Konfliktsvölkerrechtliche Eingriffsbefugnisse*

Zivilisten genießen im Rahmen eines bewaffneten Konflikts nach dem dann einschlägigen Recht der bewaffneten Konflikte keinen unbedingten und allumfassenden Schutz. Die konfliktsvölkerrechtliche Rechtmäßigkeit einer ungezielten Tötung von Zivilisten wird nach Art. 51 Abs. 5 lit. b ZP I im Wege einer Abwägung bestimmt, im Rahmen derer das menschliche Leben als eine abwägbare Größe aufgefasst wird. Dabei wird das menschliche Leben sogar mit einem militärischen Vorteil in Verhältnis gesetzt. Der militärische Vorteil muss darüber hinaus nicht einmal in der Rettung ebenfalls gefährdeter, unbeteiligter Menschen liegen. Auch wird Erwägungen der militärischen Notwendigkeit durch das Recht der bewaffneten Konflikte weitgehend Rechnung getragen. Die Zurückdrängung der Menschenrechte in ihrem Kernbereich des Lebens, der Gesundheit und der Freiheit durch das Regime des Konfliktsvölkerrechts verdeutlicht dessen weitgehenden Eingriffscharakter.[1316]

3. *Vergleichbarkeit des innerstaatlichen Flugzeugabschusses und der extraterritorialen Kampfführung*

Das Bundesverfassungsgericht geht in seiner Entscheidung zum Luftsicherheitsgesetz nicht auf extraterritoriale bewaffnete Einsätze der Bundeswehr ein. Allerdings bezieht es die Kernaussage der Unvereinbarkeit des § 14 Abs. 3 LuftSiG mit der grundgesetzlichen Menschenwürde auf „Streitkräfteeinsätze nichtkriegerischer Art"[1317] und suggeriert hiermit die Möglichkeit zu einer abweichenden Bewertung der Rechtmäßigkeit von extraterritorialen Kampfhandlungen. Die der Entscheidung des Bundesverfassungsgerichts zum Luftsicherheitsgesetz

---

1315 *BVerfGE* 115, 118 (157).

1316 Siehe zu den Feststellungen dieses Absatzes die Darstellung der Eingriffsbefugnisse im 3. Kapitel unter C.II. und zu dem Verhältnis zu den Menschenrechten dort unter D.

1317 *BVerfGE* 115, 118 (157).

zugrunde liegenden Gegebenheiten müssen vor diesem Hintergrund mit Situationen verglichen werden, wie sie im Rahmen eines bewaffneten Konflikts häufig vorzukommen pflegen. Auszugehen ist hierbei von Fällen, in welchen unbeteiligte Zivilisten infolge einer staatlichen militärischen Gewaltanwendung in ihrer körperlichen Unversehrtheit betroffen werden, etwa durch Bombenangriffe der Luftwaffe oder Bodenoffensiven im Zuge des Häuserkampfes.[1318]

a) *Unterschiede der Fälle*

Während der Flugzeugabschuss in Abwesenheit eines bewaffneten Konflikts stattfindet, geht es in letzterer Konstellation gerade um die Kampfführung in einem bewaffneten Konflikt. Hierbei wird es sich regelmäßig um eine von vielen vergleichbaren solcher Maßnahmen handeln. Der innerstaatliche Flugzeugabschuss stellt hingegen eine absolute Ausnahmesituation dar. Es besteht eine punktuelle, konkrete Gefahr für die von dem zweckentfremdeten Flugobjekt anvisierten Menschen auf deutschem Staatsgebiet. In der Situation des bewaffneten Konflikts kann hingegen oft von einer abstrakten Dauergefährdungslage ausgegangen werden; gegnerische Konfliktsparteien werden angegriffen, weil von ihnen jederzeit eine (potentielle) Gefahr für die Rechtsgüter der eigenen Truppe ausgeht. Auch die grundlegende Intention des Staates unterscheidet sich in beiden Fällen. Ziel desjenigen Staates, der ein entführtes Flugobjekt mit militärischen Mitteln ausschaltet, ist der Schutz der von diesem Objekt betroffenen eigenen Staatsbürger. In der innerstaatlichen Konstellation liegt eine Rechtsgutkollision gleichrangiger Rechtsgüter vor, die im extraterritorialen Konflikt gerade nicht besteht. So kollidiert in der innerstaatlichen Situation die staatliche Schutzpflicht gegenüber den Flugzeuginsassen mit der selbigen hinsichtlich der von dem entführten Flugzeug ebenfalls am Rechtsgut Leben (oder gar Menschenwürde) bedrohten Staatsbürger am Boden.[1319] Eine vergleichbare kollidierende Pflicht des Staates zu der Menschenwürdegarantie ausländischer Staatsangehöriger im extraterritorialen bewaffneten Konflikt kann demgegenüber nicht angenommen

---

1318 So könnte von einem Fall ausgegangen werden, in dem ein an ein von Zivilisten bewohntes Haus angrenzendes Anwesen bombardiert wird, in welchem eine terroristische Schaltzentrale vermutet wird. Ebenso sind Fälle vorstellbar – und diese Konstellation ähnelt jener der „Flugzeugproblematik" stark –, in denen auch mit Zivilisten besetzte Lastwagen zerstört werden, kurz bevor sie von Terroristen gezielt in Militärstützpunkte gesteuert werden.

1319 Einen gelungenen Überblick zu der Konstellation der Würde-Würde-Kollision liefert *Dreier*, in: ders., GG, Band I, Art. 1, Rn. 128–136; zu der Schutzpflicht des Staates in diesen Konstellationen *Hillgruber*, in: JZ 2007, 209, 210 f.

werden.[1320] Unbeteiligte Zivilisten werden also bewusst getötet, ohne dass der Staat hiermit einer äquivalent bedeutsamen Schutzpflicht nachkäme. Zuletzt reagiert auch die extraterritoriale Bekämpfung von Terroristen nicht auf eine von diesen versuchte „Beseitigung des Gemeinwesens und die Vernichtung der staatlichen Rechts- und Freiheitsordnung", für welche die Rechtsprechung die Aufopferungspflicht des Einzelnen im „Interesse des Staatsganzen" angesprochen hat.[1321]

b) Gemeinsamkeiten der Fälle

Die innerstaatliche Konstellation des Flugzeugabschusses und die extraterritoriale Situation bewaffneter Kampfhandlungen durch die Bundeswehr weisen maßgebliche Parallelen auf. Die grundlegende Gemeinsamkeit beider Fälle liegt darin, dass unbeteiligte Zivilisten Adressat einer vom Staat ausgehenden Schädigungshandlung werden, die sie in ihrem Rechtsgut des Lebens bedroht. In beiden Konstellationen ist der konkrete Zweck der Schädigungshandlung die am Zielort ausgemachten Terroristen oder gegnerische Kombattanten auszuschalten und die von diesen ausgehenden Gefahren abzuwenden. In keinem der beiden Fälle möchte der Staat unbeteiligte Zivilisten im Sinne eines „Gutheißens" töten. Das Kenntniselement kann in beiden Fällen zwar variieren, da in der unübersichtlichen Situation eines bewaffneten Konflikts nicht immer sicher feststehen wird, ob sich Zivilisten am Zielort des Angriffs befinden.[1322] Gleichwohl sind es eben solche Situationen, in welchen der Entscheidungsträger von der Anwesenheit geschützter Zivilisten am Orte des auszuführenden Angriffes ausgeht, die erst die Anwendbarkeit des konfliktsvölkerrechtlichen

---

1320 Wie *Zimmermann/Geiß*, in: Der Staat 2003, 377, 391 zutreffend feststellen, setzen gerade jene extraterritorialen Bundeswehreinsätze, welche nicht auf einen Angriff auf deutsches Staatsgebiet reagieren – so wie alle derzeitigen Auslandseinsätze – weder die Gefährdung der Menschenwürde deutscher Staatsangehöriger noch einen Angriff auf das Gemeinwesen Deutschlands (woraufhin den Staat jeweils eine Schutzpflicht träfe) voraus.

1321 *BVerfGE* 115, 118 (159); in den Fällen des Verteidigungskrieges bleibt damit eine abweichende Bewertung möglich, die unter Umständen kein Spannungsverhältnis zu Art. 1 Abs. 1 GG hervorruft. Der absolute Regelfall des Bundeswehreinsatzes ist indes der extraterritoriale Einsatz im Rahmen eines Bündnisses nach Art. 24 Abs. 2 GG.

1322 So ging auch der deutsche Oberst im Kundus-Fall davon aus, dass sich keine konfliktsvölkerrechtlich geschützten Zivilisten am Orte des befohlenen Raketenangriffs befinden würden, siehe nochmals oben im 3. Kapitel unter C.II.1.a.

Verhältnismäßigkeitsgrundsatzes bedingen.[1323] Es geht an dieser Stelle in beiden Konstellationen um diejenigen Fälle, in welchen die den Angriff anordnende Person davon ausgeht, Zivilisten könnten sich am Ort des auszuführenden Angriffs befinden. Die Prognoseunsicherheit, auf welche das Bundesverfassungsgericht als wesentlichen (zweiten) Argumentationsstrang abstellt,[1324] wird im bewaffneten Konflikt häufig mindestens in demselben Maße bestehen. Feststellungen zur tatsächlichen Gefahrenlage können nie mit Sicherheit getätigt werden, es wird immer Prognoseunsicherheiten geben.[1325] Im bewaffneten Konflikt ist es sogar wahrscheinlicher und näherliegender, dass der Ausführungsbefehl auf einer „ungesicherte[n] Tatsachengrundlage"[1326] beruht, ist doch schon die räumliche Situation deutlich unübersichtlicher. Auch der zeitliche Entscheidungsdruck, aus welchem die Gefahr einer vorschnellen Entscheidung resultieren könnte, ist vielen Situationen des bewaffneten Konflikts inhärent. Dort müsste es also erst recht „schlechterdings unvorstellbar" sein, „unter Inkaufnahme solcher Unwägbarkeiten vorsätzlich zu töten."[1327]

1323 Art. 51 Abs. 5 lit. b ZP I setzt voraus, dass „damit zu rechnen ist, daß er [der Angriff] auch Verluste an Menschenleben unter der Zivilbevölkerung [...] verursacht, die in keinem Verhältnis zum erwarteten konkreten und unmittelbaren militärischen Vorteil stehen."

1324 *BVerfGE* 115, 118 (155 f.).

1325 *Oeter*, in: Tomuschat/Lagrange/Oeter, The Right to Life, 167, 181 f.

1326 *BVerfGE* 115, 118 (155).

1327 So im Ergebnis auch *Kutscha*, in: RuP 2006, 202, 205, der in der Folge aber die Voraussetzungen des konfliktsvölkerrechtlichen Verhältnismäßigkeitsprinzips (siehe hierzu 3. Kapitel C.II.1.) verkennt. Äußerst zweifelhaft ist bereits – wie auch Kutscha meint –, ob im Falle der Entführung eines einzelnen Passagierflugzeugs bereits das Vorliegen eines bewaffneten Konflikts bejaht werden kann – das konfliktsvölkerrechtliche Verhältnismäßigkeitsprinzip kommt in dieser Konstellation mithin gar nicht zur Anwendung. Geht man dennoch hiervon aus, ist zu beachten: Die Entscheidung ist aus der ex ante-Sichtweise des Befehligenden zu beurteilen. Dieser ist stets ein erheblicher Prognosecharakter inhärent. Dass der Vorteil des Abschusses nicht sicher vorhergesagt werden kann, ist damit unschädlich. Die Situation ist – anders als Kutscha meint – auch nicht mit dem Abschuss eines einzelnen Kombattanten in einer „großen Menge von Zivilpersonen" vergleichbar, drohen in der Flugzeugkonstellation – je nach Destination – erhebliche (militärische) Nachteile, wenn das Flugzeug nicht abgeschossen wird. Der Abschuss zahlreicher unbeteiligter Zivilisten kann hiernach durchaus konfliktsvölkerrechtskonform sein.

c) Zwischenergebnis

Die untersuchten Konstellationen sind von grundlegenden Gemeinsamkeiten geprägt. Sowohl in der innerstaatlichen als auch in der extraterritorialen Konstellation schädigt der Staat bewusst Zivilisten, ohne deren Tod im Sinne eines „Gutheißens" zu wollen. Gleichwohl nimmt der Staat den Tod dieser Zivilisten, von denen selbst keine Gefahr ausgeht, in Kauf. Dabei bestehen in beiden Fällen beachtliche Prognoseunsicherheiten. Doch auch Unterschiede der Fälle können ausgemacht werden. Der innerstaatliche Flugzeugabschuss findet im Gegensatz zu extraterritorialen Kampfhandlungen regelmäßig außerhalb eines bewaffneten Konflikts statt. Bei extraterritorialen Kampfhandlungen der Bundeswehr kommt der Staat keiner dem innerstaatlichen Flugzeugabschuss äquivalenten Schutzpflicht nach.

4. Ergebnis

Aus der Rechtsprechung des Bundesverfassungsgerichts zum Luftsicherheitsgesetz resultiert ein Wertungswiderspruch zu den konfliktsvölkerrechtlichen Schädigungsbefugnissen speziell im Hinblick auf unbeteiligte Zivilisten.[1328] Zwar sind die Fälle bereits aufgrund des abweichenden Konfliktstatus (kein bewaffneter Konflikt/bewaffneter Konflikt) nicht kongruent. Wertungsmäßig sind die Fälle indes auch über die herausgearbeiteten grundlegenden Gemeinsamkeiten vergleichbar. So verdeutlichen die erarbeiteten Unterschiede, dass die Aussagen des Bundesverfassungsgerichts zur innerstaatlichen Situation in dem extraterritorialen Kontext noch stärker zur Geltung kommen. Unbeteiligte Zivilisten werden nach den bundesverfassungsrechtlichen Kriterien unter den Gegebenheiten des bewaffneten Konflikts erst recht zu Objekten des staatlichen Handelns degradiert. Geht das Bundesverfassungsgericht bereits in der innerstaatlichen Situation davon aus, dass die vom Abschuss Betroffenen in ihrer Subjektstellung beeinträchtigt werden und „verdinglicht und zugleich entrechtlicht"

1328 Siehe auch *Zimmermann/Geiß*, in: Der Staat 2003, 377, 389; im Ergebnis ebenso *Schmidt-Radefeldt*, in: NZWehrr 2008, 221, 233 und *Ipsen*, in: NZWehrr 2008, 156, 160; ein solcher Widerspruch ist nicht zu verneinen, weil das Recht der bewaffneten Konflikte lediglich die Befugnis, nicht aber die Verpflichtung der Verursachung von Kollateralschäden enthält (so aber *Nolte*, in: FW 2009, 93, 95, der letztlich einen Widerspruch im unterschiedlichen Verständnis der Menschenwürde durch beide Rechtsgebiete feststellt). Der Widerspruch besteht in der konträr zueinander laufenden Wertung beider Rechtsgebiete.

werden, indem „ihre Tötung als Mittel zur Rettung anderer benutzt wird“,[1329] lässt sich diese Annahme auch auf die hier betrachteten Schädigungen von Zivilisten in den extraterritorialen Konstellationen übertragen. Dort fällt die Verobjektivierung nicht nur deswegen besonders auf, weil eine Abwägung zwischen Leben und militärischen Vorteil erfolgt. Ein Nichteingreifen hätte darüber hinaus auch nicht dieselben verheerenden Konsequenzen wie in der innerstaatlichen Konstellation. Zudem fehlt es gerade an einer vergleichbaren staatlichen Schutzpflicht, die der Menschenwürde der von einer Militäraktion betroffenen Zivilisten gegenübersteht.

III. Ansätze zur Vermeidung des Wertungswiderspruchs

Erörterungsbedürftig ist, ob ein Ansatz denkbar ist, der zu einer Vermeidung des Wertungswiderspruchs führte. Aufgrund der Vergleichbarkeit der zugrunde liegenden Konstellationen ist zunächst eine vollständige Verdrängung konfliktsvölkerrechtlicher Schädigungsbefugnisse durch Art. 1 Abs. 1 GG zu diskutieren (1.). Dass diese weitreichenden Folgen auch vom Bundesverfassungsgericht nicht gewollt sind, zeigt bereits die Verwendung des Begriffs des Einsatzes „nichtkriegerischer Art“ (2.). Als gangbarer Lösungsweg könnte sich eine an Art. 1 Abs. 2 GG anknüpfende Argumentation erweisen (3.)

1. Vollständige Verdrängung konfliktsvölkerrechtlicher Schädigungsbefugnisse?

Unabhängig von der Luftsicherheitsrechtsprechung steht fest, dass die Menschenwürde nicht völlig vom Recht der bewaffneten Konflikte überlagert wird.[1330] Fraglich ist unterdessen der umgekehrte Fall, der durch eine uneingeschränkte Übertragung der Luftsicherheitsrechtsprechung auf die Konstellationen im bewaffneten Konflikt entstünde.

a) Gesamtsystematik des Grundgesetzes

Ein solcher Lösungsansatz würde dazu führen, dass Art. 1 Abs. 1 GG die der militärischen Notwendigkeit weitgehend Rechnung tragenden Regelungen des Konfliktsvölkerrechts in Bezug auf die Tötung von Zivilisten vollständig

---

1329 *BVerfGE* 115, 118 (154); dass diese Annahme des Gerichts indes nicht zutreffend ist, arbeitet *Gramm*, in: DVBl 2006, 653, 660 heraus.

1330 *Waechter*, in: JZ 2007, 61, 67; *Kutscha*, in: RuP 2006, 202, 206; *Ipsen*, in: NZWehrr 2008, 156, 161.

überlagert.[1331] Jeder bewusst in Kauf genommene Kollateralschaden stellte einen Verstoß gegen die Menschenwürde des Grundgesetzes dar. Aufgrund der Vergleichbarkeit der zugrundeliegenden Konstellationen wirkt eine solche Vorgehensweise besonders naheliegend. Dagegen kann unterdessen eindeutig angeführt werden, dass sich die konfliktsvölkerrechtlichen Schädigungsbefugnisse und damit implizit die begrenzte Zulässigkeit der Schädigung von Zivilisten in die Gesamtsystematik der Wehrverfassung einfügen lässt.[1332] Im Rahmen der Verfassungsinterpretation ist das Prinzip der Einheit der Verfassung zu berücksichtigen – einzelne Normen sind nicht jeweils separat zu betrachten, sondern stets im Zusammenhang mit der gesamten, eine Einheit bildenden Verfassung.[1333] Das Bundesverfassungsgericht spricht in ständiger Rechtsprechung von einem „Sinnganzen" sowie einer „Einheit des „grundlegenden Wertsystems".[1334] Es gilt die Direktive, dass Widersprüche in der Interpretation zu vermeiden sind.[1335] So ist insbesondere der zentrale Verteidigungsauftrag der Verfassung[1336] sowie die seit den frühen 1990ern praktizierte und vom Bundesverfassungsgericht als verfassungsgemäß befundene Bündnisverteidigung zu berücksichtigen. Solche Einsätze ließen sich schwerlich effektiv bestreiten, wenn die durch das Konfliktsvölkerrecht gewährten Kampfführungsbefugnisse nicht Bestandteil

1331 Auf dieses Ergebnis laufen die Ausführungen von *Kutscha*, in: RuP 2006, 202, 205 f. hinaus; ebenso jene bei *Khan*, in: FS-Klein, 143, 151, der im Krieg wie im Frieden explizit an dem kategorischen Menschenwürdeverständnis des Bundesverfassungsgerichts festhalten möchte und dessen wesentlichen Ausführungen im Luftsicherheitsgesetz-Urteil „vorbehaltlos Beifall zollt", *Khan*, ebenda, 148. Die Folgen dieser Ansicht werden unterdessen nicht erkannt, ist der Blick – wie jener des Bundesverfassungsgerichts – nahezu ausschließlich auf die innerstaatliche Situation gerichtet. Selbst die Wendung der „kriegerischen Auseinandersetzung", immerhin ein der Verfassung unbekannter Terminus, wird ebenso unhinterfragt aufgegriffen. Dass das im Hinblick auf die innerstaatliche Konstellation reichlich fragwürdige Ergebnis, von dem einzelnen Entscheidungsträger wissentlich eine Verletzung der Menschenwürde zu verlangen, weil der Gesetzgeber eine diesbezügliche rechtliche Grundlage nicht zu schaffen befugt ist (*Khan*, ebenda, 154 f.), ein für die extraterritoriale Problematik geradezu widersinniges Ergebnis bedeutete, bleibt unentdeckt.

1332 *Zimmermann/Geiß*, in: Der Staat 2003, 377, 383.

1333 *Hesse*, Grundzüge des Verfassungsrechts, § 2, Rn. 71.

1334 *BVerfGE* 49, 24 (56) m.w.N.

1335 *Hesse*, Grundzüge des Verfassungsrechts, § 2, Rn. 71.

1336 Das BVerfG spricht von dem „Verfassungsgrundsatz der militärischen Landesverteidigung", *BVerfGE* 105, 61 (73) (Wehrpflicht) und von einer „verfassungsrechtlichen Grundentscheidung für eine wirksame militärische Landesverteidigung", *BVerfGE* 69, 1 (21 f.) (Kriegsdienstverweigerung II).

dieser Ermächtigungsgrundlagen wären.[1337] Art. 24 Abs. 2 GG lässt sich überdies durchaus als Verfassungsauftrag deuten, einen Beitritt zu entsprechenden Systemen mindestens ernsthaft zu prüfen.[1338] Geht mit solchen Systemen aber auch die Wahrnehmung militärischer Aufgaben einher, entpuppte sich eine solche Prüfung vor dem Hintergrund der Restriktionen der grundgesetzlichen Menschenwürdegarantie als überflüssig, könnte Deutschland niemals den letzten Schritt des Einsatzes militärischer Gewalt gehen. Von der Möglichkeit einer sachgerechten Aufgabenwahrnehmung kann nach vorstehender Analyse dann kaum noch die Rede sein. Bemerkenswert erscheint überdies, dass das Grundgesetz in seiner Ursprungsfassung noch keine Wehrverfassung kannte; vielmehr wurde diese erst im Laufe des Ost-West-Konflikts durch den verfassungsändernden Gesetzgeber in das Grundgesetz eingefügt.[1339] Offensichtlich ging also auch der verfassungsändernde Gesetzgeber von der verfassungsrechtlichen Zulässigkeit von jenen Befugnissen aus, die mit einem Verteidigungskrieg oder der Bündnisverteidigung einhergehen[1340] – mithin auch der völkerrechtskonformen Tötung von unbeteiligten Zivilisten. Die Gesamtsystematik des Grundgesetzes streitet mithin gegen den nur auf den ersten Blick naheliegenden Lösungsansatz der vollständigen Verdrängung konfliktsvölkerrechtlicher Schädigungsbefugnisse durch Art. 1 Abs. 1 GG.

b) Von der Luftsicherheitsgesetz-Rechtsprechung abweichende Urteile

Ältere Urteile des Bundesverfassungsgerichts sowie ein aktuelles Urteil des Bundesgerichtshofs verdeutlichen, dass konfliktsvölkerrechtskonforme Schädigungen von Zivilisten nicht als ein Problem der Menschenwürdegarantie, sondern ein solches des Rechts auf Leben nach Art. 2 Abs. 2 GG zu behandeln sind. In seiner Chemiewaffen-Entscheidung[1341] aus dem Jahre 1987 hat das Bundesverfassungsgericht explizit zu dem Verhältnis der Landesverteidigung und der

1337 *Robbers*, in: Weingärtner, Streitkräfte und Menschenrechte, 17, 21; *Gramm*, in: DVBl 2006, 653, 658; *Pawlik*, in: JZ 2004, 1045, 1053; *Ipsen*, in: NZWehrr 2008, 156, 162.

1338 *Payandeh*, in: JÖR n.F. 2009, 465, 476; eine Staatszielbestimmung stellt Art. 24 Abs. 2 GG hingegen nicht dar, *Proelß*, in: Isensee/Kirchhof, HStR, Band XI, § 227, Rn. 17.

1339 Siehe hierzu das 1. Kapitel unter C.I.

1340 *Robbers*, in: Weingärtner, Streitkräfte und Menschenrechte, 17, 21; siehe auch *Zimmermann/Geiß*, in: Der Staat 2003, 377, 384 f.; zu weitgehend *Waechter*, in: JZ 2007, 61, 67, der es für möglich erachtet, dass das Konfliktsvölkerrecht „unausgesprochen rezipiert worden ist“, als der Verteidigungsauftrag in das Grundgesetz eingefügt wurde.

1341 *BVerfGE* 77, 170.

konfliktsvölkerrechtlichen Befugnis der Schädigung von Zivilisten Stellung bezogen. Interessant ist in diesem Zusammenhang, was das Gericht nicht zur Sprache gebracht hat: ein Bezug zu der durch Art. 1 Abs. 1 GG garantierten Menschenwürde wird nicht hergestellt. Hätte das Gericht hierin einen Widerspruch zu der im Urteil erörterten Landesverteidigung gesehen, wäre die Garantie nicht unerwähnt geblieben.[1342] Führt der Zweite Senat ferner aus, dass das Grundgesetz „[m]it der Entscheidung für die militärische Landesverteidigung (Art. 24 Abs. 2, 87 a, 115 a ff. GG) [...] zu erkennen gegeben [hat], daß der Schutzbereich des Art. 2 Abs. 2 Satz 1 GG Rückwirkungen auf die Bevölkerung bei einem völkerrechtsgemäßen Einsatz von Waffen gegen den militärischen Gegner im Verteidigungsfall nicht umfaßt",[1343] verdeutlicht dies ebenso, dass die Landesverteidigung durch Art. 1 Abs. 1 GG nicht unmöglich gemacht werden sollte.[1344] Gleiches muss in der Zusammenschau mit dem Streitkräfte-Urteil[1345] von 1994 auch für den extraterritorialen Einsatz im Bündnis gelten. Geht das Gericht von der Zulässigkeit extraterritorialer Bündniseinsätze nach Art. 24 Abs. 2 GG aus,[1346] so ist dies nur widerspruchsfrei möglich, wenn solche Einsätze effektiv, das heißt ohne ständig naheliegenden Verstoß gegen Art. 1 Abs. 1 GG geführt werden können. Auch der Bundesgerichtshof erachtet die grundgesetzliche Menschenwürde als nicht einschlägig, wie sich implizit aus seinem Amtshaftungsurteil zum Kundus-Fall zeigt. Dort verneint er (hilfsweise) explizit eine Amtspflichtverletzung[1347] und thematisiert Art. 1 Abs. 1 GG dabei an keiner Stelle. Gerade in diesem Urteil, in welchem der Bundesgerichtshof das konfliktsvölkerrechtliche Verhältnismäßigkeitsprinzip und bestehende Sorgfaltspflichten

---

1342 *Zimmermann/Geiß*, in: Der Staat 2003, 377, 384.

1343 *BVerfGE* 77, 170 (221).

1344 *Zimmermann/Geiß*, in: Der Staat 2003, 377, 384.

1345 *BVerfGE* 90, 286.

1346 *BVerfGE* 90, 286 (346). Rückschlüsse auf das grundgesetzliche Lebensgrundrecht nach Art. 2 Abs. 2 GG sind durch diese Argumentation indes nicht möglich. Denn das Recht auf Leben lässt Eingriffe aufgrund eines Gesetzes zu und steht dem Konfliktsvölkerrecht damit gerade nicht entgegen. Welche Anforderungen an eine solche Eingriffsgrundlage zu stellen sind und ob ein Ansatz, der aufgrund impliziter Befugnisse aus grundgesetzlichen Normierungen als Grundlage für einen Eingriff in Art. 2 Abs. 2 GG herangezogen wird, als den Anforderungen des Gesetzesvorbehalts genügend angesehen werden kann, bedarf einer gesonderten Erörterung. Im Einzelnen hierzu im Folgenden Unterabschnitt C.III.

1347 *BGHZ* 212, 173 (192). Der BGH prüft eine mögliche Amtspflichtverletzung „[u]nabhängig von der Frage der Anwendbarkeit des deutschen Amtshaftungsrechts"; kritisch hierzu *Sauer*, in: DÖV 2019, 714, 721.

ausführlich erörtert,[1348] wird das Spannungsverhältnis dieser Befugnisse zu der durch das Grundgesetz garantierten Menschenwürde in Auslegung des Bundesverfassungsgerichts im Urteil zum Luftsicherheitsgesetz virulent. Hätte der Bundesgerichtshof angenommen, die durch den Bombenabwurf getöteten Zivilisten wären zum Objekt staatlichen Handelns im Sinne der Rechtsprechung des Bundesverfassungsgerichts degradiert worden, hätte er eben solche Erwägungen unter einer etwaigen Amtspflichtverletzung erörtert.

c) Drohende Folge der militärischen Handlungsunfähigkeit Deutschlands

Überdies muss ein Blick auf die weitgehenden Folgen einer ungefilterten Übertragung der Luftsicherheitsrechtsprechung auf die Situation der extraterritorialen Kampfführung im Rahmen eines bewaffneten Konflikts geworfen werden. Übertrüge man das strenge Regime der Menschenwürde, wie es in der bundesverfassungsgerichtlichen Rechtsprechung zum Ausdruck gelangt, auf entsprechende Situationen des bewaffneten Konflikts, wäre eine effektive Kriegsführung deutscher Soldaten nicht möglich. Die Bundeswehr dürfte nach dem bundesverfassungsgerichtlichen Verständnis des Art. 1 Abs. 1 GG zivile Opfer zugunsten eines militärischen Vorteils niemals und unter keinen Umständen in Kauf nehmen. Die strikt verstandene Garantie der Menschenwürde stünde dem vergleichbar großzügigen konfliktsvölkerrechtlichen Verhältnismäßigkeitsprinzip unversöhnlich gegenüber.[1349] Sofern die Menschenwürde im Sinne der Luftsicherheitsrechtsprechung angebracht wird, schützte der aus nachvollziehbaren historischen Motiven[1350] absolut gesetzte Schutz der Menschenwürde im

---

1348 *BGHZ* 212, 173, (195 ff.).

1349 Siehe auch *Zimmermann/Geiß*, in: Der Staat 2003, 377, 387; in diese Richtung auch *Oeter*, in: Tomuschat/Lagrange/Oeter, The Right to Life, 167, 168; *Ipsen*, in: NZWehrr 2008, 156, 163.

1350 Hierzu *Herdegen*, in: Maunz/Dürig, GG, Art. 1 Abs. 1 [Stand: Mai 2009], Rn. 39; versteht man das Grundgesetz mit dem *BVerfGE* 124, 300 (328) als „Gegenentwurf zu dem Totalitarismus des nationalsozialistischen Regimes“, kann auch die Begründung des BVerfG im Urteil zum Luftsicherheitsgesetz als durch die menschenverachtenden Praktiken der Nationalsozialisten im Dritten Reich beeinflusst gesehen werden. *Nolte*, in: FW 2009, 93, 103 stellt diesen Zusammenhang mit Bezug auf das Urteil des BVerfG zum Schwangerschaftsabbruch her (*BVerfGE* 39, 1). Dort betont das BVerfG den Zusammenhang zwischen dem Grundgesetz zugrundeliegenden „Prinzipien der Staatsgestaltung“ in dessen Mittelpunkt die Menschenwürde steht und den Erfahrungen aus der Zeit des Regimes der Nationalsozialisten, *BVerfGE* 39, 1 (67).

Ergebnis die Terroristen, ihren Plan unbehelligt ausführen zu können.[1351] Weitete Deutschland seine Präsenz in bestehenden und künftigen Konflikten weiter aus[1352] – was der Entwicklungslinie der Bundeswehr im Hinblick auf aktuelle Herausforderungen entspräche[1353] – und kämpfte in Zukunft aktiv mit Bodentruppen oder flöge selbst Raketenangriffe, stellte dies geradezu einen Anreiz für gegnerische Konfliktsparteien dar, eine umfassende Taktik der menschlichen Schutzschilde[1354] zu verfolgen. Die Einhaltung des konfliktsvölkerrechtlichen Prinzips der zwischen Kombattanten als legitimes militärisches Ziel und Zivilisten als illegitimes Ziel differenzierenden Kriegsführung würde zunehmend erschwert.[1355] Während der innerstaatliche Flugzeugabschuss eine absolute Ausnahmesituation bleibt und die Folgen der Rechtsprechung hoffentlich niemals zutage treten,[1356] löst die Rechtsprechung in Bezug auf die effektive Kampfführung Deutschlands erhebliche Friktionen aus, die in jedem bewaffneten Konflikt praktische Konsequenzen mit sich führen könnten.[1357]

1351 Zutreffend *Isensee*, in: AöR 2006, 173, 192; die die freiheitliche Grundordnung ablehnenden Terroristen werden letztlich dazu animiert, eine massiv menschenverachtende Strategie zu verfolgen. Ähnlich auch *Hillgruber*, in: JZ 2007, 209, 217. Wer dem Staat hier die Hände binden wolle, betreibe, wenn auch unbeabsichtigt, das Geschäft der Terroristen; *Baldus*, in: NVwZ 2006, 532, 534.

1352 Wie dies kürzlich in Afghanistan und Mali geschehen ist, siehe das 1. Kapitel unter B.

1353 Dies zeigt sich nicht zuletzt an der neuerlich entbrannten politischen Diskussion hinsichtlich einer potentiellen Beteiligung Deutschlands an einem Militärschlag der USA, Großbritanniens und Frankreichs, der als Reaktion auf einen befürchteten Chemiewaffeneinsatz der syrischen Armee in der syrischen Provinz Idlib in Rede steht, hierzu FAZ v. 1.9.2018, S. 4. Auch die Forderung der USA nach deutschen Bodentruppen in Syrien Mitte 2019 (SZ v. 9.7.2019, S. 7) ist Ausdruck der Erwartungshaltung verbündeter Nationen an Deutschland. Der Vorschlag der deutschen Verteidigungsministerin vom 22.10.2019, eine UN-mandatierte internationale Stabilisierungsmission zur Einrichtung einer Schutzzone im Norden Syriens zu beginnen (siehe FAZ v. 23.10.2019), deutet die zunehmende Verantwortungsbereitschaft, auch mit Bodentruppen in Konfliktgebieten zu agieren, an.

1354 Zu diesem Gedanken zutreffend *Zimmermann/Geiß*, in: Der Staat 2003, 377, 388.

1355 Grundlegend hierzu 3. Kapitel C.I.2. Aufgrund asymmetrischer Konfliktlagen ist das zentrale Prinzip des Konfliktsvölkerrechts ohnehin Herausforderungen ausgesetzt, *Oeter*, in: Tomuschat/Lagrange/Oeter, The Right to Life, 167, 174 ff.

1356 So möglicherweise auch die Hoffnung der urteilenden Richter, FAZ v. 5.1.2007, S. 34.

1357 Eine „besonders anspruchsvoll" verstandene Konzeption der Menschenwürde bewirkt in diesem Fall gerade keinen höheren Schutzstandard, *Nolte*, in: FW 2009, 93, 104; zutreffend insofern *Waechter*, in: JZ 2007, 61, 68, der resümiert: „Aufgrund der schwierigen Erkennbarkeit der wahren Sachlage drohten möglicherweise mehr Schäden durch Fehlentscheidungen als Grundrechtsschutz durch situationsangemessene

d) *Handlungsfähigkeit als wesentlicher Faktor in der vorausgegangenen Rechtsprechung*

Dass die Handlungsfähigkeit des Staates in diesem Kontext kein rechtlich unbeachtliches Argument sein kann und auch in der Luftsicherheitsgesetz-Entscheidung zu berücksichtigen gewesen wäre, zeigen auch vorausgegangene Urteile des Bundesverfassungsgerichts sowie das Amtshaftungsurteil des Bundesgerichtshofs zum Kundus-Fall. Die Handlungsfähigkeit des Staates war wesentlicher Entscheidungsgegenstand der Schleyer-Entscheidung[1358] und des Kontaktsperregesetz-Beschlusses des Bundesverfassungsgerichts.[1359] Dass der Staat seiner gegenüber der Gesamtheit der Bürger bestehenden Schutzpflicht effektiv nachkommen kann, bedingt, „daß die zuständigen staatlichen Organe in der Lage sind, auf die jeweiligen Umstände des Einzelfalles angemessen zu reagieren."[1360] Der Erste Senat argumentiert insbesondere auch - und dies ist in dem hier besprochenen Zusammenhang entscheidend - mit der Kalkulierbarkeit der staatlichen Reaktion für Terroristen; würde die Reaktion des Staates für Terroristen von vorneherein kalkulierbar, so das Gericht, würde dem

---

Entscheidungen erreicht wurde." Offen bleibt bei Waechter aber, wie das erkannte Spannungsverhältnis der konfliktsvölkerrechtlich konformen Tötung von unbeteiligten Zivilisten zur Menschenwürde aufzulösen ist.

1358 *BVerfGE* 46, 160. Auf diesen Umstand sowie die Entscheidung in dem Kontext zum Urteil betreffend das Luftsicherheitsgesetz weist *Gramm*, in: DVBl 2006, 653, 659 hin. Terroristen drohten mit der Ermordung des entführten Hanns Martin Schleyer, sollte ihre Forderung nach der Freilassung von elf inhaftierten Terroristen nicht erfüllt werden. Das BVerfG lehnte den Antrag auf einstweilige Anordnung der Freilassung der von den Terroristen benannten Gefangenen ab. Einige Zeit später wurde Hanns Martin Schleyer erschossen aufgefunden.

1359 *BVerfGE* 49, 24 (56 f.); zwar ging es auch hier nicht um einen Eingriff in die Menschenwürde der Terroristen, sondern um eine gesetzliche Grundlage, die die Anordnung einer Kontaktsperre inhaftierter RAF-Terroristen zur Außenwelt (einschließlich mit Verteidigern) vorsieht, welche diese möglicherweise in ihren grundgesetzlichen Rechten aus Art. 2 Abs. 1, Art. 6 Abs. 1, Art. 5 Abs. 1 S. 1, Art. 17 GG und gegebenenfalls Art. 3 Abs. 1 GG sowie in dem Anspruch auf ein faires Verfahren und dessen zügige Durchführung verletzt. Doch wird hier der Stellenwert der staatlichen Schutzpflicht pointiert herausgearbeitet. Insbesondere stellt der Zweite Senat auch auf das „Sinnganze" des Grundgesetzes ab, *BVerfGE* 49, 24 (56), um die Möglichkeit der fachgemäßen Ausübung der staatlichen Schutzpflicht durch die Staatsorgane zu wahren und verneint einen verfassungswidrigen Eingriff in die angesprochenen Rechte der Betroffenen.

1360 *BVerfGE* 46, 160 (165).

Staat der effektive Schutz seiner Bürger unmöglich gemacht. Im Beschluss zum Kontaktsperrgesetz bezieht der Zweite Senat nachdrücklich zu dem Stellenwert der Sicherheit der Bürger vor dem Hintergrund terroristischer Bedrohungen Stellung.[1361] Auch der Bundesgerichtshof geht in einem zivilrechtlichen Prozess zum Kundus-Fall auf die Handlungsfähigkeit des Staates ein. Der Bundesgerichtshof lehnt einen Amtshaftungsanspruch der geschädigten Zivilisten auch mit dem Argument ab, dass die Zulassung eines solchen Anspruchs „das außenpolitische Verhältnis Deutschlands zu seinen Bündnispartnern nachhaltig belasten" könnte.[1362] Aufgrund der Möglichkeit einer gesamtschuldnerischen Amtshaftung, in deren Zuge es zu der Erörterung als geheimhaltungsbedürftig eingestufter Informationen verbündeter Koalitionäre durch deutsche Zivilgerichte kommen kann, „wären die deutschen Streitkräfte [...] nur noch bedingt kampf- und einsatzfähig."[1363] Eine kaum abschätzbare Haftung könne auch dazu

1361 „Es wäre eine Sinnverkehrung des Grundgesetzes, wollte man dem Staat verbieten, terroristischen Bestrebungen, die erklärtermaßen die Zerstörung der freiheitlichen demokratischen Grundordnung zum Ziel haben und die planmäßige Vernichtung von Menschenleben als Mittel zur Verwirklichung dieses Vorhabens einsetzen, mit den erforderlichen rechtsstaatlichen Mitteln wirksam entgegenzutreten. Die Sicherheit des Staates als verfaßter Friedens- und Ordnungsmacht und die von ihm zu gewährleistende Sicherheit seiner Bevölkerung sind Verfassungswerte, die mit anderen im gleichen Rang stehen und unverzichtbar sind, weil die Institution Staat von ihnen die eigentliche und letzte Rechtfertigung herleitet", *BVerfGE* 49, 24 (56 f.). Zwar ging es auch hier nicht um einen Eingriff in die Menschenwürde der Terroristen, sondern um eine gesetzliche Grundlage, die die Anordnung einer Kontaktsperre inhaftierter RAF-Terroristen zur Außenwelt (einschließlich mit Verteidigern) vorsieht, welche diese möglicherweise in ihren grundgesetzlichen Rechten aus Art. 2 Abs. 1, Art. 6 Abs. 1, Art. 5 Abs. 1 S. 1, Art. 17 GG und gegebenenfalls Art. 3 Abs. 1 GG sowie in dem Anspruch auf ein faires Verfahren und dessen zügige Durchführung verletzt. Doch wird hier der Stellenwert der staatlichen Schutzpflicht pointiert herausgearbeitet. Insbesondere stellt der Zweite Senat auch auf das „Sinnganze" des Grundgesetzes ab, *BVerfGE* 49, 24 (56), um die Möglichkeit der fachgemäßen Ausübung der staatlichen Schutzpflicht durch die Staatsorgane zu wahren und verneint einen verfassungswidrigen Eingriff in die angesprochenen Rechte der Betroffenen.

1362 *BGHZ* 212, 173 (191). Denn beim Bündniseinsatz bestünde im Rahmen der Amtshaftung die Möglichkeit der Zurechnung völkerrechtswidriger unerlaubter Handlungen eines anderen Bündnispartners nach Maßgabe des § 830 BGB. Die Folge sei, dass vor den deutschen Zivilgerichten die inzidente Überprüfung des hoheitlichen Handelns eines anderen Bündnispartners zu erfolgen hätte.

1363 *BGHZ* 212, 173 (191).

führen, dass humanitär motivierte bewaffnete Auslandseinsätze der Bundeswehr reduziert oder gar gänzlich eingestellt würden.[1364] Die Analyse der Urteile zeigt demnach eine Unzulänglichkeit des Urteils zum Luftsicherheitsgesetz auf: Die aus dem Judikat folgende Berechenbarkeit der deutschen staatlichen Gefahrenabwehr schränkt die Erfüllung der vom Staat als oberste Pflicht geschuldeten Schutzpflicht (im innerstaatlichen Bereich)[1365] sowie das Ziel der Friedenswahrung (im extraterritorialen Bereich) erheblich ein.

e) Zwischenergebnis

Trotz der Vergleichbarkeit der zugrundeliegenden Konstellationen scheidet eine vollständige Verdrängung konfliktsvölkerrechtlicher Schädigungsbefugnisse durch Art. 1 Abs. 1 GG aus. Die Gesamtsystematik der Wehrverfassung impliziert die grundgesetzliche Zulässigkeit konfliktsvölkerrechtskonformer Schädigungshandlungen auch gegenüber Zivilisten ebenso wie weitere Urteile des Bundesverfassungsgerichts und das Urteil des Bundesgerichtshofs zum Amtshaftungsanspruch im Kundus-Fall. Zudem drohte die außenpolitische Handlungsunfähigkeit Deutschlands, die auch in der vorausgegangenen Rechtsprechung des Bundesverfassungsgerichts als ein abzuwendender Faktor angeführt worden ist.

2. Differenzierung zwischen Einsätzen „nichtkriegerischer“ und „kriegerischer“ Art

Ein Wertungswiderspruch ließe sich möglicherweise durch eine Differenzierung in der rechtlichen Bewertung zwischen der innerstaatlichen und der extraterritorialen Konstellation vermeiden.

1364 *BGHZ* 212, 173 (191).

1365 Zu beachten ist, dass das Gericht in der Luftsicherheitsrechtsprechung potentiell eine diesbezügliche Ausnahme zulässt, wenn ein auf die „Beseitigung des Gemeinwesens und die Vernichtung der staatlichen Rechts- und Freiheitsordnung“ zielender Angriff in Rede steht, *BVerfGE* 115, 118 (159). Im Hinblick auf einen Verteidigungskrieg kann die Ablehnung eines Verstoßes gegen die Menschenwürde durch entsprechende auch die Zivilbevölkerung tangierende Verteidigungsmaßnahmen also über einen solchen Argumentationsstrang begründet werden, ohne einen Widerspruch zu der Luftsicherheitsrechtsprechung hervorzurufen.

a) Begrenzung der Luftsicherheitsgesetz-Rechtsprechung auf Einsätze „nichtkriegerischer Art"

Das Bundesverfassungsgericht spricht in seinem Urteil zum Luftsicherheitsgesetz an einer Stelle von einem Einsatz „nichtkriegerischer Art".[1366] Die Unterscheidung zu einem Einsatz „kriegerischer Art" wird dadurch impliziert. Beide Begriffe sind – anders als die Begriffe Krieg oder Verteidigung – keine Rechtsbegriffe und lassen dadurch erheblichen Deutungsspielraum.[1367] Jedenfalls aber ist auf diese Weise eine beide Rechtsordnungen berücksichtigende Lösung möglich.[1368] In diesem Kontext könnten dann auch die zuvor dargestellten Differenzen der Konstellation Flugzeugabschuss im Inland und Bekämpfung einer gegnerischen Kriegspartei im Ausland Berücksichtigung finden. Insbesondere der Umstand der Dauergefahr im bewaffneten Konflikt in Kontrast zu der in einer absoluten Ausnahmesituation bestehenden punktuellen Gefahr durch die innerstaatliche Flugzeugentführung fänden hier Resonanz. Auch im Schrifttum wird eine an den konkreten Gegebenheiten ausgerichtete Auslegung der Menschenwürde vertreten.[1369] Ob eine Verletzung der Menschenwürde vorläge, lasse sich im Rechtssinne nicht formalisiert und ritualisiert feststellen, sondern nur über die wertende Deutung eines Gesamtzusammenhangs, in den verschiedene Werte der Verfassung und die Plausibilität praktischer Vernunft einflössen.[1370] Dabei wird zuweilen an den vom Bundesverfassungsgericht geschaffenen Begriff des „kriegerischen Luftzwischenfalls" angeknüpft, indem eine Differenzierung zwischen einem „kriegerischen" und „nicht-kriegerischen Kontext" vorgenommen wird.[1371]

1366 *BVerfGE* 115, 118 (157). Zudem ist die Rede von einem „nichtkriegerischen Luftzwischenfall", *BVerfGE* 115, 118, (153).

1367 *Robbers*, in: Weingärtner, Streitkräfte und Menschenrechte, 17, 19. Möglicherweise sei es gerade diese Normungebundenheit und diese Entsprechungsoffenheit, so Robbers, die das Bundesverfassungsgericht zur Wahl des Begriffs erwogen habe.

1368 *Wiefelspütz*, in: RuP 2006, 71, 76 meint, das Luftsicherheitsurteil verhielte sich ausschließlich zum nichtkriegerischen Luftzwischenfall. Das strikte Verständnis der Menschenwürdegarantie möchte dieser folglich auch nicht auf den „kriegerischen Luftzwischenfall" verstanden wissen.

1369 *Robbers*, in Umbach/Clemens, GG, Band I, Art. 1, Rn. 19. Konkrete Erfordernisse der Menschenwürde könnten von den konkreten Umständen nicht abstrahieren; *ders.*, in: Weingärtner, Streitkräfte und Menschenrechte, 17, 24; *Diehl*, in: HuV-I 2010, 4, 15; *Neubert*, Der Einsatz tödlicher Waffengewalt, S. 230.

1370 *Di Fabio*, in: JZ 2004, 1, 5.

1371 *Baldus/Müller-Franken*, in: v. Mangoldt/Klein/Starck, GG, Band III, Art. 87a, Rn. 121.

b) Problem der situationsbedingten Auslegung der Menschenwürde

Vor dem Hintergrund des Absolutheitsanspruchs der Menschenwürde ist dieser Lösungsweg allerdings rechtlichen Bedenken ausgesetzt. So fällt es schwer, eine dogmatisch saubere Antwort auf die folgenden Fragen zu finden: „Gibt es zwei Arten der Menschenwürde?“[1372] und „[k]ann, was in Friedenszeiten als menschenunwürdig anzusehen ist, im bewaffneten Konflikt mit der Menschenwürde im Einklang stehen?“[1373] Die Prämisse der vom Bundesverfassungsgericht angedeuteten Lösung ist nämlich die Zulassung einer situationsbedingten Auslegung der Menschenwürdegarantie des Art. 1 Abs. 1 GG. Während der innerstaatliche Flugzeugabschuss nur unter ganz engen Ausnahmesituationen mit der grundgesetzlichen Menschenwürde vereinbart werden kann, wäre die völkerrechtskonforme Tötung unbeteiligter Zivilisten unter deutlich weiter gefassten Voraussetzungen grundgesetzkonform. Befürchtet wird deswegen ein „gespaltenes Verständnis“[1374] der Menschenwürde sowie eine weniger „anspruchsvolle“ Auslegung im Rahmen des bewaffneten Konflikts.[1375] Relativierungsversuche des absoluten Charakters der Garantie der Menschenwürde werden weitestgehend zurückgewiesen.[1376] Gleichwohl sind auch gegenläufige Tendenzen erkennbar.[1377] Auch wenn besonders in Reaktion auf die Rechtsprechung des Bundesverfassungsgerichts zum Luftsicherheitsgesetz Stimmen im Schrifttum den Absolutheitsanspruch der Menschenwürde vermehrt in Frage stellen[1378] und

---

1372 *Robbers*, in: Weingärtner, Streitkräfte und Menschenrechte, 17.

1373 *Zimmermann/Geiß*, in: Der Staat 2003, 377, 379.

1374 *Baldus*, in: v. Mangoldt/Klein/Starck, GG, 6. Auflage 2010, Art. 87a, Rn. 108 spricht von einem solchen „gespaltene[m] Verständnis der Würdegarantie“. In der Neuauflage des Kommentars wird diese „neue Zweiheit“, wie es dort heißt, nicht mehr als kritisch bewertet. Vielmehr wird die Situationsgebundenheit der Menschenwürde als im Grundgesetz selbst angelegt erachtet, *Baldus/Müller-Franken*, in: v. Mangoldt/Klein/Starck, GG, Band III, Art. 87a, Rn. 121.

1375 *Nolte*, in: FW 2009, 93, 96.

1376 So *Höfling*, in: Sachs, GG, Art. 1, Rn. 11; auch *Kutscha*, in: RuP 2006, 202, 207 ist entschieden gegen eine „Aufweichung des absoluten Schutzgehalts der Menschenwürdegarantie“; *Poscher*, in: JZ 2004, 756, 762.

1377 Siehe *Baldus*, in: AöR 2011, 529, 531 ff. der die seit 1950 vereinzelt und jüngst vermehrt bestehenden, gegenläufigen Tendenzen im Schrifttum darstellt; siehe auch *Hain*, in: Der Staat 2006, 189, 201 ff.

1378 *Isensee*, in: AöR 2006, 173, 191 ff.; *Baldus*, in: AöR 2011, 529, 548 spricht sich für die Abwägungsfähigkeit gegen Rechtsgüter von Verfassungsrang aus; *Hillgruber*, in: JZ 2007, 209, 217 sieht die „Abwägungsfestigkeit“ der Menschenwürdegarantie in der innerstaatlichen Situation des Flugzeugabschusses an ihre „Grenze“ gelangt; auch *Hain*, in: Der Staat 2006, 189, 201 ff. plädiert (ohne konkreten Bezug zur

die Starrheit des Verständnisses der Menschenwürdegarantie beklagen,[1379] hält das Bundesverfassungsgericht am Absolutheitsanspruch der Garantie fest.[1380] Die vom Bundesverfassungsgericht angedeutete Differenzierungen nach Einsätzen „kriegerischer“ oder „nichtkriegerischer“ Art ist vor diesem Hintergrund aber kritisch zu sehen.[1381]

3. *Berücksichtigungsbedürftigkeit des Völkerrechts bei der Bestimmung der Reichweite der Menschenwürde*

Dadurch, dass das Problem von vorneherein auf die grundgesetzliche Menschenwürde projiziert wird, besteht ein „Abwägungsdilemma“.[1382] Im Folgenden ist zu

---

Entscheidung zum Luftsicherheitsgesetz) für eine Abwägbarkeit der Menschenwürdegarantie; *Herdegen*, in: Maunz/Dürig, GG, Art. 1 Abs. 1 [Stand: Mai 2009], Rn. 46 ff., der sich deutlich gegen die Abwägungsfestigkeit der Menschenwürdegarantie ausspricht, weist darauf hin, dass auch das BVerfG in seinem Urteil zum Luftsicherheitsgesetz zwischen der Menschenwürde der Täter und der Opfer differenziert, indem es den Abschuss eines nur von Tätern besetzten Flugzeuges zulässt, *Herdegen*, ebenda, Rn. 50.

1379 So konstatiert *Baldus*, in: AöR 2011, 529, 551, dass „[i]m Bann der kantischen Moralphilosophie [...] Verfassungsrechtspraxis und Teile der Wissenschaft [sich] in einen Zustand der Abschottung begeben [haben] und dabei vergessen, dass es sich bei der Absolutheitsthese um einen Lehrsatz einer weltlichen und mithin auch wandelbaren Dogmatik des positiven Verfassungsrechts handelt“; die Misslichkeit dieser Abschottung offenbart sich in keiner Konstellation klarer, als in den beiden hier betrachteten Fällen – der Flugzeugproblematik und, dem hier im Vordergrund stehenden, Spannungsverhältnis der absolut verstandenen Menschenwürde zu konfliktsvölkerrechtlichen Schädigungsbefugnissen. Der Staat hat dem Bürger als oberstes Gebot Schutz versprochen. Dieser Verantwortung darf er auch unter der Berufung auf die Menschenwürde nicht entfliehen, siehe auch *Isensee*, in: AöR 2006, 173, 193; die Grenzen dieses Schutzversprechens betonend *Kutscha*, in: RuP 2006, 202, 207.

1380 Siehe aber zu einer Analyse der bundesverfassungsgerichtlichen Rechtsprechung *Baldus*, in: AöR 2011, 529, 531 ff., der im Ergebnis konstatiert, dass das Gericht zwar von der Absolutheit der Garantie der Menschenwürde spricht, tatsächlich aber Abwägungen vornimmt („Methode verschleierter Abwägung“, *Baldus*, ebenda, 539 f.).

1381 *Zimmermann/Geiß*, in: Der Staat 2003, 377, 392 f.; *Schmidt-Radefeldt*, in: NZWehrr 2008, 221, 232.

1382 Da es um die Tötung von Menschen geht, liegt eine Verletzung des in Art. 2 Abs. 2 GG normierten Grundrecht auf Leben zunächst näher als die Verletzung der Menschenwürde, *Schmidt-Radefeldt*, in: NZWehrr 2008, 221, 232. Obgleich Art. 1 Abs. 1 GG in Verbindung mit Art. 2 Abs. 2 GG geprüft wird, richtet sich die Argumentation des Gerichts im Wesentlichen an Art. 1 Abs. 1 GG aus. Möchte man indes eine tragfähige Begründung dafür liefern, dass unbeteiligte Zivilisten weder in dem einen

untersuchen, ob und wie das Völkerrecht dazu im Stande ist, die Auslegung der grundgesetzlichen Menschenwürde zu beeinflussen.

a) Völkerrechtsfreundliche Auslegung der Menschenwürde

Die dem Grundgesetz zweifelsohne immanente Völkerrechtsfreundlichkeit könnte als Verfassungsprinzip zu einer Auflösung des Wertungswiderspruchs führen. Aus dem Prinzip der Völkerrechtsfreundlichkeit des Grundgesetzes kann zwar kein allgemeiner Argumentationstopos herausgearbeitet werden, der für eine Modifikation der Menschenwürdegarantie des Art. 1 Abs. 1 GG im Zuge eines bewaffneten Konflikts spräche; doch greift der Grundsatz gerade im Falle einer Normenkollision ein.[1383] In vielen konkreten Einzelfällen, die im Zuge eines Konflikts auftreten, besteht eine mit einem rechtsordnungsübergreifendem Normenkonflikt vergleichbare Situation,[1384] so dass der Grundsatz der Völkerrechtsfreundlichkeit als Kollisionsvermeidungsprinzip zur Anwendung gelangen müsste. Aus dieser Erwägung heraus wäre die Menschenwürde des Art. 1 Abs. 1 GG im Lichte des Konfliktsvölkerrechts auszulegen. Doch steht dieser Möglichkeit der oben erwähnte Absolutheitsanspruch der Menschenwürde entgegen. Eine aus völkerrechtsfreundlichen Gesichtspunkten erfolgende Abwägung der Menschenwürde gegen andere Rechtsgüter[1385] hieße nach

---

noch in dem anderen Fall zu Objekten staatlichen Handelns im Sinne einer durch Art. 1 Abs. 1 GG verbotenen menschenunwürdigen Behandlung degradiert werden, reicht es nicht aus, die Übertragung der Argumentationslinie des Bundesverfassungsgerichts auf Gegebenheiten im bewaffneten Konflikt als zu „doktrinär" (so *Naske/ Nolte*, in: AJIL 2007, 466, 469 f.) zu verwerfen.

1383 Siehe hierzu und den nachfolgend thematisierten Einzelheiten zum grundgesetzlichen Prinzip der Völkerrechtsfreundlichkeit 5. Kapitel A.III.

1384 Dass es sich bei der Möglichkeit der Inkaufnahme von zivilen Opfern nur um eine Befugnis handelt, die aus dem konfliktsvölkerrechtlichen Verhältnismäßigkeitsprinzip hergeleitet wird und keine Pflicht, die der garantierten Menschenwürde per se entgegenstünde, ändert an dem Vorliegen eines Spannungsverhältnisses nichts. Abstrakt gesehen bestünde kein Spannungsverhältnis, wenn ein Staat diese Befugnis gar nicht ergriffe. Doch lässt sich im Ernstfall nur unter Inanspruchnahme dieser Befugnis auch eine effektive Verteidigung vollziehen. Die Möglichkeit der Inkaufnahme von Kollateralschäden ist ein tragendes Prinzip des Rechts der bewaffneten Konflikte. Die dahinter stehende Wertung kollidiert auch ohne Inanspruchnahme der konkreten Befugnis mit dem hier erörterten Verständnis der Menschenwürde durch das BVerfG.

1385 Dass es sich dabei jedenfalls um Rechtsgüter von Verfassungsrang handeln muss, steht außer Frage. Doch besteht im Rahmen des extraterritorialen bewaffneten Konflikts zusätzlich das Problem, dass nicht ohne weiteres mit dem Schutzauftrag des

der herrschenden Auffassung, die unantastbare Menschenwürde „anzutasten“. Zudem würde ein rechtlich kaum erklärbarer Widerspruch zu dem eindeutigen Wortlaut des Art. 1 Abs. 1 GG[1386] hervorgerufen.[1387] Weiterhin ist zu beachten, dass gerade auch grundlegende Werte, für welche die Verfassung steht, nicht durch eine Anwendung des Prinzips der Völkerrechtsfreundlichkeit unterlaufen werden dürfen. Auch das Prinzip der Völkerrechtsfreundlichkeit bietet für diesen Fall keine Abhilfe, so dass dieser Lösungsansatz ebenso wenig zu einer abweichenden rechtlichen Bewertung der extraterritorialen Konstellation von der des innerstaatlichen Flugzeugabschusses führt.

b) Berücksichtigung völkerrechtlicher Erwägungen bei der Bestimmung des Anwendungsbereichs der grundgesetzlichen Menschenwürde

Obwohl die Anwendung des Prinzips der Völkerrechtsfreundlichkeit bereits an der Wortlautgrenze des Art. 1 Abs. 1 GG scheitert, könnte es über einen anderen Begründungsstrang zu einer stärkeren Einbeziehung völkerrechtlicher Wertungen bei der Auslegung der Menschenwürdegarantie kommen.

aa) Art. 1 Abs. 2 GG als direkte Verbindung zu völkerrechtlichen Wertungen

Art. 1 Abs. 2 GG[1388] stellt selbst einen ausdrücklichen Bezug zur internationalen Rechtsordnung her. Zudem bezieht sich dieser („darum“) auf den vorangestellten Absatz, welcher die Menschenwürdegarantie postuliert.[1389] So wird in der Literatur vertreten, dass diese „Brücke“[1390] eine Berücksichtigung des Völkerrechts sowie der Rechtsvergleichung im Rahmen der Auslegung des Art. 1 Abs. 1

Staates gegenüber seinen eigenen Bürgern argumentiert werden kann, siehe *Zimmermann/Geiß*, in: Der Staat 2003, 377, 390 f.

1386 *Baldus*, in: AöR 2011, 529, 545 sieht den Wortlaut hingegen als „keinesfalls zwingend“ an.

1387 Der Wortlaut stellt eine Grenze der völkerrechtsfreundlichen Auslegung dar. Die Norm muss divergierende Leseweisen zulassen, damit das Prinzip der Völkerrechtsfreundlichkeit in seiner Ausprägung als Kollisionsvermeidungsregel überhaupt Anwendung finden kann.

1388 „Das Deutsche Volk bekennt sich darum zu unverletzlichen und unveräußerlichen Menschenrechten als Grundlage jeder menschlichen Gemeinschaft, des Friedens und der Gerechtigkeit in der Welt.“

1389 *Dreier*, in: ders., GG, Band I, Art. 1 II, Rn. 12; *Enders*, in: Stern/Becker, GG, Art. 1, Rn. 102.

1390 *Herdegen*, in: Maunz/Dürig, GG, Art. 1 Abs. 1 [Stand: Januar 2010], Rn. 3.

GG ermöglicht;[1391] Art. 1 Abs. 2 GG wird „auslegungsleitende Kraft“[1392] für das gesamte Grundgesetz zugesprochen.[1393] Noch weitgehender wird vertreten, der zweite Absatz der Menschenwürdegarantie erhebe die Menschenrechte zu verbindlichen Auslegungskriterien der materiellen Verfassungsbestimmungen.[1394] Jedenfalls aber können internationale Menschenrechtsverträge potentielle Auslegungsmöglichkeiten von grundgesetzlichen Grundrechten aufzeigen.[1395]

Zu beachten ist überdies, dass Art. 1 Abs. 2 GG eine Konkretisierung des Friedensgebots der Präambel darstellt.[1396] Das „Deutsche Volk“ hat sich, so heißt es wörtlich in der Präambel des Grundgesetzes, „von dem Willen beseelt, als gleichberechtigtes Glied in einem vereinten Europa dem Frieden der Welt zu dienen [...] dieses Grundgesetz gegeben.“ Auf dieses „Hauptziel“[1397] ist das Grundgesetz auch inhaltlich zugeschnitten, wie ein Blick in die Art. 9 Abs. 2, 24 (insbesondere Abs. 2), 25, 26 und 87a GG erkennen lässt.[1398] Bei der Bestimmung des Schutzgehalts der grundgesetzlich garantierten Menschenwürde ist diese zum Verfassungstext zählende und damit rechtlich verbindliche Bestimmung der Präambel[1399] zu

---

1391 *Herdegen*, in: Maunz/Dürig, GG, Art. 1 Abs. 1 [Stand: Januar 2010 u. Mai 2009], Rn. 3 u. 43.

1392 So ausdrücklich *Robbers*, in Umbach/Clemens, GG, Band I, Art. 1, Rn. 75.

1393 *Enders*, in: Stern/Becker, GG, Art. 1, Rn. 103 sieht in der „Menschenrechtsidee“ insbesondere eine „Interpretationsressource für die Fortentwicklung der positivierten Grundrechte [Hervorhebung des Originals entfernt]“ im Rahmen der Wortlautgrenze; *Dreier*, in: ders., GG, Band I, Art. 1 II, Rn. 21 erkennt in Menschenrechtspakten eine „Auslegungs- und Verständnishilfe [Hervorhebung des Originals entfernt]“ im Zuge der Feststellung des Inhalts der Grundrechte.

1394 *Sommermann*, in: AÖR 1989, 391, 407 u. 417; speziell im Hinblick auf die EMRK sowie die Rechtsprechung des EGMR siehe *Seibert*, in: FS-Hirsch, 519, 525.

1395 In diese Richtung *Enders*, in: Stern/Becker, GG, Art. 1, Rn. 104, der von „[m]öglichen Denkanstößen“ spricht.

1396 *Huber*, in: Sachs, GG, Präambel, Rn. 46; siehe auch *Proelß*, in: Isensee/Kirchhof, HStR, Band XI, § 227, Rn. 15; *Enders*, in: Stern/Becker, GG, Art. 1, Rn. 102.

1397 *Ipsen*, in: NZWehrr 2008, 156, 162.

1398 *Huber*, in: Sachs, GG, Präambel, Rn. 46; *Proelß*, in: Isensee/Kirchhof, HStR, Band XI, § 227, Rn. 1; zu der hierin zum Ausdruck gelangenden offenen Verfassungsstaatlichkeit siehe 5. Kapitel A.III.1. und 2.

1399 *Huber*, in: Sachs, GG, Präambel, Rn. 8; *Stern*, Das Staatsrecht der Bundesrepublik Deutschland, Band I, S. 509; *Jarass*, in: ders./Pieroth, GG, Präambel, Rn. 1; die Hauptfunktion der Präambel im „symbolisch-politischen Bereich“ einordnend *Hopfauf*, in: Schmidt-Bleibtreu/Hofmann/Henneke, GG, Präambel, Rn. 17.

berücksichtigen.[1400] Das Grundgesetz enthält eine bewusste Staatszielbestimmung, für eben jenen Frieden in der Welt einzutreten.[1401] Das Grundgesetz stellt bereits in Art. 1 Abs. 2 GG eine sich direkt auf Art. 1 Abs. 1 GG auswirkende Verbindung zur internationalen Rechtsordnung her.

bb) Wertung der Völkerrechtsordnung

Art. 1 Abs. 2 GG nimmt explizit auf die Menschenrechte Bezug. Auch die Menschenrechte verbieten eine Tötung unbeteiligter Zivilisten. Die Menschenwürde stellt einen Grundpfeiler der Menschenrechtsordnung dar. So erwähnen sowohl die Allgemeine Erklärung der Menschenrechte als auch der Internationale Pakt über bürgerliche und politische Rechte die Menschenwürde nicht nur, sondern deklarieren sie als „Grundlage von Freiheit, Gerechtigkeit und Frieden in der Welt".[1402] Auch können einzelne Menschenrechte Ausdruck der Menschenwürde sein.[1403] Maßgeblich an dieser Stelle ist die Reichweite dieser menschenrechtlich garantierten Menschenwürde im Rahmen eines dem Regime des ius in bello unterliegenden bewaffneten Konflikts. Das menschenrechtliche Verständnis der Menschenwürde schließt die Wahrnehmung von den Kampfführungsbefugnissen des ius in bello nicht kategorisch aus.[1404] Vielmehr werden die Regelungen des bewaffneten Konflikts durch die Menschenwürde beeinflusst.[1405] Insbesondere den Regelungen des Genfer Strangs des Rechts der bewaffneten Konflikte kann der Gedanke der Humanität entnommen werden. An der Gewalt nicht

---

1400 So auch *Ipsen*, in: NZWehrr 2008, 156, 162, der ausgehend von dem Friedensgebot der Präambel annimmt, mit der Entscheidung für diese ultima ratio der Wiederherstellung des Friedens habe sich die Verfassung zugleich für eine immanente Schranke des Art. 1 Abs. 1 S. 2 GG entschieden, *Ipsen*, ebenda, 163.

1401 *Dreier*, in: ders., GG, Band I, Präambel, Rn. 51 f. Die Präambel fordere einen „überobligatorischen Beitrag" der Bundesrepublik ein; *Hopfauf*, in: Schmidt-Bleibtreu/Hofmann/Henneke, GG, Präambel, Rn. 13; *Proelß*, in: Isensee/Kirchhof, HStR, Band XI, § 227, Rn. 12.

1402 Abs. 1 Präambel AEMR und Abs. 1 Präambel IPBPR, Vertragstexte abgedruckt in: *Fremuth*, Menschenrechte.

1403 Siehe *Schmahl*, in: Fleck, Rechtsfragen der Terrorismusbekämpfung, 125, 135 bezogen auf Art. 5 EMRK und Art. 9 IPBPR.

1404 Siehe *Benvenisti*, in: Tel Aviv University Law Faculty Papers, 2006, 81, 86; siehe auch die allgemeine Analyse der Wechselwirkung von Menschenrechtsschutz und den Regelungen des Rechts der bewaffneten Konflikte bei *Lippold*, in: ZaöRV 2016, 53, 94 f.

1405 Siehe die Betrachtung bei *Benvenisti*, in: Tel Aviv University Law Faculty Papers, 2006, 81, 87 ff. u. 108.

(mehr) beteiligte Personen, die von eben dieser betroffen werden, sind stets mit Menschlichkeit zu behandeln. Der Mensch steht auch nach der Wertung des ius in bello im Mittelpunkt des Schutzes.[1406] Auch über das Ziel des Rechtsgebiets, einen zukünftigen Friedensschluss nicht durch eine barbarische Kriegsführung dauerhaft zu erschweren, kann eine Gemeinsamkeit zu dem Friedensgebot des Grundgesetzes hergestellt werden. Diese systematische Wertung ist im Zuge der Bestimmung des Anwendungsbereichs des Art. 1 Abs. 1 GG ebenfalls zu berücksichtigen. Der Kompromisscharakter des Konfliktsvölkerrechts[1407] resultiert gerade aus Erwägungen, die den Schutz Unbeteiligter einerseits und Effektivitätsgesichtspunkte hinsichtlich der konkreten Kampfführung andererseits ermöglichen. Das Ziel, dem Frieden der Welt zu dienen, kann das Grundgesetz in der Praxis letztlich nur erreichen, wenn es nicht nur den „idealistischen" Teil der Völkerrechtsordnung berücksichtigt.[1408] Zudem gelten die Menschenrechte erst wieder uneingeschränkt, wenn der bewaffnete Konflikt beendet ist, so dass es auch grundgesetzliches Ziel sein muss, die dauerhafte Beendigung der Feinseligkeiten zu ermöglichen. Nur über die widerspruchsfreie Ausübungsmöglichkeit „pragmatischer" Befugnisse des ius in bello kommt die Staatszielbestimmung sowie die konkrete Ausformung in Art. 24 Abs. 2 GG und Art. 87a GG zur Geltung. Das Grundgesetz verbietet den Einsatz (völkerrechtsmäßiger) militärischer Gewalt zur Erreichung dieses Ziels ausdrücklich nicht[1409] und impliziert damit die Übernahme dieser völkerrechtlichen Systematik.

cc) Mangelnde Willkürlichkeit einer konfliktsvölkerrechtskonformen Tötung

Unter Beachtung der völkerrechtlichen Systematik ist festzustellen, dass eine konfliktsvölkerrechtskonforme Tötung keine willkürliche Schädigungshandlung darstellt. Das Bundesverfassungsgericht setzt im Abhör-Urteil[1410] für einen Verstoß gegen die Menschenwürde voraus, dass der Mensch einer Behandlung ausgesetzt werde, die seine Subjektqualität prinzipiell in Frage stelle, oder dass in der Behandlung im konkreten Fall eine willkürliche Missachtung der

---

1406 Siehe das 3. Kapitel unter C.I.; *Benvenisti*, in: Tel Aviv University Law Faculty Papers, 2006, 81, 100 ff. beleuchtet den Einfluss der Menschenwürde auf die Regelungen des ius in bello seit 1945.

1407 Herausgearbeitet im 3. Kapitel unter C.

1408 *Ipsen*, in: NZWehrr 2008, 156, 162.

1409 Siehe auch *Huber*, in: Sachs, GG, Präambel, Rn. 46; *Stern*, Das Staatsrecht der Bundesrepublik Deutschland, Band I, S. 509; *Dreier*, in: ders., GG, Band I, Präambel, Rn. 52.

1410 *BVerfGE* 30, 1.

Würde des Menschen liege. Insbesondere fordert das Gericht eine „verächtliche Behandlung" des Menschen durch den Staat, die „Ausdruck der Verachtung des Wertes, der dem Menschen kraft seines Personseins zukommt" ist.[1411] Zivilisten alleine sind auch nach dem Recht der bewaffneten Konflikte in keinem Fall legitime militärische Angriffsziele.[1412] Von einer Verächtlichmachung oder einer willkürlichen Behandlung Unbeteiligter kann gerade im Rahmen konfliktsvölkerrechtskonformer Tötungshandlungen nicht ausgegangen werden. Das Konfliktsvölkerrecht stellt im Falle eines bewaffneten Konflikts lex specialis zu dem ebenfalls anwendbaren Recht der Menschenrechte dar.[1413] Gerade das Recht auf Leben, wie es in Art. 6 Abs. 1 IPBPR und Art. 2 Abs. 1 EMRK niedergeschrieben ist, wird von konfliktsvölkerrechtlichen Regelungen verdrängt. Art. 6 Abs. 1 IPBPR spricht ausdrücklich von einer „willkürlichen Beraubung" des Lebens.[1414] Ersichtlich gehen auch die Vertragsstaaten der EMRK – also auch Deutschland – davon aus, dass konfliktsvölkerrechtskonforme Handlungen im Falle eines bewaffneten Konflikts keine „unmenschliche" oder „erniedrigende" Behandlung im Sinne des Art. 3 EMRK[1415] darstellen.[1416] Eine konfliktsvölkerrechtskonforme Schädigungshandlung, wie die hier in Rede stehenden Kollateralschäden, stellen folgerichtig keine willkürliche Tötung oder erniedrigende Behandlung dar.[1417] Als eine „Sinnverkehrung des

1411 *BVerfGE* 30, 1 (26). Auf das Abhör-Urteil weisen in diesem Kontext *Zimmermann/Geiß*, in: Der Staat 2003, 377, 391 f. hin.

1412 *Oeter*, in: Tomuschat/Lagrange/Oeter, The Right to Life, 167, 172; *ICRC*, Commentary on the Additional Protocols, Art. 51, Rn. 1979.

1413 Siehe das 3. Kapitel unter D.II.

1414 Art. 6 Abs. 1 IPBPR lautet: „Jeder Mensch hat ein angeborenes Recht auf Leben. Dieses Recht ist gesetzlich zu schützen. Niemand darf *willkürlich* seines Lebens beraubt werden [Hervorhebung durch den Verfasser]."

1415 Art. 3 EMRK lautet: „Niemand darf der Folter oder unmenschlicher oder erniedrigender Strafe oder Behandlung unterworfen werden."

1416 *Robbers*, in: Weingärtner, Streitkräfte und Menschenrechte, 17, 20 f. *Zimmermann/Geiß*, in: Der Staat 2003, 377, 382.

1417 Ebenso *Schmidt-Radefeldt*, in: NZWehrr 2008, 221, 232; dass das Abhör-Urteil nicht einstimmig ergangen ist und von den abweichenden Richtern gerade auch im Hinblick auf das Abstellen auf ein „Verächtlichmachen" kritisiert wurde, sei an dieser Stelle ausdrücklich erwähnt, siehe die Abweichende Meinung der Richter Geller, v. Schlabrendorff und Rupp in *BVerfGE* 30, 1 (39 f.), die kritisieren, dass das Wort der Menschenwürde nicht nur „in seinem höchsten Sinn" verstanden werden darf, wie dies der Fall ist, wenn man auf das „Verächtlichmachen" abstellt. Die „gute Absicht" der staatlichen Handlung ändert nach Ansicht der dem Judikat nicht zustimmenden Richter nichts an der gegenständlichen Behandlung der Betroffenen, welche nicht

Grundgesetzes"[1418] muss auch eine Auslegung der Menschenwürde gesehen werden, die eine effektive Erfüllung des Friedensgebots des Grundgesetzes wesentlich erschwert. Der Versuch die Menschenwürde durch ein rein nationales Verständnis zu schützen, führte in den Konstellationen der extraterritorialen Bundeswehreinsätze entweder zur militärischen Handlungsunfähigkeit, die im Widerspruch zu weiteren Wertungen des Grundgesetzes steht oder zu einer schlichten Nichtanwendung der Garantie. Eine „grundrechtsintrovertierte"[1419] Lösung erweist sich damit als kontraproduktiv.[1420]

c) Zwischenergebnis

Das vom Bundesverfassungsgericht im Luftsicherheitsgesetz-Urteil hervorgerufene „Abwägungsdilemma" kann über eine stärkere Berücksichtigung völkerrechtlicher Erwägungen bei der Bestimmung der Reichweite des Art. 1 Abs. 1 GG aufgelöst werden. Der Anknüpfungspunkt hierfür ist Art. 1 Abs. 2 GG, der in direkter Verbindung zu Art. 1 Abs. 1 GG einen Bezug zu den Menschenrechten herstellt. In diesem Kontext ist die Systematik der Völkerrechtsordnung zu berücksichtigen. Diese sieht eben auch spezielle Regelungen für einen bewaffneten Konflikt vor, welche die Menschenrechte zurückdrängen. Gleichwohl liegt auch dem ius in bello ein Schutzgedanke zugrunde. Eine konfliktsvölkerrechtliche Tötung stellt keine willkürliche Tötung nach menschenrechtlichen Standards dar. Diese Wertung gilt es über Art. 1 Abs. 2 GG zu berücksichtigen. Anhaltspunkte für eine Berücksichtigungsfähigkeit des Kriteriums der Willkürlichkeit

---

im Einklang mit Art. 1 Abs. 1 GG steht; auch in der Literatur wird vertreten, dass es auf eine etwaige „gute" Intention des Staates zumindest dann nicht ankommen soll, wenn nach objektiven Kriterien die Verobjektivierung des Einzelnen einen „erheblichen Grad" erreicht, *Kunig*, in: v. Münch/Kunig, GG, Art. 1, Rn. 24; eine auch ergebnisorientierte Argumentation, wie es in der Kommentierung von *Kunig*, in: v. Münch/Kunig, GG, Art. 1, Rn. 23 (dort in Fn. 144) im Hinblick auf die bundesverfassungsgerichtliche Argumentation im Abhör-Urteil heißt, lässt sich unter der absoluten Geltung der Menschenwürde im Besonderen in den hier besprochenen Fällen nicht vermeiden; *Schmidt-Radefeldt*, in: NZWehrr 2008, 221, 234 spricht hinsichtlich der Flugzeugproblematik von einer Aporie, also „[d]ie Unmöglichkeit, in einer bestimmten Situation die (rechtlich) richtige (und widerspruchsfreie) Entscheidung zu treffen.

1418 *BVerfGE* 49, 24 (56 f.).

1419 *Seibert*, in: FS-Hirsch, 519, 523.

1420 Siehe aber die Kritik von *Isensee*, in: Merten/Papier, HGR, Band IV, § 87, Rn. 39. Die Anbindung der Verfassungsinterpretation an Völkerrecht und Menschenwürde diene in ihrer aktuellen Tendenz einer Minimierung der Menschenwürde.

im Rahmen der grundgesetzlichen Menschenwürde bietet das Abhör-Urteil des Bundesverfassungsgerichts.

4. Ergebnis

Die Systematik des Grundgesetzes zeigt, dass konfliktsvölkerrechtskonforme Schädigungshandlungen im Rahmen der gewährten Befugnisse grundgesetzlich zulässig sind. Die grundgesetzliche Menschenwürde überlagert die konfliktsvölkerrechtlichen Erlaubnisse nicht komplett. Doch wird auch die Menschenwürde nicht von den Regelungen des ius in bello verdrängt. Dies deutet das Bundesverfassungsgericht in seiner Luftsicherheitsgesetz-Entscheidung an, indem es von Einsätzen „kriegerischer Art" spricht. Der dogmatische Anknüpfungspunkt für die Berücksichtigung konfliktsvölkerrechtlicher Erwägungen im Rahmen der grundgesetzlich garantierten Menschenwürde ist Art. 1 Abs. 2 GG. Über diesen Hebel kann bei der Bestimmung der Reichweite des Schutzbereichs der Menschenwürde die Systematik und die Wertung der Völkerrechtsordnung Berücksichtigung finden.

IV. Fazit

Als Ergebnis ist mithin festzuhalten, dass Art. 1 Abs. 1 GG konfliktsvölkerrechtskonformen Handlungen – insbesondere auch der Tötung von unbeteiligten Zivilisten, welche den Rahmen des völkerrechtlich Erlaubten nicht verlässt – nicht entgegensteht. Das Grundgesetz in seiner Gesamtheit (Prinzip der Einheit der Verfassung) lässt dieses Ergebnis zwingend erscheinen. Die Begründung des Ergebnisses gestaltet sich wegen der Rechtsprechung des Bundesverfassungsgerichts zum Luftsicherheitsgesetz dennoch als sehr schwierig. Vor dem Hintergrund des kategorischen Verständnisses der Menschenwürde, scheint eine Auflösung des Spannungsverhältnisses ohne jeglichen Widerspruch nur schwerlich möglich.[1421] Die Entscheidung des Bundesverfassungsgerichts zum Luftsicherheitsgesetz ist eine Folge eines zu starken Fokus des Gerichts auf die innerstaatliche Situation in Verbindung mit der Hoffnung, diese werde niemals eintreten. Bereits die Thematisierung des Art. 1 Abs. 1 GG ist mit Blick auf ältere Judikate nicht naheliegend. Diese Sichtweise wird durch das zeitlich später erfolgte Urteil des BGH zum Amtshaftungsanspruch im Kundus-Fall bestätigt. Weder im älteren Schrifttum[1422] noch in der jüngeren Literatur[1423] bis kurz vor

1421 *Nolte*, in: FW 2009, 93, 96.
1422 Siehe nur *Mußgnug*, in: DÖV 1989, 917, 918.
1423 *Pawlik*, in: JZ 2004, 1045, 1047.

dem Urteil zum Luftsicherheitsgesetz wurden nach dem Konfliktsvölkerrecht zulässige Aktionen - auch solche, welche die Zivilbevölkerung tangieren - als ein Problem der grundgesetzlichen Menschenwürde aufgefasst. Umso schwerer wiegt der Umstand, dass nicht erkannt wurde, dass die Folgen der Rechtsprechung sich wesentlich auf extraterritoriale Hoheitsausübungen auswirken. Die sehr weitreichenden Folgen für die militärische Handlungsfähigkeit Deutschlands wurden dabei nicht ausreichend berücksichtigt. Hierdurch droht der Menschenwürdegarantie nachhaltig Schaden zugefügt zu werden.[1424] Infolge des Luftsicherheits-Urteils könnte das Grundgesetz nur durch die Zulassung einer situationsbedingten Auslegung der Menschenwürde widerspruchsfrei ausgelegt werden. Die situationsbedingte Auslegung stellt unterdessen den Absolutheitsanspruch der Menschenwürde in Frage. Über Art. 1 Abs. 2 GG kann jedenfalls eine an der völkerrechtlichen Systematik ausgerichtete Bestimmung des Schutzbereiches des Art. 1 Abs. 1 GG vorgenommen werden. Eine Verobjektivierung des Einzelnen erfolgt bei konfliktsvölkerrechtskonformen Tötungen nicht.

C. Das Recht auf Leben nach Art. 2 Abs. 2 GG im bewaffneten Konflikt

Erachtet man Art. 1 Abs. 1 GG als nicht betroffen, ist der Maßstab, an welchem die Tötungshandlung unbeteiligter Zivilisten zu messen sind, Art. 2 Abs. 2 GG. Danach steht Jedermann „das Recht auf Leben und körperliche Unversehrtheit“ zu. Mit der Postulierung des Rechts auf Leben im zweiten Artikel der Verfassung reagiert das Grundgesetz auf die Unrechtspraktiken des Nationalsozialismus und macht gleichzeitig deutlich, dass es der Mensch ist, der den „Mittelpunkt der Rechtsordnung“ bildet.[1425] Die in Art. 2 Abs. 2 GG zum Ausdruck gelangende Wertschätzung des menschlichen Lebens soll einen „betonten Gegensatz“[1426] zu dem menschenverachtenden nationalsozialistischen Regime postulieren.[1427] Die

1424 Die Beachtung der Warnung von *Di Fabio*, in: JZ 2004, 1, 6, „dass man den auf nähere Entfaltung angelegten Höchstwert nicht ohne äußerste Not selbst in den Kampf schicken darf“, da anderenfalls „das dahinter stehende System der Rechtsordnung mit seinen durchdachten Proportionen und der Höchstwert der Würde selbst Schaden nehmen“ könnte, hätte ein solches Urteil möglicherweise verhindert; in diese Richtung läuft auch der Vorschlag bei *Dreier*, in: ders., GG, Band I, Art. 1, Rn. 136, der zur Auflösung des Spannungsverhältnisses vorschlägt, den Kernbereich der garantierten Menschenwürde eng zu ziehen.

1425 *Di Fabio*, in: Maunz/Dürig, GG, Art. 2 Abs. 2 [Stand: Februar 2004], Rn. 9 f.

1426 *BVerfGE* 39, 1 (36).

1427 *BVerfGE* 39, 1 (36 f.) unter Verweis auf *BVerfGE* 18, 112 (117).

Bekämpfung unbeteiligter Zivilisten im extraterritorialen bewaffneten Konflikt markiert einen Eingriff in das „innerhalb der grundgesetzlichen Ordnung einen Höchstwert dar[stellende]“[1428] Lebensgrundrecht. Anders als Art. 1 Abs. 1 GG lässt Art. 2 Abs. 2 S. 3 GG Eingriffe in das Grundrecht aufgrund eines Gesetzes zu.[1429] Hier liegt der entscheidende Unterschied zu der starren Ausgangssituation im Rahmen der Betrachtung der Menschenwürdegarantie des Grundgesetzes.[1430] Dem Staat ist es nicht grundsätzlich versagt, gezielt Menschen zu töten.[1431] Im Gegensatz zu der Menschenwürdegarantie beansprucht das Lebensgrundrecht mithin keine absolute Geltung.[1432] Obwohl die grundgesetzliche menschliche Würde eng mit dem Lebensschutz zusammenhängen kann, stimmen die Schutzbereiche nur bedingt überein.[1433] Mögen Eingriffe aufgrund eines Gesetzes unstreitig zulässig sein, gilt es im Ausgangspunkt festzustellen, dass ein Auslandseinsatzgesetz nicht existent ist (I.). Ob ein solches zur Rechtmäßigkeit von Auslandseinsätzen der Bundeswehr überhaupt erforderlich ist, hängt von den durch den Vorbehalt des Gesetzes aufgestellten Anforderungen und Funktionen ab (II.). Sind diese herausgearbeitet, soll schließlich die Tauglichkeit verschiedener auf die Rechtfertigung extraterritorialer Tötungshandlungen zielende Lösungsansätze untersucht werden (III.). Vorweggenommen sei bereits zu Beginn, dass die Schaffung eines Auslandseinsatzgesetzes weniger fortschrittlich und zielführend ist, als dies zumeist im Schrifttum angenommen wird (III.3.). Daher soll der Untersuchung des konstitutiven Zustimmungsbeschlusses des Bundestages zu den entsprechenden Anträgen der Bundesregierung dahingehend ein

---

1428 *BVerfGE* 49, 24 (53).

1429 Anhand des Art. 2 Abs. 2 S. 3 GG macht das BVerfG fest, dass „[d]er Schutz des Lebens [...] nicht in dem Sinne absolut geboten [ist], daß dieses gegenüber jedem anderen Rechtsgut ausnahmslos Vorrang genösse“, *BVerfGE* 88, 203 (253 f.).

1430 Auch das BVerfG stellt im Urteil zum Luftsicherheitsgesetz auf das Recht auf Leben nach Art. 2 Abs. 2 S. 1 GG ab – allerdings in Verbindung mit der Menschenwürdegarantie des Art. 1 Abs. 1 GG. Die wesentlichen Begründungen richten sich dann aber an der absolut verstandenen Menschenwürdegarantie aus.

1431 Dies ergibt sich auch aus den Ausführungen des BVerfG in seiner Luftsicherheitsgesetz-Rechtsprechung, indem es den Abschuss eines ausschließlich mit Terroristen besetzten Flugzeugs für verfassungsgemäß hält, siehe auch *Fink*, in: Merten/Papier, HGR, Band IV, § 88, Rn. 43.

1432 *Di Fabio*, in: Maunz/Dürig, GG, Art. 2 Abs. 2 [Stand: Februar 2004], Rn. 15; zur grundlegenden Funktion des Gesetzesvorbehalts *Kutscha*, in: NVwZ 2004, 801, 802.

1433 Instruktiv *Di Fabio*, in: Maunz/Dürig, GG, Art. 2 Abs. 2 [Stand: Februar 2004], Rn. 11 ff.; *Sachs*, in: Stern, Das Staatsrecht der Bundesrepublik Deutschland, Band IV/1, S. 153.

entsprechender Abschnitt gewidmet werden, ob dieser das Potential für eine taugliche Eingriffsermächtigung besitzt (III.4.).

I. Fehlen eines Auslandseinsatzgesetzes

Anlass der Erörterungen dieses Abschnitts ist die Tatsache, dass die deutsche Rechtsordnung bislang kein Gesetz aufweist, welches besagt, dass Eingriffe in das Recht auf Leben unbeteiligter Zivilisten im Rahmen eines extraterritorialen bewaffneten Konflikts zulässig wären. Das gleiche Problem stellt sich bezüglich konfliktsvölkerrechtskonform getöteter gegnerischer Kombattanten.[1434] Dürfen diese im Rahmen des bewaffneten Konflikts als legitimes militärisches Ziel ausgeschaltet werden, stellt dies einen zu rechtfertigenden Eingriff in das Recht auf Leben nach Art. 2 Abs. 2 GG dar.[1435] Auch diesbezüglich existiert kein „Auslandseinsatzgesetz", welches rechtmäßige Kriegshandlungen im Rahmen eines bewaffneten Konflikts als mit Art. 2 Abs. 2 GG vereinbar deklariert.

Darüber hinaus erweist sich auch keine bereits bestehende gesetzliche Regelung als taugliche Grundlage eines Grundrechtseingriffs durch Soldatinnen und Soldaten der Bundeswehr im Zuge eines bewaffneten Auslandseinsatzes. Das Parlamentsbeteiligungsgesetz stellt ein reines Verfahrensgesetz dar und trifft keine Aussagen zu Befugnissen der eingesetzten Soldatinnen und Soldaten. Das UZwG[1436] findet auf Auslandseinsätze der Bundeswehr keine Anwendung.[1437]

1434 Obwohl diesbezüglich bereits umstritten ist, ob ausländische Soldaten als Teil eines anderen Staates überhaupt die grundgesetzlichen Verbürgungen zukommen. Siehe hierzu ablehnend *Werner*, Die Grundrechtsbindung der Bundeswehr, S. 233; *Fährmann*, Die Bundeswehr im Einsatz für Europa, S. 100; bejahend hingegen *Fassbender*, in: Isensee/Kirchhof, HStR, Band XI, § 244, Rn. 154 u. 158; *Wiefelspütz*, in: NZWehrr 2008, 89, 100.

1435 Es soll in diesem Abschnitt um die Zulässigkeit militärischer Kampfhandlungen nach dem Grundgesetz gehen. Zu den unter Umständen unterschiedlich zu beurteilenden weiteren Fällen, wie bspw. der Festnahme gegnerischer Kombattanten, siehe überblicksartig *Fassbender*, in: Isensee/Kirchhof, HStR, Band XI, § 244, Rn. 152 ff. u. 161; zu der nach der Entscheidung des VG Köln v. 11.11.2011 – U24K 4280/09 in der Literatur rege diskutierten Frage der Grundrechtsbindung der Bundeswehr bei Festnahmehandlungen auf Hoher See siehe *Walter/Ungern-Sternberg*, in: DÖV 2012, 861.

1436 Gesetz über die Anwendung unmittelbaren Zwanges und die Ausübung besonderer Befugnisse durch Soldaten der Bundeswehr und verbündeter Streitkräfte sowie zivile Wachpersonen (BGBl. I S. 796).

1437 *Zimmermann*, in: ZRP 2012, 116, 118.

Notrechte, wie sie aus § 32 und § 34 StGB[1438] folgen, sind sowohl inhaltlich als auch systematisch nicht geeignet, um als Grundlage für die hier besprochenen Grundrechtseingriffe zu dienen.[1439] Sofern § 7 SG[1440] als Ermächtigungsgrundlage für Grundrechtseingriffe im Auslandseinsatz vorgeschlagen wird,[1441] ist hiergegen der hohe Grad an Unbestimmtheit der Regelung einzuwenden, die vor dem Hintergrund der in Rede stehenden massiven Grundrechtseingriffe nicht im Ansatz mit den Anforderungen des Gesetzesvorbehalts in Einklang gebracht werden kann.[1442]

In der Tatsache, dass deutlich weniger intensive Grundrechtseingriffe in innerstaatlichen Bereichen auf einfachgesetzlicher Ebene partiell besonders detailliert geregelt werden, während eine einfachgesetzliche Regelung für die sich durch eine besondere Intensität auszeichnenden Grundrechtseingriffe im Auslandseinsatz der Bundeswehr nach wie vor nicht existent ist, wird teilweise ein Wertungswiderspruch erblickt.[1443] Gegenüber den vorstehenden Erörterungen zu der Menschenwürde im bewaffneten Konflikt verschiebt sich die Problematik also auf die Ebene der Rechtfertigung des Eingriffs. Gleichwohl ist damit schon ein größeres Maß an Flexibilität gewonnen und die argumentative

---

1438 Diese sind aufgrund der Regelung des § 1a WStG auch auf Soldatinnen und Soldaten im extraterritorial stattfindenden Einsatz anwendbar.

1439 Zunächst bietet die strenge zeitliche Komponente der Gegenwärtigkeit des Angriffs eine für die im Auslandseinsatz der Bundeswehr erforderlichen Eingriffsbefugnisse völlig untaugliche Restriktion, siehe mit Beispielen hierzu *Frister/Korte/Kreß*, in: JZ 2010, 10, 11 f. Zudem ist anzumerken, dass eine solche Restriktion geradezu im Widerspruch zu den konfliktsvölkerrechtlichen Eingriffsbefugnissen stünde. Aus systematischer Hinsicht ergibt sich die Ungeeignetheit der Notrechte als Eingriffsgrundlage aus dem Umstand, dass es sich bei diesen um Rechte des Bürgers handelt und damit als Grundlage für hoheitliche Eingriffsbefugnisse ausscheiden muss, *Yousif*, Die extraterritoriale Geltung der Grundrechte, S. 172.

1440 Gesetz über die Rechtsstellung der Soldaten (BGBl. I S. 1482). § 7 SG lautet: „Der Soldat hat die Pflicht, der Bundesrepublik Deutschland treu zu dienen und das Recht und die Freiheit des deutschen Volkes tapfer zu verteidigen."

1441 So für Einsätze zur Verteidigung *Baldus/Müller-Franken*, in: v. Mangoldt/Klein/Starck, GG, Band III, Art. 87a, Rn. 117.

1442 Ebenso *Kutscha*, in: NVwZ 2004, 801, 803.

1443 *Voss*, in: ZRP 2007, 78, 79; siehe ebenso *Gramm*, in: Die Verwaltung 2008, 375, 379, der einen solchen im Ergebnis aber verneint. Die Sicherheitsarchitektur stoße an eine unüberwindbare Regelungsgrenze des vom Gesetzgeber setzbaren Rechts und die Möglichkeit des geschriebenen Rechts ende – Recht und Moral gerieten hierbei an einen bemerkenswerten und letztlich unüberwindbaren Gegensatz, *Gramm*, ebenda, 400.

Ausgangssituation ist ungleich einfacher geworden, kann dieses Problem – anders als jenes betreffend der Menschenwürde – durch den Gesetzgeber gelöst werden. Aber auch situationsabhängige Lösungen – das heißt auch solche, die zwischen dem Zustand im Krieg und im Frieden differenzieren – sind im Rahmen dieser Problematik nicht ausgeschlossen.[1444] Die Grundrechte entfalten in hochgradig extraterritorial geprägten Konstellationen nicht stets dieselbe Wirkung wie in rein innerstaatlich geprägten Situationen.[1445]

II. Der Vorbehalt des Gesetzes

Ob die Schaffung eines Auslandseinsatzgesetzes infolgedessen zwingend erforderlich ist, damit Eingriffe durch deutsche Soldatinnen und Soldaten im Auslandseinsatz in das Lebensgrundrecht Dritter gerechtfertigt werden und damit der Befund der Verfassungswidrigkeit extraterritorialer Tötungshandlungen durch die Bundeswehr abgewendet werden kann, hängt im Ausgangspunkt davon ab, welche Anforderungen der Vorbehalt des Gesetzes im Allgemeinen und speziell für diese Konstellationen bereit hält.

1. Durch den Vorbehalt des Gesetzes gestellte Anforderungen

Das Recht auf Leben und körperliche Unversehrtheit unterliegt in Art. 2 Abs. 2 S. 3 GG einem einfachen Gesetzesvorbehalt. Durch diesen wird es dem Gesetzgeber ermöglicht, ein eigentlich verbotenes Handeln gesetzlich zuzulassen.[1446] Bei den Gesetzesvorbehalten der Grundrechte handelt es sich um spezielle Formen des allgemeinen Vorbehalts des Gesetzes.[1447] Obwohl der Vorbehalt des Gesetzes[1448] nicht ausdrücklich im Grundgesetz ausbuchstabiert ist, wird er aus der

1444 *Baldus*, in: v. Mangoldt/Klein/Starck, GG, 6. Auflage 2010, Art. 87a, Rn. 89.

1445 *Nolte*, in: VVDStRL 2008, 129, 143; siehe hierzu sogleich unter II.3.

1446 *Grzeszick*, in: Maunz/Dürig, GG, Art. 20 [Stand: Dezember 2007], Rn. 98; grundlegend *Sachs*, in: Stern, Das Staatsrecht der Bundesrepublik Deutschland, Band III/2, S. 369 f.

1447 *Schulze-Fielitz*, in: Dreier, GG, Band II, Art. 20, Rn. 106; *BVerfGE* 40, 237 (249); differenzierend hingegen *Sachs*, in: Stern, Das Staatsrecht der Bundesrepublik Deutschland, Band III/2, S. 373.

1448 Die Begriffe Vorbehalt des Gesetzes und Gesetzesvorbehalt werden hier synonym verwendet. Der Begriff des Gesetzesvorbehalts wird regelmäßig nur auf die speziell im GG niedergeschriebenen Vorbehalte bezogen, während der allgemeine Vorbehalt des Gesetzes in der Verfassung nicht ausbuchstabiert ist, sondern aus unterschiedlichen Verfassungsbestimmungen hergeleitet wird, *Ossenbühl*, in: Isensee/Kirchhof, HStR, Band V, § 101, Rn. 14; terminologisch differenzierend *Sachs*, in: Stern,

Verfassung hergeleitet; Anknüpfungspunkt hierfür ist Art. 20 Abs. 3 GG.[1449] Das Fundament des Vorbehalts des Gesetzes liegt im Rechtsstaatsprinzip und Demokratiegebot.[1450] Er gilt als ein Glied der Gesetzmäßigkeit der Verwaltung.[1451] Der Wirkungsradius des Parlaments soll von jenem der Exekutive abgegrenzt werden.[1452] Dadurch wirkt der Vorbehalt als Komponente der Gewaltenteilung.[1453] Der Vorbehalt des Gesetzes verpflichtet den Gesetzgeber nach ständiger Rechtsprechung des Bundesverfassungsgerichts, „in grundlegenden normativen Bereichen, zumal im Bereich der Grundrechtsausübung, soweit diese staatlicher Regelung zugänglich ist, alle wesentlichen Entscheidungen selbst zu treffen."[1454] Doch gibt es keinen „allgemeinen verfassungsrechtlichen demokratischen Gesetzesvorbehalt"[1455] bezogen auf jegliche wesentliche Problemstellung;[1456] die Reichweite des Gesetzesvorbehalts ist durch Auslegung der in Rede stehenden

Das Staatsrecht der Bundesrepublik Deutschland, Band III/2, S. 372 f. Die Funktion sowie die Adressaten der Vorbehalte divergieren indes deutlich, siehe im Einzelnen *Grzeszick*, in: Maunz/Dürig, GG, Art. 20 [Stand: Dezember 2007], Rn. 98; *Yousif*, Die extraterritoriale Geltung der Grundrechte, S. 167. Dennoch kommt es auch zu funktionalen Überschneidungen, *Schulze-Fielitz*, in: Dreier, GG, Band II, Art. 20, Rn. 105. Beide Begriffe fordern – und das ist für die Zwecke dieses Abschnitts entscheidend – für Handlungen der Exekutive eine Gesetzesgrundlage, *Grzeszick*, in: Maunz/Dürig, GG, Art. 20 [Stand: Dezember 2007], Rn. 76. Zu unterscheiden ist der Vorbehalt des Gesetzes in jedem Fall von dem wehrverfassungsrechtlichen Parlamentsvorbehalt, siehe zu diesem ausführlich im 4. Kapitel unter B. Der Begriff des Parlamentsvorbehalts im Allgemeinen ist thematisch weiter gefasst als der des Vorbehalts des Gesetzes, siehe *Ossenbühl*, in: Isensee/Kirchhof, HStR, Band V, § 101, Rn. 14. Abseits solcher Fälle, in denen das Parlament notwendigerweise zu beteiligen ist und die Beteiligung weiterer Institutionen nicht erforderlich ist, sollte im Hinblick auf die Mehrdeutigkeiten der verschiedenen Begrifflichkeiten nicht auf den Begriff des Parlamentsvorbehalts zurückgegriffen werden, *Lerche*, in: Merten/Papier, HGR, Band III, § 62, Rn. 9.

1449 *BVerfGE* 40, 237 (248 f.); *BVerfGE* 49, 89 (126).

1450 *Huster/Rux*, in: BeckOK, GG, Art. 20 [Stand: Dezember 2019], Rn. 173; *Ossenbühl*, in: Isensee/Kirchhof, HStR, Band V, § 101, Rn. 42; *BVerfGE* 105, 279 (304).

1451 *Schulze-Fielitz*, in: Dreier, GG, Band II, Art. 20, Rn. 105.

1452 *Ossenbühl*, in: Isensee/Kirchhof, HStR, Band V, § 101, Rn. 34.

1453 *Grzeszick*, in: Maunz/Dürig, GG, Art. 20 [Stand: Dezember 2007], Rn. 83 f.; *Fassbender*, in: Isensee/Kirchhof, HStR, Band XI, § 244, Rn. 164; *Ossenbühl*, in: Isensee/Kirchhof, HStR, Band V, § 101, Rn. 11; *BVerfGE* 56, 1 (21).

1454 *BVerfGE* 49, 89 (126 f.) m.w.N. zu der Rechtsprechung.

1455 *Schulze-Fielitz*, in: Dreier, GG, Band II, Art. 20, Rn. 126.

1456 *BVerfGE* 98, 218 (251 f.).

Vorschrift des Grundgesetzes zu erörtern[1457] – die auf eine Vermutungsregel „im Zweifel pro Gesetzesvorbehalt“ hinauslaufende Annahme eines Totalvorbehalts des Gesetzes ist abzulehnen.[1458] Das aus der in Art. 20 Abs. 2 GG grundsätzlich normierten Gewaltenteilung folgende Ziel korrekter staatlicher Entscheidungen „darf nicht durch einen Gewaltenmonismus in Form eines umfassenden Parlamentsvorbehalts unterlaufen werden.“[1459] In formeller Hinsicht wird überwiegend ein förmliches Parlamentsgesetz gefordert.[1460] Mangelt es an einer nach dem Grundgesetz notwendigen gesetzlichen Grundlage, führt dies im Grundsatz zu der Verfassungswidrigkeit des Eingriffs.[1461] Bereits dieser Umstand verdeutlicht, dass es sich nicht lediglich um eine belanglose Formalität handelt.[1462] Im Grundsatz müssen einen Eingriff in Grundrechtspositionen rechtfertigende Gesetze möglichst klar[1463] und bestimmt[1464] sein. So sollte eine in Gesetzesform

1457 *Schulze-Fielitz*, in: Dreier, GG, Band II, Art. 20, Rn. 126.

1458 *Lerche*, in: Merten/Papier, HGR, Band III, § 62, Rn. 44.

1459 *BVerfGE* 98, 218 (252). Laut dem BVerfG setzt eine „richtige“ Entscheidung auch voraus, dass diese von den Organen getroffen würde, die dafür nach ihrer Organisation, Zusammensetzung, Funktion und Verfahrensweise über die besten Voraussetzungen verfügten; ebenso äußerte sich das BVerfG bereits in seinem Nachrüstungsurteil, *BVerfGE* 68, 1 (86); diese „funktionsgerechte“ Gliederung der Staatsgewalt wird als „neue Ära“ im Begriffsverständnis der Gewaltenteilung aufgefasst, siehe *Horn*, in: AÖR 2002, 427, 447 f.

1460 *BVerfGE* 40, 237 (249); *BVerfGE* 98, 218 (251); *Lerche*, in: Merten/Papier, HGR, Band III, § 62, Rn. 15; *Grzeszick*, in: Maunz/Dürig, GG, Art. 20 [Stand: Dezember 2007], Rn. 84; *Ossenbühl*, in: Isensee/Kirchhof, HStR, Band V, § 101, Rn. 16; *Huster/Rux*, in: BeckOK, GG, Art. 20 [Stand: Dezember 2019], Rn. 172; *Hoffmann-Riem*, in: AÖR 2005, 5, 50; *Talmon*, in: JZ 2013, 12, 20; speziell in Bezug auf Art. 2 Abs. 2 S. 3 GG *Lang*, in: BeckOK, GG, Art. 2 [Stand: Dezember 2019], Rn. 68; *Starck*, in: v. Mangoldt/Klein/Starck, GG, Band I, Art. 2, Rn. 199; im Hinblick auf Tötungshandlungen im Krieg und pauschal auf die Grundrechtsdogmatik abstellend *Yousif*, Die extraterritoriale Geltung der Grundrechte, S. 169; *Sachs*, in: Stern, Das Staatsrecht der Bundesrepublik Deutschland, Band IV/1, S. 161 lässt auch „materielle Beschränkungsregeln“ genügen, die aber durch ein formelles Gesetz „weitestgehend vorgezeichnet“ werden müssten.

1461 *BVerfGE* 41, 251 (263 f.); *Schulze-Fielitz*, in: Dreier, GG, Band II, Art. 20, Rn. 105.

1462 *BVerfGE* 41, 251 (263 f.); *Hoffmann-Riem*, in: AÖR 2005, 5, 46 sieht in dem Erfordernis der Gesetzesform eine „Qualitäts-Gewährleistung“ bei der Erfüllung von Hoheitsaufgaben.

1463 *BVerfGE* 17, 306 (313 f.); kompakt hierzu *Schulze-Fielitz*, in: Dreier, GG, Band II, Art. 20, Rn. 141 ff.

1464 „Der Bestimmtheitsgrundsatz gebietet, daß eine gesetzliche Ermächtigung der Exekutive zur Vornahme von Verwaltungsakten nach Inhalt, Zweck und Ausmaß

gegossene Regelung nicht so unbestimmt sein, dass es trotz parlamentarischen Gesetzes letztlich die Exekutive ist, der die Entscheidung in der Sache aufgebürdet wird.[1465] Dem Gesetzgeber kommt bei der Schaffung einer gesetzlichen Grundlage indes ein gewisser Gestaltungsspielraum zu; es steht ihm frei zugunsten der Praktikabilität einer gesetzlichen Regelung – insbesondere in von einer besonderen Dynamik geprägten Bereichen – unbestimmte Rechtsbegriffe zu verwenden, die durch Verwaltungspraxis und Rechtsprechung im Nachhinein präzisiert werden.[1466] „Gesetzliche Vorschriften brauchen nur so bestimmt zu sein, wie dies nach der Eigenart der zu regelnden Sachverhalte mit Rücksicht auf den Normzweck möglich ist."[1467] Die Anforderungen an die Bestimmtheit richten sich am Grad der Intensität der Folgen eines Eingriffs aus.[1468] „Je schwerwiegender die Auswirkungen sind, desto höhere Anforderungen werden an die Bestimmtheit der Ermächtigung zu stellen sein",[1469] so das Bundesverfassungsgericht ausdrücklich. Zu beachten ist schließlich, dass es sich bei dem Begriff des Gesetzesvorbehalts um einen wandelbaren Rechtsbegriff handelt, der „einer steten Neuorientierung"[1470] bedarf.[1471]

2. Die Funktionen des Vorbehalts des Gesetzes

Welche konkreten Anforderungen an die gesetzliche Eingriffsermächtigung zu stellen sind, hängt auch davon ab, ob die Funktionen des Gesetzesvorbehalts erfüllt werden können.[1472] Da der Vorbehalt des Gesetzes sowohl auf dem Rechtsstaatsprinzip fußt als auch auf dem Demokratieprinzip, kommen ihm mehrere Funktionen zu. Die Reichweite des Gesetzesvorbehalts wird aus dessen

---

hinreichend bestimmt und begrenzt ist, so daß das Handeln der Verwaltung meßbar und in gewissem Ausmaß für den Staatsbürger voraussehbar und berechenbar wird", *BVerfGE* 56, 1 (12).

1465 *Huster/Rux*, in: BeckOK, GG, Art. 20 [Stand: Dezember 2019], Rn. 179.

1466 *BVerfGE* 49, 89 (137); in diese Richtung auch *BVerfGE* 56, 1 (12).

1467 *BVerfGE* 87, 234 (263).

1468 *BVerfGE* 56, 1 (13); *Schulze-Fielitz*, in: Dreier, GG, Band II, Art. 20, Rn. 135.

1469 *BVerfGE* 56, 1 (13).

1470 *Ossenbühl*, in: Isensee/Kirchhof, HStR, Band V, § 101, Rn. 19.

1471 *Grzeszick*, in: Maunz/Dürig, GG, Art. 20 [Stand: Dezember 2007], Rn. 79; *Hermes*, in: Merten/Papier, HGR, Band III, § 63, Rn. 56; gleichzeitig ist aber festzustellen, dass das Institut des Gesetzesvorbehalts trotz seiner Etabliertheit in Praxis und Schrifttum viele Ungewissheiten sowohl in Herleitung als auch in Reichweite aufweist, *Lerche*, in: Merten/Papier, HGR, Band III, § 62, Rn. 44.

1472 *BVerfGE* 105, 279 (304).

Funktionen zum Schutz des Bürgers abgeleitet.[1473] Zu beachten ist indes, dass der Gesetzesvorbehalt im Bereich der Grundrechte zuvorderst ausdrückt, dass ein Grundrecht uneingeschränkt nur unter der Bedingung gilt, dass kein einschränkendes Gesetz vorliegt.[1474] Aus rechtsstaatlichen Gesichtspunkten dient der Vorbehalt der Transparenz und Vorhersehbarkeit staatlichen Handelns und dadurch besonders dem Schutze der Grundrechte.[1475] Diese neben andere Mechanismen tretende Schutzwirkung wird durch die formelle Voraussetzung des Erfordernisses eines förmlichen Parlamentsgesetzes erreicht.[1476] Das einen Eingriff zulassende Gesetz kann auch als Kontrollmaßstab für die Gerichte dienen.[1477] Die auf dem Demokratieprinzip aufbauende Funktion des Vorbehalts des Gesetzes dient der Herstellung einer öffentlichen Auseinandersetzung, in welcher Notwendigkeit und Ausmaß des Grundrechtseingriffs aufgedeckt werden und der Öffentlichkeit die Gelegenheit zur Meinungsbildung und Vertretung dieser gegeben wird.[1478] Laut Bundesverfassungsgericht komme dem vom Parlament beschlossenen Gesetz gegenüber dem bloßen Verwaltungshandeln die unmittelbare demokratische Legitimation zu.[1479] Diese Funktion könne der Gesetzesvorbehalt, so führt das Bundesverfassungsgericht in seinem Fangschaltungs-Beschluss weiter aus, aber nur erfüllen, wenn die Ermächtigung zum Freiheitseingriff im Gesetz nicht bloß unausgesprochen vorausgesetzt würde, sondern ausdrücklich offengelegt werde.[1480] Das Zitiergebot des Art. 19 Abs. 1 S. 2 GG unterstützt diese Funktion des Vorbehalts des Gesetzes.[1481] Primär aber dient der Gesetzesvorbehalt der Sicherstellung, dass das Parlament von seinen Kompetenzen Gebrauch macht und die von ihm zu treffenden Entscheidungen

---

1473 *BVerfGE* 68, 1 (129).

1474 *Sachs*, in: Stern, Das Staatsrecht der Bundesrepublik Deutschland, Band III/2, S. 373; *Lerche*, in: Merten/Papier, HGR, Band III, § 62, Rn. 13.

1475 *Huster/Rux*, in: BeckOK, GG, Art. 20 [Stand: Dezember 2019], Rn. 173.

1476 *Grzeszick*, in: Maunz/Dürig, GG, Art. 20 [Stand: Dezember 2007], Rn. 84; ob tatsächlich ein vom Parlament erlassenes Gesetz erforderlich ist, wird teilweise bezweifelt, hierzu *Sachs*, in: Stern, Das Staatsrecht der Bundesrepublik Deutschland, Band III/2, S. 428.

1477 *Hoffmann-Riem*, in: AÖR 2005, 5, 38.

1478 *BVerfGE* 85, 386 (403 f.); *Schulze-Fielitz*, in: Dreier, GG, Band II, Art. 20, Rn. 105; *Kutscha*, in: NVwZ 2004, 801, 804.

1479 *BVerfGE* 40, 237 (249).

1480 *BVerfGE* 85, 386 (404).

1481 Das *BVerfGE* 85, 386 (404) sieht hierin den „eigentlichen Sinn“ des Art. 19 Abs. 1 S. 2 GG.

nicht der Regierung überlässt.[1482] Letztlich trägt der Vorbehalt des Gesetzes auch zur Wahrung der Gewaltenteilung bei.[1483]

3. Modifikation der Anforderungen an den Vorbehalt des Gesetzes bei Tötungshandlungen im Krieg?

Ob und wie sich der Umstand auswirkt, dass die hier zu untersuchenden Konstellationen sich ausschließlich extraterritorial zutragen, soll im Folgenden erörtert werden. Ebenso ist die Tatsache in den Blick zu nehmen, dass die betrachteten Konstellationen eine Reihe verschiedener Facetten aufweisen und regelmäßig plötzlich auftretende Situationen hervorrufen, die nur bedingt vorherzusehen sind. In der verfassungsrechtlichen Literatur wird darüber diskutiert, ob die Tatsache, dass die betrachteten Fälle ausschließlich extraterritorial belegen sind, zu einer Modifikation der grundrechtlichen Dogmatik führen kann. Zu beachten ist nämlich, dass die Verteidigungspolitik einen tendenziell „regelungsfeindliche[n] Sachbereich“[1484] darstellt und der Gesetzesvorbehalt hier an eine tatsächliche Grenze stößt;[1485] ob es auf Grundlage der strikten Anforderungen des Gesetzesvorbehalts möglich ist, eine für Tötungshandlungen im Auslandseinsatz hinreichende Rechtsgrundlage zu schaffen, erscheint fragwürdig. Im Schrifttum wie in der Rechtsprechung wurde das Problem der fehlenden Steuerungskraft eines parlamentarischen Gesetzes in gewissen Bereichen unlängst erkannt.[1486] Relativierungen des Grundrechtsschutzes in extraterritorialen Sachverhalten gegenüber rein innerstaatlichen Situationen erfordern jedenfalls einen erhöhten Begründungsaufwand.[1487]

1482 Die primäre Funktion des Vorbehalts ist es heute hingegen nicht mehr, die Kompetenzen des Parlaments vor der Gefahr einer Anmaßung dieser durch die Exekutive zu schützen, *Ossenbühl*, in: Isensee/Kirchhof, HStR, Band V, § 101, Rn. 48; *Kutscha*, in: NVwZ 2004, 801, 804.

1483 *BVerfGE* 56, 1 (21).

1484 *Ossenbühl*, in: Isensee/Kirchhof, HStR, Band V, § 101, Rn. 79.

1485 *Gramm*, in: Die Verwaltung 2008, 375, 379; *Ossenbühl*, in: Isensee/Kirchhof, HStR, Band V, § 101, Rn. 77; allgemein *Lerche*, in: Merten/Papier, HGR, Band III, § 62, Rn. 66; siehe auch *Werner*, Die Grundrechtsbindung der Bundeswehr, S. 236; *Ohler*, Kollisionsordnung, S. 275 f.

1486 *Hermes*, in: Merten/Papier, HGR, Band III, § 63, Rn. 51; *Ossenbühl*, in: Isensee/Kirchhof, HStR, Band V, § 101, Rn. 77. *Hoffmann-Riem*, in: AÖR 2005, 5, 51; *BVerfGE* 105, 279 (304).

1487 *Baldus*, in: v. Mangoldt/Klein/Starck, GG, 6. Auflage 2010, Art. 87a, Rn. 92; *Nolte*, in: VVDStRL 2008, 129, 144.

a) Dogmatischer Anknüpfungspunkt

Der korrekte dogmatische Anknüpfungspunkt für Überlegungen dieser Art kann einzig auf der Rechtfertigungsebene liegen.[1488] Dem grundgesetzlichen Recht auf Leben kommt im Auslandseinsatz derselbe Schutzbereich wie bei Inlandssachverhalten zu; auf dieser Ebene kann es der Natur der Sache nach keine Differenzierungen geben[1489] – eine Tötung durch deutsche Staatsgewalt beeinträchtigt das Grundrecht auf Leben bei Auslandssachverhalten gleichermaßen wie bei reinen Inlandssachverhalten.[1490] Mithin kann sich eine Modifikation des Grundrechtsschutzes nur auf der Rechtfertigungsebene ergeben. Dort liegt der korrekte erste Bezugspunkt aber nicht erst in der Verhältnismäßigkeitsprüfung im engeren Sinne.[1491] Prämisse, um überhaupt zu dem Prüfungspunkt der Verhältnismäßigkeit zu gelangen ist, dass eine verfassungsgemäße Beschränkung überhaupt erlassen werden kann; dies richtet sich nach den Anforderungen des Gesetzesvorbehalts.

Welche Anforderungen aus dem Vorbehalt des Gesetzes für Tötungshandlungen durch die Bundeswehr im Rahmen der von ihr zu bewältigenden Auslandseinsätze folgen, bedarf einer näheren Betrachtung. Im Schrifttum herrscht Uneinigkeit darüber, ob (strikt) an den zuvor skizzierten Anforderungen des Gesetzesvorbehalts auch bei rein extraterritorial belegenen Sachverhalten festzuhalten ist.[1492] Eine zwischen dem formalen Erfordernis des förmlichen

---

1488 Zutreffend *Fassbender*, in: Isensee/Kirchhof, HStR, Band XI, § 244, Rn. 159.

1489 Ebenso *Yousif*, Die extraterritoriale Geltung der Grundrechte, S. 117 f.

1490 In beiden Fällen beendet der Staat das Leben eines Menschen. Die Berufung auf die Offenheit des Grundgesetzes für internationale Einflüsse o.Ä. ist de facto nicht im Stande, an dem Schutzgehalt des Grundrechts etwas zu ändern. In keinem Fall stellt also die Ebene des Schutzbereichs den dogmatisch geeigneten Anknüpfungspunkt für Modifikationen des Grundrechtsschutzes dar. Wird die Geltung der Grundrechte im Auslandseinsatz positiv beschieden, kann es bei Art. 2 Abs. 2 GG nur auf der Rechtfertigungsebene zu Modifikationen im Vergleich zu einem reinen Inlandssachverhalt kommen.

1491 Viele Autorinnen und Autoren nehmen keine exakte dogmatische Einordnung des Anknüpfungspunktes für etwaige Modifikationen des Grundrechtsschutzes bei Auslandssachverhalten vor. Die meisten Darstellungen gehen auf die rechtsstaatlichen Anforderungen des Gesetzesvorbehalts nicht ein und vertiefen ihre Ausführungen erst im Rahmen der Verhältnismäßigkeitsprüfung, so bspw. *Yousif*, Die extraterritoriale Geltung der Grundrechte, S. 125 ff.

1492 Für die Zulassung von Modifikationen *Heun*, in: Dreier, GG, Band III, Art. 87a, Rn. 21; *Nolte*, in: VVDStRL 2008, 129, 143 ff.; *Diehl*, in: HuV-I 2010, 4, 8 u. 13; *Hobe*, in: FS-Klein, 95, 97 u. 107 plädiert für ein „geringeres Maß an Regelungsintensität"; *Baldus/Müller-Franken*, in: v. Mangoldt/Klein/Starck, GG, Band III, Art. 87a,

Parlamentsgesetzes und inhaltlichen Anforderungen des Vorbehalts differenzierende Betrachtung erscheint zielführend.[1493] Als konkret klärungsbedürftig erweist sich demnach, erstens, ob die Auslandsberührung Modifikationen im Hinblick auf die Formenwahl zulässt und, zweitens, ob möglicherweise herabgestufte Anforderungen an die Bestimmtheit eines zu einem Grundrechtseingriff ermächtigenden Gesetzes zu stellen sind. Sofern in der Literatur Modifikationen zugelassen werden, beziehen sich diese – so es denn überhaupt zu näheren Ausführungen kommt – fast ausschließlich auf abgestufte Bestimmtheitsanforderungen. Das Erfordernis eines formellen Gesetzes wird zumindest ausdrücklich auch bei reinen Auslandssachverhalten nicht angetastet.[1494] Einige Lösungsansätze implizieren hingegen die Einräumung von abgestuften Anforderungen an die formelle Seite des Gesetzesvorbehalts bei Auslandssachverhalten.[1495]

b) *Möglichkeit der Modifikation aufgrund des Grundsatzes der Völkerrechtsfreundlichkeit in Verbindung mit dem Grundsatz der Einheit der Verfassung*

Erörterungsbedürftig ist an dieser Stelle die Frage, ob die Völkerrechtsfreundlichkeit des Grundgesetzes in Verbindung mit dem Grundsatz der Einheit der Verfassung zu einer Auflösung einer etwaigen Kollision deutscher Grundrechte mit dem internationalen Recht beitragen kann.[1496] Zunächst gilt zu beachten,

Rn. 114 f.; bezogen auf den verfassungsrechtlichen Bestimmtheitsgrundsatz im Allgemeinen *Frister/Korte/Kreß*, in: JZ 2010, 10, 15; bezüglich der Grundrechtsgeltung im Allgemeinen *Werner*, Die Grundrechtsbindung der Bundeswehr, S. 242 f.; gegen die Zulässigkeit von Modifikationen in diesen Konstellationen *Kutscha*, in: NVwZ 2004, 801, 804; *Yousif*, Die extraterritoriale Geltung der Grundrechte, S. 187; *Neubert*, Der Einsatz tödlicher Waffengewalt, S. 253 ff.; *Fassbender*, in: Isensee/Kirchhof, HStR, Band XI, § 244, Rn. 157.

1493 *BVerfGE* 49, 89 (129).

1494 Eine Ausnahme ist *Fährmann*, Die Bundeswehr im Einsatz für Europa, S. 108 f., der ein formelles Gesetz in diesem Fall für ungeeignet hält.

1495 So läuft der Lösungsansatz, die Regeln des Konfliktsvölkerrechts über Art. 25 GG als dem Gesetzesvorbehalt entsprechend anzusehen, auf solch abgestufte Anforderungen hinaus. Ein solcher findet sich bei *Wiefelspütz*, in: NZWehrr 2008, 89, 102; *Sachs*, in: Stern, Das Staatsrecht der Bundesrepublik Deutschland, Band IV/1, S. 157 erkennt zwar im „Schutz des Staates und seiner Verfassungsordnung insgesamt eine taugliche Legitimationsgrundlage". Dies bezieht sich aber wohl auf das legitime Ziel der formellen Gesetzesgrundlage, die dieser bei Eingriffen in Art. 2 Abs. 2 GG fordert, *Sachs*, ebenda, S. 161 f.

1496 Siehe oben unter B.III.3. zu einer parallelen, im Rahmen der Menschenwürdeproblematik diskutierten Konstellation bezüglich der Kollision der grundgesetzlichen

dass der Grundsatz der Einheit der Verfassung[1497] es vor dem Hintergrund des „Verfassungsgrundsatz[es] der militärischen Landesverteidigung“[1498] schwerlich möglich erscheinen ließe, von der grundsätzlichen Verfassungswidrigkeit militärischer Kampfhandlungen auszugehen. Insbesondere in Kooperation mit militärischen Partnern – das heißt vorwiegend in den Bündnissen des Art. 24 Abs. 2 GG – drohte die außenpolitische Handlungsunfähigkeit.[1499] Doch anders als die Menschenwürdegarantie lässt das Grundrecht auf Leben ausdrücklich Einschränkungen des Schutzgehalts zu. Militärische Kampfhandlungen verstoßen also ausdrücklich nicht gegen das Grundgesetz, wenn diese den Anforderungen des Art. 2 Abs. 2 S. 3 GG entsprechen. Das Grundgesetz steht der völkerrechtlichen Zulässigkeit von Tötungshandlungen im bewaffneten Konflikt also nicht generell entgegen.[1500] Das Prinzip der Völkerrechtsfreundlichkeit greift einzig als Kollisionsvermeidungsregel.[1501] Durch die grundsätzliche Möglichkeit der Schaffung einer Eingriffsgrundlage besteht eine solche Kollision indessen nicht. Auf genereller Ebene führt der Verfassungsgrundsatz der Völkerrechtsfreundlichkeit mithin nicht zu modifizierten Anforderungen an den Gesetzesvorbehalt. Es liegt bei den politisch Verantwortlichen, die durch das Grundgesetz vorgesehenen rechtsstaatlichen Anforderungen zu erfüllen. Gleichwohl kann der Grundsatz der Völkerrechtsfreundlichkeit zu einer Modifikation der Anforderungen des Gesetzesvorbehalts an die Eingriffsgrundlagen führen, wenn diese anderenfalls nicht im Stande wären, die rechtsstaatlichen Anforderungen des Gesetzesvorbehalts zu erfüllen.[1502] Denn in diesem Fall fiele die Möglichkeit der Schaffung einer Eingriffsgrundlage, welche grundgesetzlichen Standards entspricht, weg, so dass dann trotz des Gesetzesvorbehalts des Art. 2 Abs. 2 S. 3 GG eine Kollision zwischen völkerrechtlichen Befugnissen und grundgesetzlichen Restriktionen

---

Menschenwürdegarantie unter Zugrundelegung des bundesverfassungsgerichtlichen Verständnisses mit konfliktsvölkerrechtlichen Kampfführungsbefugnissen.

1497 Siehe hierzu oben unter B.III.1.a.

1498 *BVerfGE* 105, 61 (73); ähnlich *BVerfGE* 69, 1 (21 f.).

1499 Siehe zu der Argumentation oben in diesem Abschnitt unter B.III.1.c.

1500 Die Prämisse dieser Annahme ist das Ergebnis der vorstehenden Analyse zu Art. 1 Abs. 1 GG: Die Menschenwürdegarantie ist in den hier besprochenen Fällen als nicht einschlägig zu betrachten.

1501 Siehe hierzu das 5. Kapitel unter A.III.1.

1502 Die Tragfähigkeit möglicher Eingriffsgrundlagen wird im Folgenden unter III. erörtert. Dort werden dann auch konkrete Auswirkungen der Anwendung des Prinzips der Völkerrechtsfreundlichkeit diskutiert.

bestünde.[1503] Das Grundgesetz böte in diesem Fall eine Möglichkeit an (Eingriff in das Recht auf Leben auf Grund eines Gesetzes), die aufgrund tatsächlicher und rechtlicher Gegebenheiten nicht umsetzbar wäre. Das mit einem Vorbehalt versehene Grundrecht auf Leben würde in den vorliegenden Konstellationen de facto zu einem vorbehaltslos gewährleisteten Grundrecht, welches mit den Eingriffsbefugnissen des ius in bello kollidierte. Gerade in diesen Konstellationen greift aber der Grundsatz der Völkerrechtsfreundlichkeit ein.[1504]

c) Vorgaben des Bundesverfassungsgerichts

Vorangestellt sei diesem Teil zu der bundesverfassungsgerichtlichen Rechtsprechung die Beobachtung, dass das Bundesverfassungsgericht sich weder zu der allgemeinen Grundrechtsbindung der Bundeswehr im Auslandseinsatz noch zu der Reichweite dieser in Bezug auf militärische Kampfhandlungen im Rahmen eines bewaffneten Konflikts ausdrücklich geäußert hat. Mit der Chemiewaffen-Entscheidung,[1505] dem Kriegsdienstverweigerungs-Beschluss[1506] und der Luftsicherheitsgesetz-Rechtsprechung[1507] existieren drei themenverwandte Entscheidungen, die indessen nicht exakt den hier betrachteten Themenkomplex militärischer Kampfhandlungen im Auslandseinsatz betreffen. An anderen Stellen hat sich das Gericht zu der Grundrechtsbindung bei Sachverhalten mit Auslandsbezug im Allgemeinen - also nicht speziell in Zusammenhang mit der Bundeswehr stehend - eingelassen.[1508] Insgesamt kann konstatiert werden, dass

---

1503 Sowohl die Möglichkeit der Inkaufnahme von Kollateralschäden als auch die Befugnis zur gezielten Tötung gegnerischer Kombattanten sind tragende Prinzipien des Rechts der bewaffneten Konflikte. Dass ein Staat nicht verpflichtet ist, diese Befugnisse wahrzunehmen, ändert nichts am Vorliegen eines Normenkonflikts. Es ist als ausreichend zu erachten, dass die dahinter stehenden Wertungen auch ohne Inanspruchnahme der konkreten Befugnisse mit Grundrechten des Grundgesetzes und somit den dort getroffenen Regelungen kollidieren.

1504 Siehe 5. Kapitel A.III.; dies verkennt *Neubert*, Der Einsatz tödlicher Waffengewalt, S. 262, wenn er meint, selbst für den Fall der fehlenden Möglichkeit der Schaffung einer den Bestimmtheitsanforderungen genügenden Gesetzesgrundlage und der hieraus resultierenden Konfliktsituation zur Völkerrechtslage sei wegen des Vorrangs des Verfassungsrechts nicht ersichtlich, warum die Anforderungen an die Bestimmtheit gesetzlicher Eingriffsermächtigungen abzusenken wären.

1505 *BVerfGE* 77, 170.

1506 *BVerfGE* 12, 45.

1507 *BVerfGE* 115, 118.

1508 Zuvorderst sind hier die folgenden Entscheidungen zu nennen: *BVerfGE* 31, 58 (Spanier-Beschluss), *BVerfGE* 56, 1 (Kriegsopferversorgungs-Beschluss), *BVerfGE* 92, 26

auch das Bundesverfassungsgericht von der Grundrechtsbindung auswärtiger Gewalt bei Sachverhalten mit Auslandsbezug ausgeht.[1509] Doch die Frage, wie weit diese Bindung im Rahmen von Auslandseinsätzen reicht – mithin jene nach der Zulässigkeit von Modifikationen der Grundrechtsbindung bei rein extraterritorial stattfindenden Kampfhandlungen der Einsatzkräfte –, ist damit keineswegs beantwortet.

Das Bundesverfassungsgericht hat gerade bei Fallgestaltungen, in denen sich das (zu erlassende) Gesetz einzig auf einen im Ausland belegenen Sachverhalt bezieht und somit dem „Einfluß der deutschen Staatsgewalt weithin entzogen"[1510] ist, geringere Anforderungen an die Bestimmtheit der Regelung gestellt als bei vergleichbaren innerstaatlichen Sachverhalten.[1511] Das Bundesverfassungsgericht begründet die somit im Einzelfall potentiell abgestuften Anforderungen an die Bestimmtheit der Gesetzesgrundlage mit der Gefahr, dass es dem Gesetzgeber anderenfalls unmöglich gemacht würde eine rechtliche Grundlage zu schaffen.[1512] Ersichtlich wird aber auch, dass es – selbst in der Leistungsverwaltung – eine gesetzliche Grundlage nicht für entbehrlich erachtet und darauf bedacht ist, die rechtsstaatlichen Anforderungen des Gesetzesvorbehalts den Widrigkeiten der tatsächlichen Gegebenheiten anzupassen.

Die Reichweite der Grundrechte sei unter Berücksichtigung von Art. 25 GG aus dem Grundgesetz selbst zu ermitteln, urteilte das Bundesverfassungsgericht in seiner Rechtsprechung zur Telekommunikationsüberwachung.[1513] Dabei könnten je nach den einschlägigen Verfassungsnormen Modifikationen und Differenzierungen zulässig oder geboten sein. Auf welcher Ebene solche dogmatisch anzuknüpfen haben, äußert der Erste Senat in dieser Entscheidung nicht.

Aus dem Zweitregister-Urteil geht hervor, dass das Bundesverfassungsgericht dem Gesetzgeber einen größeren Gestaltungsspielraum zugesteht, wenn bei der Grundrechtsausübung zwingend auch fremde Rechtsordnungen betroffen werden.[1514] Dabei ist der Gesetzgeber verpflichtet, dem jeweils betroffenen Grundrecht auch bei „von ihm nicht beeinflußbaren Bedingungen größtmögliche

---

(Zweitregister-Urteil), *BVerfGE* 57, 9 (Einlieferungsersuchen-Beschluss), *BVerfGE* 100, 313 (Telekommunikationsüberwachungs-Urteil).

1509 *Koops*, Seeräubereibekämpfung, S. 218.

1510 *BVerfGE* 56, 1 (14).

1511 *BVerfGE* 56, 1 (Leitsatz 2 u. S. 14).

1512 *BVerfGE* 56, 1 (14). Zu beachten ist aber, dass sich diese Rechtsprechung explizit auf die Leistungsverwaltung bezieht.

1513 *BVerfGE* 100, 313 (363).

1514 *BVerfGE* 92, 26 (41).

Anwendung zu sichern."[1515] Inwiefern hiermit abgeschwächte Anforderungen an den Gesetzesvorbehalt verbunden sind, bleibt unklar.

Inwieweit im Rahmen der rein extraterritoriale Konstellationen umfassenden Sachverhalte ein Grundrecht eine von dem innerstaatlichen Verständnis abweichende Auffassung zulässt oder gar gebietet, ist durch Auslegung der jeweiligen Verfassungsbestimmung nach Wortlaut, Sinn und Zweck festzustellen.[1516] Gleichzeitig ist die potentielle Vielgestaltigkeit der tatsächlichen Umstände zu berücksichtigen.[1517] Das Bundesverfassungsgericht geht davon aus, dass „[d]er Sachbereich [...] staatlicher Normierung zugänglich sein [muss]."[1518] Nicht regelbare bzw. erst recht sehr schwierig normierbare Sachverhalte erkennt das Bundesverfassungsgericht damit grundsätzlich an.

d) Zwischenergebnis

Schließlich ist als Zwischenergebnis zu konstatieren, dass Relativierungen des Grundrechtsschutzes bei extraterritorialen Bundeswehreinsätzen als zulässig zu erachten sind, wenn anderenfalls ein Widerspruch zu grundlegenden Wertungen des Völkerrechts hervorgerufen würde. Dogmatischer Anknüpfungspunkt für Modifikationen kann erst die Rechtfertigungsebene sein. Im Ausgangspunkt ermöglicht Art. 2 Abs. 2 S. 3 GG grundsätzlich den Erlass eines Gesetzes, das konfliktsvölkerrechtliche Befugnisse aufgreift. Können die Anforderungen des Gesetzesvorbehalts durch ein entsprechendes Gesetz nicht erfüllt werden, greift der Grundsatz der Völkerrechtsfreundlichkeit dahingehend ein, dass die Anforderungen des Gesetzesvorbehalts zurückzunehmen sind.

Die bundesverfassungsgerichtliche Rechtsprechung zu diesem Themenkomplex ist sehr einzelfallbezogen. Modifizierungen der Grundrechtsbindung werden zugelassen, wenn der Sachverhalt einen Auslandsbezug aufweist. Zu beachten ist auch, dass sich die bisher judizierten Fälle erheblich von dem extraterritorialen Einsatz der Bundeswehr im bewaffneten Konflikt unterscheiden, so dass Rückschlüsse auf die hier untersuchte Konstellation – insbesondere in Anbetracht der Einzelfallbezogenheit der Rechtsprechung – nur bedingt möglich sind. Ein einheitlicher Anknüpfungspunkt für entsprechende Modifikationen

---

1515 *BVerfGE* 92, 26 (42).

1516 *BVerfGE* 31, 58 (77).

1517 Siehe hierzu auch *Ohler*, Kollisionsordnung, S. 275 f.

1518 *BVerfGE* 105, 279 (304); *Ossenbühl*, in: Isensee/Kirchhof, HStR, Band V, § 101, Rn. 77 u. 79 spricht auch mit Blick auf die Außen- und Verteidigungspolitik von Aufgaben, die „gleichsam natürlicherweise der Exekutive zu[fallen]."

scheint noch nicht ausgemacht. Ob also in Fällen, die sich ausschließlich im Ausland zutragen, das Erfordernis eines förmlichen Parlamentsgesetzes zwingend eingehalten werden muss, lässt sich der bisherigen Rechtsprechung des Gerichts nicht entnehmen. Zumindest Abstriche im Hinblick auf die Bestimmtheit einer Regelung scheinen möglich zu sein.[1519]

III. Lösungsansätze zur Rechtfertigung extraterritorialer Tötungshandlungen

Es mehren sich die Stimmen im Schrifttum, die von der mangelnden ausdrücklichen gesetzlichen Grundlage für Grundrechtseingriffe durch die Bundeswehr im Auslandseinsatz auf die Verfassungswidrigkeit entsprechender tödlicher Maßnahmen der Einsatzkräfte schließen.[1520] Verbreitet wird aber wohl noch von der Verfassungsmäßigkeit entsprechender grundrechtstangierender Handlungen ausgegangen.[1521] Auch der Bundesgerichtshof scheint nicht von der Rechtswidrigkeit grundrechtsrelevanter Maßnahmen auszugehen.[1522] Nachstehend werden verschiedene Lösungsansätze untersucht, die das Postulat der Verfassungswidrigkeit abwenden könnten.

1. Keine implizite Eingriffsermächtigung aus den grundgesetzlichen Bestimmungen der Art. 59 Abs. 2 S. 1 und Art. 25 GG

Möglicherweise lässt sich eine Ermächtigung zu Grundrechtseingriffen durch die Bundeswehr in einem bewaffneten Konflikt zumindest teilweise aus bereits bestehenden Normierungen des Grundgesetzes ableiten. Naheliegend erscheint zunächst, auf Zustimmungsgesetze zu einschlägigen völkerrechtlichen Verträgen

---

1519 Anders *Neubert*, Der Einsatz tödlicher Waffengewalt, S. 260, der in der Rechtsprechung des BVerfG keine Anhaltspunkte dafür findet, „ob und in welcher Weise die Anforderungen des Vorbehalts des Gesetzes für Auslandssachverhalte eigenständigen Modifikationen unterliegen". Gleichzeitig dürften die Besonderheiten des auswärtigen Regelungsgegenstands vom Gesetzgeber jedoch berücksichtigt werden.

1520 Jüngst *Neubert*, Der Einsatz tödlicher Waffengewalt, S. 319; siehe auch *Yousif*, Die extraterritoriale Geltung der Grundrechte, S. 188; im Ergebnis auch *Zimmermann*, in: ZRP 2012, 116, 119; zumindest implizit *Kutscha*, in: NVwZ 2004, 801, 803.

1521 *Murswiek/Rixen*, in: Sachs, GG, Art. 2, Rn. 172; *Heun*, in: Dreier, GG, Band III, Art. 87a, Rn. 21; *Werner*, Die Grundrechtsbindung der Bundeswehr, S. 242 f.; *Fassbender*, in: Isensee/Kirchhof, HStR, Band XI, § 244, Rn. 168.

1522 Siehe B.III.1.b. Die obige Argumentation bezüglich der Menschenwürdegarantie im Amtshaftungs-Urteil zum Kundus-Fall des BGH lässt sich ebenfalls auf das Recht auf Leben nach Art. 2 Abs. 2 GG übertragen.

als Befugnisgrundlage abzustellen.[1523] Zuvorderst kommen hier die Zustimmungsgesetze zu den dem Recht der bewaffneten Konflikte zugrundeliegenden völkerrechtlichen Verträge in Betracht. Durch das Zustimmungsgesetz nach Art. 59 Abs. 2 S. 1 GG erlangen die entsprechenden Regelungen als Bundesgesetz Eingang in die deutsche Rechtsordnung.[1524] Seit dem Streitkräfte-Urteil des Bundesverfassungsgerichts steht fest, dass der Bundeswehreinsatz neben dem Verteidigungseinsatz nach Art. 87a Abs. 2 GG auch in Systemen gegenseitiger kollektiver Sicherheit nach Art. 24 Abs. 2 GG rechtlich zulässig ist.[1525] Insbesondere das Zustimmungsgesetz zu der Charta der Vereinten Nationen ist demnach ebenfalls in die vorliegende Betrachtung miteinzubeziehen.[1526]

Ein Lösungsansatz, der über Art. 25 GG und die allgemeinen Regeln des Völkerrechts einen Eingriffstitel herzuleiten sucht, hier insbesondere über die völkergewohnheitsrechtlich anerkannten Befugnisse des Rechts der bewaffneten Konflikte, muss hingegen aufgrund des hohen Grades an Unbestimmtheit von vorneherein als unvereinbar mit sämtlichen zuvor skizzierten Anforderungen des Gesetzesvorbehalts[1527] deklariert werden.[1528] Erst recht beansprucht dieser Befund Geltung in Bezug auf Lösungsansätze, die im Falle eines bewaffneten Konflikts eine generelle Zurückdrängung des innerstaatlichen Rechts – und insbesondere der Grundrechte – durch das Recht der bewaffneten Konflikte

1523 *Kokott*, in: Sachs, GG, Art. 87a, Rn. 52 neigt diesem Lösungsansatz zu, geht aber davon aus, dass entsprechende völkervertragliche Grundlagen „regelmäßig nicht bestehen".

1524 *BVerfGE* 1, 396 (410 f.); *BVerfGE* 29, 348 (358).

1525 Ausführlich hierzu 5. Kapitel D.IV.

1526 Zustimmungsbeschlüsse zu völkerrechtlichen Verträgen als geeignete Eingriffsgrundlage für Grundrechtsbeeinträchtigungen befürwortend *Koops*, Seeräubereibekämpfung, S. 270 u. 306.

1527 Dies entspricht der h.M. im Schrifttum, siehe *Zimmermann*, in: ZRP 2012, 116, 118; *Neubert*, Der Einsatz tödlicher Waffengewalt, S. 287; *Talmon*, in: JZ 2013, 12, 20.

1528 Hiermit soll indessen nicht bestritten werden, dass völkergewohnheitsrechtliche Kampfführungsbefugnisse existieren, die über Art. 25 S. 2 GG auch in das deutsche Recht hineinwirken. Einzig die Tauglichkeit als Grundlage zur Rechtfertigung von Grundrechtseingriffen zu dienen, ist zu bestreiten. Denn, die Übernahme der jeweiligen gewohnheitsrechtlichen Regelungen in die deutsche Rechtsordnung durch Art. 25 S. 2 GG entbindet nicht von den Anforderungen des rechtsstaatlichen Vorbehalts des Gesetzes, *Talmon*, in: JZ 2013, 12, 17; *Zimmermann*, in: ZRP 2012, 116, 118; einen solchen Ansatz befürwortet hingegen *Wiefelspütz*, in: NZWehrr 2008, 89, 102.

annehmen.[1529] Ein völliges Abweichen von der Grundrechtsdogmatik in dem Sinne, dass die aus dem Gesetzesvorbehalt resultierenden Bestimmtheitsanforderungen[1530] gänzlich aufgegeben werden, erscheint auch bei der Zulassung von sachverhaltsimmanenten Modifikationen nicht geboten.[1531]

Doch auch das Abstellen auf die zuvor genannten Zustimmungsgesetze in Verbindung mit Art. 59 Abs. 2 S. 1 GG begegnet in Anbetracht der Anforderungen des Gesetzesvorbehalts durchgreifenden Bedenken.[1532] Das Zustimmungsgesetz zu der Charta der Vereinten Nationen ist bereits auf Grundlage des Regelungscharakters ungeeignet, als Grundlage für Grundrechtseingriffe im Krieg zu dienen. Die Völkerrechtsordnung differenziert zwischen dem Friedenssicherungsrecht im engeren Sinne (ius contra bellum) und dem Recht der bewaffneten Konflikte (ius in bello).[1533] Das ius contra bellum, welches auf der

1529 So bspw. *Heun*, in: Dreier, GG, Band III, Art. 87a, Rn. 21; *Fährmann*, Die Bundeswehr im Einsatz für Europa, S. 102 f. geht davon aus, das Recht der bewaffneten Konflikte gehe dem grundgesetzlichen Grundrechtsschutz im Rahmen bewaffneter Konflikte im Sinne einer doppelten Spezialität vor.

1530 Zu den Funktionen des Gesetzesvorbehalts siehe oben unter C.II.2.

1531 Auch, wenn nachfolgend diskutierte Ansätze einzelne Schwächen aufweisen sollten, ließen sich diese dennoch besser in die Systematik des Grundgesetzes einfügen, ohne eine effektive Kriegsführung zu erschweren. Damit erweist sich ein nur implizites Vorgehen als nicht erforderlich.

1532 *Fassbender*, in: Isensee/Kirchhof, HStR, Band XI, § 244, Rn. 160 f.; *Kutscha*, in: NVwZ 2004, 801, 803; *Zimmermann*, in: ZRP 2012, 116, 118; *Fährmann*, Die Bundeswehr im Einsatz für Europa, S. 91; *Yousif*, Die extraterritoriale Geltung der Grundrechte, S. 182; zurückhaltender *Baldus/Müller-Franken*, in: v. Mangoldt/Klein/Starck, GG, Band III, Art. 87a, Rn. 117; befürwortend hingegen *Koops*, Seeräubereibekämpfung, S. 269 f., der aber fälschlicherweise davon ausgeht, dass „überwiegend angenommen [wird], dass ein völkerrechtlicher Vertrag in Verbindung mit dem dazugehörigen Zustimmungsgesetz grundsätzlich den Anforderungen an grundgesetzliche Gesetzesvorbehalte genügt". Gegenteiliges ist der Fall – die ganz überwiegende Ansicht lehnt eben jene Ansicht ab. Fährmann und Yousif, die Koops hier als Quelle zum Beleg dieser Behauptung heranzieht, gehen gerade auch von der Untauglichkeit des Zustimmungsgesetzes als Eingriffsgrundlage aus. Zutreffend wäre die Behauptung hingegen, wenn diese einzig in Bezug auf die formelle Seite des Erfordernisses eines förmlichen Parlamentsgesetzes verstanden würde. Zu den weiteren Funktionen des Gesetzesvorbehalts siehe vorstehend unter C.II.2. Auch verkennt Koops den Charakter des Transformationsgesetzes nach Art. 59 Abs. 2 S. 1 GG, wenn er meint, der Eingriff erfolge – jedenfalls nicht unmittelbar – aufgrund eines „Gesetzes" im Sinne von Art. 19 Abs. 1 S. 2 GG, sondern aufgrund eines durch Gesetz transformierten völkerrechtlichen Vertrages, *Koops*, ebenda, S. 277.

1533 Siehe grundlegend im 3. Kapitel unter A.

Charta der Vereinten Nationen basiert, beinhaltet an Staaten gerichtete Regelungen, die primär der weitestgehenden Verhinderung zwischenstaatlicher Gewalt dienen. Anforderungen an das Verhalten der Kombattanten werden erst durch die Teilrechtsordnung des ius in bello gestellt, wenn es – trotz allen Bemühens des ius contra bellum – zu dem Ausbruch eines bewaffneten Konflikts gekommen ist. Das Friedenssicherungsrecht im engeren Sinne vermittelt somit bereits keine bestimmten Eingriffsbefugnisse in Grundrechtspositionen. Das Zustimmungsgesetz zu der Charta der Vereinten Nationen ist mithin zwangsläufig ungeeignet für die Rechtfertigung von Grundrechtseingriffen.[1534]

Fraglich bleibt hingegen, ob das Zustimmungsgesetz zu den konfliktsvölkerrechtlichen Verträgen – insbesondere jenes zu dem besonders detaillierten Ersten Zusatzprotokoll – als Eingriffsgrundlage dienlich ist. Zwar sind einerseits die durchaus detaillierten Regelungen des Rechts der bewaffneten Konflikte nicht zu verkennen. Auch ist es das Parlament, das die Zustimmungsbeschlüsse in Gesetzesform erlässt. Gegen die Heranziehung der Zustimmungsbeschlüsse zu den vier Genfer Konventionen und den beiden Zusatzprotokollen zu den Genfer Konventionen als Befugnisgrundlage für Grundrechtseingriffe wird hingegen fast einhellig angeführt, diese seien bereits aus dem Grunde ungeeignet, dass das Konfliktsvölkerrecht fast ausschließlich begrenzende Verbotsnormen, aber keine Ermächtigungsnormen im Sinne der grundgesetzlichen Gesetzesvorbehalte enthalte.[1535] Ein Blick auf zentrale Normen des Rechtsgebiets zeigt, dass die Annahme im Ausgangspunkt zutreffend ist.[1536] Doch kann dieser Befund alleine nicht ausreichen, den entsprechenden parlamentarischen Zustimmungsbeschluss als nicht mit dem Gesetzesvorbehalt im Einklang stehend anzusehen. Anderenfalls müsste man konsequenterweise davon ausgehen, dass für die

1534 Ebenso *Neubert*, Der Einsatz tödlicher Waffengewalt, S. 290.

1535 *Heun*, in: Dreier, GG, Band III, Art. 87a, Rn. 21; *Baldus/Müller-Franken*, in: v. Mangoldt/Klein/Starck, GG, Band III, Art. 87a, Rn. 117 gehen deswegen von einer „gering[en] rechtfertigende[n] Kraft" aus; in diesem Sinne auch *Fassbender*, in: Isensee/Kirchhof, HStR, Band XI, § 244, Rn. 161; *Epping*, in: BeckOK, GG, Art. 87a [Stand: Dezember 2019], Rn. 36.1; *Neubert*, Der Einsatz tödlicher Waffengewalt, S. 292 f.; a.A. *Koops*, Seeräubereibekämpfung, S. 270 u. 306.

1536 So ergibt sich die Befugnis unter Umständen Kollateralschäden in Kauf nehmen zu dürfen aus Art. 51 Abs. 5 lit. b ZP I implizit aus dem Verbot, einer nicht diskriminierenden („indiscriminate attacks"), also einer nicht zwischen Kombattanten und Zivilisten unterscheidenden Kriegsführung, indem eine unterschiedslose („indiscriminate") Angriffsart in einer Abwägung von Leben der Zivilisten und militärischen Vorteil ermittelt wird. Ausführlich hierzu im 3. Kapitel unter C.II.1.

Schaffung eines Auslandseinsatzgesetzes der Verweis auf konfliktsvölkerrechtliche Regelungen von vorneherein als unzureichend anzusehen ist. Dies würde es nahezu unmöglich machen, eine gesetzliche Regelung zu schaffen.

Entscheidend gegen einen Lösungsweg über die Zustimmungsbeschlüsse zu den genannten konfliktsvölkerrechtlichen Verträgen kann unterdessen die mangelnde Offenlegung der mit der Geltendmachung der konfliktvölkerrechtlichen Befugnisse einhergehenden Grundrechtseinschränkungen in den Beschlüssen angeführt werden.[1537] Dieser Abschnitt verdeutlich, dass das Konfliktsvölkerrecht - wenn auch implizit - weitgehende Eingriffsbefugnisse gewährt, die Grundrechte einschränken und auch im Widerspruch zu den wesentlichen menschenrechtlichen Gewährleistungen stehen. Es ist quasi auf der Hand liegend, dass es im Falle eines bewaffneten Konflikts zu Grundrechtseinschränkungen kommt. Mit dem Bundesverfassungsgericht ist hingegen davon auszugehen, dass „[e]ine solche unausgesprochene Annahme [...] den Anforderungen des Gesetzesvorbehalts jedoch nicht gerecht [wird]."[1538] Dass diese grundlegende Implikation nicht intendiert war, zeigt insbesondere die mangelnde Zitation der eingeschränkten Grundrechte in den in Betracht kommenden Zustimmungsbeschlüssen.[1539] Die Meinungsbildung in der Öffentlichkeit gerade in Bezug auf die Grundrechte des Grundgesetzes kann in dieser Weise nicht funktionsgerecht und eingriffsangemessen stattfinden. Insofern sind Modifikationen der Anforderungen des Zitiergebots des Art. 19 Abs. 1 S. 2 GG weder erforderlich noch dogmatisch begründbar. Es ist dem Gesetzgeber unbenommen, im Zustimmungsgesetz zu Grundrechtseingriffen zu ermächtigen. Hat er dies zu dem Zeitpunkt des Erlasses des Zustimmungsgesetzes versäumt - etwa, weil Auslandseinsätze im heutigen Umfang undenkbar waren -, kann ein entsprechendes eingriffsermächtigendes Gesetz auch im Nachhinein erlassen werden.[1540] Ebenso wenig entscheidend ist daher, ob der zugrundliegende völkerrechtliche Vertrag, der in das deutsche Recht umgesetzt werden soll, solche Eingriffsbefugnisse enthält.[1541]

1537 Dies ist aber - wie oben (C.II.2.) dargestellt - ein wesentliches Erfordernis des Gesetzesvorbehalts, *BVerfGE* 85, 386 (403 f.).

1538 *BVerfGE* 85, 386 (403).

1539 *Zimmermann*, in: ZRP 2012, 116, 119.

1540 Inwiefern ein solches überhaupt den Anforderungen des Gesetzesvorbehalts genügen kann, ist eine hiervon zu trennende Frage, der sich sogleich unter 3. zugewandt werden soll.

1541 Dies verkennt *Koops*, Seeräubereibekämpfung, S. 269 ff. Selbstverständlich enthält ein völkerrechtlicher Vertrag keine Angaben zu den eingeschränkten deutschen Grundrechten. Dies ist nicht der Regelungsgegenstand einer solchen multilateralen,

2. Keine Ermächtigung aus Art. 24 Abs. 2 GG und Art. 87a GG

Unabhängig von der Problematik, ob die einem Großteil der Auslandseinsätze der Bundeswehr zugrundeliegenden Artikel des Grundgesetzes (Art. 87a Abs. 2 GG und Art. 24 Abs. 2 GG) reine Kompetenznormen oder darüber hinausgehend Befugnisnormen darstellen,[1542] genügen diese aufgrund ihrer normenhierarchischen Stellung den formellen Anforderungen des Gesetzesvorbehalts und sind insofern geeignet, grundrechtseinschränkend zu wirken.[1543] Problematisch erscheint hingegen, dass die exakten Eingriffsvoraussetzungen nur durch eine Verfassungsinterpretation herzuleiten sind. Während Art. 87a Abs. 2 GG immerhin noch von Streitkräften und dem Einsatz zur Verteidigung spricht, sucht man diese Wörter in Art. 24 Abs. 2 GG vergeblich. Bedenken an der hinreichenden Bestimmtheit und Klarheit der Normen lassen deren Heranziehung als Grundlage für Grundrechtseingriffe im Auslandseinsatz in der Tat fragwürdig erscheinen.[1544] Nicht von der Hand zu weisen ist indessen die Tatsache, dass aus der Zulässigkeit der Führung eines Verteidigungskrieges sowie dem extraterritorialen Einsatz im Rahmen eines Systems gegenseitiger kollektiver Sicherheit eine gewisse Indizwirkung für die Möglichkeit der Vornahme erforderlicher Handlungen – also solcher, welche das Recht der bewaffneten Konflikte den Staaten ermöglicht – ausgeht.[1545] Die indizierte rechtliche Zulässigkeit solcher Handlungen, die für einen effektiven Kampfeinsatz erforderlich sind, suspendieren

---

rechtssetzenden vertraglichen Vereinbarung zwischen Staaten. Bezugspunkt kann einzig das Zustimmungsgesetz zu diesem völkerrechtlichen Vertrag sein. Es obliegt dem deutschen Gesetzgeber, den Vertrag in nationales Recht zu transformieren. Im Zuge dessen ist auf eine möglichst reibungslose Einfügung in die deutsche Rechtsordnung zu achten.

1542 Grundlegend zu dieser Problematik *Pieroth*, in: AÖR 1989, 422, 423 ff.

1543 *Yousif*, Die extraterritoriale Geltung der Grundrechte, S. 176 f.

1544 Dementsprechend spricht ein Großteil der Kommentatoren diesen Normen den Rechtfertigungscharakter für Eingriffe in das Recht auf Leben ab, siehe *Hobe*, in: FS-Klein, 95, 105 f., *Yousif*, Die extraterritoriale Geltung der Grundrechte, S. 176; *Neubert*, Der Einsatz tödlicher Waffengewalt, S. 278 m.w.N.

1545 Aus diesem Grunde erscheint insbesondere ein Verstoß gegen die grundgesetzliche Menschenwürde fernliegend. Doch entfaltet sich das in diesem Abschnitt betrachtete Problem anders. Das Menschenwürdeproblem bezog sich auf die Eröffnung des Schutzbereichs dieses absolute Geltung beanspruchenden Grundrechts als oberster Wert der deutschen Verfassung. Gegenstand der dortigen Betrachtung war also nicht – wie im Zuge dieser Ausführungen – der Rechtfertigungsversuch eines Eingriffs. Dadurch, dass das Recht auf Leben Einschränkungen des Schutzbereichs zulässt, steht dieses – anders als die Garantie der Menschenwürde nach

nicht ipso iure gänzlich rechtsstaatliche Anforderungen des Grundgesetzes an Eingriffsermächtigungen in Grundrechtspositionen. Mithin ist trotz der soeben dargelegten modifizierten Geltung des Gesetzesvorbehalts festzustellen, dass der hohe Unbestimmtheitsgrad insbesondere des Art. 24 Abs. 2 GG gegen dessen Anwendung als Eingriffstitel in das Recht auf Leben anzuführen ist.[1546]

3. *(Schein-)Fortschritt eines Auslandseinsatzgesetzes*

Ein in der Literatur vermehrt vertretener Lösungsansatz befürwortet die Schaffung eines Auslandseinsatzgesetzes.[1547] Der Zuspruch, welchen diese Lösungsvariante erfährt, ist aufgrund der naheliegenden Vorteile nachvollziehbar; der Gesetzgeber könnte den Art. 76 ff. GG entsprechend in dem vorgesehenen Gesetzgebungsverfahren ein formelles Parlamentsgesetz schaffen, das der formalen und damit präsentesten Facette des Gesetzesvorbehalts entspricht – aus rechtsstaatlichen Gesichtspunkten drängt sich diese Lösungsvariante prima facie auf. Der Hintergrund der Ansicht ist jener, dass befürchtet wird, ohne eine gesetzliche Grundlage erfolgten schwerwiegende Grundrechtseingriffe in einer rechtlichen Grauzone.[1548] Ob aber wirklich alle zu der zuvor aufgeführten Ansicht ins Felde geführten Kritikpunkte für diesen Lösungsweg keine Gültigkeit beanspruchen, bedarf einer eingehenden Untersuchung. Der große Vorteil dieser Variante liegt in dem (vermeintlichen) Nachteil aller anderen Ansichten – das geforderte förmliche Parlamentsgesetz läge dann vor. Gleichwohl erweist

---

dem bundesverfassungsgerichtlichen Verständnis – der effektiven Führung eines Kampfeinsatzes im Bündnis nicht generell entgegen.

1546 *Hobe*, in: FS-Klein, 95, 105 f.

1547 *Zimmermann*, in: ZRP 2012, 116, 119; *Hobe*, in: FS-Klein, 95, 108 f.; *Eser*, in: FS-Schöch, 461, 479 f.; hierauf laufen auch die Ausführungen von *Talmon*, in: JZ 2013, 12, 17 hinaus; auch *Baldus*, in: v. Mangoldt/Klein/Starck, GG, 6. Auflage 2010, Art. 87a, Rn. 104 fordert den Gesetzgeber auf, „die nötigen Eingriffsermächtigungen zu schaffen"; *Epping*, in: BeckOK, GG, Art. 87a [Stand: Dezember 2019], Rn. 37 u. 37.4; *Neubert*, Der Einsatz tödlicher Waffengewalt, S. 268 u. 339 hält den Einsatz tödlicher Waffengewalt im Auslandseinsatz mangels gesetzlicher Grundlage für verfassungswidrig; *Voss*, in: ZRP 2007, 78, 81; *Yousif*, Die extraterritoriale Geltung der Grundrechte, S. 186 f. zieht alternativ eine an Art. 2 Abs. 2 EMRK oder Art. 15 Abs. 2 EMRK angelehnte Verfassungsänderung in Betracht; speziell in Bezug auf Festnahmehandlungen *Walter/Ungern-Sternberg*, in: DÖV 2012, 861, 868; jüngst *Sauer*, in: DÖV 2019, 714, 719.

1548 *Hobe*, in: FS-Klein, 95, 107 sieht die Gefahr eines „rechtliche[n] Niemandsland[es].

sich auch dieser Lösungsvorschlag bei näherer Betrachtung als nicht so überzeugend, wie er zunächst erscheint.

So mangelt es diesem Vorschlag nicht nur an Praktikabilität,[1549] welche trotz aller Bedenken nicht vernachlässigt werden sollte.[1550] Darüber hinaus könnten weder die aus dem Vorbehalt des Gesetzes folgenden Anforderungen an die Bestimmtheit des Gesetzes eingehalten werden noch könnte die Funktion des Vorbehalts des Gesetzes effektiv erfüllt werden. Im Einzelnen: Der Gesetzgeber hätte im Wesentlichen zwei Möglichkeiten, die Konzipierung eines Auslandseinsatzgesetzes anzugehen. Eine effektive und praktikable gesetzliche Regelung zwänge den Gesetzgeber dazu, das sich ständig weiterentwickelnde, im bewaffneten Konflikt – insbesondere solchem nicht internationalen Charakters – zur Anwendung gelangende Völkergewohnheitsrecht positivrechtlich zu regeln – eine praktisch kaum lösbare Aufgabe. Übrig bliebe die Möglichkeit der Statuierung sehr allgemein gehaltener Formulierungen zu den Eingriffsvoraussetzungen. So könnte der Gesetzgeber auf die einschlägigen Regelungen des Konfliktsvölkerrechts betreffend die Kampfführungsbefugnisse verweisen oder diese rezipieren;[1551] in puncto der Bestimmtheit der Eingriffserlaubnis wäre hierdurch der Natur der Sache nach kein Fortschritt gegenüber den bestehenden Regelungen, die über Art. 25 und Art. 59 Abs. 2 GG (in Verbindung mit den entsprechenden Zustimmungsgesetzen) im deutschen Recht Geltung beanspruchen, zu erzielen.[1552]

Vorstehende Bedenken lassen sich anhand eines in der Literatur ausgearbeiteten Vorschlags eines „Auslandseinsatzgesetzes für die Streitkräfte der Bundesrepublik Deutschland" veranschaulichen.[1553] Dort heißt es in § 2 Abs. 1: „Im Einklang mit dem humanitären Völkerrecht und dem Grundsatz der Verhältnismäßigkeit darf deutschen Soldatinnen und Soldaten im Einsatz der Befehl

1549 Ebenso *Heun*, in: Dreier, GG, Band III, Art. 87a, Rn. 21; *Fassbender*, in: Isensee/Kirchhof, HStR, Band XI, § 244, Rn. 166; anders *Sauer*, in: DÖV 2019, 720.

1550 *Hoffmann-Riem*, in: AÖR 2005, 5, 69.

1551 *Yousif*, Die extraterritoriale Geltung der Grundrechte, S. 186 f. gedenkt – nachdem der eigens angestellte Vergleich zum Polizeirecht zurecht als nicht tragfähig erkannt wurde – den dritten Teil des ZP I als Vorbild für die Schaffung einer entsprechenden innerstaatlichen Gesetzesgrundlage heranzuziehen.

1552 In diesem Sinne in Bezug auf das Parallelproblem des Erfordernisses einer ausdrücklichen gesetzlichen Regelung der strafrechtlichen Rechtfertigung von Anwendung militärischer Gewalt in extraterritorialen Einsätzen der Bundeswehr *Frister/Korte/Kreß*, in: JZ 2010, 10, 18; siehe auch *Tomuschat*, Töten im Krieg, FAZ v. 19.4.2012, S. 8.

1553 *Hobe*, in: FS-Klein, 95, 108 f.

gegeben werden, tödliche Gewalt gegen feindliche Kombattanten anzuwenden."[1554] Daneben findet sich in § 4 ein weiterer Verweis auf die Völkerrechtslage („nach Maßgabe des Völkerrechts") in Bezug auf die Eigensicherung und in § 6 die Statuierung des allgemeinen Verhältnismäßigkeitsgrundsatzes. Bei Letzterem bleibt unklar, ob sich dieser auf den weitgehenden konfliktsvölkerrechtlichen Grundsatz oder den im Vergleich sehr restriktiven grundgesetzlichen Verhältnismäßigkeitsgrundsatz beziehen soll. Unabhängig hiervon wird deutlich, dass gerade an entscheidenden Stellen auf die Völkerrechtslage verwiesen werden muss. Ein inhaltlicher Mehrwert geht damit indes nicht einher, wird doch nur das wiedergegeben, was ohnehin schon gilt. Zudem findet sich keine Regelung zu konfliktsvölkerrechtlich zulässigen Kollateralschäden. Diesbezüglich wird weiterhin auch ohne Verweis auf die Regelungen des Konfliktsvölkerrechts zurückgegriffen werden müssen. Auch der erhoffte Zugewinn an Rechtssicherheit würde sich nicht einstellen. Eine das Völkergewohnheitsrecht nicht berücksichtigende Lösung führte damit zu einer „weithin sinnlosen Generalermächtigung".[1555] Alles andere als eine hochgradig unbestimmte Generalklausel oder ein praktisch kaum vollständig erstellbares, das Völkergewohnheitsrecht kodifizierendes Parlamentsgesetz wäre nicht im Stande, einem von Unabwägbarkeiten in einem bewaffneten Konflikt geprägten militärischen Alltag[1556] gerecht zu werden. Dieser Befund beansprucht insbesondere im Hinblick auf das breite Spektrum der durch deutsche Soldatinnen und Soldaten im Auslandseinsatz zu erfüllenden Aufgaben Geltung.[1557] Beschränkt der Gesetzgeber sich demnach auf die Kodifizierung generalklauselartiger Eingriffsbefugnisse der Bundeswehr im Rahmen eines bewaffneten Konflikts – wozu er bei realistischer Betrachtung gezwungen wäre[1558] –, bestünden nicht weniger Bedenken in Bezug auf die Bestimmtheit des Gesetzes als hinsichtlich der zuvor aufgeführten Ansichten, so dass durch ein besonders rechtsstaatlich anmutendes

---

1554 *Hobe*, in: FS-Klein, 95, 108.

1555 *Heun*, in: Dreier, GG, Band III, Art. 87a, Rn. 21.

1556 *Fassbender*, in: Isensee/Kirchhof, HStR, Band XI, § 244, Rn. 166 spricht in diesem Zusammenhang von der „militärischen Wirklichkeit" und äußert in diesem Sinne gleichartige Bedenken.

1557 Ebenso *Gramm*, Thesenpapier zum juristischen Fachgespräch am 24. Oktober 2011 des Deutschen Instituts für Menschenrechte und der Deutschen Gesellschaft für Wehrrecht und Humanitäres Völkerrecht, S. 1. Zu einem Überblick aller aktuellen, nach dem ParlBG zustimmungspflichtigen Einsätze siehe das 1. Kapitel unter B.

1558 Dies wird auch durch die Befürworter der Schaffung einer gesetzlichen Grundlage eingestanden, siehe *Weingärtner*, in: DVBl 2012, 344.

Streitkräftebefugnis-Gesetz kein Fortschritt zu erzielen wäre.[1559] Denn de facto wird gerade durch ein unbestimmtes Gesetz die Bestimmungsgewalt auf die Exekutive verschoben.[1560]

Auch das Bundesverfassungsgericht erkennt in „allgemein gehaltenen Formeln und Generalklauseln“ in vielgestaltigen Fallkonstrukten keinen Zugewinn im Hinblick auf die Funktionserfüllung des Gesetzesvorbehalts.[1561] Ein Gewinn an Messbarkeit und Berechenbarkeit staatlichen Handelns sei für den Bürger auf diesem Wege regelmäßig nicht zu erreichen.[1562] Zwar würde der formalen Seite des Gesetzesvorbehalts gebührend Rechnung gezollt. Doch geht mit der Einhaltung der formellen Seite des Vorbehalts noch keine Aussage über die Erfüllung der weiteren Funktionen des Gesetzesvorbehalts einher.[1563] Inhaltlich ginge es in diesem Fall aber zulasten der Steuerungskraft der Regelung.[1564]

1559 Bei *Gramm*, in: Die Verwaltung 2008, 375, 379 ist diesbezüglich die Rede von einem „*Paradoxon moderner Gesetzgebung*“ [Hervorhebung im Original]; auch *Hoffmann-Riem*, in: AÖR 2005, 5, 55 sieht in den Anforderungen des Gesetzesvorbehalts in ungewissen, eine hohe Flexibilität erfordernden Fallgestaltungen eine „Paradoxie“; ebenso *Fassbender*, in: Isensee/Kirchhof, HStR, Band XI, § 244, Rn. 166.

1560 *Ossenbühl*, in: Isensee/Kirchhof, HStR, Band V, § 101, Rn. 30; *Hoffmann-Riem*, in: AÖR 2005, 5, 16; auch nach dem Vorschlag von *Hobe*, in: FS-Klein, 95, 108 soll der Bundesminister der Verteidigung Maßnahmen, die Grundrechtseingriffe darstellen könnten, durch Rechtsverordnung regeln können. Explizit ausgenommen von dieser Ermächtigung sollen die Grundrechte auf Leben und auf körperliche Unversehrtheit sein.

1561 *BVerfGE* 105, 279 (305).

1562 *BVerfGE* 105, 279 (305).

1563 *BVerfGE* 49, 89 (129).

1564 Insofern kann auch von einem Scheinfortschritt gesprochen werden. Äußerlich scheint den rechtsstaatlichen Anforderungen Genüge getan zu sein. Inhaltlich trügt der Schein indessen – rechtsstaatliche Funktionen erfüllt das Gesetz nur sehr bedingt. Bezeichnend ist die Argumentation bei *Neubert*, Der Einsatz tödlicher Waffengewalt, S. 263, der zwar strikt an dem Erfordernis eines förmlichen Parlamentsgesetzes festhalten möchte, obwohl er sich selbst „kaum ein[en] Auslandsfall“ vorstellen kann, in welchem „eine weitgehend unbestimmte generalklauselartige Eingriffsermächtigung dem modifizierten Grundrechtsschutz hinreichend Rechnung tragen würde.“ Neubert demaskiert hiermit seine eigene Argumentation als zu technisch. Fordert dieser vehement und mit wohlklingenden Wendungen, die an keiner Stelle zu modifizierende Geltung des Gesetzesvorbehalts (S. 263 f.), liefert er letztlich ein widersprüchliches und nicht umsetzbares Ergebnis. Dem Gesetzgeber wird etwas auferlegt, das dieser letztlich nicht im Stande zu leisten ist. Die Zulassung von Modifikationen der Anforderungen an den Gesetzesvorbehalt ist als conditio sine qua non für die Schaffung eines den rechtsstaatlichen Anforderungen

Wird von Anhängern dieser Lösungsvariante gefordert, dass ein entsprechendes Gesetz dem Vorbehalt des Gesetzes nur genüge, wenn die (im Vergleich zum reinen Inlandssachverhalt modifizierten) Anforderungen auch hinreichend präzise bestimmt würden,[1565] zeigt bereits der äußerst unbestimmte Begriff „hinreichend" seinerseits, dass die Lösungsvariante mit der Unbestimmtheit ebenso zu kämpfen hat wie alle anderen hier erörterten Vorschläge. Eine „hinreichend" präzise Bestimmung nach (unmodifizierten) rechtsstaatlichen Kriterien kann gerade nicht gelingen. Dies muss gerade in Anbetracht der Tatsache gelten, dass es sich bei dem in Rede stehenden Eingriff um einen besonders intensiven Eingriff in ein besonders hochwertiges Rechtsgut handelt und die Anforderungen an die Bestimmtheit als dementsprechend hoch zu bewerten sind. Insbesondere ist nicht ersichtlich, wieso besonders intensive Grundrechtseingriffe auf der Grundlage eines äußerst unbestimmten Gesetzes rechtlich eher gerechtfertigt werden können sollten, als auf der Grundlage bereits bestehender (grundgesetzlicher) Regelungen.

Gleichwohl stellte die Schaffung eines Auslandseinsatzgesetzes – trotz aller geäußerten Bedenken – einen Fortschritt zu der derzeitigen Rechtslage dar. Die zwangsläufig bestehende, in zahlreichen Generalklauseln und Verweisen zum Ausdruck gelangende Unbestimmtheit eines Auslandseinsatzgesetzes könnte auf der Grundlage der modifizierten Anforderungen an den Gesetzesvorbehalt und dort insbesondere an die Bestimmtheit einer entsprechenden Regelung als mit den aus dem Rechtsstaatsprinzip folgenden Anforderungen an den Gesetzesvorbehalt im Einklang stehend bewertet werden. Der Grundsatz der Völkerrechtsfreundlichkeit greift hier kollisionsvermeidend ein, indem die strikten rechtsstaatlichen Anforderungen des Gesetzesvorbehalts in den diskutierten Konstellationen abgeschwächt werden und dadurch erst eine wirksame rechtsstaatliche Regelung ermöglicht wird.[1566] Letzte Bedenken verbleiben indessen im Besonderen in Anbetracht der Hochwertigkeit des in Rede stehenden Rechtsguts sowie des irreversiblen Eingriffscharakters der Tötungshandlungen.[1567]

---

genügenden Auslandseinsatzgesetzes zu sehen. Zumal die Funktion des Vorbehalts des Gesetzes ebenso gut von einem konstitutiven Parlamentsbeschluss erfüllt werden können, hierzu nachstehend unter C.III.4.

1565 So *Neubert*, Der Einsatz tödlicher Waffengewalt, S. 268; in diese Richtung auch *Yousif*, Die extraterritoriale Geltung der Grundrechte, S. 186 f.

1566 Siehe zu der Herausarbeitung dieses Ansatzes im Einzelnen oben unter C.II.3.

1567 Auch *Hobe*, in: FS-Klein, 95, 107 erachtet die von ihm unterstützte Lösung über die Schaffung eines mit unbestimmten Regelungen bestückten Auslandseinsatzgesetzes als „rechtsstaatlich nicht ideal".

Darüber hinaus ist in Erinnerung zu rufen, dass eine Einschränkung der rechtsstaatlichen Anforderungen an den Gesetzesvorbehalt über den dogmatischen Anknüpfungspunkt der Völkerrechtsfreundlichkeit des Grundgesetzes nur geboten erscheint, wenn die strikten Voraussetzungen des Gesetzesvorbehalts anderenfalls nicht zu erfüllen sind.[1568] Diesbezüglich bietet der wehrverfassungsrechtliche konstitutive Parlamentsbeschluss eine bislang kaum eingehend betrachtete Chance, eine geeignetere Rechtsgrundlage für Grundrechtseingriffe zu schaffen.

4. *Der konstitutive Parlamentsbeschluss als im Grundsatz taugliche Eingriffsgrundlage*

Zu untersuchen ist daher, ob im Falle eines Eingriffs in das Recht auf Leben gegnerischer Kombattanten und unbeteiligter Zivilisten der konstitutive Zustimmungsbeschluss des Bundestags zu einem bewaffneten Auslandseinsatz (wehrverfassungsrechtlicher Parlamentsvorbehalt)[1569] als Grundlage für den Grundrechtseingriff dienen kann.

a) *Bedenken der Literatur gegen die Geeignetheit des konstitutiven Parlamentsbeschlusses als geeignete Eingriffsgrundlage*

Hiergegen werden regelmäßig eine Reihe sehr pauschal wirkender Einwände vorgetragen; eine detaillierte Untersuchung unterbleibt indessen.[1570] So wird vor allem vorgebracht, dass es sich bei diesem „bloßen Parlamentsbeschluss" weniger als um ein formelles Gesetz handele.[1571] Schon deshalb könnte der Zustimmungsbeschluss nicht den Anforderungen des Vorbehalts des Gesetzes genügen.[1572] Es fehle an der gewaltenkontrollierenden Beteiligung anderer

---

1568 Siehe auch hierzu nochmals oben unter C.II.3.d.

1569 Ausführlich hierzu im 4. Kapitel unter B.

1570 *Fassbender*, in: Isensee/Kirchhof, HStR, Band XI, § 244, Rn. 168 beschäftigt sich mit einigen der Argumente und befindet den Zustimmungsbeschluss im Ergebnis als taugliche Eingriffsgrundlage; auch *Gramm*, Thesenpapier zum juristischen Fachgespräch am 24. Oktober 2011 des Deutschen Instituts für Menschenrechte und der Deutschen Gesellschaft für Wehrrecht und Humanitäres Völkerrecht, S. 2 sieht zumindest eine „hinreichenden Parlamentsbeteiligung" sichergestellt.

1571 *Talmon*, in: JZ 2013, 12, 20; *Zimmermann*, in: ZRP 2012, 116, 119; *Epping*, in: BeckOK, GG, Art. 87a [Stand: Dezember 2019], Rn. 37.1; *Fährmann*, Die Bundeswehr im Einsatz für Europa, S. 92; *Koops*, Seeräubereibekämpfung, S. 301; jüngst *Neubert*, Der Einsatz tödlicher Waffengewalt, S. 311 f.

1572 *Neubert*, Der Einsatz tödlicher Waffengewalt, S. 312.

Organe; der Bundestag könne die Beschlüsse zudem nur im Ganzen annehmen oder ablehnen. Der Zustimmungsbeschluss entspräche nicht dem Anforderungsprofil des Vorbehalts des Gesetzes sowie der Wesentlichkeitstheorie.[1573] Auch dem Zitiergebot werde nicht Genüge getan.[1574] Das förmliche Gesetz liefere ein höheres Maß an Legitimation.[1575] Zudem bezwecke das Mandat isoliert betrachtet nicht, als unmittelbare Rechtsgrundlage für Maßnahmen zur Durchführung des Einsatzes zu fungieren.[1576]

In Erwiderung auf diese Bedenken sollen im Folgenden eine Reihe von Überlegungen angebracht werden, welche die angebrachte Kritik in wesentlichen Punkten erschüttern. Zunächst wird ein Vorteil der hier vorgeschlagenen Lösungsvariante eruiert werden. Insgesamt wird sich zeigen, dass die Kritik nicht von einer solchen Überzeugungskraft ist, dass die Heranziehung des konstitutiven Parlamentsbeschlusses auf der Grundlage des Zustimmungsbeschlusses der Bundesregierung im Grundsatz ausscheidet.

b) Erhöhte Transparenz der Entscheidungen durch das Verfahren des wehrverfassungsrechtlichen Parlamentsvorbehalts

Zunächst ist im Hinblick auf die aus dem Demokratieprinzip folgenden Funktionen des Gesetzesvorbehalts ein Vorteil des konstitutiven Parlamentsbeschlusses als Eingriffsgrundlage herauszustellen. Die Bundesregierung legt dem Bundestag einen Zustimmungsantrag zu den zustimmungspflichtigen Auslandseinsätzen der Bundeswehr vor, über welchen Letzterer sodann öffentlich debattiert und verbindlich entscheidet. Dabei hat sich eine Befristung der Einsatzzeit in den Zustimmungsanträgen etabliert. Die Zustimmungsbeschlüsse des Bundestages zu den Anträgen der Regierung gelten daher stets für einen überschaubaren zeitlichen Rahmen von zumeist einem halben oder einem Jahr. Nach Ablauf dieser Zeit endet der Einsatz, sofern die Bundesregierung beim Bundestag nicht erfolgreich einen neuen Zustimmungsantrag gestellt hat. Folglich kommt es wie bei einem förmlichen Parlamentsgesetz auch zu einer öffentlichen Aussprache. Es bleibt allerdings nicht bei wenigen Aussprachen bezogen auf ein einzelnes Gesetzesvorhaben, sondern die Parlamentarier werden in regelmäßigen zeitlichen Abständen dazu verpflichtet, öffentlich über die schnelllebigen tatsächlichen Umstände am jeweiligen Einsatzort zu debattieren und die Voraussetzungen des

---

1573 *Diehl*, in: HuV-I 2010, 4, 13.

1574 *Hobe*, in: FS-Klein, 95, 105.

1575 *Baldus*, in: v. Mangoldt/Klein/Starck, GG, 6. Auflage 2010, Art. 87a, Rn. 94.

1576 *Koops*, Seeräubereibekämpfung, S. 301 f.

unter Umständen tödlichen Waffeneinsatzes durch deutsche Staatsgewalt neu zu bewerten. Der Auslandseinsatz der Bundeswehr rückt hierdurch in den Fokus der Öffentlichkeit. Das Verfahren des wehrverfassungsrechtlichen Parlamentsvorbehalts vermag die aus dem Demokratieprinzip folgenden Funktionen des Gesetzesvorbehalts mithin nicht nur zu erfüllen,[1577] sondern ist für diese Aufgabe als besonders geeignet anzusehen.

c) *Funktionsgerechte Kompetenzverteilung zwischen Exekutive und Legislative durch das Verfahren des wehrverfassungsrechtlichen Parlamentsvorbehalts*

Geht man davon aus, dass in gewissen (weniger intensiven und nicht grundrechtsrelevanten) Konstellationen die Gewaltenteilung sicherstellende Funktion des Gesetzesvorbehalts auch durch Entscheidungen der Exekutive erfüllt werden kann,[1578] entfaltet eine Argumentation, die sich – funktionsunabhängig – starr an dem Erfordernis eines formellen Parlamentsgesetzes klammert, keine Überzeugungskraft. Denn durch den Parlamentsbeschluss wird die die Gewaltenteilung sicherstellende Funktion des Vorbehalts erfüllt.[1579] Obwohl es sich bei der Militärpolitik nach dem klassischen Verständnis um einen Kernbereich der Exekutive handelt, ermöglicht das Verfahren des wehrverfassungsrechtlichen Parlamentsvorbehalts, dass trotz Komplexität und Vielgestaltigkeit der Umstände sowie erforderlicher Flexibilität der Maßnahmen der Volksvertretung das Letztentscheidungsrecht zukommt. Es kommt in diesem grundlegenden Bereich zu

---

1577 *Kokott*, in: DVBl. 1996, 937, 949; jenes müssen auch die Gegner dieser Ansicht zugestehen, siehe *Diehl*, in: HuV-I 2010, 4, 13; *Neubert*, Der Einsatz tödlicher Waffengewalt, S. 312 (dort in Fn. 251); davon ausgehend, dass bereits ein schlichter Parlamentsbeschluss die aus dem Demokratieprinzip folgenden Funktionen des Gesetzesvorbehalts erfüllen kann (*Butzer*, in: AÖR 1994, 61, 84), muss dies erst recht für den konstitutiven Parlamentsbeschluss gelten. Überdies ist zu betonen, dass sofern das BVerfG auf die Öffentlichkeitsfunktion abstellt, dies im Vergleich zu dem „bloßen Verwaltungshandeln" geschieht. Der wehrverfassungsrechtliche Parlamentsvorbehalt setzt indes einen konstitutiven Parlamentsbeschluss voraus. Zu einem bloßen Verwaltungshandeln besteht mithin ein gewichtiger Unterschied – die Letztentscheidung bleibt alleine dem Parlament vorbehalten, auch wenn es mit der Regierung die Exekutive ist, welche den Beschluss fasst und dem Parlament zur Zustimmung vorlegt. Es ist letztlich der gesamte Bundestag, der Rechtseingriffe verantwortet.

1578 Siehe hierzu *Grzeszick*, in: Maunz/Dürig, GG, Art. 20 [Stand: Dezember 2007], Rn. 87.

1579 Ebenso *Fassbender*, in: Isensee/Kirchhof, HStR, Band XI, § 244, Rn. 164.

einer – vom Bundesverfassungsgericht bereits im Nachrüstungsurteil geforderten[1580] – funktionsgerechten Verteilung der Kompetenzen.[1581] Dass der Bundestag den Zustimmungsbeschluss nur im Ganzen annehmen oder ablehnen kann, ändert hieran nichts. Letztlich muss es dabei bleiben, dass der Militäreinsatz von der Exekutive koordiniert und wesentlich bestimmt wird[1582] – alleine dies entspricht den Erfordernissen des Einsatzalltags. Dem Parlament kommt gleichwohl ein Mitsprachrecht zu, das notwendige Bedingung für die Rechtmäßigkeit des Einsatzes ist; dies erscheint in Anbetracht der Gefährdung eigener Soldatinnen und Soldaten sowie dem mit dem Einsatz einhergehenden Eskalations- und Verstrickungspotential als die folgerichtige funktionsgerechte Aufgabenteilung zwischen Legislative und Exekutive.[1583]

d) Hohe Legitimationskraft des konstitutiven Parlamentsbeschlusses

Überdies sollte die Legitimationskraft des konstitutiven Parlamentsbeschlusses auch nicht (durch das vordergründige Argument, es fehle an einem formellen Parlamentsgesetz) unterschätzt werden. Gerade um die Legitimationskraft zu erhöhen, wurde der Vorbehalt vom Bundesverfassungsgericht der Verfassung im Wege der Auslegung entnommen. Zurückgeführt wurde das Bedürfnis erhöhter Legitimationskraft insbesondere auf die Gefährdung eigener Soldatinnen und Soldaten an bedeutenden Rechtsgütern. Den Parlamentsbeschluss einerseits als ausreichend zu erachten, um als Grundlage eines Einsatzes zu dienen, in welchem das Leben deutscher Soldatinnen und Soldaten gefährdet wird, andererseits aber dessen demokratische Legitimation im Hinblick auf Eingriffe in Rechtsgüter Dritter als unzureichend anzusehen, überzeugt wertungstechnisch nicht. Ebenso gilt es zu beachten, dass selbst ein schlichter Parlamentsbeschluss – also weniger als der hier in Rede stehende konstitutive Parlamentsbeschluss – eine

---

1580 *BVerfGE* 68, 1 (86).

1581 Fehl gehen hingegen die Ausführungen von *Diehl*, in: HuV-I 2010, 4, 13 der davon ausgeht, der Vorrang der Legislative bei Entscheidungen über den Auslandseinsatz solle gesichert werden. Selbst wenn man nicht mehr klassisch von einem Vorrang der Exekutive in diesem Bereich ausgeht, werden die Anforderungen der funktionsgerechten Gewaltenteilung völlig verkannt. Ein Totalvorbehalt der Legislative besteht gerade nicht, siehe oben unter C.II.

1582 Eben auf dieser Linie liegt auch das Pegasus-Urteil. Zu einer ausführlichen Analyse siehe das 4. Kapitel unter C.

1583 Siehe auch *Paulus*, in: Weingärtner, Einsatz der Bundeswehr im Ausland, 81, 111; andere erkennen im Streitkräfte-Urteil eine Modifikation des Nachrüstungsurteils, *Wolfrum*, in: VVDStRL 1996, 38, 53.

gewisse Legitimationskraft zu entfalten vermag.[1584] Zudem besitzt auch die Exekutive, auf welche der dem Zustimmungsbeschluss zugrundeliegende Zustimmungsantrag inhaltlich zurückgeht, – und dies wird in Argumentationslinien oft unterschlagen – eine parlamentarisch-demokratische Legitimation.[1585] Der pauschale Einwand, das förmliche Gesetz entfalte eine höhere demokratische Legitimation, geht somit fehl.[1586]

e) Problem der Hürde des Erfordernisses eines förmlichen Parlamentsgesetzes

Deutlich fragwürdiger erscheint hingegen, ob der konstitutive Parlamentsbeschluss dazu im Stande ist, die weiteren aus dem Rechtsstaatsprinzip folgenden Funktionen eines förmlichen Parlamentsgesetzes zu übernehmen.[1587] An dieser Stelle sind zwei Umstände in die Betrachtung miteinzubeziehen: erstens muss die besondere Rechtsnatur des konstitutiven Parlamentsbeschlusses beachtet werden; zweitens darf nicht unberücksichtigt bleiben, dass sich der zugrundeliegende Sachverhalt ausschließlich extraterritorial abspielt.

aa) Rechtsnatur des konstitutiven Parlamentsbeschlusses

Der Wortlaut des Art. 2 Abs. 2 S. 3 GG lässt Eingriffe ausdrücklich nur aufgrund eines Gesetzes zu. Es erscheint daher schwerlich möglich, einen Eingriff auf der Grundlage eines schlichten Parlamentsbeschlusses zu ermöglichen.[1588] In formeller Hinsicht geht der konstitutive Parlamentsbeschluss zu bewaffneten

1584 Siehe hierzu im 4. Kapitel unter C.III.3.b.

1585 *Grzeszick*, in: Maunz/Dürig, GG, Art. 20 [Stand: Dezember 2007], Rn. 85, 135 u. 139; *Lerche*, in: Merten/Papier, HGR, Band III, § 62, Rn. 56.

1586 Zu der Gleichwertigkeit von schlichten Parlamentsbeschlüssen und förmlichen Gesetzen siehe auch *Butzer*, in: AÖR 1994, 61, 84 f.

1587 Die Formfrage, also das „Wie", ist von der Frage nach der entscheidungsberechtigten bzw. -verpflichteten Institution, mithin dem „Wer" zu trennen. Ist also geklärt, dass das Parlament entscheiden muss und hierdurch die aus dem Demokratieprinzip folgenden Funktionen des Gesetzesvorbehalts erfüllt werden, ist damit noch nichts über die erforderliche Form des Beschlusses ausgedrückt, siehe *Butzer*, in: AÖR 1994, 61, 83 f.; *Sachs*, in: Stern, Das Staatsrecht der Bundesrepublik Deutschland, Band III/2, S. 428 f. lehnt eine pauschale Gleichsetzung der Begriffe „förmliches Gesetz" und „Parlamentsgesetz" ab und fasst auch andere Rechtssetzungsverfahren als das in den Art. 76 ff. GG statuierte Gesetzgebungsverfahren unter den Begriff des förmlichen Gesetzes, „wenn das Grundgesetz ihr Ergebnis als den Parlamentsgesetzen gleichwertige Anordnung ansieht."

1588 Eindeutig ablehnend *Butzer*, in: AÖR 1994, 61, 87.

Auslandseinsätzen aber über einen schlichten Parlamentsbeschluss hinaus.[1589] Ob er andererseits aber mit einem Parlamentsgesetz gleichgesetzt werden kann, erscheint fraglich. Schließlich ergeht der Parlamentsbeschluss außerhalb des in Art. 76 ff. GG vorgesehenen Gesetzgebungsverfahrens.[1590] Der Charakter des Beschlusses ist schwer zu greifen, da der durch die bundesverfassungsgerichtliche Rechtsprechung geschaffene wehrverfassungsrechtliche Parlamentsvorbehalt ein „verfassungsrechtliches Novum"[1591] darstellt;[1592] der konstitutive Parlamentsbeschluss ist ein Akt sui generis.[1593] Eine hundertprozentige Zuordnung in die gängigen Handlungsformen mag nicht gelingen.[1594] Letztlich erfolgt die Einordnung des konstitutiven Zustimmungsbeschluss im Schrifttum zumeist zwischen rechtlich unverbindlichem Parlamentsbeschluss und verbindlichem Gesetzesbeschluss.[1595] Durch die rechtliche Verbindlichkeit des Beschlusses ist dieser aber weit entfernt von einem schlichten Parlamentsbeschluss.[1596] Vielmehr weist er

---

1589 *Paulus*, in: Weingärtner, Einsatz der Bundeswehr im Ausland, 81, 95 f.; *Scherrer*, Das Parlament und sein Heer, S. 104 f.

1590 Weder wird der Bundesrat oder der Bundespräsident beteiligt noch kommt es zu einer Verkündung im Bundesgesetzblatt. Vielmehr lehnt der Bundestag den Zustimmungsantrag der Bundesregierung im Ganzen ab oder nimmt ihn komplett an. Ein Zustimmungsbeschluss kann ausschließlich von der Bundesregierung und nicht etwa aus der Mitte des Bundestages gestellt werden. Gleichwohl kommt es zu einer Vorbereitung des Beschlusses in den zuständigen Ausschüssen des Bundestages und einer Aussprache im Bundestagsplenum, so ausdrücklich die Forderung des BVerfG im Streitkräfte-Urteil, *BVerfGE* 90, 286 (388). Der Zustimmungsbeschluss lässt sich in den Bundestagsdrucksachen nachlesen. Die Parlamentsdebatte wird vom Stenographischen Dienst des Bundestages festgehalten und kann damit jederzeit nachverfolgt werden.

1591 Zutreffend insofern *Scherrer*, Das Parlament und sein Heer, S. 105. Scherrer verkennt aber einen ganz entscheidenden Umstand, wenn er (implizit) davon ausgeht, der konstitutive Zustimmungsbeschluss spiele sich in einem nicht-grundrechtsrelevanten Bereich ab. Wie die Ausführungen in diesem Kapitel belegen, ist gerade Gegenteiliges der Fall – die grundlegenden Grundrechte des Grundgesetzes drohen verletzt zu werden oder werden verletzt.

1592 *Schliesky*, in: Morlok/Schliesky/Wiefelspütz, Parlamentsrecht, § 5, Rn. 119; *Dau*, in: NZWehrr 1998, 89, 98.

1593 *Paulus*, in: Weingärtner, Einsatz der Bundeswehr im Ausland, 81, 96.

1594 Siehe die Untersuchung von *Paulus*, in: Weingärtner, Einsatz der Bundeswehr im Ausland, 81, 96 ff.

1595 *Scherrer*, Das Parlament und sein Heer, S. 105; *Dau*, in: NZWehrr 1998, 89, 98.

1596 Es sei nochmals darauf hingewiesen, dass der Zustimmungsbeschluss des Bundestages notwendige Bedingung für die verfassungsrechtliche Rechtmäßigkeit des bewaffneten Auslandseinsatzes der Bundeswehr ist. Fehl gehen deswegen jene Ansichten,

unter Berücksichtigung der Wirkung sowie der Fähigkeit, die Funktionen des Gesetzesvorbehalts zu erfüllen, eine besondere Nähe zu der Handlungsform des Gesetzes auf.[1597] Die Voraussetzungen des § 3 Abs. 2 ParlBG sowie die bisherige Zustimmungspraxis betrachtend,[1598] wird erkennbar, dass ein Zustimmungsantrag eine breite Informationsbasis enthält. Diese dient, einem Gesetz vergleichbar, als Rahmen für die Befugnisse im Einsatz. Hierdurch kann die durch den Gesetzesvorbehalt geforderte Transparenz sowie Vorhersehbarkeit des staatlichen Handelns erreicht werden, so dass auch die rechtsstaatliche Funktion des Gesetzesvorbehalts nicht vernachlässigt wird. Die mangelnde Beteiligung des Bundesrates und des Bundespräsidenten vermag nichts an der Tatsache zu ändern, dass gewaltenteilende Aspekte des Gesetzesvorbehalts auch durch das wehrverfassungsrechtliche Verfahren erfüllt werden. Das Zustimmungsverfahren zusammengenommen – also der Zustimmungsantrag der Bundesregierung zuzüglich des parlamentarischen Zustimmungsbeschlusses – kann daher als „quasi-gesetzlicher Akt" bezeichnet werden.[1599] Ob dieser tatsächlich so ungeeignet ist, in den hier in Rede stehenden Konstellationen als Eingriffstitel für Grundrechtseingriffe in Art. 2 Abs. 2 GG zu dienen, wie dies durch einen Großteil des derzeitigen Schrifttums suggeriert wird, erscheint nach alledem zumindest zweifelhaft.[1600] Wird durch das formelle Parlamentsgesetz – wie in dem hier

die den konstitutiven Zustimmungsbeschluss lediglich als einfachen oder schlichten Beschluss des Bundestages einordnen. So *Sachs*, in: JuS 1995, 163, 166; auch *Fährmann*, Die Bundeswehr im Einsatz für Europa, S. 92 geht von einem einfachen Beschluss aus; ebenso *Talmon*, in: JZ 2013, 12, 20.

1597 Zutreffend *Paulus*, in: Weingärtner, Einsatz der Bundeswehr im Ausland, 81, 103; *Günther*, in: Thiel, Wehrhafte Demokratie, 329, 341 spricht gar von einer durch die „Bundesregierung eingebrachten Gesetzesvorlage über den Einsatz".

1598 Ausführlich hierzu 4. Kapitel E.II. Der aus der Gesetzesbegründung folgende Sinn und Zweck des § 3 Abs. 2 ParlBG ist die Sicherstellung einer „umfassenden Informationsbasis für die parlamentarische Entscheidung", Bt.-Drs. 15/2742, S. 5.

1599 So ausdrücklich *Paulus*, in: Weingärtner, Einsatz der Bundeswehr im Ausland, 81, 101, der der Parlamentszustimmung aber die gesetzliche Wirkung abspricht. Implizit geht dieser aber wohl davon aus, dass eine Grundrechtseinschränkung auf Grundlage des Zustimmungsbeschlusses möglich ist, wenn er meint, der Beschluss verstößt nicht gegen das Verbot eines Einzelfallgesetzes nach Art. 19 Abs. 1 GG.

1600 Ob eine parlamentsgesetzliche Regelung, die den Anforderungen der Art. 76 ff. GG entspricht tatsächlich als Eingriffsvoraussetzung erforderlich ist, kann jedenfalls nicht mit pauschalen Formeln oder Behauptungen begründet werden, siehe *Hoffmann-Riem*, in: AÖR 2005, 5, 50 ff.

zugrundeliegenden Fall – aber gerade kein „Mehrwert an Qualität" erreicht, erscheint der Erlass eines solchen nicht zwingend.[1601]

bb) Modifikationen der Anforderungen des Gesetzesvorbehalts

In diesem Zusammenhang sei auf jene Umstände hingewiesen, die eine Modifikation der Anforderungen des Gesetzesvorbehalts bedingen. Der tendenziell schwierig regelbare Sachverhalt,[1602] dessen Gegebenheiten sich rein extraterritorial zutragen, lässt es nur schwerlich möglich erscheinen, den militärischen Alltag im Auslandseinsatz wirksam zu regeln.[1603] Zutreffend ist gleichwohl, dass vor dem Hintergrund der Intensität der in Rede stehenden Eingriffe in das Lebensgrundrecht sowie dessen exponierter Stellung in der Rechtsordnung eine rein an Praktikabilitätserwägungen ausgerichtete Argumentation eine Entscheidung am einzig demokratisch direkt legitimierten Organ vorbei nicht zu tragen vermag. Doch steht ein solcher Fall hier gar nicht in Rede, stellt man auf den konstitutiven Parlamentsbeschluss als Eingriffsermächtigung ab. Deswegen ist der Schluss der Erforderlichkeit der Schaffung eines Auslandseinsatzgesetzes nicht zwingend, wenn die Beteiligung des Parlaments in einer anderen, diese praktischen Umstände hinreichend berücksichtigenden Weise sichergestellt werden kann und dabei die Funktionen des Gesetzesvorbehalts erfüllt werden. In diesem Kontext – fehlender Mehrwert einer gesetzlichen Grundlage und Bestehen einer quasi-gesetzlichen Grundlage – erscheint eine minimale Modifikation des Erfordernisses eines förmlichen Parlamentsgesetzes dahingehend zulässig, dass auch der wehrverfassungsrechtliche konstitutive Zustimmungsbeschluss diesem förmlichen Erfordernis genügt.[1604] Eine solche Modifikation ist indessen nur dann erforderlich, wenn – wie vorherige Ausführungen nahelegen – der konstitutive Beschluss dem förmlichen Parlamentsgesetz nicht ohnehin als gleichwertig angesehen wird.

f) Zwischenergebnis

Die vorliegende Betrachtung ergibt demnach, dass dem wehverfassungsrechtlichen Parlamentsvorbehalt eine tragende Rolle zukommen kann: Der konstitutive Parlamentsbeschluss zu Auslandseinsätzen der Bundeswehr bietet eine

---

1601 *Hoffmann-Riem*, in: AÖR 2005, 5, 57.

1602 *Ossenbühl*, in: Isensee/Kirchhof, HStR, Band V, § 101, Rn. 79.

1603 Zutreffend *Fassbender*, in: Isensee/Kirchhof, HStR, Band XI, § 244, Rn. 166.

1604 Zu der dogmatischen Herleitung der Möglichkeit in diesen Konstellationen modifizierte Anforderungen an den Gesetzesvorbehalt zu stellen, siehe oben unter C.II.3.

bislang weder erkannte noch wahrgenommene Chance, die Funktionen des Vorbehalts des Gesetzes zu erfüllen, ohne dabei die starke Situationsbedingtheit von Auslandseinsätzen der Bundeswehr unberücksichtigt zu lassen. Unter gewissen Voraussetzungen kann der konstitutive Zustimmungsbeschluss grundsätzlich als Eingriffsermächtigung für einen Eingriff in das aus Art. 2 Abs. 2 GG folgende Recht auf Leben dienen.

Zwar hat das Bundesverfassungsgericht die Funktion des wehrverfassungsrechtlichen Parlamentsvorbehalts (bislang) nicht in der Möglichkeit der Grundrechtseinschränkung im Auslandseinsatz benannt.[1605] Doch schließen die bisherigen Ausführungen des Gerichts eine solche Sichtweise auch nicht aus. Aufgrund seiner ungleich größeren Flexibilität in Gegenüberstellung zum förmlichen Gesetz kann durch einen Parlamentsbeschluss ein Maß an gestaltender Mitwirkung in der Militärpolitik erreicht werden,[1606] welches ein förmliches Gesetz nicht zu erreichen in der Lage ist. Durch die Tatsache, dass der Beschluss darüber hinaus konstitutiv ist, kommt dem Parlament die Schlüsselrolle für die Ermöglichung des Einsatzes zu. Ohne eine Mehrheit im Bundestag wird es keinen (rechtlich zulässigen) bewaffneten Auslandseinsatz geben.[1607] Die Verantwortung dafür, ob ein Einsatz stattfindet, liegt beim Parlament, die konkrete Ausführung fällt hingegen in den Verantwortungsbereich der Exekutive. Auf diese Weise werden die tatsächlichen Schwierigkeiten, auf welche ein formelles Parlamentsgesetz im Rahmen eines Regelungsversuches der komplexen und vielgestaltigen Konstellationen des Auslandseinsatzes zwangsläufig treffen wird, abgefedert, ohne dass das Parlament seine Schlüsselstellung bei der Schaffung der Grundlagen für Grundrechtseingriffe einbüßte.

5. *Mangelnde Tauglichkeit derzeitiger Zustimmungsbeschlüsse als Eingriffsgrundlage*

Unabhängig von dieser abstrakten Argumentationslinie, zeigt eine konkrete Betrachtung der Zustimmungspraxis, dass die Zustimmungsanträge in ihrer aktuellen Form keineswegs ausreichen, um einen Grundrechtseingriff in den Kernbereich des Art. 2 Abs. 2 GG zu rechtfertigen. Wie die Analyse im vierten Kapitel ergeben hat, genügt die derzeitige Antrags- und Zustimmungspraxis nicht den

1605 In diese Richtung die Argumentation bei *Diehl*, in: HuV-I 2010, 4, 13.

1606 *Wolfrum*, in: VVDStRL 1996, 38, 63.

1607 Die einzige Ausnahme bildet der Kurzeinsatz, der bei Gefahr im Verzug beschlossen wurde und zum frühestmöglichen Zeitpunkt der nachträglichen Parlamentsbeteiligung bereits beendet ist, siehe ausführlich im 4. Kapitel unter C.

gesetzlichen Anforderungen des § 3 Abs. 2 ParlBG; und dies ist im Besonderen auf die mangelnde Nennung der konfliktsvölkerrechtlichen Eingriffsbefugnisse zurückzuführen.[1608] Es erscheint geradezu paradox, einen Zustimmungsantrag als Ermächtigungsgrundlage für einen solch schwerwiegenden Grundrechtseingriff zuzulassen, in welchem sich kein Wort über die Befugnis der eigenen Soldaten, in das Recht auf Leben gegnerischer Kombattanten oder gar unbeteiligter Zivilisten einzugreifen, findet, und ein Großteil der Anträge nicht einmal das Recht der bewaffneten Konflikte, aus welchem die Eingriffsbefugnisse folgen, erwähnt.[1609] Sofern der wehrverfassungsrechtliche konstitutive Zustimmungsbeschluss des Bundestags in seiner aktuellen Form also aufgrund mangelnder Bestimmtheit als untauglich erachtet wird, als Rechtsgrundlage für Grundrechtseingriffe durch die Bundeswehr im Auslandseinsatz zu dienen,[1610] ist dieser Ansicht – im Besonderen vor dem Hintergrund der Ergebnisse des vierten Kapitels dieser Ausarbeitung – uneingeschränkt zuzustimmen. Es kann daher auch nicht überzeugen, wenn die Bundesregierung wohl davon ausgeht, Grundrechtseingriffe könnten unter anderem auf der Grundlage derzeitiger Zustimmungsbeschlüsse des Bundestages gerechtfertigt werden.[1611]

1608 Siehe oben im 4. Kapitel E.III.

1609 Insofern ist es auch in sich widersprüchlich, wenn *Fassbender*, in: Isensee/Kirchhof, HStR, Band XI, § 244, Rn. 160 Art. 87a GG aus dem Grunde nicht als Eingriffsgrundlage zulassen möchte, dass die Befugnisse sich erst aus einer Kette aus Verweisungen feststellen ließen und deswegen nicht den Anforderungen der Klarheit, Bestimmtheit und Justiziabilität an eine Befugnisnorm, die unmittelbar zu Grundrechtseingriffen ermächtige, genüge, gleichzeitig aber im konstitutiven Zustimmungsbeschluss eine taugliche Ermächtigungsgrundlage erblickt. Selbiges muss erst recht für den Zustimmungsantrag der Bundesregierung in seiner aktuellen Form gelten, wenn dieser Maßstab schon auf den Verfassungstext angelegt wird.

1610 So bspw. die Argumentation bei *Diehl*, in: HuV-I 2010, 4, 13.

1611 Eine solche Sichtweise ergibt sich aus der Antwort der Bundesregierung auf die Kleine Anfrage Abgeordneter der Fraktion Bündnis 90/DIE GRÜNEN, Bt.-Drs. 16/6282, S. 3 u. 11. In der Anfrage aus dem Jahre 2007 ging es um Festnahmen und Inhaftierungen durch die Bundeswehr u.a. im Rahmen des ISAF-Einsatzes, an welchem die Bundeswehr ebenso beteiligt war, wie an der noch heute stattfindenden Nachfolgemission RSM, zu einem Überblick der Einsätze siehe das 1. Kapitel unter B.I. Eine kombinierte Ermächtigungsgrundlage aus grundgesetzlichen und völkerrechtlichen Bestimmungen ist – ebenso wie die Zusammenlegung wesensverschiedener Zustimmungsanträge (hierzu 4. Kapitel F.) – abzulehnen, *Neubert*, Der Einsatz tödlicher Waffengewalt, S. 316 ff.

6. *Anforderungen an künftige Zustimmungsanträge der Bundesregierung*

Obgleich die Formulierung der Zustimmungsanträge recht statisch wirkt, ist diese gerade nicht unabänderbar; Einsatzentscheidungen werden im (Halb-)Jahrestakt vom Bundestag erneuert – in der ständigen Praxis der Zustimmungsanträge hat sich eine Befristung der Einsatzzeit etabliert. Mithin ist die Möglichkeit eröffnet, die Zustimmungsanträge in einer Weise zu formulieren, dass der hierauf beruhende konstitutive Zustimmungsbeschluss des Bundestages den rechtsstaatlichen Anforderungen des Grundgesetzes für Grundrechtseingriffe genügt. Das Parlamentsbeteiligungsgesetz steht einer solchen Vorgehensweise nicht entgegen.[1612] Im Gegenteil: Nach der hier vertretenen Ansicht fordert bereits § 3 Abs. 2 Alt. 3 ParlBG im Falle eines Einsatzes im Rahmen eines bewaffneten Konflikts die Nennung des Konfliktsvölkerrechts zumindest als Rechtsgebiet sowie die wesentlichen zugrundliegenden Rechtsgrundlagen, soweit feststehend auch die Art des Konflikttyps und die grundlegenden Eingriffsbefugnisse.[1613] Erfüllten die Zustimmungsanträge diese ohnehin rechtlich gebotenen Voraussetzungen, wäre bereits ein Großteil der Bedingungen gegeben, um als Titel für Grundrechtseingriffe zu dienen.

1612 *Gramm*, Thesenpapier zum juristischen Fachgespräch am 24. Oktober 2011 des Deutschen Instituts für Menschenrechte und der Deutschen Gesellschaft für Wehrrecht und Humanitäres Völkerrecht, S. 2; die Argumentation von *Koops*, Seeräubereibekämpfung, S. 301 f., dahingehend, dass das Mandat nicht bezwecke, als Rechtsgrundlage für die Durchführung des Einsatzes zu fungieren, wie sich bereits daran zeige, dass die rechtlichen Grundlagen gem. § 3 Abs. 2 ParlBG in dem Zustimmungsantrag enthalten sein müssten, geht fehl. § 3 Abs. 2 ParlBG lässt keine Schlüsse darauf zu, ob der konstitutive Beschluss alleine als Eingriffsermächtigung für Grundrechtsbeeinträchtigungen dienen kann. Ist der Zweck des § 3 Abs. 2 ParlBG, wie sich aus der Gesetzesbegründung ergibt, eine „umfassenden Informationsbasis für die parlamentarische Entscheidung" herzustellen (Bt.-Drs. 15/2742, S. 5), steht dies auch nicht in Widerspruch dazu, den Beschluss als Grundlage für Grundrechtseingriffe zu verwenden. Vielmehr zeigt dies, dass der Beschluss einen optimalen Rahmen im Hinblick darauf bietet, dass den Abgeordneten die Reichweite ihrer Entscheidung vor Augen geführt wird. Hierfür muss der Zustimmungsantrag aber die sogleich vorzuschlagenden Angaben zwingend enthalten. Von dem einen „Mandat isoliert betrachtet" zu sprechen, ist bereits ein Fehlschluss. Die Mandate beziehen sich jeweils auf konkrete Einsätze. Der Zweck des Mandats ergibt sich aus der Auslegung dieses. Dass sich der Charakter des konstitutiven Zustimmungsbeschlusses der hier angedachten Funktion grundsätzlich verschließt, ergibt sich auch aus der bundesverfassungsgerichtlichen Rechtsprechung nicht.

1613 Zu der detaillierten Untersuchung siehe das 4. Kapitel E.

Sofern das Bundesverfassungsgericht die Offenlegung der in die Freiheit des Einzelnen eingreifenden Ermächtigung fordert, die klar zu benennen ist und sich nicht erst implizit aus dem Gesetz ergeben darf,[1614] kann diese Anforderung also ohne Weiteres durch den konstitutiven Parlamentsbeschluss erfüllt werden. Dazu muss der Zustimmungsantrag zunächst den Anforderungen des § 3 Abs. 2 Alt. 3 ParlBG gerecht werden.

In Zukunft sollten die Zustimmungsanträge der Bundesregierung zusätzlich zu den bereits herausgearbeiteten Anforderungen, die unabhängig von potentiellen Grundrechtseingriffen erwähnt werden müssen,[1615] also folgende rechtliche Einzelheiten enthalten:

1. Die im Rahmen des konkreten Auslandseinsatzes potentiell eingeschränkten Grundrechte sind in ungeschönter Klarheit zu benennen.[1616]
2. Die deutschen Soldatinnen und Soldaten zustehenden Eingriffsbefugnisse müssen ebenso deutlich Erwähnung finden. Im Falle eines bewaffneten Konflikts ergeben sich diese aus dem Recht der bewaffneten Konflikte.[1617] Empfehlenswert ist es, dass der zweite Unterpunkt im Zustimmungsantrag mit dem Titel „Rechtsgrundlagen des Einsatzes" statt der bisherigen Überschrift „Verfassungs- und völkerrechtliche Grundlagen" betitelt wird. Nachdem in zwei eigenständigen Unterpunkten die völkerrechtliche wie die verfassungsrechtliche Grundlage thematisiert wurde, sollte unter c) „Eingriffsbefugnisse der Soldatinnen und Soldaten" ein entsprechender Passus etwa nach folgendem Muster eingefügt werden:

Deutschen Soldatinnen und Soldaten ist es im Einklang mit den (konflikts-)völkerrechtlichen Regelungen gestattet, gegnerische Kombattanten auszuschalten. In der Kampfführung sind sie verpflichtet, zwischen Kombattanten und Zivilisten zu unterscheiden. Ein gezielter Angriff auf Zivilisten ist verboten. Unter der

---

1614 *BVerfGE* 85, 386 (403 f.).

1615 Siehe 4. Kapitel E.IV.1. Dort ging es im Besonderen um die Voraussetzungen des Parlamentsbeteiligungsgesetzes. Auf den dortigen Vorschlägen aufbauend sind die Ausführungen dieses Kapitels zu verstehen.

1616 Dies muss im Besonderen für das Recht auf Leben nach Art. 2 Abs. 2 GG gelten, siehe generell hierzu *Sachs*, in: Stern, Das Staatsrecht der Bundesrepublik Deutschland, Band IV/1, S. 160 f. „Schamhafte Undeutlichkeiten" seien verfassungsrechtlich unzureichend.

1617 Zu den dann anwendbaren völkerrechtlichen Verträgen sowie dem einschlägigen Völkergewohnheitsrecht siehe das 1. Kapitel unter C.II.1.; zu den Eingriffsbefugnissen im Einzelnen siehe das 3. Kapitel unter C.II.

Einhaltung des konfliktsvölkerrechtlichen Verhältnismäßigkeitsprinzips, wie es in Art. 51 Abs. 5 lit. b ZP I völkervertraglich geregelt ist, sowie der Ergreifung jeglicher ebenso nach dem ZP I erforderlichen Sorgfaltsmaßnahmen zur Vermeidung ziviler Opfer, ist auch die Tötung unbeteiligter Zivilisten rechtmäßig. Hiermit einher geht die Einschränkung des Rechts auf Leben, wie es in Art. 2 Abs. 2 S. 2 GG gewährleistet wird.

Mit einem prägnanten Absatz wie diesem herrschte Klarheit über die grundlegenden Eingriffsbefugnisse. Es kommt zu einer eindeutigen Benennung des eingeschränkten Grundrechts sowie der Befugnis zur Tötung gegnerischer Kombattanten und unter zusätzlichen Voraussetzungen auch unbeteiligter Zivilisten. Mit den Verweisen auf die konfliktsvölkerrechtliche Rechtslage kommt es zu einer grundgesetzlich gewollten Angleichung der nationalen und internationalen Rechtslage. Ein solcher Passus könnte zweifelsohne auch als Teil einer Vorlage für ein Auslandseinsatzgesetz dienen. Unabhängig von den oben geäußerten diesbezüglichen Bedenken, bietet der Zustimmungsantrag darüber hinaus die Möglichkeit, die Modalitäten des jeweiligen Einsatzes näher zu regeln; hierdurch wird zwangsläufig ein erhöhter Bestimmtheitsgrad erreicht. Gleichwohl sollte an diesem Punkte nicht unterschlagen werden, dass ein solcher Abschnitt gerade für Einsätze im Rahmen nicht internationaler bewaffneter Konflikte aufgrund der dort herrschenden rechtlichen Unklarheiten erhebliche Schwierigkeiten bereitete. Sowohl ein Auslandseinsatzgesetz als auch entsprechende Passagen des konstitutiven Zustimmungsbeschlusses müssten sich mit Verweisen auf die völkergewohnheitsrechtliche Lage begnügen. Die Anforderungen des Gesetzesvorbehalts stoßen gerade hier an eine rechtliche Grenze, die es unmöglich macht, exaktere Bestimmungen vorzunehmen. Ohne die zuvor erörterten Modifikationen insbesondere im Hinblick auf die Bestimmtheitsanforderungen zuzulassen, genügte keines der beiden Modelle – auch eine Kombination – nicht dem restriktiv verstandenen Gesetzesvorbehalt und dessen Bestimmtheitsgebot.

7. Der konstitutive Zustimmungsbeschluss in Kombination mit anderen Lösungsmodellen

Unabhängig von den vorstehenden Überlegungen kann dem konstitutiven Zustimmungsbeschluss eine tragende Rolle für die Rechtfertigung von Grundrechtseingriffen beizumessen sein. Zu denken ist an diesem Punkte an Kombinationslösungen: Der konstitutive Zustimmungsbeschluss bietet sich in Kombination mit allen zuvor thematisierten Lösungsansätzen an; insbesondere mit jenen, die zwar die formellen Voraussetzungen des Gesetzesvorbehalts erfüllen, aber Probleme bei der Erfüllung der rechtsstaatlichen Anforderungen des Gesetzesvorbehalts aufweisen. Als besonders geeignet ist der konstitutive Zustimmungsbeschluss in Verbindung mit Art. 24 Abs. 2 GG anzusehen, um einen Eingriff in das Recht auf Leben bei extraterritorialen Bündniseinsätzen zu rechtfertigen.

a) *Kombination aus Art. 24 Abs. 2 GG und konstitutivem Parlamentsbeschluss*

Art. 24 Abs. 2 GG für sich genommen ist schwerlich in der Lage auch nur den modifizierten Anforderungen des Gesetzesvorbehalts zu genügen und damit als Eingriffsgrundlage für das Grundrecht auf Leben tangierende Maßnahmen zu dienen; rechtsstaatliche Anforderungen an Bestimmtheit und Klarheit wird nicht im Ansatz Genüge getan.[1618] Voreilig wäre indessen ein Schluss dahingehend, dass Art. 24 Abs. 2 GG unter keinen Umständen als Eingriffsermächtigung für Art. 2 Abs. 2 GG tangierende Maßnahmen herangezogen werden könnte. Erfüllt Art. 24 Abs. 2 GG als grundgesetzliche Norm in jedem Fall die formellen Anforderungen des Gesetzesvorbehalts und indiziert inhaltlich die grundgesetzliche Zulässigkeit effektiver militärischer Maßnahmen, kann die mangelnde Bestimmtheit so gut wie bei keinem anderen Lösungsansatz durch eine Konkretisierung in dem wehrverfassungsrechtlichen konstitutiven Zustimmungsbeschluss ausgeglichen werden. Art. 24 Abs. 2 GG in Verbindung mit dem jeweiligen konstitutiven Zustimmungsbeschluss des Bundestages stellt (unter den hier genannten Voraussetzungen an den Zustimmungsbeschluss) eine taugliche Eingriffsermächtigung für Grundrechtseingriffe dar. Die Kombination aus einer normenhierarchisch hochwertigen, aber unbestimmten Norm und einem normenhierarchisch niedriger einzustufenden, aber mit dem Potential zu (vergleichbar) hochgradiger Bestimmtheit versehenen konstitutiven Bundestagsbeschlusses ist in der Lage, Eingriffe in das Recht auf Leben zu rechtfertigen. Die Bestimmtheit des Antrags liegt in der Hand der Bundesregierung.

b) *Kombination aus Auslandseinsatzgesetz und konstitutivem Parlamentsbeschluss*

Letztlich ist auch eine Kombination aus Zustimmungsbeschluss und Auslandseinsatzgesetz denkbar – zunächst wird ein hoch abstraktes Auslandseinsatzgesetz geschaffen, welches sich mit Verweisen auf und wörtlichen Wiederholungen der (Konflikts-)Völkerrechtslage begnügt. Konkretisiert wird dieses dann durch den jeweiligen konstitutiven Zustimmungsbeschluss des Bundestages zu jedem

---

1618 Siehe oben unter C.III.2.

konkreten Einsatz. Auf diese Weise besteht eine doppelte parlamentarische Anbindung, die der Intensität des Eingriffs und der Stellung des in Rede stehenden Grundrechts zweifellos gerecht würde. Auch Eingriffe in das Recht auf Leben ließen sich rechtfertigen, wenn der Zustimmungsantrag die hier vorgeschlagenen Angaben enthielte.[1619] So könnte eine etwaige Bestimmung in Anlehnung an den oben erörterten Vorschlag von *Hobe*[1620] etwa lauten:

§ 2 Einsatz im Rahmen eines bewaffneten Konflikts
Einzelne Maßnahmen, welche geeignet sind, Grundrechte – insbesondere das Recht auf Leben und auf körperliche Unversehrtheit – zu beeinträchtigen, werden in dem erforderlichen konstitutiven wehrverfassungsrechtlichen Zustimmungsbeschluss näher geregelt.

Der hohe Abstraktionsgrad, welchen ein formelles Parlamentsgesetz zwangsläufig hätte, könnte durch konkreter ausgestaltete Parlamentsbeschlüsse abgefedert werden. Auf diese Weise werden sowohl Bedenken gegen die Tauglichkeit eines Auslandseinsatzgesetzes als Eingriffsgrundlage als auch solche gegen den konstitutiven Parlamentsbeschluss abgefangen. Hierbei gilt es aber zu beachten, dass der Zustimmungsbeschluss die operativen Details weiterhin der Exekutive überlassen muss, während eine detaillierte rechtliche Ausarbeitung – die sich auf die konkrete rechtliche Lage in dem in Rede stehenden Einsatz bezieht – erforderlich ist.[1621] Die bundesverfassungsgerichtliche Rechtsprechung zu Kurzeinsätzen, nach welcher ein konstitutiver Zustimmungsbeschluss zur Rechtmäßigkeit dieses Einsatztypus weder vor Beginn des Einsatzes noch im unmittelbaren Nachgang dieses erforderlich ist,[1622] verdeutlicht einen entscheidenden Vorteil einer solchen Kombinationslösung gegenüber dem hier propagierten Lösungsansatz alleine über den konstitutiven Zustimmungsbeschluss. Ist ein konstitutiver Parlamentsbeschluss gar nicht erforderlich, scheint ein Auslandseinsatzgesetz zumindest für diesen Fall nicht entbehrlich zu sein.

1619 Hierin ist gerade der Vorteil gegenüber einer gesetzlichen Ermächtigung zu erblicken, welche einen Minister dazu ermächtigt, eine Rechtsverordnung zu erlassen, die potentielle Grundrechtseingriffe regelt. Durch eine solche ließe sich schwerlich ein Eingriff in das Recht auf Leben rechtfertigen.

1620 *Hobe*, in: FS-Klein, 95, 108.

1621 Hierzu im Einzelnen 4. Kapitel E.IV.2.

1622 Siehe im Einzelnen das 4. Kapitel unter C.III.

c) *Kombination aus Zustimmungsgesetz zu konfliktsvölkerrechtlichen Verträgen und konstitutivem Parlamentsbeschluss*

Schließlich erscheint auch eine Kombination aus den Zustimmungsgesetzen zu den konfliktsvölkerrechtlichen Verträgen und dem konstitutiven Parlamentsbeschluss geeignet, als Grundlage für Grundrechtseingriffe zu dienen. Die gegen die entsprechenden Zustimmungsgesetze angeführten Bedenken, als Eingriffsgrundlage für Grundrechtseingriffe zu dienen, bezogen sich auf die fehlende Offenlegung der potentiellen Grundrechtseingriffe sowie die fehlende Öffentlichkeitsdebatte.[1623] Gerade diese Funktionen des Gesetzesvorbehalts können indes von dem konstitutiven Zustimmungsbeschluss übernommen werden. In Kombination böte auch dieser Lösungsweg eine taugliche Eingriffsgrundlage. Die Schwäche könnte hingegen darin liegen, dass hier einzig das Völkervertragsrecht einbezogen wird. Wird der Zustimmungsbeschluss darüber hinaus bereits alleine als taugliche Eingriffsgrundlage angesehen, muss dies indes auch in Verbindung mit völkergewohnheitsrechtlichen Regelungen gelten, die über Art. 25 S. 2 GG in die deutsche Rechtsordnung gelangen, aber für sich genommen keine der Anforderungen des Gesetzesvorbehalts erfüllen. Der konstitutive Parlamentsbeschluss könnte – in der hier vorgeschlagenen Formulierungsvariante[1624] – also auch diesbezüglich die zuvor skizzierten Bedenken überwinden. Gleichwohl können Grundrechtseingriffe im Rahmen des Kurzeinsatzes auch nach diesem Modell mangels Erforderlichkeit eines Zustimmungsbeschlusses nicht gerechtfertigt werden. Überdies stellt die zuvor genannte doppelte parlamentarische Anbindung gerade im Bereich des Völkergewohnheitsrechts eine solidere Lösungsvariante dar.

IV. Ergebnis

Die Erwägungen zeigen auf, dass Tötungen gegnerischer Kombattanten oder unbeteiligter Zivilisten – auch solche, die im Einklang mit der konfliktsvölkerrechtlichen Rechtslage stehen – derzeit nicht mit dem Grundgesetz vereinbar sind. Zum jetzigen Stand sind Eingriffe in Art. 2 Abs. 2 GG durch die Bundeswehr im Auslandseinsatz mangels tauglicher Eingriffsgrundlage verfassungswidrig. Denn weder existiert ein Auslandseinsatzgesetz noch ist die derzeitige Zustimmungspraxis dazu geeignet, einen Grundrechtseingriff in Art. 2 Abs. 2 GG zu rechtfertigen; mangelt es doch bereits an der Nennung des Konfliktsvölkerrechts

---

1623 Siehe oben unter C.III.1.

1624 Siehe oben unter C.III.6.

als Rechtsgebiet im Zustimmungsantrag – insbesondere kommt es auch nicht zu der Nennung der eingeschränkten Grundrechte.

Auf der Grundlage des Verfassungsprinzips der Völkerrechtsfreundlichkeit sind in den in diesem Abschnitt diskutierten Konstellationen Abstriche in Bezug auf die Anforderungen an die Bestimmtheit eines in das Recht auf Leben eingreifenden Gesetzes zulässig. Denn ein Auslandseinsatzgesetz könnte unmodifizierten Bestimmtheitsanforderungen gar nicht genügen. Die aus Art. 2 Abs. 2 GG folgenden, auch durch ein Gesetz nicht überwindbaren Restriktionen des Grundgesetzes könnten nicht in Einklang mit den Erlaubnissen des Friedenssicherungsrechts gebracht werden. Die Bestimmtheitsanforderungen müssen den tatsächlichen Umständen wie der rechtlichen Entwicklung des Völkerrechts – gedacht sei hier im Besonderen an die vielen rechtlichen Unklarheiten im nicht internationalen bewaffneten Konflikt – Rechnung zollen. Die Folge aus dieser Vorgehensweise ist jedoch, dass von einer entsprechenden gesetzlichen Grundlage alleine eine hinreichende Steuerungskraft kaum ausgehen könnte. Bei realistischer Betrachtung wäre ein Auslandseinsatzgesetz auf Verweise und Wiederholungen des Rechts der bewaffneten Konflikte angewiesen. Wiewohl die Schaffung eines Auslandseinsatzgesetzes sicher nicht kontraproduktiv wäre, sondern im Ergebnis – trotz aller Ungereimtheiten – zu einer erhöhten Rechtsklarheit beitrüge, indem es zumindest der formalen Seite des Gesetzesvorbehalts eindeutig genügte.

Doch hat die Untersuchung auch ergeben, dass die Schaffung eines Auslandseinsatzgesetzes für einen ganz überwiegenden Teil der Auslandseinsätze nicht notwendige Bedingung für die Rechtmäßigkeit von Eingriffen in das Recht auf Leben nach Art. 2 Abs. 2 GG durch deutsche Hoheitsgewalt im bewaffneten Auslandseinsatz ist. Einzige Ausnahme sind jene Kurzeinsätze, die wegen Gefahr im Verzug alleine durch die Bundesregierung beschlossen wurden und zu dem frühestmöglichen Zeitpunkt der nachträglichen Parlamentsbeteiligung bereits beendet sind – bedürfen diese doch nach der Pegasus-Rechtsprechung des Bundesverfassungsgerichts keines konstitutiven Zustimmungsbeschlusses des Parlaments.

Die vorstehende Untersuchung konnte indessen belegen, dass der konstitutive Zustimmungsbeschluss die Funktionen des Gesetzesvorbehalts in allen weiteren Fällen mindestens ebenso effektiv zu erfüllen in der Lage ist wie das förmliche Parlamentsgesetz. Unter den hier genannten Voraussetzungen ist der wehrverfassungsrechtliche konstitutive Zustimmungsbeschluss des Bundestages als hinreichende Rechtfertigungsgrundlage für Grundrechtseingriffe anzusehen. Eine sachangemessene Reaktion auf die hochkomplexen Tatsachengrundlagen, die im Rahmen der dutzend Bundeswehreinsätze stark variieren und eine enorme Flexibilität abfordern, gelingt durch die Heranziehung des konstitutiven Zustimmungsbeschlusses als Eingriffsgrundlage besser als durch ein Auslandseinsatzgesetz. Diese Lösungsvariante legt den Schwerpunkt deutlich auf die inhaltlichen Anforderungen des Gesetzesvorbehalts und erreicht dadurch ein größeres Maß an Steuerungsfähigkeit. Ohne Weiteres können die aus dem Demokratiegebot folgenden Funktionen des Gesetzesvorbehalts erfüllt werden; aber auch rechtsstaatliche Gesichtspunkte finden hinreichend Beachtung. Die Voraussetzungen, welche durch das Grundgesetz an ein das Grundrecht einschränkendes Parlamentsgesetz gestellt werden, müssen jedoch auch von dem konkreten Zustimmungsbeschluss erfüllt werden. Die Bundesregierung ist daher gehalten, die Zustimmungsanträge so zu formulieren, dass diese als Eingriffsgrundlage für einen Grundrechtseingriff dienen können. Hierin ist eine Chance zu erblicken, den durch das Bundesverfassungsgericht in seiner Grundsatzentscheidung aus dem Jahre 1994 gefundenen konstitutiven wehrverfassungsrechtlichen Parlamentsbeschluss über das bisherige Maß hinaus fruchtbar zu machen, um die außenpolitische Handlungsfähigkeit Deutschlands bestmöglich sicherzustellen unter gleichzeitiger Beteiligung des einzig direkt demokratisch legitimierten Organs. Auf diese Weise könnte dem Gesetzesvorbehalt inhaltlich Genüge getan werden, ohne einem inhaltsleeren Formalismus zu verfallen oder der Exekutive ihres erforderlichen Ermessens zu berauben.

D. Fazit

Tötungshandlungen der Bundeswehr im Auslandseinsatz, die im Einklang mit dem Recht der bewaffneten Konflikte stehen, verstoßen nicht gegen die grundgesetzlich garantierte Menschenwürde des Art. 1 Abs. 1 GG. Um zu diesem Ergebnis zu gelangen, ist eine zu der bundesverfassungsgerichtlichen Luftsicherheitsrechtsprechung abweichende Auslegung der Objektformel nötig; die Ausführungen des Gerichts führten unter strikter Wahrung des Absolutheitsanspruchs des Art. 1 Abs. 1 GG dazu, dass in den hier in Rede stehenden Konstellationen ein Verstoß gegen die grundgesetzliche Menschenwürde vorläge. Um dieses Ergebnis zu vermeiden, kann der Auslegungsansatz dabei zuvorderst an Art. 1 Abs. 2 GG ansetzen. Das grundgesetzliche Bekenntnis zu den Menschenrechten kann nicht isoliert betrachtet werden. Die Menschenrechte können nur dann umfassend geschützt werden, wenn auch das Verhältnis zu dem Recht der bewaffneten Konflikte als völkerrechtliches Teilrechtsgebiet berücksichtigt wird. Dabei ist insbesondere die Tatsache zu würdigen, dass auch das Recht der bewaffneten Konflikte den Schutz der Menschenwürde zugrunde legt. Schließlich dient auch das Rechtsgebiet des ius in bello langfristig gesehen dazu, einen dauerhaften Friedensschluss zu ermöglichen. Damit ist eine weitere Parallele zum Grundgesetz erkennbar, das dem Frieden der Welt dienen möchte.

Allerdings ist nach aktueller Rechtslage durch entsprechende Handlungen ein Verstoß gegen das Recht auf Leben nach Art. 2 Abs. 2 GG festzustellen. Modifizierungen des rechtsstaatlichen Bestimmtheitsgebots in der Ausprägung des Gesetzesvorbehalts des Art. 2 Abs. 2 S. 3 GG zulassend, kann die Schaffung eines Auslandseinsatzgesetzes hier Abhilfe schaffen. Doch bestehen diesbezüglich nachhaltige Bedenken an einer hinreichenden Steuerungskraft. Vorzugswürdig erscheint die Heranziehung des konstitutiven Zustimmungsbeschlusses als Ermächtigungsgrundlage für Grundrechtseingriffe in der hier vorgeschlagenen Form. In Anbetracht der verfassungsdogmatisch nach wie vor neuartigen Figur des wehrverfassungsrechtlichen konstitutiven Parlamentsbeschlusses wird an dieser Stelle sicherlich Neuland betreten.[1625] Dies zeigt sich im Besonderen auch an den derzeitigen Formulierungen der Zustimmungsanträge, die in keiner Weise geeignet sind, als Rechtsgrundlage für Grundrechtseingriffe zu dienen. Gleichwohl ist in der Figur des konstitutiven wehrverfassungsrechtlichen Parlamentsvorbehalts eine besondere Chance zu erblicken, ein Instrumentarium zur flexibleren und problemangemesseneren Behandlung vielgestaltiger militärpolitischer Fragestellungen zu entwickeln,[1626] ohne hierbei Einbußen in der demokratischen Legitimation oder bei rechtsstaatlichen Erfordernissen hinnehmen zu müssen.

1625 In vielerlei Hinsicht besteht ein erheblicher Diskussionsbedarf. Insbesondere sind Überlegungen zu der verfassungsdogmatischen Einordnung des konstitutiven Zustimmungsbeschlusses (auf der Ebene der Wehrverfassung) voranzutreiben. Ebenso sind Erörterungen dahingehend anzustellen, ob der konstitutive Zustimmungsbeschluss ausschließlich ein Instrument auf wehrverfassungsrechtlicher Ebene ist oder ein Mittel, welches auf jegliche verfassungsrechtliche Fragestellung ausgeweitet werden kann. Siehe hierzu im Ansatz die Diskussion zum Thema Kontrolle der auswärtigen Gewalt in: VVDStRL 1996, 38, S. 100 ff., insbes. S. 103 f. u. 129. Entsprechend wäre zu überlegen, ob im Rahmen der Aufnahme der Zustimmungspflichtigkeit zu Auslandseinsätzen der Bundeswehr durch den Bundestag im Grundgesetz eine Verankerung des konstitutiven Zustimmungsbeschlusses im Allgemeinen sinnvoll wäre. Diesbezüglich müsste sich mit dem Verhältnis des konstitutiven Zustimmungsbeschlusses zu Art. 59 Abs. 2 S. 1 GG, der durch das BVerfG in ständiger Rechtsprechung restriktiv ausgelegt wird (siehe 4. Kapitel A.), auseinandergesetzt werden. Speziell im Hinblick auf den wehrverfassungsrechtlichen Parlamentsvorbehalt ist zu diskutieren, ob es sich anbietet, auf grundgesetzlicher Ebene festzuschreiben, dass der wehrverfassungsrechtliche konstitutive Zustimmungsbeschluss als Grundlage für Grundrechtseinschränkungen herangezogen werden kann.

1626 Dies könnte einen Ansatz zu dem von *Hoffmann-Riem*, in: AÖR 2005, 5, 49 geforderten Ausbau der Typologie von Gesetzen sein.

Ergebnis und Thesen

Die Rechtmäßigkeit des Auslandseinsatzes der Bundeswehr ist auf Grundlage des Verfassungsrechts und des Völkerrechts zu beurteilen. Auf verfassungsrechtlicher Ebene wurden die Normen der Wehrverfassung sowie Art. 1 GG und Art. 2 Abs. 2 GG als Bewertungsmaßstab zugrunde gelegt. Der völkerrechtliche Teil der Untersuchung erfolgte auf Grundlage des ius contra bellum und des ius in bello sowie der Menschenrechte.

Insgesamt konnten zahlreiche Parallelen zwischen der deutschen Rechtsordnung und der internationalen Rechtsordnung ausgemacht werden. Das Grundgesetz orientiert sich über Art. 26 Abs. 1 GG erkennbar an der Völkerrechtsordnung. Wehrverfassungsrecht und Friedenssicherungsrecht gehen vom selben Ausgangspunkt aus: Zwischenstaatliche Gewaltanwendung als Mittel der Politik zur Durchsetzung von Machtinteressen ist verboten. Auch die Zentralvorschriften der Wehrverfassung, Art. 87a Abs. 2 GG und Art. 24 Abs. 2 GG, weisen enge Verknüpfungen zu dem Friedenssicherungsrecht auf. Die Regelungen des Friedenssicherungsrechts sind bedingt durch die völkerrechtliche Methodik, die durch den koordinationsrechtlichen Charakter des Völkerrechts geprägt ist, von einer besonderen Dynamik gekennzeichnet. Auch der seit über 50 Jahren nicht geänderte Rahmen der Wehrverfassung sorgt bei entsprechender Auslegung noch immer für eine gewisse Stabilität. Es wird aber zunehmend schwieriger, auf Grundlage der Wehrverfassung in ihrer aktuellen Form auf die militärischen Herausforderungen des 21. Jahrhunderts reagieren zu können. Die Einsatzrealität entfernt sich zusehends von dem normativen Rahmen der Verfassung. Eine umfassende Reform der Wehrverfassung ist anzuraten.[1627] Dabei sollte die historisch und funktional enge Verbindung zum Friedenssicherungsrecht Berücksichtigung finden.

Bezüglich des im Rahmen eines bewaffneten Konflikts geltenden Rechts hat die Untersuchung ein Spannungsverhältnis zwischen den Eingriffsbefugnissen des ius in bello und der grundgesetzlich garantierten Menschenwürde (Art. 1 Abs. 1 GG) sowie dem Recht auf Leben (Art. 2 Abs. 2 GG) verdeutlicht. Die grundsätzliche Zustimmungsbedürftigkeit jedes konkreten bewaffneten Auslandseinsatzes der Bundeswehr ist hingegen eine Besonderheit der deutschen Rechtsordnung. Inhaltlich muss der Beschluss aber auch völkerrechtliche Normen in Bezug

1627 Zu konkreten Vorschlägen für eine Reform der Wehrverfassung siehe das 5. Kapitel unter E.III.

nehmen. Zudem bietet jeder konkrete Zustimmungsbeschluss das Potential, das Postulat der Verfassungswidrigkeit von extraterritorialen Tötungshandlungen im konkreten Auslandseinsatz der Bundeswehr zu vermeiden (siehe E.7.-10.).

Im Folgenden werden die wesentlichen Untersuchungsergebnisse in der Reihenfolge der Bearbeitung in dieser Untersuchung dargestellt.

A. Das Friedenssicherungsrecht im engeren Sinne (ius contra bellum)[1628]

1. Das universell anerkannte und völkergewohnheitsrechtliche Geltung entfaltende universelle Gewaltverbot, wie es völkervertraglich in Art. 2 Abs. 4 SVN niedergelegt ist, ist tatbestandlich äußerst weit zu verstehen. Tatbestandliche Einschränkungen aufgrund der Zusätze im Wortlaut („*territorial integrity*" und „*political independence*") sind in keinem Fall möglich. Auch humanitäre Interventionen sowie Rettungen eigener Staatsangehöriger durch die Bundeswehr mit militärischen Mitteln stellen regelmäßig einen rechtfertigungsbedürftigen Anwendungsfall des Art. 2 Abs. 4 SVN dar.
2. Tatbestandsausschließende Wirkung kommt einzig einer Intervention auf Einladung zu. Eine Regierung bleibt auch im Rahmen eines nicht-internationalen bewaffneten Konflikts grundsätzlich einladungsbefugt. Die Einladungsbefugnis erlischt, wenn einer Regierung umfassende und systematische Menschenrechtsverletzungen zuzuschreiben sind.
3. Seit 2011 wird eine erneute Blockade des Sicherheitsrates der Vereinten Nationen deutlich. Der unilateralen Gewaltanwendung kommt infolgedessen faktisch ein Stellenwert zu, den diese nach dem normativen Ideal der Charta nicht einnehmen sollte. Die häufig fehlenden Ermächtigungen zur Gewaltanwendung durch den Sicherheitsrat nach Kapitel VII (faktische Lage) stellen vor dem Hintergrund des normativen Ideals der Charta sowohl das Völker- als auch das Verfassungsrecht im Hinblick auf die rechtliche Begründung von Auslandseinsätzen der Bundeswehr vor besondere Herausforderungen.
4. Symptomatisch für diese Entwicklung ist Resolution 2249 aus dem Jahre 2015 in Bezug auf ein Vorgehen in Syrien. Der Sicherheitsrat nutzt erstmals im Zuge des Syrien-Konflikts die Formel „to use all necessary measures" im operativen Teil des Textes, ohne hierdurch aber zu einer Gewaltanwendung

1628 Siehe im Einzelnen das 2. Kapitel. Zu den Punkten 1. und 2. dort unter B.I. und B.II. Zu den Punkten 3. und 4. dort unter C.I. Zu den Punkten 5.-8. dort unter C.II. Zu Punkt 9. siehe dort unter C.III. Zu Punkt 10. dort unter C.IV.

zu ermächtigen. Der hochpolitische Charakter des Völkerrechts tritt hier besonders hervor. Auch die Bundesregierung stellt zur (politischen) Begründung des Militäreinsatzes in Syrien auf Resolution 2249 (2015) ab.

5. Gegen bewaffnete Angriffe von nicht-staatlichen Akteuren steht dem angegriffenen Staat sowie den zur Hilfe gerufenen Staaten ein Selbstverteidigungsrecht nach Art. 51 SVN zu, ohne dass es einer Zurechnung der nicht-staatlichen Handlungen an einen anderen Staat bedürfte.
6. Die Selbstverteidigungshandlungen werden regelmäßig auf dem Gebiet des Territorialstaates stattfinden, von welchem aus die nicht-staatlichen Akteure operieren. Entsprechende Maßnahmen in Selbstverteidigung werden die territoriale Unversehrtheit sowie die Gebietshoheit des Territorialstaates tangieren. Gleichwohl ist der Territorialstaat zur Duldung von verhältnismäßigen Selbstverteidigungsmaßnahmen verpflichtet.
7. Gegen nicht-staatliche Akteure gerichtete Selbstverteidigungshandlungen auf dem Gebiet eines anderen Staates sind nur insoweit verhältnismäßig, als der Territorialstaat nicht willens oder unfähig ist, die von seinem Staatsgebiet auf andere Staaten ausgehenden Angriffe zu unterbinden. Durch die Anwendung der unwilling or unable-Doktrin an dieser Stelle kommt es zu einer Berücksichtigung des Vorverhaltens des Territorialstaates. Die widerstreitenden Interessen, die effektive Ausübung des Selbstverteidigungsrechts des angegriffenen Staates einerseits und die Wahrung der territorialen Unversehrtheit sowie der ausschließlichen Gebietshoheit des betroffenen Territorialstaates andererseits, können so in einer konkreten Betrachtung jedes Einzelfalls einer ausgewogenen Lösung zugeführt werden.
8. Eine Einladung des Territorialstaates zu einer koordinierten Bekämpfung der von seinem Staatsgebiet aus operierenden nicht-staatlichen Akteure ist ein Indiz für das Bestehen eines entsprechenden Willens und spricht prima facie gegen die Verhältnismäßigkeit einer Selbstverteidigungshandlung. Eine solche Einladung ist unterdessen dann unbeachtlich für die Rechtmäßigkeit der Selbstverteidigungshandlung, wenn dem einladenden Regime systematische und umfassende Menschenrechtsverletzungen nachgewiesen werden können.
9. Der Syrien-Konflikt hat die Konturen der Rechtsfigur der humanitären Intervention zwar geschärft, eine eindeutige opinio iuris ist aber aufgrund unmissverständlicher Widersprüche insbesondere aus Russland und China nicht erkennbar. Gleichwohl werden konkrete Tendenzen zugunsten der Entwicklung eines entsprechenden Rechtfertigungstatbestandes deutlich. Eine Beteiligung der Bundeswehr an einer humanitären Intervention wäre demnach zumindest nicht offensichtlich völkerrechtswidrig.

10. Die Rettung eigener Staatsangehöriger, die im Ausland an Leib und Leben bedroht werden, kann nach geltendem Recht einzig über Art. 51 SVN gerechtfertigt werden. Die bisherigen diesbezüglichen Einsätze der Bundeswehr in Albanien, Libyen und im Südsudan zeichnen sich allesamt durch ihre geringe Intensität aus. Strikt auf die Rettung eigener Staatsangehöriger begrenzte und unter Einsatz der geringstmöglichen militärischen Gewalt durchgeführte Einsätze der Bundeswehr sind als völkerrechtskonform zu bewerten. Die Kriterien der Erforderlichkeit und Verhältnismäßigkeit sind in diesem Fall sehr eng auszulegen.

B. Das Recht der bewaffneten Konflikte (ius in bello)[1629]

1. Wird die Bundeswehr im Rahmen eines bewaffneten Konflikts eingesetzt, gelangt das Konfliktsvölkerrecht zur Anwendung.
2. Obgleich dem Recht der bewaffneten Konflikte zweifelsohne der Gedanke der Humanität zugrunde liegt, gewährt es weitgehende Schädigungsbefugnisse. Zivilisten genießen keinen absoluten Schutz, sondern dürfen unter Einhaltung des konfliktsvölkerrechtlichen Rahmens – insbesondere dem konfliktsvölkerrechtlichen Verhältnismäßigkeitsprinzip – völkerrechtskonform getötet werden.
3. Gegnerische Kombattanten dürfen völkerrechtskonform getötet werden. Auch in einem bewaffneten Konflikt kämpfende deutsche Soldatinnen und Soldaten der Bundeswehr können das Ziel völkerrechtskonformer Tötungshandlungen werden.
4. Die konfliktsvölkerrechtlichen Kampfführungsbefugnisse stehen partiell in Widerspruch zu dem Regime der Menschenrechte. Beide Teilrechtsgebiete beanspruchen eine verbindliche Normierung im Zustand eines bewaffneten Konflikts mit (teilweise) konträr zueinander laufenden Regelungen. Obgleich im Ausgangspunkt eine vergleichbare Schutzrichtung ausgemacht werden kann, kommt es bei den akut und häufig tangierten Rechtsgütern des Lebens, der Gesundheit und der Freiheit zu einer Verdrängung der menschenrechtlichen Regelungen in Anwendung des lex specialis-Grundsatzes.

1629 Siehe im Einzelnen das 3. Kapitel. Zu Punkt 1. dort unter A. Zu den Punkten 2. und 3. dort unter C. Zu Punkt 4. dort unter D.

C. Der wehrverfassungsrechtliche Parlamentsvorbehalt[1630]

1. Art. 59 Abs. 2 S. 1 GG kommt im Rahmen der Fortentwicklung eines Systems gegenseitiger kollektiver Sicherheit im Sinne des Art. 24 Abs. 2 GG keine Bedeutung zu. Zwar bedarf die Fortentwicklung eines entsprechenden Systems durch einen völkerrechtlichen Vertrag einer erneuten Zustimmung nach Art. 59 Abs. 2 S. 1 GG. Doch wird sich das jeweilige System im Regelfall auf Grundlage der – durch eine besondere Dynamik gekennzeichneten – völkerrechtlichen Vertragsauslegung weiterentwickeln. So ist es auch mit Blick auf das völkerrechtliche Selbstverteidigungsrecht des Art. 51 SVN in Bezug auf die Bekämpfung nicht-staatlicher Akteure geschehen, die das Bundesverfassungsgericht in seiner Syrien-Entscheidung zu Recht als Fortentwicklung innerhalb den „Formen des Völkerrechts" angesehen hat.[1631] Die Folgen der engen Auslegung des Art. 59 Abs. 2 S. 1 GG verstärken sich dadurch, dass die Grenzen zwischen Auslegung und Vertragsgestaltung fließend sind. So können sich völkerrechtliche Verträge wie die UN-Charta, der EUV und der AEUV sowie der Nordatlantikvertrag im Vergleich zum Zeitpunkt des ursprünglichen Zustimmungsgesetzes inhaltlich weitgehend wandeln, ohne dass es eines erneuten Zustimmungsgesetzes nach Art. 59 Abs. 2 S. 1 GG bedarf.
2. Sowohl für unilaterale als auch für multilaterale Einsätze bewaffneter Streitkräfte ist die Bundesregierung – unabhängig der materiellen Rechtsgrundlage – auf der Grundlage des wehrverfassungsrechtlichen Parlamentsvorbehalts dazu verpflichtet, die Zustimmung des Deutschen Bundestages einzuholen.
3. Ist der bei Gefahr im Verzug durch die Bundesregierung alleine beschlossene Einsatz zu dem frühestmöglichen Zeitpunkt der nachträglichen Parlamentsbeteiligung bereits abgeschlossen (sogenannter Kurzeinsatz), bedarf es keiner nachträglichen Zustimmung des Bundestages mehr.[1632] Der Einsatztyp des Kurzeinsatzes stellt eine Konstellation dar, in der es zu einer Durchbrechung des in allen weiteren Fällen geltenden wehrverfassungsrechtlichen Parlamentsvorbehalts kommt; das Parlament hat weder die Möglichkeit, vor

1630 Siehe im Einzelnen das 4. Kapitel. Zu Punkt 1. dort unter A. Zu Punkt 2. dort unter B. Zu Punkt 3. dort unter C. Zu den Punkten 4.-6. dort unter E. Zu Punkt 7. dort unter F.

1631 *BVerfG* v. 17.9.2019 – 2 BvE 2/16, Rn. 34 ff., in: NVwZ 2019, 1669, 1671 f.

1632 *BVerfGE* 140, 160.

Beginn des Einsatzes Einfluss auf diesen zu nehmen noch besitzt es ein nachträgliches Mitspracherecht.

4. Die bisherigen Zustimmungsanträge der Bundesregierung zu Einsätzen, die im Rahmen eines bewaffneten Konflikts stattfinden, genügen im Hinblick auf die erforderliche Nennung der Rechtsgrundlagen nicht den Anforderungen des § 3 Abs. 2 Var. 3 ParlBG. Zu den rechtlichen Grundlagen des Einsatzes deutscher Truppen im Rahmen eines bewaffneten Konflikts gehören nicht nur die verfassungs- und friedenssicherungsrechtliche Rechtslage, sondern auch die Regelungen des Rechts der bewaffneten Konflikte.
5. Der Zustimmungsantrag bezweckt die Schaffung einer umfassenden Informationsbasis. Die Gefahrenlage für deutsche Einsatzkräfte, die durch das Bundesverfassungsgericht als ein wesentlicher Grund für das Zustimmungserfordernis herausgearbeitet wurde, wird zuvorderst an der Reichweite der Regelungen des ius in bello deutlich. Als rechtswidrig ist daher zu beurteilen, wenn der entsprechende Antrag das Rechtsgebiet noch nicht einmal benennt, obwohl der konkrete Einsatz im Rahmen eines bewaffneten Konflikts stattfindet.
6. Darüber hinaus ist die Nennung konfliktsvölkerrechtlicher Eingriffsbefugnisse nötig, um die operativen Details bestmöglich festlegen zu können. Vor diesem Hintergrund ist ein humanitäres Narrativ,[1633] wie es früheren und auch heutigen Einsätzen (teilweise) auferlegt wird, als kontraproduktiv zu bewerten. Während sämtliche Rechtsgrundlagen möglichst klar und detailliert im Zustimmungsantrag enthalten sein sollten, sind die operativen Einzelheiten zu einem Großteil der Exekutive zu überlassen. Auf diese Weise wird eine funktionsgerechte Teilung der Gewalten erreicht.
7. Eine Zusammenlegung mehrerer Mandate betreffend verschiedener Einsatzgebiete in einem Zustimmungsantrag ist nicht mit dem Parlamentsbeteiligungsgesetz zu vereinbaren, wenn die Einsätze auf (teilweise) divergierenden Rechtsgrundlagen beruhen. Der seit März 2018 zusammengefasste Zustimmungsantrag zu den Einsätzen im Irak und in Syrien[1634] entspricht daher nicht den Anforderungen des Parlamentsbeteiligungsgesetzes.

1633 Siehe hierzu das 1. Kapitel unter D.

1634 Bt.-Drs. 19/1093; zu dem nachfolgenden Zustimmungsbeschluss v. 2.10.2018 siehe Bt.-Drs. 19/4719.

D. Die materielle Verfassungsrechtslage[1635]

1. Die eindeutige formelle Rechtslage beseitigt nicht die auf materieller Ebene nach wie vor bestehenden Rechtsunsicherheiten.
2. Was friedenssicherungsrechtlich in dem System rund um das Gewaltverbot des Art. 2 Abs. 4 SVN inhaltlich zum Ausdruck gelangt, wird über Art. 26 GG auf verfassungsrechtlicher Ebene gespiegelt.
3. Die seit 2011 erneut deutlich werdende Blockade des Sicherheitsrates wirkt sich neben Art. 26 Abs. 1 GG auch über Art. 24 Abs. 2 GG auf die verfassungsrechtliche Bewertung von Auslandseinsätzen der Bundeswehr aus. Die Strategie der Bundesregierung, die Bundeswehr zunehmend auch im Rahmen von losen Zusammenschlüssen, sogenannten Ad-hoc-Koalitionen, einzusetzen, ist alleine vor dem Hintergrund des Art. 24 Abs. 2 GG (zu Art. 87a Abs. 2 GG siehe D.5.) durchgreifenden rechtlichen Bedenken ausgesetzt. Eine Ad-hoc-Koalition entspricht nicht den Vorgaben des Art. 24 Abs. 2 GG. Auch die aktuellen Einsätze in Syrien und im Irak können nicht auf die Grundlage des Art. 24 Abs. 2 GG gestützt werden.
4. Im Rahmen und nach den Regeln der NATO oder der EU erfolgende Einsätze der Bundeswehr, die strikt dem Ziel der Friedenswahrung dienen, können auch dann verfassungsgemäß sein, wenn kein zur Gewalt ermächtigender Sicherheitsratsbeschluss vorliegt.
5. Nach Art. 87a Abs. 2 GG ist Deutschland grundgesetzlich dazu befugt, extraterritorial Gewalt in Selbstverteidigung auszuüben. Das Selbstverteidigungsrecht des Grundgesetzes ist in Anlehnung an das friedenssicherungsrechtliche Selbstverteidigungsrecht zu verstehen, wie es völkervertraglich in Art. 51 SVN geregelt ist. Selbstverteidigungshandlungen können im Rahmen bestehender Bündnisse vorgenommen werden. Eine Pflicht hierzu besteht indes nicht. Deutschland darf sich auch unilateral oder im Rahmen einer zu Verteidigungszwecken gebildeten Ad-hoc-Koalition verteidigen. Art. 87a Abs. 2 GG stellt daher auch für den Syrien-Einsatz der Bundeswehr eine tragfähige Ermächtigungsgrundlage dar.

1635 Siehe im Einzelnen das 5. Kapitel. Zu Punkt 2. dort unter C. Zu Punkt 3. dort unter D.IV.4. und D.V. Zu Punkt 4. dort unter D.IV.5. Zu den Punkten 5.-6. dort unter D.III. Zu Punkt 7. dort unter D.VI.3. Zu Punkt 8. dort unter D.VI.2. Zu Punkt 9. siehe dort unter D.VI.4. Zu Punkt 10. siehe D.V. sowie zu einer Zusammenstellung der vorgeschlagenen Verfassungsänderungen E.III.

6. Die extraterritoriale militärische Bekämpfung von nicht-staatlichen Akteuren auf dem Gebiet eines Drittstaates, dem die nicht-staatlichen Angriffe nicht zurechenbar sind, ist auf Grundlage des Art. 87a Abs. 2 GG grundgesetzlich zulässig. Dabei sind die engen Anforderungen der Verhältnismäßigkeit der Selbstverteidigungshandlung zu beachten, wie sie sich aus den völkergewohnheitsrechtlich anerkannten Grenzen zu Art. 51 SVN ergeben.
7. Auch die unilaterale Rettung eigener Staatsangehöriger ist grundgesetzlich nach dem in Anlehnung an Art. 51 SVN ausgelegten Art. 87a Abs. 2 GG in engen Grenzen zulässig.
8. Der Einsatz der Bundeswehr auf Einladung des Territorialstaates, beispielsweise zur Ausbildung lokaler Sicherheitskräfte (Intervention auf Einladung), kann unilateral und in Ad-hoc-Koalitionen als Fall der im Vergleich zur Selbstverteidigung defensiveren Art des Vorgehens (es liegt kein Anwendungsfall des Art. 2 Abs. 4 SVN vor) unter Art. 87a Abs. 2 GG gefasst werden. Im Rahmen einer NATO- oder EU-Mission kommt auch eine Rechtfertigung über Art. 24 Abs. 2 GG in Betracht.
9. Die Beteiligung der Bundeswehr an einer auch auf völkerrechtlicher Ebene sehr umstrittenen humanitären Intervention kann nicht unter Art. 87a Abs. 2 GG gefasst werden. Art. 24 Abs. 2 GG kommt dann als Ermächtigungsgrundlage in Betracht, wenn der Einsatz im Rahmen und nach den Regeln der NATO oder der EU stattfindet und eng auf das Ziel der Friedenswahrung begrenzt ist. Eine Beteiligung der Bundeswehr an einer humanitären Intervention, die im Rahmen einer Ad-hoc-Koalition stattfindet, genügt nicht den Anforderungen des Grundgesetzes.
10. Auf wehrverfassungsrechtlicher Ebene herrschen Rechtsunsicherheiten, die eine eindeutige rechtliche Bewertung der Auslandseinsätze häufig erschweren. In Rede stehen dabei nicht rein theoretische Einsatzformen, sondern bereits praktizierte Auslandseinsätze. In der Praxis kommt es dabei – dies wird durch die Begründung der Bundesregierung für den Syrien-Einsatz verdeutlicht – regelmäßig zu einer überdehnten Auslegung des Art. 24 Abs. 2 GG. Eine grundlegende Reform der Wehrverfassung ist auch mit Blick auf die betroffenen Rechtsgüter der Einsatzkräfte sowie der von deutscher Hoheitsgewalt betroffenen Personen zu empfehlen.

E. Grundrechte des Grundgesetzes im bewaffneten Konflikt[1636]

1. Die konfliktsvölkerrechtskonforme Tötung unbeteiligter Zivilisten verstößt nicht gegen die grundgesetzlich garantierte Menschenwürde des Art. 1 Abs. 1 GG.
2. Die Festlegung der Reichweite der grundgesetzlich garantierten Menschenwürde kann nicht losgelöst von den Wertungen des Art. 1 Abs. 2 GG sowie der Präambel erfolgen. So wird die Auslegung der Menschenwürdegarantie durch Art. 1 Abs. 2 GG beeinflusst. Dabei ist das Verhältnis der Menschenrechte zu dem Recht der bewaffneten Konflikt zu beachten. Eine konfliktsvölkerrechtskonforme Tötung stellt nach menschenrechtlichen Standards weder eine willkürliche Beendigung des Lebens noch eine unmenschliche oder erniedrigende Behandlung dar.
3. Zudem kann hinsichtlich des angestrebten Ziels zwischen Grundgesetz, Menschenrechten und Konfliktsvölkerrecht eine Parallele ausgemacht werden. Das ius in bello drängt den Anwendungsbereich des Menschenrechts auf Leben zwar zurück. Doch auch das ius in bello dient dazu, langfristig einen Friedensschluss der sich bekämpfenden Parteien nicht zu verstellen. Dem Frieden der Welt kann überdies nur gedient werden, wenn Deutschland auch bei dem Ausbruch eines bewaffneten Konflikts außerhalb Deutschlands handlungsfähig bleibt.
4. Derzeitige Auslandseinsätze der Bundeswehr, im Rahmen derer es zu Tötungshandlungen und damit grundrechtseinschränkenden Maßnahmen (Art. 2 Abs. 2 GG) durch deutsche Soldatinnen und Soldaten kommt, verstoßen mangels tauglicher Eingriffsgrundlage gegen das Grundgesetz und sind somit als verfassungswidrig einzustufen.
5. Eine gesetzliche Grundlage für Tötungshandlungen der Bundeswehr im Auslandseinsatz in Form eines Auslandseinsatzgesetzes ist der deutschen Rechtsordnung (bislang) fremd. Der rein extraterritorial stattfindende, von Unabwägbarkeiten geprägte und flexible Reaktionsmöglichkeiten fordernde Sachverhalt des bewaffneten Kampfeinsatzes erlaubt Modifikationen

1636 Siehe hierzu im Einzelnen das 6. Kapitel. Zu den Punkten 1.-3. dort unter B.III.3. Zu Punkt 4. dort unter C.III. Zu Punkt 5. dort unter C.I und C.II.3. Zu Punkt 6. dort unter C.III.3. Zu den Punkten 7.-9. dort unter C.III.4./5./6. Zu Punkt 10. dort unter C.III.7.

im Hinblick auf die Anforderungen des Gesetzesvorbehalts. Jedenfalls die Bestimmtheitsanforderungen sind der Situation anzupassen.

6. Doch erweist sich alleine die Schaffung eines Auslandseinsatzgesetzes als inhaltlich wenig fortschrittlich. Eine entsprechende gesetzliche Grundlage müsste sich im Wesentlichen mit Verweisen auf die völkergewohnheitsrechtliche Lage sowie der Repetition des Völkervertragsrechts begnügen. Zwangsläufig käme es über einen sehr niedrigen Bestimmtheitsgrad nicht hinaus.
7. Der konstitutive Zustimmungsbeschluss des Bundestages ist im Grunde dazu geeignet, als Eingriffsermächtigung für im Rahmen des konkreten Auslandseinsatzes erfolgende Eingriffe in das aus Art. 2 Abs. 2 GG folgende Recht auf Leben zu dienen.
8. Da derzeitige Zustimmungsanträge zu Einsätzen im Rahmen eines bewaffneten Konflikts noch nicht einmal den Voraussetzungen des § 3 Abs. 2 Var. 3 ParlBG entsprechen (siehe C.4.), können diese erst recht nicht als Rechtfertigung für Grundrechtseingriffe dienen.
9. Um als Grundlage für Grundrechtseingriffe herangezogen werden zu können, muss der Zustimmungsantrag der Bundesregierung zwingend Angaben zum Konfliktsvölkerrecht enthalten. Dazu sind die entsprechenden Rechtsgrundlagen und die konkreten Eingriffsbefugnisse zu benennen. Auch eine Aufzählung potentiell eingeschränkter Grundrechte – insbesondere Art. 2 Abs. 2 GG – muss enthalten sein.
10. Eine tragfähige Eingriffsgrundlage läge jedenfalls in einer Kombination aus Auslandseinsatzgesetz und konstitutivem Zustimmungsbeschluss. Durch die doppelte parlamentarische Anbindung wäre der Reichweite der in Rede stehenden Eingriffe in Art. 2 Abs. 2 GG in jedem Fall hinreichend Rechnung getragen. Das inhaltlich hoch unbestimmte Gesetz könnte für jeden konkreten Einzelfall durch einen passgenauen konstitutiven Zustimmungsbeschluss konkretisiert werden. Insbesondere vor dem Hintergrund der bundesverfassungsgerichtlichen Rechtsprechung zu Kurzeinsätzen, nach welcher kein konstitutiver Zustimmungsbeschluss zur Rechtmäßigkeit dieses Einsatztypus erforderlich ist,[1637] erscheint eine Kombinationslösung aus Auslandseinsatzgesetz und konstitutivem Zustimmungsbeschluss als besonders geeignet.

1637 *BVerfGE* 140, 160 (Pegasus-Urteil).

Literaturverzeichnis

Ambos, Kai, Afghanistan-Einsatz der Bundeswehr und Völker(straf)recht, in: Neue Juristische Woche, 63. Jahrgang, 2010, S. 1725–1727 (zitiert: *Ambos*, in: NJW 2010, 1725).

Arnauld, Andreas von, Völkerrecht, 4. Auflage 2019 (zitiert: v. *Arnauld*, Völkerrecht, §, Rn.).

Arnauld, Andreas von, Das (Menschen-)Recht im Auslandseinsatz, Rechtsgrundlagen zum Schutz von Grund- und Menschenrechten, in: Weingärtner, Dieter (Hrsg.), Streitkräfte und Menschenrechte, 2008, S. 61–82 (zitiert: v. *Arnauld*, in: Weingärtner, Streitkräfte und Menschenrechte, 61).

Arndt, Claus, Verfassungsrechtliche Anforderungen an internationale Bundeswehreinsätze, Neue Juristische Woche, 47. Jahrgang, 1994, S. 2197–2199 (zitiert: *Arndt*, in: NJW 1994, 2197).

Aston, Jurij Daniel, Die Bekämpfung abstrakter Gefahren für den Weltfrieden durch legislative Maßnahmen des Sicherheitsrats – Resolution 1373 (2001) im Kontext, Zeitschrift für ausländisches Recht öffentliches Recht und Völkerrecht, 62. Jahrgang, 2002, S. 257–291 (zitiert: *Aston*, in: ZaöRV 2002, 257).

Auswärtiges Amt/Deutsches Rotes Kreuz/Bundesministerium der Verteidigung (Hrsg.), Dokumente zum Humanitären Völkerrecht, 3. Auflage 2016 (zitiert: *Auswärtiges Amt/et al.*, Dokumente zum Humanitären Völkerrecht).

Bald, Detlef, Die Bundeswehr, Eine kritische Geschichte, 1955–2005, 2005 (zitiert: *Bald*, Die Bundeswehr: eine kritische Geschichte, S.).

Baldus, Manfred, Menschenwürdegarantie und Absolutheitsthese, Zwischenbericht zu einer zukunftsweisenden Debatte, Archiv des Öffentlichen Rechts, 136. Jahrgang, 2011, S. 529–552 (zitiert: *Baldus*, in: AöR 2011, 529).

Baldus, Manfred, Braucht Deutschland eine neue Wehrverfassung? Neue Zeitschrift für Wehrrecht, 49. Jahrgang, 2007, S. 133–138 (zitiert: *Baldus*, in: NZWehrr 2007, 133).

Baldus, Manfred, Gefahrenabwehr in Ausnahmelagen, Das Luftsicherheitsgesetz auf dem Prüfstand, Neue Zeitschrift für Verwaltungsrecht, 25. Jahrgang, 2006, S. 532–535 (zitiert: *Baldus*, in: NVwZ 2006, 532).

Bannelier-Christakis, Karine, Military Interventions against ISIL in Iraq, Syria and Libya, and the Legal Basis of Consent, Leiden Journal of International Law, 29. Jahrgang, 2016, S. 743–775 (zitiert: *Bannelier-Christakis*, LJIL 2016, 743).

Bäumerich, Maik/Schneider, Maximilian, Terrorismusbekämpfung durch Bundeswehreinsätze im Inneren: Eine neue alte Diskussion, Neue Zeitschrift für Verwaltungsrecht, 36. Jahrgang, 2017, S. 189–194 (zitiert: *Bäumerich/Schneider*, in: NVwZ 2017, 189).

Benvenisti, Eyal, Human Dignity in Combat: The Duty to Spare Enemy Civilians, Tel Aviv University Law Faculty Papers, 2006, S. 81–109 (zitiert: *Benvenisti*, in: Tel Aviv University Law Faculty Papers, 2006, 81).

Bernhardt, Rudolf, Verfassungsrecht und internationale Lagen, Die Öffentliche Verwaltung, 30. Jahrgang, 1977, S. 457–462 (zitiert: *Bernhardt*, in: DÖV 1977, 457).

Bleckmann, Albert, Zur Funktion des Art. 24 Grundgesetz, in: Hailbronner, Kai/Ress, Georg/Stein, Torsten (Hrsg.), Staat und Völkerrechtsordnung, Festschrift für Karl Doehring, 1989, S. 63–87 (zitiert: *Bleckmann*, in FS-Doehring, 1989, 63).

Bleckmann, Albert, Zur Funktion des Art. 24 Abs. 1 Grundgesetz, Zeitschrift für ausländisches öffentliches Recht und Völkerrecht, 35. Jahrgang, 1975, S. 79–84 (zitiert: *Bleckmann*, in: ZaöRV 1975, 79).

Blokker, Niels, Reconfiguring the Un System of Collective Security, in: Weller, Marc (Hrsg.), Oxford Handbook of the Use of Force in International Law, 2015, S. 179–201 (zitiert: *Blokker*, in: Weller, Oxford Handbook of the Use of Force in International Law, 179).

Blumenwitz, Dieter, Der Vertrag vom 12. 9. 1990 über die abschließende Regelung in bezug auf Deutschland, in: Neue Juristische Woche, 43. Jahrgang, 1990, S. 3041–3048 (zitiert: *Blumenwitz*, in: NJW 1990, 3041, S.).

Bothe, Michael/Klein, Eckart, Bericht einer Studiengruppe zur Anerkennung der Gerichtsbarkeit des IGH gemäß Art. 36 Abs. 2 IGH-Statut, Zeitschrift für ausländisches öffentliches Recht und Völkerrecht, 67. Jahrgang, 2007, S. 825–841 (zitiert: *Bothe/Klein*, in: ZaöRV 2007, 825).

Bothe, Michael, Rechtsfragen des Einsatzes der Bundeswehr im Rahmen des KSZE-Prozesses, in: Schwarz, Jürgen H./Steinkamm, Armin A. (Hrsg.), Rechtliche und politische Probleme des Einsatzes der Bundeswehr »out of area«, Protokoll und Dokumentation eines Symposiums der Universität der Bundeswehr München am 12. und 13.12.1991, 1993, S. 82–88 (zitiert: *Bothe*, in: Schwarz/Steinkamm, Einsatz der Bundeswehr »out of area«, 82).

Boulden, Jane, The Security Council and Terrorism, in: Lowe, Vaughan/Roberts, Adam/Welsh, Jennifer/Zaum, Dominik (Hrsg.), The United Nations Security Council and War, The Evolution of Thought and Practice since 1945, 2008, S. 608–623 (zitiert: *Boulden*, in: Lowe/et al., The United Nations Security Council and War, 608).

Breitwieser, Thomas, Verfassungshistorische und verfassungsrechtliche Aspekte der Auslandseinsätze, in: Chiari, Bernhard/Pahl, Magnus (Hrsg.), Auslandseinstätze der Bundeswehr, 2010, S. 153–165 (zitiert: *Breitwieser*, in: Chiari/Pahl, Auslandseinsätze der Bundeswehr, 153).

Brownlie, Ian, International Law and the Use of Force by States, 1963 (zitiert: *Brownlie*, International Law and the Use of Force by States, S.).

Butzer, Hermann, Der Bereich des schlichten Parlamentsbeschlusses, Ein Beitrag insbesondere zur Frage der Substitution des förmlichen Gesetzes durch schlichten Parlamentsbeschluß, Archiv des Öffentlichen Rechts, 119. Jahrgang, 1994, S. 61–106 (zitiert: *Butzer*, in: AÖR 1994, 61).

Byrne, Max, Consent and the use of force: an examination of 'intervention by invitation' as a basis for US drone strikes in Pakistan, Somalia and Yemen, Journal on the Use of Force and International Law, 3. Jahrgang, 2016, S. 97–125 (zitiert: *Byrne*, in JUFIL 2016, 97).

Cannizzaro, Enzo, Proportionality in the Law of Armed Conflict, in: Clapham, Andrew/Gaeta, Paola (Hrsg.), The Oxford Handbook of International Law in Armed Conflict, 2014, S. 332–352 (zitiert: *Cannizzaro*, in: Clapham/Gaeta, The Oxford Handbook of International Law in Armed Conflict, 332).

Cassese, Antonio, Means of Warfare: The Traditional and the New Law, in: Cassese, Antonio (Hrsg.), The New Humanitarian Law of Armed Conflict, 1979, S. 161–198 (zitiert: *Cassese*, in: ders., The New Humanitarian Law of Armed Conflict, 161).

Chiari, Bernhard, Agadir 1960: Der Erdbebeneinsatz in Marokko, in: Chiari, Bernhard/Pahl, Magnus (Hrsg.), Auslandseinstätze der Bundeswehr, 2010, S. 25–31 (zitiert: *Chiari*, in: ders./Pahl, Auslandseinsätze der Bundeswehr, 25).

Corten, Oliver/Klein, Pierre (Hrsg.), The Vienna Convention on the Law of Treaties, A Commentary, Band 1, 2011 (zitiert: *Bearbeiter*, in: Corten/Klein, VCLT, A Commentary, Band, Art., Rn.).

Crawford, James, The International Law Commission's Articles on State Responsibility, Introduction, Text and Commentaries, 2002 (zitiert: *Crawford*, The ILC's Articles on State Responsibility, Art., Rn.).

Dau, Klaus, Die militärische Evakuierungsoperation »Libelle« – ein Paradigma der Verteidigung? Neue Zeitschrift für Wehrrecht, 40. Jahrgang, 1998, S. 89–100 (zitiert: *Dau*, in: NZWehrr 1998, 89).

Deiseroth, Dieter, Fundamentale Differenz, Ist die NATO ein Verteidigungsbündnis oder ein »System gegenseitiger kollektiver Sicherheit«? Wissenschaft und Frieden, 27. Jahrgang, 2009, S. 12–17 (zitiert: *Deiseroth*, in: Wissenschaft & Frieden 2009, 12).

Deutscher Bundestag/Bundesarchiv (Hrsg.), Der Parlamentarische Rat, 1948–1949, Akten und Protokolle, Band 5/I, 1993 (zitiert: Der Parlamentarische Rat, 1948–1949, Akten und Protokolle, Band 5/I, S.).

Di Fabio, Udo, Grundrechte als Werteordnung, Juristenzeitung, 59. Jahrgang, 2004, S. 1–8 (zitiert: *Di Fabio*, in: JZ 2004, 1).

Diehl, David, Tanklasterbeschuss auf Befehl eines deutschen ISAF-Kommandeurs mit fatalen Folgen – Einschätzung der Rechtslage aus völker- und verfassungsrechtlicher Perspektive, Humanitäres Völkerrecht, Informationsschriften, Journal of International Law of Peace and Armed Conflict, 23. Jahrgang, 2010, S. 4–20 (zitiert: *Diehl*, in: HuV-I 2010, 4).

Dinstein, Yoram, War, Aggression and Self-Defence, 6. Auflage 2017 (zitiert: *Dinstein*, War, Aggression and Self-Defence, Rn.).

Dinstein, Yoram, The Conduct of Hostilities under the Law of International Armed Conflict, 2. Auflage 2011 (zitiert: *Dinstein*, The Conduct of Hostilities, S.).

Doehring, Karl, Rechtsfragen des Einsatzes der Bundeswehr im Rahmen der UNO, in: Schwarz, Jürgen H./Steinkamm, Armin A. (Hrsg.), Rechtliche und politische Probleme des Einsatzes der Bundeswehr »out of area«, Protokoll und Dokumentation eines Symposiums der Universität der Bundeswehr München am 12. und 13.12.1991, 1993, S. 67–73 (zitiert: *Doehring*, in: Schwarz/Steinkamm, Einsatz der Bundeswehr »out of area«, 67).

Doehring, Karl, Die allgemeinen Regeln des völkerrechtlichen Fremdenrechts und das deutsche Verfassungsrecht, 1963 (zitiert: *Doehring*, Die allgemeinen Regeln des völkerrechtlichen Fremdenrechts und das deutsche Verfassungsrecht, S.).

Dörr, Oliver/Schmalenbach, Kirstin (Hrsg.), Vienna Convention on the Law of Treaties, 2012 (zitiert: *Bearbeiter*, in: Dörr/Schmalenbach, VCLT, A Commentary, Art., Rn.).

Doswald-Beck, Louise, Human Rights in Times of Conflict and Terrorism, 2011 (zitiert: *Doswald-Beck*, Human Rights in Times of Conflict and Terrorism, S.).

Dreier, Horst (Hrsg.), Grundgesetz, Kommentar, Band III, Artikel 83–146, 3. Auflage 2018 (zitiert: *Bearbeiter*, in Dreier, GG, Band III, Art., Rn.).

Dreier, Horst (Hrsg.), Grundgesetz, Kommentar, Band II, Artikel 20–82, 3. Auflage 2015 (zitiert: *Bearbeiter*, in: Dreier, GG, Band II, Art., Rn.).

Dreier, Horst (Hrsg.), Grundgesetz, Kommentar, Band I, Artikel 1–19, 3. Auflage 2013 (zitiert: *Bearbeiter*, in: Dreier, GG, Band I, Art., Rn.).

Dreist, Peter, AWACS-Einsatz ohne Parlamentsbeschluss? Aktuelle Fragestellungen zur Zulässigkeit von Einsätzen bewaffneter Streitkräfte unter besonderer Berücksichtigung der NATO-AWACS-Einsätze in den USA 2001 und in der

Türkei 2003, Zeitschrift für ausländisches öffentliches Recht und Völkerrecht, 64. Jahrgang, 2004, S. 1001–1043 (zitiert: *Dreist*, in: ZaöRV 2004, 1001).

Epping, Volker/Heintschel von Heinegg, Wolff (Hrsg.), Völkerrecht, 7. Auflage 2018 (zitiert: *Bearbeiter*, in: Ipsen, Völkerrecht (hrsg. v. Epping/Heintschel von Heinegg), §, Rn.).

Epping, Volker/Hillgruber, Christian (Hrsg.), Beck'scher Online-Kommentar Grundgesetz, Stand: 42. Edition (zitiert: *Bearbeiter*, in: BeckOK, GG, Art. [Stand der Ergänzungslieferung], Rn.).

Eser, Albin, Rechtmäßige Tötung im Krieg: zur Fragwürdigkeit eines Tabus, in: Dölling, Dieter/Götting, Bert/Meier, Bernd-Dieter/Verrel, Torsten (Hrsg.), Verbrechen – Strafe – Resozialisierung, Festschrift für Heinz Schöch zum 70. Geburtstag, 2010, S. 461–480 (zitiert: *Eser*, in: FS-Schöch, 461).

Fährmann, Ingo, Die Bundeswehr im Einsatz für Europa, Die Beteiligung Deutschlands an der Gemeinsamen Sicherheits- und Verteidigungspolitik (GSVP) – Zulässigkeit nach dem Vertrag von Lissabon, 2009 (zitiert: *Fährmann*, Die Bundeswehr im Einsatz für Europa, S.).

Fassbender, Bardo, Militärische Einsätze der Bundeswehr, in: Isensee, Josef/Kirchhof, Paul (Hrsg.), Handbuch des Staatsrechts, Band XI, Internationale Bezüge, 3. Auflage 2013, S. 643–725 (zitiert: *Fassbender*, in: Isensee/Kirchhof, HStR, Band XI, § 244, Rn.).

Feldhoff, Mathis, Die Medien, die Politik und der Krieg, in: Schwegmann, Christoph (Hrsg.), Bewährungsproben einer Nation, Die Entsendung der Bundeswehr ins Ausland, 2011, S. 171–182 (zitiert: *Feldhoff*, in: Schwegmann, Bewährungsproben einer Nation, 171).

Fink, Udo, Recht auf Leben und körperliche Unversehrtheit, in: Merten, Detlef/Papier, Hans-Jürgen (Hrsg.), Handbuch der Grundrechte, Band IV, Grundrechte in Deutschland: Einzelgrundrechte I, 2011, S. 137–188 (zitiert: *Fink*, in: Merten/Papier, HGR, Band IV, § 88, Rn.).

Fischer, Mattias G/Ladiges, Manuel, Auslandseinsätze der Bundeswehr im Antiterrorkampf gegen den IS: Verwerfung eines Antrags im Organstreitverfahren mangels Darlegung der Antragsbefugnis, Anmerkung, Zeitschrift für das Gesamte Sicherheitsrecht, 2. Jahrgang, 2019, S. 254–260 (zitiert: *Fischer/-Ladiges*, in: GSZ 2019, 254).

Fischer, Mattias G/Ladiges, Manuel, Evakuierungseinsätze der Bundeswehr künftig ohne Parlamentsvorbehalt, Neue Zeitschrift für Verwaltungsrecht, 35. Jahrgang, 2016, S. 32–35 (zitiert: *Fischer/Ladiges*, in: NVwZ 2016, 32).

Flasch, Olivia, The legality of the air strikes against ISIL in Syria: new insights on the extraterritorial use of force against non-state actors, Journal on the Use of Force and International Law, 3. Jahrgang, 2016, S. 37–69 (zitiert: *Flasch*, in: JUFIL 2016, 37).

Fleck, Dieter (Hrsg.), The Handbook of International Humanitarian law, 3. Auflage 2013 (zitiert: *Bearbeiter*, in: Fleck, The Handbook of International Humanitarian Law, Rn.).

Fleck, Dieter (Hrsg.), Handbuch des humanitären Völkerrechts in bewaffneten Konflikten, 1994 (zitiert: *Bearbeiter* in: Fleck, Handbuch des humanitären Völkerrechts, Rn.).

Franck, Thomas M, Recourse to Force, State Action Against Threats and Armed Attacks, 2004 (zitiert: *Franck*, Recourse to Force, S.).

Franck, Thomas M, Who killed Art. 2(4)? or: Changing Norms Govering the Use of Force by States, The American Journal of International Law, 64. Jahrgang, 1970, S. 809–837 (zitiert: *Franck*, in: AJIL 1970, 809).

Fremuth, Michael-Lysander, Menschenrechte, Grundlagen und Dokumente, 2015 (zitiert: *Fremuth*, Menschenrechte, S.).

Frister, Helmut/Korte, Marcus/Kreß, Claus, Die strafrechtliche Rechtfertigung militärischer Gewalt in Auslandseinsätzen auf der Grundlage eines Mandats der Vereinten Nationen, Juristenzeitung, 65. Jahrgang, 2010, S. 10–18 (zitiert: *Frister/Korte/Kreß*, in: JZ 2010, 10).

Frowein, Jochen A., Der Terrorismus als Herausforderung für das Völkerrecht, in Zeitschrift für ausländisches öffentliches Recht und Völkerrecht, 62. Jahrgang, 2002, S. 879–905 (zitiert: *Frowein*, in: ZaöRV 2002, 879).

Frowein, Jochen A./Stein, Torsten (Hrsg.), Rechtliche Aspekte einer Beteiligung der Bundesrepublik Deutschland an Friedenstruppen der Vereinten Nationen, 1990 (zitiert: *Diskussionsteilnehmer*, in: Frowein/Stein, Beteiligung der Bundesrepublik Deutschland an Friedenstruppen der Vereinten Nationen, S.).

Gasser, Hans-Peter/Melzer, Nils, Humanitäres Völkerrecht, Eine Einführung, 2. Auflage 2012 (zitiert: *Gasser/Melzer*, Humanitäres Völkerrecht, S.).

Gazzini, Tarcisio, The changing rules on the use of force in international law, 2005 (zitiert: *Gazzini*, The changing rules on the use of force, S.).

Giegerich, Bastian, Was Militär leisten kann: Die Bundeswehr als Instrument der Sicherheitspolitik, in: Schwegmann, Christoph (Hrsg.), Bewährungsproben einer Nation, Die Entsendung der Bundeswehr ins Ausland, 2011, S. 55–64 (zitiert: *Giegerich*, in: Schwegmann, Bewährungsproben einer Nation, 55).

Ginkel, Bibi van, The Practice of the United Nations in Combatting Terrorism from 1946 to 2008, Questions of Legality and Legitimacy, 2010 (zitiert: *van Ginkel*, The Practice of the United Nations in Combatting Terrorism from 1946 to 2008, S.).

Glawe, Robert A. P., BVerfG: Zur Reichweite des Parlamentsvorbehalts für Streitkräfteeinsätze bei Gefahr im Verzug, Urteilsanmerkung zu BVerfG v. 23.09.2015 - 2 BvE 6/11, Neue Zeitschrift für Verwaltungsrecht, 34. Jahrgang, 2015, S. 1593–1603 (zitiert: *Glawe*, in: NVwZ 2015, 1593).

Glawe, Robert A. P., Quo vadis, Bündnispartner Deutschland? Zur Konditionierung des konstitutiven Parlamentsvorbehalts, Neue Zeitschrift für Verwaltungsrecht - Extra, 30. Jahrgang, 2011, S. 1–5 (zitiert: *Glawe*, in: NVwZ-Extra 2011, 1).

Gowlland-Debbas, Vera/Gaggioli, Gloria, The relationship between international human rights and humanitarian law: an overview, in: Kolb, Robert/Gaggioli, Gloria (Hrsg.), Research Handbook on Human Rights and Humanitarian Law, 2013, S. 78–103 (zitiert: *Gowlland-Debbas/Gaggioli*, in: Kolb/Gaggioli, Research Handbook on Human Rights and Humanitarian Law, 77).

Gramm, Christof, Die Bundeswehr in der neuen Sicherheitsarchitektur, Die Verwaltung, 41. Jahrgang, 2008, S. 375–404 (zitiert: *Gramm*, in: Die Verwaltung 2008, 375).

Gramm, Christof, Der wehrlose Verfassungsstaat? Urteilsanmerkung zur Entscheidung des BVerfG zum LuftSiG vom 15.Februar 2006 - 1 BvR 357/05, DVBl.2006, 433, Deutsches Verwaltungsblatt, 121. Jahrgang, 2006, S. 653–720 (zitiert: *Gramm*, in: DVBl 2006, 653).

Gray, Christine, The Use of Force and the International Legal Order, in: Evans, Malcolm, D. (Hrsg.), International Law, 5. Auflage 2018 (zitiert: *Gray*, in: Evans, International Law, 601).

Gray, Christine, International Law and the Use of Force, 4. Auflage 2018 (zitiert: *Gray*, International Law and the Use of Force, S.).

Gray, Christine, The Charter Limitations on the Use of Force: Theory and Praxis, in Lowe, Vaughan/Roberts, Adam/Welsh, Jennifer/Zaum, Dominik (Hrsg.), The United Nations Security Council and War, The Evolution of Thought and Practice since 1945, 2008, S. 86–98 (zitiert: *Gray*, in: Lowe/et al., The United Nations Security Council and War, 86).

Greenstock, Jeremy, The Security Council in the Post-Cold War World, in Lowe, Vaughan/Roberts, Adam/Welsh, Jennifer/Zaum, Dominik (Hrsg.), The United Nations Security Council and War, The Evolution of Thought and Practice since 1945, 2008, S. 248–262 (zitiert: *Greenstock*, in: Lowe/et al., The United Nations Security Council and War, 248).

Greenwood, Christopher, The Relationship between Ius ad bellum and Ius in bello, in: Greenwood, Christopher (Hrsg.), Essays on War in International Law, 2006, S. 13–31 (zitiert: *Greenwood*, in: ders., Essays on War in International Law, 13).

Günther, Thomas, Zum Einsatz der Bundeswehr im Ausland, in: Thiel, Markus (Hrsg.), Wehrhafte Demokratie, 2003, S. 329–363 (zitiert: *Günther*, in: Thiel, Wehrhafte Demokratie, 329).

Häberle, Peter, Verfassungsprinzipien als Erziehungsziele, in: ders. (Hrsg.), Rechtsvergleichung im Kraftfeld des Verfassungsstaates, Methoden und Inhalte, Kleinstaaten und Entwicklungsländer, 1992, S. 321–351 (zitiert: *Häberle*, in: ders., Rechtsvergleichung im Kraftfeld des Verfassungsstaates, 321).

Hain, Karl-E., Konkretisierung der Menschenwürde durch Abwägung? Der Staat, 45. Jahrgang, 2006, S. 189–214 (zitiert: *Hain*, in: Der Staat 2006, 189).

Haines, Steven, The Developing Law of Weapons: Humanity, Distinction, and Precautions in Attack, in: Clapham, Andrew/Gaeta, Paola (Hrsg.), The Oxford Handbook of International Law in Armed Conflict, 2014, S. 273–295 (zitiert: *Haines*, in: Clapham/Gaeta, The Oxford Handbook of International Law in Armed Conflict, 273).

Hakimi, Monica/Katz Cogan, Jacob, The Two Codes on the Use of Force, European Journal of International Law, 27. Jahrgang, 2016, S. 257–291 (zitiert: *Hakimi/Katz Cogan*, in: EJIL 2016, 257).

Hakimi, Monica, Defensive Force against Non-State Actors: The State of Play, International Law Studies, 91. Jahrgang, 2015, S. 1–31 (zitiert: *Hakimi*, in: Int. Law Studies 2015, 1).

Hakimi, Monica, Toward a Legal Theory on the Responsibility to Protect, Yale Journal of International Law, 39. Jahrgang, 2014, S. 247–280 (zitiert: *Hakimi*, YJIL 2014, 247).

Hankel, Gerd, Das Tötungsverbot im Krieg, Ein Interventionsversuch, 2011 (zitiert: *Hankel*, Das Tötungsverbot im Krieg, S.).

Heintze, Hans-Joachim, Theories on the relationship between international humanitarian law and human rights law, in: Kolb, Robert/Gaggioli, Gloria (Hrsg.), Research Handbook on Human Rights and Humanitarian Law, 2013, S. 53–64 (zitiert: *Heintze*, in: Kolb/Gaggioli, Research Handbook on Human Rights and Humanitarian Law, 53).

Heintze, Hans-Joachim, Fortentwicklung des humanitären Völkerrechts durch den Menschenrechtsschutz, in: Heintze, Hans-Joachim/Ipsen, Knut (Hrsg.), Heutige bewaffnete Konflikte als Herausforderung an das humanitäre Völkerrecht, 2011, S. 163–186 (zitiert: *Heintze*, in: ders./Ipsen, Heutige bewaffnete Konflikte als Herausforderung an das humanitäre Völkerrecht, 163).

Heinz, Wolfgang S., Zu Auslandseinsätzen der Bundeswehr in der Terrorismusbekämpfung. Analysen und Empfehlungen aus der Sicht des internationalen Menschenrechtsschutzes, in: Fleck, Dieter (Hrsg.), Rechtsfragen der

Terrorismusbekämpfung durch Streitkräfte, 2004, S. 67–100 (zitiert: *Heinz*, in: Fleck, Rechtsfragen der Terrorismusbekämpfung, 67).

Henckaerts, *Jean-Marie*/*Doswald-Beck*, *Louise*, in: International Committee of the Red Cross (Hrsg.), Customary International Humanitarian Law, Band I, Rules, 2005 (zitiert: *Henckaerts*/*Doswald-Beck*, in: ICRC, Customary International Humanitarian Law, Band I, S).

Henderson, *Christian*, The Use of Force and International Law, 2018 (zitiert: *Henderson*, The Use of Force and International Law, S.).

Henderson, *Christian*, Editorial Comment: The Use of Force and Islamic State, Journal on the Use of Force and International Law, 1. Jahrgang, 2014, S. 209–222 (zitiert: *Henderson*, in: JUFIL 2014, 209).

Henriksen, *Anders*/*Schack*, *Marc*, The Crisis in Syria and Humanitarian Intervention, Journal on the Use of Force and International Law, 1. Jahrgang, 2014, S. 122–147 (zitiert: *Henriksen*/*Schack*, in: JUFIL 2014, 122).

Herdegen, *Matthias*, Völkerrecht, 19. Auflage 2020 (zitiert: *Herdegen*, Völkerrecht, §, Rn.).

Herik, *Larissa van den*/*Schrijver*, *Nico J.* (Hrsg.), Counter-Terrorism Strategies in a Fragmented International Legal Order, Meeting the Challenges, Annex, Leiden Policy Recommendations on Counter-Terrorism and International Law, 2013, S. 706–726 (zitiert: *Leiden Policy Recommendations*, in: van den Herik/Schrijver, Counter-Terrorism Strategies, 706).

Hermes, *Georg*, Grundrechtsbeschränkungen auf Grund von Gesetzesvorbehalten, in: Merten, Detlef/Papier, Hans-Jürgen (Hrsg.), Handbuch der Grundrechte, Grundrechte in Deutschland: Allgemeine Lehren II, Band III, 2009, S. 333–363 (zitiert: *Hermes*, in: Merten/Papier, HGR, Band III, § 63, Rn.).

Hesse, *Konrad*, Grundzüge des Verfassungsrechts der Bundesrepublik Deutschland, 20. Auflage 1999 (zitiert: *Hesse*, Grundzüge des Verfassungsrechts, §, Rn.).

Hillgruber, *Christian*, Der Staat des Grundgesetzes – nur „bedingt abwehrbereit"? Plädoyer für eine wehrhafte Verfassungsinterpretation, Juristenzeitung, 62. Jahrgang, 2007, S. 209–260 (zitiert: *Hillgruber*, in: JZ 2007, 209).

Hillgruber, *Christian*, Der Nationalstaat in der überstaatlichen Verflechtung, in: Isensee, Josef/Kirchhof, Paul (Hrsg.), Handbuch des Staatsrechts, Band II, Verfassungsstaat, 3. Auflage 2004, S. 929–992 (zitiert: *Hillgruber*, in: Isensee/Kirchhof, HStR, Band II, § 32, Rn.).

Hmoud, *Mahmoud*, Are new Principles really needed? The potential of the established distinction between responsibility for attacks by nonstate actors and the law of self-defense, The American Journal of International Law, 107. Jahrgang, 2013, S. 576–579 (zitiert: *Hmoud*, in: AJIL 2013, 576).

Hobe, Stephan, Einführung in das Völkerrecht, 10. Auflage 2016 (zitiert: *Hobe*, Einführung in das Völkerrecht, S.).

Hobe, Stephan, Grundrechtsbindung der Streitkräfte im Ausland? – Zugleich Vorüberlegungen zu einem Streitkräfte-Entsendegesetz, in: Breuer, Marten/ Epiney, Astrid/Haratsch, Andreas/ Schmahl, Stefanie/ Weiß, Norman (Hrsg.), Der Staat im Recht, Festschrift für Eckart Klein zum 70. Geburtstag, 2013, S. 95–109 (zitiert: *Hobe*, in: FS-Klein, 95).

Hoerster, Norbert, Zur Bedeutung des Prinzips der Menschenwürde, Juristische Schulung, 23. Jahrgang, 1983, S. 93–96 (zitiert: *Hoerster*, in: JuS 1983, 93).

Hoffmann-Riem, Wolfgang, Gesetz und Gesetzesvorbehalt im Umbruch, Zur Qualitäts-Gewährleistung durch Normen, Archiv des Öffentlichen Rechts, 130. Jahrgang, 2005, S. 5–70 (zitiert: *Hoffmann-Riem*, in: AÖR 2005, 5).

Hofmann, Hasso, Die Entwicklung des Grundgesetzes von 1949 bis 1990, in: Isensee, Josef/Kirchhof, Paul (Hrsg.), Handbuch des Staatsrechts, Band I, Historische Grundlagen, 3. Auflage 2003, S. 355–421 (zitiert: *Hofmann*, in: Isensee/Kirchhof, HStR, Band I, § 9, Rn.).

Horn, Hans-Detlef, Gewaltenteilige Demokratie, demokratische Gewaltenteilung, Überlegungen zu einer Organisationsmaxime des Verfassungsstaates, Archiv des Öffentlichen Rechts, 127. Jahrgang, 2002, S. 427–459 (zitiert: *Horn*, in: AÖR 2002, 427).

International Committee of the Red Cross (Hrsg.), Commentary on the First Geneva Convention: Convention (I) for the Amelioration of the Condition of the Wounded and Sick in Armed Forces in the Field, 2. Auflage 2016 (zitiert: *ICRC*, Commentary on the First Geneva Convention, Art. Rn.).

International Committee of the Red Cross (Hrsg.), Commentary on the Additional Protocols of 8 June 1977 to the Geneva Conventions of 12 August 1949, 1987 (zitiert: *ICRC*, Commentary on the Additional Protocols, Art., Rn.).

International Committee of the Red Cross (Hrsg.), Commentary on the Fourth Geneva Convention: Convention (IV) relative to the Protection of Civilian Persons in Time of War, 1958 (zitiert: *ICRC*, Commentary on the Fourth Geneva Convention, Art., Abs.).

Ipsen, Knut, Menschenwürde und Waffeneinsatz mit Kollateralwirkung auf Zivilpersonen, Neue Zeitschrift für Wehrrecht, 50. Jahrgang, 2008, S. 156–163 (zitiert: *Ipsen*, in: NZWehrr 2008, 156).

Ipsen, Knut, Rechtsfragen des Einsatzes der Bundeswehr im Rahmen der NATO und der WEU, in: Schwarz, Jürgen H./Steinkamm, Armin A. (Hrsg.), Rechtliche und politische Probleme des Einsatzes der Bundeswehr »out of area«, Protokoll und Dokumentation eines Symposiums der Universität der Bundeswehr München am 12. und 13.12.1991, 1993, S. 51–62 (zitiert: *Ipsen*, in: Schwarz/Steinkamm, Einsatz der Bundeswehr »out of area«, 51).

Isensee, Josef, Würde des Menschen, in: Merten, Detlef/Papier, Hans-Jürgen (Hrsg.), Handbuch der Grundrechte, Band IV, Grundrechte in Deutschland: Einzelgrundrechte I, 2011, S. 3–135 (zitiert: *Isensee*, in: Merten/Papier, HGR, Band IV, § 87, Rn.).

Isensee, Josef, Menschenwürde: die säkulare Gesellschaft auf der Suche nach dem Absoluten, Archiv des Öffentlichen Rechts, 131. Jahrgang, 2006, S. 173–218 (zitiert: *Isensee*, in: AöR 2006, 173).

Isensee, Josef, Nachwort: Der Terror und der Staat, dem das Leben lieb ist, in: ders. (Hrsg.), Der Terror, der Staat und das Recht, 2004, S. 83–108 (zitiert: *Isensee*, in: ders., Der Terror, der Staat und das Recht, 83).

Jacobsen, Hans-Adolf, Von der Strategie der Gewalt zur Politik der Friedenssicherung, Beiträge zur deutschen Geschichte im 20. Jahrhundert, 1977 (zitiert: *Jacobsen*, Von der Strategie der Gewalt zur Politik der Friedenssicherung, S.).

Jarass, Hans D./Pieroth, Bodo, Grundgesetz für die Bundesrepublik Deutschland, Kommentar, 15. Auflage 2018 (zitiert: *Jarass*, in: ders./Pieroth, GG, Präambel, Rn.).

Kadelbach, Stefan, Völkerrecht als Verfassungsordnung? Zur Völkerrechtswissenschaft in Deutschland, Zeitschrift für ausländisches öffentliches Recht und Völkerrecht, 67. Jahrgang, 2007, S. 599–621 (zitiert: *Kadelbach*, in: ZaöRV 2007, 599).

Kalshoven, Frits/Zegveld, Liesbeth, in: International Committee of the Red Cross (Hrsg.), Constraints on the Waging of War, An Introduction to International Humanitarian Law, 4. Auflage 2011 (zitiert: *Kalshoven/Zegveld*, in: ICRC, Constraints on the Waging of War, S.).

Khan, Daniel-Erasmus, Der Staat im Unrecht: Luftsicherheit und Menschenwürde, in: Breuer, Marten/Epiney, Astrid/Haratsch, Andreas/ Schmahl, Stefanie/ Weiß, Norman (Hrsg.), Der Staat im Recht, Festschrift für Eckart Klein zum 70. Geburtstag, 2013, S. 143–156 (zitiert: *Khan*, in: FS-Klein, 143).

Kirchhof, Ferdinand, Verteidigung und Bundeswehr, in: Isensee, Josef/Kirchhof, Paul (Hrsg.), Handbuch des Staatsrechts, Band IV, Aufgaben des Staates, 3. Auflage 2006, S. 633–669 (zitiert: *Kirchhof*, in: Isensee/Kirchhof, HStR, Band IV, § 84, Rn.).

Kittrich, Jan, The Right of Individual Self-Defense in Public International Law, 2008 (zitiert: *Kittrich*, Individual Self-Defense, S.).

Klein, Eckart, Die Herausforderung durch den internationalen Terrorismus – hört hier das Völkerrecht auf? in: Isensee, Josef (Hrsg.), Der Terror, der Staat und das Recht, 2004, S. 9–39 (zitiert: *Klein*, in: Isensee, Der Terror, der Staat und das Recht, 9).

Kokott, Juliane, Zum ersten Beratungsgegenstand: Kontrolle der auswärtigen Gewalt, Deutsches Verwaltungsblatt, 111. Jahrgang, 1996, S. 937–950 (zitiert: *Kokott*, in: DVBl. 1996, 937).

König, Doris, Putting an End to an Endless Constitutional Debate? The Decision of the Federal Constitutional Court on the ‚Out of Area' Deployment of German Armed Forces, in: German Yearbook of International Law, 38. Jahrgang, 1995, S. 103–128 (zitiert: *König*, in: GYIL 1995, 103).

Koops, Leonard, Seeräubereibekämpfung durch die Bundeswehr im Einklang mit dem Grundgesetz, Verfassungsrechtliche Anforderungen an einen Einsatz der Streitkräfte zur Bekämpfung der Seepiraterie außerhalb deutscher Seegebiete, 2013 (zitiert: *Koops*, Seeräubereibekämpfung, S.).

Kotzur, Markus, Weltrecht ohne Weltstaat – die nationale (Verfassungs-) Gerichtsbarkeit als Motor völkerrechtlicher Konstitutionalisierungsprozesse? Zugleich eine Anmerkung zur Entscheidung des BVerfG im Fall Nikola Jorgic (2 BvR 1290/99 vom 12. 12. 2000), Die Öffentliche Verwaltung, 55. Jahrgang, 2002, S. 195–201 (zitiert: *Kotzur*, in: DÖV 2002, 195).

Krause, Ulf von, Die Bundeswehr als Instrument deutscher Außenpolitik, 2013 (zitiert: *v. Krause*, Die Bundeswehr als Instrument deutscher Außenpolitik, S.).

Kremser, Holger, Der bewaffnete Einsatz der Bundeswehr gegen die Terrororganisation »Islamischer Staat« im Lichte des Staats-, Europa- und Völkerrechts, Deutsches Verwaltungsblatt, 131. Jahrgang, 2016, S. 881–885 (zitiert: *Kremser*, in: DVBl 2016, 881).

Kreß, Claus/Nußberger, Benjamin, Pro-democratic intervention in current international law: the case of The Gambia in January 2017, Journal on the Use of Force and International Law, 2017, S. 239–252 (zitiert: *Kreß/Nußberger*, in: JUFIL 2017, 239).

Kreß, Claus, Major Post-Westphalian Shifts and Some Important Neo-Westphalian Hesitations in the State Practice on the International Law on the Use of Force, Journal on the Use of Force and International Law, 1. Jahrgang, 2014, S. 11–54 (zitiert: *Kreß*, in: JUFIL 2014, 11).

Kreß, Claus, Der Bürgerkrieg und das Völkerrecht, Zwei Entwicklungslinien und eine Zukunftsfrage, Juristenzeitung, 69. Jahrgang, 2014, S. 365–373 (zitiert: *Kreß*, in: JZ 2014, 365).

Kreß, Claus, Zu den Rechtsgrundlagen von Auslandseinsätzen der Bundeswehr, in: Schwegmann, Christoph (Hrsg.), Bewährungsproben einer Nation, Die Entsendung der Bundeswehr ins Ausland, 2011, S. 87–102 (zitiert: *Kreß*, in: Schwegmann, Bewährungsproben einer Nation, 87).

Kreß, Claus, Die Rettungsoperation der Bundeswehr in Albanien am 14. März 1997 aus völker- und verfassungsrechtlicher Sicht, Zeitschrift für ausländisches Recht öffentliches Recht und Völkerrecht, 57. Jahrgang, 1997, S. 329–362 (zitiert: *Kreß*, in: ZaöRV 1997, 329).

Kreß, Claus, Gewaltverbot und Selbstverteidigungsrecht nach der Satzung der Vereinten Nationen bei staatlicher Verwicklung in Gewaltakte Privater, 1995 (zitiert: *Kreß*, Gewaltverbot und Selbstverteidigungsrecht, S.).

Kreß, Claus, The External Use of German Armed Forces – The 1994 Judgment of the Bundesverfassungsgericht, International and Comparative Law Quarterly, 44. Jahrgang, 1995, S. 414–426 (zitiert: *Kreß*, in: ICLQ 1995, 414).

Kretzmer, David, Rethinking the Application of IHL in Non-International Armed Conflicts, Israel Law Review, 42. Jahrgang, 2009, S. 8–45 (zitiert: *Kretzmer*, in: Israel Law Review 2009, 8).

Krieger, Heike, Ungebetene Gäste – Zum Eingreifen auf Einladung in der Ukraine 2014, Friedens-Warte, 89. Jahrgang, 2014, S. 125–151 (zitiert: *Krieger*, in: FW 2014, 125).

Krieger, Heike, Die gerichtliche Kontrolle von militärischen Operationen, in: Fleck, Dieter (Hrsg.), Rechtsfragen der Terrorismusbekämpfung durch Streitkräfte, 2004, S. 223–250 (zitiert: *Krieger*, in: Fleck, Rechtsfragen der Terrorismusbekämpfung, 101).

Krieken, Peter J. van, Terrorism and the International Legal Order, 2002 (zitiert: *Krieken*, Terrorism and the International Legal Order, S.).

Kunz, Josef L., The Laws of War, The American Journal of International Law, 50. Jahrgang, 1956, S. 313–337 (zitiert: *Kunz*, in: AJIL 1956, 313).

Kutscha, Martin, Terrorbekämpfung jenseits der Grundrechte? Recht und Politik, 42. Jahrgang, 2006, S. 202–209 (zitiert: *Kutscha*, in: RuP 2006, 202).

Kutscha, Martin, Das Grundrecht auf Leben unter Gesetzesvorbehalt – ein verdrängtes Problem, Neue Zeitschrift für Verwaltungsrecht, 23. Jahrgang, 2004, S. 801–804 (zitiert: *Kutscha*, in: NVwZ 2004, 801).

Ladiges, Manuel, Verfassungsrechtliche Grundlagen für den Einsatz der Streitkräfte, Juristische Schulung, 55. Jahrgang, 2015, S. 596–603 (zitiert: *Ladiges*, in: JuS 2015, 598).

Ladiges, Manuel, Grenzen des wehrverfassungsrechtlichen Parlamentsvorbehalts, Neue Zeitschrift für Verwaltungsrecht, 29. Jahrgang, 2010, S. 1075–1078 (zitiert: *Ladiges*, in: NVwZ 2010, 1075).

Larenz, Karl (Begr.)/*Canaris, Claus-Wilhelm*, Methodenlehre der Rechtswissenschaft, 3. Auflage 1995 (zitiert: *Larenz/Canaris*, Methodenlehre der Rechtswissenschaft, S.).

Lerche, Peter, Vorbehalt des Gesetzes und Wesentlichkeitstheorie, in: Merten, Detlef/Papier, Hans-Jürgen (Hrsg.), Handbuch der Grundrechte, Grundrechte in Deutschland: Allgemeine Lehren II, Band III, 2009, S. 302–331 (zitiert: *Lerche*, in: Merten/Papier, HGR, Band III, § 62, Rn.).

Lieblich, Eliav, International Law and Civil Wars, Intervention and Consent, 2013 (zitiert: *Lieblich*, Intervention and Consent, S.).

Lippold, Matthias, Between Humanization and Humanitarization? Detention in Armed Conflicts and the European Convention on Human Rights, Zeitschrift für ausländisches öffentliches Recht und Völkerrecht, 76. Jahrgang, 2016, S. 53–95 (zitiert: *Lippold*, in: ZaöRV 2016, 53).

Löw, Iris Michaela, Gewaltverbot und Selbstverteidigungsrecht nach dem 11. September 2001, Unter besonderer Berücksichtigung nichtstaatlicher Akteure, 2009 (zitiert: *Löw*, Gewaltverbot und Selbstverteidigungsrecht nach dem 11. September 2001, S.).

Lowe, Vaughan/Roberts, Adam/Welsh, Jennifer/Zaum, Dominik, Introduction, in: dies. (Hrsg.), The United Nations Security Council and War, The Evolution of Thought and Practice since 1945, 2008, S. 1–58 (zitiert: *Lowe/et al.*, in: dies., The United Nations Security Council and War, 1).

Löwe, Volker, Unendliche Geschichte, notwendiger Streit, Die Auseinandersetzung um deutsche >Blauhelme<, in: Vereinte Nationen, 42. Jahrgang, 1994, S. 1–7 (zitiert: *Löwe*, in: VN 1994, 1).

Lutze, Christian, Der Parlamentsvorbehalt beim Einsatz bewaffneter Streitkräfte, Die Öffentliche Verwaltung, 56. Jahrgang, 2003, S. 972–980 (zitiert: *Lutze*, in: DÖV 2003, 972).

Mangoldt, Hermann v. (Begr.)/*Klein, Friedrich/Starck, Christian* (ehem. Hrsg.), GG, Kommentar, Band I, Art. 1–19, 7. Auflage 2018 (zitiert: *Bearbeiter*, in: v. Mangoldt/Klein/Starck, GG, Band I, Art., Rn.).

Mangoldt, Hermann v. (Begr.)/*Klein, Friedrich/Starck, Christian* (ehem. Hrsg.), GG, Kommentar, Band II, Art. 20–82, 7. Auflage 2018 (zitiert: *Bearbeiter*, in: v. Mangoldt/Klein/Starck, GG, Band II, Art., Rn.).

Mangoldt, Hermann v. (Begr.)/*Klein, Friedrich/Starck, Christian* (ehem. Hrsg.), GG, Kommentar, Band III, Art. 83–146, 7. Auflage 2018 (zitiert: *Bearbeiter*, in: v. Mangoldt/Klein/Starck, GG, Band III, Art., Rn.).

Mangoldt, Hermann v. (Begr.)/*Klein, Friedrich/Starck, Christian* (Hrsg.), GG, Kommentar, Band III, Art. 83–146, 6. Auflage 2010 (zitiert: *Bearbeiter*, in: v. Mangoldt/Klein/Starck, GG, 6. Auflage 2010, Art.).

Maunz, Theodor/Dürig, Günter (Begr.), Grundgesetz, Kommentar, Werkstand: 87. Ergänzungslieferung März 2019 (zitiert: *Bearbeiter*, in: Maunz/Dürig, GG, Art. [Stand der Ergänzungslieferung], Rn.).

Melzer, Nils, The Principle of Distinction between Civilians and Combatants, in: Clapham, Andrew/Gaeta, Paola (Hrsg.), The Oxford Handbook of International Law in Armed Conflict, 2014, S. 296–331 (zitiert: *Melzer*, in: Clapham/Gaeta, The Oxford Handbook of International Law in Armed Conflict, 296).

Meron, Theodor, The Humanization of Humanitarian Law, The American Journal of International Law, 94. Jahrgang, 2000, S. 239–278 (zitiert: *Meron*, in: AJIL 2000, 239).

Morlok, Martin/Schliesky, Utz/Wiefelspütz, Dieter (Hrsg.), Parlamentsrecht, Handbuch, 2016, (zitiert: *Bearbeiter*, in: Morlok/Schliesky/Wiefelspütz, Parlamentsrecht, §, Rn.).

Münch, Ingo von/Kunig, Philip (Hrsg.), Grundgesetz, Kommentar, Band 1, 6. Auflage 2012 (zitiert: *Bearbeiter*, in: v. Münch/Kunig, GG, Art., Rn.).

Mußgnug, Reinhard, Die Befugnisse der Bundeswehr im Verteidigungsfall, Die Öffentliche Verwaltung, 42. Jahrgang, 1989, S. 917–926 (zitiert: *Mußgnug*, in: DÖV 1989, 917).

Naske, Nina/Nolte, Georg, „Aerial Security Law." Case No. 1 BvR 357/05. 115 BVerfGE 118, The American Journal of International Law, 101. Jahrgang, 2007, S. 466–471 (zitiert: *Naske/Nolte*, in: AJIL 2007, 466).

Neubert, Carl-Wendelin, Bundeswehreinsatz im Südsudan – Evakuierungsmissionen deutscher Streitkräfte im Ausland nach Völker- und Verfassungsrecht –, Die Öffentliche Verwaltung, 70. Jahrgang, 2017, S. 141–147 (zitiert: *Neubert*, in: DÖV 2017, 141).

Neubert, Carl-Wendelin, Der Einsatz tödlicher Waffengewalt durch die deutsche auswärtige Gewalt, 2016 (zitiert: *Neubert*, Der Einsatz tödlicher Waffengewalt, S.).

Nolte, Georg, The Bundesverfassungsgericht on the German Aerial Security Law: A Sonderweg from the perspective of international law? in: Tomuschat, Christian/Lagrange, Evelyne/Stefan, Oeter (Hrsg.), The Right to Life, 2010, S. 83–94 (zitiert: *Nolte*, in: Tomuschat/Lagrange/Oeter, The Right to Life, 83).

Nolte, Georg, Das Urteil des Bundesverfassungsgerichts zum Luftsicherheitsgesetz: Ein Sonderweg im Licht des Völkerrechts? Friedens-Warte, 84. Jahrgang, 2009, S. 93–105 (zitiert: *Nolte*, in: FW 2009, 93).

Nolte, Georg, Das Verfassungsrechts vor den Herausforderungen der Globalisierung, 1. Bericht, Veröffentlichungen der Vereinigung der Deutschen Staatsrechtslehrer, 67. Band, 2008, S. 129–159 (zitiert: *Nolte*, in: VVDStRL 2008, 129).

Nolte, Georg, Eingreifen auf Einladung, 1999 (zitiert: *Nolte*, Eingreifen auf Einladung, S.).

Nolte, Georg, Bundeswehreinsätze in kollektiven Sicherheitssystemen, Zum Urteil des Bundesverfassungsgerichts vom 12. Juli 1994, Zeitschrift für ausländisches Recht öffentliches Recht und Völkerrecht, 54. Jahrgang, 1994, S. 652–755 (zitiert: *Nolte*, in: ZaöRV 1994, 652).

Nußberger, Benjamin, Military strikes in Yemen in 2015: intervention by invitation and self-defence in the course of Yemen's 'model transnational process', Journal on the Use of Force and International Law, 4. Jahrgang, 2017, S. 110–160 (zitiert: *Nußberger*, in: JUFIL 2017, 110).

Nußberger, Angelika, Das Völkerrecht, 2009 (zitiert: *A. Nußberger*, Das Völkerrecht, S.).

O'Connor, Laurie, Legality of the use of force in Syria against Islamic State and the Khorasan Group, Journal on the Use of Force and International Law, 3. Jahrgang, 2016, S. 70–96 (zitiert: *O'Connor*, in: JUFIL 2016, 70).

Oeter, Stefan, Systeme kollektiver Sicherheit, in: Isensee, Josef/Kirchhof, Paul (Hrsg.), Handbuch des Staatsrechts, Band XI, Internationale Bezüge, 3. Auflage 2013, S. 619–641 (zitiert: *Oeter*, in: Isensee/Kirchhof, HStR, Band XI, § 243, Rn.).

Oeter, Stefan, Collateral Damages – Military Necessity and the Right to Life, in: Tomuschat, Christian/Lagrange, Evelyne/Stefan, Oeter (Hrsg.), The Right to Life, 2010, S. 167–193 (zitiert: *Oeter*, in: Tomuschat/Lagrange/Oeter, The Right to Life, 167).

Oeter, Stefan, Kampfmittel und Kampfmethoden in bewaffneten Konflikten und ihre Vereinbarkeit mit dem humanitären Völkerrecht, in: Hasse, Jana/Müller, Erwin/Schneider, Patricia (Hrsg.), Humanitäres Völkerrecht, 2001, S. 78–109 (zitiert: *Oeter*, in: Hasse/Müller/Schneider, Humanitäres Völkerrecht, 78).

Ohler, Christoph, Die Kollisionsordnung des Allgemeinen Verwaltungsrechts, 2005 (zitiert: *Ohler*, Kollisionsordnung, S.).

Ooyen, Robert Chr. van, Die EU – (k)ein System kollektiver Sicherheit? Beim Anti-IS-Einsatz der Bundeswehr (Syrien/Irak) macht das Bundesverfassungsgericht eine „europafreundliche" Wende, Recht und Politik, 56. Jahrgang, 2020, S. 49–58 (zitiert: *van Ooyen*, in RuP 2020, 49).

Orakhelashvili, Alexander, Changing Jus Cogens Through State Practice? The Case of the Prohibition of the Use of Force and its Exceptions, in: Weller, Marc (Hrsg.), The Oxford Handbook of the Use of Force in International Law, 2015, S. 157–175 (zitiert: *Orakhelashvili*, in: Weller, The Oxford Handbook of the Use of Force in International Law, 157).

Orford, Anne, International Authority and the Responsibility to Protect, 2011 (zitiert: *Orford*, International Authority, S.).

Ossenbühl, Fritz, Vorrang und Vorbehalt des Gesetzes, in: Isensee, Josef/Kirchhof, Paul (Hrsg.), Handbuch des Staatsrechts, Band V, Rechtsquellen, Organisation, Finanzen, 3. Auflage 2007, S. 183–221 (zitiert: *Ossenbühl*, in: Isensee/Kirchhof, HStR, Band V, § 101, Rn.).

Paulus, Andreas L./Jacbos, Henrik, Neuere Entwicklungen bei der Parlamentsbeteiligung für den Auslandseinsatz der Bundeswehr, Friedens-Warte, 87. Jahrgang, 2012, S. 23–67 (zitiert: *Paulus/Jacobs*, in: FW 2012, 23).

Paulus, Andreas L., Die Parlamentszustimmung zu Auslandseinsätzen nach dem Parlamentsbeteiligungsgesetz, in: Weingärtner, Dieter (Hrsg.), Einsatz der Bundeswehr im Ausland, Rechtsgrundlagen und Rechtspraxis, 2007, S. 81–113 (zitiert: *Paulus*, in: Weingärtner, Einsatz der Bundeswehr im Ausland, 81).

Pavone, Ilja Richard, The Crisis of the „Responsibility to Protect" Doctrine in the Light of the Syrian Civil War, in: The Global Community Yearbook of International Law and Jurisprudence, 13. Jahrgang, 2014, S. 103–134 (zitiert: *Pavone*, in: Yearbook of International Law and Jurisprudence 2014, 103).

Pawlik, Michael, § 14 Abs. 3 des Luftsicherheitsgesetzes – ein Tabubruch? Juristenzeitung, 59. Jahrgang, 2004, S. 1045–1055 (zitiert: *Pawlik*, in: JZ 2004, 1045).

Payandeh, Mehrdad/Sauer, Heiko, Die Beteiligung der Bundeswehr am Antiterroreinsatz in Syrien, Völker- und verfassungsrechtliche Rahmenbedingungen, Zeitschrift für Rechtspolitik, 49. Jahrgang, 2016, S. 34–37 (zitiert: *Payandeh/Sauer*, in: ZRP 2016, 34).

Payandeh, Mehrdad, Grenzen der Völkerrechtsfreundlichkeit, Der Treaty Override-Beschluss des BVerfG, in: Neue Juristische Woche, 69. Jahrgang, 2016, S. 1279–1282 (zitiert: *Payandeh*, in: NJW 2016, 1279).

Payandeh, Mehrdad, Evakuierungseinsätze der Bundeswehr und das Parlamentsbeteiligungsgesetz, Deutsches Verwaltungsblatt, 126. Jahrgang, 2011, S. 1325–1330 (zitiert: *Payandeh*, in: DVBl. 2011, 1325).

Payandeh, Mehrdad, Völkerrechtsfreundlichkeit als Verfassungsprinzip, Ein Beitrag des Grundgesetzes zur Einheit von Völkerrecht und nationalem Recht, in: Jahrbuch des Öffentlichen Rechts, Neue Folge, 57. Band, 2009, S. 465–502 (zitiert: *Payandeh*, in: JÖR n.F. 2009, 465).

Peters, Anne, Between military deployment and democracy: use of force under the German constitution, Journal on the Use of Force and International Law, 5. Jahrgang, 2018, S. 246–294 (zitiert: *Peters*, in: JUFIL 2018, 246).

Pieroth, Bodo, Materiale Rechtsfolgen grundgesetzlicher Kompetenz- und Organisationsnormen, Archiv des Öffentlichen Rechts, 114. Jahrgang, 1989, S. 422–450 (zitiert: *Pieroth*, in: AÖR 1989, 422).

Poscher, Ralf, „Die Würde des Menschen ist unantastbar.", Juristenzeitung, 59. Jahrgang, 2004, S. 756–762 (zitiert: *Poscher*, in: JZ 2004, 756).

Proelß, Alexander, Das Friedensgebot des Grundgesetzes, in: Isensee, Josef/Kirchhof, Paul (Hrsg.), Handbuch des Staatsrechts, Band XI, Internationale Bezüge, 3. Auflage 2013, S. 63–88 (zitiert: *Proelß*, in: Isensee/Kirchhof, HStR, Band XI, § 227, Rn.).

Proelß, Alexander, Der Grundsatz der völkerrechtsfreundlichen Auslegung im Lichte der Rechtsprechung des BVerfG, in: Brink, Stefan/Rensen, Hartmut (Hrsg.), Linien der Rechtsprechung des Bundesverfassungsgerichts, Erörtert von den wissenschaftlichen Mitarbeitern, Band I, 2009, S. 553–584 (zitiert: *Proelß*, in: Rensen/Brink, Linien der Rechtsprechung des Bundesverfassungsgerichts, Band I, 553).

Raap, Christian, Die Kontrolle der Streitkräfte durch das Parlament, Juristische Schulung, 36. Jahrgang, 1996, S. 980–983 (zitiert: *Raap*, in: JuS 1996, 980).

Ratner, Steven R., Self-defence against terrorists: the meaning of armed attack, in: Herik, Larissa van den/Schrijver, Nico J. (Hrsg.), Counter-Terrorism Strategies in a Fragmented International Legal Order, Meeting the Challenges, 2013, S. 334–355 (zitiert: *Ratner*, in: van den Herik/Schrijver, Counter-Terrorism Strategies, 334).

Rimscha, Robert von, Ein Land tut sich schwer: Bundeswehr-Einsätze seit 1991, in: Schwegmann, Christoph (Hrsg.), Bewährungsproben einer Nation, Die Entsendung der Bundeswehr ins Ausland, 2011, S. 65–76 (zitiert: *v. Rimscha*, in: Schwegmann, Bewährungsproben einer Nation, 65).

Robbers, Gerhard, Menschenwürde im Krieg, in: Weingärtner, Dieter (Hrsg.), Streitkräfte und Menschenrechte, 2008, S. 17–24 (zitiert: *Robbers*, in: Weingärtner, Streitkräfte und Menschenrechte, 17).

Roberts, Adam, Proposals for UN Standing Forces: A Critical History, in: Lowe, Vaughan/Roberts, Adam/Welsh, Jennifer/Zaum, Dominik (Hrsg.), The United Nations Security Council and War, The Evolution of Thought and Practice since 1945, 2008, S. 99–130 (zitiert: *Roberts*, in: Lowe/et al., The United Nations Security Council and War, 99).

Roberts, Adam/Guelff, Richard, Documents on the Laws of War, 3. Auflage 2004 (zitiert: *Roberts/Guelff*, Documents on the Laws of War, S.).

Rühe, Volker, Vorwort: Sicherheitspolitik und Auslandseinsätze, in: Schwegmann, Christoph (Hrsg.), Bewährungsproben einer Nation, Die Entsendung der Bundeswehr ins Ausland, 2011, S. 87–102 (zitiert: *Rühe*, in: Schwegmann, Bewährungsproben einer Nation, V).

Rühle, Michael, In was für einer Welt leben wir? Sicherheitspolitische Folgerungen aus einer globalisierten Welt, in: Schwegmann, Christoph (Hrsg.),

Bewährungsproben einer Nation, Die Entsendung der Bundeswehr ins Ausland, 2011, S. 13–24 (zitiert: *Rühle*, in: Schwegmann, Bewährungsproben einer Nation, 13).

Ruys, Tom, 'Armed Attack' and Article 51 of the UN Charter, Evolutions in Customary Law and Practice, 2010 (zitiert: *Ruys*, 'Armed Attack' and Article 51, S.).

Ruys, Tom, The 'Protection of Nationals' Doctrine Revisited, Journal of Conflict & Security Law, 13. Jahrgang, 2008, S. 233–271 (zitiert: *Ruys*, in: JCSL 2008, 233).

Sachs, Michael (Hrsg.), Grundgesetz, Kommentar, 8. Auflage 2018 (zitiert: *Bearbeiter*, in: Sachs, GG, Art., Rn.).

Sachs, Michael, Verfassungsmäßigkeit des Auslandseinsatzes der Bundeswehr, Juristische Schulung, 35. Jahrgang, 1995, S. 163–166 (zitiert: *Sachs*, in: JuS 1995, 163).

Sarooshi, Dan, The Security Council's Authorization of Regional Arrangements to Use Force: The Case of the Nato, in: Lowe, Vaughan/Roberts, Adam/Welsh, Jennifer/Zaum, Dominik (Hrsg.), The United Nations Security Council and War, The Evolution of Thought and Practice since 1945, 2008, S. 226–247 (zitiert: *Sarooshi*, in: Lowe/et al., The United Nations Security Council and War, 226).

Sassenrath, Carl-Philipp, Einsätze zur Selbstverteidigung im Rahmen und nach den Regeln kollektiver Sicherheitssysteme, Die Entscheidung zum „Anti-IS-Einsatz", Neue Zeitschrift für Verwaltungsrecht, 39. Jahrgang, 2020, S. 442–446 (zitiert: *Sassenrath*, in: NVwZ 2020, 442).

Sassòli, Marco, The Implementation of International Humanitarian Law: Current and Inherent Challenges, Yearbook of International Humanitarian Law, 10. Jahrgang, 2007, S. 45–73 (zitiert: *Sassòli*, in: Yearbook of International Humanitarian Law 2007, 45).

Sauer, Heiko, Parameter eines materiellen Auslandseinsatzrechts – Anwendbarkeit, Rechtsbindungen und Haftungsvorgaben des Grundgesetzes bei Auslandseinsätzen der Bundeswehr –, Die Öffentliche Verwaltung, 72. Jahrgang, 2019, S. 714–723 (zitiert: *Sauer*, in: DÖV 2019, 714).

Sauer, Heiko, Anmerkung, Juristenzeitung, 71. Jahrgang, 2016, S. 46–50 (zitiert: *Sauer*, in: JZ 2016, 46).

Sauer, Heiko, Staatsrecht III, Auswärtige Gewalt, Bezüge des Grundgesetzes zu Völker- und Europarecht, 5. Auflage 2018 (zitiert: *Sauer*, Staatsrecht III, §, Rn.).

Sauer, Heiko, Stellungnahme zur Sachverständigenanhörung des Geschäftsordnungsausschusses des Deutschen Bundestages am 13. April 2016 (zitiert: *Sauer*, Stellungnahme zur Sachverständigenanhörung des Geschäftsordnungsausschusses des Deutschen Bundestages am 13.4.2016, S.).

Sauer, Heiko, Das Verfassungsrecht der kollektiven Sicherheit – Materielle Grenzen und Organkompetenzverteilung beim Wandel von Bündnisverträgen und beim Auslandseinsatz der Bundeswehr, in: *Brink, Stefan/Rensen, Hartmut* (Hrsg.), Linien der Rechtsprechung des Bundesverfassungsgerichts, Erörtert von den wissenschaftlichen Mitarbeitern, Band I, 2009, S. 585–620 (zitiert: *Sauer*, in: Rensen/Brink, Linien der Rechtsprechung des Bundesverfassungsgerichts, Band I, 585).

Sauer, Heiko, Die Nato und das Verfassungsrecht: neues Konzept – alte Fragen, Zeitschrift für ausländisches Recht öffentliches Recht und Völkerrecht, 62. Jahrgang, 2002, S. 317–346 (zitiert: *Sauer*, in: ZaöRV 2002, 317).

Saul, Ben, Definition of „Terrorism" in the UN Security Council: 1985–2004, in: Chinese Journal of International Law, 4. Jahrgang, 2005, S. 141–166 (zitiert: *Saul*, in: CJIL 2005, 141).

Schadtle, Kai, Das völkerrechtliche Gewaltverbot und seine Ausnahmen, Juristische Ausbildung, 31. Band, 2009, S. 686–695 (zitiert: *Schadtle*, in: JURA 2009, 686).

Scherrer, Philipp, Das Parlament und sein Heer, Das Parlamentsbeteiligungsgesetz, 2010 (zitiert: *Scherrer*, Das Parlament und sein Heer, S.).

Schiffbauer, Björn, Vorbeugende Selbstverteidigung im Völkerrecht, Eine systematische Ermittlung des gegenwärtigen friedenssicherungsrechtlichen Besitzstandes aus völkerrechtsdogmatischer und praxisanalytischer Sicht, 2012 (zitiert: *Schiffbauer*, Vorbeugende Selbstverteidigung, S.).

Schlaffer, Rudolf J., Die Bundeswehr auf dem Weg zur »Armee im Einsatz«, in: Chiari, Bernhard/Pahl, Magnus (Hrsg.), Auslandseinstätze der Bundeswehr, 2010, S. 247–257 (zitiert: *Schlaffer*, in: Chiari/Pahl, Auslandseinsätze der Bundeswehr, 247).

Schmahl, Stefanie, Derogation von Menschenrechtsverpflichtungen in Notstandslagen, in: Fleck, Dieter (Hrsg.), Rechtsfragen der Terrorismusbekämpfung durch Streitkräfte, 2004, S. 125–146 (zitiert: *Schmahl*, in: Fleck, Rechtsfragen der Terrorismusbekämpfung, 125).

Schmahl, Stefanie, Der Menschenrechtsschutz in Friedenszeiten im Vergleich zum Menschenrechtsschutz im Krieg, in: Hasse, Jana/Müller, Erwin/Schneider, Patricia (Hrsg.), Humanitäres Völkerrecht, 2001, S. 41–77 (zitiert: *Schmahl*, in: Hasse/Müller/Schneider, Humanitäres Völkerrecht, 41).

Schmidt-Bleibtreu, Bruno (Begr.)/*Hofmann, Hans*/*Henneke, Hans-Günter* (Hrsg.), Kommentar zum Grundgesetz, 14. Auflage 2018 (zitiert: *Bearbeiter*, in: Schmidt-Bleibtreu/Hofmann/Henneke, GG, Art., Rn.).

Schmidt-Radefeldt, Roman, Drohnen im Krieg – Krieg den Drohnen, Neue Zeitschrift für Wehrrecht, 55. Jahrgang, 2013, S. 89–104 (zitiert: *Schmidt-Radefeldt*, in: NZWehrr 2013, 89).

Schmidt-Radefeldt, Roman, Die Wehrverfassung in schlechter Verfassung? Inlandseinsätze der Bundeswehr auf dem Prüfstein der Wehrverfassung, Neue Zeitschrift für Wehrrecht, 50. Jahrgang, 2008, S. 221–234 (zitiert: *Schmidt-Radefeldt*, in: NZWehrr 2008, 221).

Schmidt-Radefeldt, Roman, Parlamentarische Kontrolle der internationalen Streitkräfteintegration, 2005 (zitiert: *Schmidt-Radefeldt*, Parlamentarische Kontrolle, S.).

Schmidt-Radefeldt, Roman, Die Menschenrechtsverpflichtungen von Streitkräften bei antiterroristischen Maßnahmen im Ausland, in: Fleck, Dieter (Hrsg.), Rechtsfragen der Terrorismusbekämpfung durch Streitkräfte, 2004, S. 101–123 (zitiert: *Schmidt-Radefeldt*, in: Fleck, Rechtsfragen der Terrorismusbekämpfung, 101).

Schöbener, Burkhard/Knauff, Matthias, Allgemeine Staatslehre, 4. Auflage 2019 (zitiert: *Schöbener/Knauff*, Allgemeine Staatslehre, §, Rn.).

Schöbener, Burkhard (Hrsg.), Völkerrecht, Lexikon zentraler Begriffe und Themen, 2014 (zitiert: *Bearbeiter*, „Stichwort", in: Schöbener, Völkerrecht, S.).

Schöbener, Burkhard, Das Verhältnis des EU-Rechts zum nationalen Recht der Bundesrepublik Deutschland, in: Juristische Arbeitsblätter, 43. Jahrgang, 2011, S. 885–894 (zitiert: *Schöbener*, in: JA 2011, 885).

Scholz, Rupert, Stand und Perspektiven der Verfassungsdiskussion in der Bundesrepublik Deutschland samt Diskussion im Anschluß an das Referat von Prof. Dr. Scholz, in: Schwarz, Jürgen H./Steinkamm, Armin A. (Hrsg.), Rechtliche und politische Probleme des Einsatzes der Bundeswehr »out of area«, Protokoll und Dokumentation eines Symposiums der Universität der Bundeswehr München am 12. und 13.12.1991, 1993, S. 29–50 (zitiert: *Scholz*, in: Schwarz/Steinkamm, Einsatz der Bundeswehr »out of area«, 29).

Schrijver, Nico, The Ban on the Use of Force in the UN Charter, in: Weller, Marc (Hrsg.), The Oxford Handbook of the Use of Force in International Law, 2015, S. 465–487 (zitiert: *Schrijver*, in: Weller, The Oxford Handbook of the Use of Force in International Law, 465).

Schwarz, Jürgen H./Steinkamm, Armin A. (Hrsg.), Rechtliche und politische Probleme des Einsatzes der Bundeswehr »out of area«, Protokoll und Dokumentation eines Symposiums der Universität der Bundeswehr München am 12. und 13.12.1991, Generaldebatte Donnerstag, den 12.12.1991, 1993, S. 89–110 (zitiert: *Diskussionsteilnehmer*, Generaldebatte, in: Schwarz/Steinkamm, Einsatz der Bundeswehr »out of area«, 89).

Seibert, Helga, Europäische Menschenrechtskonvention und Bundesverfassungsgericht, in: Vogel, Hans Jochen/Simon, Helmut/Podlech, Adalbert (Hrsg.), Die Freiheit des Anderen, Festschrift für Martin Hirsch, 1981, S. 519–527 (zitiert: *Seibert*, in: FS-Hirsch, 519).

Sievers, Loraine/Daws, Sam, The Procedure of the UN Security Council, 4. Auflage 2014 (zitiert: *Sievers/Daws*, The Procedure of the UN Security Council, S.).

Simma, Bruno/Khan, Daniel-Erasmus/Nolte, Georg/Paulus, Andreas (Hrsg.), The Charter of the United Nations, 1. Band, 3. Auflage 2012 (zitiert: *Bearbeiter*, in: Simma/et al., The Charter of the UN, Band 1, Art., Rn.).

Simma, Bruno/Khan, Daniel-Erasmus/Nolte, Georg/Paulus, Andreas (Hrsg.), The Charter of the United Nations, 2. Band, 3. Auflage 2012 (zitiert: *Bearbeiter*, in: Simma/et al., The Charter of the UN, Band 2, Art., Rn.).

Sivakumaran, Sandesh, The Law of Non-International Armed Conflict, 2012 (zitiert: *Sivakumaran*, The Law of Non-International Armed Conflict, S.).

Solis, Gary D., The Law of Armed Conflict, International Humanitarian Law in War, 2. Auflage 2016 (zitiert: *Solis*, The Law of Armed Conflict, S.).

Sommermann, Karl-Peter, Völkerrechtlich garantierte Menschenrechte als Maßstab der Verfassungskonkretisierung – Die Menschenrechtsfreundlichkeit des Grundgesetzes –, Archiv des Öffentlichen Rechts, 114. Jahrgang, 1989, S. 391–422 (zitiert: *Sommermann*, in: AÖR 1989, 391).

Soria, José Martínez, Polizeiliche Verwendungen der Streitkräfte, Möglichkeiten und Grenzen eines Einsatzes der Bundeswehr im Inneren, Deutsches Verwaltungsblatt, 119. Jahrgang, 2004, S. 597–606 (zitiert: *Soria*, in: DVBl. 2004, 597).

Starski, Paulina, Der „schweigende Staat" und die Dynamik des Gewaltverbots, „Normative Volatilität" und „Legislative Verantwortung", Die Öffentliche Verwaltung, 71. Jahrgang, 2018, S. 85–96 (zitiert: *Starski*, in: DÖV 2018, 85).

Starski, Paulina, Right to Self-Defense, Attribution and the Non-State Actor – Birth of the „Unable or Unwilling" Standard? –, Zeitschrift für ausländisches öffentliches Recht und Völkerrecht, 75. Jahrgang, 2015, S. 455–501 (zitiert: *Starski*, in: ZaöRV 2015, 455).

Stein, Torsten/Kröninger, Holger, Bundeswehreinsatz im Rahmen von NATO-, WEU-, bzw. VN-Militäraktionen, BVerfG vom 12.7.1994 – 2 BvE 3/93, 2 BvE 5/93, 2 BvE 7/93, 2 BvE 8/93, Juristische Ausbildung, 17. Band, 1995, S. 254–262 (zitiert: *Stein/Kröninger*, in JURA 1995, 254, 260).

Stein, Torsten, Die verfassungsrechtliche Zulässigkeit einer Beteiligung der Bundesrepublik Deutschland an Friedenstruppen der Vereinten Nationen, in: Frowein, Jochen Abr./Stein, Torsten (Hrsg.), Rechtliche Aspekte einer Beteiligung der Bundesrepublik Deutschland an Friedenstruppen der Vereinten Nationen, 1990, S. 17–30 (zitiert: *Stein*, in: Frowein/Stein, Beteiligung der Bundesrepublik Deutschland an Friedenstruppen der Vereinten Nationen, 17).

Stern, Klaus, Das Staatsrecht der Bundesrepublik Deutschland, Band IV/1, Der Schutz und die freiheitliche Entfaltung des Individuums, 2006 (zitiert: *Bearbeiter*, in: Stern, Das Staatsrecht der Bundesrepublik Deutschland, Band IV/1, S.).

Stern, Klaus, Das Staatsrecht der Bundesrepublik Deutschland, Band III/2, Grundrechtstatbestand, Grundrechtsbeeinträchtigungen und Grundrechtsbegrenzungen, Grundrechtsverluste und Grundpflichten, Schutz der Grundrechte, Grundrechtskonkurrenzen, Grundrechtssystem, 1994 (zitiert: *Bearbeiter*, in: Stern, Das Staatsrecht der Bundesrepublik Deutschland, Band III/2, S.).

Stern, Klaus, Das Staatsrecht der Bundesrepublik Deutschland, Band I, Grundbegriffe und Grundlagen des Staatsrechts, Strukturprinzipien der Verfassung, 2. Auflage 1984 (zitiert: *Stern*, Das Staatsrecht der Bundesrepublik Deutschland, Band I, S.).

Stern, Klaus, Das Staatsrecht der Bundesrepublik Deutschland, Band II, Staatsorgane, Staatsfunktionen, Finanz- und Haushaltsverfassung, Notstandsverfassung, 1980 (zitiert: *Stern*, Das Staatsrecht der Bundesrepublik Deutschland, Band II, S.).

Stern, Klaus/Becker, Florian, Grundrechte-Kommentar, Die Grundrechte des Grundgesetzes mit ihren europäischen Bezügen, 3. Auflage 2019 (zitiert: *Bearbeiter*, in: Stern/Becker, GG, Art., Rn.).

Stock, Katharina, Verfassungswandel in der Außenverfassung, Entwicklung von Verfassungsrecht in Text und Kontext, 2017 (zitiert: *Stock*, Verfassungswandel, S.).

Talmon, Stefan, Die Grenzen der Anwendung des Völkerrechts im deutschen Recht, Juristenzeitung, 68. Jahrgang, 2013, S. 12–21 (zitiert: *Talmon*, in: JZ 2013, 12).

Tams, Christian J., The Use of Force against Terrorists: A Rejoinder to Federico Sperotto and Kimberley N. Trapp, European Journal of International Law, 20. Jahrgang, 2009, S. 1057–1062 (zitiert: *Tams*, in: EJIL 2009, 1057).

Tams, Christian J., The Use of Force against Terrorists, European Journal of International Law, 20. Jahrgang, 2009, S. 359–397 (zitiert: *Tams*, in: EJIL 2009, 359).

Thiele, Jan, Auslandseinsätze der Bundeswehr zur Bekämpfung des internationalen Terrorismus, Völker- und verfassungsrechtliche Aspekte, 2011 (zitiert: *Thiele*, Auslandseinsätze der Bundeswehr zur Bekämpfung des internationalen Terrorismus).

Tomuschat, Christian, Staatsrechtliche Entscheidung für die internationale Offenheit, in: Isensee, Josef/Kirchhof, Paul (Hrsg.), Handbuch des Staatsrechts, Band XI, Internationale Bezüge, 3. Auflage 2013, S. 3–61 (zitiert: *Tomuschat*, in: Isensee/Kirchhof, HStR, Band XI, § 226, Rn.).

Trapp, Kimberley N., The Use of Force against Terrorists: A Reply to Christian J. Tams, European Journal of International Law, 20. Jahrgang, 2009, S. 1049–1055 (zitiert: *Trapp*, in: EJIL 2009, 1049).

Trapp, Kimberley N., Back to Basics: Necessity, Proportionality, and the Right of Self-Defence against Non-State Terrorist Actors, International and Comparative Law Quarterly, 56. Jahrgang, 2007, S. 141–156 (zitiert: *Trapp*, in: ICLQ 2007, 141).

Triffterer, Otto/Ambos, Kai (Hrsg.), The Rome Statute of the International Criminal Court, A Commentary, 3. Auflage 2016 (zitiert: *Bearbeiter*, in: Triffterer/Ambos, The Rome Statute, Art. 13, Rn.).

Umbach, Dieter/Clemens, Thomas (Hrsg.), Grundgesetz, Mitarbeiterkommentar und Handbuch, Band I, Art. 1–37, 2002 (zitiert: *Bearbeiter*, in Umbach/Clemens, GG, Band I, Art.).

Verdross, Alfred/Simma, Bruno, Universelles Völkerrecht, Theorie und Praxis, 3. Auflage 2010 (zitiert: *Verdross/Simma*, Universelles Völkerrecht, S.).

Villiger, Mark E., The Rules on Interpretation: Misgivings, Misunderstandings, Miscarriage? The 'Crucible' Intended by the International Law Commission, in: Cannizzaro, Enzo (Hrsg.), The Law of Treaties, Beyond the Vienna Convention, 2011, S. 105–122 (zitiert: *Villiger*, in: Cannizzaro, The Law of Treaties, 105).

Villiger, Mark E., Commentary on the 1969 Vienna Convention on the Law of Treaties, 2009 (zitiert: *Villiger*, Commentary on the 1969 Vienna Convention on the Law of Treaties, Art. 31, Rn.).

Vitzthum, Wolfgang Graf/Proelß, Alexander (Hrsg.), Völkerrecht, 8. Auflage 2019 (zitiert: *Bearbeiter*, in: Vitzthum/Proelß, Völkerrecht, S., Rn.).

Vöneky, Silja, Der Lieber's Code und die Wurzeln des modernen Kriegsvölkerrechts, Zeitschrift für ausländisches Recht öffentliches Recht und Völkerrecht, 62. Jahrgang, 2002, S. 423–460 (zitiert: *Vöneky*, in: ZaöRV 2002, 423).

Voss, Karl Ulrich, Rechtsstaat ad hoc? – Anwendung von Gesetzesvorbehalt und Parlamentsvorbehalt bei Auslandseinsätzen der Bundeswehr, Zeitschrift für Rechtspolitik, 40. Jahrgang, 2007, S. 78–81 (zitiert: *Voss*, in: ZRP 2007, 78).

Waechter, Kay, Polizeirecht und Kriegsrecht, Juristenzeitung, 62. Jahrgang, 2007, S. 61–68 (zitiert: *Waechter*, in: JZ 2007, 61).

Wagner, Armin, Beobachtermissionen der Vereinten Nationen, in: Chiari, Bernhard/Pahl, Magnus (Hrsg.), Auslandseinstätze der Bundeswehr, 2010, S. 121–131 (zitiert: *Wagner*, in: Chiari/Pahl, Auslandseinsätze der Bundeswehr, 121).

Wahl, Rainer, Der offene Staat und seine Rechtsgrundlagen, Juristische Schulung, 43. Jahrgang, 2003, S. 1145–1151 (zitiert: *Wahl*, in: JuS 2003, 1145).

Wallace, Stuart, The Application of the European Convention on Human Rights to Military Operations, 2019 (zitiert: *Wallace*, Application of the European Convention on Human Rights, S.).

Walter, Christian/Ungern-Sternberg, Antje von, Piratenbekämpfung vor Somalia – Zum Zusammenspiel europäischer und deutscher Grundrechte –, Die Öffentliche Verwaltung, 65. Jahrgang, 2012, S. 861–868 (zitiert: *Walter/Ungern-Sternberg*, in: DÖV 2012, 861).

Wandscher, Christiane, Internationaler Terrorismus und Selbstverteidigungsrecht, 2006 (zitiert: *Wandscher*, Internationaler Terrorismus, S.).

Weingärtner, Dieter, Anmerkung zu Bundesverfassungsgericht, Beschl. v. 17.09.2019 – 2 BvE 2/16, Neue Zeitschrift für Wehrrecht, 62. Jahrgang, 2020, S. 26–29 (zitiert: *Weingärtner*, in: NZWehrr 2020, 26).

Weingärtner, Dieter, Braucht die Bundeswehr ein Einsatzgesetz? Deutsches Verwaltungsblatt, 127. Jahrgang, 2012, S. 344 (zitiert: *Weingärtner*, in: DVBl 2012, 344).

Werle, Gerhard, Völkerstrafrecht, 5. Auflage 2020 (zitiert: *Werle*, Völkerstrafrecht, Rn.).

Werner, Angela, Die Grundrechtsbindung der Bundeswehr bei Auslandseinsätzen, 2006 (zitiert: *Werner*, Die Grundrechtsbindung der Bundeswehr, S.).

Wet, Erika de, The Modern Practice of Intervention by Invitation in Africa and Its Implications for the Prohibition of the Use of Force, European Journal of International Law, 26. Jahrgang, 2015, S. 979–998 (zitiert: *de Wet*, in: EJIL 2015, 979).

White, Nigel D, The United Nations and Counter-Terrorism: Multilateral and Executive Law-Making, in: Salinas De Frías, Ana María/Samuel, Katja LH/White, Nigel D (Hrsg.), Counter-Terrorism, International Law and Practice, 2012, S. 54–82 (zitiert: *White*, in: Salinas De Frías/Samuel/White, Counter-Terrorism, International Law and Practice, 54).

Whittle, Devon, The Limits of Legality and the United Nations Security Council: Applying the Extra-Legal Measures Model to Chapter VII Action, European Journal of International Law, 26. Jahrgang, 2015, S. 671–698 (zitiert: *Whittle*, in: EJIL 2015, 671).

Wiefelspütz, Dieter, Die Bundeswehr in Libyen – Operation Pegasus aus Sicht des Völker- und Staatsrechts, Journal of International Law of Peace and Armed Conflict, 25. Jahrgang, 2012, S. 56–68 (zitiert: *Wiefelspütz*, in: JILPAC 2012, 56).

Wiefelspütz, Dieter, Der Auslandseinsatz der Bundeswehr und das Parlamentsbeteiligungsgesetz, 2012 (zitiert: *Wiefelspütz*, Parlamentsbeteiligungsgesetz, S.).

Wiefelspütz, Dieter, Kein Parlamentsvorbehalt bei Inlandseinsätzen der Bundeswehr, Neue Zeitschrift für Wehrrecht, 52. Jahrgang, 2010, S. 177–187 (zitiert: *Wiefelspütz*, in: NZWehrr 2010, 177).

Wiefelspütz, Dieter, Das Lissabon-Urteil des Bundesverfassungsgerichts und das Wehrverfassungsrecht, Die Öffentliche Verwaltung, 63. Jahrgang, 2010, S. 72–80 (zitiert: *Wiefelspütz*, in: DÖV 2010, 72).

Wiefelspütz, Dieter, Auslandseinsatz der Streitkräfte und Grundrechte, Neue Zeitschrift für Wehrrecht, 50. Jahrgang, 2008, S. 89–102 (zitiert: *Wiefelspütz*, in: NZWehrr 2008, 89).

Wiefelspütz, Dieter, Auslandseinsätze deutscher Streitkräfte und der Bundestag: Ist eine Reform geboten? Zeitschrift für Parlamentsfragen, 39. Jahrgang, 2008, S. 203–219 (zitiert: *Wiefelspütz*, in: ZParl 2008, 203).

Wiefelspütz, Dieter, Der kriegerische terroristische Luftzwischenfall und die Landesverteidigung, Recht und Politik, 42. Jahrgang, 2006, S. 71–79 (zitiert: *Wiefelspütz*, in: RuP 2006, 71).

Wiegandt, Jan, Internationale Rechtsordnung oder Machtordnung? Eine Anmerkung zum Verhältnis von Macht und Recht im Völkerrecht, Zeitschrift für ausländisches öffentliches Recht und Völkerrecht, 71. Jahrgang, 2011, S. 31–76 (zitiert: *Wiegandt*, in: ZaöRV 2011, 31).

Wieland, Joachim, Die Entwicklung der Wehrverfassung, Neue Zeitschrift für Wehrrecht, 48. Jahrgang, 2006, S. 133–139 (zitiert: *Wieland*, in: NZWehrr 2006, 133).

Wieland, Joachim, Verfassungsrechtliche Grundlagen polizeiähnlicher Einsätze der Bundeswehr, in: Fleck, Dieter (Hrsg.), Rechtsfragen der Terrorismusbekämpfung durch Streitkräfte, 2004, S. 167–181 (zitiert: *Wieland*, in: Fleck, Rechtsfragen der Terrorismusbekämpfung, 167).

Wolff, Heinrich Amadeus/Hömig, Dieter (Hrsg.), Grundgesetz für die Bundesrepublik Deutschland, Handkommentar, 12. Auflage 2018 (zitiert: *Bearbeiter*, in: Hömig/Wolff, GG, Art., Rn.).

Wolfrum, Rüdiger (Hrsg.), Max Planck Encyclopedia of Public International Law, Online-Version (zitiert: *Bearbeiter*, „Stichwort", in: Wolfrum, MPEPIL, Rn., online [Stand]).

Wolfrum, Rüdiger, Deutschland in Verteidigungsbündnissen, in: Isensee, Josef/Kirchhof, Paul (Hrsg.), Handbuch des Staatsrechts, Band X, Deutschland in der Staatengemeinschaft, 3. Auflage 2012, S. 619–638 (zitiert: *Wolfrum*, in: Isensee/Kirchhof, HStR, Band X, § 221, Rn.).

Wolfrum, Rüdiger, Kontrolle der auswärtigen Gewalt, 2. Bericht, Veröffentlichungen der Vereinigung der Deutschen Staatsrechtslehrer, 56. Band, 1997, S. 38–66 (zitiert: *Wolfrum*, in: VVDStRL 1996, 38).

Wood, Michael, The Interpretation of Security Council Resolutions, in: Frowein, Jochen A./Wolfrum, Rüdiger (Hrsg.), Max Planck Yearbook of United Nations Law, Band 2, 1998, S. 73–95 (zitiert: *Wood*, in: Frowein/Wolfrum, MPYUNL 1998, 73).

Yearbook of the United Nations, 1. Band, 1946–47 (zitiert: YUN 1946–47, S.).

Yousif, Muna A., Die extraterritoriale Geltung der Grundrechte bei der Ausübung deutscher Staatsgewalt im Ausland, 2007 (zitiert: *Yousif*, Die extraterritoriale Geltung der Grundrechte, S.).

Zaum, Dominik, The Scurity Council, the General Assembly, and War: The Uniting for Peace Resolution, in: Lowe, Vaughan/Roberts, Adam/Welsh, Jennifer/Zaum, Dominik (Hrsg.), The United Nations Security Council and War, The Evolution of Thought and Practice since 1945, 2008, S. 154–174 (zitiert: *Zaum*, in: Lowe/et al., The United Nations Security Council and War, 154).

Zimmermann, Andreas, Grundrechtseingriffe durch deutsche Streitkräfte im Ausland und das Grundgesetz, Zeitschrift für Rechtspolitik, 45. Jahrgang, 2012, S. 116–119 (zitiert: *Zimmermann*, in: ZRP 2012, 116).

Zimmermann, Andreas/Geiß, Robin, Die Tötung unbeteiligter Zivilisten: Menschenwürdig im Frieden – Menschenwürdig im Krieg? Der Staat, 46. Jahrgang, 2007, S. 377–393 (zitiert: *Zimmermann/Geiß*, in: Der Staat 2003, 377).

www.ingramcontent.com/pod-product-compliance
Ingram Content Group UK Ltd.
Pitfield, Milton Keynes, MK11 3LW, UK
UKHW021828290926
8980IPUK00004B/325

9 783631 830093